CALIFORNIA

Hecho en los Estados Unidos
impreso en papel
reciclado

Houghton Mifflin Harcourt

Printed in the U.S.A.

ISBN 978-0-544-20433-1

5 6 7 8 9 10 2331 22 21

4500818256 B C D E F G

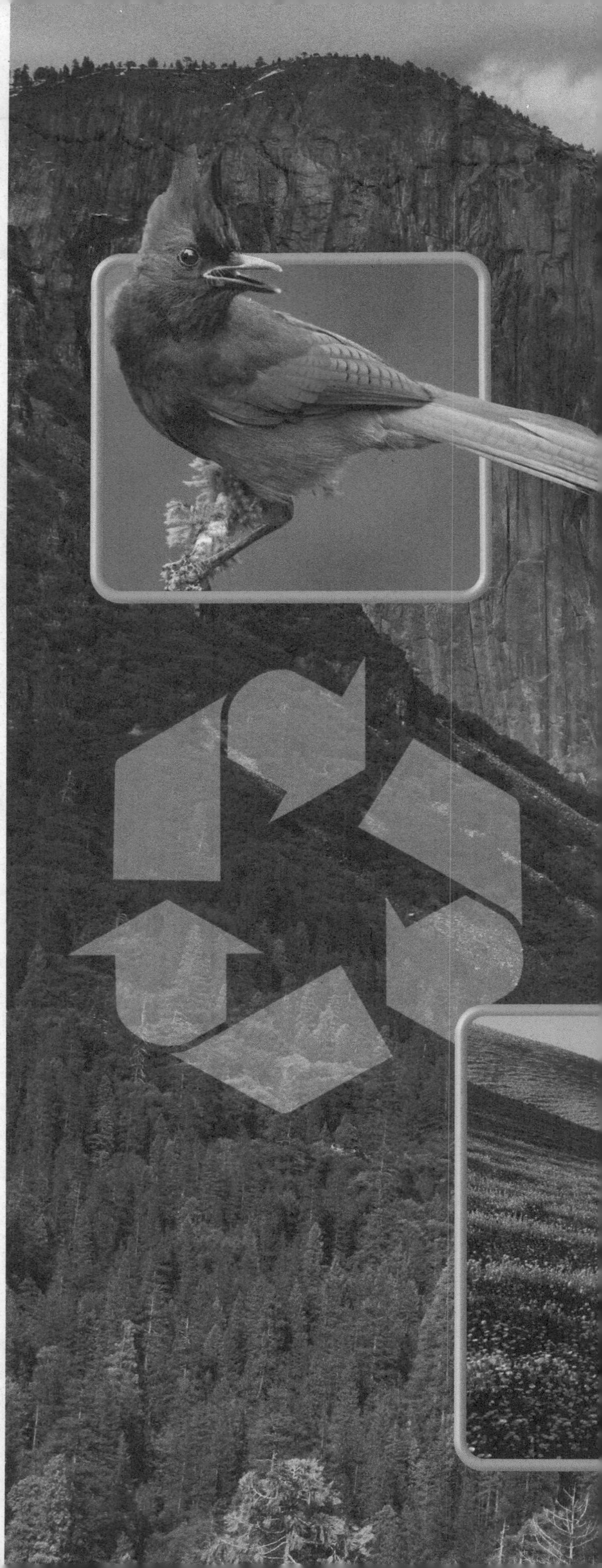

Estimados estudiantes y familiares:

Bienvenidos a **Go Math! ¡Vivan las Matemáticas!** para 4.° grado. En este interesante programa, encontrarán actividades prácticas y problemas del mundo real que tendrán que resolver. Y lo mejor de todo es que podrán escribir sus ideas y sus respuestas directamente en el libro. El hecho de que puedan escribir y dibujar en las páginas les ayudará a percibir más detalladamente lo que están aprendiendo y ¡verán qué bien entienden las matemáticas!

A propósito, todas las páginas de este libro están hechas con papel reciclado. Queremos que sepan que al participar en el programa **Go Math! ¡Vivan las Matemáticas!** están ayudando a proteger el medio ambiente.

Atentamente,

Los autores

Hecho en los Estados Unidos
100% impreso en papel reciclado

Autores

Juli K. Dixon, Ph.D.
Professor, Mathematics Education
University of Central Florida
Orlando, Florida

Edward B. Burger, Ph.D.
President, Southwestern University
Georgetown, Texas

Steven J. Leinwand
Principal Research Analyst
American institutes for Research (AIR)
Washington, D.C.

Contributor

Rena Petrello
Professor, Mathematics
Moorpark College
Moorpark, CA

Matthew R. Larson, Ph.D.
K-12 Curriculum Specialist for Mathematics
Lincoln Public Schools
Lincoln, Nebraska

Martha E. Sandoval-Martinez
Math Instructor
El Camino College
Torrance, Californa

English Language Learners Consultant

Elizabeth Jiménez
CEO, GEMAS Consulting
Professional Expert on English Learner Education
Bilingual Education and Dual Language
Pomona, California

Valor posicional y operaciones con números enteros

Área de atención Desarrollar la comprensión y fluidez de la multiplicación de varios dígitos, y desarrollar la comprensión de la división para encontrar cocientes que implican dividendos de varios dígitos

1 Valor posicional, suma y resta hasta un millón 3

Área Operaciones con números de base diez

ESTÁNDARES DE CALIFORNIA 4.NBT.1, 4.NBT.2, 4.NBT.3, 4.NBT.4

Área de atención

¡Aprende en línea! Tus lecciones de matemáticas son interactivas. Usa *i*Tools, Modelos matemáticos animados y el Glosario multimedia.

Presentación del Capítulo 1

En este capítulo, explorarás y encontrarás respuestas a las siguientes **Preguntas esenciales**:

- ¿Cómo puedes usar el valor posicional para comparar, sumar, restar y hacer estimaciones con números enteros?
- ¿Cómo comparas y ordenas números enteros?
- ¿Cuáles son algunas de las estrategias que puedes usar para redondear números enteros?
- ¿Cómo se asimila sumar números de 5 y 6 dígitos a sumar números de 3 dígitos?

Presentación del Capítulo 2

En este capítulo, explorarás y encontrarás respuestas a las siguientes **Preguntas esenciales**:

- ¿Qué estrategias puedes usar para multiplicar por números de 1 dígito?
- ¿Cómo puedes usar modelos para multiplicar un número de dígitos múltiples por un número de 1 dígito?
- ¿Cómo puedes usar la estimación para comprobar tu respuesta?
- ¿Cómo se aplica el valor posicional a la estrategia de los productos parciales?

Presentación del Capítulo 3

En este capítulo, explorarás y encontrarás respuestas a las siguientes **Preguntas esenciales**:

- ¿Qué estrategias puedes usar para multiplicar números de 2 dígitos?
- ¿Cómo puedes usar el valor posicional para multiplicar números de 2 dígitos?
- ¿Cómo puedes elegir el mejor método para multiplicar números de 2 dígitos?

2 Multiplicar por números de 1 dígito 45

Áreas Operaciones y pensamiento algebraico
Operaciones con números de base diez

ESTÁNDARES DE CALIFORNIA 4.OA.1, 4.OA.2, 4.OA.3, 4.NBT.5

3 Multiplicar números de 2 dígitos 103

Áreas Operaciones y pensamiento algebraico
Operaciones con números de base diez

ESTÁNDARES DE CALIFORNIA 4.OA.3, 4.NBT.5

4 Dividir entre números de 1 dígito 141

Áreas Operaciones y pensamiento algebraico
Operaciones con números de base diez

ESTÁNDARES DE CALIFORNIA 4.OA.3, 4.NBT.6

Presentación del Capítulo 4

En este capítulo, explorarás y encontrarás respuestas a las siguientes **Preguntas esenciales**:

- ¿Cómo puedes dividir por números de 1 dígito?
- ¿Cómo puedes usar el residuo en problemas con divisiones?
- ¿Cómo puedes estimar cocientes?
- ¿Cómo puedes representar divisiones con divisores de 1 dígito?

Presentación del Capítulo 5

En este capítulo, explorarás y encontrarás respuestas a las siguientes **Preguntas esenciales**:

- ¿Cómo puedes hallar factores y múltiplos, y cómo puedes generar y describir patrones numéricos?
- ¿Cómo puedes usar modelos o listas para hallar factores?
- ¿Cómo puedes crear un patrón numérico?

5 Factores, múltiplos y patrones 199

Área Operaciones y pensamiento algebraico

ESTÁNDARES DE CALIFORNIA 4.OA.4, 4.OA.5

Fracciones y números decimales

Área de atención Desarrollar la comprensión de la equivalencia de las fracciones, la suma y la resta de fracciones con denominadores comunes, y la multiplicación de fracciones de números enteros

6 Equivalencia y comparación de fracciones 235

Área Números y operaciones: Fracciones

ESTÁNDARES DE CALIFORNIA 4.NF.1, 4.NF.2

7 Sumar y restar fracciones 277

Área Números y operaciones: Fracciones

ESTÁNDARES DE CALIFORNIA 4.NF.3a, 4.NF.3b, 4.NF.3c, 4.NF.3d

Área de atención

¡Aprende en línea! Tus lecciones de matemáticas son interactivas. Usa *i*Tools, Modelos matemáticos animados y el Glosario multimedia.

Presentación del Capítulo 6

En este capítulo, explorarás y descubrirás las respuestas a las siguientes **Preguntas esenciales**:

- ¿Qué estrategias puedes usar para comparar fracciones y escribir fracciones equivalentes?
- ¿Qué modelos pueden ayudarte a comparar y ordenar fracciones?
- ¿Cómo puedes hallar fracciones equivalentes?
- ¿Cómo puedes resolver problemas que contienen fracciones?

Presentación del Capítulo 7

En este capítulo, explorarás y descubrirás las respuestas a las siguientes **Preguntas esenciales**:

- ¿Cómo sumas y restas fracciones con el mismo denominador?
- ¿Por qué sumas o restas los numeradores y no los denominadores?
- ¿Por qué conviertes números mixtos cuando sumas o restas fracciones?
- ¿Cómo sabes que tu suma o diferencia son razonables?

Presentación del Capítulo 8

En este capítulo, explorarás y encontrarás respuestas a las siguientes **Preguntas esenciales**:

- ¿Cómo multiplicas fracciones por números enteros?
- ¿Cómo puedes escibir el producto de un número entero y una fracción como el producto de un número entero y una fracción unitaria?

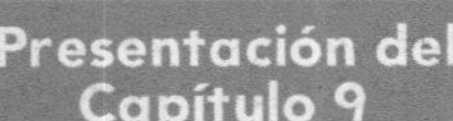

Presentación del Capítulo 9

En este capítulo, explorarás y encontrarás respuestas a las siguientes **Preguntas esenciales**:

- ¿Cómo puedes anotar la notación decimal para las fracciones y comparar fracciones decimales?
- ¿Cómo puedes anotar décimas y centécimas como decimales y fracciones?
- ¿Cuáles son algunos de los diferentes modelos que puedes usar para hallar fracciones equivalentes?
- ¿Cómo puedes comparar fracciones decimales?

8 Multiplicar fracciones por números enteros 327

Área Números y operaciones: Fracciones

ESTÁNDARES DE CALIFORNIA 4.NF.4a, 4.NF.4b, 4.NF.4c

9 Relacionar fracciones y números decimales 357

Áreas Números y operaciones: Fracciones
Medición y datos

ESTÁNDARES DE CALIFORNIA 4.NF.5, 4.NF.6, 4.NF.7, 4.MD.2

Geometría, medición y datos

Área de atención Comprender que las figuras geométricas se pueden analizar y clasificar de acuerdo a sus propiedades, como lados paralelos, lados perpendiculares, medidas particulares de los ángulos y la simetría

Área de atención

¡Aprende en línea! Tus lecciones de matemáticas son interactivas. Usa *i*Tools, Modelos matemáticos animados y el Glosario multimedia.

Presentación del Capítulo 10

En este capítulo, explorarás y descubrirás las respuestas a las siguientes **Preguntas esenciales**:

- ¿Cómo puedes dibujar e identificar rectas y ángulos, y cómo puedes clasificar figuras?
- ¿Qué son los bloques de geometría?
- ¿Cómo puedes clasificar triángulos y cuadriláteros?
- ¿Cómo reconoces la simetría en un polígono?

Presentación del Capítulo 11

En este capítulo, explorarás y descubrirás las respuestas a las siguientes **Preguntas esenciales**:

- ¿Cómo puedes medir ángulos y resolver problemas de medidas de ángulos?
- ¿Cómo puedes usar fracciones y grados para comprender las medidas de los ángulos?
- ¿Cómo puedes usar un transportador para medir y clasificar ángulos?
- ¿Cómo pueden ayudarte las ecuaciones a hallar la medida de un ángulo?

Presentación del Capítulo 12

En este capítulo, explorarás y encontrarás respuestas a las siguientes **Preguntas esenciales**:

- ¿Cómo puedes usar los tamaños relativos de las unidades de medición para resolver problemas y para generar tablas de medición que muestren una relación?
- ¿Cómo puedes comparar unidades métricas de longitud, masa o volumen?
- ¿Cómo puedes comparar unidades habituales de longitud, peso o volumen?

12 Tamaño relativo de las unidades de medida 469

Área Medición y datos

ESTÁNDARES DE CALIFORNIA 4.MD.1, 4.MD.2, 4.MD.4

Presentación del Capítulo 13

En este capítulo, explorarás y encontrarás respuestas a las siguientes **Preguntas esenciales**:

- ¿Cómo puedes usar fórmulas de perímetro y área para resolver problemas?
- ¿Cuál es la diferencia entre área y perímetro?
- ¿Cuáles son algunos de los métodos que puedes usar para hallar el área y el perímetro de una figura?
- ¿Cómo pueden tener el mismo perímetro o la misma área dos rectángulos diferentes?

13 Álgebra: Perímetro y área 523

Área Medición y datos

ESTÁNDARES DE CALIFORNIA 4.MD.3

Área de atención

Valor posicional y operaciones con números enteros

ÁREA DE ATENCIÓN Desarrollar la comprensión y fluidez de la multiplicación de varios dígitos, y desarrollar la comprensión de la división para encontrar cocientes que implican dividendos de varios dígitos

Despegue del transbordador espacial desde el Centro Espacial Kennedy ▶

Proyecto

Los alimentos en el espacio

En los Estados Unidos se planea enviar una misión tripulada a Marte. La tripulación debe llevar todos los alimentos necesarios para el viaje, porque en Marte no hay alimento.

Para comenzar

Trabaja con un compañero. Serán los encargados de planificar la cantidad de alimentos necesarios para llevar en la misión a Marte. Deben decidir cuánto alimento se necesitará para todo el viaje. Usen los Datos importantes como ayuda. **Expliquen** su razonamiento.

Datos importantes

- Duración del viaje a Marte: 6 meses
- Duración de la estadía en Marte: 6 meses
- Duración del viaje de regreso a la Tierra: 6 meses
- Cantidad de astronautas: 6
- 2 tazas de agua pesan 1 libra.
- 1 mes = 30 días (en promedio).
- Cada astronauta necesita 10 tazas de agua y 4 libras de alimentos por día.

Completado por ____________

Despegue del transbordador espacial desde el Centro Espacial Kennedy ▶

Capítulo 1

Valor posicional, suma y resta hasta un millón

Muestra lo que sabes

Comprueba tu comprensión de destrezas importantes.

Nombre ______________________________

Decenas y unidades **Escribe los números que faltan.**

1. 27 = _____ decenas y _____ unidades

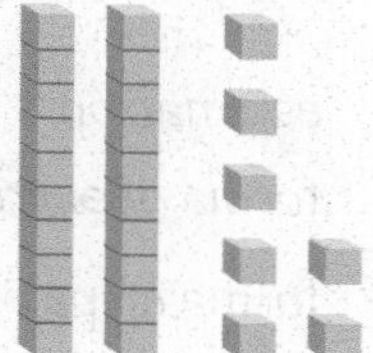

2. 93 = _____ decenas y _____ unidades

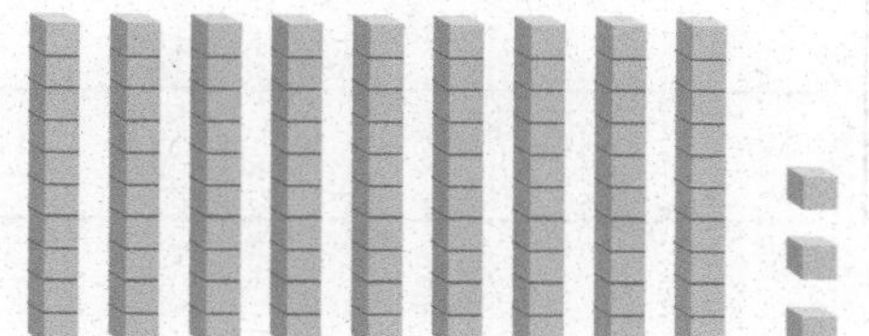

Reagrupar centenas en decenas **Reagrupa. Escribe los números que faltan.**

3. 5 centenas y 4 decenas = _____ decenas

4. 8 centenas y 9 decenas = _____ decenas

Sumar y restar números de dos dígitos **Suma o resta.**

5. $\begin{array}{r} 27 \\ +\ 34 \\ \hline \end{array}$

6. $\begin{array}{r} 95 \\ +\ 46 \\ \hline \end{array}$

7. $\begin{array}{r} 84 \\ -\ 27 \\ \hline \end{array}$

Detective matemático

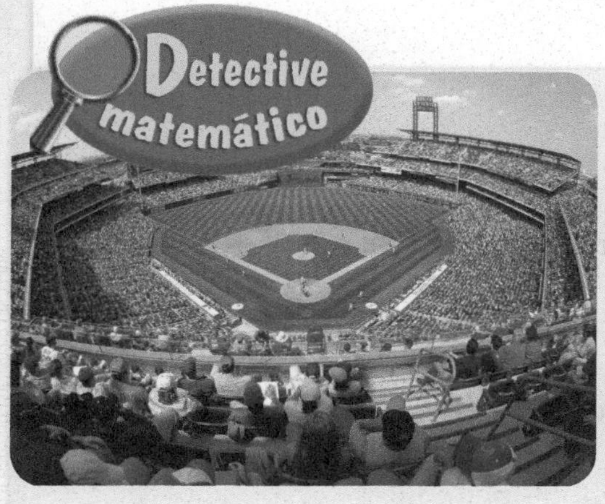

El estadio de los Phillies de Philadelphia es un gran campo de béisbol situado en Philadelphia, Pennsylvania. Piensa como un detective matemático. Usa las siguientes pistas para hallar la capacidad máxima del estadio.

- **El número de 5 dígitos tiene un 4 en el lugar de mayor valor posicional y un 1 en el lugar de menor valor posicional.**
- **El dígito que está en el lugar de los millares tiene un valor de 3,000.**
- **El dígito que está en el lugar de las centenas es el doble del dígito que está en el lugar de los millares.**
- **Hay un 5 en el lugar de las decenas.**

Entrenador personal en matemáticas
Evaluación e intervención en línea

Desarrollo del vocabulario

▶ Visualizar

Escribe las palabras de repaso marcadas con ✓ de mayor a menor según su valor posicional.

Palabras de repaso

✓ centenas
✓ decenas
✓ decenas de millar
✓ millares
operaciones inversas
✓ unidades

Palabras nuevas

estimación
forma desarrollada
forma en palabras
forma normal
período
redondear

Valor posicional

mayor ______________________

____

____

____

menor ______________________

▶ Comprender el vocabulario

Lee la definición. ¿Qué palabra describe?

1. Reemplazar un número con otro número que indica de manera aproximada cuántos hay o cuánto hay ____________

2. Una manera de escribir números mostrando el valor de cada dígito

____

3. Un número cercano a una cantidad exacta ____________

4. Cada grupo de tres dígitos separado por una coma en un número de múltiples dígitos ____________

5. Una manera de escribir números usando los dígitos 0 a 9, en la que cada dígito tiene un valor posicional ____________

APRENDE EN LÍNEA
- Libro interactivo del estudiante
- Glosario multimedia

Nombre ___

Representar relaciones de valor posicional

Pregunta esencial ¿Cómo puedes describir el valor de un dígito?

Número y operaciones en base diez—4.NBT.1
PRÁCTICAS MATEMÁTICAS
MP.4, MP.6, MP.7

Soluciona el problema

Manos a la obra

Actividad Forma números hasta 10,000.

Materiales ■ bloques de base diez

1	10	100	1,000	10,000
cubo	barra	marco	cubo	?
1	10 unidades	___ decenas	___ centenas	___ millares

Un cubo pequeño representa 1.

___ cubos pequeños forman una barra. La barra representa ___.

___ barras forman un marco. El marco representa ___.

___ marcos forman un cubo grande. El cubo grande representa ___.

1. Describe el patrón de las formas de los modelos. ¿Cuál será la forma del modelo para 10,000?

___

___

___

Charla matemática **Prácticas matemáticas**

Explica cómo puedes usar barras de decenas de millar para representar 100,000.

2. Describe el patrón que observas en el tamaño de los modelos. ¿Qué relación habrá entre el tamaño del modelo para 100,000 y el tamaño del modelo para 10,000?

___

___

___

Valor de un dígito El valor de un dígito depende del valor posicional que tenga en el número. Una tabla de valor posicional puede ayudarte a comprender el valor de cada dígito en un número. El valor de cada lugar es 10 veces mayor que el valor del lugar que está a su derecha.

Escribe 894,613 en la tabla. Halla el valor del dígito 9.

MILLONES			MILLARES			UNIDADES		
Centenas	Decenas	Unidades	Centenas	Decenas	Unidades	Centenas	Decenas	Unidades
			8 centenas de millar	9 decenas de millar	4 millares	6 centenas	1 decena	3 unidades
			800,000	90,000	4,000	600	10	3

El valor del dígito 9 es 9 decenas de millar o ________.

Compara el valor de los dígitos subrayados.

2,304 16,135

Charla matemática **Prácticas matemáticas**

Explica cómo puedes comparar el valor de los dígitos sin dibujar un modelo.

PASO 1 Halla el valor de 3 en 2,304.

Muestra 2,304 en una tabla de valor posicional.

MILLARES			UNIDADES		
Centenas	Decenas	Unidades	Centenas	Decenas	Unidades

Piensa: El valor del dígito 3 es ______.

Representa el valor del dígito 3.

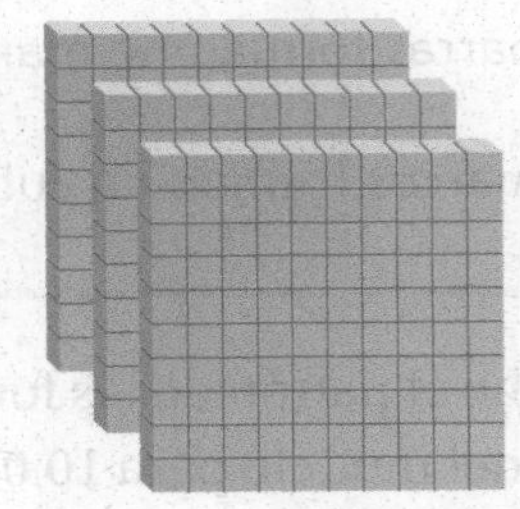

PASO 2 Halla el valor de 3 en 16,135.

Muestra 16,135 en una tabla de valor posicional.

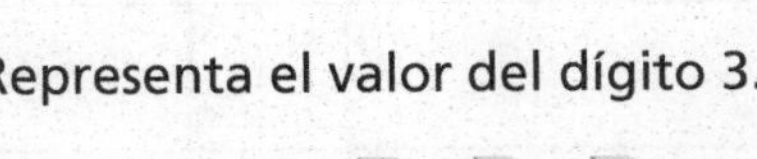

MILLARES			UNIDADES		
Centenas	Decenas	Unidades	Centenas	Decenas	Unidades

Piensa: El valor del dígito 3 es ______.

Representa el valor del dígito 3.

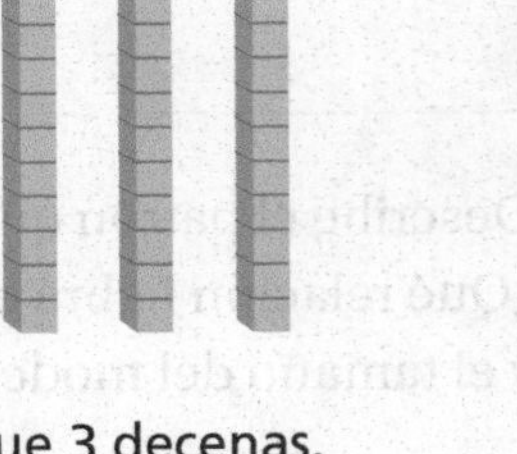

Cada centena es 10 veces mayor que 10, entonces 3 centenas es diez veces mayor que 3 decenas.

Entonces, el valor de 3 en 2,304 es ______ veces mayor que el valor de 3 en 16,135.

Name Aaliyah #5 8/24/21

Comparte y muestra

1. Completa la siguiente tabla.

Número	1,000,000	100,000	10,000	1,000	100	10	1
Modelo	?	?	?				
Forma				cubo	marco	barra	cubo
Grupo				10 centenas	10 decenas	10 unidades	1 unidad

Halla el valor del dígito subrayado.

2. 703,890 — 700,000

3. 63,540 — 40

4. 182,034 — 80,000

5. 345,890 — 5,000

Compara el valor de los dígitos subrayados.

6. 2,000 y 200

El valor de 2 en __________ es ______ veces mayor que el valor de 2 en __________.

7. 40 y 400

El valor de 4 en ______ es ______ veces mayor que el valor de 4 en ______.

Por tu cuenta

Halla el valor del dígito subrayado.

8. 230,001 — 30

9. 803,040 — ______

10. 46,842 — ______

11. 980,650 — ______

Compara el valor de los dígitos subrayados.

12. 67,908 y 76,908

El valor de 7 en __________ es ______ veces mayor que el valor de 7 en __________.

13. 546,300 y 3,456

El valor de 3 en __________ es ______ veces mayor que el valor de 3 en __________.

Resolución de problemas • Aplicaciones *En el mundo*

Usa la tabla para responder la pregunta 14.

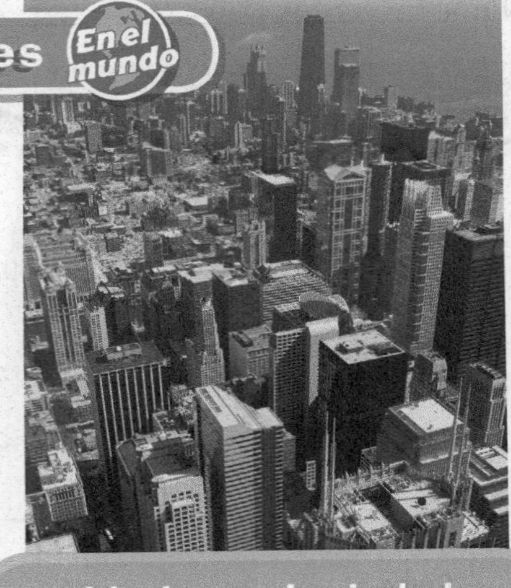

Poblaciones de ciudades

Ciudad	Población*
Cleveland	431,369
Denver	610,345
Memphis	676,640

*Estimación de la Oficina del Censo de los EE. UU., 2009

14. MÁS AL DETALLE ¿Cuál es el valor del dígito 7 en la población de Memphis? ¿Cuántas veces mayor es el valor de la posición del 7 que el valor de la posición a la derecha?

15. PIENSA MÁS ¿Cuántos modelos de 100 necesitas para representar 3,200? Explícalo.

16. PRÁCTICA MATEMÁTICA 6 Sid escribió 541,309 en un papel. **Explica** con números y palabras cómo cambiaría el número si intercambiara el dígito que está en la posición de las centenas de millar con el dígito que está en la posición de las decenas.

ESCRIBE ▸ *Matemáticas* • **Muestra tu trabajo**

17. PIENSA MÁS En los ejercicios 17a a 17e, elige Verdadero o Falso para cada enunciado.

17a.	El valor de 7 en 375,081 es 7,000.	○ Verdadero	○ Falso
17b.	El valor de 6 en 269,480 es 600,000.	○ Verdadero	○ Falso
17c.	El valor de 5 en 427,593 es 500.	○ Verdadero	○ Falso
17d.	El valor de 1 en 375,081 es 10.	○ Verdadero	○ Falso
17e.	El valor de 4 en 943,268 es 40,000.	○ Verdadero	○ Falso

PRÁCTICA ADICIONAL:
Cuaderno de práctica de los estándares

Nombre ______________________________

Lección 1.2

Leer y escribir números

Pregunta esencial ¿Cómo puedes leer y escribir números hasta las centenas de millar?

Número y operaciones en base diez—4.NBT.2

PRÁCTICAS MATEMÁTICAS MP.2, MP.7

Soluciona el problema En el mundo

La Estación Espacial Internacional usa 262,400 celdas solares para convertir la luz del sol en electricidad.

Escribe 262,400 en la forma normal, la forma en palabras y la forma desarrollada.

Usa una tabla de valor posicional.

Cada grupo de tres dígitos separado por una coma se llama **período**. Cada período tiene centenas, decenas y unidades. El mayor valor posicional en el período de los millares es el de las centenas de millar.

Escribe 262,400 en la siguiente tabla de valor posicional.

PERÍODO ↓ PERÍODO ↓

MILLARES			UNIDADES		
Centenas	Decenas	Unidades	Centenas	Decenas	Unidades

El número 262,400 tiene dos períodos: los millares y las unidades.

Forma normal: 262,400

Forma en palabras: doscientos sesenta y dos mil cuatrocientos

Forma desarrollada: 200,000 + 60,000 + 2,000 + 400

Charla matemática **Prácticas matemáticas**

¿Qué dígito tiene el mayor valor en 262,400? **Explícalo.**

¡Inténtalo! Usa el valor posicional para leer y escribir números.

 **Forma normal:** ____________

Forma en palabras: noventa y dos mil ciento setenta

Forma desarrollada:

90,000 + 2,000 + ____________ + 70

B **Forma normal:** 200,007

Forma en palabras:

doscientos ____________, ____________

Forma desarrollada:

____________ + 7

Comparte y muestra

1. ¿Cómo puedes usar el valor posicional y el nombre de los períodos para leer y escribir 324,904 en la forma en palabras?

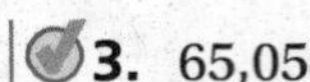

Lee y escribe el número de otras dos formas.

2. cuatrocientos ocho mil diecisiete

3. 65,058

Prácticas matemáticas

Explica cómo puedes usar la forma desarrollada de un número para escribir el número en la forma normal.

Por tu cuenta

Lee y escribe el número de otras dos formas.

4. quinientos ocho mil

5. cuarenta mil seiscientos diecinueve

6. 570,020

7. $400,000 + 60,000 + 5,000 + 100$

Usa el número 145,973.

8. Escribe el nombre del período que tiene los dígitos 145.

9. Escribe el nombre del período que tiene los dígitos 973.

10. Escribe el dígito que está en el lugar de las decenas de millar.

11. Escribe el valor del dígito 1.

Nombre ____________________

PIENSA MÁS **Halla la suma. Luego escribe la respuesta en la forma normal.**

12. 5 millares, 2 decenas y 4 unidades + 4 millares, 3 centenas y 2 unidades

13. 6 millares y 5 centenas + 1 millar, 3 centenas y 4 decenas

14. 4 decenas de millar + 3 decenas de millar, 4 centenas y 8 decenas

15. 4 decenas de millar y 3 unidades + 1 decena de millar, 9 centenas y 5 unidades

Resolución de problemas • Aplicaciones En el mundo

Usa la tabla para resolver los problemas 16 y 17.

16. PRÁCTICA MATEMÁTICA 4 **Usa los gráficos** ¿Qué ciudad tiene una población de doscientos cincuenta y cinco mil ciento veinticuatro?

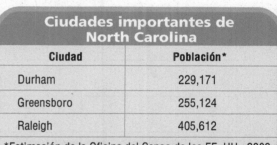

Ciudades importantes de North Carolina

Ciudad	Población*
Durham	229,171
Greensboro	255,124
Raleigh	405,612

*Estimación de la Oficina del Censo de los EE. UU., 2008

17. Escribe la población de Raleigh en la forma desarrollada y en la forma en palabras.

18. PIENSA MÁS **¿Cuál es el error?** Sophia dijo que la forma desarrollada de 605,970 es 600,000 + 50,000 + 900 + 70. Describe el error de Sophia y da la respuesta correcta.

Soluciona el problema En el mundo

19. MÁS AL DETALLE Mark arrojó seis pelotas mientras participaba en un juego de números. Tres pelotas cayeron en una sección y tres pelotas cayeron en otra sección. Su puntaje es mayor que una centena de millar. ¿Cuál podría ser ese puntaje?

a. ¿Qué sabes? ______

b. ¿Cómo puedes usar lo que sabes sobre el valor posicional para hallar el puntaje de Mark? ______

c. Haz un diagrama para mostrar una manera de resolver el problema.

d. Completa las oraciones.

Tres pelotas podrían haber caído en la sección de ______.

Tres pelotas podrían haber caído en la sección de ______.

El puntaje de Mark podría ser ______.

20. PIENSA MÁS ¿Cuál es otra manera de escribir 615,004? Marca todas las opciones correctas.

(A) seiscientos quince mil cuatro

(B) seiscientos cinco mil catorce

(C) 60,000 + 10,000 + 5,000 + 4

(D) 600,000 + 10,000 + 5,000 + 4

PRÁCTICA ADICIONAL: Cuaderno de práctica de los estándares

Nombre ______________________________

Comparar y ordenar números

Pregunta esencial ¿Cómo puedes comparar y ordenar números?

Número y operaciones en base diez—4.NBT.2

PRÁCTICAS MATEMÁTICAS
MP.2, MP.4, MP.5

Soluciona el problema En el mundo

El Parque Nacional del Gran Cañón, en Arizona, recibió 651,028 visitantes en julio de 2008 y 665,188 en julio de 2009. ¿En qué año recibió el parque más visitantes durante el mes de julio?

- ¿Cuántos visitantes hubo en julio de 2008?

  ____

- ¿Cuántos visitantes hubo en julio de 2009?

  ____

Ejemplo 1 Usa una tabla de valor posicional.

Puedes usar una tabla de valor posicional para alinear los dígitos según el valor posicional. Alínea las unidades con las unidades, las decenas con las decenas y así sucesivamente. Compara 651,028 y 665,188.

Escribe 651,028 y 665,188 en la siguiente tabla de valor posicional.

MILLARES			UNIDADES		
Centenas	Decenas	Unidades	Centenas	Decenas	Unidades

Comienza desde la izquierda. Compara los dígitos en cada valor posicional hasta que los dígitos no coincidan.

PASO 1 Compara las centenas de millar.

651,028

665,188

6 centenas de millar ◯ 6 centenas de millar

↑ Escribe <, >, ó =.

Los dígitos que están en las centenas de millar son iguales.

PASO 2 Compara las decenas de millar.

651,028

665,188

5 decenas de millar ◯ 6 decenas de millar

↑ Escribe <, >, ó =.

5 decenas de millar es menor que 6 decenas de millar. Entonces, 651,028 < 665,188.

Como 651,028 < 665,188, hubo más visitantes en julio de 2009 que en julio de 2008.

Ejemplo 2 **Usa una recta numérica para ordenar 10,408, 10,433 y 10,416 de menor a mayor.**

Ubica y rotula cada punto en la recta numérica. El primer punto está marcado como ejemplo.

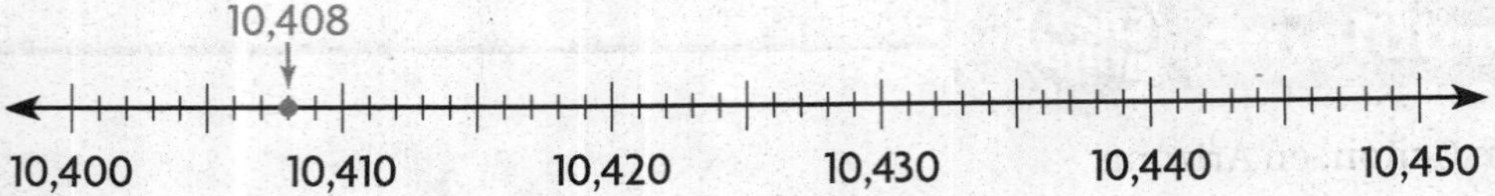

Piensa: Los números que están a la izquierda están más cerca de 0.

Entonces, los números ordenados de menor a mayor son 10,408, 10,416 y 10,433. 10,408 < 10,416 < 10,433

Comparte y muestra

1. Compara 15,327 y 15,341.
Escribe <, >, ó =. Usa la recta numérica como ayuda.

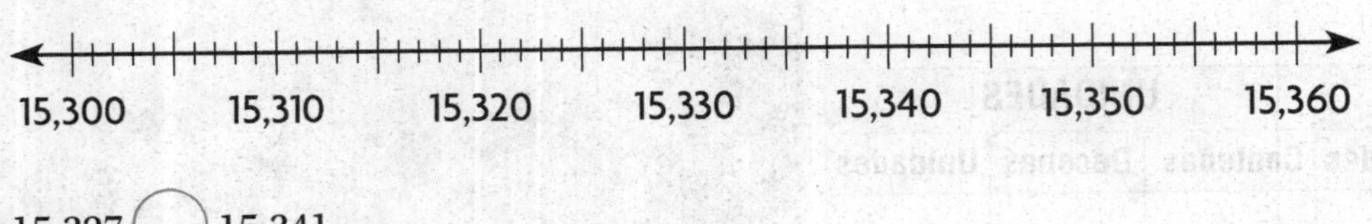

15,327 ◯ 15,341

Compara. Escribe <, >, ó =.

2. $631,328 ◯ $640,009

3. 56,991 ◯ 52,880

4. 708,561 ◯ 629,672

5. 143,062 ◯ 98,643

Ordena de mayor a menor.

6. 20,650; 21,150; 20,890

____

Charla matemática — **Prácticas matemáticas**

Explica cómo ordenaste los números de mayor a menor en el Ejercicio 6.

Nombre Aaliyah #5 8/32/21

Por tu cuenta

Compara. Escribe <, > ó =.

7. $2,212 (>) $2,600

8. 88,304 (=) 88,304

9. $524,116 (>) $61,090

10. 751,272 (>) 851,001

Ordena de menor a mayor.

11. 41,090; 41,190; 40,009

12. 910,763; 912,005; 95,408

PRÁCTICA MATEMÁTICA 7 **Identifica las relaciones** **Álgebra** **Escribe todos los dígitos que pueden reemplazar a cada ■.**

13. 567 < 5■5 < 582

14. 464,545 > 4■3,535 > 443,550

15. ¿Qué dígitos pueden reemplazar el ■ para que el enunciado sea correcto?
6,456 < 6,■12 < 6,788

16. MÁS AL DETALLE En la tienda de autos usados de Mónica, el personal de ventas se propuso un objetivo de $25,500 en ventas por semana. Las ventas durante tres semanas fueron $28,288, $25,369 y $25,876. ¿Qué total no alcanzó el objetivo?

17. PIENSA MÁS Max dijo que 36,594 es menor que 5,980 porque 3 es menor que 5. Describe el error de Max y da la respuesta correcta.

Resolución de problemas • Aplicaciones En el mundo

Usa la gráfica con dibujos para resolver los problemas 18 a 20.

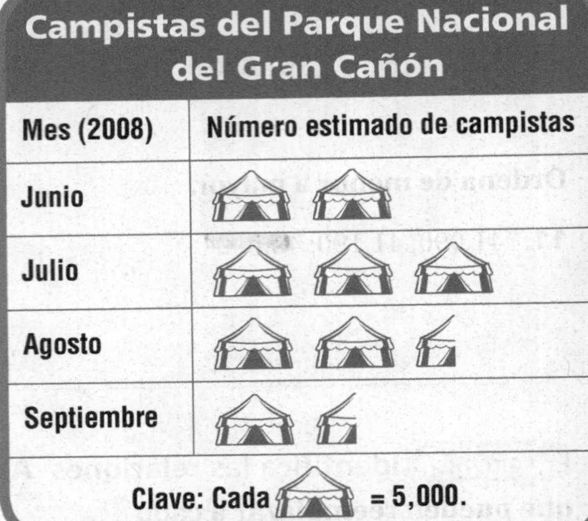

Campistas del Parque Nacional del Gran Cañón
Mes (2008)
Número estimado de campistas
Junio
Julio
Agosto
Septiembre
Clave: Cada = 5,000.

18. PRÁCTICA MATEMÁTICA 4 **Usa gráficas** ¿En qué mes el Parque Nacional del Gran Cañón tuvo alrededor de 7,500 campistas?

____

19. ¿En qué meses hubo más de 10,000 campistas?

____

20. ¿Qué pasaría si durante el mes de octubre el parque tuviera 22,500 campistas? ¿Cuántos símbolos habría en la gráfica con dibujos para el mes de octubre?

____

21. PIENSA MÁS **¿Cuál es la pregunta?** Compara: 643,251, 633,512 y 633,893. La respuesta es 633,512.

____

____

Entrenador personal en matemáticas

22. PIENSA MÁS + La escuela de Zachary se propuso juntar 12,155 latas de comida por día. Durante los primeros 3 días juntaron 12,250 latas, 10,505 latas y 12,434 latas. Escribe cada número en la tabla, según hayan alcanzado su objetivo o no.

12,434   10,505   12,250

Alcanzaron su objetivo	No alcanzaron su objetivo

PRÁCTICA ADICIONAL
Cuaderno de práctica de los estándares

Nombre ____________________

Redondear números

Pregunta esencial ¿Cómo puedes redondear números?

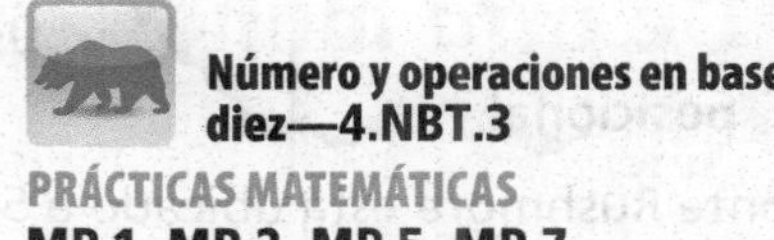

Número y operaciones en base diez—4.NBT.3
PRÁCTICAS MATEMÁTICAS
MP.1, MP.2, MP.5, MP.7

Soluciona el problema (En el mundo)

Durante mayo de 2008, el monumento nacional Monte Rushmore en South Dakota recibió 138,202 visitantes. Una página web informó que alrededor de cien mil personas visitaron el parque durante ese mes. ¿La estimación es razonable?

- Subraya lo que debes hallar.
- Encierra en un círculo la información que usarás.

Una **estimación** te indica alrededor de cuántos o de cuánto. Es un número cercano a una cantidad exacta. Puedes **redondear** un número para hallar una estimación.

De una manera Usa una recta numérica.

Para redondear un número a la centena de millar más próxima, halla las centenas de millar entre las que se encuentra.

____________ < 138,202 < ____________

Usa una recta numérica para ver de qué centena de millar está más cerca 138,202.

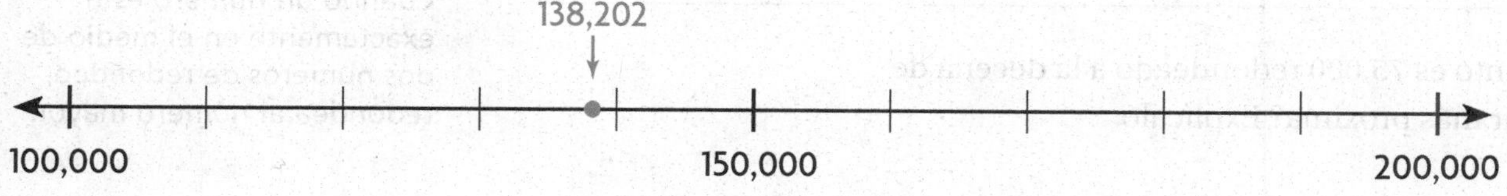

138,202 está más cerca de ____________ que de ____________.

Entonces, cien mil es una estimación razonable para 138,202.

Charla matemática Prácticas matemáticas

¿155,000 está más cerca de 100,000 o de 200,000? **Explícalo.**

1. ¿Qué número está en el medio de 100,000 y 200,000?

____

2. Si sabes dónde está el punto medio, ¿cómo te ayuda esa información a hallar de qué centena de millar está más cerca 138,202? Explícalo.

____

____

____

De otra manera Usa el valor posicional.

El monte Rushmore está ubicado a 5,725 pies sobre el nivel del mar. ¿Alrededor de a qué altura sobre el nivel del mar redondeada al millar de pie más próximo está el Monte Rushmore?

Para redondear un número al millar más próximo, -halla los millares entre los que se encuentra.

_______ < 5,725 < _______

Observa el dígito que está en el valor posicional de la derecha.

5,725

Piensa: El dígito que está en el lugar de las centenas es 7. Entonces, 5,725 está más cerca de 6,000 que de 5,000.

Entonces, el monte Rushmore está a alrededor de

_______ pies sobre el nivel del mar.

Charla matemática — **Prácticas matemáticas**

Explica cómo sabes que 5,700 está más cerca de 6,000 que de 5,000.

3. ¿Qué número está en el medio de 70,000 y 80,000?

____

Idea matemática

Cuando un número está exactamente en el medio de dos números de redondeo, redondea al número mayor.

4. ¿Cuánto es 75,000 redondeado a la decena de millar más próxima? Explícalo.

____

____

____

¡Inténtalo! Redondea al valor posicional del dígito subrayado.

A <u>6</u>4,999

____

B <u>8</u>50,000

____

C 30<u>1</u>,587

____

D 1<u>0</u>,832

____

Nombre ____________________________________

Comparte y muestra

1. Supón que en una ciudad viven 255,113 personas. ¿Es razonable decir que alrededor de 300,000 personas viven en esa ciudad? Usa la recta numérica como ayuda para resolver el problema. Explícalo.

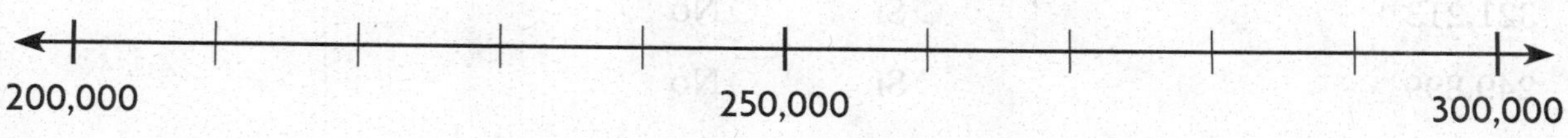

____

____

Redondea al valor posicional del dígito subrayado.

2. 93<u>4</u>,567 ______ **3.** 6<u>4</u>1,267 ______ **4.** <u>2</u>34,890 ______ **5.** 3<u>4</u>7,456 ______

Por tu cuenta

Redondea al valor posicional del dígito subrayado.

6. <u>5</u>62,408 ______ **7.** 2<u>8</u>4,792 ______ **8.** 19<u>9</u>,814 ______ **9.** 923,7<u>1</u>8 ______

Resolución de problemas • Aplicaciones

10. PIENSA MÁS Al número 2,▇00 le falta un dígito. Ese número redondeado al millar más próximo es 3,000. Escribe todas las posibilidades para el dígito que falta. Explica tu respuesta.

____

____

____

____

____

11. MÁS AL DETALLE ¿Cuál es el millar más próximo al que se puede redondear 277,300? ¿Y la decena de millar más próxima?

____

12. PIENSA MÁS Alrededor de 300,000 personas asistieron a un festival. Para los ejercicios 12a a 12e, elige Sí o No para indicar qué números podrían ser el número exacto de personas que asistieron al festival.

12a.	321,213	○ Sí	○ No
12b.	249,899	○ Sí	○ No
12c.	252,348	○ Sí	○ No
12d.	389,001	○ Sí	○ No
12e.	305,992	○ Sí	○ No

Conectar con las Ciencias

Recopilación de datos

Algunos científicos cuentan y miden grupos de cosas. Se pueden usar puntos de referencia para estimar el tamaño de un grupo o una población. Un *punto de referencia* es un número conocido de cosas que sirve como ayuda para comprender el tamaño o la cantidad de un número diferente de esas cosas.

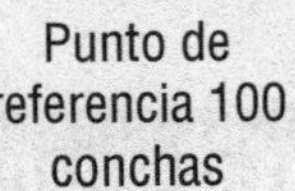

Punto de referencia 100 conchas

200; 500; ó 5,000

Usa el punto de referencia para hallar una estimación razonable del número de conchas de almeja que se necesitarían para llenar un frasco.

Se necesitaría una cantidad alrededor de 5 veces mayor que el punto de referencia para llenar el frasco. $100 + 100 + 100 + 100 + 100 = 500$

La estimación más razonable del número de conchas de almeja que se necesitarían para llenar el frasco es 500 conchas.

PRÁCTICA MATEMÁTICA 1 Evalúa si es razonable **Usa el punto de referencia para hallar una estimación razonable. Encierra en un círculo la estimación razonable.**

13.

500 cuentas

1,000; 2,000; ó 3,000

14.

10,000 briznas de hierba

1,000; 10,000; ó 100,000

PRÁCTICA ADICIONAL: Cuaderno de práctica de los estándares

Nombre ______________________________

Revisión de la mitad del capítulo

Vocabulario

Vocabulario
forma desarrollada
forma normal
período
redondear

Elige el término del recuadro que mejor corresponda.

1. La ______________________ de 23,850 es 20,000 + 3,000 + 800 + 50. (pág. 9)
2. Puedes ________________ para hallar *alrededor* de cuánto o de cuántos. (pág. 17)
3. En 192,860 los dígitos 1, 9 y 2 están en el mismo ________________. (pág. 9)

Conceptos y destrezas

Halla el valor del dígito subrayado. (4.NBT.1)

4. 3<u>8</u>0,671 ____________
5. 10,6<u>9</u>8 ____________
6. <u>6</u>50,234 ____________

Escribe el número de otras dos formas. (4.NBT.2)

7. 293,805

____

____

____

8. 300,000 + 5,000 + 20 + 6

____

____

____

Compara. Escribe <, > ó =. (4.NBT.2)

9. 457,380 ◯ 458,590
10. 390,040 ◯ 39,040
11. 11,809 ◯ 11,980

Redondea al valor posicional del dígito subrayado. (4.NBT.3)

12. <u>1</u>40,250 ____________
13. 10,<u>4</u>50 ____________
14. 12<u>6</u>,234 ____________

15. El año pasado, trescientas veintitrés mil personas visitaron el museo. ¿Cuál es el número en la forma normal? (4.NBT.2)

____

16. ¿A qué número se redondeará 4,645 si se redondea al millar más próximo? (4.NBT.3)

____

17. ¿Cuál es el volcán más alto de la cordillera de las Cascadas? (4.NBT.2)

Volcanes de la cordillera de las Cascadas		
Nombre	**Estado**	**Altura (en pies)**
Lassen Peak	CA	10,457
Monte Rainier	WA	14,410
Monte Shasta	CA	14,161
Monte Saint Helens	WA	8,364

____

18. Richard obtuvo 263,148 resultados cuando realizó una búsqueda en Internet. ¿Cuál es el valor del dígito 6 en este número? (4.NBT.1)

____

Nombre ____________________

Convertir números

Pregunta esencial ¿Cómo puedes convertir un número entero?

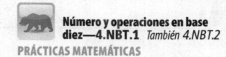

Número y operaciones en base diez—4.NBT.1 *También 4.NBT.2*

PRÁCTICAS MATEMÁTICAS
MP.2, MP.4, MP.7

Investigar

Materiales ■ bloques de base diez

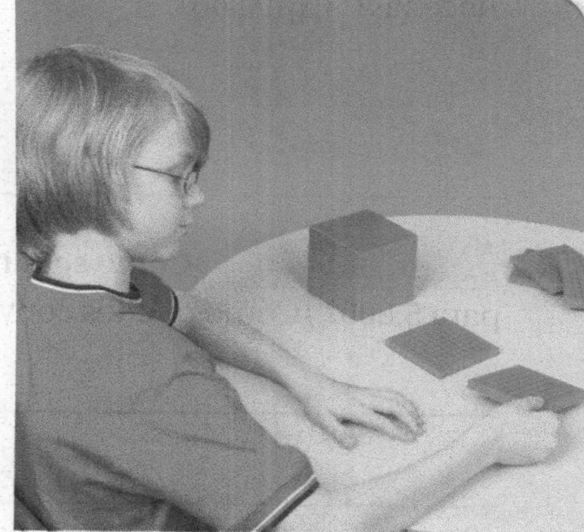

Puedes reagrupar números para convertirlos.

A. Usa cubos grandes y marcos para representar 1,200. Haz un dibujo rápido de tu modelo.

En el modelo se muestran ______ cubo grande y ______ marcos.

Otra manera de expresar 1,200 es ______ millar y ______ centenas.

B. Usa sólo marcos para representar 1,200.
Haz un dibujo rápido de tu modelo.

En el modelo se muestran ______ marcos.

Otra manera de expresar 1,200 es ______ centenas.

Sacar conclusiones

1. ¿Cuál es la relación entre la cantidad de cubos grandes y de marcos del primer modelo y la cantidad de marcos del segundo modelo?

____

____

2. ¿Puedes usar sólo barras para representar 1,200? Explícalo.

____

____

3. Convertiste 1,200 en centenas. ¿Cómo puedes convertir 1,200 en decenas? Explícalo.

____

____

4. PIENSA MÁS ¿Cómo serían los modelos del Paso A y del Paso B para 5,200? ¿Cómo puedes convertir 5,200 en centenas?

____

____

____

Hacer conexiones

También puedes usar una tabla de valor posicional como ayuda para convertir números.

MILLARES			UNIDADES		
Centenas	Decenas	Unidades	Centenas	Decenas	Unidades
5	0	0,	0	0	0

5 centenas de millar
50 decenas de millar
500 millares
5,000 centenas
50,000 decenas
500,000 unidades

Escribe 32 centenas en la siguiente tabla de valor posicional.
¿Cómo se escribe 32 centenas en la forma normal?

MILLARES			UNIDADES		
Centenas	Decenas	Unidades	Centenas	Decenas	Unidades

32 centenas

32 centenas se escribe ____________ en la forma normal.

Charla matemática

Prácticas matemáticas

Explica cómo puedes convertir 4 decenas de millar y 3 millares en millares.

Nombre ____________________

Comparte y muestra

Convierte los números. Haz un dibujo rápido como ayuda.

1. 150

_____ decenas

2. 1,400

_____ centenas

3. 2 millares y 3 centenas

_____ centenas

4. 13 centenas

_____ millar y _____ centenas

Convierte los números. Usa la tabla de valor posicional como ayuda.

5. 18 millares = ____________

MILLARES			UNIDADES		
Centenas	Decenas	Unidades	Centenas	Decenas	Unidades

6. 570,000 = 57 ____________

MILLARES			UNIDADES		
Centenas	Decenas	Unidades	Centenas	Decenas	Unidades

Convierte los números.

7. 580 = _____ decenas

8. 740,000 = _____ decenas de millar

9. 8 centenas y 4 decenas = 84 ____________

10. 29 millares = ____________

Soluciona el problema En el mundo

11. PIENSA MÁS Una tienda de juguetes debe encargar 3,000 carros de control remoto y puede encargarlos en conjuntos de 10. ¿Cuántos conjuntos de 10 debe encargar la tienda?

a. ¿Qué información debes usar?

____

b. ¿Qué debes hallar?

____

c. ¿Cómo puede ayudarte convertir números a resolver este problema?

____

d. Describe una estrategia que puedes usar para resolver el problema.

____

e. ¿Cuántos conjuntos de 10 carros de control remoto debe comprar la tienda?

____

12. MÁS AL DETALLE En una venta de cítricos, Iván vendió 53 cajones de naranjas el viernes y 27 cajones el sábado. Había 10 naranjas en cada cajón. ¿Cuántas naranjas vendió en total?

____

13. PRÁCTICA MATEMÁTICA 2 **Razona** El mes pasado, una tienda vendió un total de 15,000 cajas de botones. Si se vendieron 150,000 botones, ¿cuántos botones había en cada caja?

____

14. PIENSA MÁS En los ejercicios 14a a 14d, elige Verdadero o Falso para cada uno de los enunciados.

14a.	Puedo convertir 9 centenas y 3 decenas en 39 decenas.	○ Verdadero	○ Falso
14b.	Puedo convertir 370,000 en 37 decenas de millar.	○ Verdadero	○ Falso
14c.	Puedo convertir 780 en 78 decenas.	○ Verdadero	○ Falso
14d.	Puedo convertir 42,000 en 42 millares.	○ Verdadero	○ Falso

PRÁCTICA ADICIONAL:
Cuaderno de práctica de los estándares

Nombre ______________________

Sumar números enteros

Pregunta esencial ¿Cómo puedes sumar números enteros?

Número y operaciones en base diez—4.NBT.4 *También 4.OA.3, 4.NBT.3*

PRÁCTICAS MATEMÁTICAS
MP.1, MP.5, MP.8

Soluciona el problema (En el mundo)

Alaska es el estado de mayor área de los Estados Unidos. Su área continental es 570,374 millas cuadradas y su área acuática es 86,051 millas cuadradas. Halla el área total de Alaska.

- Subraya lo que tienes que hallar.
- Encierra en un círculo la información que usarás.

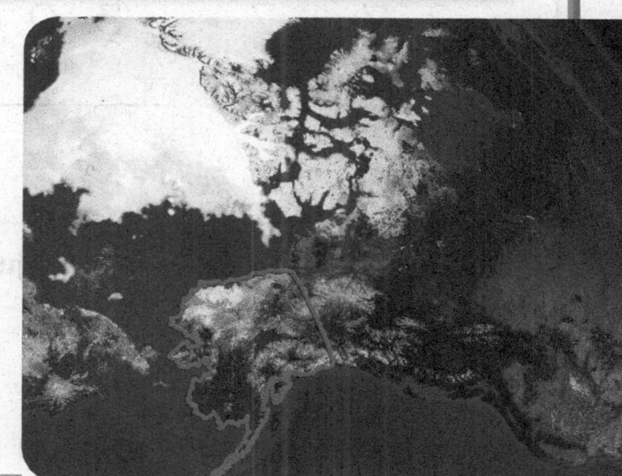

▲ En la foto se muestra el contorno del área de Alaska.

Halla la suma.

Suma. 570,374 + 86,051

Piensa: Al sumar dos números, es importante alinear los sumandos según su valor posicional.

PASO 1 Suma las unidades.

Suma las decenas. Reagrupa.

12 decenas = 1 centena y _____ decenas

$$\begin{array}{r} \overset{1}{} \\ 570{,}374 \\ +\ 86{,}051 \\ \hline \square \end{array}$$

PASO 2 Suma las centenas.

Suma los millares.

$$\begin{array}{r} 570{,}374 \\ +\ 86{,}051 \\ \hline \square 25 \end{array}$$

PASO 3 Suma las decenas de millar.

Reagrupa.

15 decenas de millar =

1 centena de millar y _____ centena de millar

$$\begin{array}{r} 570{,}374 \\ +\ 86{,}051 \\ \hline \square 6{,}425 \end{array}$$

PASO 4 Suma las centenas de millar.

$$\begin{array}{r} 570{,}374 \\ +\ 86{,}051 \\ \hline \square 56{,}425 \end{array}$$

Entonces, el área total de Alaska es __________ millas cuadradas.

Charla matemática — **Prácticas matemáticas**

Explica cómo sabes cuándo debes reagrupar al sumar.

Estima Puedes estimar para saber si un resultado es razonable. Para estimar una suma, redondea cada sumando antes de sumar.

Ejemplo Estima. Luego halla la suma.

Juneau tiene un área de 2,717 millas cuadradas. Valdez tiene un área de 222 millas cuadradas. ¿Cuál es el área de las dos ciudades juntas?

A Estima. Usa la cuadrícula como ayuda para alinear los sumandos según su valor posicional.

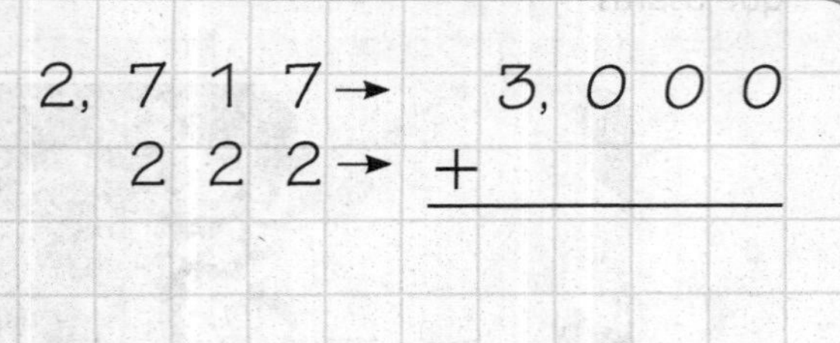

Redondea al millar más próximo.

Redondea a la centena más próxima.

Entonces, el área de Juneau y Valdez juntas es alrededor de ____________ millas cuadradas.

B Halla la suma.

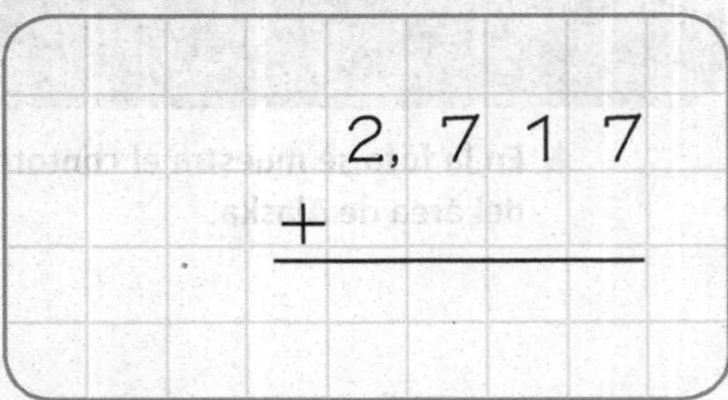

Piensa: Empieza por sumar las unidades.

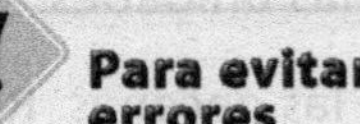

Para evitar errores

Recuerda alinear los sumandos según su valor posicional.

Entonces, el área de Juneau y Valdez juntas es ____________ millas cuadradas.

- ¿Es razonable la suma? Explícalo.

____

Comparte y muestra

1. Usa la cuadrícula para hallar 738,901 + 162,389.

Usa la cuadrícula para alinear los sumandos según su valor posicional.

Nombre ______________________________

Estima. Luego halla la suma.

2. Estimación: __________

$$\begin{array}{r} 72{,}931 \\ +\,18{,}563 \\ \hline \end{array}$$

3. Estimación: __________

$$\begin{array}{r} 432{,}068 \\ +\,239{,}576 \\ \hline \end{array}$$

4. Estimación: __________

$$\begin{array}{r} 64{,}505 \\ +\,38{,}972 \\ \hline \end{array}$$

Charla matemática **Prácticas matemáticas**

Explica cómo sabes que tu resultado para el Ejercicio 2 es razonable.

Por tu cuenta

Estima. Luego halla la suma.

5. Estimación: __________

$$\begin{array}{r} 839{,}136 \\ +\,120{,}193 \\ \hline \end{array}$$

6. Estimación: __________

$$\begin{array}{r} 186{,}231 \\ +\,88{,}941 \\ \hline \end{array}$$

7. Estimación: __________

$$\begin{array}{r} 744{,}201 \\ +\,168{,}900 \\ \hline \end{array}$$

8. Estimación: __________

$$\begin{array}{r} 374{,}096 \\ +\,187{,}543 \\ \hline \end{array}$$

9. Estimación: __________

$$\begin{array}{r} 100{,}738 \\ +\,19{,}553 \\ \hline \end{array}$$

10. Estimación: __________

$$\begin{array}{r} 512{,}335 \\ +\,297{,}866 \\ \hline \end{array}$$

PRÁCTICA MATEMÁTICA 2 **Razona de manera abstracta** **Álgebra** **Halla el número que falta e indica la propiedad que usaste para hallarlo. Escribe *conmutativa* o *asociativa*.**

11. (4,580 + 5,008) + 2,351 = 4,580 + (▭ + 2,351)

____

12. 7,801 + ▭ = 4,890 + 7,801 __________________

13. 2,592 + 3,385 = 3,385 + ▭ __________________

Recuerda

Propiedad conmutativa

4 + 5 = 5 + 4

Propiedad asociativa

4 + (7 + 3) = (4 + 7) + 3

Resolución de problemas • Aplicaciones

En el mundo

Usa la tabla para resolver los problemas 14 a 15.

Ciudades importantes de Alaska

Ciudad	Población*
Anchorage	286,174
Fairbanks	35,252
Juneau	30,796

*Estimaciones de la Oficina del Censo de los EE. UU., 2009

14. PIENSA MÁS ¿Cuál es la población de las tres ciudades importantes de Alaska juntas? Estima para comprobar tu resultado.

____

15. PRÁCTICA MATEMÁTICA 6 El dígito 5 aparece dos veces en la población de Fairbanks. ¿Cuál es el valor de cada 5? **Explica** tu respuesta.

____

____

____

16. MÁS AL DETALLE Kaylie tiene una colección de 164 estampillas. Su amiga Nellie tiene 229 estampillas más que Kaylie. ¿Cuántas estampillas tienen Kaylie y Nellie juntas?

____

17. PIENSA MÁS El Parque Nacional Glacier Bay de Alaska recibió 431,986 visitantes en un año. El año siguiente, el parque recibió 22,351 visitantes más que el año anterior. ¿Cuántas personas visitaron el parque durante los dos años? Muestra tu trabajo y explica cómo hallaste la respuesta.

____

____

____

____

____

____

ESCRIBE ▸ *Matemáticas* • Muestra tu tra

Nombre Aaliyah

Restar números enteros

Pregunta esencial ¿Cómo puedes restar números enteros?

Número y operaciones en base diez—4.NBT.4 *También 4.NBT.3, 4.OA.3*

PRÁCTICAS MATEMÁTICAS
MP.1, MP.5, MP.8

Soluciona el problema

El monte Bear y el monte Bona son dos montañas de Alaska. El monte Bear mide 14,831 pies de altura y el monte Bona mide 16,421 pies de altura. ¿Cuánto más alto es el monte Bona que el monte Bear?

▲ El monte Bear y el monte Bona forman parte de la cordillera Saint Elias, ubicada en el Parque y Reserva Nacional Wrangell-St. Elias, Alaska.

Estima. 16,000 − 15,000 = ______

Resta. 16,421 − 14,831

PASO 1 Resta las unidades.

Reagrupa para restar las decenas.

4 centenas y 2 decenas =

3 centenas y ______ decenas

```
   312
 16,421
-14,831
```

PASO 2 Reagrupa para restar las centenas.

6 millares y 3 centenas =

5 millares y ______ centenas

```
   13
  5 312
 16,421
-14,831
     90
```

PASO 3 Resta los millares.

Resta las decenas de millar.

```
   13
  5 312
 16,421
-14,831
   ,590
```

Entonces, el monte Bona es ______ pies más alto que el monte Bear.

Puesto que ______ está cerca de la estimación de ______, la respuesta es razonable.

¡Inténtalo! **Usa la suma para comprobar tu resultado.**

$$\begin{array}{r} 16{,}421 \\ -14{,}831 \\ \hline 1{,}590 \end{array} \qquad \begin{array}{r} 1{,}590 \\ +14{,}831 \\ \hline \square \end{array}$$

Idea matemática

Las operaciones inversas se cancelan entre sí. La suma y la resta son operaciones inversas, por lo que puedes usar la suma para comprobar un ejercicio de resta.

Entonces, el resultado se comprueba.

Comparte y muestra

1. Resta. Usa la cuadrícula para anotar el problema.

637,350 − 43,832

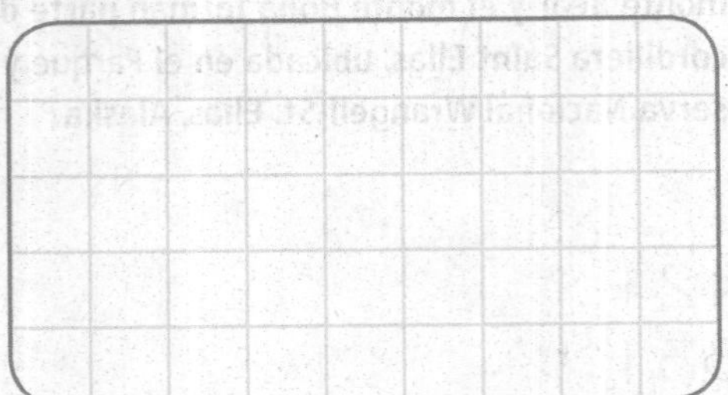

Charla matemática **Prácticas matemáticas**

Explica cómo sabes qué lugares debes reagrupar para restar.

Estima. Luego halla la diferencia.

2. Estimación: ______

$$\begin{array}{r} 14{,}659 \\ -11{,}584 \\ \hline \end{array}$$

3. Estimación: ______

$$\begin{array}{r} 456{,}912 \\ -\ 37{,}800 \\ \hline \end{array}$$

4. Estimación: ______

$$\begin{array}{r} 407{,}001 \\ -184{,}652 \\ \hline \end{array}$$

Por tu cuenta

Estima. Luego halla la diferencia.

5. Estimación: ______

$$\begin{array}{r} 942{,}385 \\ -461{,}803 \\ \hline \end{array}$$

6. Estimación: ______

$$\begin{array}{r} 798{,}300 \\ -348{,}659 \\ \hline \end{array}$$

7. Estimación: ______

$$\begin{array}{r} 300{,}980 \\ -159{,}000 \\ \hline \end{array}$$

Nombre ________________________________

Práctica: Copia y resuelve **Resta. Suma para comprobar.**

8. 653,809 − 256,034

9. 258,197 − 64,500

10. 496,004 − 398,450

11. 500,000 − 145,609

PRÁCTICA MATEMÁTICA 2 **Razona de manera abstracta Álgebra** Halla el dígito que falta.

12.
$$\begin{array}{r} 6{,}532 \\ -4{,}1\square 5 \\ \hline 2{,}407 \end{array}$$

13.
$$\begin{array}{r} \square 08{,}665 \\ -659{,}420 \\ \hline 149{,}245 \end{array}$$

14.
$$\begin{array}{r} 697{,}320 \\ -432{,}\square 08 \\ \hline 264{,}712 \end{array}$$

Resolución de problemas • Aplicaciones

Usa la tabla para resolver los problemas 15 a 18.

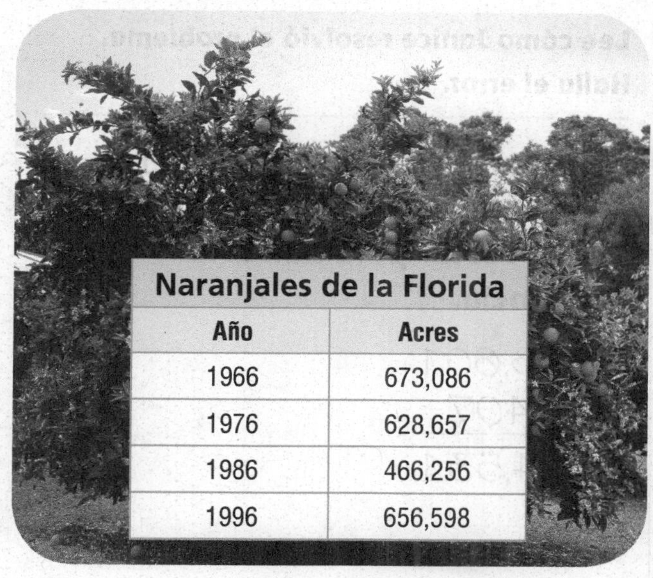

Naranjales de la Florida	
Año	**Acres**
1966	673,086
1976	628,657
1986	466,256
1996	656,598

15. PRÁCTICA MATEMÁTICA 1 **Estimación razonable** ¿Cuántos acres más se cultivaron en 1996 que en 1986? Haz una estimación para comprobar si tu respuesta es razonable.

____

____

____

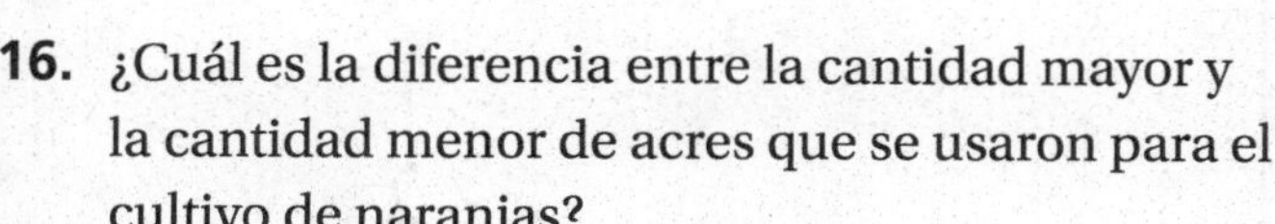

16. ¿Cuál es la diferencia entre la cantidad mayor y la cantidad menor de acres que se usaron para el cultivo de naranjas?

____

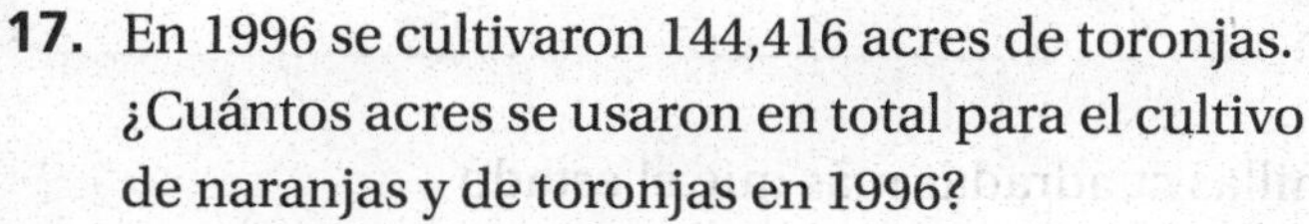

17. En 1996 se cultivaron 144,416 acres de toronjas. ¿Cuántos acres se usaron en total para el cultivo de naranjas y de toronjas en 1996?

____

18. MÁS AL DETALLE Redondea el número de acres en 1966 y 1996 a la decena de millar más próxima. ¿Cuál es la estimación de la diferencia entre estos dos años?

____

19. PIENSA MÁS Hay 135,663 kilómetros de costa estadounidense que limitan con el océano Pacífico. Hay 111,866 kilómetros de costa estadounidense que limitan con el océano Atlántico. ¿Cuántos kilómetros más de costa estadounidense limitan con el océano Pacífico que con el océano Atlántico? Resuelve el problema y muestra cómo comprobar tu respuesta.

____

____

20. PIENSA MÁS **¿Cuál es el error?** El estado de Maryland tiene un área de 12,407 millas cuadradas. El estado de Texas tiene un área de 268,601 millas cuadradas. ¿Cuánto más grande es el estado de Texas que el de Maryland?

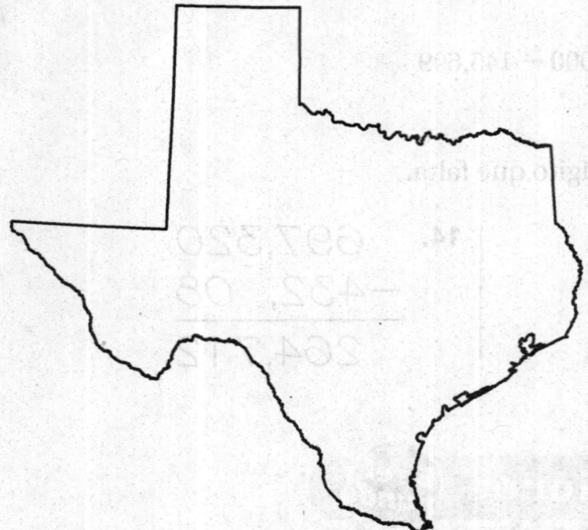

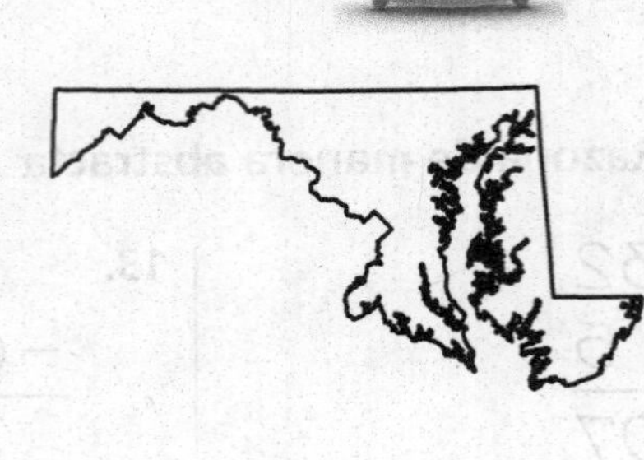

Lee cómo Janice resolvió el problema. Halla el error.

Texas: 268,601 millas cuadradas
Maryland: 12,407 millas cuadradas
Puedo restar para hallar la diferencia.

$$\begin{array}{r} 268{,}601 \\ -\ 12{,}407 \\ \hline 144{,}531 \end{array}$$

Resuelve el problema y corrige el error.

Entonces, el estado de Texas tiene ______________ millas cuadradas más que el estado de Maryland.

- PRÁCTICA MATEMÁTICA 3 **Verifica los razonamientos de los demás** Describe el error de Janice.

____

____

PRÁCTICA ADICIONAL: Cuaderno de práctica de los estándares

Nombre ______________________________

Resolución de problemas • Problemas de comparación con la suma y la resta

Número y operaciones en base diez— 4.NBT.4
PRÁCTICAS MATEMÁTICAS
MP.3, MP.4, MP.5, MP.8

Pregunta esencial ¿Cómo puedes usar la estrategia hacer un diagrama para resolver problemas de comparación con la suma y la resta?

Soluciona el problema

Los festivales de globos aerostáticos atraen a grandes multitudes. El primer día de un festival asistieron 17,350 personas. El segundo día, la asistencia fue de 18,925 personas. ¿Cuántas personas más asistieron al festival de globos aerostáticos el segundo día?

Usa el organizador gráfico como ayuda para resolver el problema.

Lee el problema

¿Qué debo hallar?	¿Qué información debo usar?	¿Cómo usaré la información?
Escribe lo que debes hallar. ________________ ________________ ________________ ________________	________ personas asistieron el primer día, ________ personas asistieron el segundo día.	¿Qué estrategia puedes usar? ________________ ________________ ________________ ________________

Resuelve el problema

Puedo hacer un modelo de barras y escribir una ecuación para representar el problema.

18,925
17,350

$18,925 - 17,350 =$ ________

Entonces, el segundo día asistieron al festival ________ personas más.

Haz otro problema

Durante una demostración, un globo aerostático recorrió una distancia de 5,110 pies en el primer vuelo y 850 pies más en el segundo vuelo. ¿Qué distancia recorrió el globo en el segundo vuelo?

Lee el problema

¿Qué debo hallar?	¿Qué información debo usar?	¿Cómo usaré la información?

Resuelve el problema

- ¿Tu respuesta es razonable? Explica cómo lo sabes.

Charla matemática

Prácticas matemáticas

Explica cómo puedes usar operaciones inversas para comprobar tu resultado.

Nombre ______________________________

Comparte y muestra

SOLUCIONA el problema

- Usa la pizarra de Resolución de problemas.
- Subraya los datos importantes.
- Elige una estrategia que conozcas.

1. Los globos aerostáticos pueden volar a grandes altitudes. En 1988 se estableció una marca mundial de 64,997 pies de altitud. En 2005 se estableció una nueva marca de 68,986 pies de altitud. ¿Por cuántos pies superó la marca de 2005 a la de 1988?

Primero, haz un diagrama para mostrar las partes del problema.

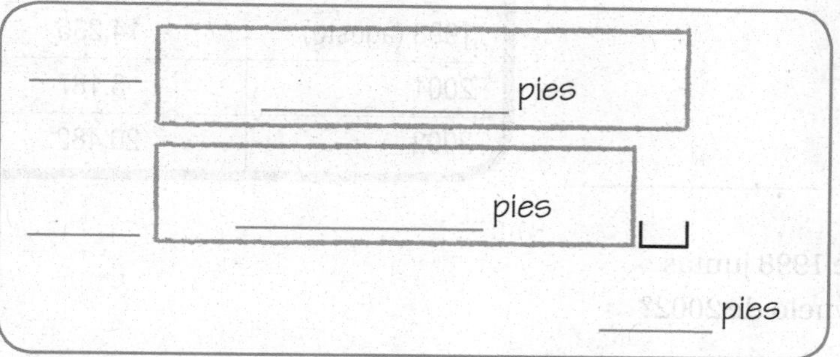

Luego, escribe el problema que debes resolver.

____

Por último, resuelve el problema para hallar por cuántos pies superó la marca de 2005 a la de 1988.

Entonces, la marca de 2005 superó a la de 1988 por ________ pies.

▲ El Dr. Vijaypat Singhania estableció una nueva marca con el globo aerostático más grande del mundo. El globo medía más de 20 pisos de altura.

2. ¿Qué pasaría si se estableciera una nueva marca mundial de 70,000 pies de altitud? ¿Por cuántos pies superaría la nueva marca a la de 2005?

____

3. El año pasado, las ventas de boletos para volar en un globo aerostático comercial fueron $109,076. Este año, las ventas de boletos fueron $125,805. ¿Por cuánto superaron las ventas de este año a las del año pasado?

____

4. Un músico vendió 234,499 copias de su primer álbum en la primera semana luego del lanzamiento. Durante la segunda semana, vendió otros 432,112 álbumes. ¿Cuántos álbumes más vendió durante la segunda semana que durante la primera?

____

Por tu cuenta

Usa la información de la tabla para resolver los problemas 5 a 6.

5. PRÁCTICA MATEMÁTICA 4 **Usa los modelos** Steve Fossett intentó varias veces dar la vuelta al mundo en globo hasta que lo logró en 2002. ¿Cuántas millas más voló en el vuelo de 2002 que en el vuelo de agosto de 1998?

Vuelos en globo de Steve Fossett

Año	Distancia en millas
1996	2,200
1997	10,360
1998 (enero)	5,803
1998 (agosto)	14,235
2001	3,187
2002	20,482

6. MÁS AL DETALLE ¿Las distancias de los vuelos de 1998 juntas son mayores o menores que la distancia del vuelo de 2002? Explícalo.

7. PIENSA MÁS Había 665 pilotos en una competencia de globos aerostáticos. Había 1,550 miembros del personal de tierra más que pilotos. ¿Cuántos pilotos y miembros del personal de tierra había en total?

Entrenador personal en matemáticas

8. PIENSA MÁS + El primer año que Becky tuvo su automóvil, manejó 14,378 millas. El segundo año, manejó 422 millas menos que el primer año. Cuando compró el automóvil, ya tenía 16 millas. ¿Cuántas millas tenía el automóvil al finalizar el segundo año? Muestra tu trabajo.

PRÁCTICA ADICIONAL:
Cuaderno de práctica de los estándares

Nombre ______________________________

Repaso y prueba del Capítulo 1

1. Elige un número para ■ de manera que la comparación sea verdadera. Marca todos los que correspondan.

703,209 > ■

Ⓐ 702,309 Ⓒ 703,209 Ⓔ 730,029

Ⓑ 703,029 Ⓓ 703,290 Ⓕ 730,209

2. Nancy escribió el mayor número que puede hallarse usando cada uno de estos dígitos una sola vez.

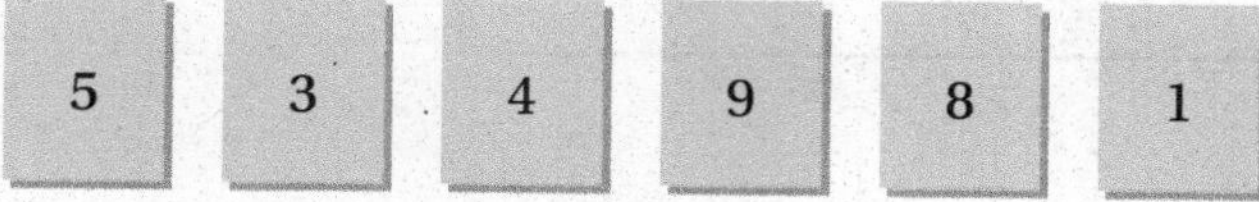

Parte A

¿Cuál era el número de Nancy? ¿Cómo sabes que es el mayor número posible para estos dígitos?

Parte B

¿Cuál es el menor número que puede hallarse usando cada dígito una sola vez? Explica por qué el valor del 4 es mayor que el valor del 5.

Opciones de evaluación
Prueba del capítulo

Usa la tabla para los ejercicios 3 y 4.

Picos de montañas de los Estados Unidos					
Nombre	**Estado**	**Altura (en pies)**	**Nombre**	**Estado**	**Altura (en pies)**
Blanca Peak	CO	14,345	Mount Whitney	CA	14,494
Crestone Peak	CO	14,294	University Peak	AK	14,470
Humboldt Peak	CO	14,064	White Mountain	CA	14,246

3. Escribe el nombre de cada pico de montaña en la casilla que describe su altura en pies.

Entre 14,000 pies y 14,300 pies	Entre 14,301 pies y 14,500 pies

4. Haz un círculo alrededor del pico más alto. Explica cómo sabes qué pico es el más alto.

5. El Sr. Rodríguez compró 420 lápices para la escuela. Si hay 10 lápices en una caja, ¿cuántas cajas compró?

(A) 42

(B) 420

(C) 430

(D) 4,200

6. Bobby y Cheryl redondearon 745,829 a la decena de millar más próxima. Bobby escribió 750,000 y Cheryl escribió 740,000. ¿Quién está en lo correcto? Explica el error que se cometió.

Nombre ______________________________

7. La asistencia total de la temporada a los partidos locales de un equipo universitario, redondeada a la decena de millar más próxima, fue de 270,000. En los ejercicios 7a a 7d, elige Sí o No para indicar si el número podría ser la asistencia exacta.

7a. 265,888 ○ Sí ○ No

7b. 260,987 ○ Sí ○ No

7c. 274,499 ○ Sí ○ No

7d. 206,636 ○ Sí ○ No

Usa la tabla para los ejercicios 8 a 10.

La tabla muestra información reciente sobre la población de Sacramento, California.

Población de Sacramento, CA			
Edad en años	**Población**	**Edad en años**	**Población**
Menores de 5	35,010	20 a 34	115,279
5 a 9	31,406	35 a 49	92,630
10 a 14	30,253	50 a 64	79,271
15 a 19	34,219	65 y mayores	49,420

8. ¿Cuántos niños hay menores de 10 años? Muestra tu trabajo.

9. ¿Cuántas personas tienen entre 20 y 49 años? Muestra tu trabajo.

10. ¿Cuántos niños más tienen menos de 5 años que los que tienen entre 10 y 14 años? Muestra tu trabajo.

11. En los ejercicios 11a a 11d, elige Verdadero o Falso para cada oración.

11a. El valor de 7 en 375,092 es 7,000. ○ Verdadero ○ Falso

11b. El valor de 5 en 427,593 es 500. ○ Verdadero ○ Falso

11c. El valor de 2 en 749,021 es 200. ○ Verdadero ○ Falso

11d. El valor de 4 en 842,063 es 40,000. ○ Verdadero ○ Falso

12. Elige otra forma de mostrar 403,871. Marca todas las que correspondan.

Ⓐ cuatrocientos tres mil ochocientos uno

Ⓑ cuatrocientos tres mil setenta y uno

Ⓒ cuatrocientos tres mil ochocientos setenta y uno

Ⓓ 400,000 + 38,000 + 800 + 70 + 1

Ⓔ 400,000 + 3,000 + 800 + 70 + 1

Ⓕ 4 centenas de millar + 3 millares + 8 centenas + 7 decenas + 1 unidad

13. Lexi, Susie y Rial están jugando en línea a un juego de palabras. Rial anotó 100,034 puntos. Lexi anotó 9,348 puntos menos que Rial y Susie anotó 9749 puntos más que Lexi. ¿Cuál es el puntaje de Susie? Muestra tu trabajo.

14. Un museo recibió 13,501 visitantes en junio. ¿Cómo sería este número redondeado a la decena de millar más próxima? Explica cómo lo redondeaste.

Nombre ___________________________

15. Nuevo México tiene un área de 121,298 millas cuadradas. California tiene un área de 155,779 millas cuadradas. ¿Cuánto mayor, en millas cuadradas, es el área de California que el área de Nuevo México? Muestra tu trabajo y explica cómo sabes que la respuesta es razonable.

16. Haz un círculo alrededor de la frase que complete el enunciado.

10,000 menos que 24,576 es [igual a / mayor que / menor que] 1,000 menos que 14,576

17. Une cada número con el valor de su 5.

45,678 •	• 500
757,234 •	• 50
13,564 •	• 50,000
3,450 •	• 5,000

18. En septiembre y octubre, el Parque Nacional del Gran Cañón tuvo un total de 825,150 visitantes. Si en septiembre hubo 448,925 visitantes, ¿cuántas personas visitaron el parque en octubre? Muestra tu trabajo.

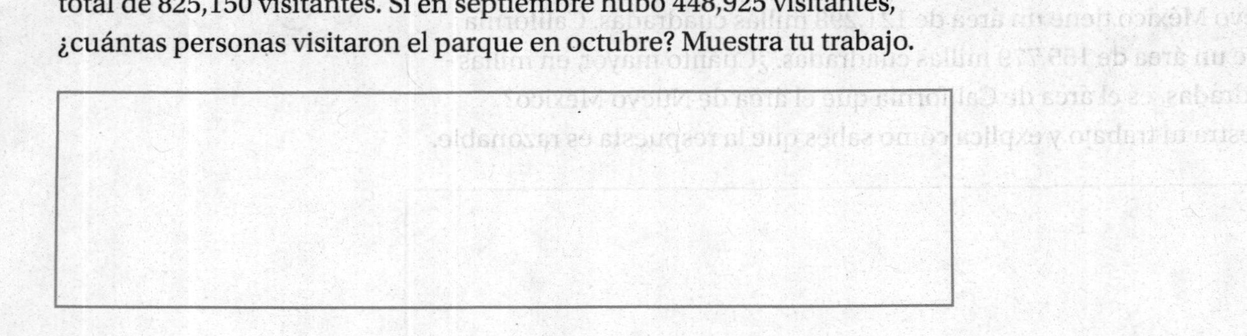

19. Un equipo universitario de béisbol jugó 3 partidos en abril. El primer partido tuvo una asistencia de 14,753 personas. El segundo partido tuvo una asistencia de 20,320 personas. El tercer partido tuvo una asistencia de 14,505 personas. Escribe los partidos en orden, empezando por el que tuvo la menor asistencia hasta el que tuvo la mayor asistencia. Usa dibujos, palabras o números para mostrar cómo lo sabes.

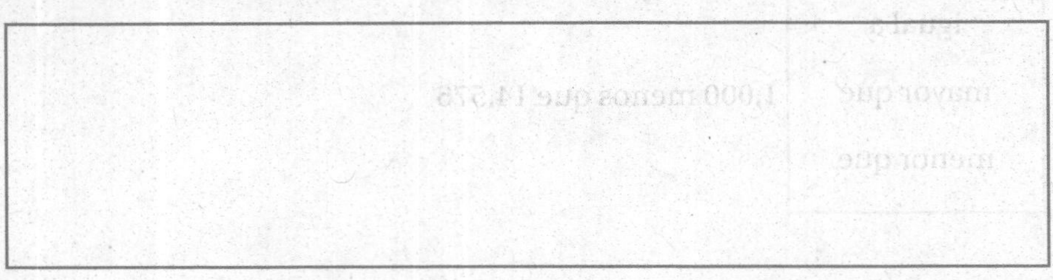

20. Caden formó un número de cuatro dígitos con un 5 en el lugar de los millares, otro 5 en el lugar de las unidades, un 6 en el lugar de las decenas y un 4 en el lugar de las centenas. ¿Qué número formó?

____

Capítulo 2

Multiplicar por números de 1 dígito

Muestra lo que sabes

Comprueba si comprendes las destrezas importantes.

Nombre ______________________________

▶ **Matrices** **Escribe un enunciado de multiplicación para las matrices.**

1.  

2. 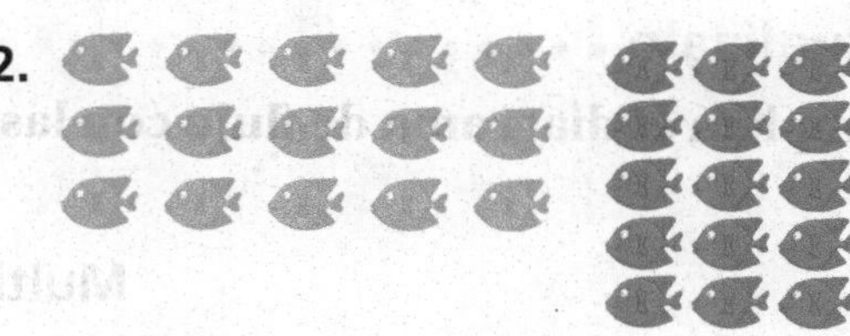

__________ __________ __________ __________

▶ **Operaciones de multiplicación** **Halla el producto.**

3. ______ $= 9 \times 6$

4. ______ $= 7 \times 8$

5. $8 \times 4 =$ ______

▶ **Reagrupar hasta los millares** **Reagrupa. Escribe los números que faltan.**

6. 9 decenas y 10 unidades = ______ centena

7. 60 centenas = ______ millares

8. 25 decenas = ______ centenas y 5 decenas

9. 14 unidades = ______ decena y ______ unidades

10. 3 decenas 12 unidades = ______ decenas 2 unidades

Detective matemático

La medusa melena de león ártica es uno de los animales más grandes que se conocen. Sus tentáculos pueden medir hasta 120 pies. Piensa como un detective matemático y averigua qué relación hay entre esa longitud y tu estatura. Redondea tu estatura al pie más próximo. 120 pies es una longitud ______ veces mayor que ______ pies.

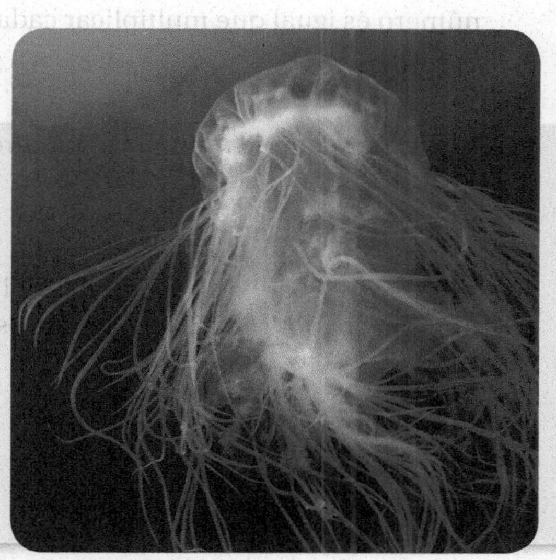

Entrenador personal en matemáticas
Evaluación e intervención en línea

Desarrollo del vocabulario

Palabras de repaso			Palabras nuevas
✓ estimar	✓ valor posicional	✓ redondeo	propiedad distributiva
forma desarrollada	producto		producto parcial
factor	✓ reagrupar		

▶ Visualízalo

Completa el diagrama de flujo con las palabras que tienen una ✓.

Multiplicar

¿Qué puedes hacer?		¿Qué puedes usar?		¿Puedes dar algunos ejemplos?
______ productos.	→	Usar el ______ y el cálculo mental.	→	3 × 48 = ■ ↓ ↓ 3 × 50 = 150
______ las unidades en decenas.	→	Usar el ______.	→	12 unidades = 1 decena y 2 unidades

▶ Comprende el vocabulario

Completa las oraciones.

1. La ______________ establece que multiplicar una suma por un número es igual que multiplicar cada sumando por dicho número y luego sumar los productos.

2. Un número que se multiplica por otro número para hallar un producto se llama ______________.

3. Un método de multiplicación en el que las unidades, decenas, centenas, etc. se multiplican por separado y luego se suman los productos se llama método del ______________.

APRENDE EN LÍNEA
- Libro interactivo del estudiante
- Glosario multimedia

Nombre ______________________

Uso de la multiplicación para hacer comparaciones

Pregunta esencial ¿Cómo puedes usar la multiplicación para hacer comparaciones?

Operaciones y pensamiento algebraico—4.OA.1

PRÁCTICAS MATEMÁTICAS
MP.1, MP.4, MP.7

Puedes usar la multiplicación para comparar cantidades. Por ejemplo, puedes pensar en $15 = 3 \times 5$ como una comparación de dos maneras:

15 es 3 veces 5.

15

5	5	5

5

15 es 5 veces 3.

15

3	3	3	3	3

3

Recuerda

La propiedad conmutativa establece que puedes multiplicar dos factores en cualquier orden y obtener el mismo producto.

Soluciona el problema En el mundo

Carly tiene 9 monedas de 1¢. Jack tiene 4 veces la cantidad de monedas de 1¢ que tiene Carly. ¿Cuántas monedas de 1¢ tiene Jack?

- ¿Qué debes comparar?

____

____

Dibuja un modelo y escribe una ecuación para resolver el problema.

REPRESENTA

Carly | ___ |

Jack | ___ | ___ | ___ | ___ |

ANOTA

Usa el modelo para escribir una ecuación y resolver el problema.

$n =$ ______ $\times$ ______

$n =$ ______

El valor de n es 36.

Piensa: n representa la cantidad de monedas de 1¢ que tiene Jack.

Entonces, Jack tiene ______ monedas de 1¢.

- PIENSA MÁS en qué se diferencian la ecuación para *4 es 2 más que 2* y la ecuación para *4 es 2 veces 2.*

____

____

____

____

Charla matemática **Prácticas matemáticas**

Describe qué se está comparando y explica qué relación hay entre el modelo de comparación y la ecuación.

Ejemplo Dibuja un modelo y escribe una ecuación para resolver el problema.

Miguel tiene 3 veces la cantidad de conejos que tiene Sara. Miguel tiene 6 conejos. ¿Cuántos conejos tiene Sara?

- ¿Cuántos conejos tiene Miguel? _____
- ¿Cuántos conejos tiene Sara?

_____

_____

REPRESENTA

Piensa: No sabes cuántos conejos tiene Sara. Usa *n* para los conejos de Sara.

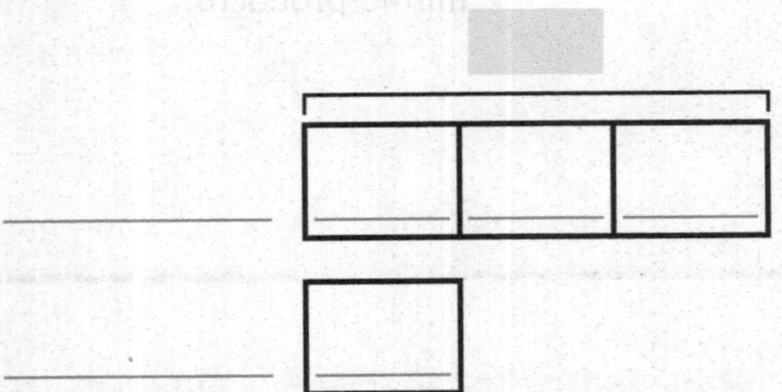

Entonces, Sara tiene 2 conejos.

ANOTA

Usa el modelo para escribir una ecuación y resuelve.

$6 = \_\_\_\_ \times \_\_\_\_$

$6 = 3 \times \_\_\_\_$

Piensa: ¿Qué número multiplicado por 3 es igual a 6?

El valor de *n* es 2.

Piensa: *n* es la cantidad de conejos que tiene Sara.

¡Inténtalo! Escribe una ecuación o un enunciado de comparación.

A **Escribe una ecuación.**

21 es 7 veces 3.

_____ = _____ × _____

B **Escribe un enunciado de comparación.**

$8 \times 5 = 40$

_____ veces _____ es _____.

Comparte y muestra

1. El club de arte tiene 8 estudiantes. En el coro, hay 3 veces la cantidad de estudiantes que en el club de arte. ¿Cuántos estudiantes hay en el coro?

Entonces, hay _____ estudiantes en el coro.

Escribe una ecuación y resuelve.

$n = \_\_\_\_ \times \_\_\_\_$

$n = \_\_\_\_$

El valor de *n* es _____.

Charla matemática **Prácticas matemáticas**

¿Podrías escribir la ecuación de una manera diferente? **Explícalo.**

Nombre ______________________________

Dibuja un modelo y escribe una ecuación.

2. 6 veces 2 es 12.

____

3. 20 es 4 veces 5.

____

Escribe un enunciado de comparación.

4. $18 = 9 \times 2$

_____ es _____ veces _____.

5. $8 \times 4 = 32$

_____ veces _____ es _____.

Por tu cuenta

Escribe un enunciado de comparación.

6. $5 \times 7 = 35$

_____ veces _____ es _____.

7. $54 = 6 \times 9$

_____ veces _____ es _____.

Escribe una ecuación.

8. 3 veces 7 es 21.

____

9. 40 es 5 veces 8.

____

10. MÁS AL DETALLE Nando tiene 4 peces de colores. Jill tiene 3 peces de colores. Cooper tiene 2 veces la cantidad de peces de colores que tienen Nando y Jill en total. Escribe una ecuación que compare el número de peces de colores de Cooper con el número de peces que tienen Nando y Jill.

____

11. PRÁCTICA MATEMÁTICA 2 **Representar un problema** Escribe un enunciado de comparación sobre alimentos para mascotas que pueda representarse con la ecuación $12 = 4 \times 3$.

____

____

____

____

Soluciona el problema

12. PIENSA MÁS Luca tiene 72 tarjetas de béisbol. Esa cantidad es 8 veces la cantidad de tarjetas que tiene Hana. ¿Cuántas tarjetas de béisbol tiene Hana?

a. ¿Qué debes hallar? ______________________________

____

b. ¿Cómo puedes usar un modelo para hallar la cantidad de tarjetas que tiene Hana?

____

c. Haz el modelo.

d. Escribe una ecuación y resuelve.

_____ = _____ × _____

_____ = _____

Entonces, Hana tiene _____ tarjetas de béisbol.

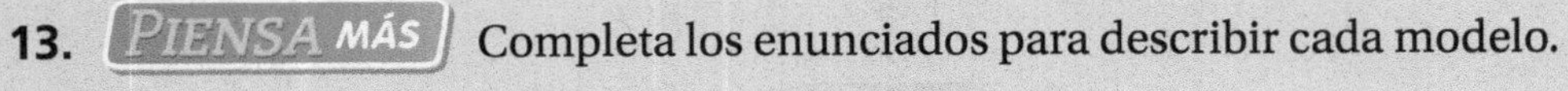

13. PIENSA MÁS Completa los enunciados para describir cada modelo.

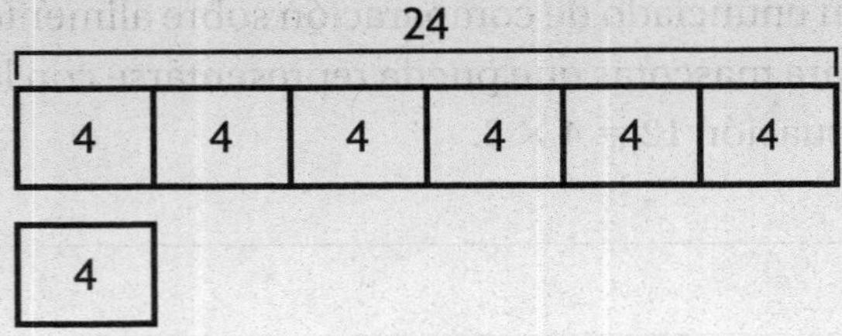

24
6	6	6	6

6

24 es ☐ veces ☐.

24 es ☐ veces ☐.

PRÁCTICA ADICIONAL:
Cuaderno de práctica de los estándares

Nombre ______________________

Problemas de comparación

Pregunta esencial ¿De qué manera un modelo te ayuda a resolver un problema de comparación?

ÁLGEBRA
Lección 2.2

Operaciones y pensamiento algebraico—4.OA.2

PRÁCTICAS MATEMÁTICAS
MP.1, MP.3, MP.4, MP.7

Soluciona el problema — En el mundo

El perro de Evan pesa 7 veces más que el perro de Oxana. Juntos, los perros pesan 72 libras. ¿Cuánto pesa el perro de Evan?

Ejemplo 1 Usa un modelo de multiplicación.

PASO 1 Dibuja un modelo. Sea n el valor desconocido.

Piensa: Sea n el peso del perro de Oxana. Juntos, los perros pesan 72 libras.

perro de Evan | ____ | ____ | ____ | ____ | ____ | ____ | ____ |

perro de Oxana | ____ |

PASO 2 Usa el modelo para escribir una ecuación. Halla el valor de n.

____ $\times n =$ ____ **Piensa:** Hay 8 partes. El valor de las partes juntas es igual a 72.

$8 \times$ ____ $= 72$ **Piensa:** ¿Qué número multiplicado por 8 es igual a 72?

El valor de n es 9.

n es cuánto pesa ______________.

PASO 3 Halla cuánto pesa el perro de Evan.

Piensa: El perro de Evan pesa 7 veces más que el perro de Oxana.

perro de Evan = ____ $\times$ ____ Multiplica.

= ____

Entonces, el perro de Evan pesa 63 libras.

Charla matemática — Prácticas matemáticas

Explica cómo sabes que has hallado el peso del perro de Evan.

Para hallar cuántas veces más hay de una cantidad que de otra, usa un modelo de multiplicación. Para hallar cuántos elementos más o cuántos menos hay, representa la suma o la resta.

El perro de Evan pesa 63 libras. El perro de Oxana pesa 9 libras. ¿Cuánto más pesa el perro de Evan que el perro de Oxana?

Ejemplo 2 Usa un modelo de suma o resta.

PASO 1 Dibuja un modelo. Sea *n* el valor desconocido.

Piensa: Sea *n* el valor de la diferencia.

____

________ ______

____

PASO 2 Usa el modelo para escribir una ecuación. Halla el valor de *n*.

_____ − _____ = *n* **Piensa:** El modelo muestra una diferencia.

63 − 9 = _____ Resta.

El valor de *n* es _____.

n es igual a ____________________.

Entonces, el perro de Evan pesa 54 libras más que el perro de Oxana.

Comparte y muestra

MATH BOARD

1. El perro de María pesa 6 veces más que su conejo. Juntas, las mascotas pesan 56 libras. ¿Cuánto pesa el perro de María?

Dibuja un modelo. Sea *n* el valor desconocido.

________ ____ ____ ____ ____ ____ ____

________ ____

Escribe una ecuación para hallar el valor de *n*. $7 \times n =$ _____. *n* es igual a _____ libras.

Multiplica para hallar cuánto pesa el perro de María. $8 \times 6 =$ _____

Entonces, el perro de María pesa _____ libras.

Charla matemática **Prácticas matemáticas**

Explica cómo puedes elegir un modelo que te ayude a resolver un problema de comparación.

Nombre ______________________

Dibuja un modelo. Escribe una ecuación y resuelve.

2. El mes pasado Kim entrenó 3 veces más perros que gatos. Si el número total de gatos y perros que entrenó el mes pasado es 28, ¿cuántos gatos entrenó Kim?

Dibuja un modelo.

Escribe una ecuación y resuelve.

3. ¿Cuántos más perros que gatos entrenó Kim?

Dibuja un modelo.

Escribe una ecuación y resuelve.

Por tu cuenta

Práctica: Copia y resuelve **Dibuja un modelo.**

Escribe una ecuación y resuelve.

4. En el concurso de perros, hay 4 veces más boxer que spaniel. Si en total hay 30 perros, ¿cuántos perros son spaniel?

5. Hay 5 veces más perros labradores que terrier en el parque para perros. Si en total hay 18 perros, ¿cuántos perros son terrier?

6. Ben tiene 3 veces más peces guppy que peces de colores. Si en total tiene 20 peces, ¿cuántos peces guppy tiene?

7. Carlita vio 5 veces más petirrojos que cardenales mientras observaba aves. Vio 24 aves en total. ¿Cuántos más petirrojos que cardenales vio?

Resolución de problemas • Aplicaciones

8. MÁS AL DETALLE Para llegar a un concurso de perros, el Sr. Luna primero maneja 7 millas hacia el oeste desde su casa y luego 3 millas hacia el norte. A continuación, gira hacia el este y maneja 11 millas. Por último, gira hacia el norte y maneja 4 millas hasta el lugar donde se hace el concurso. ¿Qué distancia hacia el norte hay desde la casa del Sr. Luna hasta el concurso de perros?

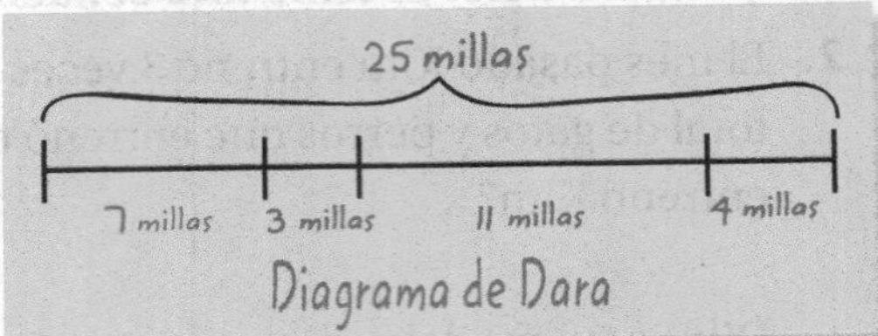

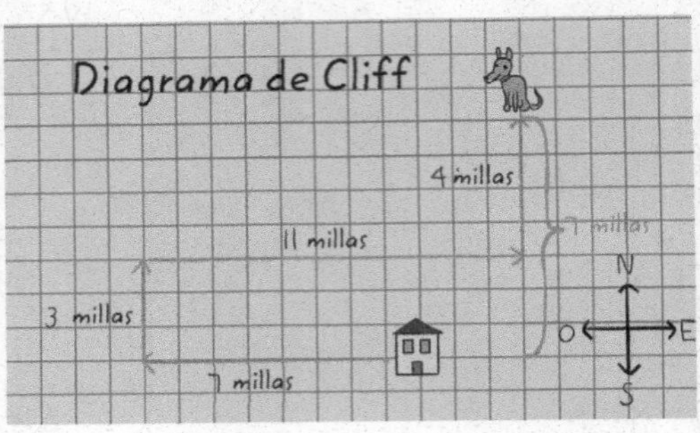

Para resolver el problema, Dara y Cliff hicieron diagramas. ¿Qué diagrama es el correcto? Explícalo.

____

____

____

____

ESCRIBE ▸ *Matemáticas*
Muestra tu trabajo

9. PRÁCTICA MATEMÁTICA 2 **Usar el razonamiento** En conjunto, Valerie y Bret tienen 24 trofeos de concursos de perros. Bret tiene dos veces más trofeos que Valerie. ¿Cuántos trofeos tiene cada uno?

____

____

10. PIENSA MÁS Noah construyó un parque cercado para perros que tiene 8 yardas de longitud y 6 yardas de ancho. Colocó postes en cada esquina y en cada yarda a lo largo y a lo ancho del parque. ¿Cuántos postes usó?

____

11. PIENSA MÁS El fin de semana pasado, Mandy recolectó 4 veces más conchas que Cameron. En conjunto, recolectaron 40 conchas. ¿Cuántas conchas recolectó Mandy? Completa el modelo de barras. Luego escribe una ecuación y resuelve.

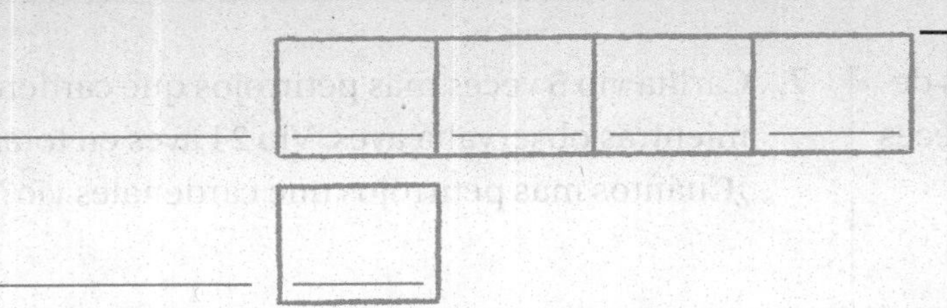

PRÁCTICA ADICIONAL
Cuaderno de práctica de los estándares

Nombre ______________________________

Multiplicar decenas, centenas y millares

Pregunta esencial ¿De qué manera entender el valor posicional te ayuda a multiplicar decenas, centenas y millares?

Números y operaciones en base diez—4.NBT.5 *También 4.NBT.1*

PRÁCTICAS MATEMÁTICAS
MP.4, MP.5, MP.7, MP.8

Soluciona el problema

Cada vagón de un tren tiene 200 asientos. ¿Cuántos asientos tiene un tren con 8 vagones?

Halla 8 × 200.

De una manera Haz un dibujo rápido.

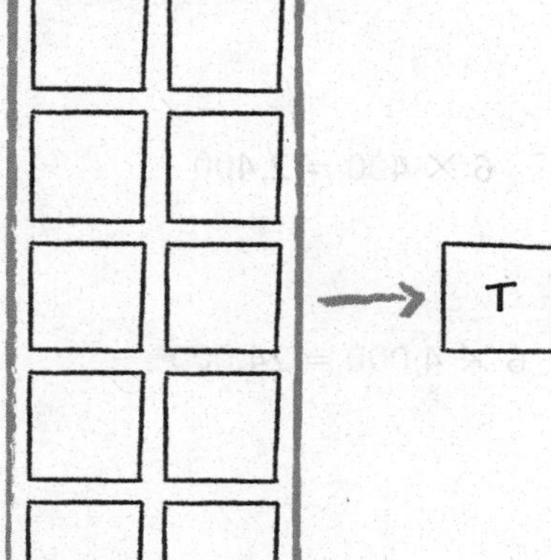

Piensa: 10 centenas = 1,000

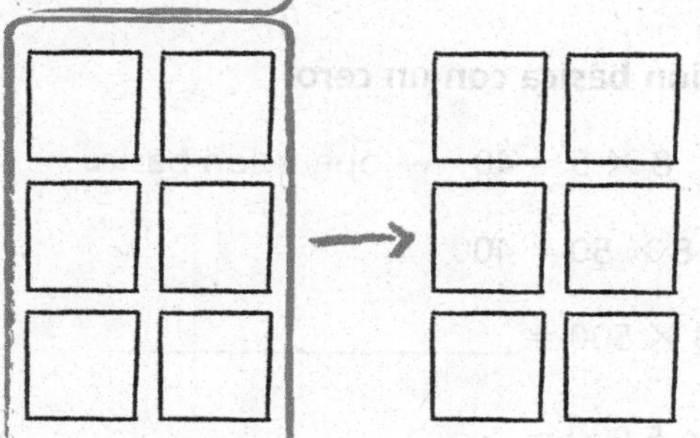

Piensa: 6 centenas = 600

1,000 + 600 = ________

De otra manera Usa el valor posicional.

8 × 200 = 8 × ________ centenas

= ________ centenas

= ________ **Piensa:** 16 centenas es 1 millar y 6 centenas.

Entonces, hay ________ asientos en un tren con 8 vagones.

Charla matemática **Prácticas matemáticas**

Explica cómo hallar 8 × 2 puede ayudarte a hallar 8 × 200.

De otras maneras

A **Usa una recta numérica.**

En la tienda de trineos de Bob se alquilan 4,000 trineos por mes. ¿Cuántos trineos se alquilan en la tienda en 6 meses?

Halla 6 × 4,000.

La multiplicación se puede pensar como una suma repetida. Dibuja saltos para mostrar el producto.

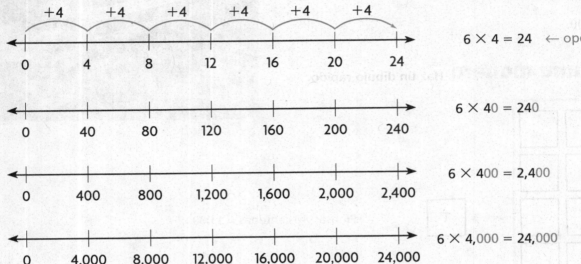

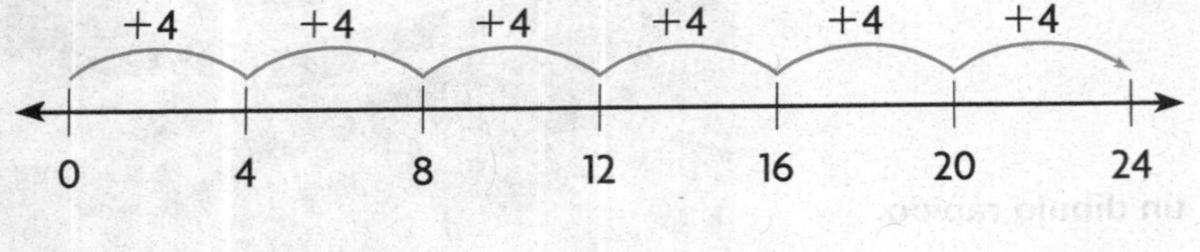

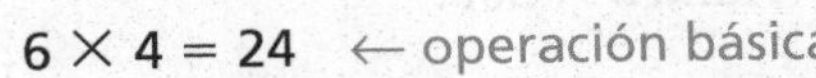

6 × 4 = 24 ← operación básica

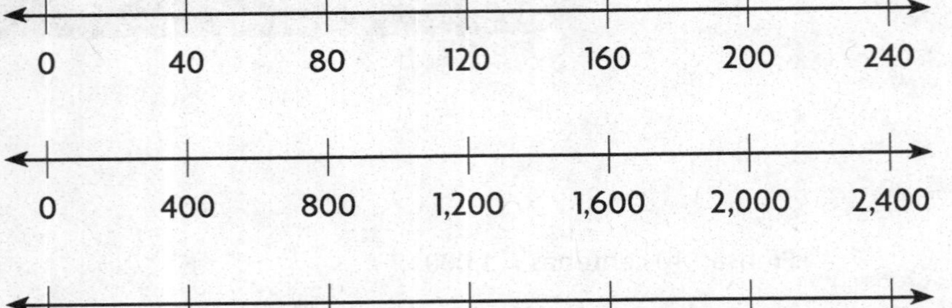

6 × 40 = 240

6 × 400 = 2,400

0 4,000 8,000 12,000 16,000 20,000 24,000

6 × 4,000 = 24,000

Entonces, en la tienda de trineos de Bob se alquilan ___________ trineos en 6 meses.

B **Usa patrones.**

Operación básica:

3 × 7 = 21 ← operación básica

3 × 70 = 210

3 × 700 = ___________

3 × 7,000 = ___________

Operación básica con un cero:

8 × 5 = 40 ← operación básica

8 × 50 = 400

8 × 500 = ___________

8 × 5,000 = ___________

- ¿Qué relación hay entre la cantidad de ceros que hay en el producto de 8 y 5,000 y la cantidad de ceros que hay en los factores? Explícalo.

____

____

Charla matemática — **Prácticas matemáticas**

Describe cómo cambia la cantidad de ceros que hay en los factores y en los productos en el Ejemplo B.

Nombre ____________________

Comparte y muestra

1. Usa el dibujo para hallar 2×500.

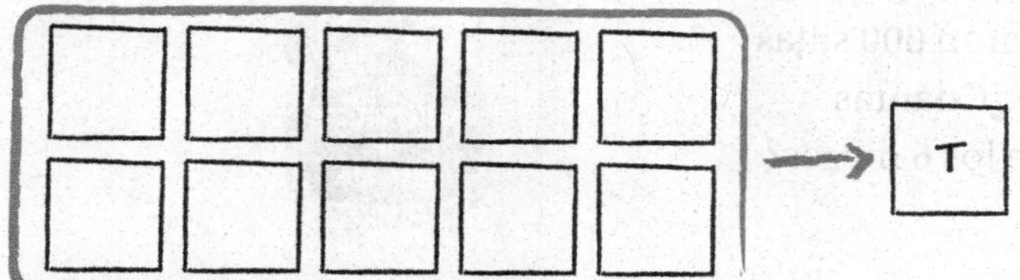

Charla matemática — **Prácticas matemáticas**

Explica cómo usar el valor posicional para hallar 2×500.

$2 \times 500 =$ ______

Completa el patrón.

2. $3 \times 8 = 24$
   $3 \times 80 =$ ______
   $3 \times 800 =$ ______
   $3 \times 8{,}000 =$ ______

3. $6 \times 2 = 12$
   $6 \times 20 =$ ______
   $6 \times 200 =$ ______
   $6 \times 2{,}000 =$ ______

4. $4 \times 5 =$ ______
   $4 \times 50 =$ ______
   $4 \times 500 =$ ______
   $4 \times 5{,}000 =$ ______

Halla el producto.

5. $6 \times 500 = 6 \times$ ______ centenas
   $=$ ______ centenas
   $=$ ______

6. $9 \times 5{,}000 = 9 \times$ ______ millares
   $=$ ______ millares
   $=$ ______

Por tu cuenta

Halla el producto.

7. $7 \times 6{,}000 =$ ______

8. $4 \times 80 =$ ______

9. $3 \times 500 =$ ______

PRÁCTICA MATEMÁTICA 2 **Usar el razonamiento** **Álgebra** **Halla el factor que falta.**

10. ______ $\times 9{,}000 = 63{,}000$

11. $7 \times$ ______ $= 56{,}000$

12. $8 \times$ ______ $= 3{,}200$

13. PRÁCTICA MATEMÁTICA 5 **Comunica** ¿Qué relación hay entre la cantidad de ceros que hay en el producto de 8 y 5,000 y la cantidad de ceros que hay en los factores? Explícalo.

____

____

Soluciona el problema

14. PIENSA MÁS En la tienda Sol y diversión de Joe, se alquilan sillas de playa. En la tienda se alquilaron 300 sillas de playa por mes durante abril y mayo. En la tienda se alquilaron 600 sillas de playa por mes desde junio hasta septiembre. ¿Cuántas sillas de playa se alquilaron en la tienda durante los 6 meses?

a. ¿Que debes hallar? ______________________________

____

b. ¿Cómo hallarás el número de sillas de playa? ______________________________

____

c. Muestra los pasos que sigues para resolver el problema.

d. Completa las oraciones.

Durante abril y mayo se alquilaron un total de __________ sillas de playa.

Desde junio hasta septiembre se alquilaron un total de __________ sillas de playa.

En Sol y diversión se alquilaron __________ sillas de playa durante los 6 meses.

15. MÁS AL DETALLE Mariah hace collares con cuentas. Las cuentas vienen en bolsas de 50 y en bolsas de 200. Mariah compró 4 bolsas de 50 cuentas y 3 bolsas de 200 cuentas. ¿Cuántas cuentas compró Mariah? ______________________________

16. PIENSA MÁS Carmen tiene tres álbumes de 20 estampillas y cinco álbumes de 10 estampillas. ¿Cuántas estampillas tiene Carmen? Completa la ecuación con los números de las fichas.

_______ × 20 + _______ × 10 = _______

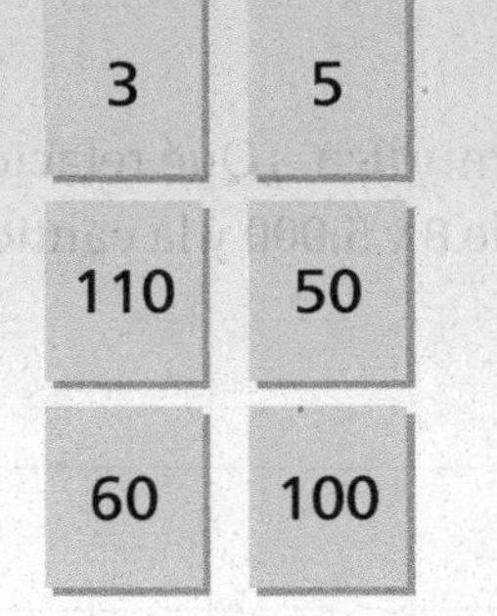

Nombre ____________________

Estimar productos

Números y operaciones en base diez—4.NBT.5 *También 4.NBT.3*

PRÁCTICAS MATEMÁTICAS
MP.1, MP.6, MP.7, MP.8

Pregunta esencial ¿Cómo puedes estimar productos por redondeo y determinar si las respuestas exactas son razonables?

Soluciona el problema En el mundo

Un elefante africano puede alcanzar 23 pies de altura con la trompa. Usa su trompa para levantar objetos que pesan hasta 3 veces más que una persona de 165 libras. ¿Alrededor de cuánto peso puede levantar un elefante con la trompa?

- Tacha la información que no usarás.
- Encierra en un círculo los números que usarás.
- ¿Cómo usarás los números para resolver el problema?

____

De una manera Redondea para estimar.

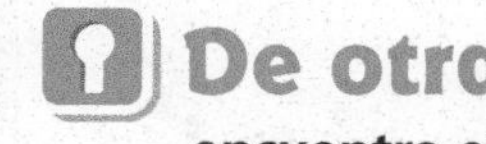

PASO 1 Redondea el factor mayor a la centena más próxima.

3×165

↓

3×200

PASO 2 Usa el cálculo mental.

Piensa: $3 \times 200 = 3 \times 2$ centenas

$= 6$ centenas

$=$ ______

Entonces, un elefante africano puede levantar alrededor de 600 libras con la trompa.

De otra manera Halla dos números entre los que se encuentre el resultado exacto para estimar.

3×165

↓

$3 \times 100 =$ ______

3×165

↓

$3 \times 200 =$ ______

Piensa: 165 está entre 100 y 200. Usa esos números para estimar.

Entonces, el elefante africano puede levantar entre 300 y 600 libras.

El elefante africano es el mamífero terrestre más grande que existe en la actualidad.

1. ¿200 es mayor que o menor que 165? ____________________

2. Entonces, el producto de 3 y 165, ¿será mayor que o menor que 600? ____________________

Charla matemática **Prácticas matemáticas**

¿El resultado exacto está más cerca de 300 o de 600? ¿Por qué?

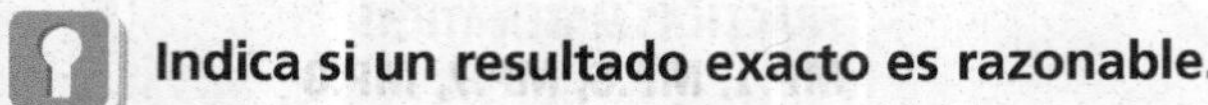

Describe cuán razonable es Puedes estimar un producto para hallar si un resultado exacto es razonable.

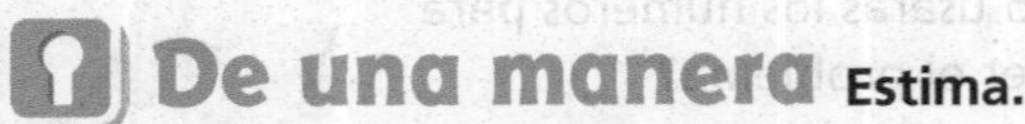

Indica si un resultado exacto es razonable.

El caballo de Eva come 86 libras de alimento por semana. Eva resolvió la siguiente ecuación para hallar cuánto alimento para caballos necesita para 4 semanas.

$4 \times 86 = \blacksquare$

Eva dice que necesita 344 libras de alimento para caballos. ¿Su resultado es razonable?

De una manera **Estima.**

4×86

↓ **Piensa: Redondea a la decena más próxima.**

_____ × _____ = _____

344 está cerca de 360.

De otra manera **Halla dos números entre los que se encuentre el resultado exacto.**

4×86

↓

_____ × _____ = _____

4×86

↓

_____ × _____ = _____

_____ está entre _____ y _____.

Entonces, 344 libras de alimento para caballos es razonable.

Comparte y muestra

Charla matemática **Prácticas matemáticas**

¿11,065 es un resultado exacto razonable? **Explícalo.**

1. Redondea para estimar el producto.

$5 \times 2{,}213$

↓

_____ × _____ = _____

2. Halla dos números entre los que se encuentre el resultado exacto para estimar el producto.

$5 \times 2{,}213$

_____ × _____ = _____

$5 \times 2{,}213$

_____ × _____ = _____

Nombre ______________________________

Indica si el resultado exacto es razonable.

3. Kira debe hacer copias a color del volante de una exposición de caballos. La impresora puede hacer 24 copias en 1 minuto. Kira dice que la impresora hace 114 copias en 6 minutos.

____

____

____

4. La Escuela Primaria Jones organizó un evento en el que se lavan carros para recaudar dinero para hacer un paseo comunitario a caballo. Cada lavado de carro cuesta $8. Tiara dice que la escuela recibirá $1,000 si se lavan 125 carros.

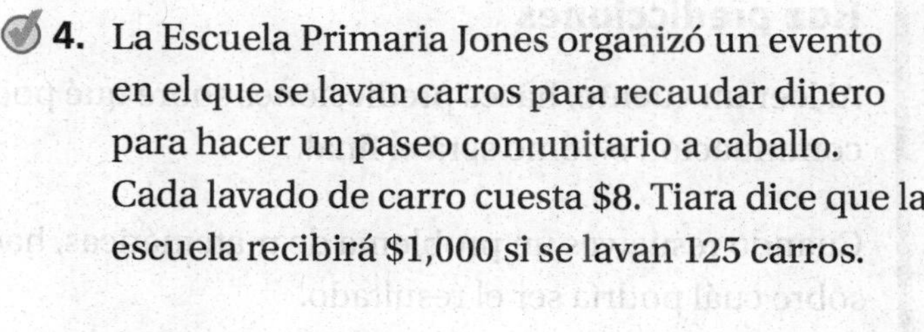

____

____

____

Por tu cuenta

Indica si el resultado exacto es razonable.

5. PRÁCTICA MATEMÁTICA 1 **Evalúa si es razonable** La Sra. Hense vende cada fardo de heno bermuda costero a $58. Dice que ganará $174 si vende 3 fardos.

____

____

____

6. El Sr. Brown vende artículos para equitación. Un par de guantes de montar cuesta $16. Dice que ganará $144 si vende 9 pares.

____

____

____

7. Un sendero para caballos mide 94 pies de longitud. Carlos dice que si un caballo camina a lo largo de todo el sendero 3 veces, habrá caminado 500 pies.

____

____

____

8. PIENSA MÁS Los estudiantes de tercer grado vendieron 265 boletos para la obra escolar. Los estudiantes de cuarto grado vendieron 3 veces más boletos que los estudiantes de tercer grado. Estima la cantidad de boletos que vendieron los estudiantes de cuarto grado determinando los dos números entre los que se encuentra la respuesta exacta.

Los estudiantes vendieron entre

0 300 600 800	y	300 600 900 1,200	boletos.

Conectar con la Lectura

Haz predicciones

Al leer un cuento, haces predicciones sobre qué podría ocurrir a continuación o cómo será el final.
Cuando resuelves un problema de matemáticas, haces predicciones sobre cuál podría ser el resultado.

Una *estimación* es una predicción porque te ayuda a determinar si tu resultado es correcto. En el caso de algunos problemas, resulta útil hacer dos estimaciones: una que sea menor que el resultado exacto y otra que sea mayor.

Predice si el resultado exacto será *menor que* o *mayor que* la estimación. Explica tu respuesta.

9. PIENSA MÁS El puesto de comidas del zoológico vendió 2,514 libras de hamburguesa el mes pasado. El costo promedio de una libra de hamburguesa es $2. Jeremy estima que el mes pasado se vendieron hamburguesas por un valor de alrededor de $6,000.

Matemáticas al instante

____

____

____

____

10. MÁS AL DETALLE Este mes, un zoológico compró 2,240 libras de alimento fresco para los osos. El costo promedio de una libra de alimento es $4. Jeremy estima que este mes se gastaron alrededor de $8,000 en alimento fresco para los osos.

____

____

____

____

PRÁCTICA ADICIONAL
Cuaderno de práctica de los estándares

Nombre ______________________________

Multiplicar usando la propiedad distributiva

Pregunta esencial ¿Cómo puedes usar la propiedad distributiva para multiplicar un número de 2 dígitos por un número de 1 dígito?

Números y operaciones en base diez—4.NBT.5
PRÁCTICAS MATEMÁTICAS
MP.1, MP.7

Investigar

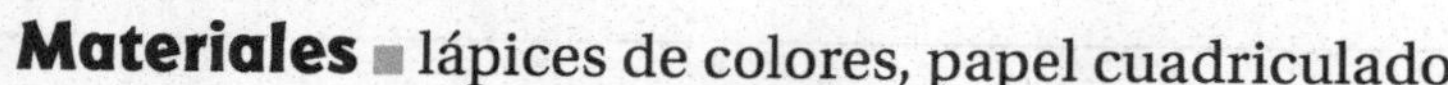

Materiales ■ lápices de colores, papel cuadriculado

Puedes usar la propiedad distributiva para descomponer números para hacerlos más fáciles de multiplicar.

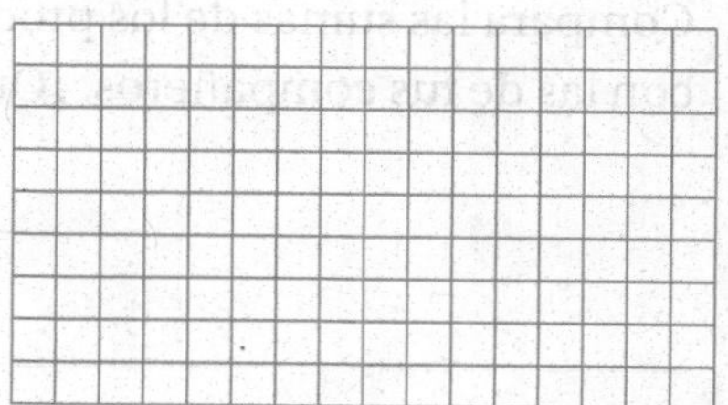

La **propiedad distributiva** establece que multiplicar una suma por un número es igual que multiplicar cada sumando por dicho número y luego sumar los productos.

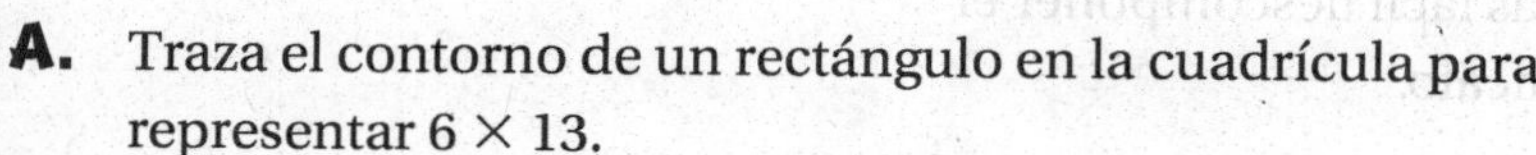

A. Traza el contorno de un rectángulo en la cuadrícula para representar 6 × 13.

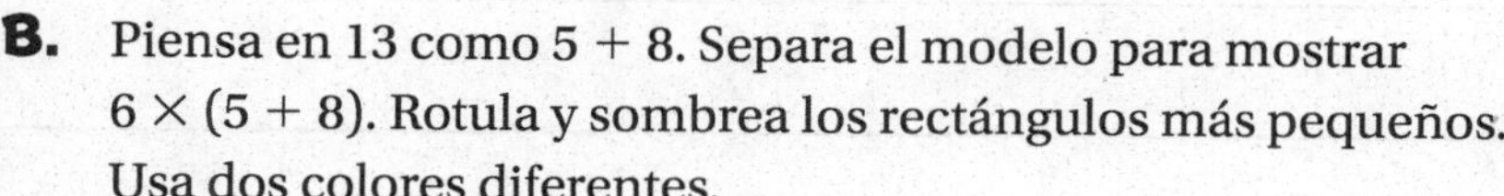

B. Piensa en 13 como 5 + 8. Separa el modelo para mostrar 6 × (5 + 8). Rotula y sombrea los rectángulos más pequeños. Usa dos colores diferentes.

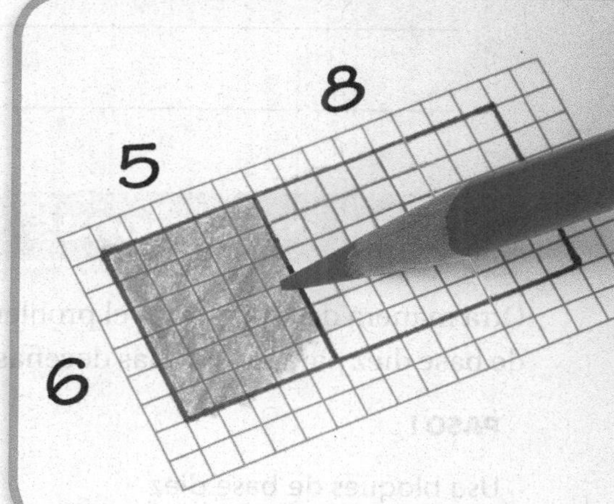

Usa la propiedad distributiva. Halla el producto que representa cada rectángulo pequeño. Luego halla la suma de los productos. Anota tus resultados.

______ × ______ = ______

______ × ______ = ______

______ + ______ = ______

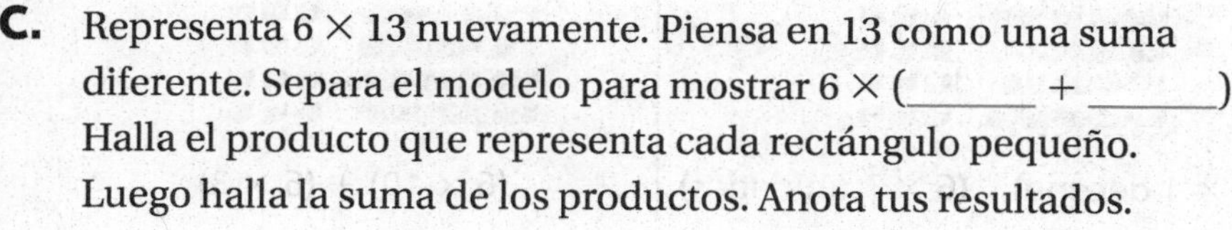

C. Representa 6 × 13 nuevamente. Piensa en 13 como una suma diferente. Separa el modelo para mostrar 6 × (______ + ______). Halla el producto que representa cada rectángulo pequeño. Luego halla la suma de los productos. Anota tus resultados.

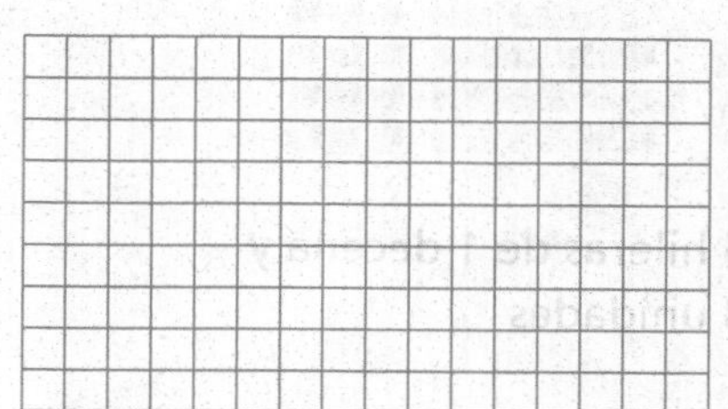

______ × ______ = ______

______ × ______ = ______

______ + ______ = ______

Sacar conclusiones

1. Explica cómo hallaste el número total de cuadrados de cada modelo en los pasos B y C.

2. Compara las sumas de los productos de los pasos B y C con las de tus compañeros. ¿Qué conclusión puedes sacar?

3. PIENSA MÁS Para hallar 7×23, ¿es más fácil descomponer el factor, 23, como $20 + 3$ o como $15 + 8$? Explícalo.

Hacer conexiones

Otra manera de representar el problema es usar bloques de base diez para mostrar las decenas y las unidades.

PASO 1

Usa bloques de base diez para representar 6×13.

6 hileras de 1 decena y 3 unidades

PASO 2

Separa el modelo en decenas y unidades.

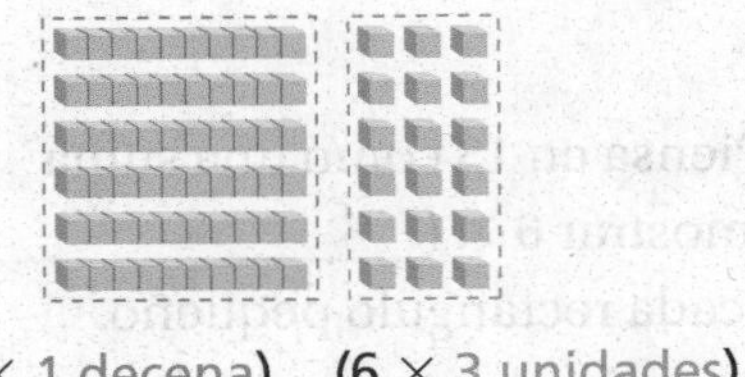

(6 × 1 decena) (6 × 3 unidades)

(6 × 10) (6 × 3)

PASO 3

Suma las decenas y las unidades para hallar el producto.

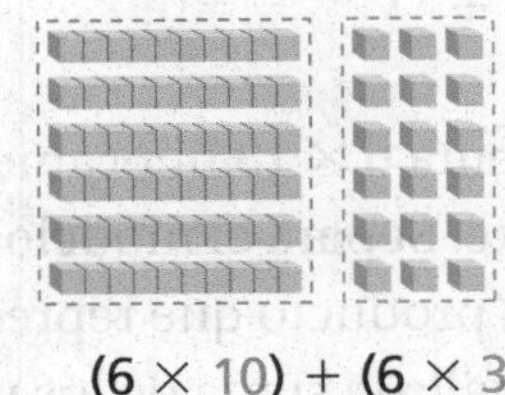

$(6 \times 10) + (6 \times 3)$

$60 + 18$

Entonces, $6 \times 13 = 78$.

En el Paso 2, el modelo se divide en dos partes. Cada parte muestra un **producto parcial**. Los productos parciales son 60 y 18.

Charla matemática — **Prácticas matemáticas**

¿De qué manera separar el modelo en decenas y unidades hace que hallar el producto sea más fácil?

Nombre ______________________

Comparte y muestra

Representa el producto en la cuadrícula. Anota el producto.

1. $3 \times 13 =$ ________

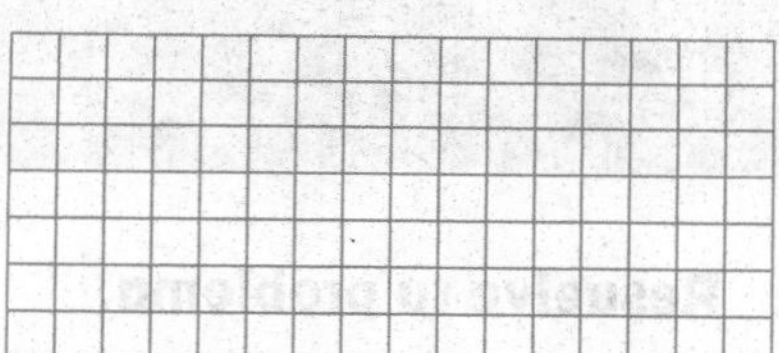

2. $5 \times 14 =$ ________

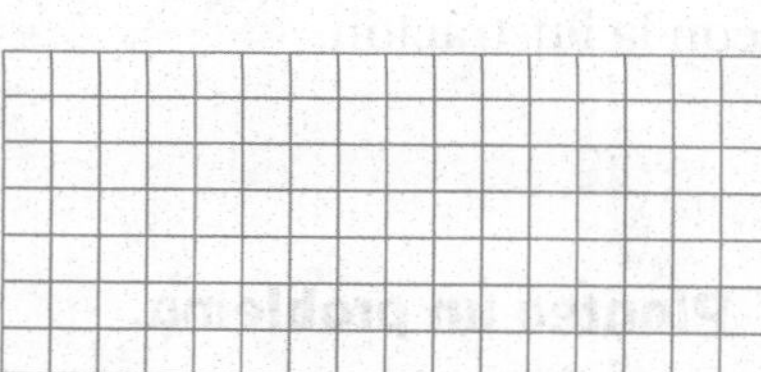

Halla el producto.

3. $6 \times 14 =$ ________

4. $5 \times 18 =$ ________

5. $4 \times 16 =$ ________

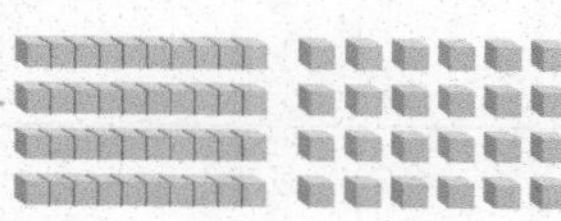

Usa papel cuadriculado o bloques de base diez para representar el producto. Luego anota el producto.

6. $7 \times 12 =$ ________

7. $5 \times 16 =$ ________

8. $9 \times 13 =$ ________

Resolución de problemas • Aplicaciones

9. PRÁCTICA MATEMÁTICA 6 **Explica** cómo se pueden representar productos parciales para hallar los productos de números mayores.

____

____

____

____

10. PIENSA MÁS Usa la propiedad distributiva para representar el producto de la cuadrícula. Anota el producto.

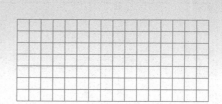

$4 \times 14 =$ ________

11. PIENSA MÁS Kyle fue al mercado de frutas. En el mercado se vende una gran variedad de frutas y verduras. En la ilustración que está a la derecha, se muestra un exhibidor con naranjas.

Escribe un problema que se pueda resolver con la ilustración.

Plantea un problema.

Resuelve tu problema.

• MÁS AL DETALLE Describe cómo podrías cambiar el número de hileras de naranjas y el número de espacios vacíos en la ilustración para cambiar el problema. Luego resuelve el problema.

Nombre ______________________

Multiplicar usando la forma desarrollada

Pregunta esencial ¿Cómo puedes usar la forma desarrollada para multiplicar un número de varios dígitos por un número de 1 dígito?

Números y operaciones en base diez—4.NBT.5
PRÁCTICAS MATEMÁTICAS
MP.1, MP.2, MP.4

Soluciona el problema En el mundo

Ejemplo 1 Usa la forma desarrollada.

Multiplica. 5 × 143

5 × 143 = 5 × (______ + ______ + ______) Escribe 143 en forma desarrollada.

= (5 × 100) + (______ × ______) + (______ × ______) Usa la propiedad distributiva.

	SOMBREA EL MODELO	PIENSA Y ANOTA
PASO 1	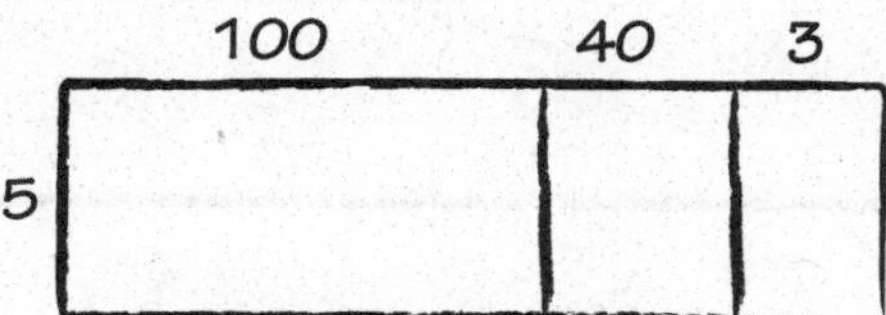	Multiplica las centenas. (5 × 100) + (5 × 40) + (5 × 3) ______ + (5 × 40) + (5 × 3)
PASO 2	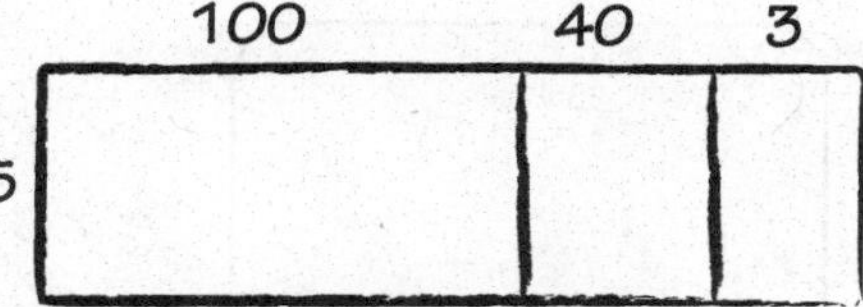	Multiplica las decenas. (5 × 100) + (5 × 40) + (5 × 3) 500 + ______ + (5 × 3)
PASO 3	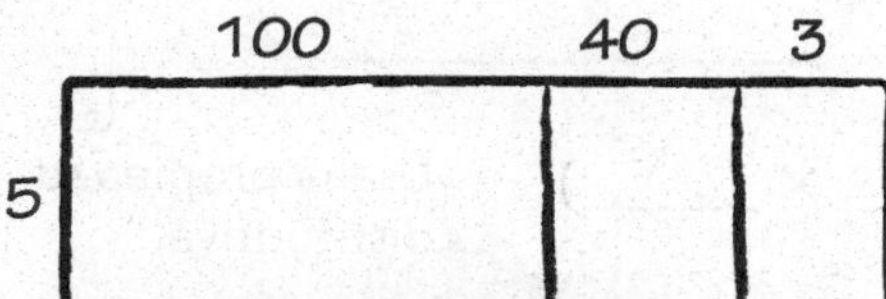	Multiplica las unidades. (5 × 100) + (5 × 40) + (5 × 3) 500 + 200 + ______
PASO 4	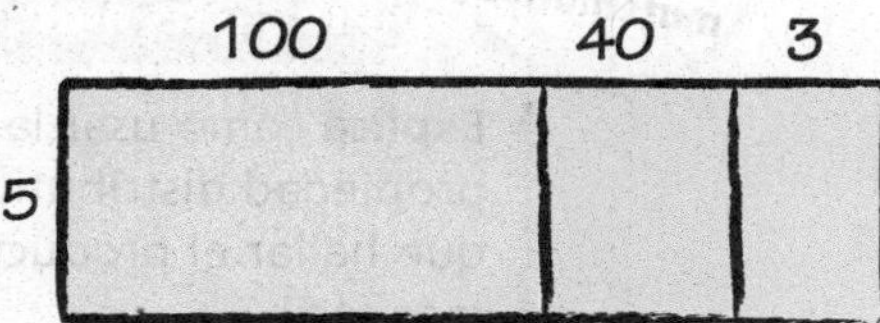	Suma los productos parciales. 500 200 + 15

Entonces, 5 × 143 = ______.

Charla matemática Prácticas matemáticas

¿Es razonable tu respuesta? **Explícalo.**

Ejemplo 2 Usa la forma desarrollada.

La tienda de regalos del parque de animales encargó 3 cajas de animales de juguete. Cada caja contiene 1,250 animales de juguete. ¿Cuántos animales de juguete encargó la tienda?

Multiplica. $3 \times 1,250$

PASO 1

Escribe 1,250 en forma desarrollada. Usa la propiedad distributiva.

$3 \times 1,250 = 3 \times (\_\_\_\_ + \_\_\_\_ + \_\_\_\_)$

$= (3 \times 1,000) + (\_\_\_\_ \times \_\_\_\_) + (\_\_\_\_ \times \_\_\_\_)$

PASO 2

Suma los productos parciales.

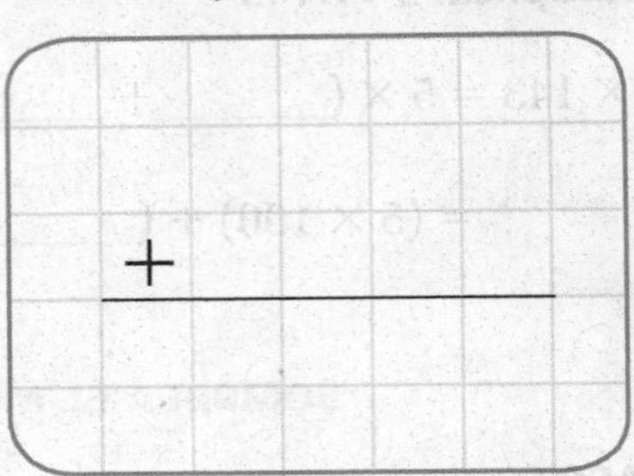

Entonces, la tienda encargó ____ animales.

Comparte y muestra

1. Halla 4×213. Usa la forma desarrollada.

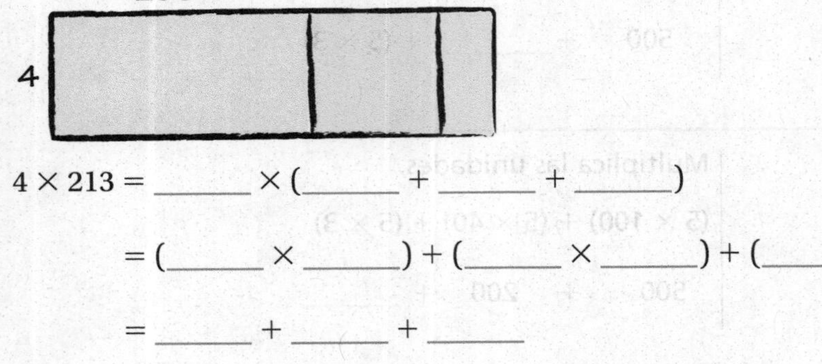

$4 \times 213 = \_\_\_\_ \times (\_\_\_\_ + \_\_\_\_ + \_\_\_\_)$

$= (\_\_\_\_ \times \_\_\_\_) + (\_\_\_\_ \times \_\_\_\_) + (\_\_\_\_ \times \_\_\_\_)$ Usa la propiedad distributiva.

$= \_\_\_\_ + \_\_\_\_ + \_\_\_\_$

$= \_\_\_\_$

Charla matemática — **Prácticas matemáticas**

Explica cómo usar la propiedad distributiva hace que hallar el producto sea más fácil.

Anota el producto. Usa la forma desarrollada como ayuda.

2. $4 \times 59 = \_\_\_\_$

3. $3 \times 288 = \_\_\_\_$

Nombre ____________________

Por tu cuenta

Anota el producto. Usa la forma desarrollada como ayuda.

4. $4 \times 21 =$ ______

5. $6 \times 35 =$ ______

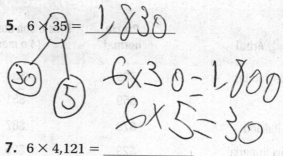

6. $5 \times 479 =$ ______

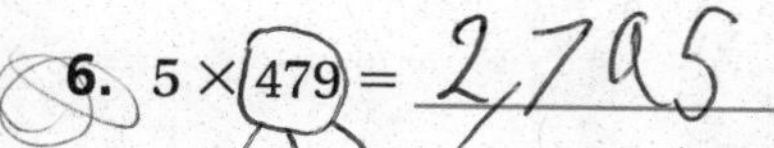

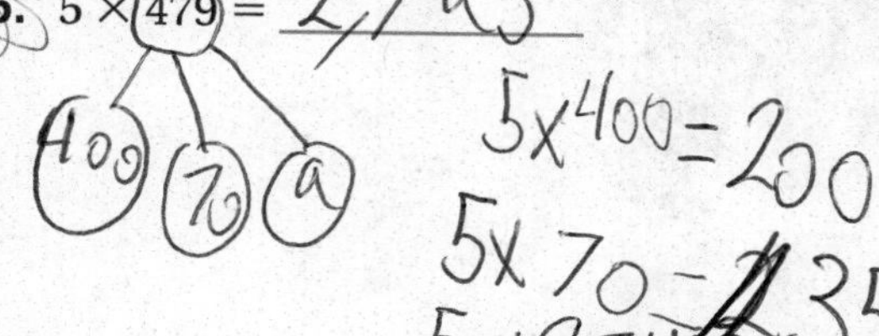

7. $6 \times 4{,}121 =$ ______

8. Una joyera tiene 36 pulgadas de cadena de plata. Necesita 5 veces esa cantidad para hacer unos collares. ¿Cuántas pulgadas de cadena de plata necesita la joyera para hacer sus collares?

____

9. Gretchen pasea a su perro 3 veces al día. Cada vez que pasea al perro, camina 1,760 yardas. ¿Cuántas yardas camina por día paseando al perro?

____

10. PRÁCTICA MATEMÁTICA 4 **Escribe una expresión** ¿Qué expresión podrías escribir para mostrar cómo multiplicar 9×856 usando el valor posicional y la forma desarrollada?

____

11. MÁS AL DETALLE Jennifer compró 4 paquetes de tachuelas. Hay 48 tachuelas en cada paquete. Usó 160 tachuelas para colgar unos carteles. ¿Cuántas tachuelas le quedan? Explícalo.

____

____

____

____

ESCRIBE ▸ *Matemáticas*
Muestra tu trabajo

Resolución de problemas • Aplicaciones

Usa la tabla para resolver los problemas 12 y 13.

Venta de plantas del vivero Sacco

Árbol	Precio normal	Precio con descuento (4 o más)
Árbol de Júpiter	\$39	\$34
Cerezo	\$59	\$51
Ciprés italiano	\$79	\$67
Paulonia imperial	\$29	\$25

12. ¿Cuál es el costo total de 3 cipreses italianos?

____

13. PIENSA MÁS ¿Cuál es el error?
Tanya dice que la diferencia del costo entre 4 cerezos y 4 árboles de Júpiter es \$80. ¿Tiene razón? Explícalo.

____

____

____

14. ESCRIBE ▸*Matemáticas* ¿Cuál es el mayor producto posible entre un número de 2 dígitos y un número de 1 dígito? Explica cómo lo sabes.

____

____

____

15. PIENSA MÁS Multiplica 5 × 381 usando el valor posicional y la forma desarrollada. Selecciona un número de cada recuadro para completar la expresión.

(5 × [30 / 300]) + (5 × [8 / 80]) + (5 × [1 / 10])

PRÁCTICA ADICIONAL:
Cuaderno de práctica de los estándares

Nombre ______________________________

Multiplicar usando productos parciales

Pregunta esencial ¿Cómo puedes usar el valor posicional y los productos parciales para multiplicar por un número de 1 dígito?

Números y operaciones en base diez—4.NBT.5
PRÁCTICAS MATEMÁTICAS
MP.1, MP.7

Soluciona el problema En el mundo

RELACIONA ¿Cómo puedes usar lo que ya sabes sobre la propiedad distributiva para descomponer números para hallar productos de números de 3 dígitos y de 1 dígito?

- ¿Cómo puedes escribir 182 como la suma de centenas, decenas y unidades?

  ____

Usa el valor posicional y los productos parciales.

Multiplica. 6 × 182 **Estima.** 6 × 200 = ______________

SOMBREA EL MODELO | PIENSA Y ANOTA

PASO 1

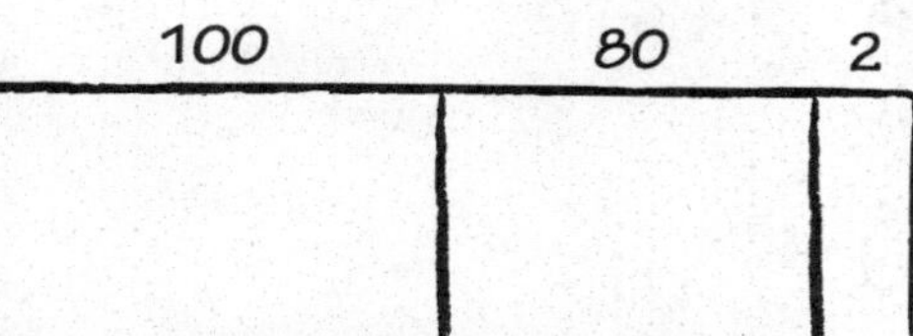

$$\begin{array}{r} 182 \\ \times \quad 6 \\ \hline \end{array}$$

← Multiplica las centenas.
6 × 1 centena = 6 centenas

PASO 2

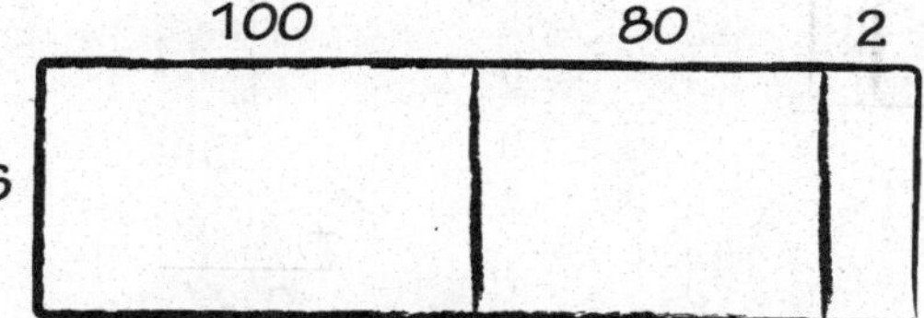

$$\begin{array}{r} 182 \\ \times \quad 6 \\ \hline 600 \end{array}$$

← Multiplica las decenas.
6 × 8 decenas = 48 decenas

PASO 3

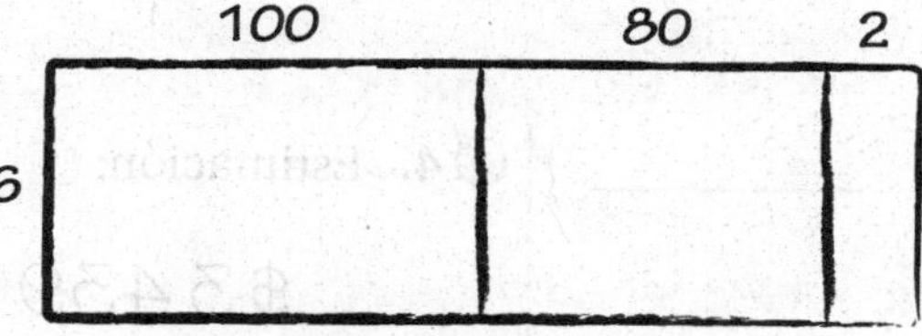

$$\begin{array}{r} 182 \\ \times \quad 6 \\ \hline 600 \\ 480 \end{array}$$

← Multiplica las unidades.
6 × 2 unidades = 12 unidades

PASO 4

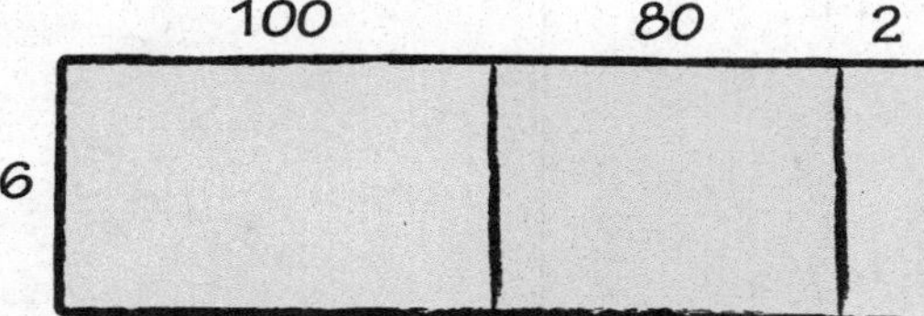

$$\begin{array}{r} 182 \\ \times \quad 6 \\ \hline 600 \\ 480 \\ + \quad 12 \\ \hline \end{array}$$

← Suma los productos parciales.

Entonces, 6 × 182 = 1,092. Como 1,092 está cerca de la estimación de 1,200, es razonable.

Charla matemática Prácticas matemáticas

¿Cómo puedes usar la propiedad distributiva para hallar 4 × 257?

Ejemplo

Usa el valor posicional y los productos parciales.

Multiplica. 2 × 4,572. **Estima.** 2 × 5,000 = ______

```
  4,572
×     2
```

← 2 × 4 millares = 8 millares
← 2 × 5 centenas = 1 millar
← 2 × 7 decenas = 1 centena y 4 decenas
← 2 × 2 unidades = 4 unidades
← Suma los productos parciales.

Comparte y muestra

1. Usa el modelo para hallar 2 × 137.

	100	30	7
2			

```
  137
×   2
```

Estima. Luego anota el producto.

2. Estimación: ______

```
  190
×   3
```

3. Estimación: ______

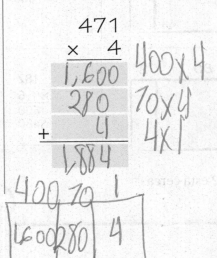

```
  471
×   4
```

4. Estimación: ______

```
  $3,439
×      7
```

Charla matemática — **Prácticas matemáticas**

Explica cómo usar el valor posicional y la forma desarrollada hace que hallar el producto sea más fácil.

Nombre Aaliyah

Por tu cuenta

Estima. Luego anota el producto.

5. Estimación: ____

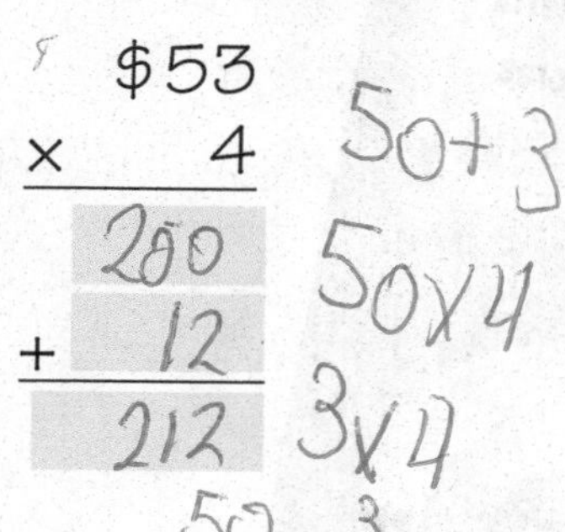

6. Estimación: ____

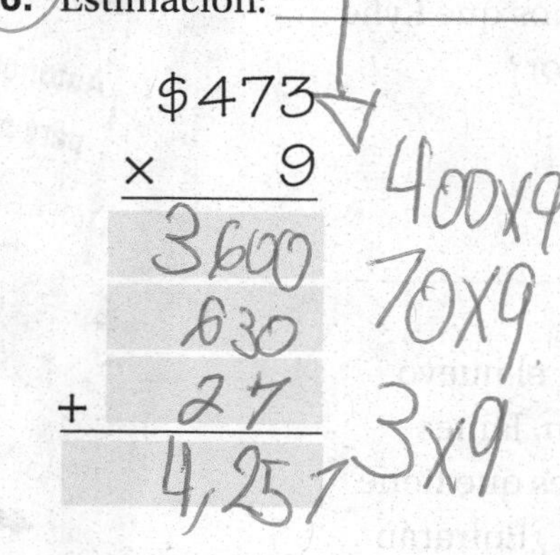

7. Estimación: ____

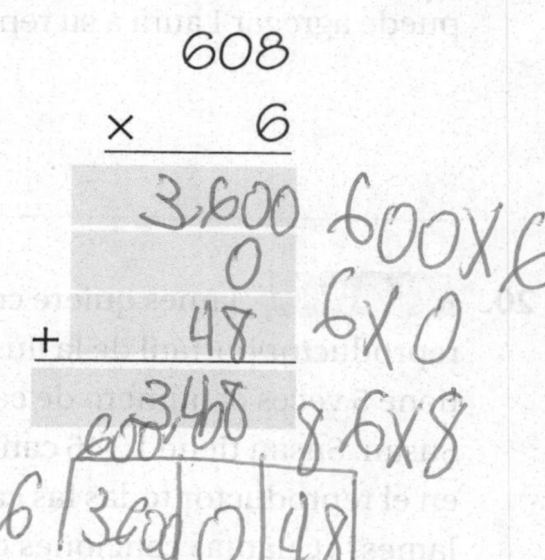

Práctica: Copia y resuelve **Estima. Luego anota el producto.**

8. 2×78

9. $2 \times \$210$

10. $9 \times \$682$

11. $8 \times 8{,}145$

PRÁCTICA MATEMÁTICA 2 **Usa el razonamiento** **Álgebra** **Halla el dígito que falta.**

12. $\square 5 \times 7 = 455$

13. $248 \times 3 = \square 44$

14. $\$395 \times \square = \$2{,}370$

15. $3{,}748 \times 4 = 1\square{,}992$

16. Una tienda compró 9 cajas de focos. Hay 48 focos en cada caja. ¿Cuántos focos compró la tienda?

17. Cada semana, Hugo recorre con su carro 208 millas para ir y volver del trabajo. ¿Cuántas millas recorre en 4 semanas?

18. El entrenador Ramírez compró 8 cajas de botellas de agua para una carrera. Hay 24 botellas en cada caja. Al terminar la carrera, quedan 34 botellas de agua. ¿Cuántas botellas se usaron durante la carrera? Explícalo.

Resolución de problemas • Aplicaciones

En el mundo

19. PRÁCTICA MATEMÁTICA 4 **Usa diagramas** Observa la ilustración. Kylie tiene 832 canciones en su reproductor portátil. Laura tiene 3 veces más canciones. ¿Cuántas canciones menos que Kylie puede agregar Laura a su reproductor?

Hasta 9,000 canciones

Autonomía de batería para audio: 22 horas

MENU

VOL

____

20. MÁS AL DETALLE James quiere comprar el nuevo reproductor portátil de la ilustración. James tiene 5 veces el número de canciones que tiene Susan. Susan tiene 1,146 canciones. ¿Entrarán en el reproductor todas las canciones que tiene James? ¿Cuántas canciones tiene?

____

ESCRIBE ▸ *Matemáticas* • **Muestra tu trabajo**

21. PIENSA MÁS La suma de un número de 3 dígitos y un número de un 1 dígito es 217. El producto de los números es 642. Si uno de los números está entre 200 y 225, ¿cuáles son los números?

____

22. PIENSA MÁS La Sra. Jackson compró 6 galones de jugo para una fiesta. Cada galón contiene 16 tazas. Al terminar la fiesta, sobraron 3 tazas de jugo. ¿Cuántas tazas de jugo bebieron los invitados durante la fiesta? Muestra tu trabajo y explica cómo hallaste el resultado.

____

____

____

PRÁCTICA ADICIONAL
Cuaderno de práctica de los estándares

Nombre Aaliyah

Revisión de la mitad del capítulo

Vocabulario

Elige el término del recuadro que mejor corresponda para completar la oración.

Vocabulario
propiedad distributiva
factor
productos parciales

1. Para hallar el producto de un número de 2 dígitos y un número de 1 dígito, puedes multiplicar las decenas, multiplicar las unidades y hallar la suma de cada ____________. **(pág. 64)**

2. La ____________ establece que multiplicar una suma por un número es igual que multiplicar cada sumando por dicho número y luego sumar los productos. **(pág. 63)**

Conceptos y destrezas

Escribe un enunciado de comparación. (4.OA.1)

3. $5 \times 9 = 45$

   5 veces 9 es 45.

4. $24 = 6 \times 4$

   6 es 4 veces 24.

5. $54 = 6 \times 9$

   6 es 9 veces 54.

6. $8 \times 6 = 48$

   8 veces 6 es 48.

Estima. Luego anota el producto. (4.NBT.5)

7. Estimación: ______

$$\begin{array}{r} 75 \\ \times\ 5 \\ \hline \end{array}$$

8. Estimación: ______

$$\begin{array}{r} 12 \\ \times\ 6 \\ \hline \end{array}$$

9. Estimación: ______

$$\begin{array}{r} 28 \\ \times\ 3 \\ \hline \end{array}$$

10. Estimación: ______

$$\begin{array}{r} \$43 \\ \times\ 6 \\ \hline 49 \end{array}$$

Anota el producto. Usa la forma desarrollada como ayuda. (4.NBT.5)

11. $5 \times 64 =$ ______

12. $3 \times 272 =$ ______

13. Hay 6 veces más perros que gatos. Si la cantidad total de perros y gatos es 21, ¿cuántos perros hay? (4.OA.2)

14. En la tabla que sigue se muestra la cantidad de calorías que hay en 1 taza de diferentes tipos de bayas. ¿Cuántas calorías hay en 4 tazas de moras? (4.NBT.5)

Datos nutricionales de las bayas

Baya	Cantidad de calorías en 1 taza
Moras	62
Arándanos	83
Frambuesas	64
Fresas	46

15. En la pista de patinaje se alquilan 200 pares de patines por mes. ¿Cuántos pares de patines se alquilan en 4 meses? (4.NBT.5)

Nombre _______________

Multiplicar usando el cálculo mental

Pregunta esencial ¿Cómo puedes usar el cálculo mental y las propiedades de la multiplicación para multiplicar números?

Números y operaciones en base diez—4.NBT.5

PRÁCTICAS MATEMÁTICAS
MP.1, MP.7, MP.8

Soluciona el problema En el mundo

Las propiedades de la multiplicación pueden hacer que las operaciones de multiplicación sean más fáciles.

Hay 4 sectores de butacas en el Teatro Astros. Cada sector tiene 7 grupos de butacas. Cada grupo tiene 25 butacas. ¿Cuántas butacas hay en el teatro?

Halla $4 \times 7 \times 25$.

$4 \times 7 \times 25 = 4 \times 25 \times 7$ Propiedad conmutativa

$= \_\_\_\_\_\_ \times 7$ **Piensa:** $4 \times 25 = 100$

$= \_\_\_\_\_\_$ **Piensa:** $100 \times 7 = 700$

Entonces, hay 700 butacas en el teatro.

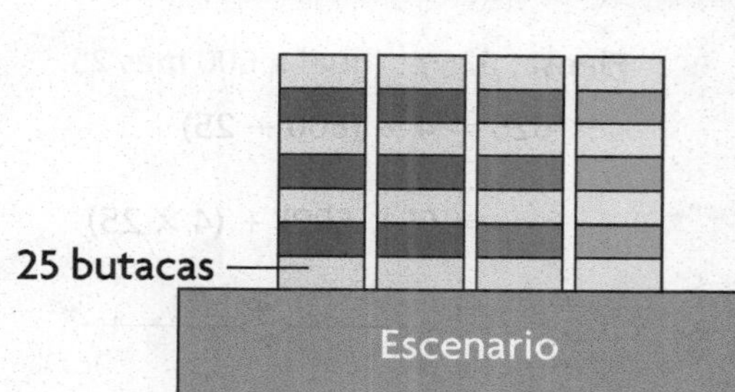

Charla matemática Prácticas matemáticas

¿De qué manera podría ayudarte el producto de 4×25 a hallar 6×25?

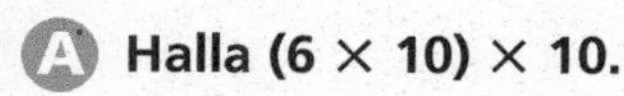

¡Inténtalo! Usa el cálculo mental y las propiedades.

A Halla $(6 \times 10) \times 10$.

$(6 \times 10) \times 10 = 6 \times (10 \times 10)$ Propiedad asociativa

$= 6 \times \_\_\_\_\_\_$

$= \_\_\_\_\_\_$

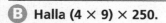

B Halla $(4 \times 9) \times 250$.

$(4 \times 9) \times 250 = 250 \times (4 \times 9)$ Propiedad conmutativa

$= (250 \times 4) \times 9$ Propiedad asociativa

$= \_\_\_\_\_\_ \times 9$

$= \_\_\_\_\_\_$

Recuerda

La propiedad asociativa establece que puedes agrupar factores de diferentes maneras y obtener el mismo producto. Usa paréntesis para agrupar los factores que debes multiplicar primero.

Más estrategias Elige la estrategia que mejor funciona con los números de los ejercicios.

Ejemplos

A Usa números amigos.

Multiplica. 24×250

Piensa: $24 = 6 \times 4$ y $4 \times 250 = 1{,}000$

$24 \times 250 = 6 \times 4 \times 250$

$= 6 \times$ ______

$=$ ______

B Usa la división entre 2 y la duplicación.

Multiplica. 16×50

Piensa: 16 puede dividirse equitativamente entre 2.

$16 \div 2 = 8$ Halla la mitad de 16.

$8 \times 50 =$ ______ Multiplica.

$2 \times 400 =$ ______ Duplica 400.

C Usa la suma.

Multiplica. 4×625

Piensa: 625 es igual a 600 más 25.

$4 \times 625 = 4 \times (600 + 25)$

$= (4 \times 600) + (4 \times 25)$

$=$ ______ $+$ ______

$=$ ______

D Usa la resta.

Multiplica. 5×398

Piensa: 398 es 2 menos que 400.

$5 \times 398 = 5 \times (400 - 2)$

$= (5 \times$ ______ $) - (5 \times 2)$

$= 2{,}000 -$ ______

$=$ ______

- ¿Qué propiedad se usa en los ejemplos C y D? ______

Comparte y muestra

1. Descompón el factor 112 y usa el cálculo mental y la suma para hallar 7×112.

$7 \times 112 = 7 \times ($ ______ $+ 12)$

$=$ ______

$=$ ______

$=$ ______

Nombre ______________________________

Halla el producto. Indica qué estrategia usaste.

2. $4 \times 6 \times 50$

3. 5×420

4. 6×298

Charla matemática

Prácticas matemáticas

Explica cuál es la relación entre usar una estrategia de suma y usar una estrategia de resta.

Por tu cuenta

Halla el producto. Indica qué estrategia usaste.

5. 14×50

6. 32×25

7. $14 \times 25 \times 4$

8. $4 \times 15 \times 25$

9. 5×198

10. 5×250

Práctica: Copia y resuelve **Usa una estrategia para hallar el producto.**

11. 16×400

12. $3 \times 31 \times 10$

13. 3×199

14. $3 \times 1{,}021$

PRÁCTICA MATEMÁTICA 7 Identificar relaciones **Álgebra** **Usa el cálculo mental para hallar el número desconocido.**

15. $21 \times 40 = 840$,
entonces $21 \times 42 =$ ______.

16. $9 \times 60 = 540$,
entonces $18 \times 30 =$ ______.

Resolución de problemas • Aplicaciones En el mundo

Usa la tabla para resolver los problemas 17 a 19.

Precios de boletos por partido

Sector	Temporada completa	Abono para 15 partidos	Precio en taquilla
K	$44	$46	$48
L	$30	$32	$35
M	$25	$27	$30
N	$20	$22	$25

17. MÁS AL DETALLE Tres mil cuarenta y tres personas compran boletos para el Sector N en la taquilla y cien personas compran boletos para el Sector L en la taquilla ¿Cuánto dinero se recauda en la taquilla para el Sector N y el Sector L?

____

18. PRÁCTICA MATEMÁTICA 1 **Usa diagramas** Triny y 3 amigas compran el abono de temporada completa para el Sector M. Si hay 45 partidos en toda la temporada, ¿cuánto dinero gastan en total?

____

19. PIENSA MÁS Apenas salieron a la venta los boletos para la temporada completa, se vendieron 2,000 boletos del Sector N. Dos semanas después de salir a la venta, se vendieron otros 1,500 boletos del Sector N para la temporada completa. ¿Cuánto dinero gastaron los espectadores, en total, por los boletos del Sector N para la temporada completa? ¿Cuánto más dinero gastaron apenas salieron los boletos a la venta que dos semanas después?

Matemáticas al instante

____

Entrenador personal en matemáticas

20. PIENSA MÁS + Halla el resultado de 6×407. Muestra tu trabajo y explica por qué la estrategia que elegiste es la mejor para estos factores.

____

____

____

____

ESCRIBE ▸ *Matemáticas* • **Muestra tu trab**

PRÁCTICA ADICIONAL
Cuaderno de práctica de los estándares

Nombre ______________________________

Resolución de problemas • Problemas de multiplicación de varios pasos

Pregunta esencial ¿Cuándo puedes usar la estrategia *hacer un diagrama* para resolver un problema de multiplicación de varios pasos?

Operaciones y pensamiento algebraico—4.OA.3 *También 4.NBT.5*

PRÁCTICAS MATEMÁTICAS
MP.1, MP.4, MP.8

Soluciona el problema *En el mundo*

En el parque acuático, un sector del estadio tiene 9 hileras con 18 asientos cada una. En el centro de cada una de las primeras 6 hileras, hay 8 asientos ubicados en la zona donde salpica el agua. ¿Cuántos asientos están fuera de esta zona?

Usa el organizador gráfico como ayuda para resolver el problema.

Lee el problema

¿Qué debo hallar?

Debo hallar la cantidad de asientos que ______________ de la zona donde salpica el agua.

¿Qué información debo usar?

Hay 9 hileras con ______________ asientos en cada hilera del sector.

Hay 6 hileras con ______________ asientos en cada hilera de la zona donde salpica el agua.

¿Cómo usaré la información?

Puedo ______________ para hallar tanto la cantidad de asientos que hay en el sector como la cantidad de asientos que hay en la zona donde salpica el agua.

Resuelve el problema

Hice un diagrama del sector para representar 9 hileras de 18 asientos. En el centro, tracé el contorno de un sector para representar las 6 hileras de 8 asientos que están en la zona donde salpica el agua.

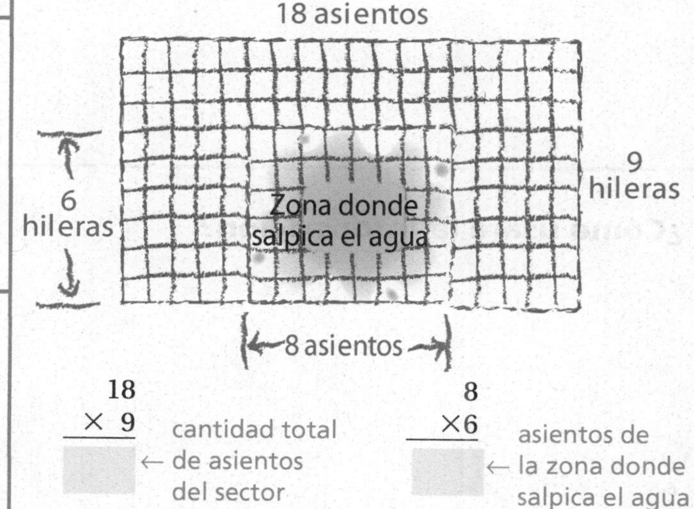

$$\begin{array}{r} 18 \\ \times\ 9 \\ \hline \end{array}$$ ← cantidad total de asientos del sector

$$\begin{array}{r} 8 \\ \times 6 \\ \hline \end{array}$$ ← asientos de la zona donde salpica el agua

1. ¿Qué más debes hacer para resolver el problema?

____

____

____

Haz otro problema

En el parque acuático, uno de los sectores del espectáculo de tiburones tiene 8 hileras con 14 asientos cada una. En el medio del sector, están reservadas 4 hileras de 6 asientos. ¿Cuántos asientos no están reservados?

Lee el problema	Resuelve el problema
¿Qué debo hallar?	
¿Qué información debo usar?	
¿Cómo usaré la información?	

2. ¿De qué manera te ayudó tu diagrama a resolver el problema?

____

Charla matemática — **Prácticas matemáticas**

Explica de qué manera puedes comprobar tu respuesta.

Nombre ___

Comparte y muestra

Soluciona el problema

✓ Usa el Tablero de matemáticas de Resolución de problemas.

✓ Subraya los datos importantes.

✓ Elige una estrategia que conozcas.

1. En el último espectáculo, todos los asientos de los sectores A y B del estadio están ocupados. El Sector A tiene 8 hileras de 14 asientos cada una. El Sector B tiene 6 hileras de 16 asientos cada una. ¿Cuántas personas hay en el último espectáculo en los sectores A y B?

Primero, haz un diagrama y rotúlalo. **Luego,** halla la cantidad de asientos de cada sector.

Sector A **Sector B**

Por último, halla la cantidad total de asientos. ___ + ___ = ___

En el último espectáculo, hay ___ personas en los sectores A y B.

2. ¿Qué pasaría si los sectores A y B tuvieran 7 hileras cada uno? ¿Cuántas personas habría en los sectores A y B?

___

3. El huerto de Brenda tiene 13 hileras de 8 plantas cada una. Brenda quiere plantar pimientos en las 2 primeras hileras y en las 2 últimas hileras del huerto. En el resto de las hileras plantará tomates. ¿Cuántas plantas de tomates plantará Brenda?

___

4. En la escuela se dispusieron 8 hileras de 22 sillas para una ceremonia de premiación. En cada hilera, las 2 sillas de cada extremo están reservadas para los estudiantes premiados. El resto de las sillas están destinadas a los invitados. ¿Cuántas sillas están destinadas a los invitados?

___

ESCRIBE ▸ *Matemáticas*

Muestra tu trabajo

Por tu cuenta

Usa la gráfica para resolver los problemas 5 y 6.

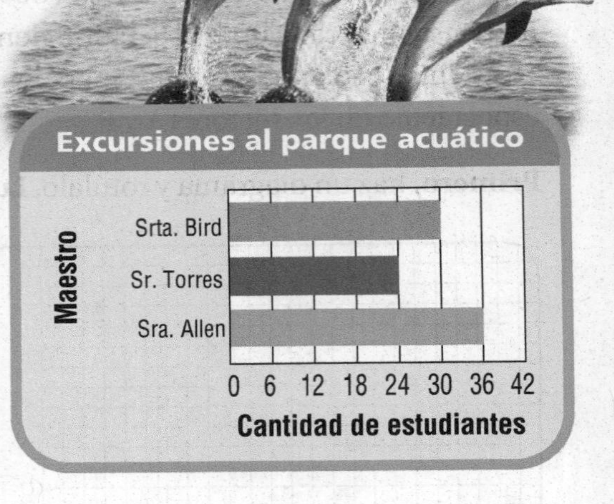

5. MÁS AL DETALLE El maestro Torres llevó a sus estudiantes al espectáculo de delfines. Cada hilera del estadio tenía 11 asientos. En cada extremo de las hileras se sentó un adulto, y cada grupo de 4 estudiantes se sentó entre 2 adultos. El maestro se sentó solo. ¿Cuántos adultos había?

6. ESCRIBE *Matemáticas* Otro sector del estadio tiene 24 hileras de 10 asientos cada una. Describe por lo menos dos maneras en las que se puede sentar la clase de la maestra Allen si en cada hilera se sienta la misma cantidad de estudiantes.

ESCRIBE *Matemáticas* • Muestra tu tra

7. PIENSA MÁS Carol, Ann y Liz compraron un pez de juguete cada una. El pez de Carol mide 10 pulgadas más que el pez de Ann. El pez de Liz mide 2 pulgadas más que el doble de la longitud del pez de Ann. El pez de Ann mide 12 pulgadas de longitud. Halla la longitud de cada pez de juguete.

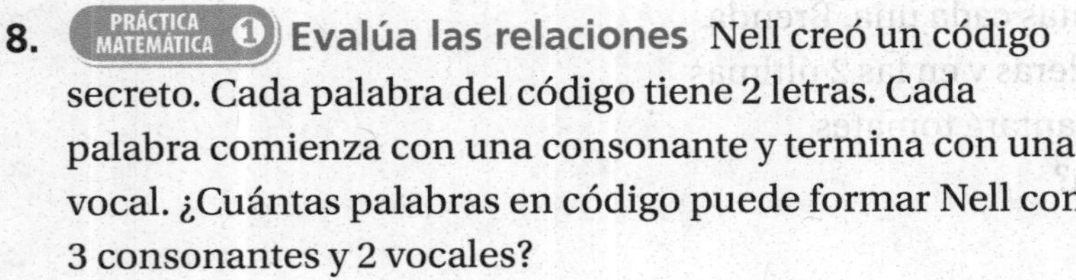

8. PRÁCTICA MATEMÁTICA 1 **Evalúa las relaciones** Nell creó un código secreto. Cada palabra del código tiene 2 letras. Cada palabra comienza con una consonante y termina con una vocal. ¿Cuántas palabras en código puede formar Nell con 3 consonantes y 2 vocales?

9. PIENSA MÁS Allie está haciendo un patio. El patio tendrá 13 hileras de 8 baldosas cada una. Allie ya hizo la sección central con 7 hileras de 4 baldosas. ¿Cuántas baldosas se necesitan para completar el patio? Muestra tu trabajo.

PARA PRACTICAR MÁS:
Cuaderno de práctica de los estándares

Nombre ______________________________

Multiplicar números de dos dígitos mediante la reagrupación

Números y operaciones en base diez—4.NBT.5
También 4.OA.3
PRÁCTICAS MATEMÁTICAS
MP.1, MP.4. MP.7

Pregunta esencial ¿Cómo puedes usar la reagrupación para multiplicar un número de 2 dígitos por un número de 1 dígito?

Soluciona el problema

Un caballo de carreras de pura sangre puede correr a velocidades de hasta 60 pies por segundo. Durante la práctica, el caballo de Celia corre a una velocidad de 36 pies por segundo. ¿Qué distancia corre su caballo en 3 segundos?

- Subraya la información importante.
- ¿Hay información que no usarás? En ese caso, tacha la información.

Ejemplo 1

Multiplica. 3 × 36 **Estima.** 3 × 40 = ______

REPRESENTA	PIENSA	ANOTA
PASO 1	Multiplica las unidades. 3 × 6 unidades = 18 unidades Reagrupa las 18 unidades.	$\begin{array}{r} 1 \\ 36 \\ \times\ 3 \\ \hline 8 \end{array}$ Reagrupa 18 unidades en 1 decena y 8 unidades.
PASO 2 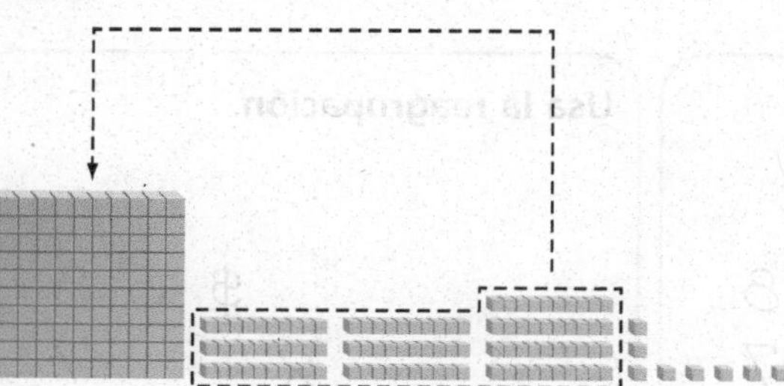	Multiplica las decenas. 3 × 3 decenas = 9 decenas Suma la decena reagrupada. 9 decenas + 1 decena = 10 decenas	$\begin{array}{r} 1 \\ 36 \\ \times\ 3 \\ \hline 108 \end{array}$ 10 decenas es igual que 1 centena y 0 decenas.

Entonces, el caballo de carreras de Celia corre ______ pies en 3 segundos.

Puesto que ______ está cerca de la estimación de ______, la respuesta es razonable.

Charla matemática — **Prácticas matemáticas**

Observa el Paso 1. **Explica** de qué manera se muestra la reagrupación de las 18 unidades con los cubos.

Ejemplo 2

Multiplica. 8 × 22 **Estima.** 8 × 20 = ________

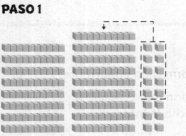

	REPRESENTA	PIENSA	ANOTA
PASO 1		Multiplica las unidades. 8 × 2 unidades = 16 unidades Reagrupa las 16 unidades.	$\begin{array}{r} ^{1}\\ 22 \\ \times\ 8 \\ \hline 6 \end{array}$ Reagrupa 16 unidades en 1 decena y 6 unidades
PASO 2	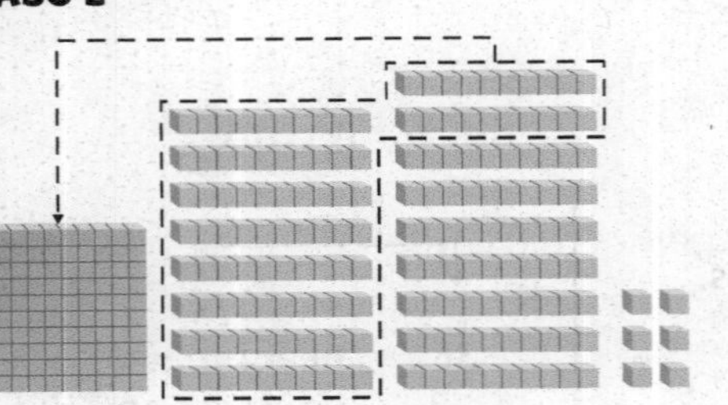	Multiplica las decenas. 8 × 2 decenas = 16 decenas Suma la decena reagrupada. 16 decenas + 1 decena = 17 decenas	$\begin{array}{r} ^{1}\\ 22 \\ \times\ 8 \\ \hline 176 \end{array}$ 17 decenas es igual que 1 centena y 7 decenas.

Entonces, 8 × 22 = ________. Puesto que ________ está cerca de la estimación de ________, la respuesta es razonable.

¡Inténtalo! **Multiplica.** 7 × $68

Estima. 7 × $68

Usa productos parciales.

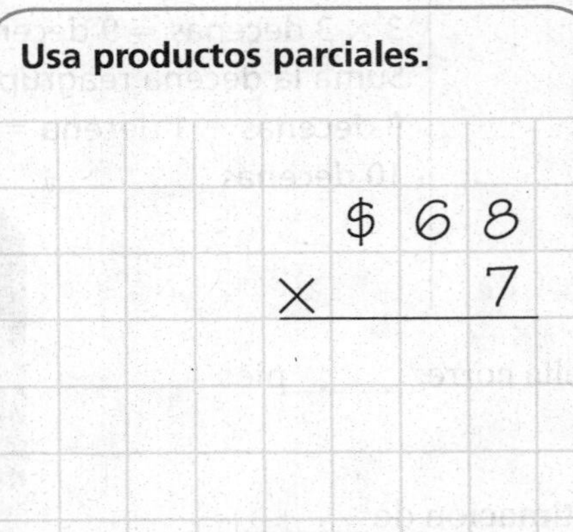

$\begin{array}{r} \$68 \\ \times\quad 7 \\ \hline \end{array}$

Usa la reagrupación.

$\begin{array}{r} \$68 \\ \times\quad 7 \\ \hline \end{array}$

- PRÁCTICA MATEMÁTICA 7 **Identificar relaciones** Observa los productos parciales y los métodos de reagrupación de arriba. ¿Qué relación hay entre 476 y los productos parciales 420 y 56?

____

Nombre ___________________________

Comparte y muestra

1. Usa el modelo para hallar el producto.

$2 \times 36 =$ ______

Estima. Luego anota el producto.

2. Estimación: ______	3. Estimación: ______	4. Estimación: ______	5. Estimación: ______
42×4	32×2	81×5	$\$63 \times 7$

Charla matemática **Prácticas matemáticas**

Describe los pasos para usar el valor posicional y la reagrupación para hallar 3×78.

Por tu cuenta

Estima. Luego anota el producto.

6. Estimación: ______	7. Estimación: ______	8. Estimación: ______	9. Estimación: ______
33×2	$\$25 \times 3$	36×8	$\$94 \times 5$

Práctica: Copia y resuelve Estima. Luego anota el producto.

10. 3×82 **11.** 9×41 **12.** 6×75 **13.** $7 \times \$23$ **14.** $8 \times \$54$

15. 5×49 **16.** 8×97 **17.** 4×68 **18.** $9 \times \$68$ **19.** $6 \times \$73$

PRÁCTICA MATEMÁTICA 7 Identificar relaciones **Álgebra** **Escribe una regla. Halla los números desconocidos.**

20.

Envase	______	1	2	3	4	5
Huevos	______	12	24		48	

____

21.

Hilera	______	2	3	4	5	6
Asientos	______	32	48	64		

____

Resolución de problemas • Aplicaciones

Usa la tabla para resolver los problemas 22 y 23.

22. A las velocidades que se muestran, ¿cuánto más lejos llegaría una liebre de cola negra que un conejo del desierto en 7 segundos?

______

23. Una liebre de cola negra recorre una distancia de alrededor de 7 pies de un solo salto. ¿Qué distancia puede recorrer en 5 segundos?

______

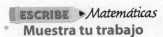

Velocidades de carrera

Animal	Velocidad (pies por segundo)
Conejo del desierto	22
Liebre de cola negra	51

▲ Conejo del desierto

ESCRIBE ▶ *Matemáticas*
Muestra tu trabajo

24. MÁS AL DETALLE El Sr. Wright compró una bolsa de alimento para gatos de 3 libras y una de alimento para perros de 5 libras. En cada libra hay 16 onzas. ¿Cuántas onzas de alimento para mascotas compró el Sr. Wright?

______

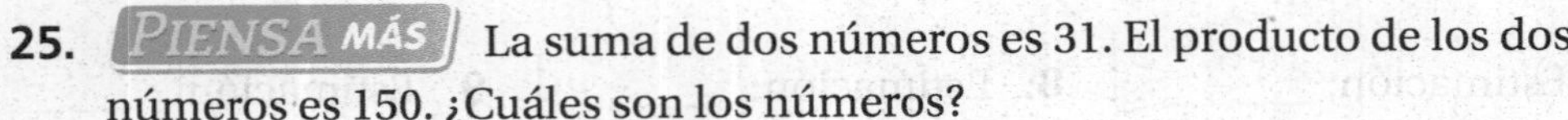

25. PIENSA MÁS La suma de dos números es 31. El producto de los dos números es 150. ¿Cuáles son los números?

______

26. PRÁCTICA MATEMÁTICA 2 **Usa el razonamiento** 6 × 87 es mayor que 5 × 87. ¿Cuánto mayor es? Explica cómo lo sabes sin multiplicar.

______

______

27. PIENSA MÁS Multiplica 6 × 73. En los ejercicios 27a a 27d, decide si cada enunciado es Verdadero o Falso.

27a. Una estimación razonable del producto es $420. ○ Verdadero ○ Falso

27b. Si se usan productos parciales, los productos son 42 y 180. ○ Verdadero ○ Falso

27c. Si se usa la reagrupación, 18 unidades se reagrupan como 8 decenas y 1 unidad. ○ Verdadero ○ Falso

27d. El producto es 438. ○ Verdadero ○ False

PRÁCTICA ADICIONAL:
Cuaderno de práctica de los estándares

Nombre ___________________________

Multiplicar números de 3 y 4 dígitos mediante la reagrupación

Números y operaciones en base diez—4.NBT.5

PRÁCTICAS MATEMÁTICAS
MP.4, MP.8

Pregunta esencial ¿Cómo puedes usar la reagrupación para multiplicar?

Soluciona el problema En el mundo

Alley Spring, manantial ubicado en el estado de Missouri, produce un promedio de 567 millones de galones de agua por semana. ¿Cuántos galones de agua produce el manantial en 3 semanas?

Multiplica. 3×567

Estima. $3 \times$ ________ = ________

PIENSA	ANOTA
PASO 1 Multiplica las unidades. 3 × 7 unidades = ______ unidades Reagrupa las 21 unidades.	$\begin{array}{r} {}^{2} \\ 567 \\ \times\ \ 3 \\ \hline 1 \end{array}$ Reagrupa las 21 unidades en 2 decenas y 1 unidad.
PASO 2 Multiplica las decenas. 3 × 6 decenas = ______ decenas Suma las decenas reagrupadas. 18 decenas + 2 decenas = 20 decenas Reagrupa las 20 decenas.	$\begin{array}{r} {}^{22} \\ 567 \\ \times\ \ 3 \\ \hline 01 \end{array}$ Reagrupa 20 decenas en 2 centenas y 0 decenas.
PASO 3 Multiplica las centenas. 3 × 5 centenas = ______ centenas Suma las centenas reagrupadas. 15 centenas + 2 centenas = 17 centenas	$\begin{array}{r} {}^{22} \\ 567 \\ \times\ \ 3 \\ \hline 1{,}701 \end{array}$ 17 centenas es igual que 1 millar y 7 centenas.

Entonces, Alley Spring produce ______ millones de galones de agua en 3 semanas.

Ejemplo

Usa una estimación o una respuesta exacta.

En la tabla se muestran los precios de tres paquetes de vacaciones. Jake, sus padres y su hermana quieren elegir un paquete.

Vacaciones frente al lago

	Adultos	Niños
Paquete A	$1,299	$619
Paquete B	$849	$699
Paquete C	$699	$484

A ¿Alrededor de cuánto le costaría el Paquete C a la familia de Jake?

PASO 1

Estima el costo para 2 adultos.

2 × $699

↓

2 × $700 = ______

PASO 2

Estima el costo para 2 niños.

2 × $484

↓

2 × $500 = ______

PASO 3

Suma para estimar el costo total.

 ▭
\+ ▭
 ▭

Entonces, el Paquete C le costaría alrededor de $2,400 a la familia de Jake.

Charla matemática — **Prácticas matemáticas**

Explica cómo sabes que puedes usar una estimación.

B La familia de Jake quiere comparar el costo total de los paquetes A y C. ¿Qué plan cuesta más? ¿Cuánto más cuesta?

Paquete A

Adultos	Niños	Costo total
$1,299 × 2 = ▭	$619 × 2 = ▭	▭ + ▭ = ▭

Paquete C

Adultos	Niños	Costo total
$699 × 2 = ▭	$484 × 2 = ▭	+ ▭

Resta para comparar los costos totales de los paquetes.

 $3,836
− $2,366
 ▭

Entonces, el Paquete ______ costaría ______ más que el Paquete ______.

Charla matemática — **Prácticas matemáticas**

Explica por qué debes hallar una respuesta exacta

Nombre ___

Comparte y muestra

1. Indica qué sucede en el Paso 1 del problema.

PASO 1	PASO 2	PASO 3	PASO 4
$\begin{array}{r} ^{2} \\ 1{,}274 \\ \times \quad 6 \\ \hline 4 \end{array}$	$\begin{array}{r} ^{4\,2} \\ 1{,}274 \\ \times \quad 6 \\ \hline 44 \end{array}$	$\begin{array}{r} ^{1\;4\,2} \\ 1{,}274 \\ \times \quad 6 \\ \hline 644 \end{array}$	$\begin{array}{r} ^{1\;4\,2} \\ 1{,}274 \\ \times \quad 6 \\ \hline 7{,}644 \end{array}$

Estima. Luego halla el producto.

2. Estimación: ___

$\begin{array}{r} 603 \\ \times \quad 4 \\ \hline \end{array}$

3. Estimación: ___

$\begin{array}{r} 1{,}935 \\ \times \quad 7 \\ \hline \end{array}$

4. Estimación: ___

$\begin{array}{r} \$8{,}326 \\ \times \quad 5 \\ \hline \end{array}$

Charla matemática — **Prácticas matemáticas**

Explica de qué manera puedes usar la estimación para hallar cuántos dígitos tendrá el producto de 4 × 1,861.

Por tu cuenta

Estima. Luego halla el producto.

5. Estimación: ___

$\begin{array}{r} \$3{,}316 \\ \times \quad 8 \\ \hline \end{array}$

6. Estimación: ___

$\begin{array}{r} \$2{,}900 \\ \times \quad 7 \\ \hline \end{array}$

7. Estimación: ___

$\begin{array}{r} \$4{,}123 \\ \times \quad 6 \\ \hline \end{array}$

8. Estimación: ___

$\begin{array}{r} \$1{,}893 \\ \times \quad 4 \\ \hline \end{array}$

9. Estimación: ___

$\begin{array}{r} \$9{,}042 \\ \times \quad 8 \\ \hline \end{array}$

10. Estimación: ___

$\begin{array}{r} 3{,}286 \\ \times \quad 5 \\ \hline \end{array}$

Práctica: Copia y resuelve **Compara. Escribe <, >, ó =.**

11. 5 × 352 ◯ 4 × 440

12. 6 × 8,167 ◯ 9,834 × 5

13. 3,956 × 4 ◯ 5 × 7,692

14. 740 × 7 ◯ 8 × 658

15. 4 × 3,645 ◯ 5 × 2,834

16. 6,573 × 2 ◯ 4,365 × 3

Resolución de problemas • Aplicaciones En el mundo

17. MÁS AL DETALLE Los boletos de avión a Fairbanks, Alaska, cuestan $958 cada uno. Los boletos de avión a Vancouver, Canadá, cuestan $734. ¿Cuánto pueden ahorrar en pasajes de avión los cuatro miembros de la familia Harrison si van de vacaciones a Vancouver?

18. PIENSA MÁS Philadelphia, Pennsylvania, está a 2,147 millas de Salt Lake City, Utah, y a 2,868 millas de Portland, Oregon. ¿Cuál es la diferencia respecto de las distancias de ida y vuelta entre Philadelphia y cada una de las otras dos ciudades? Explica si debes hacer una estimación o dar una respuesta exacta.

19. PRÁCTICA MATEMÁTICA 3 **Verifica el razonamiento de otros** Joey dice que el producto de un número de 4 dígitos y un número de 1 dígito siempre es un número de 4 dígitos. ¿Tiene sentido la afirmación de Joey? Explícalo.

ESCRIBE ▸ *Matemáticas* • **Muestra tu tra**

20. PIENSA MÁS ¿Qué número es 150 más que el producto de 5 y 4,892? Explica cómo hallaste la respuesta.

PRÁCTICA ADICIONAL:
Cuaderno de práctica de los estándares

Nombre ______________________________

Resolver problemas de varios pasos usando ecuaciones

Pregunta esencial ¿Cómo puedes representar y resolver problemas de varios pasos usando ecuaciones?

Operaciones y pensamiento algebraico—4.OA.3

PRÁCTICAS MATEMÁTICAS
MP.2, MP.4, MP.7

Soluciona el problema En el mundo

La computadora de Crismari tiene 3 tarjetas de memoria con 64 gigabytes de espacio cada una y 2 tarjetas de memoria con 16 gigabytes de espacio cada una. Los archivos de Crismari ocupan un espacio de 78 gigabytes. ¿Cuánta memoria le queda en la computadora?

- Subraya la información importante.

De una manera Usa varias ecuaciones de un paso.

PASO 1 Halla la cantidad de memoria que hay en 3 tarjetas de memoria con 64 gigabytes de espacio cada una.

64	64	64

← 3 tarjetas con 64 gigabytes

n ← Memoria total de 3 tarjetas con 64 gigabytes

$3 \times 64 = n$

_______ $= n$

PASO 2 Halla la cantidad de memoria que hay en 2 tarjetas de memoria con 16 gigabytes de espacio.

16	16

← 2 tarjetas con 16 gigabytes

p ← Memoria total de 2 tarjetas con 16 gigabytes

$2 \times 16 = p$

_______ $= p$

PASO 3 Halla la memoria total de la computadora.

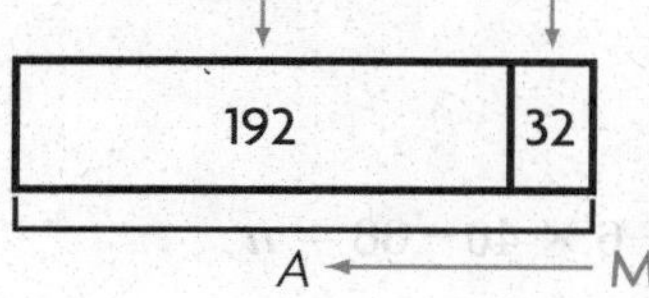

$192 + 32 = A$

_______ $= A$

PASO 4 Los archivos ocupan 78 gigabytes de espacio. Halla la cantidad de memoria que queda en la computadora.

memoria restante — memoria ocupada

y	78

224 ← Memoria total de la computadora

$224 - 78 = y$

_______ $= y$

Entonces, en la computadora de Crismari quedan _______ gigabytes de memoria.

Orden de las operaciones El orden de las operaciones es un conjunto especial de reglas que indica el orden en que se hacen los cálculos de una expresión. Primero, se multiplica y se divide de izquierda a derecha. Luego, se suma y se resta de izquierda a derecha.

De otra manera Usa una ecuación de varios pasos.

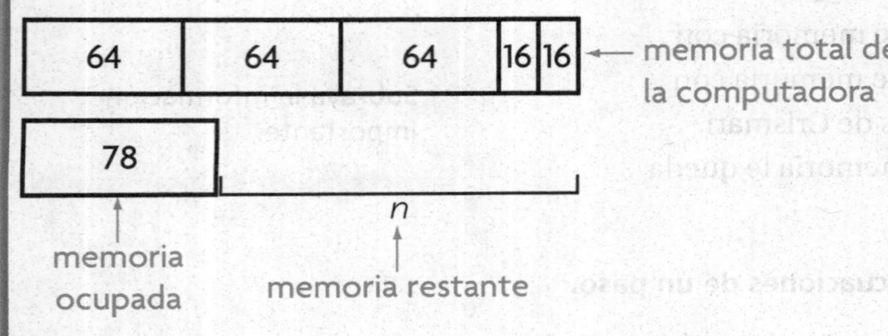

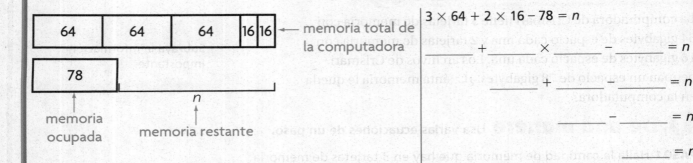

$3 \times 64 + 2 \times 16 - 78 = n$

_____ + _____ × _____ − _____ = n

_____ + _____ − _____ = n

_____ − _____ = n

_____ = n

Comparte y muestra

1. Usa el orden de las operaciones para hallar el valor de n.

$5 \times 17 + 5 \times 20 - 32 = n$

_____ + _____ × _____ − _____ = n ← Primero, multiplica 5×17.

_____ + _____ − _____ = n ← A continuación, multiplica 5×20.

_____ − _____ = n ← Luego, suma los dos productos.

_____ = n ← Por último, resta para hallar n.

Halla el valor de *n*.

2. $3 \times 22 + 7 \times 41 - 24 = n$

_____ = n

3. $4 \times 34 + 6 \times 40 - 66 = n$

_____ = n

4. $2 \times 62 + 8 \times 22 - 53 = n$

_____ = n

5. $6 \times 13 + 9 \times 34 - 22 = n$

_____ = n

Charla matemática **Prácticas matemáticas**

Si sumas antes de multiplicar, ¿obtendrás el mismo resultado? **Explícalo.**

Nombre ______________________________

Por tu cuenta

Halla el valor de *n*.

6. $8 \times 42 + 3 \times 59 - 62 = n$

______ $= n$

7. $6 \times 27 + 2 \times 47 - 83 = n$

______ $= n$

Resolución de problemas • Aplicaciones

8. MÁS AL DETALLE Maggie tiene 3 carpetas con 25 estampillas cada una. También tiene 5 carpetas con 24 tarjetas de béisbol en cada una. Si le da 35 estampillas a un amigo, ¿cuántas estampillas y tarjetas le quedan?

____

9. PRÁCTICA MATEMÁTICA 1 **Evaluar** Maddox tiene 4 cajas con 32 canicas cada una. También tiene 7 cajas con 18 conchas cada una. Si un amigo le da 20 canicas, ¿cuántas canicas y conchas tiene?

____

ESCRIBE ▸ *Matemáticas*
Muestra tu trabajo

Entrenador personal en matemáticas

10. PIENSA MÁS + Durante una feria de pastelería, el equipo de fútbol vende 54 rosquillas con queso crema a $2 cada una, y 36 panecillos a $1 cada uno. El entrenador usa el dinero para comprar calcetines para 14 jugadores. Los calcetines cuestan $6 el par. ¿Cuánto dinero le sobra al entrenador? Explica cómo hallaste la respuesta.

____

____

____

____

____

____

____

11. **PIENSA MÁS** **¿Cuál es el error?** Dominic tiene 5 libros con 12 tarjetas postales cada uno. También tiene 4 cajas con 20 monedas cada una. Si le regala 15 tarjetas postales a un amigo, ¿cuántas tarjetas postales y monedas tiene?

Dominic hizo este modelo.

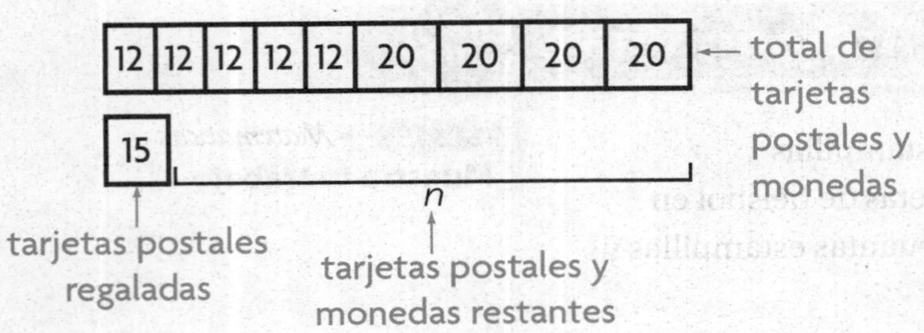

Dominic siguió estos pasos para resolver el problema.

$5 \times 12 + 4 \times 20 - 15 = n$

$60 + 4 \times 20 - 15 = n$

$64 \times 20 - 15 = n$

$1{,}280 - 15 = n$

$1{,}265 = n$

Observa los pasos que siguió Dominic para resolver este problema. Halla su error y descríbelo.

____

____

Sigue los pasos correctos para resolver el problema.

____

____

____

____

____

Entonces, tiene ______ tarjetas postales y monedas.

PRÁCTICA ADICIONAL:
Cuaderno de práctica de los estándares

Nombre ______________________________

Repaso y prueba del Capítulo 2

Usa la tabla para resolver los ejercicios 1 a 3.

Precios de los árboles					
Árbol	**Precio sin descuento**	**Precio por 3 o más**	**Árbol**	**Precio sin descuento**	**Precio por 3 o más**
Syringa reticulata	$25	$22	Avellano	$9	$8
Pino blanco	$40	$37	Arce rojo	$9	$8
Roble bur	$35	$32	Abedul	$9	$8

1. ¿Cuánto cuestan 3 robles bur? Muestra tu trabajo.

2. El Sr. Tan compra 4 pinos blancos y 5 abedules. ¿Cuánto cuestan los árboles en total? Muestra tu trabajo y explica cómo hallaste la respuesta.

3. Rudy desea comprar 3 Syringa reticulata o 2 robles bur. Quiere comprar los árboles que cuesten menos. ¿Qué árboles comprará? ¿Cuánto ahorrará? Muestra tu trabajo.

APRENDE EN LÍNEA **Opciones de evaluación**
Prueba del capítulo

4. En los ejercicios 4a a 4d, elige Verdadero o Falso para cada ecuación.

4a. $7 \times 194 = 1{,}338$ ○ Verdadero ○ Falso

4b. $5 \times 5{,}126 = 25{,}630$ ○ Verdadero ○ Falso

4c. $8 \times 367 = 2{,}926$ ○ Verdadero ○ Falso

4d. $4 \times 3{,}952 = 15{,}808$ ○ Verdadero ○ Falso

5. Parte A

Traza una línea para unir cada sección del modelo con el producto parcial que representa.

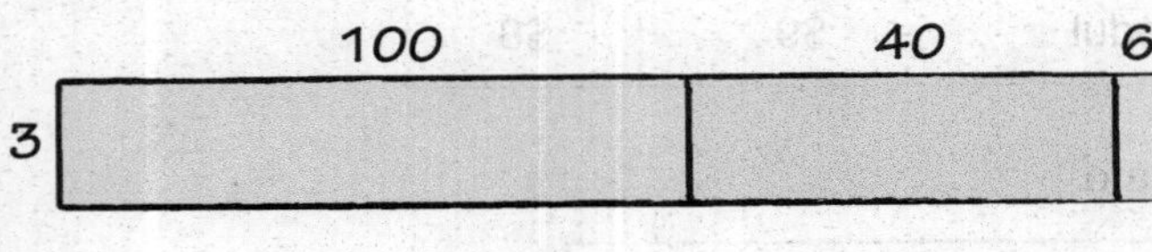

3×6 3×100 3×40

Parte B

Luego halla 3×146. Muestra tu trabajo y explícalo.

Nombre ______________________________

6. En los ejercicios 6a a 6c, escribe una ecuación o un enunciado de comparación usando los números de las fichas.

3	4	6	8	8
9	27	32	48	

6a.

32

4	4	4	4	4	4	4	4

4

☐ veces ☐ es ☐.

6b.

48

8	8	8	8	8	8

8

☐ × ☐ = ☐

6c. $9 \times 3 = 27$

☐ veces ☐ es ☐.

7. Multiplica 7×43. En los ejercicios 7a a 7d, elige Verdadero o Falso para cada enunciado.

7a. Una estimación razonable del producto es 280. ○ Verdadero ○ Falso

7b. Si se usan productos parciales, los productos son 21 y 28. ○ Verdadero ○ Falso

7c. Si se usa la reagrupación, 21 unidades se reagrupan como 1 decena y 2 unidades. ○ Verdadero ○ Falso

7d. El producto es 301. ○ Verdadero ○ Falso

8. Construir un edificio de apartamentos en el juego de computadora *La gran ciudad* cuesta 9,328 puntos. ¿Cuánto cuesta construir 5 edificios de apartamentos? Muestra tu trabajo.

9. Multiplica 7 × 462 usando el valor posicional y la forma desarrollada. Elige un número del recuadro para completar la expresión.

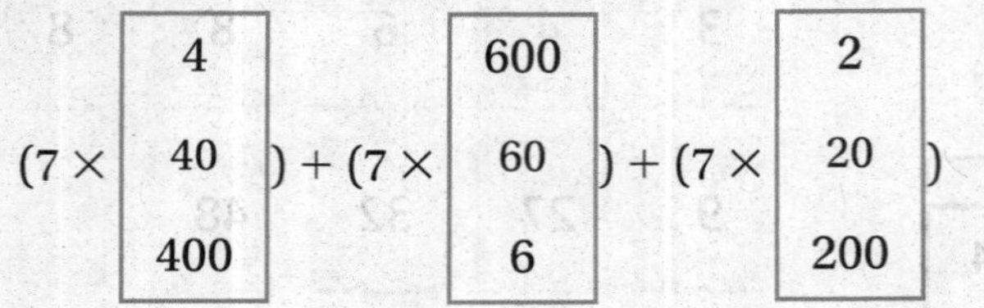

10. En los ejercicios 10a y 10b, usa el valor posicional para hallar el producto.

10a. 3 × 600 = 3 × ☐ centenas

= ☐ centenas

= ☐

10b. 5 × 400 = 5 × ☐ centenas

= ☐ centenas

= ☐

11. Liam tiene 3 cajas de tarjetas de béisbol con 50 tarjetas en cada una. Además, tiene 5 cajas con 40 tarjetas de básquetbol en cada una. Si Liam va a la tienda y compra 50 tarjetas de béisbol más, ¿cuántas tarjetas de béisbol y básquetbol tiene Liam en total? Muestra tu trabajo.

Nombre ___________________________

12. Hay una venta de libros en la biblioteca. Cada libro cuesta $4. ¿Qué expresión se puede usar para mostrar cuánto dinero recaudará la biblioteca si vende 289 libros? Usa los números de las fichas para completar tu respuesta.

2	4	8	9
80	90	200	

(4 × ________) + (4 × ________) + (4 × ________)

13. Halla 8 × 397. Muestra tu trabajo y explica por qué la estrategia que elegiste es la que mejor funciona con estos factores.

14. Un payaso compró 6 bolsas de globos redondos con 24 globos en cada bolsa. El payaso también compró 3 bolsas de globos alargados con 36 globos en cada bolsa.

Parte A

¿Cuántos globos alargados más que globos redondos compró el payaso? Muestra tu trabajo.

Parte B

El payaso también compró 5 bolsas de globos con forma de corazón con 14 globos en cada bolsa. Cuando el payaso infló todos los globos redondos, alargados y con forma de corazón, 23 de los globos estallaron. ¿Cuántos globos inflados quedaron? Explica tu respuesta.

15. Héctor plantó 185 flores en 2 días. Había 5 voluntarios, incluido Héctor, que plantaron cada uno aproximadamente el mismo número de flores. ¿Cuántas flores plantaron aproximadamente?

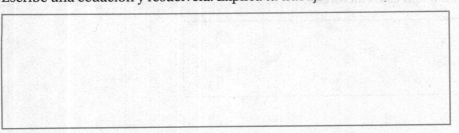

185
400
500
1,000

16. Jay y Blair fueron a pescar. En total, pescaron 27 peces. Jay pescó el doble de peces que pescó Blair. ¿Cuántos peces pescaron cada uno? Escribe una ecuación y resuélvela. Explica tu trabajo.

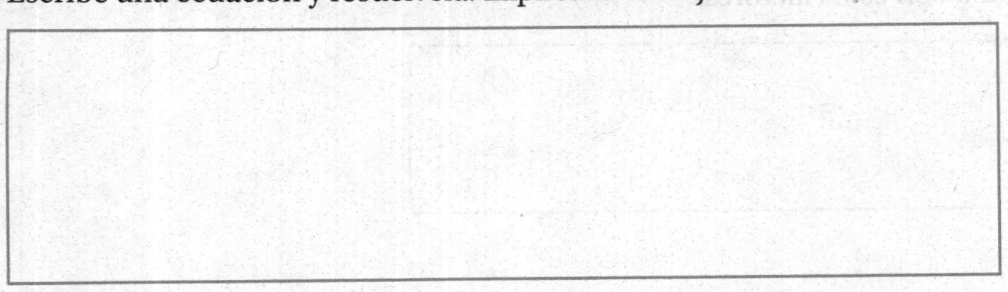

17. En la feria de mascotas, el perro de Darlene pesó 5 veces el peso del perro de Leah. Juntos, los perros pesaron 84 libras. ¿Cuánto pesó cada perro? Completa el modelo de barras. Escribe una ecuación y resuélvela.

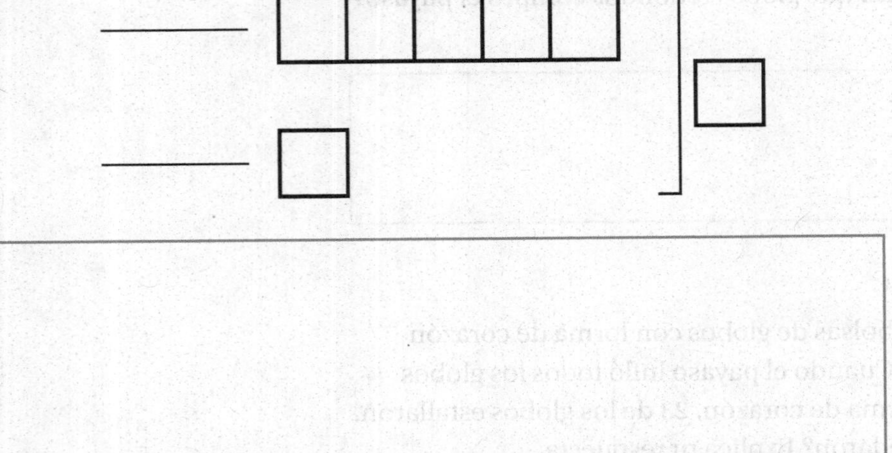

18. Usa la propiedad distributiva para representar el producto en la cuadrícula. Anota el producto.

$4 \times 12 =$ ________

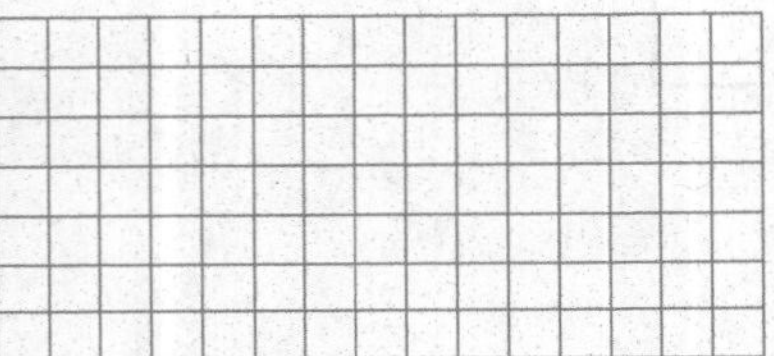

Capítulo 3

Multiplicar números de dos dígitos

Muestra lo que sabes

Comprueba si comprendes las destrezas importantes.

Nombre ______________________

▶ Practicar operaciones de multiplicación **Halla el producto.**

1. $8 \times 7 =$ ______

$7 \times 8 =$ ______

2. $3 \times (2 \times 4) =$ ______

$(3 \times 2) \times 4 =$ ______

▶ Multiplicar números de 2 dígitos por números de 1 dígito **Halla el producto.**

3. 28×3

4. 56×6

5. 71×5

6. 69×8

7. 36×4

▶ Multiplicar por números de 1 dígito **Halla el producto.**

8. 72×4

9. 456×5

10. 804×7

11. $1,341 \times 9$

12. 65×6

13. 392×8

14. $1,478 \times 3$

15. $\$1,627 \times 2$

16. 584×7

17. $2,837 \times 4$

Detective matemático

El Parque Nacional Yellowstone, en Wyoming, Montana e Idaho, fue el primer parque nacional de los Estados Unidos. Este parque tiene más de 500 géiseres. El Grand Geyser entra en erupción aproximadamente cada 8 horas.

Piensa como un detective matemático. Según esta estimación, ¿cuántas veces verías a este géiser entrar en erupción si pudieras observarlo durante 1 año? Hay 24 horas en un día y 365 días en un año.

Entrenador personal en matemáticas
Evaluación e intervención en línea

Desarrollo del vocabulario

▶ Visualízalo

Completa el diagrama en forma de H con las palabras marcadas con ✓.

Palabras de la multiplicación		Palabras de la estimación

Palabras de repaso

✓ *estimación*
✓ *factor*
✓ *producto*
✓ *producto parcial*
propiedad asociativa de la multiplicación
propiedad conmutativa de la multiplicación
reagrupar
✓ *redondear*
✓ *valor posicional*

Palabras nuevas

✓ *números compatibles*

▶ Comprende el vocabulario

Dibuja una línea para emparejar las palabras o frases con sus definiciones.

Palabra	Definición
1. propiedad conmutativa de la multiplicación	• Un número que se multiplica por otro número para hallar un producto
2. estimación	• Intercambiar cantidades del mismo valor para convertir un número
3. números compatibles	• Un resultado cercano a la cantidad exacta
4. factor	• Números que son fáciles de calcular mentalmente
5. reagrupar	• La propiedad que establece que al cambiar el orden de dos factores, el producto se mantiene igual

APRENDE EN LÍNEA
- Libro interactivo del estudiante
- Glosario multimedia

Nombre ____________________

Multiplicar por decenas

Pregunta esencial ¿Qué estrategias puedes usar para multiplicar por decenas?

Operaciones con números de base diez—4.NBT.5 *Also 4.NBT.1*
PRÁCTICAS MATEMÁTICAS
MP.1, MP.4, MP.7

Soluciona el problema

La animación de una caricatura hecha por computadora requiere aproximadamente 20 cuadros por segundo. ¿Cuántos cuadros habrá que dibujar para una caricatura de 30 segundos?

- La frase "20 cuadros por segundo" significa que se necesitan 20 cuadros para cada segundo de animación. ¿Cómo te ayuda esto para saber qué operación debes usar?

____

____

De una manera Usa el valor posicional.

Multiplica. 20×30

Puedes pensar en 30 como 3 decenas.

$20 \times 30 = 20 \times$ ______ decenas

$=$ ______ decenas

$= 600$

Recuerda

La propiedad asociativa establece que si se modifica la agrupación de los factores, el producto no cambia. Usa paréntesis para agrupar los factores que multiplicas primero.

De otra manera Usa la propiedad asociativa.

Puedes pensar en 30 como 3×10.

$20 \times 30 = 20 \times (3 \times 10)$

$= (20 \times 3) \times 10$

$=$ ______ $\times$ ______

$=$ ______

Entonces, habría que dibujar ______ cuadros.

Charla matemática **Prácticas matemáticas**

¿Cómo puedes usar el valor posicional para indicar por qué $60 \times 10 = 600$? **Explícalo.**

- Compara la cantidad de ceros de cada factor con la cantidad de ceros del producto. ¿Qué observas?

____

____

De otras maneras

A **Usa una recta numérica y un patrón para multiplicar 15 × 20.**

Dibuja saltos para mostrar el producto.

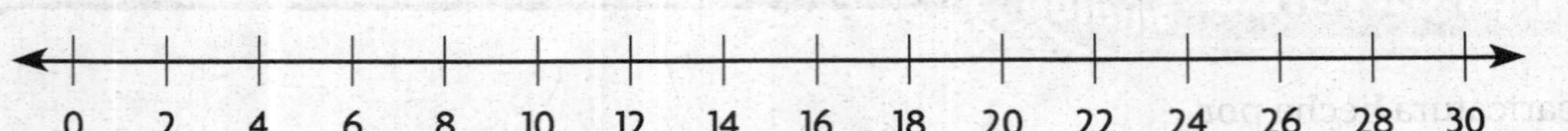

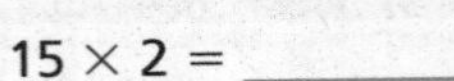

15 × 2 = ______

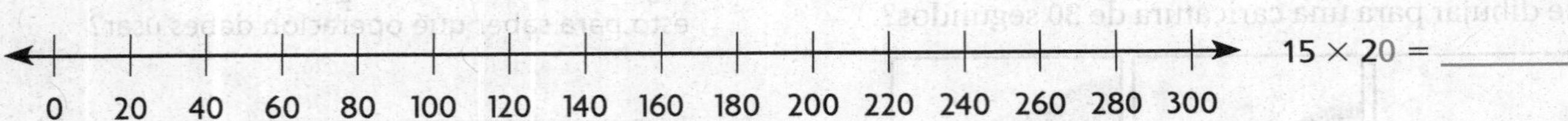

15 × 20 = ______

B **Usa el cálculo mental para hallar 14 × 30.**

Usa la estrategia de dividir entre 2 y duplicar.

PASO 1 Halla la mitad de 14 para simplificar el problema.	**PASO 2** Multiplica.	**PASO 3** Duplica 210.
Piensa: Para hallar la mitad de un número, divídelo entre 2.		**Piensa:** Para duplicar un número, multiplícalo por 2.
14 ÷ 2 = ______	7 × 30 = ______	2 × 210 = ______

Entonces, 14 × 30 = 420.

¡Inténtalo! **Multiplica.**

Usa el cálculo mental para hallar 12 × 40.	**Usa el valor posicional para hallar 12 × 40.**

Comparte y muestra

1. Halla 20 × 27. Indica qué método elegiste. Explica lo que sucede en cada paso.

______

______

Nombre ______________________________

Elige un método. Luego halla el producto.

2. 10 × 12

3. 20 × 20

4. 40 × 24

5. 11 × 60

Charla matemática

Prácticas matemáticas

Explica cómo puedes usar 30 × 10 = 300 para hallar 30 × 12.

Por tu cuenta

Elige un método. Luego halla el producto.

6. 70 × 55

7. 17 × 30

8. 30 × 60

9. 12 × 90

PRÁCTICA MATEMÁTICA 2 **Razona de manera cuantitativa Álgebra Halla el dígito desconocido del número.**

10. 64 × 40 = 2,56■

■ = ______

11. 29 × 50 = 1,⬟50

⬟ = ______

12. 3◆ × 47 = 1,410

◆ = ______

13. En una fábrica se hacen 80 bicicletas por día. ¿Cuántas bicicletas se harán en 22 días?

____

14. Malala tiene 20 floreros. Pone 12 flores en cada florero. ¿Cuántas flores usa?

____

Resolución de problemas • Aplicaciones

Usa la tabla para resolver los problemas 15 y 16.

Título	Fecha de estreno	Cuadros por segundo
El dibujo encantado©	1900	20
El pequeño Nemo©	1911	16
Blancanieves y los siete enanitos©	1937	24
Pinocho©	1940	19
Los Picapiedra©	1960–1966	24

Producciones animadas

15. PRÁCTICA MATEMÁTICA 4 **Usa gráficas** ¿Cuántos cuadros hubo que dibujar para producir 50 segundos de *Pinocho*?

16. MÁS AL DETALLE ¿En cuál hay menos cuadros: en 10 segundos de *Los Picapiedra* o en 14 segundos de *El dibujo encantado*? ¿Cuál es la diferencia entre la cantidad de cuadros?

17. PIENSA MÁS El producto de mi número y el doble de mi número es igual a 128. ¿Cuál es la mitad de mi número? Explica cómo resolviste el problema.

18. PIENSA MÁS Tanya dice que el producto de un múltiplo de diez y un múltiplo de diez siempre tendrá un solo cero. ¿Tiene razón? Explícalo.

ESCRIBE ▸ *Matemáticas*
Muestra tu trabajo

19. PIENSA MÁS Para los números 19a al 19e, elige Sí o No para indicar si la respuesta es correcta.

19a. $28 \times 10 = 280$ ○ Sí ○ No

19b. $15 \times 20 = 300$ ○ Sí ○ No

19c. $17 \times 10 = 17$ ○ Sí ○ No

19d. $80 \times 10 = 800$ ○ Sí ○ No

19e. $16 \times 30 = 1{,}800$ ○ Sí ○ No

PRÁCTICA ADICIONAL: Cuaderno de práctica de los estándares

Nombre ______________________

Lección 3.2

Estimar productos

Pregunta esencial ¿Qué estrategias puedes usar para estimar productos?

Operaciones con números de base diez—4.NBT.5 *Also 4.NBT.3*

PRÁCTICAS MATEMÁTICAS
MP.1, MP.2, MP.5, MP.7

Soluciona el problema

La familia Smith abre la puerta de su refrigerador 32 veces por día. En mayo hay 31 días. ¿Aproximadamente cuántas veces abre la puerta durante el mes de mayo?

- Subraya la información que necesitarás.

De una manera Usa el redondeo y el cálculo mental.

Estima. 32×31

PASO 1 Redondea cada factor

32×31
↓ ↓
30×30

PASO 2 Usa el cálculo mental.

$3 \times 3 = 9$ ← operación básica

$30 \times 30 =$ ______

Entonces, la familia Smith abre la puerta del refrigerador aproximadamente 900 veces durante el mes de mayo.

Charla matemática **Prácticas matemáticas**

¿El número real de veces que se abre la puerta del refrigerador en un año será mayor o menor que 900? **Explícalo.**

1. En promedio, la puerta de un refrigerador se abre 38 veces por día. ¿Aproximadamente cuántas veces menos que el promedio abre la puerta del refrigerador la familia Smith durante el mes de mayo?

Muestra tu trabajo.

Las 24 bombillas de luz de la casa de la familia Park son bombillas CFL. Cada bombilla CFL consume 28 vatios para producir luz. ¿Aproximadamente cuántos vatios consumirán las bombillas si se encienden todas al mismo tiempo?

De otra manera **Usa el cálculo mental y los números compatibles.**

Los **números compatibles** son números que son fáciles de calcular mentalmente.

Estima. 24×28

PASO 1 Usa números compatibles.

24×28
↓ ↓
25×30

Piensa: $25 \times 3 = 75$

PASO 2 Usa el cálculo mental.

$25 \times 3 = 75$

$25 \times 30 =$ ____________

Entonces, consumirán aproximadamente 750 vatios.

¡Inténtalo! **Estima $26 \times \$79$.**

A **Redondea a la decena más próxima.**

26 × $79
↓ ↓
__________ × __________ = __________

26 × $79 es aproximadamente __________.

B **Números compatibles**

26 × $79
↓ ↓
25 × $80 = __________

Piensa: ¿Cómo puedes usar $25 \times 4 = 100$ para hallar 25×8?

26 × $79 es aproximadamente __________.

2. Explica por qué tanto $2,400 como $2,000 son estimaciones razonables.

____

____

3. ¿En qué situación elegirías hallar una estimación en vez del resultado exacto?

____

____

Comparte y muestra

1. Para estimar el producto de 62 y 28 con el redondeo, ¿cómo redondearías los factores? ¿Cuál sería el producto estimado?

____

Nombre ______________________

Estima el producto. Elige un método.

2. 96 × 34

3. 47 × $39

4. 78 × 72

Charla matemática

Prácticas matemáticas

Describe cómo puedes saber si un producto estimado será mayor que o menor que el resultado exacto.

Por tu cuenta

Estima el producto. Elige un método.

5. 41 × 78

6. 51 × 73

7. 34 × 80

8. 84 × 23

9. 27 × $56

10. 45 × 22

Práctica: Copia y resuelve **Estima el producto. Elige un método.**

11. 61 × 31

12. 52 × 68

13. 26 × 44

14. 57 × $69

15. 55 × 39

16. 51 × 81

17. 47 × $32

18. 49 × 64

PIENSA MÁS **Halla dos factores posibles para el producto estimado.**

19. 2,800 ______ ______

20. 8,100 ______ ______

21. 5,600 ______ ______

22. 2,400 ______ ______

Resolución de problemas • Aplicaciones En el mundo

23. MÁS AL DETALLE En promedio, la puerta de un refrigerador se abre 38 veces por día. Len tiene dos refrigeradores en su casa. Según este promedio, ¿aproximadamente cuántas veces se abren las puertas de los dos refrigeradores en un período de 3 semanas?

____

24. El costo de mantener un refrigerador en funcionamiento es aproximadamente $57 por año. ¿Aproximadamente cuánto costará mantener un refrigerador en funcionamiento durante 15 años?

____

25. PIENSA MÁS Si Mel abre la puerta de su refrigerador 36 veces por día, ¿aproximadamente cuántas veces la abrirá durante el mes de abril? ¿El resultado exacto será mayor o menor que la estimación? Explícalo.

____

____

____

____

26. PRÁCTICA MATEMÁTICA 2 **Representa un problema** ¿Qué pregunta escribirías para esta respuesta? El producto estimado de dos números que no son múltiplos de diez es 2,800.

____

____

ESCRIBE ▸*Matemáticas* • **Muestra tu tr**

27. PIENSA MÁS ¿Cuál es una estimación razonable del producto? Escribe la estimación. Es posible que una estimación se use más de una vez.

30 × 20	25 × 50	20 × 20

26 × 48	☐	28 × 21	☐
21 × 22	☐	51 × 26	☐

PRÁCTICA ADICIONAL:
Cuaderno de práctica de los estándares

Nombre ______________________

Modelos de áreas y productos parciales

Pregunta esencial ¿Cómo puedes usar modelos de áreas y productos parciales para multiplicar números de dos dígitos?

Operaciones con números de base diez—4.NBT.5

PRÁCTICAS MATEMÁTICAS
MP.2, MP.4, MP.5, MP.8

Investigar

Manos a la obra

Materiales ■ lápices de colores

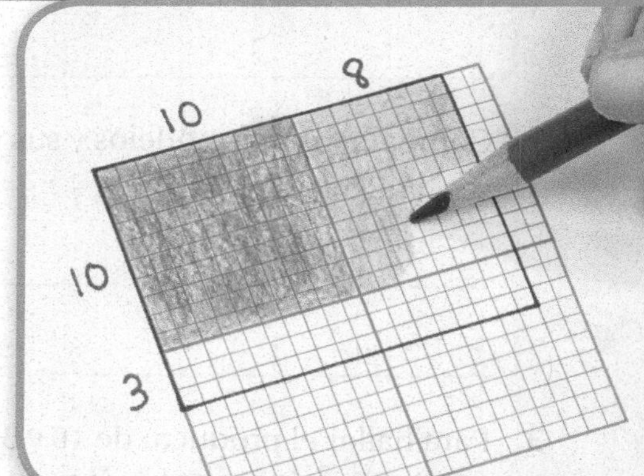

¿Cómo puedes usar un modelo para descomponer factores de manera tal que sea más sencillo multiplicarlos?

A. Dibuja el contorno de un rectángulo en la cuadrícula para representar 13 × 18. Separa el modelo en rectángulos más pequeños para mostrar los factores descompuestos en decenas y en unidades. Rotula y sombrea los rectángulos más pequeños. Usa los colores que se indican más abajo.

B. Halla el producto de los rectángulos más pequeños. Luego, halla la suma de los productos parciales. Anota los resultados.

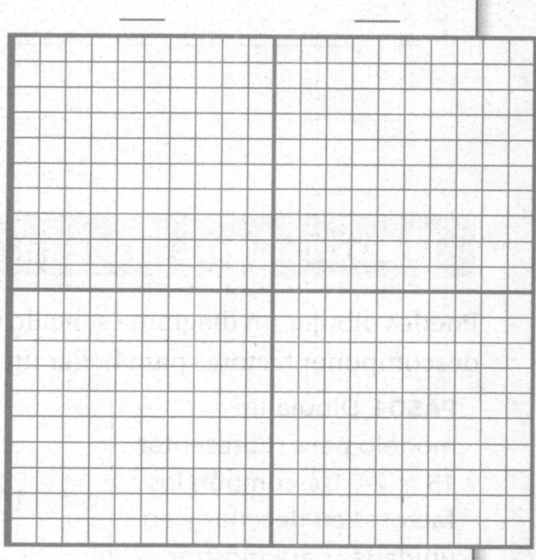

$= 10 \times 10$

$= 10 \times 8$

$= 3 \times 10$

$= 3 \times 8$

100 + ______ + ______ + ______ = ______

C. Vuelve a dibujar el modelo. Separa el modelo completo para mostrar factores distintos de los que mostraste la primera vez. Rotula y sombrea los cuatro rectángulos más pequeños y halla sus productos. Anota la suma de los productos parciales para representar el producto del modelo completo.

______ + ______ + ______ + ______ = ______

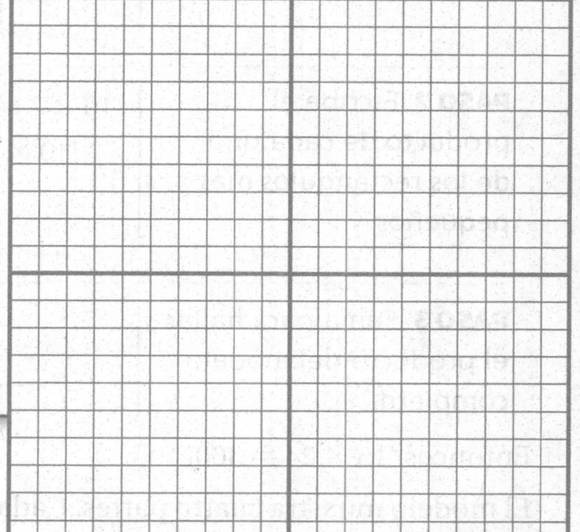

Sacar conclusiones

1. Explica cómo hallaste la cantidad total de cuadrados del modelo completo.

2. Compara los dos modelos y sus productos. ¿Qué conclusión puedes sacar? Explícalo.

3. Para hallar el producto de 10 y 33, ¿cuál es el cálculo más sencillo: $(10 \times 11) + (10 \times 11) + (10 \times 11)$ ó $(10 \times 30) + (10 \times 3)$? Explícalo.

Hacer conexiones

Puedes dibujar un diagrama sencillo para representar y descomponer factores para hallar un producto. Halla 15×24.

Recuerda
24 es igual a 2 decenas y 4 unidades.

PASO 1 Dibuja un modelo para representar 15×24. Descompón los factores en decenas y en unidades para mostrar los productos parciales.

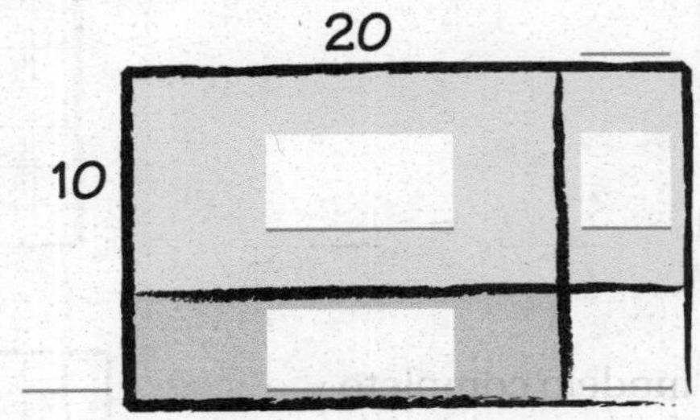

PASO 2 Escribe el producto de cada uno de los rectángulos más pequeños.

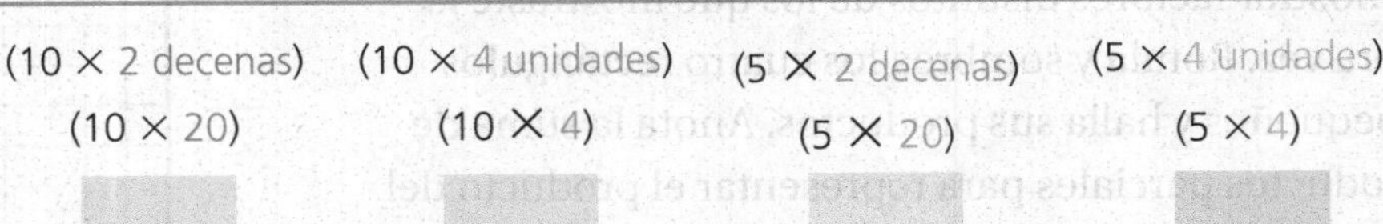

PASO 3 Suma para hallar el producto del modelo completo.

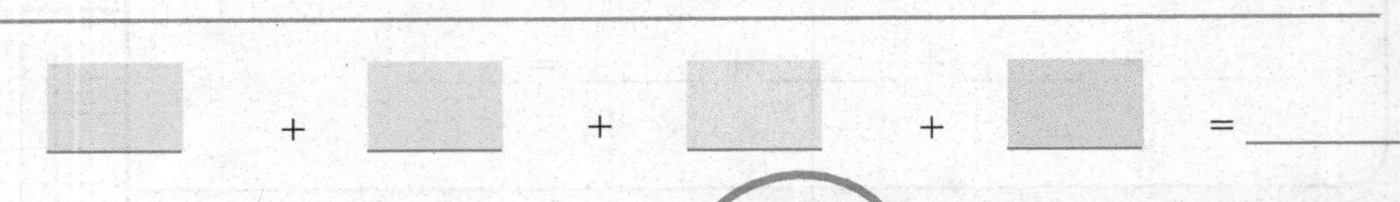

Entonces, $15 \times 24 = 360$.

El modelo muestra cuatro partes. Cada parte representa un producto parcial. Los productos parciales son 200, 40, 100, y 20.

Charla matemática — **Prácticas matemáticas**

Explica de qué manera descomponer los factores en decenas y en unidades hace más fácil hallar el producto.

Nombre ______________________________

Comparte y muestra

Halla el producto.

1. $16 \times 19 =$ ____________

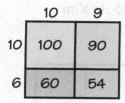

	10	9
10	100	90
6	60	54

2. $18 \times 26 =$ ____________

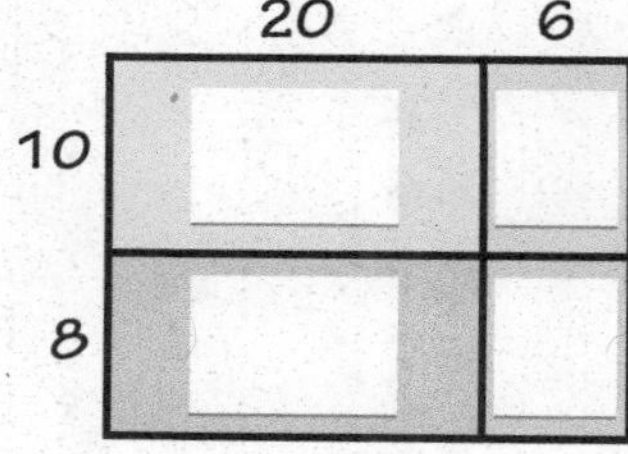

3. $27 \times 39 =$ ____________

	30	9
20		
7		

Dibuja un modelo para representar el producto. Luego anota el producto.

4. $14 \times 16 =$ ____________

5. $23 \times 25 =$ ____________

Resolución de problemas • Aplicaciones

6. PRÁCTICA MATEMÁTICA 6 **Explica** cómo se puede usar la representación de productos parciales para hallar el producto de números más grandes.

____

____

7. MÁS AL DETALLE Emma compró 16 paquetes de panecillos para una fiesta. Había 12 panecillos en cada paquete. Después de la fiesta, sobraron 8 panecillos. ¿Cuántos panecillos se comieron? Explícalo.

____

____

____

¿Tiene sentido?

8. PIENSA MÁS Jamal y Kim resolvieron 12×15 con productos parciales de diferentes maneras. ¿Cuál de los resultados tiene sentido? ¿Cuál de los resultados no tiene sentido? Explica tu razonamiento.

Trabajo de Jamal

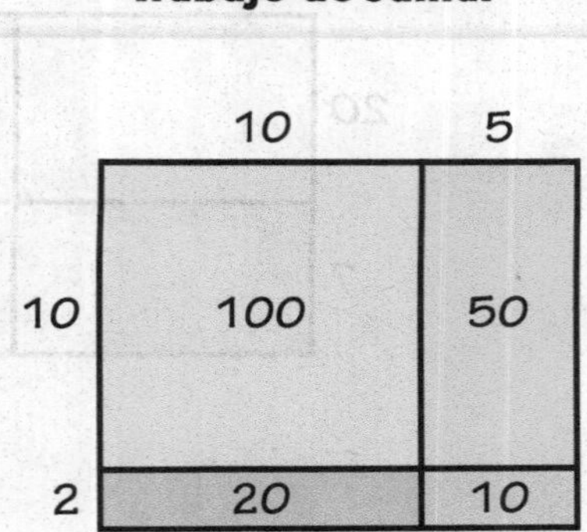

$100 + 20 + 10 = 130$

Trabajo de Kim

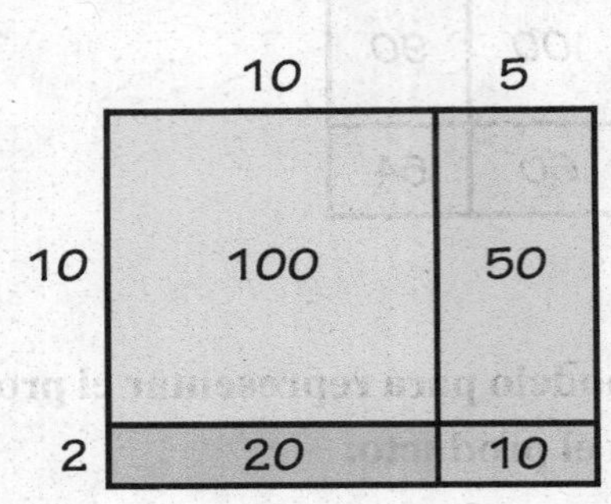

$120 + 60 = 180$

a. Para el resultado que no tiene sentido, escribe un resultado que tenga sentido.

b. Observa el método de Kim. ¿Se te ocurre otra manera en que Kim podría usar el modelo para hallar el producto? Explícalo.

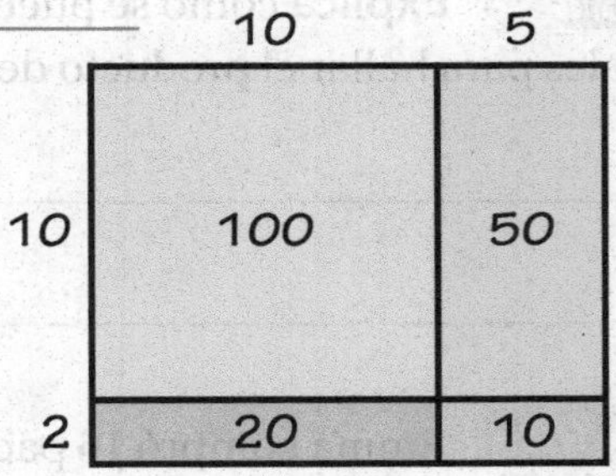

10 5
10 100 50
2 20 10

9. PIENSA MÁS Observa el modelo del ejercicio 8b. ¿Cuáles serían los productos parciales si el producto fuera 22×15? Explica por qué crees que cambiaron los productos.

PRÁCTICA ADICIONAL: Cuaderno de práctica de los estándares

Nombre ______________________

Multiplicar usando productos parciales

Pregunta esencial ¿Cómo puedes usar el valor posicional y productos parciales para multiplicar números de dos dígitos?

Operaciones con números de base diez—4.NBT.5

PRÁCTICAS MATEMÁTICAS
MP.4, MP.7, MP.8

Soluciona el problema

CONECTAR Ya sabes separar un modelo para hallar productos parciales. ¿Cómo puedes usar lo que sabes para hallar y anotar un producto?

Multiplica. 34 × 57 **Estima.** 30 × 60 = ________

SOMBREA EL MODELO

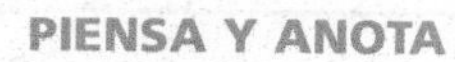

PASO 1

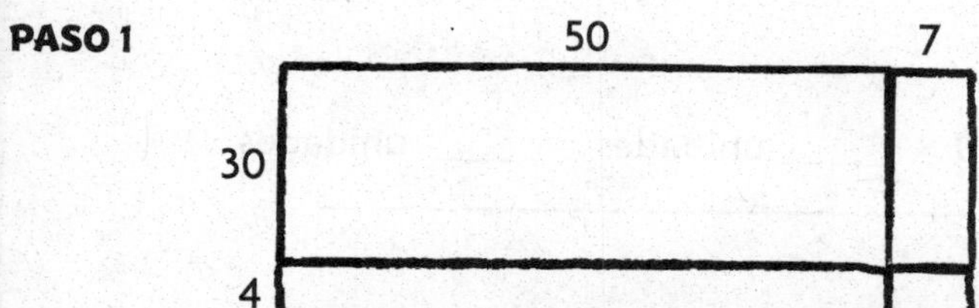

57
× 34
______ ← Multiplica las decenas por las decenas. 30 × 5 decenas = 150 decenas

PASO 2

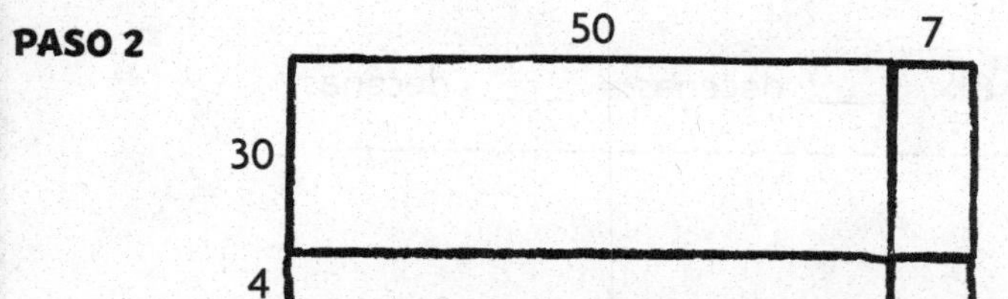

57
×34
1,500
______ ← Multiplica las unidades por las decenas. 30 × 7 unidades = 210 unidades

PASO 3

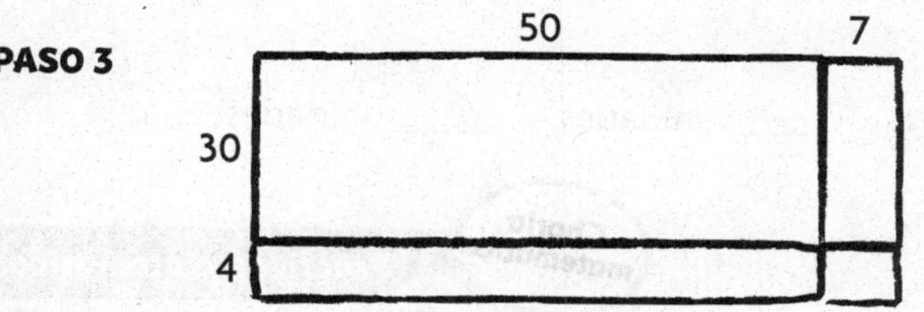

57
×34
1,500
210
______ ← Multiplica las decenas por las unidades. 4 × 5 decenas = 20 decenas

PASO 4

50 7
30
4

57
×34
1,500
210
200
\+ ______ ← Multiplica las unidades por las unidades 4 × 7 unidades = 28 unidades
______ ← Suma los productos parciales.

Entonces, 34 × 57 = 1,938. Puesto que 1,938 está cerca de la estimación de 1,800, el resultado es razonable.

Charla matemática **Prácticas matemáticas**

Puedes escribir 10 × 4 unidades = 40 unidades así: 10 × 4 = 40. ¿De qué otra manera puedes escribir 10 × 3 decenas = 30 decenas?

Ejemplo

Con las manzanas de cada árbol de un huerto se llenan 23 canastas. Si 1 hilera del huerto tiene 48 árboles, ¿cuántas canastas de manzanas se pueden llenar?

Multiplica. 48 × 23 **Estima.** 50 × 20 = ______

PIENSA	ANOTA	
PASO 1 Multiplica las decenas por las decenas.	23 × 48 ____	← 40 × ______ decenas = ______ decenas
PASO 2 Multiplica las unidades por las decenas.	23 × 48 800 ____	← 40 × ______ unidades = ______ unidades
PASO 3 Multiplica las decenas por las unidades.	23 × 48 800 120 ____	← 8 × ______ decenas = ______ decenas
PASO 4 Multiplica las unidades por las unidades. Luego suma los productos parciales.	23 × 48 800 120 160 + ____ ____	← 8 × ______ unidades = ______ unidades

Entonces, se pueden llenar 1,104 canastas.

Charla matemática **Prácticas matemáticas**

¿Cómo sabes que tu resultado es razonable?

Comparte y muestra

1. Halla 24 × 34.

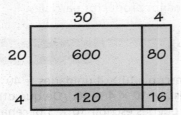

	30	4
20	600	80
4	120	16

		3	4
	×	2	4

Nombre ______________________

Anota el producto.

2. 12 × 12

3. 31 × 24

4. 25 × 43

5. 37 × 26

Charla matemática **Prácticas matemáticas**

Explica cómo representar y anotar 74 × 25.

Por tu cuenta

Anota el producto.

6. 54 × 15

7. 87 × 16

8. 62 × 56

9. 49 × 63

Práctica: Copia y resuelve **Anota el producto.**

10. 38 × 47

11. 46 × 27

12. 72 × 53

13. 98 × 69

14. 53 × 68

15. 76 × 84

16. 92 × 48

17. 37 × 79

PRÁCTICA MATEMÁTICA 2 **Razona de manera abstracta** **Álgebra** **Halla los dígitos desconocidos. Completa el ejercicio.**

18.
```
     ▢6
  ×  ▢4
  1,400
    120
    280
+    24
  ─────
    ▢
```

19.
```
     ▢2
  ×  ▢7
  7,200
    180
    560
+    14
  ─────
    ▢
```

20.
```
     ▢6
  ×  5▢
  1,500
    300
     90
+    18
  ─────
    ▢
```

21.
```
     3▢
  ×  ▢8
    600
     80
    240
+    32
  ─────
    ▢
```

Resolución de problemas • Aplicaciones

Usa la gráfica con dibujos para resolver los problemas 22 a 24.

Libras de cítricos por caja

Cítricos	Peso por caja (en libras)
Toronja	● ● ● ● ● ● ● ● ◐
Naranja	● ● ● ● ● ● ● ● ●
Tangelo	● ● ● ● ● ● ● ● ●
Mandarina	● ● ● ● ● ● ● ● ● ◐
Clave: Cada ● = 10 libras	

22. PRÁCTICA MATEMÁTICA 4 **Usa gráficas** Un almacén donde se empacan frutas hará un envío de 15 cajas de toronjas para una tienda de Santa Rosa, California. ¿Cuál es el peso total del envío?

____

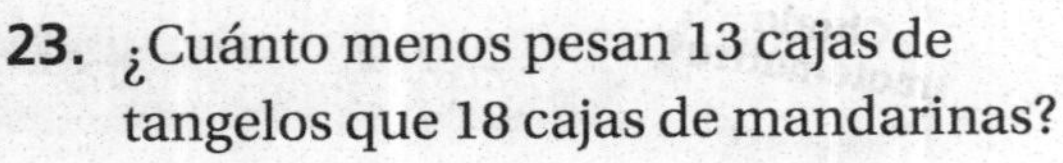

23. ¿Cuánto menos pesan 13 cajas de tangelos que 18 cajas de mandarinas?

____

24. ¿Cuánto pesan 12 cajas de naranjas?

____

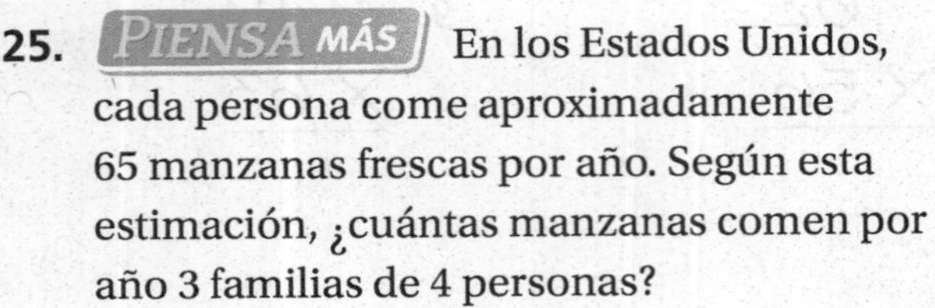

25. PIENSA MÁS En los Estados Unidos, cada persona come aproximadamente 65 manzanas frescas por año. Según esta estimación, ¿cuántas manzanas comen por año 3 familias de 4 personas?

____

26. MÁS AL DETALLE El producto de 26 × 93 es mayor que el producto de 25 × 93. ¿Cuánto mayor es? Explica cómo lo sabes sin multiplicar.

____

____

____

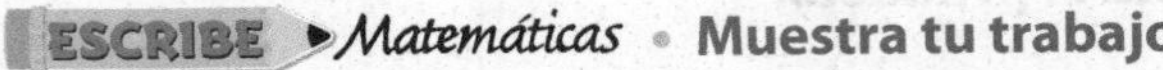

27. PIENSA MÁS Margot quiere hallar 22 × 17 usando productos parciales. Escribe los números en los recuadros para mostrar 22 × 17.

(☐ × ☐) + (☐ × ☐) + (☐ × ☐) + (☐ × ☐)

PRÁCTICA ADICIONAL: Cuaderno de práctica de los estándares

Nombre ______________________________

Revisión de la mitad del capítulo

Conceptos y destrezas

1. Explica cómo usar el cálculo mental para hallar 40 × 50. (4.NBT.5)

____

____

2. ¿Cuál es el primer paso para estimar 56 × 27? (4.NBT.5)

____

Elige un método. Luego halla el producto. (4.NBT.5)

3. 35 × 10 __________
4. 19 × 20 __________
5. 12 × 80 __________
6. 70 × 50 __________
7. 58 × 40 __________
8. 30 × 40 __________
9. 14 × 60 __________
10. 20 × 30 __________
11. 16 × 90 __________

Estima el producto. Elige un método. (4.NBT.5)

12. 81 × 38 __________
13. 16 × $59 __________
14. 43 × 25 __________
15. 76 × 45 __________
16. 65 × $79 __________
17. 92 × 38 __________
18. 37 × 31 __________
19. 26 × $59 __________
20. 54 × 26 __________
21. 52 × 87 __________
22. 39 × 27 __________
23. 63 × 58 __________

24. La clase de la maestra Traynor irá de excursión al zoológico. La excursión costará $26 por estudiante. Hay 22 estudiantes en la clase. ¿Cuál es la mejor estimación del costo total de la excursión? (4.NBT.5)

25. Tito escribió en la pizarra lo que se ve abajo. ¿Cuál es el número desconocido? (4.NBT.5)

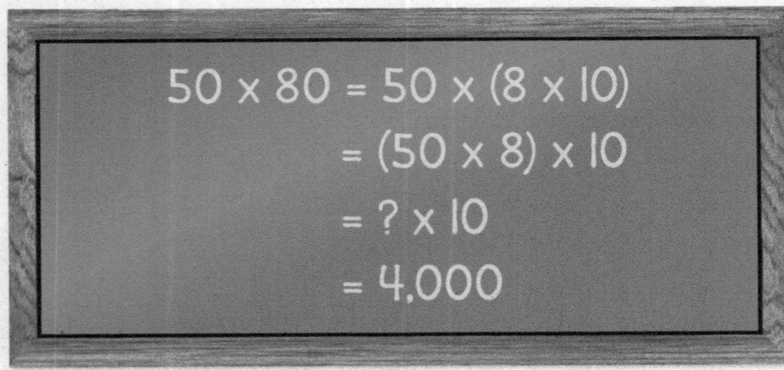

26. ¿Cuáles son los productos parciales que resultan de multiplicar 15×32? (4.NBT.5)

27. El costo de un boleto de telesilla es $31. ¿Cuánto costarán 17 boletos? (4.NBT.5)

Nombre ______________________________

Multiplicar mediante la reagrupación

Pregunta esencial ¿Cómo puedes usar la reagrupación para multiplicar números de dos dígitos?

Operaciones con números de base diez—4.NBT.5 *Also 4.OA.3*

PRÁCTICAS MATEMÁTICAS
MP.2, MP.7, MP.8

Soluciona el problema

Para 1914, Henry Ford había perfeccionado su cadena de montaje para producir un carro Ford Modelo T en 93 minutos. ¿Cuántos minutos se tardaba en producir 25 Modelos T?

▲ El primer Ford Modelo T de producción en masa se montó el 1º de octubre de 1908.

Usa el valor posicional y la reagrupación.

Multiplica. 93 × 25 **Estima.** 90 × 30 = ______

PIENSA	ANOTA
PASO 1 • Piensa en 93 como 9 decenas y 3 unidades. • Multiplica 25 por 3 unidades.	1 25 × 93 [ ] ← 3 × 25
PASO 2 • Multiplica 25 por 9 decenas.	4 ~~1~~ 25 × 93 75 [ ] ← 90 × 25
PASO 3 • Suma los productos parciales.	4 ~~1~~ 25 × 93 75 2,250 [ ]

Entonces, 93 × 25 es igual a 2,325. Puesto que ____________ está cerca de la estimación de ____________, el resultado es razonable.

Charla matemática — Prácticas matemáticas

Explica por qué obtendrás el mismo resultado si multiplicas 93 × 25 ó 25 × 93.

Maneras diferentes de multiplicar Puedes usar maneras diferentes de multiplicar y, aun así, obtener el resultado correcto. Tanto Shawn como Patty resolvieron 67×40 correctamente, pero usaron maneras diferentes.

Observa la hoja de Shawn.

$$60 \times 40 = 2{,}400$$
$$7 \times 40 = 280$$
$$2{,}400 + 280 = 2{,}680$$

Entonces, el resultado de Shawn es $67 \times 40 = 2{,}680$.

Observa la hoja de Patty.

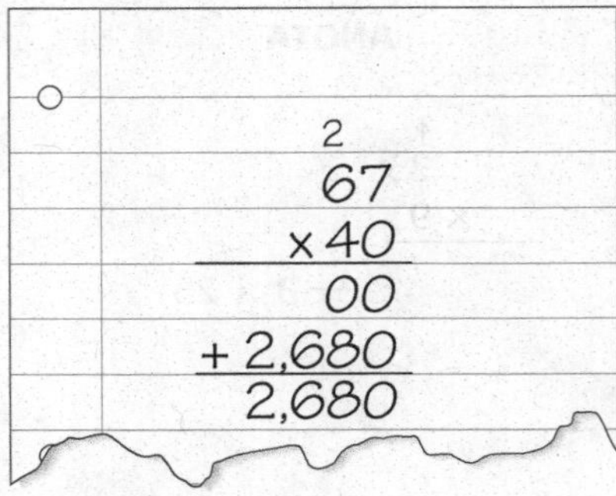

Entonces, Patty también halló que $67 \times 40 = 2{,}680$.

1. ¿Qué método usó Shawn para resolver el problema?

____

2. ¿Qué método usó Patty para resolver el problema?

____

Comparte y muestra

1. Observa el problema. Completa las oraciones.

Multiplica _______ y _______ para obtener 0.

Multiplica _______ y _______ para obtener 1,620.

Suma los productos parciales.

$0 + 1{,}620 =$ ____________

$$\begin{array}{r} {\scriptstyle 4} \\ 27 \\ \times 60 \\ \hline 0 \\ +1{,}620 \\ \hline \end{array}$$

Nombre ___

Estima. Luego halla el producto.

2. Estimación: ___

$$\begin{array}{r} 68 \\ \times\ 53 \\ \hline \end{array}$$

3. Estimación: ___

$$\begin{array}{r} 61 \\ \times\ 54 \\ \hline \end{array}$$

4. Estimación: ___

$$\begin{array}{r} 90 \\ \times\ 27 \\ \hline \end{array}$$

Charla matemática — **Prácticas matemáticas**

Explica por qué puedes omitir ceros del primer producto parcial cuando multiplicas 20×34.

Por tu cuenta

Estima. Luego halla el producto.

5. Estimación: ___

$$\begin{array}{r} 30 \\ \times\ 47 \\ \hline \end{array}$$

6. Estimación: ___

$$\begin{array}{r} 78 \\ \times\ 56 \\ \hline \end{array}$$

7. Estimación: ___

$$\begin{array}{r} 27 \\ \times\ 25 \\ \hline \end{array}$$

Práctica: Copia y resuelve **Estima. Luego halla el producto.**

8. 34×65 **9.** $42 \times \$13$ **10.** 60×17 **11.** 62×45 **12.** $57 \times \$98$

13. $92 \times \$54$ **14.** 75×20 **15.** 66×55 **16.** $73 \times \$68$ **17.** 72×40

PRÁCTICA MATEMÁTICA 7 Busca un patrón **Álgebra** **Escribe una regla para el patrón. Usa tu regla para hallar los números desconocidos.**

18.

Horas	*h*	5	10	15	20	25
Minutos	*m*	300	600	900		

Regla: ___

19.

Minutos	*m*	12	14	16	18	20
Segundos	*s*	720	840		1,080	

Regla: ___

Soluciona el problema En el mundo

20. PIENSA MÁS La máquina A puede etiquetar 11 botellas en 1 minuto. La máquina B puede etiquetar 12 botellas en 1 minuto. ¿Cuántas botellas pueden etiquetar ambas máquinas en 15 minutos?

a. ¿Qué debes hallar? ______________________

____

b. ¿Qué números usarás? ______________

c. Indica por qué podrías usar más de una operación para resolver el problema.

____

____

____

____

d. Resuelve el problema.

Entonces, ambas máquinas pueden etiquetar

_______ botellas en _______ minutos.

21. PRÁCTICA MATEMÁTICA 1 **Entiende problemas** Una empresa de juguetes fabrica bloques de madera. Una caja contiene 85 bloques. ¿Cuántos bloques hay en 19 cajas?

____

22. MÁS AL DETALLE Una empresa empaca cajas de velas. Cada caja puede contener 75 velas. Hasta ahora se han empacado 50 cajas, pero solo se han cargado 30 cajas en un camión. ¿Cuántas cajas faltan cargar en el camión?

____

Entrenador personal en matemáticas

23. PIENSA MÁS + La clase del maestro García recolectó dinero para una excursión al zoológico. En la clase hay 23 estudiantes. El costo del viaje será $17 por estudiante. ¿Cuál es el costo de todos los estudiantes? Explica cómo hallaste tu respuesta.

____

____

PRÁCTICA ADICIONAL:
Cuaderno de práctica de los estándares

Nombre ______________________________

Elegir un método para multiplicar

Pregunta esencial ¿Cómo puedes hallar y anotar productos de números de dos dígitos?

Operaciones con números de base diez—4.NBT.5

PRÁCTICAS MATEMÁTICAS
MP.2, MP.3, MP.8

Soluciona el problema — En el mundo

¿Sabías que las matemáticas pueden ayudarte a evitar las quemaduras por el sol?

El tiempo que tardas en quemarte sin filtro solar multiplicado por el FPS, o factor de protección solar, es el tiempo que puedes permanecer al sol con filtro solar sin riesgo de quemaduras.

Si el índice UV del día de hoy es 8, Erin se quemará en 15 minutos sin filtro solar. Si Erin se coloca una loción con un FPS de 25, ¿por cuánto tiempo estará protegida?

- Subraya la oración que indica cómo hallar la respuesta.
- Encierra en un círculo los números que necesitas usar. ¿Qué operación usarás?

____

De una manera **Usa productos parciales para hallar 15 × 25.**

```
    25
  × 15
  ____   ← 10 × 2 decenas  =  20 decenas
  ____   ← 10 × 5 unidades =  50 unidades
  ____   ←  5 × 2 decenas  =  10 decenas
+ ____   ←  5 × 5 unidades =  25 unidades
  ____   ← Suma.
```

▲ El filtro solar ayuda a evitar las quemaduras solares.

Haz un dibujo para comprobar tu trabajo.

Charla matemática — Prácticas matemáticas

El producto es 375. **Explica** qué significa 375 para Erin.

De otra manera Usa la reagrupación para hallar 15 × 25.

Estima. 20 × 20 = ______

PASO 1

Piensa en 15 como 1 decena y 5 unidades. Multiplica 25 por 5 unidades, o 5.

$$\begin{array}{r} \overset{2}{2}5 \\ \times\ 15 \\ \hline \square \end{array} \leftarrow 5 \times 25$$

PASO 2

Multiplica 25 por 1 decena, o 10.

$$\begin{array}{r} \overset{2}{2}5 \\ \times\ 15 \\ \hline 125 \\ \square \end{array} \leftarrow 10 \times 25$$

PASO 3

Suma los productos parciales.

$$\begin{array}{r} \overset{2}{2}5 \\ \times\ 15 \\ \hline 125 \\ +\ 250 \\ \hline \square \end{array}$$

¡Inténtalo! Multiplica. 57 × $43

Estima. 57 × $43

Usa productos parciales.

$$\begin{array}{r} \$43 \\ \times\ 57 \\ \hline \end{array}$$

Usa la reagrupación.

$$\begin{array}{r} \$43 \\ \times\ 57 \\ \hline \end{array}$$

1. ¿Cómo sabes que tu resultado es razonable?

______

______

2. Observa los métodos de productos parciales y reagrupación de arriba. ¿Cuál es la relación entre los productos parciales 2,000 y 150, por un lado, y 2,150, por el otro?

______

¿Cuál es la relación entre los productos parciales 280 y 21, por un lado, y 301, por el otro?

______

Nombre ______________________________

Comparte y muestra

1. Halla el producto.

			5	4	
	×		2	9	

Charla matemática — **Prácticas matemáticas**

Explica por qué comienzas por el lugar de las unidades cuando usas el método de reagrupación para multiplicar.

Estima. Luego elige un método para hallar el producto.

2. Estimación: ______

$$\begin{array}{r} 36 \\ \times\ 14 \\ \hline \end{array}$$

3. Estimación: ______

$$\begin{array}{r} 63 \\ \times\ 42 \\ \hline \end{array}$$

4. Estimación: ______

$$\begin{array}{r} 84 \\ \times\ 53 \\ \hline \end{array}$$

5. Estimación: ______

$$\begin{array}{r} 71 \\ \times\ 13 \\ \hline \end{array}$$

Por tu cuenta

Práctica: Copia y resuelve **Estima. Halla el producto.**

6. 29 × \$82
7. 57 × 79
8. 80 × 27
9. 32 × \$75
10. 55 × 48
11. 19 × \$82
12. 25 × \$25
13. 41 × 98

PRÁCTICA MATEMÁTICA 7 **Identifica relaciones** **Álgebra** **Usa el cálculo mental para hallar el número.**

14. 30 × 14 = 420, entonces 30 × 15 = ______.
15. 25 × 12 = 300, entonces 25 × ______ = 350.

16. PRÁCTICA MATEMÁTICA 6 La directora de mantenimiento urbano compró 16 arces a un valor de \$26 cada uno. Pagó con cinco billetes de \$100. ¿Cuánto cambio recibirá la directora? **Explícalo.**

____

____

17. MÁS AL DETALLE Cada uno de los 25 estudiantes del Grupo A leyó durante 45 minutos. Cada uno de los 21 estudiantes del Grupo B leyó durante 48 minutos. ¿Cuál grupo leyó durante más minutos? Explícalo.

____

Soluciona el problema — En el mundo

18. PIENSA MÁS Martín colecciona estampillas. Contó 48 páginas en su álbum de estampillas. En cada una de las primeras 20 páginas hay 35 estampillas dispuestas en 5 hileras. En el resto de las páginas hay 54 estampillas en cada una. ¿Cuántas estampillas tiene Martín en su álbum?

a. ¿Qué debes hallar? ______________________________

____

b. ¿Cómo usarás la multiplicación para hallar el número de estampillas? ______________________________

____

c. Indica por qué podrías usar la suma y la resta como ayuda para resolver el problema.

____

____

d. Muestra los pasos para resolver el problema.

e. Completa las oraciones.

Martín tiene un total de ______ estampillas en las primeras 20 páginas.

Hay ______ páginas más después de las primeras 20 páginas en el álbum de Martín.

Hay ______ estampillas en el resto de las páginas.

Hay ______ estampillas en el álbum.

19. PIENSA MÁS Elige las expresiones que tienen el mismo producto que 35×17. Marca todas las respuestas que correspondan.

- ○ $(30 \times 10) + (30 \times 7) + (5 \times 10) + (5 \times 7)$
- ○ $(35 \times 30) + (35 \times 5) + (35 \times 10) + (35 \times 7)$
- ○ $(35 \times 10) + (30 \times 10) + (5 \times 10) + (5 \times 7)$
- ○ $(30 \times 17) + (5 \times 17)$
- ○ $(35 \times 10) + (35 \times 7)$
- ○ $(35 \times 30) + (35 \times 5)$

PRÁCTICA ADICIONAL: Cuaderno de práctica de los estándares

Nombre ______________________________

Resolución de problemas • Multiplicar números de dos dígitos

Pregunta esencial ¿Cómo puedes usar la estrategia *"hacer un diagrama"* para resolver un problema de multiplicación de varios pasos?

Operaciones y pensamiento algebraico—4.OA.3 *Also 4.NBT.5*
PRÁCTICAS MATEMÁTICAS
MP.1, MP.2, MP.5

Soluciona el problema

Durante el Gran Conteo de Aves desde el Patio de 2010 se contaron, en promedio, 42 águilas calvas en cada una de 20 posiciones en Alaska. En 2009 se contaron, en promedio, 32 águilas calvas en cada una de 26 posiciones en Alaska. Según estos datos, ¿cuántas águilas calvas más se contaron en 2010 que en 2009?

Usa el organizador gráfico para resolver el problema.

Lee el problema

¿Qué debo hallar?

Debo hallar ______________________ se contaron en 2010 que en 2009.

¿Qué información debo usar?

En 2010, en ______ posiciones se contaron un promedio de ______ águilas calvas en cada una.

En 2009, en ______ posiciones se contaron un promedio de ______ águilas calvas en cada una.

¿Cómo usaré la información?

Puedo resolver problemas más sencillos.

Hallo el número de águilas calvas que se contaron en ______.

Hallo el número de águilas calvas que se contaron en ______.

Luego dibujo un modelo de barras para comparar el conteo de ______ con el conteo de ______.

Resuelve el problema

- Primero, hallo el número total de águilas calvas que se contaron en 2010.

  ______ × ______

  = ______ águilas calvas contadas en 2010

- A continuación, hallo el número total de águilas calvas que se contaron en 2009.

  = ______ × ______

  = ______ águilas calvas contadas en 2009

- Por último, dibujo un modelo de barras. Debo restar.

840 águilas calvas en 2010
832 águilas calvas en 2009

  ?

  840 − 832 = ______

Entonces, en 2010 se contaron ______ águilas calvas más que en 2009.

Haz otro problema

En Prescott Valley, Arizona, se avistaron un total de 29 huilotas en el Gran Conteo de Aves desde el Patio. En Mesa, Arizona, se avistaron 20 veces más huilotas que en Prescott Valley. Si en Chandler se avistaron un total de 760 huilotas, ¿cuántas huilotas más se avistaron en Chandler que en Mesa?

Huilota ▲

Lee el problema	Resuelve el problema
¿Qué debo hallar?	
¿Qué información debo usar?	760 huilotas en Chandler
¿Cómo usaré la información?	580 huilotas en Mesa ?

- ¿Es razonable tu respuesta? Explícalo. ____________________

____

____

Charla matemática **Prácticas matemáticas**

Describe otra manera de resolver este problema.

Nombre ______________________________

Comparte y muestra

MATH BOARD

1. En junio se entregaron un promedio de 74 informes con conteos de aves por día. En julio se entregaron un promedio de 89 informes por día. ¿Cuántos informes se entregaron en ambos meses? (Pista: Hay 30 días en junio y 31 días en julio).

Primero, escribe el ejercicio para junio.

____

A continuación, escribe el ejercicio para julio.

____

Por último, halla y suma los dos productos.

Se entregaron __________ informes en ambos meses.

2. ¿Qué pasaría si se entregara un promedio de 98 informes por día en el mes de junio? ¿Cuántos informes se entregarían en junio? Describe en qué cambiaría tu respuesta para junio.

____

____

____

3. Hay 48 crayones en una caja. Hay 12 cajas en un paquete grande. El Sr. Johnson encargó 6 paquetes grandes de crayones para la escuela. ¿Cuántos crayones recibió?

____

4. PRÁCTICA MATEMÁTICA 1 **Entiende problemas** Cinco observadores de aves informaron haber visto 15 espátulas rosadas cada uno en un día. Si cada uno informara haber visto el mismo número de espátulas rosadas durante 14 días, ¿cuántas espátulas rosadas se informarían en total?

____

Soluciona el problema

- ✓ Subraya los datos importantes.
- ✓ Elige una estrategia.
- ✓ Usa el tablero de Resolución de problemas.

ESCRIBE ▸ *Matemáticas*

Muestra tu trabajo

Por tu cuenta

5. PIENSA MÁS Maggie ha visto al menos 24 aves en cada uno de sus viajes de avistamiento de aves. Si ha hecho 4 viajes al año durante los últimos 16 años, ¿al menos cuántas aves ha avistado Maggie?

____

6. PRÁCTICA MATEMÁTICA 1 **Entiende problemas**
En un pie hay 12 pulgadas. En septiembre, la Sra. Harris encarga 32 pies de cinta para el Club de Artesanías. En enero, encarga 9 pies menos. ¿Cuántas pulgadas encarga la Sra. Harris en total? **Explica** cómo hallaste tu respuesta.

____

____

____

____

7. MÁS AL DETALLE Lydia dará una fiesta el sábado. Decide escribir un acertijo en las invitaciones para que sus invitados adivinen el número de su casa en la calle Ciprés. Usa las pistas para hallar la dirección de Lydia.

____

- **Mi dirección es un número de 5 dígitos.**
- **El dígito de las decenas es 5 menos que 7.**
- **El dígito de los millares es el doble del dígito que está en el lugar de las decenas.**
- **El dígito de las centenas es el mayor número pa menor que 10.**
- **El dígito de las unidades es el producto de 7 y 1**
- **El dígito de las decenas de millar es la diferenci entre el dígito de las centenas y el dígito de las unidades.**

Entrenador personal en matemáticas

8. PIENSA MÁS + En una escuela, agregarán 4 hileras de butacas en el auditorio. Hay 7 butacas en cada hilera. Cada butaca nueva cuesta $99. ¿Cuál es el costo total de las butacas nuevas? Muestra tu trabajo.

____

____

Nombre ______________________________

Repaso y prueba del Capítulo 3

1. Explica cómo usas el cálculo mental para hallar 40×50.

2. La clase de la maestra Traynor irá de excursión al zoológico. La excursión costará $26 por estudiante. Hay 22 estudiantes en la clase.

Parte A

Redondea cada factor para estimar el costo total de la excursión de los estudiantes.

Parte B

Usa números compatibles para estimar el costo total de la excursión.

Parte C

¿Cuál crees que es la mejor estimación? Explica tu respuesta.

APRENDE EN LÍNEA **Opciones de evaluación Prueba del capítulo**

3. Para los números 3a al 3e, elige Sí o No para indicar si la respuesta es correcta.

3a.	35 × 10 = 350	○ Sí	○ No
3b.	19 × 20 = 380	○ Sí	○ No
3c.	12 × 100 = 120	○ Sí	○ No
3d.	70 × 100 = 7,000	○ Sí	○ No
3e.	28 × 30 = 2,100	○ Sí	○ No

4. Hay 23 cajas de lápices en el armario de materiales del maestro Shaw. Cada caja contiene 100 lápices. ¿Cuántos lápices hay en el armario de materiales?

____________ lápices

5. ¿Cuál es una estimación razonable para cada producto? Escribe la estimación junto al producto. Es posible que una estimación se use más de una vez.

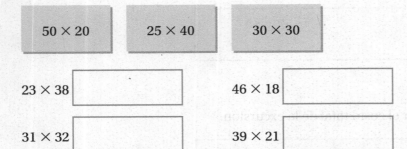

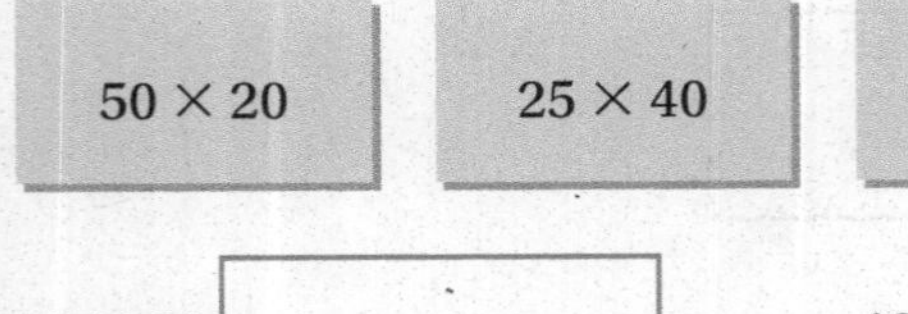

23 × 38	☐	46 × 18	☐
31 × 32	☐	39 × 21	☐

6. En la liga de béisbol hay 26 equipos. Cada equipo tiene 18 jugadores. Escribe un enunciado numérico que represente una estimación razonable del número de jugadores de la liga. Explica cómo hallaste tu estimación.

7. El modelo representa 48 × 37. Escribe los productos parciales.

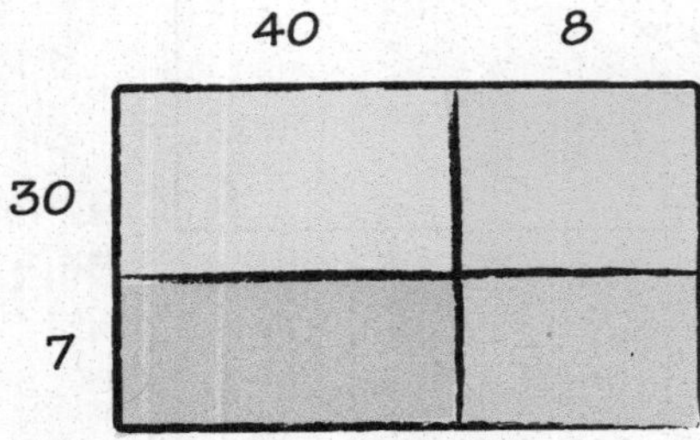

Nombre ______________________________

8. Jess hizo este modelo para hallar el producto 32 × 17. Su modelo no es correcto.

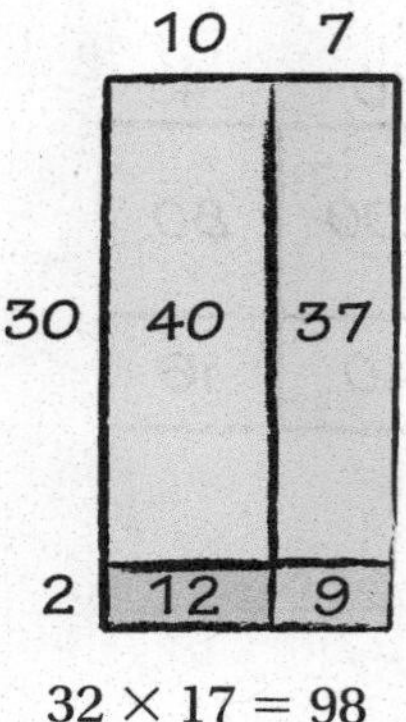

32 × 17 = 98

Parte A

¿Cuál fue el error de Jess?

Parte B

Vuelve a dibujar el modelo de manera correcta.

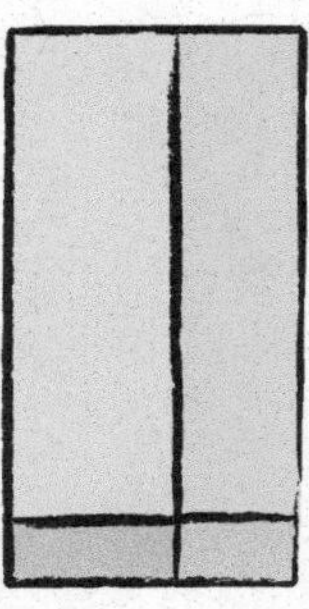

Parte C

¿Cuál es el producto real de 32 × 17? ______________

9. Tatum quiere usar productos parciales para hallar 15 × 32. Escribe los números en los recuadros para mostrar 15 × 32.

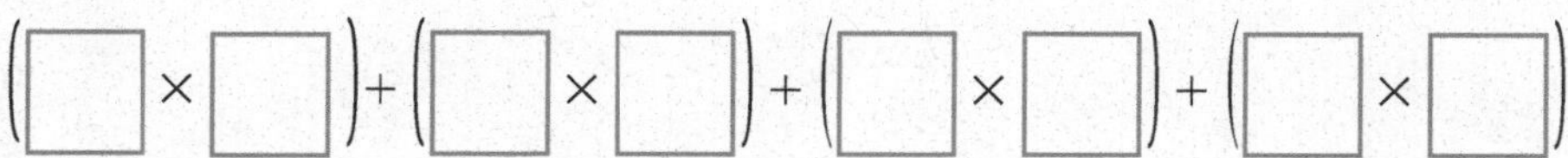

10. ¿Qué producto se muestra en cada modelo? Escribe la letra del producto en la línea que está debajo de cada modelo.

Ⓐ 17 × 36   Ⓑ 24 × 14   Ⓒ 13 × 13

	10	3
10	100	30
3	30	9

____

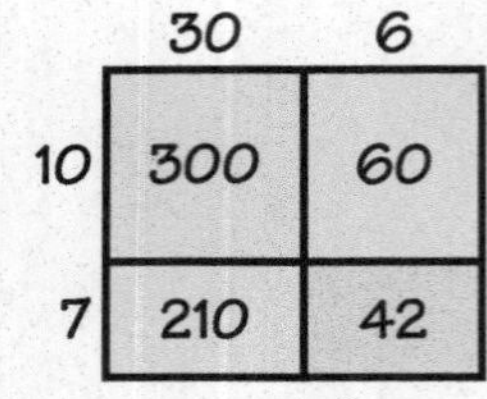

____

	10	4
20	200	80
4	40	16

____

11. La Sra. Jones hizo 3 pedidos de camisetas para la escuela. Cada pedido está compuesto por 16 cajas de camisetas, y cada caja contiene 17 camisetas. ¿Cuántas camisetas compró la Sra. Jones? Usa productos parciales como ayuda.

12. Escribe los dígitos desconocidos. Usa cada dígito sólo una vez.

```
     46
   × 93
  -----
  3,▢00
    5▢0
    ▢20
+    1▢
  -----
  4,▢78
```

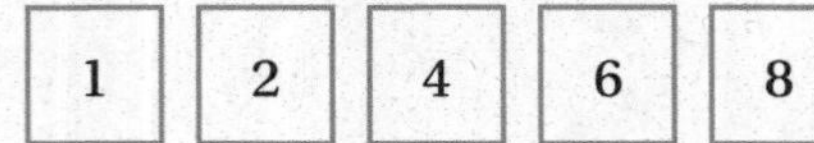

1   2   4   6   8

13. Mike tiene 16 tarjetas de béisbol. Niko tiene 17 veces la cantidad de tarjetas que tiene Mike. ¿Cuántas tarjetas de béisbol tiene Niko?

__________ tarjetas de béisbol

14. Multiplica.

36 × 28 = __________

Nombre ______________________________

15. Un granjero plantó 42 hileras de tomates con 13 plantas en cada hilera. ¿Cuántas plantas de tomates plantó el granjero?

$42 \times 13 =$ __________ plantas de tomates

16. Elige otra manera de mostrar 25×18. Marca todas las respuestas que correspondan.

- ○ $(20 \times 10) + (20 \times 8) + (5 \times 10) + (5 \times 8)$
- ○ $(25 \times 20) + (25 \times 5) + (25 \times 10) + (25 \times 8)$
- ○ $(20 \times 18) + (5 \times 10) + (5 \times 8)$
- ○ $(25 \times 10) + (25 \times 8)$
- ○ $(25 \times 20) + (25 \times 5)$

17. Terrell corre 15 carreras. Cada carrera son 65 metros. ¿Cuántos metros corre Terrell? Muestra tu trabajo.

18. Hay 3 butacas nuevas en cada hilera del auditorio de una escuela. En el auditorio hay 15 hileras. Cada butaca nueva costó $74. ¿Cuál es el costo de todas las butacas nuevas? Explica cómo hallaste tu respuesta.

19. Ray y Eli ayudaron con la mudanza de la biblioteca de la escuela a un edificio nuevo. Ray llenó 27 cajas con 25 libros en cada una. Eli llenó 23 cajas con 30 libros en cada una. ¿Cuántos libros más guardó Eli? Muestra tu trabajo.

20. Julius y Walt están hallando el producto de 25 y 16.

Julius	Walt
25	25
× 16	× 16
150	200
+ 250	50
500	120
	+ 300
	670

Parte A

La respuesta de Julius es incorrecta. ¿Cuál fue el error de Julius?

Parte B

¿Cuál fue el error de Walt?

Parte C

¿Cuál es el producto correcto?

21. En una tienda de ropa venden 26 camisas y 22 pares de jeans. Cada prenda cuesta $32.

Parte A

¿Cuál es una estimación razonable del costo total de la ropa? Muestra o explica cómo hallaste tu respuesta.

Parte B

¿Cuál es el resultado exacto del costo total de la ropa? Muestra o explica cómo hallaste tu respuesta.

Capítulo 4

Dividir entre números de 1 dígito

Muestra lo que sabes 

Comprueba tu comprensión de destrezas importantes.

Nombre ______________________________

▶ **Usar matrices para dividir** **Haz un dibujo para completar cada matriz. Luego completa el enunciado numérico.**

1. ■ ■ ■ ■

$8 \div 4 =$ ______

2. ■
■
■

$21 \div 3 =$ ______

▶ **Múltiplos** **Escribe los primeros seis múltiplos del número.**

3. 4: ______________________________

4. 10: ______________________________

▶ **Restar números de hasta 4 dígitos** **Halla la diferencia.**

5. $\begin{array}{r} 626 \\ -\ \ 8 \\ \hline \end{array}$

6. $\begin{array}{r} 744 \\ -\ 36 \\ \hline \end{array}$

7. $\begin{array}{r} 5{,}413 \\ -2{,}037 \\ \hline \end{array}$

8. $\begin{array}{r} 8{,}681 \\ -\ 422 \\ \hline \end{array}$

Detective matemático

En el ejemplo de división, se reemplazó cada dígito siempre con la misma letra (r representa el residuo). Se usaron los dígitos 1, 2, 3, 4, 5, 7 y 9. Piensa como un detective matemático y halla los números. Pista: La letra U representa el número 5.

```
   SU rE
U)CAN
 −CU
   IN
  −IU
    E
```

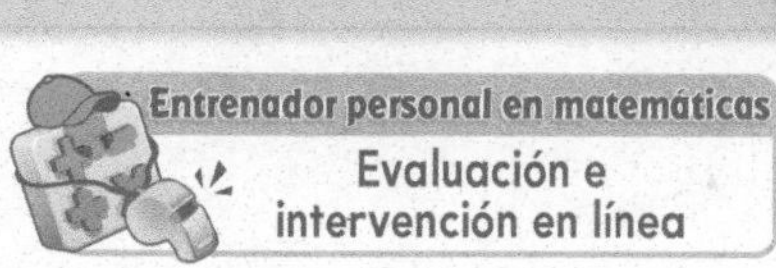

Desarrollo del vocabulario

▶ Visualizar

Clasifica las palabras en el diagrama de Venn.

Palabras de la multiplicación

Palabras de la división

Palabras de repaso

cociente
dividendo
dividir
división
divisor
factor
multiplicación
producto
propiedad distributiva

Palabras nuevas

cociente parcial
múltiplo
números compatibles
residuo

▶ Comprender el vocabulario

Escribe las palabras para resolver el acertijo.

1. Soy el método de división en el que los múltiplos del divisor se restan del dividendo y luego se suman todos los cocientes.

   ____

2. Soy el número que se debe dividir en un ejercicio de división. ________________________

3. Soy la cantidad que queda cuando un número no se puede dividir en partes iguales. ________________________

4. Soy el número entre el cual se divide el dividendo.

   ____

APRENDE EN LÍNEA

• Libro interactivo del estudiante
• Glosario multimedia

Nombre ______________________________

Estimar cocientes usando múltiplos

Pregunta esencial ¿Cómo puedes usar múltiplos para estimar cocientes?

Número y operaciones en base diez—4.NBT.6

PRÁCTICAS MATEMÁTICAS

MP.2, MP.5, MP.7

Soluciona el problema (En el mundo)

La panadería horneó 110 panecillos de calabaza. Los envasarán en cajas de 8 panecillos cada una. ¿Alrededor de cuántas cajas habrá?

Puedes usar múltiplos para estimar.

Un **múltiplo** de un número es el producto de un número y un número positivo. 1, 2, 3, 4, etc. son números positivos.

Estima. 110 ÷ 8

Piensa: ¿Qué número multiplicado por 8 es alrededor de 110?

PASO 1 Escribe los múltiplos de 8 hasta alcanzar o superar 110.

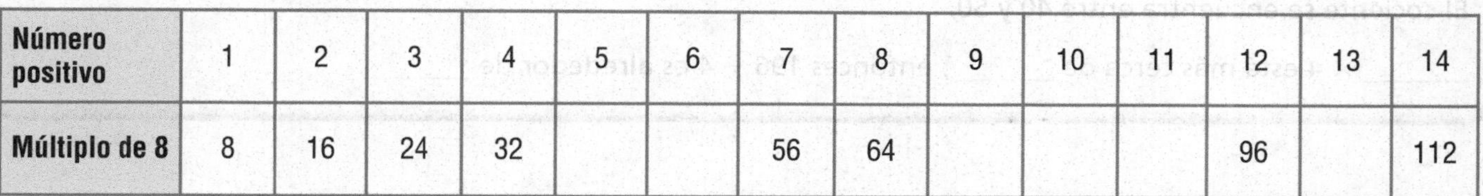

Número positivo	1	2	3	4	5	6	7	8	9	10	11	12	13	14
Múltiplo de 8	8	16	24	32			56	64				96		112

PASO 2 Halla los múltiplos de 8 entre los que se ecuentre 110.

$13 \times 8 =$ ____________

$14 \times 8 =$ ____________

110 se encuentra entre ______ y ______, entonces 110 ÷ 8 se encuentra 13 y 14.

110 está más cerca de ____________, entonces 110 ÷ 8 es alrededor de ____________.

Entonces, habrá alrededor de ______ cajas.

Charla matemática — **Prácticas matemáticas**

Cuando estimas un cociente, ¿cómo sabes entre qué dos números está? **Explícalo.**

¡Inténtalo!

Escribe los siguientes 8 múltiplos de 10.

10, 20, ______________________________

Escribe los siguientes 7 múltiplos de 100.

100, 200, ______________________________

Ejemplo Estima. 196 ÷ 4

Piensa: ¿Qué número multiplicado por 4 es alrededor de 196?

PASO 1 Escribe los siguientes 6 múltiplos de 4.

4, 8, 12, 16, ______________________________

¿Alguno de los múltiplos está cerca de 196? ______
____

Piensa: Si multiplico por múltiplos de 10, los productos serán mayores. Si uso múltiplos de 10 llegaré más rápido a 196.

PASO 2 Multiplica 4 por múltiplos de 10.

$10 \times 4 = 40$

$20 \times 4 = 80$

$30 \times 4 =$ ______

$40 \times 4 =$ ______

$50 \times 4 =$ ______

El cociente se encuentra entre 40 y 50.

______ × 4 está más cerca de ______, entonces 196 ÷ 4 es alrededor de ______.

Comparte y muestra

1. Un restaurante tiene 68 sillas. Hay seis sillas en cada mesa. ¿Alrededor de cuántas mesas hay en el restaurante?

Estima. 68 ÷ 6

Piensa: ¿Qué número multiplicado por 6 es alrededor de 68?

$10 \times 6 =$ ______

$11 \times 6 =$ ______

$12 \times 6 =$ ______

68 está más cerca de ______, entonces la mejor estimación es que hay alrededor de ______ mesas en el restaurante.

Prácticas matemáticas

¿Cuándo multiplicas el divisor por múltiplos de 10 para estimar un cociente? **Explícalo.**

Nombre ______________________

Halla dos números entre los que se encuentre el cociente. Luego estima el cociente.

2. 41 ÷ 3

3. 192 ÷ 5

Por tu cuenta

Halla dos números entre los que se encuentre el cociente. Luego estima el cociente.

4. 90 ÷ 7

5. 67 ÷ 4

6. 281 ÷ 9

7. 102 ÷ 7

8. 85 ÷ 6

9. 220 ÷ 8

10. 443 ÷ 5

11. 95 ÷ 8

12. 49 ÷ 3

Decide si el cociente real es mayor que o menor que la estimación dada. Escribe < ó >.

13. 83 ÷ 8 ◯ 10

14. 155 ÷ 4 ◯ 40

15. 70 ÷ 6 ◯ 11

16. **¿Cuál es la pregunta?** El corazón de un delfín late 688 veces en 6 minutos. Respuesta: alrededor de 100 veces.

17. PRÁCTICA MATEMÁTICA 1 **Analiza** Una madre delfín nariz de botella comió alrededor de 278 libras de alimento en una semana, ¿Alrededor de cuánto alimento comió en un día?

Resolución de problemas • Aplicaciones

En el mundo

18. PIENSA MÁS Si un delfín nariz de botella puede comer 175 libras de peces, de calamares y de camarones en una semana, ¿alrededor de cuántas libras de alimento come por día? Milo dice que la respuesta es alrededor de 20 libras. Leandro dice que la respuesta es alrededor de 30 libras. ¿Quién tiene razón? Explícalo.

____

____

____

____

19. MÁS AL DETALLE Cuatro familias fueron a almorzar a un restaurante. La comida costó $167 en total. Las familias además dejaron una propina de $30 para la camarera. Si cada familia gastó la misma cantidad de dinero, ¿alrededor de cuánto gastó cada familia en el almuerzo? Explica cómo hallaste tu respuesta.

ESCRIBE ▸ *Matemáticas*
Muestra tu trabajo

____

____

____

20. PIENSA MÁS Hay 6 presentaciones de una película sobre Van Gogh en el Museo de Arte. Un total de 459 personas vieron la película. Hubo la misma cantidad de gente en cada presentación. ¿Alrededor de cuántas personas hubo en cada presentación? Rodea con un círculo los números entre los que se encuentra el cociente. Luego explica cómo hallaste tu respuesta.

40 50 60 70 80

____

____

____

PARA PRACTICAR MÁS:
Cuaderno de práctica de los estándares

Nombre ______________________________

Residuos

Pregunta esencial ¿Cómo puedes usar modelos para dividir números naturales que no se pueden dividir en partes iguales?

Número y operaciones en base diez—4.NBT.6
PRÁCTICAS MATEMÁTICAS
MP.4, MP.5

Investigar

Manos a la obra

Materiales ▪ fichas

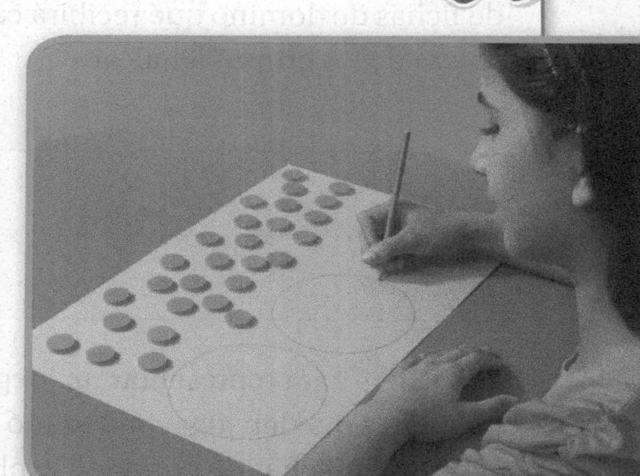

Andrea y 2 amigos jugarán una partida de dominó. El juego tiene 28 fichas de dominó. Andrea quiere que cada jugador reciba el mismo número de fichas de dominó. ¿Puede dividirlas en partes iguales entre los 3 jugadores? ¿Por qué?

Puedes usar la división para hallar el número de fichas de dominó que recibirá cada jugador.

A. Usa 28 fichas para representar las 28 fichas de dominó. Luego dibuja 3 círculos para representar a los 3 jugadores.

B. Coloca las fichas dentro de los círculos para repartirlas en partes iguales entre los 3 grupos.

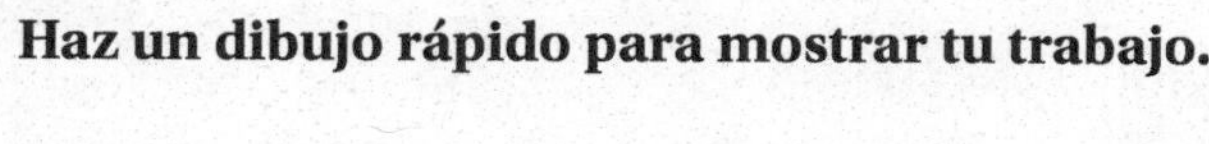

Haz un dibujo rápido para mostrar tu trabajo.

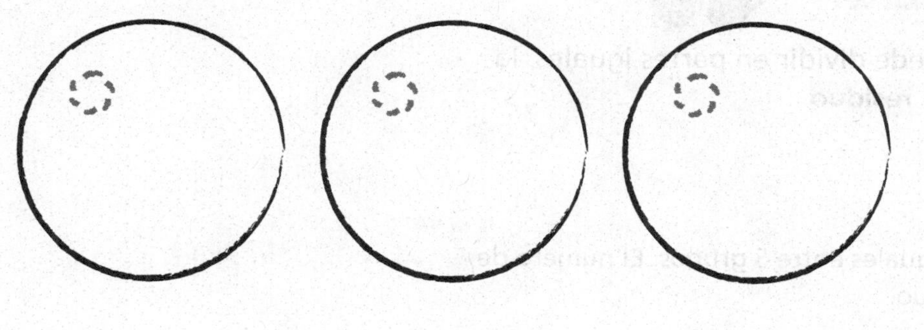

C. Halla el número de fichas que hay en cada grupo y el número de fichas que quedaron. Anota tu resultado.

En cada grupo hay ______ fichas.

Quedó ______ ficha.

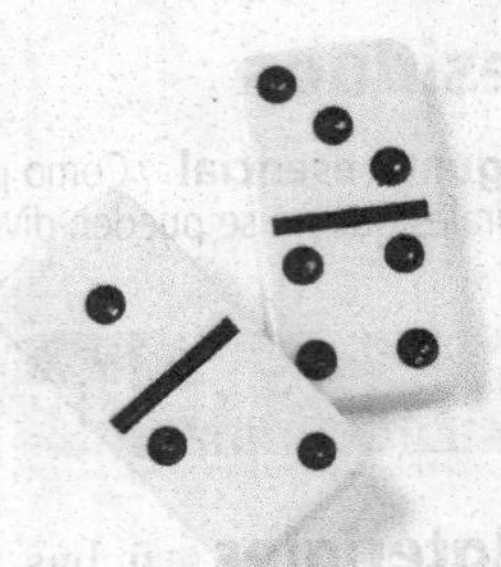

Sacar conclusiones

1. ¿Cuántas fichas de dominó recibirá cada jugador? ______________

   ¿Cuántas fichas de dominó quedaron? ______________

2. PIENSA MÁS Explica cómo te ayudó el modelo a hallar el número de fichas de dominó que recibirá cada jugador. ¿Por qué quedó 1 ficha afuera de los grupos iguales?

   ____

   ____

   ____

3. Usa fichas para representar un juego de 28 fichas de dominó. ¿Cuántos jugadores pueden jugar al dominó si cada uno recibe 9 fichas? ¿Quedarán fichas de dominó? Explícalo.

   ____

   ____

Hacer conexiones

Cuando un número no se puede dividir en partes iguales, la cantidad que queda se llama **residuo**.

Usa fichas para hallar 39 ÷ 5.

- Usa 39 fichas.
- Reparte las fichas en partes iguales entre 5 grupos. El número de fichas que quedan es el residuo.

Haz un dibujo rápido para mostrar tu trabajo.

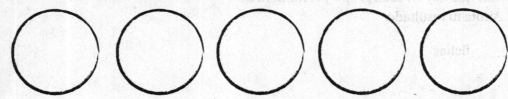

Charla matemática

Prácticas matemáticas

¿Cómo sabes cuándo habrá residuo en un ejercicio de división?

Para 39 ÷ 5, el cociente es ______ y el residuo es ______, ó 7 r4.

Nombre ______________________

Comparte y muestra

Usa fichas para hallar el cociente y el residuo.

1. 10 ÷ 3 ________

2. 28 ÷ 5 ________

3. 15 ÷ 6 ________

4. 11 ÷ 3 ________

5. 29 ÷ 4 ________

6. 34 ÷ 5 ________

7. 25 ÷ 3 ________

8. $7\overline{)20}$ ________

Divide. Haz un dibujo rápido como ayuda.

9. $4\overline{)35}$

____

10. 23 ÷ 8

____

Resolución de problemas • Aplicaciones

11. PRÁCTICA MATEMÁTICA 6 **Explica** cómo puedes usar un dibujo rápido para hallar el cociente y el residuo.

____

____

____

____

12. *MÁS AL DETALLE* Alyson tiene 46 cuentas para armar brazaletes. Cada brazalete tiene 5 cuentas. ¿Cuántas cuentas más necesita Alyson para que se usen todas las cuentas que tiene? Explícalo.

____

____

____

13. *PIENSA MÁS* Para los números 13a–13d, elige Sí o No para determinar si la expresión de división tiene un residuo.

13a. 36 ÷ 9 ○ Sí ○ No

13b. 23 ÷ 3 ○ Sí ○ No

13c. 82 ÷ 9 ○ Sí ○ No

13d. 28 ÷ 7 ○ Sí ○ No

¿Cuál es el error?

14. PIENSA MÁS Macy, Kayley, Maddie y Rachel juntaron 13 canicas. Quieren repartir las canicas en partes iguales. ¿Cuántas canicas recibirá cada una de las 4 niñas? ¿Cuántas canicas quedarán?

Oscar usó un modelo para resolver el problema. Dice que su modelo representa $4\overline{)13}$. ¿Cuál es su error?

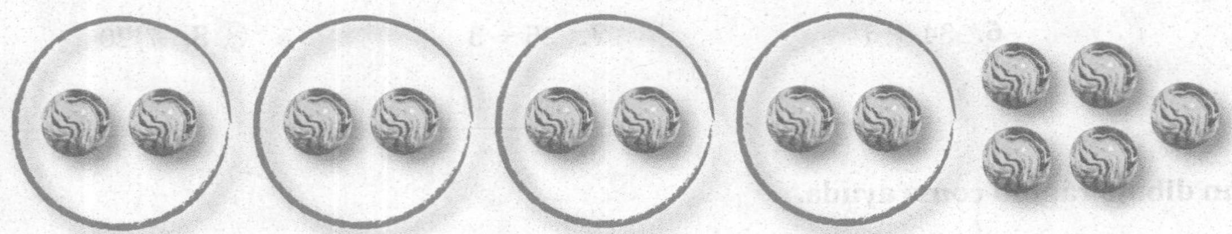

Observa la manera en que Oscar resolvió el problema. Halla su error y descríbelo.

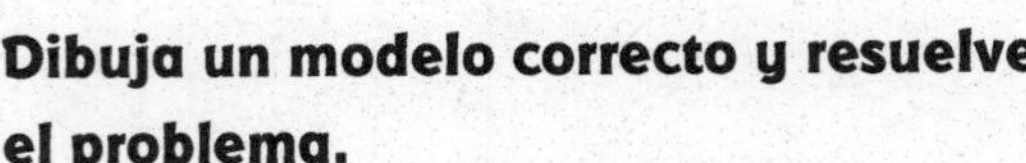

Dibuja un modelo correcto y resuelve el problema.

Entonces, cada una de las 4 niñas recibirá

______ canicas y quedará ______ canica.

PARA PRACTICAR MÁS:
Cuaderno de práctica de los estándares

Nombre ______________________

Interpretar el residuo

Pregunta esencial ¿Cómo puedes usar los residuos en problemas de división?

Operaciones y pensamiento algebraico —4.OA.3 *También 4.NBT.6*

PRÁCTICAS MATEMÁTICAS
MP.2, MP.7, MP.8

Soluciona el problema *En el mundo*

Magda tiene un pequeño sobrante de papel tapiz de 73 pulgadas de longitud. Quiere cortarlo en 8 trozos para pegarlo alrededor de las fotografías de su álbum de recortes. Cada trozo tendrá la misma longitud. ¿Cuánto medirá cada trozo?

Cuando resuelves un problema de división con residuo, la manera de interpretar el residuo depende de la situación y de la pregunta.

De una manera **Escribe el residuo como una fracción.**

El divisor es ______ trozos.

El ____________ es 73 pulgadas.

Divide para hallar el cociente y el residuo. $8\overline{)73}$ 9 r1

El residuo representa un sobrante de 1 pulgada, que también se puede dividir en 8 partes iguales y escribir como una fracción.

$\frac{\text{residuo}}{\text{divisor}} =$ ______

Escribe el cociente con el residuo escrito como una fracción. ______

Entonces, cada trozo medirá ______ pulgadas de longitud.

Recuerda

Puedes usar múltiplos o fichas o puedes hacer un dibujo rápido para dividir.

¡Inténtalo!

Daniel preparó 32 onzas de sopa para 5 personas. ¿Cuántas onzas recibirá cada persona? Completa la división.

$5\overline{)32}$

Cada persona recibirá ______ onzas.

Charla matemática — Prácticas matemáticas

Explica qué representa el 2 del resultado.

Otras maneras

A Usa solo el cociente.

Ben es guía turístico en un taller de soplado de vidrio. No puede llevar a más de 7 personas en cada visita guiada. Si 80 personas quieren ver la demostración de soplado de vidrio, ¿cuántos grupos de 7 personas llevará Ben?

Primero, divide para hallar el cociente y el residuo.
Luego, decide cómo usar el cociente y el residuo.

El cociente es ______.

El residuo es ______.

11 r ▢
7)80

Ben puede llevar a 7 personas por vez. El cociente es la cantidad de grupos de turistas de exactamente 7 personas que puede llevar.

Entonces, Ben da visitas guiadas para ______ grupos de 7 personas.

B Suma 1 al cociente.

Si Ben da visitas guiadas para las 80 personas, ¿cuántas visitas guiadas dará? En una visita guiada no puede haber más de 7 personas. Para llevar a las 80 personas, Ben tendrá que dar 1 visita guiada más.

Entonces, Ben dará ______ visitas guiadas en total para 80 personas.

C Usa solo el residuo.

Ben da vistas guiadas para las 80 personas. Después de dar las visitas guiadas para grupos de 7 personas, ¿cuántas personas hay en su última visita guiada?

El residuo es 3.
Entonces, la última visita guiada de Ben tendrá ______ personas.

Charla matemática — **Prácticas matemáticas**

Explica por qué no escribirías el residuo como una fracción cuando hallas el número de camionetas que se necesitan.

¡Inténtalo!

Los estudiantes van a los partidos de fútbol en camionetas. En cada camioneta entran 9 estudiantes. ¿Cuántas camionetas se necesitan para llevar a 31 estudiantes?

Divide. $31 \div 9$ ______

Puesto que quedan ______ estudiantes, se necesitan ______ camionetas para llevar a 31 estudiantes.

Nombre ____________________________

Comparte y muestra

1. Olivia horneó 53 barras de pan de plátano pequeñas para servir en rodajas como refrigerio en una feria de artesanías. Pondrá el mismo número de barras de pan en 6 sitios diferentes. ¿Cuántas barras de pan habrá en cada sitio?

a. Divide para hallar el cociente y el residuo.

___ r ___
$6\overline{)53}$

b. Decide cómo usar el cociente y el residuo para responder la pregunta.

____

Interpreta el residuo para resolver los problemas.

2. ¿Qué pasaría si Olivia quisiera poner nada más que barras de pan enteras en cada sitio? ¿Cuántas barras habría en cada sitio?

____

3. Ed talla 22 animales de madera para vender en la feria de artesanías. Los dispone en hileras de 4 animales cada una. ¿Cuántos animales no estarán en hileras iguales?

____

Por tu cuenta

Interpreta el residuo para resolver los problemas.

4. Maira tiene un rollo de papel crepé de 17 pies con el que hará 8 serpentinas para decorar una fiesta. ¿Cuánto medirá cada serpentina si corta el rollo en trozos iguales?

____

5. PIENSA MÁS Juan dará un concierto de piano el mes próximo. La semana pasada ensayó 8 horas durante la mañana y 7 horas durante la tarde. Cada ensayo dura 2 horas. ¿Cuántos ensayos completos tuvo Juan?

6. Un total de 25 estudiantes se inscriben para ayudar en la reunión de padres. Forman equipos de 3 estudiantes para recibir a los padres. ¿Cuántos estudiantes no pueden estar en ningún equipo? Explícalo.

____

____

____

Resolución de problemas • Aplicaciones En el mundo

Usa la ilustración para resolver los problemas 7 a 9.

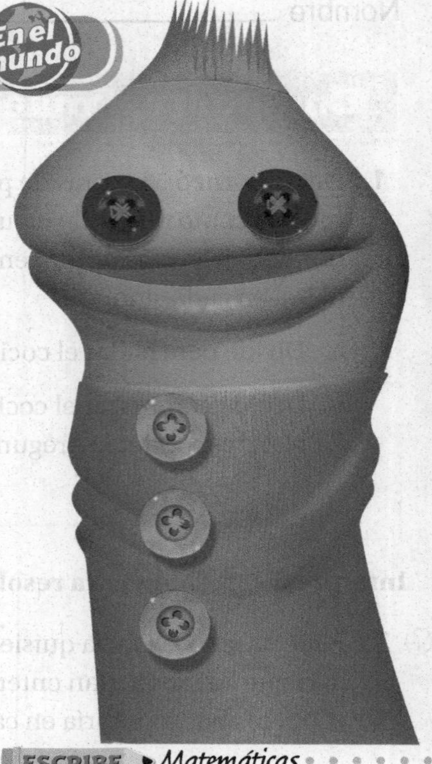

7. Teresa está haciendo títeres de calcetines exactamente iguales al de la ilustración. Si tiene 53 botones, ¿cuántos títeres puede hacer?

8. PIENSA MÁS Escribe una pregunta sobre Teresa y los títeres de calcetines cuya respuesta sea 3. Explica la respuesta.

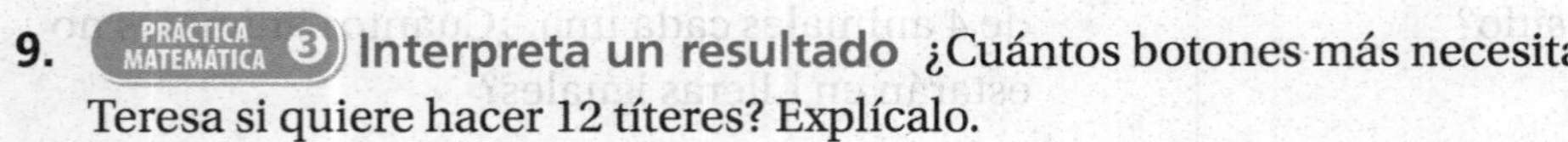

9. PRÁCTICA MATEMÁTICA 3 **Interpreta un resultado** ¿Cuántos botones más necesita Teresa si quiere hacer 12 títeres? Explícalo.

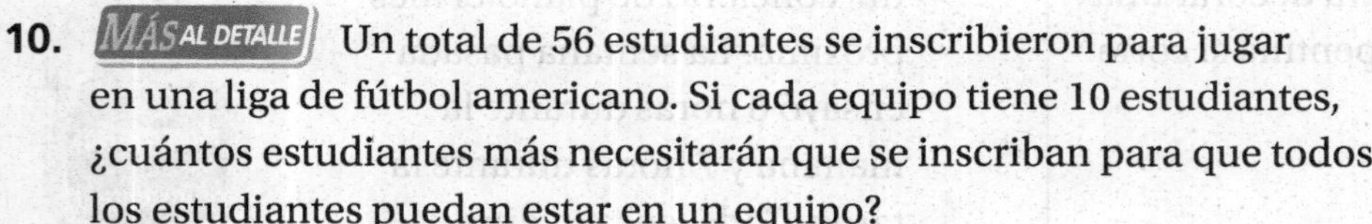

ESCRIBE ▸ *Matemáticas*
Muestra tu trabajo

10. MÁS AL DETALLE Un total de 56 estudiantes se inscribieron para jugar en una liga de fútbol americano. Si cada equipo tiene 10 estudiantes, ¿cuántos estudiantes más necesitarán que se inscriban para que todos los estudiantes puedan estar en un equipo?

Entrenador personal en matemáticas

11. PIENSA MÁS + Una maestra planea que los grupos de sus estudiantes almuercen en las mesas. Tiene 34 estudiantes en su clase. Cada grupo tendrá 7 estudiantes. ¿Cuántas mesas necesitará? Explica cómo usar el cociente y el residuo para responder la pregunta.

PRÁCTICA ADICIONAL:
Cuaderno de práctica de los estándares

Nombre ______________________________

Dividir decenas, centenas y millares

Pregunta esencial ¿Cómo puedes dividir números hasta los millares entre números enteros hasta diez?

Número y operaciones en base diez—4.NBT.6 *También 4.NBT.1*

PRÁCTICAS MATEMÁTICAS
MP.2, MP.7, MP.8

Soluciona el problema — En el mundo

Dustin empaca manzanas en cajas para regalo. En cada caja caben 4 manzanas. ¿Cuántas cajas para regalo puede llenar Dustin con 120 manzanas?

Puedes usar operaciones básicas y el valor posicional para dividir.

Ejemplo 1 **Divide.** 120 ÷ 4

PASO 1 Identifica la operación básica. 12 ÷ 4

PASO 2 Usa el valor posicional. 120 = ______ decenas

PASO 3 Divide. 12 decenas ÷ 4 = ______ decenas ← **Piensa:** 4 × 3 decenas = 12 decenas

= ______

120 ÷ 4 = 30

Entonces, Dustin puede llenar ______ cajas.

Ejemplo 2 **Divide.** 1,200 ÷ 4

PASO 1 Identifica la operación básica. 12 ÷ 4

PASO 2 Usa el valor posicional 1,200 = ______ centenas

PASO 3 Divide. 12 centenas ÷ 4 = ______ centenas ← **Piensa:** 4 × 3 centenas = 12 centenas

= ______

1,200 ÷ 4 = 300

Charla matemática — **Prácticas matemáticas**

Describe el patrón del valor posicional de los dividendos y los cocientes.

- PRÁCTICA MATEMÁTICA 6 **Explica** cómo usar una operación básica y el valor posicional para dividir 4,000 ÷ 5.

____

____

Comparte y muestra

1. Divide. 2,800 ÷ 7

¿Qué operación básica puedes usar? ______________

2,800 = 28 ______________

28 centenas ÷ 7 = ______________

2,800 ÷ 7 = ______________

2. Divide. 280 ÷ 7

¿Qué operación básica puedes usar? ______________

280 = 28 ______________

28 decenas ÷ ______________ = 4 ______________

280 ÷ 7 = ______________

Charla matemática — **Prácticas matemáticas**

Explica en qué se parecen y en qué se diferencian los ejercicios 1 y 2.

Usa operaciones básicas y el valor posicional para hallar el cociente.

3. 360 ÷ 6 = ______ **4.** 2,000 ÷ 5 = ______ **5.** 4,500 ÷ 9 = ______

Por tu cuenta

Usa operaciones básicas y el valor posicional para hallar el cociente.

6. 560 ÷ 8 = ______ **7.** 200 ÷ 5 = ______ **8.** 240 ÷ 4 = ______

9. 810 ÷ 9 = ______ **10.** 6,400 ÷ 8 = ______ **11.** 3,500 ÷ 7 = ______

12. 5,000 ÷ 5 = ______ **13.** 9,000 ÷ 3 = ______ **14.** 3,000 ÷ 5 = ______

PRÁCTICA MATEMÁTICA 5 **Usa los patrones Álgebra** Halla el número desconocido.

15. 420 ÷ ■ = 60 ______ **16.** ■ ÷ 4 = 30 ______ **17.** 810 ÷ ■ = 90 ______

18. *PIENSA MÁS* Divide 400 ÷ 40. Explica cómo te pueden ayudar los patrones y el valor posicional.

____

____

____

Nombre ______________________________

Resolución de problemas • Aplicaciones 

19. Jamal puso 600 monedas de 1¢ en 6 rollos iguales. ¿Cuántas monedas de 1¢ había en cada rollo?

____

20. Sela tiene 6 veces más monedas ahora que hace 4 meses. Si Sela ahora tiene 240 monedas, ¿cuántas monedas tenía hace 4 meses?

____

21. PIENSA MÁS Chip juntó 2,090 monedas de 10¢. Sue juntó 1,910 monedas de 10¢. Dividieron todas sus monedas en 8 pilas iguales. ¿Cuántas monedas de 10¢ hay en cada pila?

____

____

22. PRÁCTICA MATEMÁTICA 5 **Comunicar** El Sr. Roberts vio una inusual moneda de 1¢ de 1937. El precio de la moneda es $210. Si ahorra $3 cada semana, ¿tendrá dinero suficiente para comprar la moneda en un año? Explícalo.

ESCRIBE ▸ *Matemáticas*
Muestra tu trabajo

____

____

____

23. MÁS AL DETALLE La Sra. Fletcher compró 5 monedas a $32 cada una. Luego vendió todas las monedas en $300. ¿Cuánto más de lo que pagó por cada moneda recibió la Sra. Fletcher? Explícalo.

____

____

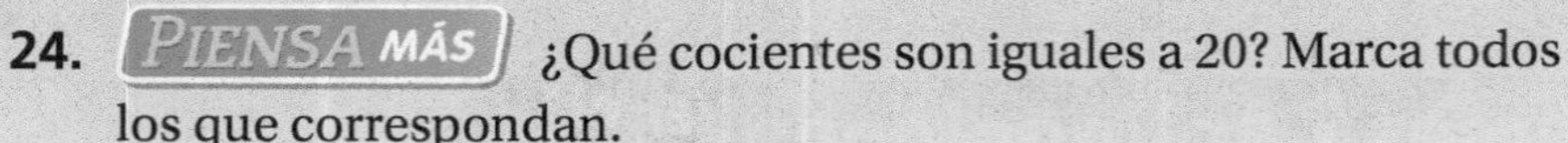

24. PIENSA MÁS ¿Qué cocientes son iguales a 20? Marca todos los que correspondan.

- (A) 600 ÷ 2
- (B) 1,200 ÷ 6
- (C) 180 ÷ 9
- (D) 140 ÷ 7
- (E) 500 ÷ 5

Conectar con las Ciencias

El vuelo de los insectos

Solo los insectos, los murciélagos y las aves tienen la capacidad de volar realmente. Las características del vuelo de los insectos van de la torpeza de algunos escarabajos a los movimientos acrobáticos de las libélulas.

El movimiento de las alas de los insectos no lo producen músculos adosados a ellas. Los insectos tienen los músculos que mueven las alas en la parte media del cuerpo, o tórax. El tórax va cambiando de forma con el movimiento de las alas.

Batidos de alas de insectos en 3 minutos

Insecto	Número aproximado de batidos
Libélula aeshnidae	6,900
Caballito del diablo	2,700
Mariposa blanca grande	2,100
Mosca escorpión	5,000

25. ¿Alrededor de cuántas veces bate las alas un caballito del diablo en 1 minuto?

26. ¿Alrededor de cuántas veces bate las alas una mosca escorpión en 6 minutos?

27. PIENSA MÁS En un minuto, ¿alrededor de cuántas veces más bate las alas un caballito del diablo que una mariposa blanca grande?

28. **¿Cuál es la pregunta?** La respuesta es alrededor de 2,300 veces.

PARA PRACTICAR MÁS:
Cuaderno de práctica de los estándares

Nombre ______________________

Estimar cocientes usando números compatibles

Pregunta esencial ¿Cómo puedes usar números compatibles para estimar cocientes?

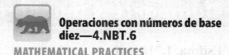

Operaciones con números de base diez—4.NBT.6

MATHEMATICAL PRACTICES
MP.1, MP.5, MP.7

Soluciona el problema En el mundo

El corazón de un caballo late 132 veces en 3 minutos. ¿Alrededor de cuántas veces late en 1 minuto?

- ¿El corazón de un caballo latirá más o menos de 132 veces en 1 minuto?

  ____

- ¿Qué operación usarás para resolver el problema?

  ____

Puedes usar números compatibles para estimar cocientes.

Los **números compatibles** son números que son fáciles de calcular mentalmente.

Ejemplo 1 Estima. 132 ÷ 3

PASO 1 Halla un número cercano a 132 que sea fácil de dividir entre 3. Usa operaciones básicas.

12 ÷ 3 es una operación básica. 120 es fácil de dividir entre 3.

15 ÷ 3 es una operación básica. 150 es fácil de dividir entre 3.

Piensa: Elige 120 porque está más cerca de 132.

PASO 2 Usa el valor posicional.

120 = ______ decenas

12 ÷ 3 = ______

12 decenas ÷ 3 = ______ decenas

120 ÷ 3 = ______

Entonces, el corazón de un caballo late alrededor de ______ veces en 1 minuto

Ejemplo 2 Usa números compatibles para hallar dos estimaciones entre las que se encuentre el cociente. 1,382 ÷ 5

PASO 1 Halla dos números cercanos a 1,382 que sean fáciles de dividir entre 5.

______ ÷ 5 es una operación básica.
1,000 es fácil de dividir entre 5.

______ ÷ 5 es una operación básica.
1,500 es fácil de dividir entre 5.

1,382 está entre ______ y ______.

PASO 2 Divide cada número entre 5. Usa el valor posicional.

1,000 ÷ 5

______ centenas ÷ 5 = ______ centenas, o ______

1,500 ÷ 5

______ centenas ÷ 5 = ______ centenas, o ______

Entonces, 1,382 ÷ 5 está entre ______ y ______.

Charla matemática Prácticas matemáticas

Explica qué estimación crees que es más razonable.

Comparte y muestra

1. Estima. 1,718 ÷ 4

Piensa: ¿Qué número cercano a 1,718 es fácil de dividir entre 4?

_____ está cerca de 1,718. ¿Qué operación básica puedes usar? _____ ÷ 4

_____ está cerca de 1,718. ¿Qué operación básica puedes usar? _____ ÷ 4

Elige 1,600 porque _______________________.

16 ÷ 4 = _____

1,600 ÷ _____ = _____

1,718 ÷ 4 es alrededor de _____.

Charla matemática — **Prácticas matemáticas**

Explica cómo podría cambiar tu estimación si el ejercicio fuera 1,918 ÷ 4.

Usa números compatibles para estimar el cociente.

2. 455 ÷ 9 _____
3. 1,509 ÷ 3 _____
4. 176 ÷ 8 _____
5. 2,795 ÷ 7 _____

Por tu cuenta

Usa números compatibles para estimar el cociente.

6. 163 ÷ 2 _____
7. 500 ÷ 7 _____
8. 1,421 ÷ 5 _____
9. 2,642 ÷ 8 _____

Usa números compatibles para hallar dos estimaciones entre las que se encuentre el cociente.

10. 5,321 ÷ 6 _____
11. 1,765 ÷ 6 _____
12. 1,189 ÷ 3 _____
13. 2,110 ÷ 4 _____

PRÁCTICA MATEMÁTICA 2 **Razona de manera abstracta** **Álgebra** **Estima para comparar. Escribe <, >, ó =.**

14. 613 ÷ 3 ◯ 581 ÷ 2

_____ estimación _____ estimación

15. 364 ÷ 4 ◯ 117 ÷ 6

_____ estimación _____ estimación

16. 2,718 ÷ 8 ◯ 963 ÷ 2

_____ estimación _____ estimación

Nombre ________________

Resolución de problemas • Aplicaciones

Usa la tabla para resolver los problemas 17 a 19.

Latidos de animales en 5 minutos	
Animal	**Número de latidos**
Ballena	31
Vaca	325
Cerdo	430
Perro	520
Gallina	1,375

17. ¿Alrededor de cuántas veces late el corazón de una gallina en 1 minuto?

____

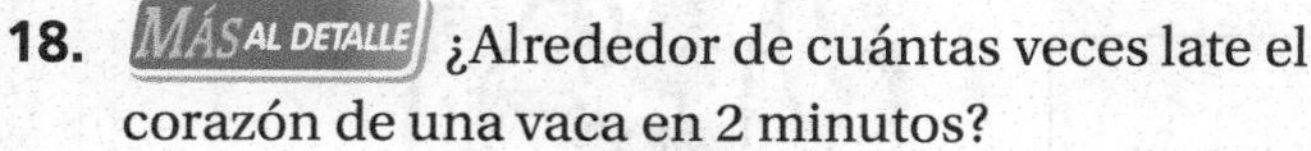

18. MÁS AL DETALLE ¿Alrededor de cuántas veces late el corazón de una vaca en 2 minutos?

____

19. PRÁCTICA MATEMÁTICA 2 **Usa el razonamiento** ¿Alrededor de cuántas veces más rápido late el corazón de una vaca que el de una ballena?

____

20. PIENSA MÁS Martha tenía 154 sellos y su hermana tenía 248 sellos. Combinaron sus colecciones y pusieron los sellos en un álbum. Si quieren poner 8 sellos en cada página, ¿alrededor de cuántas páginas necesitarían?

____

21. Jamie y sus dos hermanos dividieron un paquete de 125 carros de juguete en partes iguales. ¿Alrededor de cuántos carros recibió cada uno?

____

ESCRIBE ▸ *Matemáticas*
Muestra tu trabajo

22. PIENSA MÁS Harold y su hermano coleccionaron 2,018 latas durante un período de 1 año. Cada niño coleccionó la misma cantidad de latas. ¿Alrededor de cuántas latas coleccionó cada niño? Explica cómo hallaste la respuesta.

____

____

____

Conectar con la Lectura

Causa y efecto

Planes de pago de la bicicletería	
Plan A	3 meses (3 pagos iguales)
Plan B	6 meses (6 pagos iguales)

La destreza de lectura *causa y efecto* puede ayudarte a comprender cómo se relaciona un detalle de un problema con otro detalle.

Chet quiere comprar una bicicleta nueva que cuesta $276. Chet corta el césped de su vecino cada semana por $15. Puesto que Chet no tiene dinero ahorrado, debe decidir con qué plan de pago puede comprar la bicicleta nueva.

Causa:
Chet no tiene dinero ahorrado para comprar la bicicleta.

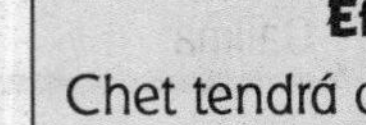

→

Efecto:
Chet tendrá que decidir con qué plan de pago podrá comprar la bicicleta.

¿Qué plan debería elegir Chet?

Plan de pago en 3 meses:

$276 ÷ 3

Estima.

$270 ÷ 3 ____________

Plan de pago en 6 meses:

$276 ÷ 6

Estima.

$300 ÷ 6 ____________

Chet gana $15 por semana. Puesto que generalmente hay 4 semanas en un mes, multiplica para hallar qué plan puede pagar.

$15 × 4 = ____________

Entonces, Chet puede comprar la bicicleta con el plan de pago en ____________.

Usa la estimación para resolver los problemas.

23. Sofía quiere comprar una bicicleta nueva que cuesta $214. Sofía ayuda a su abuela con las tareas del hogar cada semana por $18. Estima para hallar qué plan debería elegir y por qué.

____

____

____

____

____

24. ESCRIBE ▸*Matemáticas* Describe una situación en la que hayas usado la destreza causa y efecto como ayuda para resolver un problema de matemáticas.

____

____

____

____

____

PARA PRACTICAR MÁS:
Cuaderno de práctica de los estándares

Nombre ________________________________

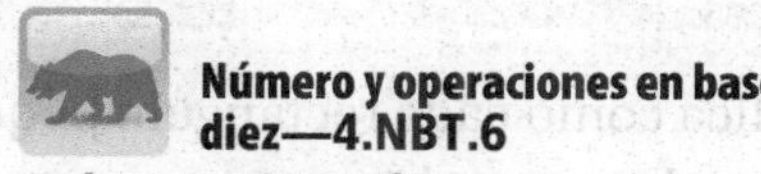

La división y la propiedad distributiva

Pregunta esencial ¿Cómo puedes usar la propiedad distributiva para hallar cocientes?

Número y operaciones en base diez—4.NBT.6

PRÁCTICAS MATEMÁTICAS

MP.1, MP.4, MP.5

Investigar

Manos a la obra

Materiales ■ lápices de colores ■ papel cuadriculado

Puedes usar la propiedad distributiva para descomponer números y que sea más fácil dividirlos.

La propiedad distributiva de la división establece que dividir una suma entre un número es igual que dividir cada sumando entre dicho número y luego sumar los cocientes.

A. Traza el contorno de un rectángulo en una cuadrícula para representar 69 ÷ 3.

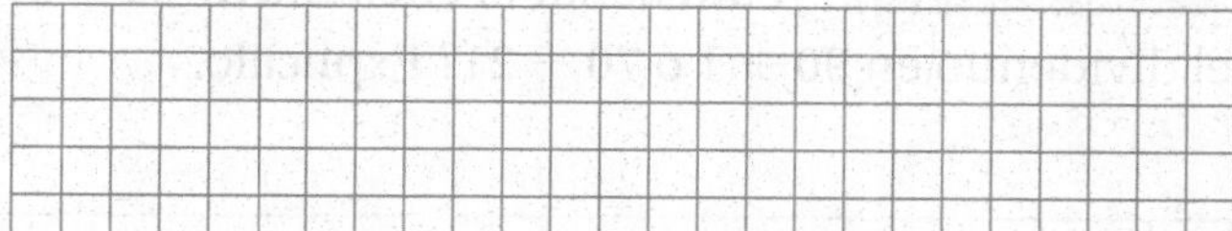

Sombrea columnas de 3 hasta llegar a 69 cuadrados.

¿Cuántos grupos de 3 puedes formar? ______

B. Piensa en 69 como 60 + 9. Separa el modelo en dos rectángulos para mostrar (60 + 9) ÷ 3. Rotula y sombrea los rectángulos más pequeños. Usa dos colores diferentes.

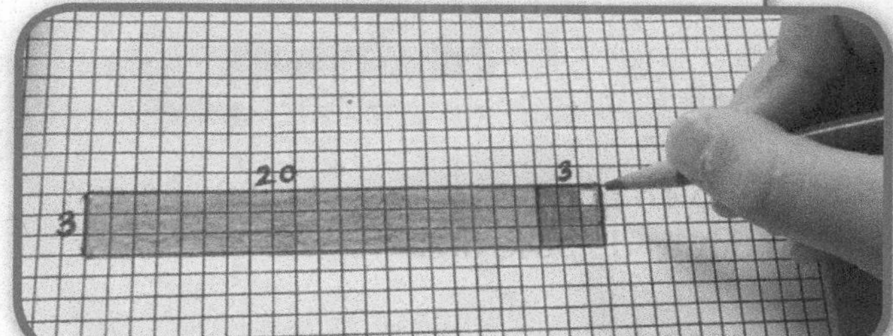

C. Cada rectángulo representa una división.

69 ÷ 3 = (______ ÷ 3) + (______ ÷ 3)

= ______ + ______

= ______

D. Traza el contorno de otro modelo para mostrar 68 ÷ 4.

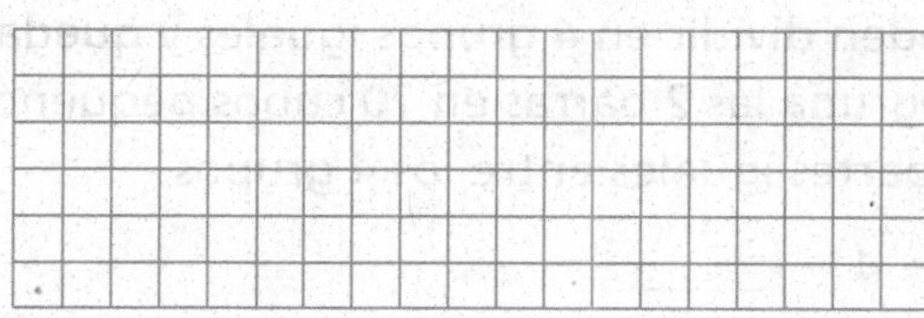

¿Cuántos grupos de 4 puedes formar? ______

E. Piensa en 68 como 40 + 28. Separa el modelo, rotula y sombrea para mostrar dos divisiones.

68 ÷ 4 = (______ ÷ 4) + (______ ÷ 4)

= ______ + ______

= ______

Sacar conclusiones

1. Explica cómo cada rectángulo pequeño representa un cociente y un producto en el Paso C.

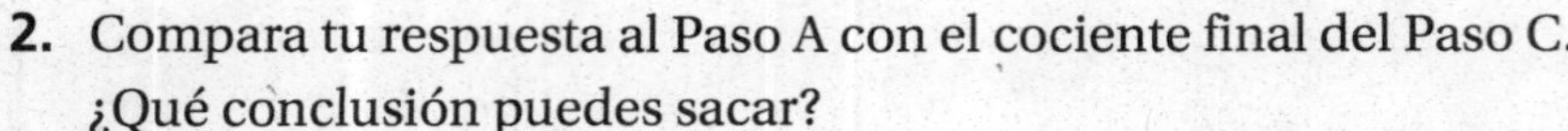

2. Compara tu respuesta al Paso A con el cociente final del Paso C. ¿Qué conclusión puedes sacar?

3. PIENSA MÁS Para hallar el cociente de $91 \div 7$, ¿descompondrías el dividendo en $90 + 1$ ó $70 + 21$? Explícalo.

Hacer conexiones

Charla matemática — **Prácticas matemáticas**

Describe otra manera en que podrías usar la propiedad distributiva para resolver $68 \div 4$.

También puedes representar $68 \div 4$ con bloques de base diez.

PASO 1 Representa 68.

$68 =$ _______ $+$ _______

PASO 2 Divide las barras en 4 grupos iguales. 4 barras se pueden dividir en 4 grupos iguales y quedan 2 barras. Reagrupa las 2 barras en 20 cubos pequeños. Divídelos en partes iguales entre los 4 grupos.

$60 \div 4 =$ _______

PASO 3 Divide los 8 cubos pequeños en los 4 grupos iguales.

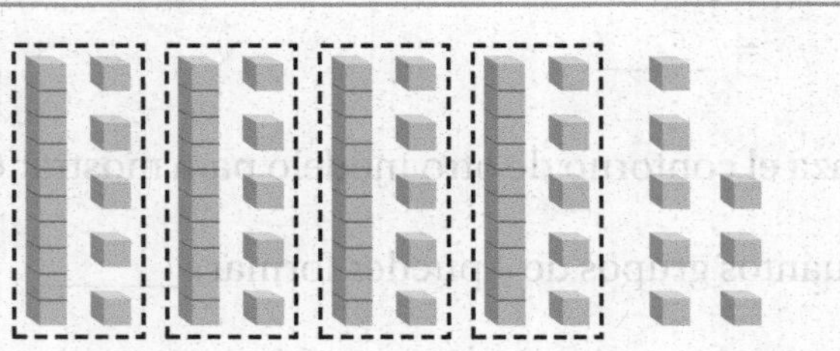

$8 \div 4 =$ _______

Entonces, $68 \div 4 = (60 \div 4) + (8 \div 4) =$ _______ $+$ _______ $=$ _______

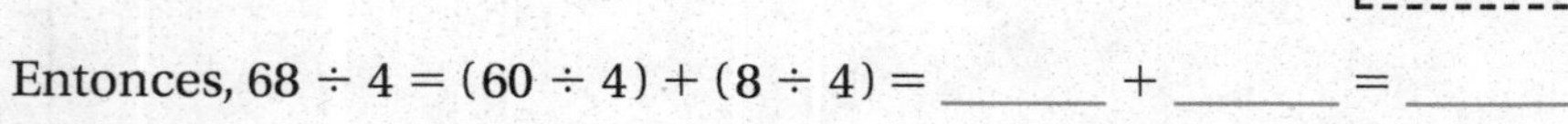

Nombre ______________________

Comparte y muestra

Representa la división en la cuadrícula.

1. $26 \div 2 = (\_\_\_\_ \div 2) + (\_\_\_\_ \div 2)$

   $= \_\_\_\_ + \_\_\_\_$

   $= \_\_\_\_$

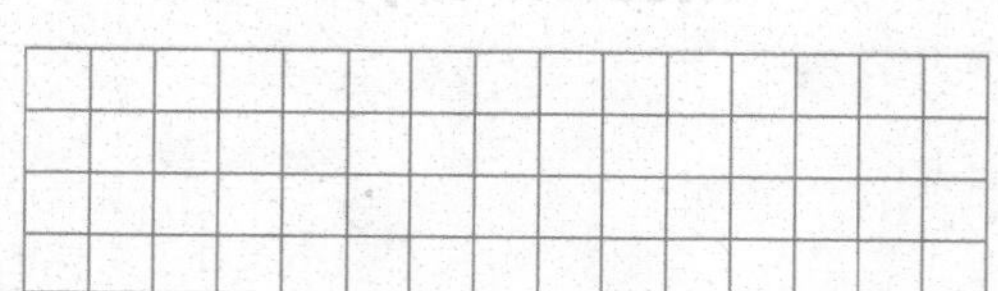

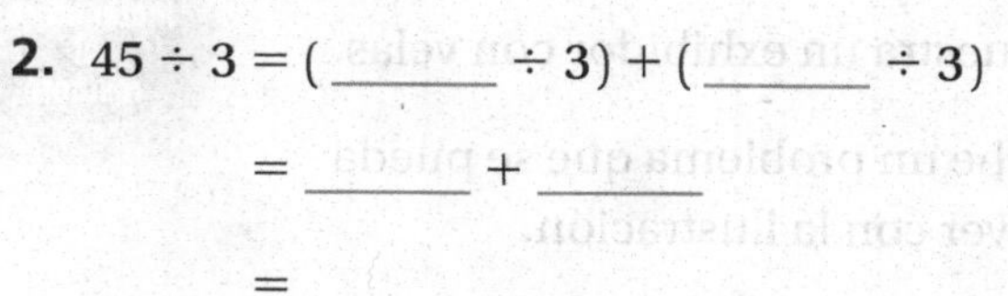

2. $45 \div 3 = (\_\_\_\_ \div 3) + (\_\_\_\_ \div 3)$

   $= \_\_\_\_ + \_\_\_\_$

   $= \_\_\_\_$

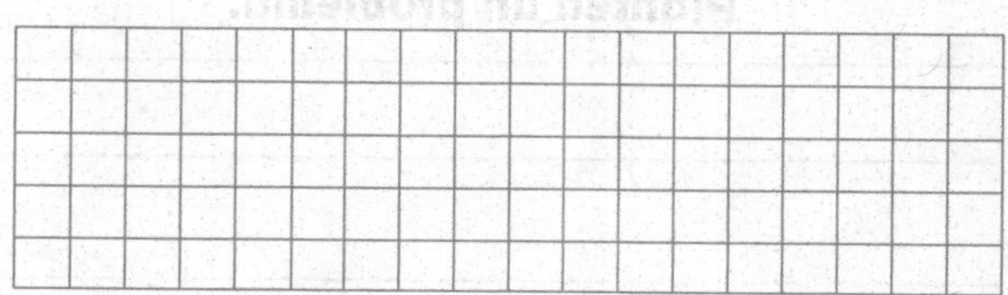

Halla el cociente.

3. $86 \div 2$

   $= (\_\_\_\_ \div 2) + (\_\_\_\_ \div 2)$

   $= \_\_\_\_ + \_\_\_\_$

   $= \_\_\_\_$

4. $208 \div 4$

   $= (\_\_\_\_ \div 4) + (\_\_\_\_ \div 4)$

   $= \_\_\_\_ + \_\_\_\_$

   $= \_\_\_\_$

Usa bloques de base diez para representar el cociente. Luego anota el cociente.

5. $88 \div 4 = \_\_\_\_$

6. $36 \div 3 = \_\_\_\_$

7. $186 \div 6 = \_\_\_\_$

Resolución de problemas • Aplicaciones

8. ESCRIBE ▸ *Matemáticas* Explica cómo puedes representar el uso de la propiedad distributiva para hallar cocientes.

____

____

____

____

____

____

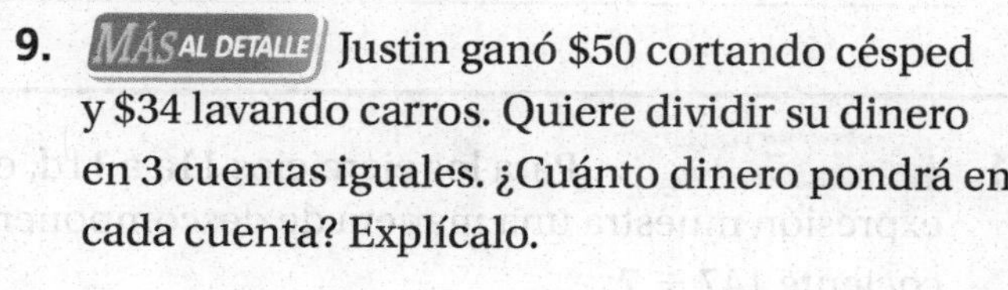

9. MÁS AL DETALLE Justin ganó $50 cortando césped y $34 lavando carros. Quiere dividir su dinero en 3 cuentas iguales. ¿Cuánto dinero pondrá en cada cuenta? Explícalo.

____

____

____

____

____

____

Plantea un problema

10. PIENSA MÁS Christelle fue a una tienda de regalos. En la tienda se venden velas de diferentes tamaños y colores. En la ilustración se muestra un exhibidor con velas.

Escribe un problema que se pueda resolver con la ilustración.

Plantea un problema.

Resuelve tu problema.

• PRÁCTICA MATEMÁTICA 1 **Describe** cómo podrías cambiar el número de hileras de velas para cambiar el problema. Luego resuelve el problema.

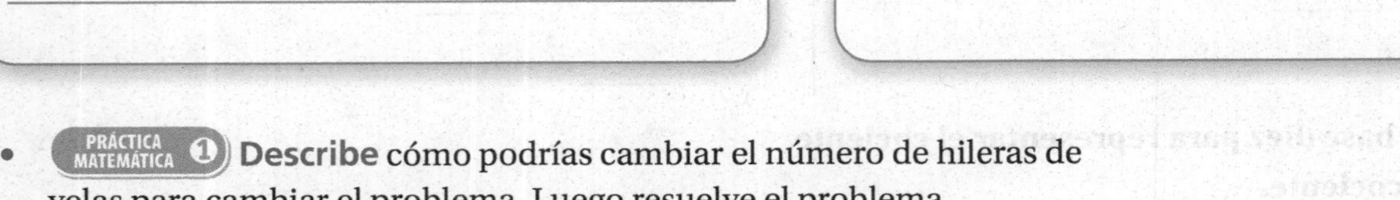

11. PIENSA MÁS Para los ejercicios 11a a 11d, elige Sí o No para indicar si la expresión muestra una manera de descomponer el dividendo para hallar el cociente 147 ÷ 7.

11a. $(135 \div 7) + (10 \div 7)$ ○ Sí ○ No

11b. $(147 \div 3) + (147 \div 4)$ ○ Sí ○ No

11c. $(140 \div 7) + (7 \div 7)$ ○ Sí ○ No

11d. $(70 \div 7) + (77 \div 7)$ ○ Sí ○ No

PRÁCTICA ADICIONAL:
Cuaderno de práctica de los estándares

Nombre ____________________

Revisión de la mitad del capítulo

Vocabulario

Vocabulario
múltiplo
números compatibles
números positivos
residuo

Elige el término del recuadro que mejor corresponda para completar la oración.

1. Un número que es el producto de un número y un número positivo se llama ____________________. (pág. 143)

2. Los números que son fáciles de calcular mentalmente se llaman ____________________. (pág. 159)

3. Cuando un número no se puede dividir en partes iguales, la cantidad que queda se llama ____________________. (pág. 148)

Conceptos y destrezas

Divide. Haz un dibujo rápido como ayuda. (4.NBT.6)

4. 26 ÷ 3 ______

5. 19 ÷ 4 ______

Usa operaciones básicas y el valor posicional para hallar el cociente. (4.NBT.6)

6. 810 ÷ 9 = ______

7. 210 ÷ 7 = ______

8. 3,000 ÷ 6 = ______

Usa números compatibles para estimar el cociente. (4.NBT.6)

9. 635 ÷ 9 ______

10. 412 ÷ 5 ______

11. 490 ÷ 8 ______

Usa papel cuadriculado o bloques de base diez para representar el cociente. Luego anota el cociente. (4.NBT.6)

12. 63 ÷ 3 = ______

13. 85 ÷ 5 = ______

14. 168 ÷ 8 = ______

15. Ana tiene 296 monedas en su colección de monedas. Puso el mismo número de monedas en cada uno de los 7 frascos que tiene. ¿Alrededor de cuántas monedas hay en cada frasco? (4.NBT.6)

16. ¿Entre qué dos estimaciones está el cociente de 345 ÷ 8? (4.NBT.6)

17. Una vendedora tenía 640 bolsas de cacahuates. Vendió el mismo número de bolsas de cacahuates en cada uno de los 8 partidos de béisbol a los que asistió. ¿Cuántas bolsas de cacahuates vendió en cada partido? (4.NBT.6)

18. En una carrera de relevos, hay 4 estudiantes en cada equipo. ¿Cuántos equipos se pueden formar con 27 estudiantes? (4.OA.3)

19. Ocho equipos de estudiantes de secundaria ayudaron a limpiar la basura en su comunidad. Cuando terminaron se repartieron 23 pizzas en partes iguales. ¿Cuántas pizzas recibió cada equipo? (4.OA.3)

Nombre ____________________

Dividir usando la resta repetida

Pregunta esencial ¿Cómo puedes usar la resta repetida y los múltiplos para hallar cocientes?

Número y operaciones en base diez—4.NBT.6

PRÁCTICAS MATEMÁTICAS
MP.3, MP.6, MP.8

Investigar

Manos a la obra

Materiales ■ fichas ■ papel cuadriculado

John está construyendo un horno para pizzas con una abertura en forma de arco. Tiene 72 ladrillos. Colocará 6 ladrillos por vez durante la construcción del horno. Si dispone los ladrillos en pilas de 6, ¿cuántas pilas tendrá?

Puedes usar la resta repetida para dividir 72 ÷ 6.

A. Comienza con 72 fichas. Resta 6 fichas.

¿Cuántas quedan? ______

B. Anota la resta en papel cuadriculado como se muestra a continuación. Anota la cantidad de fichas que quedan y la cantidad de veces que restaste.

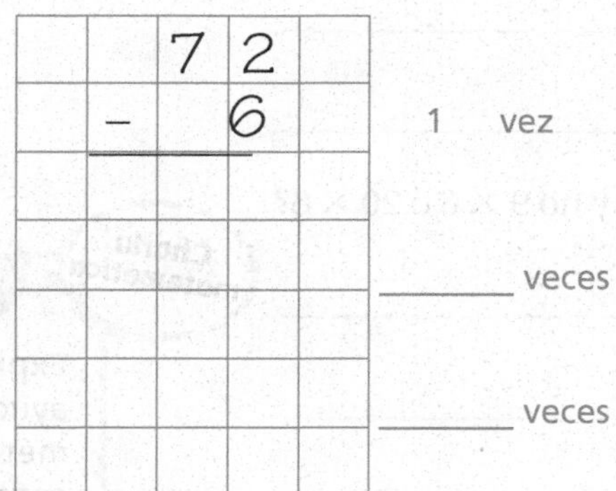

		7	2		
	−		6		1 vez
					______ veces
					______ veces

C. ¿Puedes llegar a cero sin que sobren ladrillos? Explícalo.

____

____

D. Cuenta la cantidad de veces que restaste 6 fichas. ____________

Entonces, hay ______ pilas de 6 ladrillos.

Sacar conclusiones

1. Explica la relación entre el divisor, el dividendo, el cociente y la cantidad de veces que restaste el divisor del dividendo.

______

______

2. ¿Qué pasa si restas múltiplos de 6? Completa el ejemplo que está a la derecha.

$$\begin{array}{r} 6\overline{)72} \\ -60 \leftarrow \square \times 6 \quad 10 \\ \square \\ -12 \leftarrow \square \times 6 + \underline{\quad} \\ \square \quad \square \end{array}$$

- ¿Qué múltiplos de 6 usaste? ¿Cómo los usaste?

______

______

- ¿Qué números sumaste? ¿Por qué?

______

______

- ¿Cómo te ayudó usar múltiplos del divisor?

______

______

3. *PIENSA MÁS* ¿Por qué debes restar 10×6 y no 9×6 ó 20×6?

______

______

______

Charla matemática **Prácticas matemáticas**

Explica cómo te ayudan a dividir los métodos de restar fichas y contar hacia atrás en una recta numérica.

Hacer conexiones

Otra manera de dividir con la resta repetida es usar una recta numérica. Cuenta hacia atrás de 4 en 4 desde 52 para hallar $52 \div 4$.

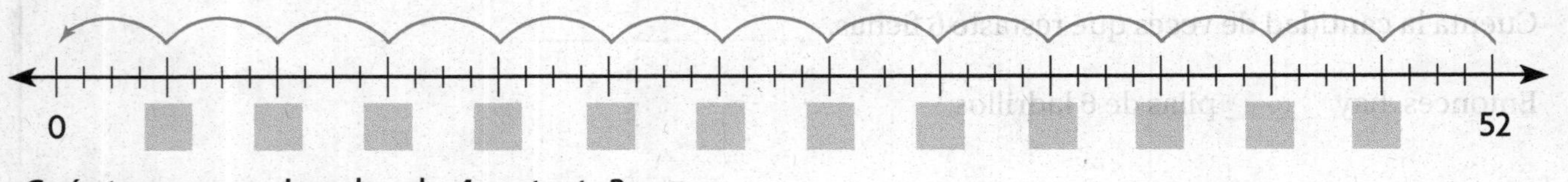

¿Cuántos grupos iguales de 4 restaste? ______

Entonces, $52 \div 4 =$ ______.

Nombre ______________________

Comparte y muestra

Usa la resta repetida para dividir.

1. 84 ÷ 7 ________

2. 60 ÷ 4 ________

3. 91 ÷ 8 ________

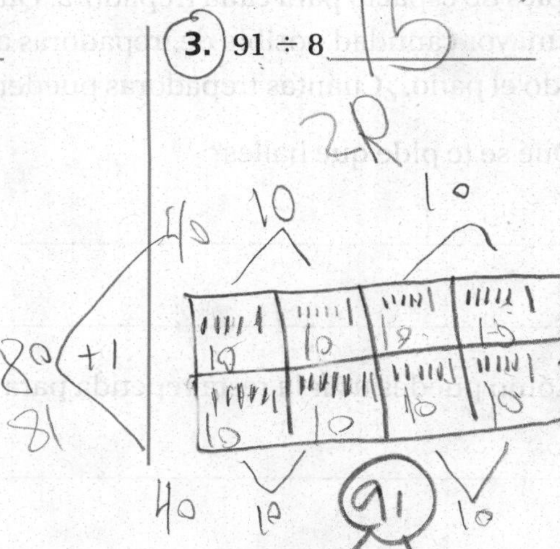

Traza una recta numérica para dividir.

4. 65 ÷ 5 = ______

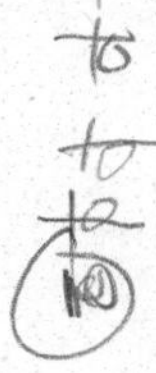

Resolución de problemas • Aplicaciones

En el mundo

5. PRÁCTICA MATEMÁTICA 5 **Usa las herramientas adecuadas** ¿Puedes dividir 32 entre 3 en partes iguales? Usa la recta numérica para explicar tu respuesta.

0 32

____

____

____

6. MÁS AL DETALLE John tiene \$40 para gastar en una venta de garaje. Compra 6 libros a \$2 cada uno. Le gustaría gastar el resto de su dinero en carros de juguete para su colección. Si los carros cuestan \$7 cada uno, ¿cuántos puede comprar? Explícalo.

____

____

____

Soluciona el problema En el mundo

7. PIENSA MÁS El nuevo patio de juegos medirá 108 pies de longitud. Los constructores deben destinar 9 pies de espacio para cada trepadora. Quieren instalar la mayor cantidad posible de trepadoras a lo largo de todo el patio. ¿Cuántas trepadoras pueden instalar?

a. ¿Qué se te pide que halles?

____

____

b. ¿Cómo puedes usar la resta repetida para resolver el problema?

____

____

c. Indica por qué podrías usar múltiplos del divisor para resolver el problema.

____

____

d. Muestra los pasos para resolver el problema.

e. Completa las oraciones.

Hay ______ partes iguales en el patio de juegos y

cada una mide ______ pies de longitud.

Entonces, entran, ______ trepadoras a lo largo de todo el patio de juegos.

8. PIENSA MÁS ¿Qué modelo se empareja con cada expresión? Escribe la letra en la línea al lado de cada modelo.

Ⓐ 240 ÷ 80

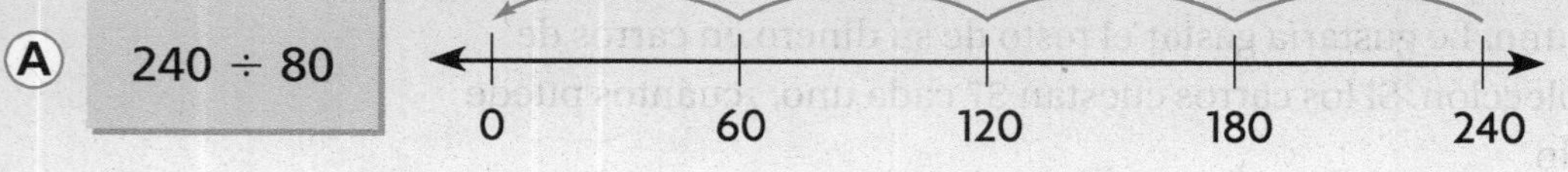

Ⓑ 240 ÷ 60

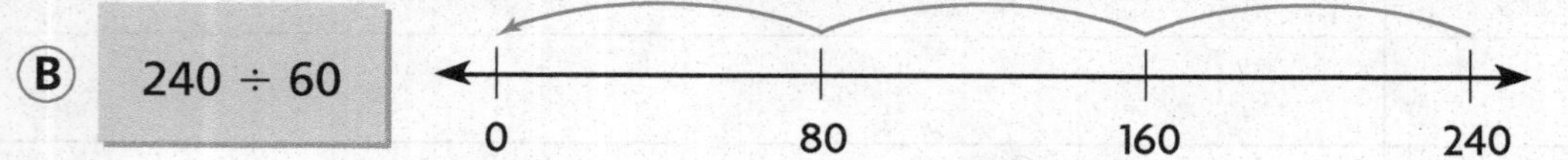

______

Nombre ____________________

Dividir usando cocientes parciales

Pregunta esencial ¿Cómo puedes usar cocientes parciales para dividir entre divisores de 1 dígito?

Número y operaciones en base diez—4.NBT.6

PRÁCTICAS MATEMÁTICAS
MP.2, MP.7, MP.8

Soluciona el problema En el mundo

En un campamento, hay 5 jugadores en cada equipo de *lacrosse*. Si hay 125 personas en los equipos de *lacrosse*, ¿cuántos equipos hay?

- Subraya lo que tienes que hallar.
- Encierra en un círculo lo que debes usar.
- ¿Qué operación puedes usar para hallar la cantidad de equipos?

____

De una manera Usa cocientes parciales.

En el método de división de **cocientes parciales,** los múltiplos del divisor se restan del dividendo y luego se suman los cocientes parciales.

Divide. 125 ÷ 5 **Escribe.** $5\overline{)125}$

PASO 1

Comienza por restar un múltiplo mayor, como 10 veces el divisor. Por ejemplo, sabes que puedes formar al menos 10 equipos de 5 jugadores.

Continúa restando hasta que el número que quede sea menor que el múltiplo, 50.

PASO 2

Resta múltiplos menores, como 5 veces, 2 veces o 1 vez el divisor, hasta que el número que quede sea menor que el divisor. En otras palabras, continúa hasta que no tengas más jugadores para formar un equipo.

Luego suma los cocientes parciales para hallar el cociente.

Entonces, hay ______ equipos de *lacrosse*.

Cocientes parciales

$5\overline{)125}$ ↓

− ____ 10 × ____ 10

− ____ 10 × ____ 10

− ____ 5 × ____ + 5

Charla matemática **Prácticas matemáticas**

Explica cómo hallaste la cantidad total de equipos después de hallar los cocientes parciales.

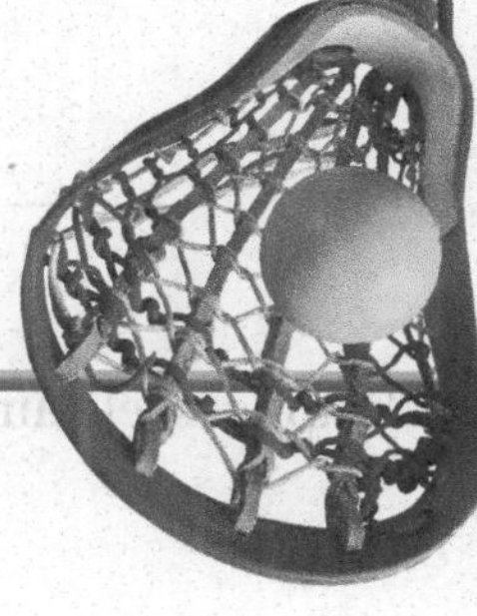

De otra manera Usa modelos rectangulares para anotar los cocientes parciales.

Jarod y Ana también hallaron la cantidad de equipos usando cocientes parciales. Usaron modelos rectangulares para anotar los cocientes parciales. A cada uno le sigue dando que el cociente es 25.

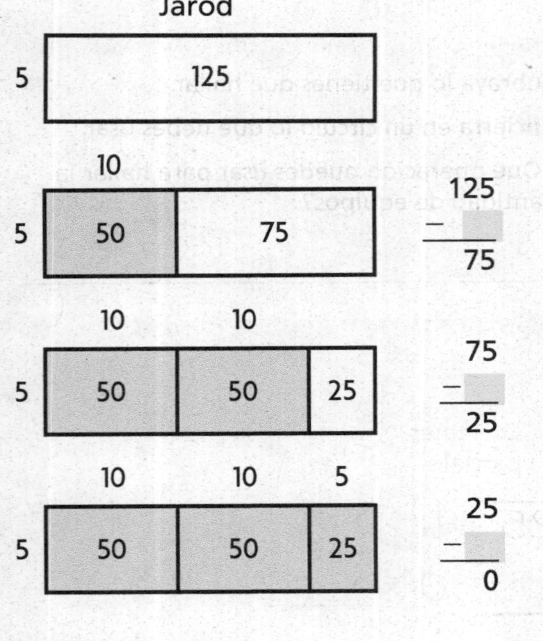

10 + 10 + 5 = ______

Ana

5 | 125

20

5 | 100 | 25

125
− ___
25

20 | 5

5 | 100 | 25

25
− ___
0

20 + 5 = ______

Charla matemática **Prácticas matemáticas**

Explica por qué preferirías un método a otro.

Comparte y muestra

1. El *lacrosse* se juega en un campo de 330 pies de longitud. ¿Cuántas yardas de longitud mide un campo de *lacrosse*? (3 pies = 1 yarda)

Divide. Usa cocientes parciales.

$3\overline{)330}$

− ___ 100 × ___ 100

___

___ 10 × ___ + 10

___ ___

Entonces, el campo de *lacrosse* mide ______ yardas de longitud.

Nombre ______________________________

Divide. Usa cocientes parciales.

2. $3\overline{)225}$

Divide. Usa modelos rectangulares para anotar los cocientes parciales.

3. $428 \div 4 =$ ______

Charla matemática

Prácticas matemáticas

Explica cómo podrías resolver los ejercicios 2 y 3 de otra manera.

Por tu cuenta

Divide. Usa cocientes parciales.

4. $9\overline{)198}$

5. $7\overline{)259}$

6. $8\overline{)864}$

7. $6\overline{)738}$

Divide. Usa modelos rectangulares para anotar los cocientes parciales.

8. $328 \div 2 =$ ______

9. $475 \div 5 =$ ______

10. $219 \div 3 =$ ______

11. $488 \div 4 =$ ______

12. PRÁCTICA MATEMÁTICA 2 **Usa el razonamiento** ¿Cuál es el número menor que puedes dividir entre 5 para obtener un cociente de tres dígitos? Explica cómo hallaste tu resultado.

____

____

____

Resolución de problemas • Aplicaciones

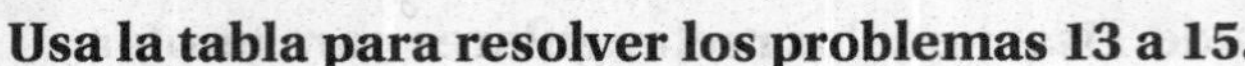

En el mundo

Usa la tabla para resolver los problemas 13 a 15.

Colección de tarjetas de deportes de Rob

Deporte	Cantidad de tarjetas
Béisbol	248
Básquetbol	189
Fútbol americano	96
Hockey	64

13. Rob quiere colocar 8 tarjetas de béisbol en cada página de un álbum. ¿Cuántas páginas llenará?

____

14. Rob llenó 9 cajas plásticas con tarjetas de básquetbol con la misma cantidad de tarjetas en cada caja. ¿Cuántas tarjetas puso en cada caja?

____

15. PIENSA MÁS Rob llenó 3 cajas plásticas menos con tarjetas de fútbol americano que con tarjetas de básquetbol. Llenó 9 cajas con tarjetas de básquetbol. ¿Cuántas cajas llenó con tarjetas de fútbol americano? ¿Cuántas tarjetas de fútbol americano había en cada caja?

____

16. MÁS AL DETALLE Marshall puede comprar 5 camisetas por $60. Si cada camiseta cuesta lo mismo, ¿cuál es el costo de 4 camisetas?

____

ESCRIBE ▸ *Matemáticas* • Muestra tu traba

17. PIENSA MÁS Usa cocientes parciales. Completa los espacios en blanco.

$5\overline{)485}$

− ____ 80×5

− ____ 10×5

− ____ 7×5 + ____

PARA PRACTICAR MÁS: Cuaderno de práctica de los estándares

Nombre ______________________________

Representar la división con reagrupación

Pregunta esencial ¿Cómo puedes usar bloques de base diez para representar la división con reagrupación?

Número y operaciones en base diez—4.NBT.6
PRÁCTICAS MATEMÁTICAS
MP.2, MP.4, MP.6

Investigar

Manos a la obra

Materiales ■ bloques de base diez

La bibliotecaria quiere repartir 54 libros en partes iguales entre 3 clases. ¿Cuántos libros le dará a cada clase?

A. Dibuja 3 círculos para representar las clases. Luego usa bloques de base diez para representar 54. Representa 54 como 5 decenas y 4 unidades.

B. Divide las decenas en partes iguales entre los 3 grupos.

C. Si quedan decenas, reagrúpalas en unidades. Divide las unidades en partes iguales entre los 3 grupos.

D. Hay ______ decena(s) y ______ unidad(es) en cada grupo.

Entonces, la bibliotecaria le dará ______ libros a cada clase.

Sacar conclusiones

1. PIENSA MÁS Explica por qué debiste reagrupar en el Paso C.

____

____

2. ¿Cómo puedes usar bloques de base diez para hallar el cociente de 92 ÷ 4?

____

____

____

____

Hacer conexiones

Usa el dibujo rápido que está en la parte inferior de la página como ayuda para dividir. Anota cada paso.

Halla 76 ÷ 3.

PASO 1

Representa 76 como 7 decenas y 6 unidades.
Traza tres círculos para representar grupos iguales.

$3\overline{)76}$

PASO 2

Divide las 7 decenas en partes iguales entre los 3 grupos.
Tacha las decenas que uses.

Hay _______ decenas en cada grupo.

Se usaron _______ decenas. Queda _______ decena.

decenas en cada grupo

$3\overline{)76}$

– ← decenas usadas

← decena que queda

PASO 3

Una decena no se puede dividir entre 3 grupos sin reagrupar.
Dibuja 10 unidades para reagrupar en 1 decena.

Ahora hay _______ unidades para repartir.

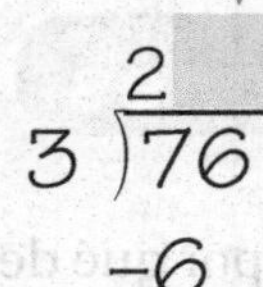

2
$3\overline{)76}$
–6
← unidades para repartir

PASO 4

Divide las unidades en partes iguales entre los 3 grupos.
Tacha las unidades que uses.

Hay _______ unidades en cada grupo.

Se usaron _______ unidades. Queda _______ unidad.

unidades en cada grupo

2
$3\overline{)76}$
6
16
– ← unidades usadas
← unidad que queda

Hay 3 grupos de _______ y queda _______ unidad.

Entonces, para 76 ÷ 3, el cociente es _______ y el residuo es _______.

Se puede escribir como _______________.

Prácticas matemáticas

¿Por qué divides las decenas en partes iguales entre los grupos antes de dividir las unidades?

Nombre ___________________________

Comparte y muestra

Divide. Usa bloques de base diez.

1. 48 ÷ 3 ______

2. 84 ÷ 4 ______

3. 72 ÷ 5 ______

4. Divide. Haz un dibujo rápido. Anota los pasos.
84 ÷ 3 ____________

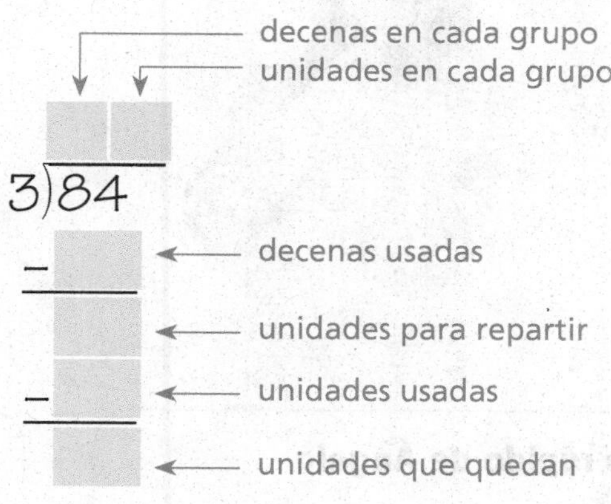

Resolución de problemas • Aplicaciones

5. ESCRIBE ▸*Matemáticas* Explica por qué en el Ejercicio 2 no debiste reagrupar.

____

6. MÁS AL DETALLE Mindy prepara cajones de frutas para regalar. Divide 36 manzanas en partes iguales entre 6 cajones. Luego divide 54 plátanos en partes iguales entre los mismos 6 cajones. ¿Cuántas frutas hay en cada uno de los cajones de Mindy?

____

7. PIENSA MÁS Ami necesita dividir estos bloques de base diez en 4 grupos iguales.

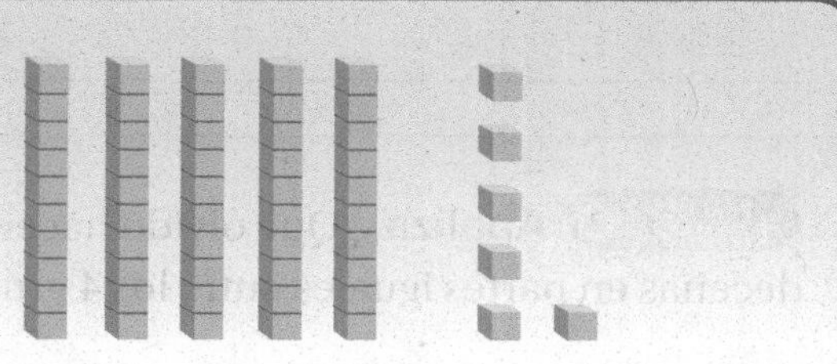

Describe un modelo que muestre cuántos hay en cada grupo.

____

¿Tiene sentido?

8. PIENSA MÁS Ángela y Zach hicieron dibujos rápidos para hallar 68 ÷ 4. ¿Qué dibujo tiene sentido? ¿Qué dibujo no tiene sentido? Explica tu razonamiento.

Dibujé 1 decena y 2 unidades en cada grupo.

Dibujé 1 decena y 7 unidades en cada grupo.

Dibujo rápido de Ángela

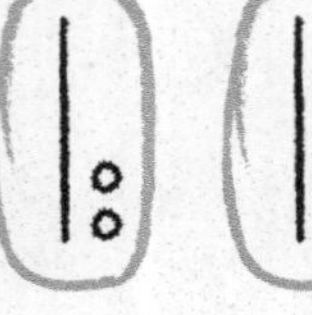

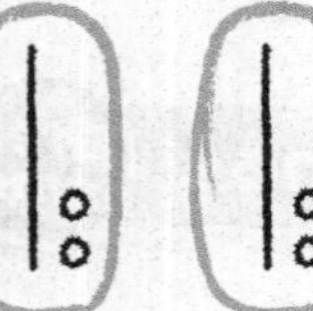

____

____

____

____

____

____

____

Dibujo rápido de Zach

____

____

____

____

____

____

____

9. PRÁCTICA MATEMÁTICA 1 **Analiza** ¿Qué olvidó hacer Ángela después de dividir las decenas en partes iguales entre los 4 grupos?

____

____

PARA PRACTICAR MÁS:
Cuaderno de práctica de los estándares

Nombre ___________________________

Hallar el lugar del primer dígito

Pregunta esencial ¿Cómo puedes usar el valor posicional para saber dónde colocar el primer dígito del cociente?

Número y operaciones en base diez—4.NBT.6

PRÁCTICAS MATEMÁTICAS
MP.2, MP.7, MP.8

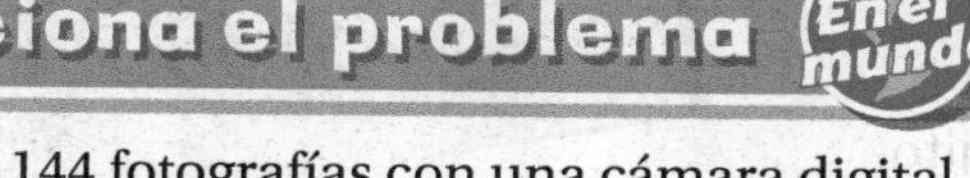

Víctor tomó 144 fotografías con una cámara digital. Las fotografías deben disponerse en partes iguales en 6 álbumes. ¿Cuántas fotografías habrá en cada álbum?

- Subraya lo que tienes que hallar.
- Encierra en un círculo lo que debes usar.

Ejemplo 1 Divide. 144 ÷ 6

PASO 1 Usa el valor posicional para hallar el lugar del primer dígito.
Observa las centenas que hay en 144.
1 centena no se puede dividir entre 6 grupos sin reagrupar.
Reagrupa 1 centena en 10 decenas.

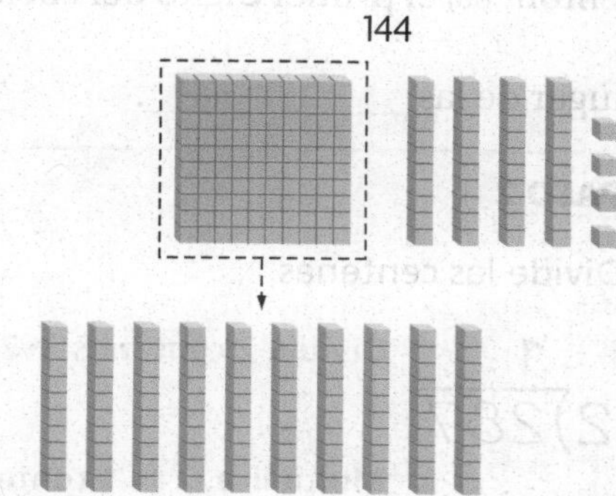

Ahora hay _______ decenas para dividir entre 6 grupos.
El primer dígito del cociente estará ubicado en el lugar

de las ____________________.

PASO 2 Divide las decenas.

$$\begin{array}{r} 2 \\ 6\overline{)144} \\ -\square \\ \hline \square \end{array}$$

Divide. 14 decenas ÷ 6

Multiplica. 6 × 2 decenas

Resta. 14 decenas − 12 decenas
Comprueba. 2 decenas no se pueden dividir entre 6 grupos sin reagrupar.

PASO 3 Divide las unidades.
Reagrupa 2 decenas en 20 unidades.

Ahora hay _______ unidades para dividir entre 6 grupos.

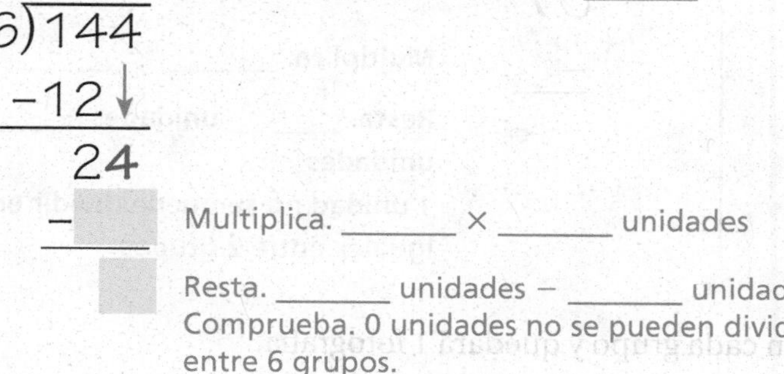

Divide. _______ unidades ÷ _______

Multiplica. _______ × _______ unidades

Resta. _______ unidades − _______ unidades
Comprueba. 0 unidades no se pueden dividir entre 6 grupos.

Idea matemática

Después de dividir cada lugar, el residuo debe ser menor que el divisor.

Charla matemática — **Prácticas matemáticas**

Explica cómo cambiaría la respuesta si Víctor tuviera 146 fotografías.

Entonces, habrá _______ fotografías en cada álbum.

Ejemplo 2 Divide. 287 ÷ 2

Omar tiene 287 fotografías de animales. Si quiere colocarlas en 2 grupos del mismo tamaño, ¿cuántas fotografías habrá en cada grupo?

PASO 1

Usa el valor posicional para hallar el lugar del primer dígito.
Observa las centenas que hay en 287.
2 centenas se pueden dividir entre 2 grupos.

Entonces, el primer dígito del cociente estará ubicado en el

lugar de las ____________.

PASO 2

Divide las centenas.

$$2\overline{)287}\quad 1$$

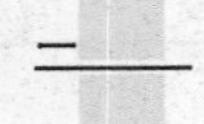

Divide. 2 centenas ÷ 2

Multiplica. 2 × 1 centena

Resta. 2 centenas − 2 centenas

Quedan 0 centenas.

PASO 3

Divide las decenas.

$$2\overline{)287}\quad 14$$
−2↓
0 ▭
− ▭

Divide. _______ decenas ÷ _______

Multiplica. _______ × _______ decenas

Resta. _______ decenas − _______ decenas

Quedan 0 decenas.

PASO 4

Divide las unidades.

$$2\overline{)287}\quad 143\text{ r}1$$
−2
08
−8↓
07
− ▭
▭

Divide. _______ unidades ÷ _______

Multiplica. _______ × _______ unidades

Resta. _______ unidades − _______ unidades

1 unidad no se puede dividir en partes iguales entre 2 grupos.

Entonces, habrá ____________ fotografías en cada grupo y quedará 1 fotografía.

Nombre ______________________

Comparte y muestra

1. Hay 452 ilustraciones de perros repartidas entre 4 grupos iguales. ¿Cuántas ilustraciones hay en cada grupo? Explica cómo puedes usar el valor posicional para hallar el lugar del primer dígito del cociente.

$4\overline{)452}$

____

____

Divide.

2. $4\overline{)166}$

3. $5\overline{)775}$

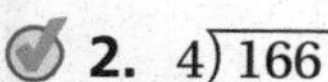

Prácticas matemáticas

Explica cómo colocaste el primer dígito del cociente en el Ejercicio 2.

Por tu cuenta

Divide.

4. $4\overline{)284}$

5. $5\overline{)394}$

6. $3\overline{)465}$

7. $8\overline{)272}$

8. $2\overline{)988}$

9. $3\overline{)504}$

10. $6\overline{)734}$

11. $4\overline{)399}$

Práctica: Copia y resuelve **Divide.**

12. $516 \div 2$

13. $516 \div 3$

14. $516 \div 4$

15. $516 \div 5$

16. PRÁCTICA MATEMÁTICA 6 Vuelve a mirar tus resultados en los ejercicios 12 a 15. ¿Qué pasa con el cociente cuando aumenta el divisor? **Explícalo.**

____

____

Soluciona el problema En el mundo

17. PIENSA MÁS Nan quiere poner 234 fotografías en un álbum de tapa azul. ¿Cuántas páginas completas habrá en su álbum?

Álbumes de fotografías

Color de la tapa	Fotografías por página
Azul	4
Verde	6
Rojo	8

a. ¿Qué debes hallar?

____

b. ¿Cómo usarás la división para hallar la cantidad de páginas completas?

____

____

____

c. Muestra los pasos que seguirás para resolver el problema.

d. Completa las siguientes oraciones.

Nan tiene ______ fotografías.

Quiere poner las fotografías en un álbum

en el que en cada página caben ______ fotografías.

Nan tendrá un álbum con ______ páginas

completas y ______ fotografías en otra página.

18. MÁS AL DETALLE El Sr. Parsons compró 293 manzanas para hacer pasteles para su local. Se necesitan seis manzanas para cada pastel. Si el Sr. Parsons hace la mayor cantidad posible de pasteles, ¿cuántas manzanas quedarán?

____

19. PIENSA MÁS Carol necesita dividir 320 etiquetas adhesivas en partes iguales entre 4 clases. ¿En qué lugar está el primer dígito del cociente? Elige la palabra que completa la oración.

El primer dígito del cociente está en el lugar de las [unidades / decenas / centenas / millares].

PARA PRACTICAR MÁS:
Cuaderno de práctica de los estándares

Nombre ______________________________

Dividir entre números de 1 dígito

Pregunta esencial ¿Cómo puedes dividir números de varios dígitos y comprobar tus resultados?

Número y operaciones en base diez—4.NBT.6

PRÁCTICAS MATEMÁTICAS
MP.2, MP.7, MP.8

Soluciona el problema

Los estudiantes de tercer, cuarto y quinto grado hicieron 525 animales de *origami* para exhibir en la biblioteca. Cada grado hizo la misma cantidad de animales. ¿Cuántos animales hizo cada grado?

 Ejemplo 1 Divide. 525 ÷ 3

PASO 1 Usa el valor posicional para hallar el lugar del primer dígito. Observa las centenas que hay en 525. 5 centenas se pueden dividir entre 3 grupos sin reagrupar. El primer dígito del cociente estará en el lugar de las __________.

PASO 2 Divide las centenas.

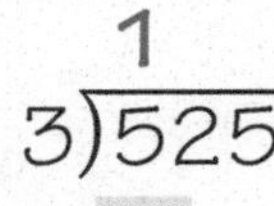

```
  1
3)525
 −
```

Divide. Divide ______ centenas en partes iguales entre ______ grupos.

Multiplica. ______ × __________

Resta. __________ − __________

Comprueba. ______ centenas no se pueden dividir entre 3 grupos sin reagrupar.

PASO 3 Divide las decenas.

```
  17
3)525
 −3↓
  22
 −
```

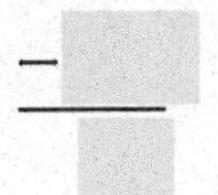

Divide. Divide __________ en __________ partes iguales entre ______ grupos.

Multiplica. __________________

Resta. __________ − __________

Comprueba. __________________

____

______________________________.

PASO 4 Divide las unidades.

```
  175
3)525
 −3
  22
 −21↓
   15
  −
```

Divide. Divide ______ en partes iguales entre ______ grupos.

Multiplica. __________

Resta. __________ − __________

Comprueba. Quedan. __________.

Charla matemática — **Prácticas matemáticas**

En el paso de comprobación, ¿qué harías si el número fuera mayor que el divisor?

Entonces, cada clase hizo __________ animales de *origami*.

Hay 8,523 hojas de papel para hacer *origami* para repartir en partes iguales entre 8 escuelas. ¿Cuántas hojas recibirá cada escuela?

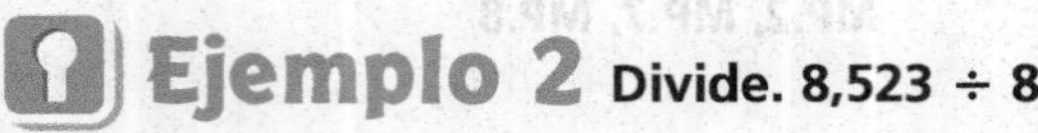

Ejemplo 2 Divide. 8,523 ÷ 8

PASO 1 Usa el valor posicional para hallar el lugar del primer dígito.

Observa los millares que hay en 8,523.
8 millares se pueden dividir entre 8 grupos sin reagrupar.

El primer dígito del cociente estará en

el lugar de los ____________.

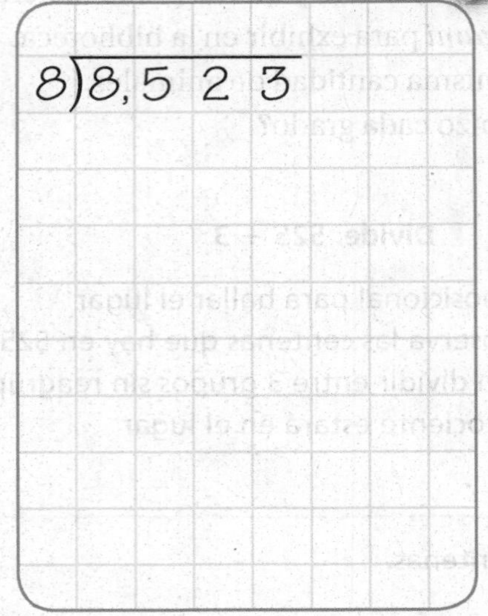

PASO 2 Divide los millares.

PASO 3 Divide las centenas.

PASO 4 Divide las decenas.

PASO 5 Divide las unidades.

Entonces, cada escuela obtendrá ______ hojas.

Quedarán ______ hojas.

Para evitar errores
Cuando un lugar del dividendo no pueda dividirse entre el divisor, coloca un cero en el cociente.

CONECTAR La división y la multiplicación son operaciones inversas. Puedes usar la multiplicación para comprobar el resultado de un ejercicio de división.

Multiplica el cociente por el divisor. Si hay residuo, súmalo al producto. El resultado debe ser igual al dividendo.

Divide.

cociente → 1,065 r3 ← residuo
divisor → 8)8,523 ← dividendo

Comprueba.

$$\begin{array}{r} 1{,}065 \\ \times \quad 8 \\ \hline 8{,}520 \\ + \quad 3 \\ \hline 8{,}523 \end{array}$$

1,065 ← cociente
× 8 ← divisor
8,520
+ 3 ← residuo
8,523 ← dividendo

Con la comprobación se muestra que la división es correcta.

Nombre ___________________________

Comparte y muestra

1. Ollie usó 852 cuentas para hacer 4 pulseras. Puso la misma cantidad de cuentas en cada pulsera. ¿Cuántas cuentas hay en cada pulsera? Comprueba tu resultado.

Divide.

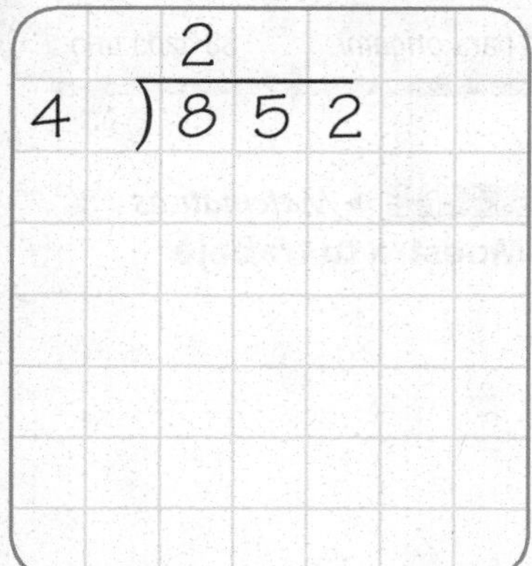

Comprueba.

Charla matemática

Prácticas matemáticas

Explica cómo puedes comprobar si tu cociente es correcto.

Entonces, cada pulsera tiene ______ cuentas.

Divide y comprueba.

2. $2\overline{)394}$ **3.** $2\overline{)803}$ **4.** $4\overline{)3{,}448}$

Por tu cuenta

Divide y comprueba.

5. $2\overline{)816}$ **6.** $4\overline{)709}$ **7.** $3\overline{)267}$

8. $6\overline{)1{,}302}$ **9.** $8\overline{)9{,}232}$ **10.** $9\overline{)1{,}020}$

Resolución de problemas • Aplicaciones

Usa la tabla para resolver los problemas 11 a 13.

La tienda artística

Artículo	Precio
Libro sobre *origami*	$24 cada uno
Papel para *origami*	$6 por paquete
Kit para *origami*	$8 cada uno

11. PIENSA MÁS Cuatro maestros compraron 10 libros sobre *origami* y 100 paquetes de papel para *origami* para sus clases. Los cuatro maestros repartirán el costo de los artículos en partes iguales. ¿Cuánto debería pagar cada maestro?

12. PRÁCTICA MATEMÁTICA 5 **Comunicar** Seis estudiantes repartieron en partes iguales el costo de 18 unidades de uno de los artículos de la tabla. Cada estudiante pagó $24. ¿Qué artículo compraron? Explica cómo hallaste tu respuesta.

13. La Sra. Álvarez tiene $1,482 para gastar en papel para hacer *origami*. ¿Cuántos paquetes puede comprar?

14. MÁS AL DETALLE Evan hizo grullas de *origami* con papel rojo, azul y amarillo. Hay la misma cantidad de grullas de cada color. Si hay 342 grullas, ¿cuántas son azules o amarillas?

15. PIENSA MÁS El lunes, 336 niños de cuarto grado fueron a una excursión al parque local. Los maestros dividieron a los estudiantes en 8 grupos.

Usa una operación básica. Estima la cantidad de estudiantes de cada grupo. Muestra tu trabajo.

ESCRIBE ▸ *Matemáticas*
Muestra tu trabajo

PARA PRACTICAR MÁS:
Cuaderno de práctica de los estándares

Nombre ______________________________

Resolución de problemas • Problemas de división de varios pasos

Pregunta esencial ¿Cómo puedes usar la estrategia *hacer un diagrama* para resolver problemas de división de varios pasos?

Operaciones y pensamiento algebraico—4.OA.2 *Also 4.OA.3, 4.NBT.6*
PRÁCTICAS MATEMÁTICAS
MP.1, MP.2, MP.4

Soluciona el problema En el mundo

Lucía juntó 3 veces más maíz que Eli. En total, juntaron 96 espigas de maíz. Eli quiere dividir la cantidad de espigas que juntó en partes iguales entre 8 bolsas. ¿Cuántas espigas de maíz colocará Eli en cada una de las 8 bolsas?

Lee el problema

¿Qué debo hallar?

Debo hallar la cantidad de ____________ que habrá en cada bolsa.

¿Qué información debo usar?

Lucía juntó ______ veces más maíz que Eli. En total, juntaron ______ espigas de maíz La cantidad de espigas que juntó Eli se divide en partes iguales entre ______ bolsas.

¿Cómo usaré la información?

Haré un modelo de barras de cada paso para visualizar la información. Luego ____________ para hallar la cantidad de espigas que juntó Eli y ________ para hallar la cantidad que habrá en cada bolsa.

Resuelve el problema

Puedo hacer modelos de barras para visualizar la información dada.

Primero, representaré y compararé para hallar la cantidad de espigas de maíz que juntó Eli.

El de Lucía | ____ | ____ | ____ |
El de Eli | ____ |
96

96 ÷ 4 = ______
↑
cantidad de partes

Luego representaré y dividiré para hallar cuántas espigas

| ___ | ___ | ___ | ___ | ___ | ___ | ___ | ___ |
24

1. ¿Cuántas espigas de maíz pondrá Eli en cada bolsa? ______________________

2. ¿Cómo puedes comprobar tu resultado? ______________________

____

Haz otro problema

Hay 8 pancitos en un paquete. ¿Cuántos paquetes se necesitarán para alimentar a 64 personas si cada persona come 2 pancitos?

Lee el problema	Resuelve el problema
¿Qué debo hallar?	
¿Qué información debo usar?	
¿Cómo usaré la información?	

3. ¿Cuántos paquetes de pancitos se necesitarán? ______

4. ¿Cómo te ayudó el modelo de barras a resolver el problema?

______

______

______

Charla matemática — **Prácticas matemáticas**

Describe otro método que podrías haber usado para resolver el problema.

Nombre ______________________________

Comparte y muestra

MATH BOARD

1. En la despensa de una estación de bomberos hay 52 latas de verduras y 74 latas de sopa. En cada estante entran 9 latas. ¿Cuál es la cantidad mínima de estantes necesarios para guardar todas las latas?

Primero, haz un modelo de barras para representar la cantidad total de latas.

A continuación, suma para hallar la cantidad total de latas.

Luego, haz un modelo de barras para mostrar los estantes necesarios

Por último, divide para hallar la cantidad de estantes necesarios.

Entonces, se necesitan,_______ estantes para guardar todas las latas.

2. PIENSA MÁS ¿Qué pasaría si entraran 18 latas en cada estante? ¿Cuál sería la cantidad mínima de estantes necesarios? Describe en qué cambiaría tu respuesta.

____

____

3. El papá de Julio compró 10 docenas de papas. Las repartió en partes iguales entre 6 bolsas. ¿Cuántas papas hay en cada bolsa?

____

4. En el vivero, cada árbol pequeño cuesta $125 y cada árbol grande cuesta $225. ¿Cuánto costarán 3 árboles pequeños y 1 grande?

____

Soluciona el problema

√ Usa el tablero de Resolución de problemas.

√ Subraya los datos importantes.

√ Elige una estrategia que conozcas.

Charla matemática — Prácticas matemáticas

Explica cómo podrías comprobar si tu respuesta es correcta.

ESCRIBE ▸ *Matemáticas*

Muestra tu trabajo

Por tu cuenta

5. PIENSA MÁS La Sra. Johnson compró 6 bolsas con globos. Cada bolsa contiene 25 globos. Infla todos los globos y los pone en grupos de 5 globos. ¿Cuántos grupos puede formar?

6. PIENSA MÁS La cena para un adulto cuesta $8. Una familia con 2 adultos y 2 niños paga $26 por la cena. ¿Cuánto cuesta la cena para un niño? **Explícalo.**

Fruta	Peso promedio
Durazno	6 onzas
Manzana	5 onzas
Ciruela	2 onzas

7. PRÁCTICA MATEMÁTICA 5 **Comunicar** Usa la tabla que está a la derecha. María compró 80 onzas de manzanas. Necesita 10 manzanas para hacer una tarta. ¿Cuántas manzanas quedarán? Explícalo.

8. MÁS AL DETALLE Taylor tiene 16 tachuelas. Compra 2 paquetes de 36 tachuelas cada uno. ¿Cuántos carteles de venta de garaje puede llegar a poner si usa 4 tachuelas por cada cartel?

Entrenador personal en matemáticas

9. PIENSA MÁS + Ryan compró 8 docenas de vendajes para el botiquín de primeros auxilios del equipo de atletismo. Los vendajes se dividieron en partes iguales entre 4 cajas.

¿Cuántas vendajes hay en cada caja?

PRÁCTICA ADICIONAL:
Cuaderno de práctica de los estándares

Nombre ______________________________

Repaso y prueba del Capítulo 4

1. Hay 9 presentaciones de una película sobre especies en peligro de extinción en el museo de ciencias. Un total de 459 personas vieron la película. La misma cantidad de personas estuvieron en cada presentación. ¿Alrededor de cuántas personas estuvieron en cada presentación? Selecciona los números entre los cuales se encuentra el cociente.

Ⓐ 40 Ⓑ 50 Ⓒ 60 Ⓓ 70 Ⓔ 80

2. ¿Entre qué dos números se encuentra el cociente de 87 ÷ 5? Escribe los números en las cajas.

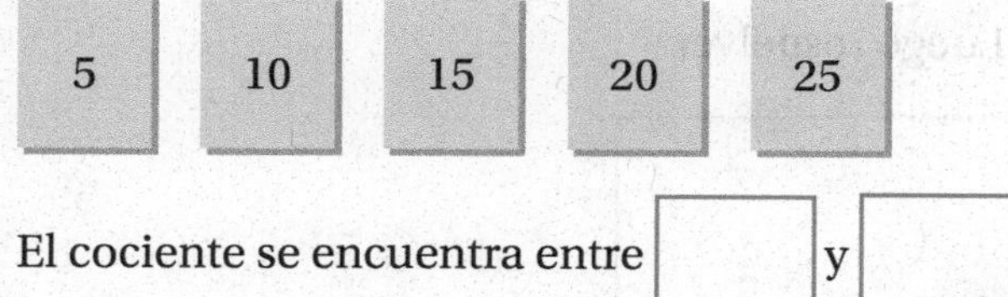

El cociente se encuentra entre ☐ y ☐.

3. Mira el modelo. ¿Qué división muestra?

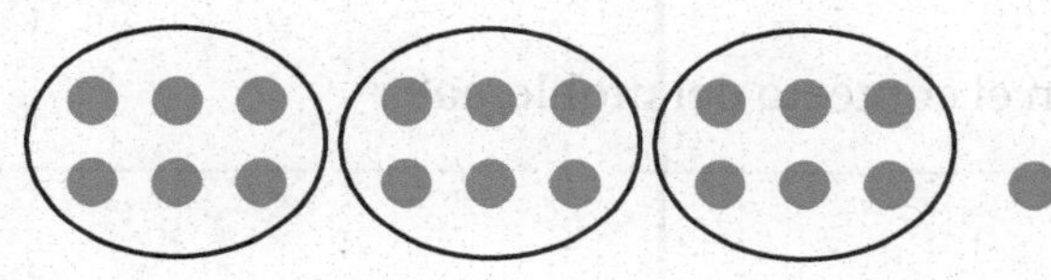

_______ ÷ _______ → _______ r _______

4. Para los problemas 4a a 4d, elige Sí o No para indicar si el enunciado de división tiene un residuo.

4a. 28 ÷ 4 ○ Sí ○ No

4b. 35 ÷ 2 ○ Sí ○ No

4c. 40 ÷ 9 ○ Sí ○ No

4d. 45 ÷ 5 ○ Sí ○ No

APRENDE EN LÍNEA **Opciones de evaluación** **Prueba del capítulo**

5. Un guía del parque planea paseos en botes con forma de cisne para 40 personas. Cada bote puede llevar 6 personas al mismo tiempo. ¿Cuál es la mejor manera de interpretar el residuo en esta situación para que todos obtengan una vuelta?

____

6. Nolan divide sus 88 carros de juguete en cajas. Cada caja contiene 9 carros. ¿Cuántas cajas necesita Nolan para guardar todos sus carros?

_______ cajas

7. Un grupo de 140 turistas va a un tour. El guía turístico alquila 15 camionetas. Cada camioneta lleva a 9 turistas.

Parte A

Escribe un enunciado de división que pueda usarse para hallar el número de camionetas que se necesitan para llevar a los turistas. Luego resuelve.

Parte B

¿Qué significa el residuo en el contexto del problema?

Parte C

¿Cómo puedes usar tu respuesta para determinar si el guía turístico alquiló suficientes camionetas? Explica.

8. Resuelve.

$3{,}200 \div 8 =$ _______

Nombre ___________________________

9. ¿Qué cocientes son iguales a 300? Marca todos los que correspondan.

Ⓐ 1,200 ÷ 4 Ⓒ 2,400 ÷ 8 Ⓔ 90 ÷ 3

Ⓑ 180 ÷ 9 Ⓓ 2,100 ÷ 7 Ⓕ 3,000 ÷ 3

10. Margo estimó que 188 ÷ 5 se halla entre 30 y 40. ¿Qué operaciones básicas usó como ayuda para estimar? Marca todas las que correspondan.

Ⓐ 10 ÷ 5 Ⓑ 15 ÷ 5 Ⓒ 20 ÷ 5 Ⓓ 25 ÷ 5

11. Matías y su hermano dividieron 2,029 canicas en partes iguales. ¿Alrededor de cuántas canicas recibió cada uno?

12. Para los problemas 12a a 12d, elige Sí o No para mostrar cómo usar la propiedad distributiva para descomponer el dividendo y hallar el cociente de 132 ÷ 6.

12a.	(115 ÷ 6) + (17 ÷ 6)	○ Sí	○ No
12b.	(100 ÷ 6) + (32 ÷ 6)	○ Sí	○ No
12c.	(90 ÷ 6) + (42 ÷ 6)	○ Sí	○ No
12d.	(72 ÷ 6) + (60 ÷ 6)	○ Sí	○ No

13. Hay 60 personas que esperan por un viaje en balsa por el río. Cada balsa lleva 15 personas. Silvia usó el cálculo que aparece a continuación para hallar la cantidad de balsas necesarias. Explica cómo se puede usar el cálculo de Silvia para hallar la cantidad de balsas necesarias.

```
15)60
  −15
   45
  −15
   30
  −15
   15
  −15
    0
```

14. Un circo ambulante trae consigo todo lo que necesita para un espectáculo en grandes camiones.

Parte A

El circo ordena sillas en hileras con 9 asientos en cada hilera. ¿Cuántas hileras se necesitarán ordenar si se espera que asistan al espectáculo 513 personas?

_______ hileras

Parte B

¿Se pueden dividir las hileras en un número de secciones iguales? Explica cómo hallaste tu respuesta.

Parte C

Los caballos de circo comen alrededor de 250 libras de alimento de caballos por semana. ¿Alrededor de cuántas libras de alimento come un caballo de circo por día? Explícalo.

15. Hilda quiere guardar 825 fotografías digitales en un álbum en línea. En cada carpeta del álbum se pueden guardar 6 fotografías. Usa la división para hallar cuántas carpetas completas tendrá. ¿En qué lugar se encuentra el primer dígito del cociente?

____

Nombre ____________________

16. ¿Qué modelo coincide con cada expresión? Escribe la letra en la caja al lado del modelo.

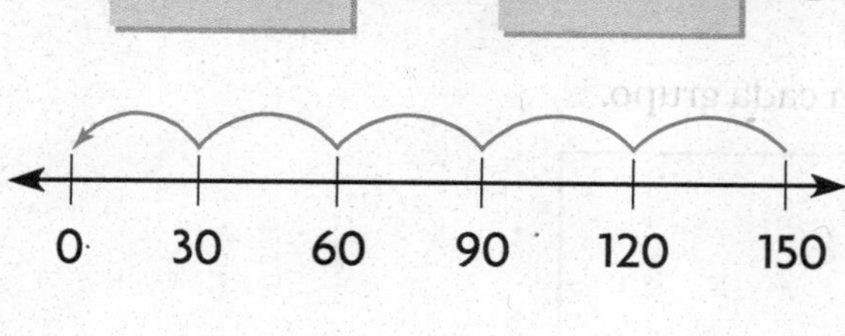

Ⓐ 160 ÷ 80 Ⓑ 150 ÷ 30 Ⓒ 160 ÷ 40 Ⓓ 150 ÷ 50

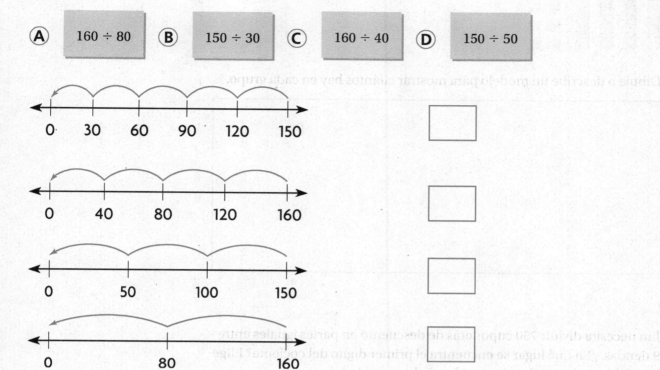

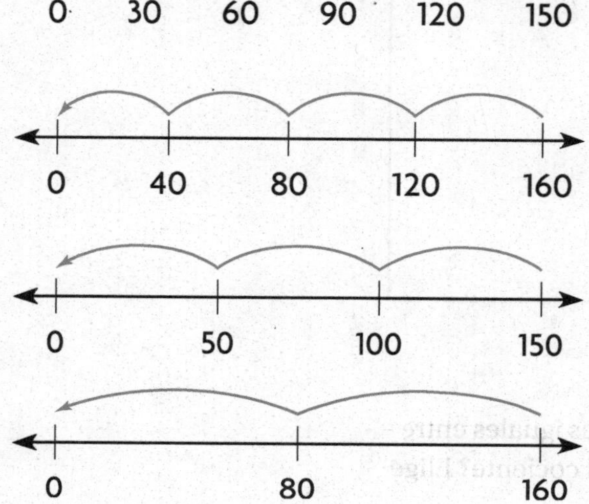

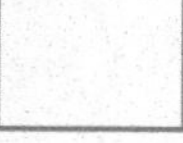

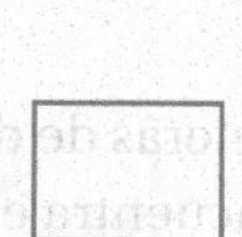

17. Las palomitas de maíz fueron donadas para la feria escolar por 3 vendedores de palomitas de maíz diferentes. Donaron un total de 636 bolsas de palomitas de maíz. Cada vendedor donó la misma cantidad de bolsas. ¿Cuántas bolsas de palomitas de maíz donó cada vendedor?

______ bolsas

18. Usa cocientes parciales. Completa los espacios en blanco.

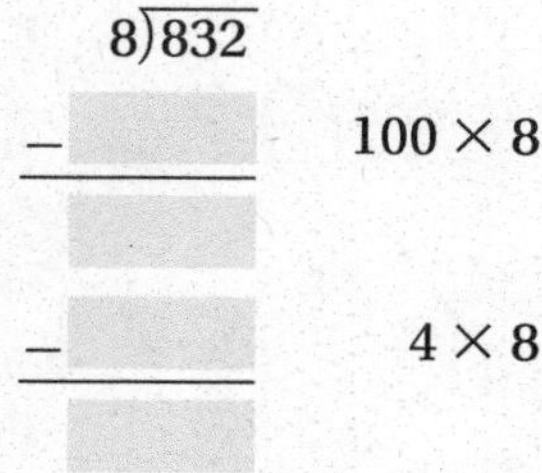

$8\overline{)832}$

− ____ 100 × 8 ____

____

− ____ 4 × 8 ____

____ ____

19. Zack necesita dividir estos bloques de base diez en 3 grupos iguales.

Dibuja o describe un modelo para mostrar cuántos hay en cada grupo.

20. Jim necesita dividir 750 cuponeras de descuento en partes iguales entre 9 tiendas. ¿En qué lugar se encuentra el primer dígito del cociente? Elige la palabra que completa la oración y la hace verdadera.

El primer dígito del cociente está en el lugar de las

unidades
decenas
centenas
millares

.

21. Úrsula compró 9 docenas de rollos de cinta de primeros auxilios para la oficina de salud. Los rollos se dividieron en partes iguales entre 4 cajas. ¿Cuántos rollos hay en cada caja?

_______ rollos

22. Hay 112 asientos en el auditorio de la escuela. Hay 7 asientos en cada hilera. Hay 70 personas sentadas, que llenan hileras completas de asientos. ¿Cuántas hileras están vacías?

_______ hileras

Capítulo 5 Factores, múltiplos y patrones

Muestra lo que sabes

Comprueba si comprendes las destrezas importantes.

Nombre ______________________________

▶ **Contar salteado** **Cuenta salteado para hallar los números desconocidos.**

1. Cuenta salteado de 3 en 3.

3, ______, ______, ______

2. Cuenta salteado de 5 en 5.

5, ______, ______, ______, ______

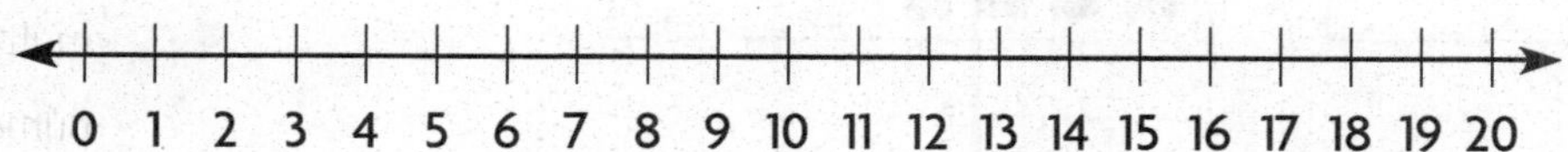

▶ **Matrices** **Usa la matriz para hallar el producto.**

3. ■■■■■■■ / ■■■■■■■

______ hileras de ______ = ______

4. ■■■■■ / ■■■■■ / ■■■■■

______ hileras de ______ = ______

▶ **Operaciones de multiplicación** **Halla el producto.**

5. $4 \times 5 =$ ______

6. $9 \times 4 =$ ______

7. $6 \times 7 =$ ______

El plástico reciclado ayuda a las personas a mantenerse abrigadas. Algunas fábricas usan plástico reciclado, combinado con otras telas, para hacer chaquetas de invierno. En un depósito hay 46 contenedores de plástico reciclado. Por día, se usan 8. Cuando quedan menos de 16 contenedores, hay que encargar más. Piensa como un detective matemático. Descubre cuántos contenedores quedarán después de 2 días. ¿Y después de 3 días? ¿Cuándo habrá que encargar más?

Entrenador personal en matemáticas
Evaluación e intervención en línea

Desarrollo del vocabulario

▶ Visualízalo

Completa el diagrama de flujo con las palabras que tienen un ✓.

Palabras de repaso
✓ matriz
múltiplo
✓ producto

Palabras nuevas
divisible
✓ factor
factor común
múltiplo común
número compuesto
número primo
patrón
término

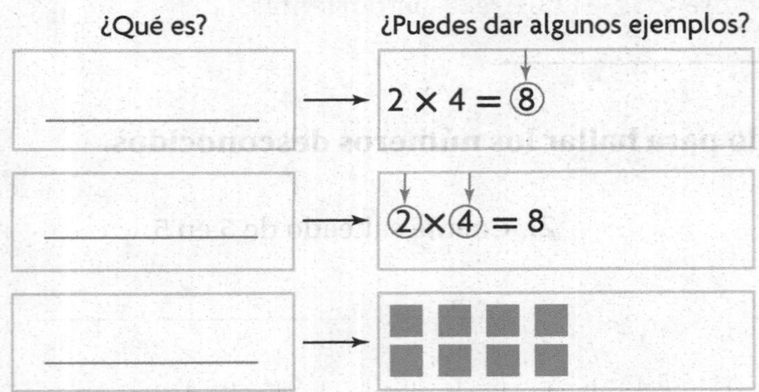

▶ Comprende el vocabulario

Completa las oraciones con palabras nuevas.

1. Un número que es factor de dos o más números es un ____________________.
2. Un número que es múltiplo de dos o más números es un ____________________.
3. Un número que tiene exactamente dos factores, 1 y él mismo, es un ____________________.
4. Un número que tiene más de dos factores es un ____________________.
5. Un número es ____________________ entre otro número si el cociente es un número positivo y el residuo es 0.
6. Un conjunto ordenado de números u objetos es un ____________________.
7. Cada número de un patrón se llama ____________________.

APRENDE EN LÍNEA
- Libro interactivo del estudiante
- Glosario multimedia

Nombre ______________________________

Representar factores

Pregunta esencial ¿Cómo puedes usar modelos para hallar factores?

Operaciones y pensamiento algebraico—4.OA.4

PRÁCTICAS MATEMÁTICAS
MP.1, MP.4

Soluciona el problema — En el mundo

Un **factor** es un número que se multiplica por otro número para hallar un producto. Todos los números enteros mayores que 1 tienen por lo menos dos factores, ese número y 1.

$18 = 1 \times 18$ (1 ↑ factor, 18 ↑ factor) $7 = 7 \times 1$ $342 = 1 \times 342$

Muchos números pueden descomponerse en factores de diferentes maneras.

$16 = 1 \times 16$ $16 = 4 \times 4$ $16 = 2 \times 8$

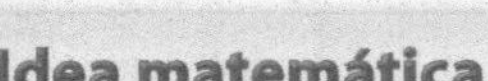

Idea matemática
Cuando debas hallar los factores de un número entero, incluye sólo los factores que sean números enteros.

Actividad Representa los factores de 24 y regístralos.

Materiales ■ fichas cuadradas

Usa las 24 fichas cuadradas para hacer tantas matrices diferentes como te sea posible. Registra las matrices en la cuadrícula y escribe los factores que representaste.

$2 \times 12 = 24$

Factores: ______, ______

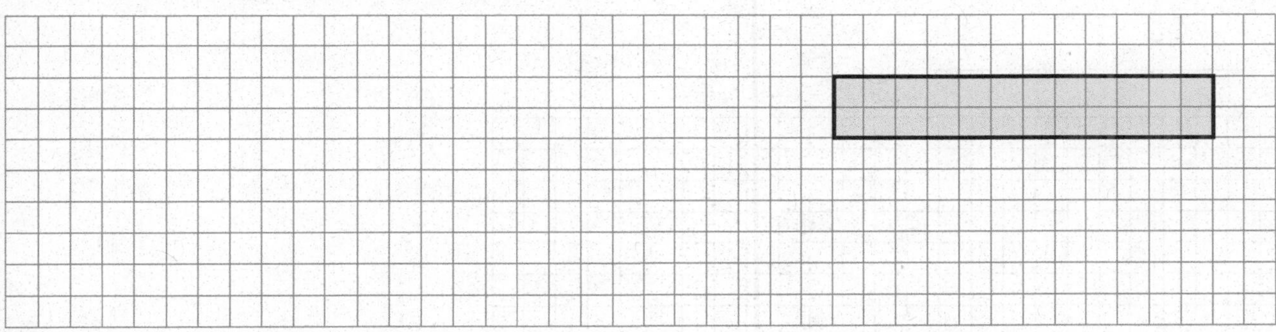

______ × ______ = 24 ______ × ______ = 24 ______ × ______ = 24

Factores: ______, ______ Factores: ______, ______ Factores: ______, ______

Los factores de 24, de menor a mayor, son

______, ______, ______, ______, ______, ______, ______ y ______.

A veces se llama par de factores a dos factores que forman un producto. ¿Cuántos pares de factores tiene 24? Explícalo.

____

Charla matemática — Prácticas matemáticas

¿Puedes disponer las fichas de otra manera y mostrar los mismos factores? **Explícalo.**

Comparte y muestra

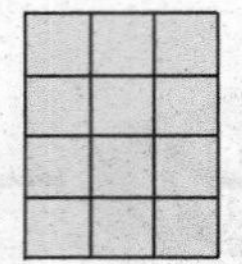

1. Usa las matrices para indicar los factores de 12.

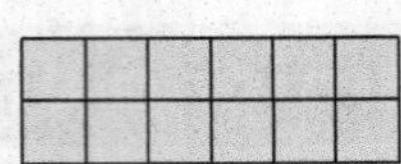

_____ × _____ = 12 _____ × _____ = 12 _____ × _____ = 12

Los factores de 12 son 1, _____, 3, _____, 6 y _____.

Charla matemática — **Prácticas matemáticas**

Explica cuál es la relación entre los números 3 y 12. Usa la palabra *factor* en tu explicación.

Usa fichas cuadradas para hallar todos los factores del producto. Registra las matrices y escribe los factores que mostraste.

2. 5: _____

3. 20: _____

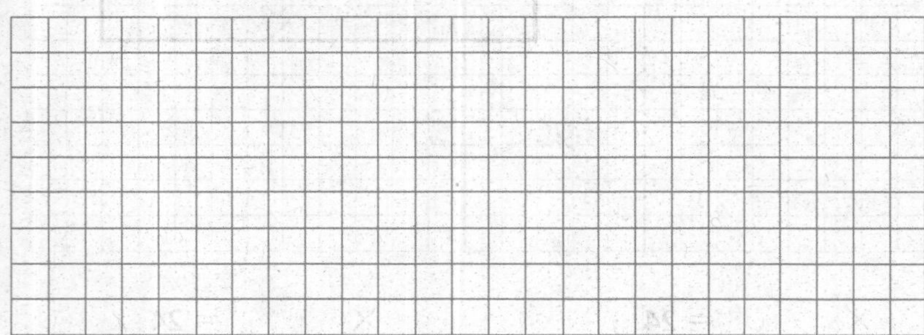

4. 25: _____

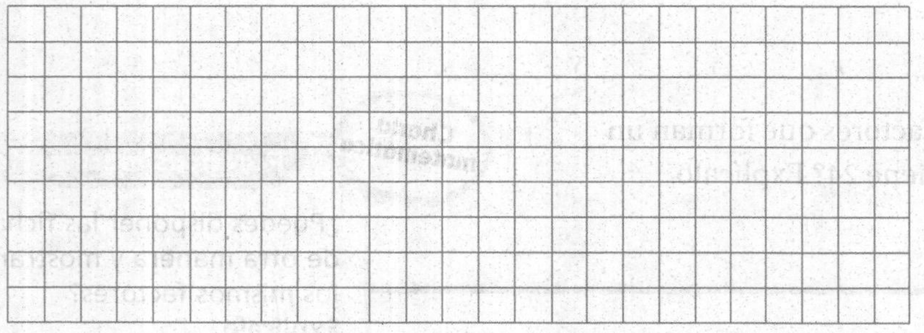

Nombre ___

Por tu cuenta

Práctica: Copia y resuelve **Usa fichas cuadradas para hallar todos los factores del producto. Registra las matrices en un papel cuadriculado y escribe los factores que mostraste.**

5. 9 **6.** 21 **7.** 17 **8.** 18

Resolución de problemas • Aplicaciones En el mundo

Usa el diagrama para resolver los ejercicios 9 y 10.

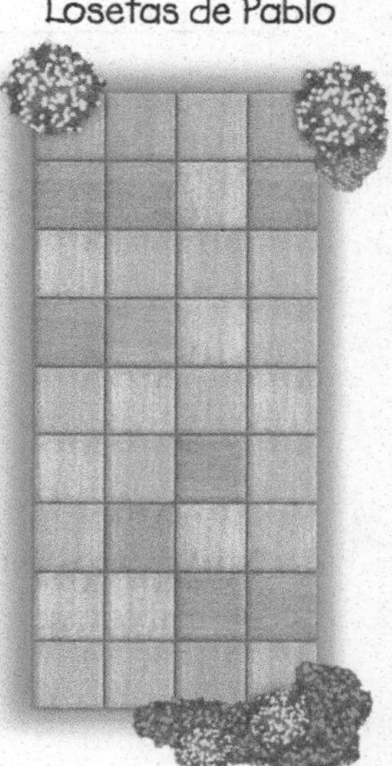
Losetas de Pablo

9. 

Pablo está usando 36 losetas para hacer un patio. ¿Puede disponer las losetas de diferente manera y mostrar los mismos factores? Haz un dibujo rápido y **explícalo**.

___

___

___

10. PIENSA MÁS ¿Cuántas matrices rectangulares diferentes puede hacer Pablo con las 36 losetas, de manera que en ninguna de las matrices muestre los mismos factores?

___

11. Si 6 es factor de un número, ¿qué otros números son factores de ese número?

___

12. Juana gastó $16 en camisetas nuevas. Si todas las camisetas valen el mismo número entero de dólares, ¿cuántas camisetas pudo haber comprado?

___

Soluciona el problema En el mundo

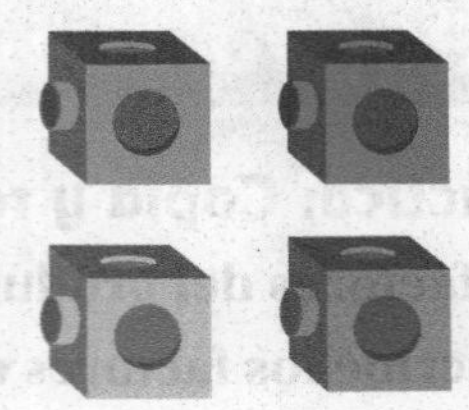

13. MÁS AL DETALLE Carmen tiene 18 cubos interconectables. Quiere hacer un modelo de una casa que tenga forma rectangular. Si la altura del modelo es de un cubo interconectable, ¿de cuántas maneras diferentes puede hacer Carmen el modelo de la casa usando los 18 cubos interconectables?

a. ¿Qué debes hallar? ______________________

____

b. ¿Cuál es la relación entre hallar el número de maneras de hacer el modelo de una casa rectangular y hallar pares de factores? ______________________

____

____

c. ¿Por qué hallar los pares de factores es solo el primer paso para resolver el problema?

____

____

____

d. Muestra los pasos que seguiste para resolver el problema.

____

____

____

____

e. Completa las oraciones. Los pares de factores de 18 son ______________________

____

Hay _______ maneras diferentes en que Carmen puede disponer los cubos para hacer el modelo de la casa.

14. PIENSA MÁS Sara organizaba palabras de vocabulario con tarjetas. Colocó 40 tarjetas en forma de rectángulo en una lámina. En los ejercicios 14a a 14e, elige Sí o No para indicar si se muestran maneras posibles de ordenar las tarjetas.

14a. 4 hileras de 10 tarjetas ○ Sí ○ No

14b. 6 hileras de 8 tarjetas ○ Sí ○ No

14c. 20 hileras de 2 tarjetas ○ Sí ○ No

14d. 40 hileras de 1 tarjeta ○ Sí ○ No

14e. 35 hileras de 5 tarjetas ○ Sí ○ No

PRÁCTICA ADICIONAL: Cuaderno de práctica de los estándares

Nombre ______________________________

Los factores y la divisibilidad

Pregunta esencial ¿Cómo puedes saber si un número es factor de otro número?

Operaciones y pensamiento algebraico—4.OA.4

PRÁCTICAS MATEMÁTICAS
MP.2, MP.4, MP.6

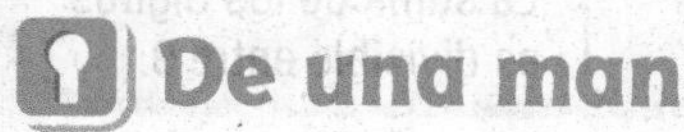

Soluciona el problema — En el mundo

Los estudiantes de la clase de arte de Carlo pintaron 32 azulejos cuadrados para hacer un mosaico. Dispondrán los azulejos de tal manera que se forme un rectángulo. ¿Se pueden disponer los 32 azulejos en 3 hileras iguales sin que queden espacios vacíos o azulejos cubiertos por otros?

▲ Los mosaicos son patrones decorativos hechos con pedazos de vidrio u otros materiales.

De una manera Dibuja un modelo.

Piensa: Intenta disponer los azulejos en 3 hileras iguales para formar un rectángulo.

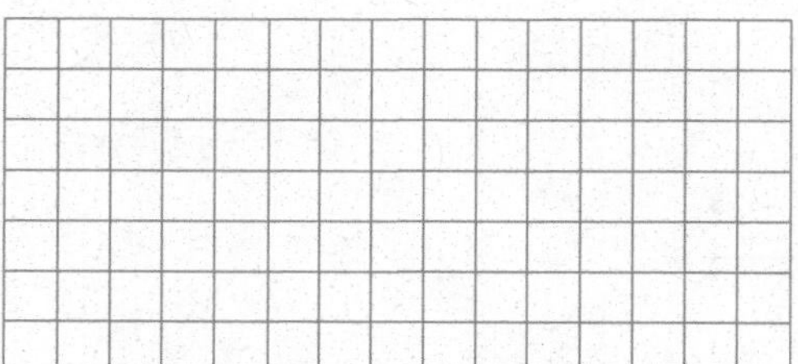

Un rectángulo ____________ tener 32 azulejos dispuestos en 3 hileras iguales.

De otra manera Divide.

Si 3 es un factor de 32, entonces el factor desconocido en 3 × ■ = 32 es un número entero.

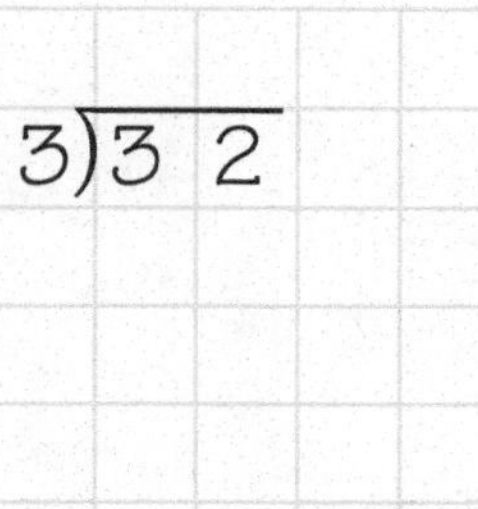

Piensa: Divide para descubrir si el factor desconocido es un número entero.

Idea matemática
El factor de un número divide el número en partes iguales. Esto quiere decir que el cociente es un número entero y el residuo es 0.

El factor desconocido en 3 × ■ = 32 ____________ un número entero.

Entonces, un rectángulo ____________ tener 32 azulejos dispuestos en 3 hileras.

- Explica cómo puedes saber si 4 es un factor de 30.

____

____

Charla matemática — **Prácticas matemáticas**

Explica de qué manera se relaciona el modelo con el cociente y el residuo de 32 ÷ 3.

Reglas de divisibilidad Un número es **divisible** entre otro número si el cociente es un número positivo y el residuo es 0.

Algunos números tienen una regla de divisibilidad. Puedes usar una regla de divisibilidad para saber si un número es factor de otro.

Reglas de divisibilidad	
Número	**Regla de divisibilidad**
2	El número es par.
3	La suma de los dígitos es divisible entre 3.
5	El último dígito es 0 ó 5.
6	El número es par y divisible entre 3.
9	La suma de los dígitos es divisible entre 9.

¿Es 6 un factor de 72?

Piensa: Si 72 es divisible entre 6, entonces 6 es un factor de 72.

Comprueba la divisibilidad entre 6:

¿72 es par? ______

¿Cuál es la suma de los dígitos de 72?

______ + ______ = ______

¿La suma de los dígitos es divisible entre 3?

____

72 es divisible entre ______.

Entonces, 6 es un factor de 72.

¡Inténtalo! **Escribe todos los pares de factores de 72 en la tabla.**

Completa la tabla.

Factores de 72	
1 × 72 = 72	1, 72
____ × ____ = ____	____, ____
____ × ____ = ____	____, ____
____ × ____ = ____	____, ____
____ × ____ = ____	____, ____
____ × ____ = ____	____, ____

Muestra tu trabajo.

Charla matemática **Prácticas matemáticas**

¿Cuál es la relación entre la divisibilidad y los factores? **Explícalo.**

- ¿Cómo comprobaste si 7 es un factor de 72? Explícalo.

____

____

____

Nombre ________________________________

Comparte y muestra

1. ¿Es 4 un factor de 28? Dibuja un modelo como ayuda.

Piensa: ¿Puedes formar un rectángulo con 28 cuadrados dispuestos en 4 hileras iguales?

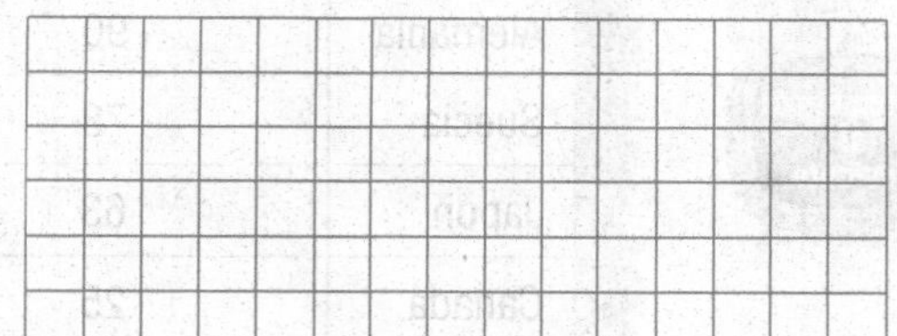

4 ______ un factor de 28.

Charla matemática — **Prácticas matemáticas**

Si 3 es un factor de un número, ¿6 es siempre un factor de ese número? **Explícalo.**

¿Es 5 un factor del número? Escribe *sí* o *no*.

2. 27 ______

3. 30 ______

4. 36 ______

5. 53 ______

Por tu cuenta

¿Es 9 un factor del número? Escribe *sí* o *no*.

6. 54 ______

7. 63 ______

8. 67 ______

9. 93 ______

Escribe todos los pares de factores en la tabla.

10.

Factores de 24	
____ × ____ = ____	____, ____
____ × ____ = ____	____, ____
____ × ____ = ____	____, ____
____ × ____ = ____	____, ____

11.

Factores de 39	
____ × ____ = ____	____, ____
____ × ____ = ____	____, ____

Práctica: Copia y resuelve **Escribe todos los pares de factores del número. Haz una tabla como ayuda.**

12. 56

____

____

13. 64

____

____

Resolución de problemas • Aplicaciones

Usa la tabla para resolver los problemas 14 y 15.

Series de estampillas	
País	**Número de estampillas**
Alemania	90
Suecia	78
Japón	63
Canadá	25

14. PIENSA MÁS Dirk compró una serie de estampillas. El número de estampillas de la serie que compró es divisible entre 2, 3, 5, 6 y 9. ¿Qué serie es?

____

15. MÁS AL DETALLE Geri quiere pegar 6 estampillas en algunas páginas de su álbum y 9 estampillas en otras páginas. Explica cómo podría hacerlo con la serie de estampillas de Suecia.

____

____

____

____

____

ESCRIBE ▸ *Matemáticas*
Muestra tu trabajo

16. PRÁCTICA MATEMÁTICA 3 **Usa contraejemplos** George dijo que si 2 y 4 son factores de un número, entonces 8 es un factor de ese número. ¿Tiene razón? Explícalo.

____

____

17. PIENSA MÁS Clasifica los números. Algunos pueden ir en más de una caja.

27 | 45 | 54 | 72 | 81 | 84

Divisible entre 5 y 9	Divisible entre 3 y 9	Divisible entre 2 y 6

PRÁCTICA ADICIONAL:
Cuaderno de práctica de los estándares

Nombre ______________________________

Resolución de problemas • Factores comunes

Pregunta esencial ¿Cómo puedes usar la estrategia *hacer una lista* para resolver problemas con factores comunes?

Operaciones y pensamiento algebraico—4.OA.4

PRÁCTICAS MATEMÁTICAS
MP.1, MP.5

Soluciona el problema En el mundo

Chuck tiene una colección de monedas con 30 monedas de 1¢, 24 monedas de 25¢ y 36 monedas de 5¢. Quiere disponer las monedas en hileras. Cada hilera tendrá igual número de monedas, y todas las monedas de cada hilera serán del mismo tipo. ¿Cuántas monedas puede poner en cada hilera?

La información del siguiente organizador gráfico te ayudará a resolver el problema.

Lee el problema	Resuelve el problema
¿Qué debo hallar? Debo hallar ______________ que puedo poner en cada hilera para que cada hilera tenga ______________________________ ______________________________.	Puedo hacer una lista de todos los factores de cada número. Luego puedo encerrar en un círculo los factores que los tres números tienen en común. Factores de: 30 24 36
¿Qué información debo usar? Chuck tiene ______________________________ ______________. Cada hilera tiene ______________________________ ______________________________.	
¿Cómo usaré la información? Puedo hacer una lista para hallar todos los factores de __________. Luego puedo usar la lista para hallar los factores comunes. Un **factor común** es un factor de dos o más números.	Los factores comunes son __________.

Entonces, Chuck puede poner _______, _______, _______, ó _______ monedas en cada hilera.

Haz otro problema

Ryan colecciona figuras de animales. Tiene 45 elefantes, 36 cebras y 18 tigres. Dispondrá las figuras en hileras. Cada hilera tendrá mismo número de figuras, y todas las figuras de cada hilera serán del mismo tipo. ¿Cuántas figuras puede haber en cada hilera?

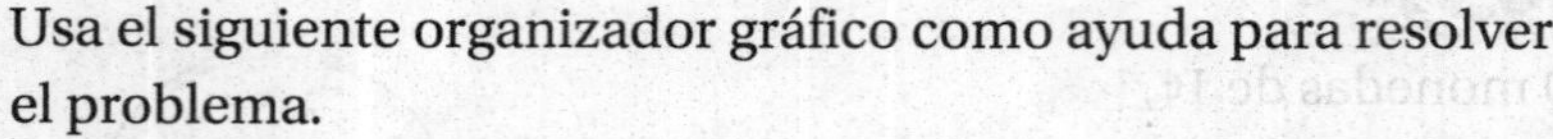

Usa el siguiente organizador gráfico como ayuda para resolver el problema.

<table>
<tr><th>Lee el problema</th><th>Resuelve el problema</th></tr>
<tr><td>¿Qué debo hallar?

¿Qué información debo usar?

¿Cómo usaré la información?</td><td></td></tr>
</table>

Entonces, Ryan puede poner ________, ________ ó ________ figuras en cada hilera.

Charla matemática — **Prácticas matemáticas**

¿Cómo te ayudó hacer una lista a resolver el problema?

Nombre ______________________________

Comparte y muestra

MATH BOARD

1. Lucy tiene 40 plantas de frijol, 32 plantas de tomate y 16 plantas de pimiento. Quiere poner las plantas en hileras con un solo tipo de planta en cada hilera. Todas las hileras tendrán igual número de plantas. ¿Cuántas plantas puede poner Lucy en cada hilera?

Primero, lee el problema y piensa en lo que debes hallar. ¿Qué información usarás? ¿Cómo usarás la información?

____

____

A continuación, haz una lista. Halla los factores de cada número del problema.

____

____

____

Por último, usa la lista. Encierra en un círculo los factores comunes.

Entonces, Lucy puede poner ______, ______, ______ u ______ plantas en cada hilera.

2. ¿Qué pasaría si Lucy tuviera 64 plantas de frijol en lugar de 40 plantas de frijol? ¿Cuántas plantas podría poner Lucy en cada hilera?

____

3. PIENSA MÁS Un factor común de dos números es 40. Otro factor común es 10. Si los dos números son menores que 100, ¿cuáles son esos dos números?

____

4. La suma de dos números es 136. Un número es 51. ¿Cuál es el otro número? ¿Cuáles son los factores comunes de esos dos números?

____

Soluciona el problema

- ✓ Usa la pizarra de Resolución de problemas.
- ✓ Subraya los datos importantes.

ESCRIBE ▸ *Matemáticas*
Muestra tu trabajo

Por tu cuenta

5. PRÁCTICA MATEMÁTICA 1 **Analiza** Un número se llama *número perfecto* si es igual a la suma de todos sus factores excepto él mismo. Por ejemplo, 6 es un número perfecto porque sus factores son 1, 2, 3 y 6, y $1 + 2 + 3 = 6$. ¿Cuál es el siguiente número perfecto después de 6?

____

6. PIENSA MÁS Sonia teje 10 cuadrados por día durante 7 días. ¿Puede coser los cuadrados para hacer 5 mantas de igual tamaño? Explícalo.

____

____

7. Julianne ganó $296 trabajando en una tienda de comestibles la semana pasada. Gana $8 por hora. ¿Cuántas horas trabajó Julianne?

____

ESCRIBE ▸ *Matemáticas*
Muestra tu trabajo

8. MÁS AL DETALLE Hay 266 estudiantes viendo una obra en el auditorio. Hay 10 hileras con 20 estudiantes en cada hilera y 5 hileras con 8 estudiantes en cada hilera. ¿Cuántos estudiantes están sentados en cada una de las 2 hileras que restan si cada una tiene mismo número de estudiantes?

____

Entrenador personal en matemáticas

9. PIENSA MÁS + Ben está plantando un jardín con 36 zinnias, 18 caléndulas y 24 petunias. Cada hilera tendrá solo un tipo de planta. Ben dice que puede poner 9 plantas en cada hilera. Hizo una lista de factores comunes de 36, 18 y 24 para apoyar su razonamiento.

36: 1, 2, 3, 4, 6, 9, 12, 18, 36
18: 1, 2, 3, 6, 8, 9, 18
24: 1, 2, 3, 4, 6, 8, 9, 12, 24

¿Tiene razón? Explica tu respuesta. Si su razonamiento es incorrecto, explica cómo debería haber hallado Ben la respuesta.

____

____

____

PRÁCTICA ADICIONAL:
Cuaderno de práctica de los estándares

Nombre ______________________________ Aaliyah

Revisión de la mitad del capítulo

Vocabulario

Vocabulario
divisible
factor
factor común

Elige el término del recuadro que mejor corresponda.

1. Un número que se multiplica por otro número para hallar un producto se llama ____________. (p. 201)

2. Un número es ____________ entre otro número si el cociente es un número positivo y el residuo es cero (p. 206)

Conceptos y destrezas

Escribe todos los factores de menor a mayor. (4.OA.4)

3. 8 ____________

4. 14 ____________

¿Es 6 un factor del número? Escribe *sí* o *no*. (4.OA.4)

5. 81 ______

6. 45 ______

7. 42 ______

8. 56 ______

Escribe todos los pares de factores en la tabla. (4.OA.4)

9.

Factores de 64	
8 × 8 = 64	6, 4
4 × 16 = 64	4, 16
32 × 2 = 64	32, 2
1 × 64 = 64	1, 64

10.

Factores de 44	
___ × ___ = ___	___, ___
___ × ___ = ___	___, ___
___ × ___ = ___	___, ___

Escribe los factores comunes de los números. (4.OA.4)

11. 9 y 18 ____________

12. 20 y 50 ____________

13. Deanna coloca 28 plantas de tomate en hileras. Todas las hileras contienen igual número de plantas. Hay entre 5 y 12 plantas en cada hilera. ¿Cuántas plantas hay en cada hilera? (4.OA.4)

____

14. Elena compró llaveros y gastó un total de $24. Cada llavero costó la misma cantidad de dólares exactos. Compró entre 7 y 11 llaveros. ¿Cuántos llaveros compró Elena? (4.OA.4)

____

15. Sandy tiene 16 rosas, 8 margaritas y 32 tulipanes. Quiere hacer ramilletes con todas las flores. Cada ramillete tiene igual número de flores y el mismo tipo de flor. ¿Cuántas flores puede haber en un ramillete como máximo? (4.OA.4)

____

16. Amir dispuso 9 fotografías en un tablero de anuncios. Puso las fotografías en hileras. En cada hilera hay igual número de fotografías. ¿Cuántas fotografías puede haber en cada hilera? (4.OA.4)

____

Nombre ______________________

Los factores y los múltiplos

Pregunta esencial ¿Cuál es la relación entre factores y múltiplos?

Operaciones y pensamiento algebraico—4.OA.4
PRÁCTICAS MATEMÁTICAS
MP.6, MP.7

Soluciona el problema En el mundo

Se venden animales de juguete en conjuntos de 3, 5, 10 y 12. Mason quiere exhibir 3 animales por hilera. ¿Qué conjuntos podría comprar para exhibir todos los animales?

- ¿Cuántos animales habrá en cada hilera?

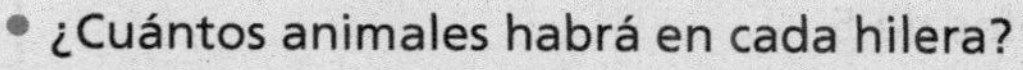

- ¿Cuántos animales se venden en cada conjunto?

____

El producto de dos números es un múltiplo de cada número. Los factores y los múltiplos están relacionados.

3	×	4	=	12
↑		↑		↑
factor		factor		múltiplo de 3 múltiplo de 4

De una manera Halla factores.

Indica si 3 es un factor de cada número.

Piensa: Si un número es divisible entre 3, entonces 3 es un factor del número.

¿Es 3 un factor de 3? ______________________

¿Es 3 un factor de 5? ______________________

¿Es 3 un factor de 10? ______________________

¿Es 3 un factor de 12? ______________________

3 es un factor de ______ y ______.

De otra manera Halla múltiplos.

Multiplica y haz una lista.

3	______,	______,	______,	______, ...
1 × 3	2 × 3	3 × 3	4 × 3	5 × 3

______ y ______ son múltiplos de 3.

Entonces, Mason podría comprar conjuntos de ______ y ______ animales de juguete.

Charla matemática **Prácticas matemáticas**

Explica de qué manera puedes usar lo que sabes sobre factores para determinar si un número es múltiplo de otro número.

Múltiplos comunes Un **múltiplo común** es un múltiplo de dos o más números.

Ejemplo Halla múltiplos comunes.

Tony trabaja cada 3 días y Amanda trabaja cada 5 días. Si Tony trabaja el 3 de junio y Amanda trabaja el 5 de junio, ¿qué días de junio trabajarán juntos?

Encierra en un círculo los múltiplos de 3. Encierra en un recuadro los múltiplos de 5.

Junio

Dom	Lun	Mar	Mié	Jue	Vie	Sáb
	1	2	3	4	5	6
7	8	9	10	11	12	13
14	15	16	17	18	19	20
21	22	23	24	25	26	27
28	29	30				

Piensa: Los múltiplos comunes están encerrados tanto en un círculo como en un recuadro.

Los múltiplos comunes son ______ y ______.

Entonces, Tony y Amanda trabajarán juntos el ______ de junio y el ______ de junio.

Comparte y muestra

Charla matemática **Prácticas matemáticas**

¿Cuál es la relación entre los números 5 y 15? **Explícalo.**

1. Multiplica para escribir los cinco múltiplos de 4 que siguen.

4, 8, 12, 16, 20, 24

1 × 4

¿Es el número factor de 6? Escribe *sí* o *no*.

2. 3 yes

3. 6 yes

4. 16 no

5. 18 no

¿Es el número múltiplo de 6? Escribe *sí* o *no*.

6. 3 no

7. 6 yes

8. 16 no

9. 18 yes

Nombre ________________

Por tu cuenta

¿Es el número múltiplo de 3? Escribe *sí* o *no*.

10. 4 ______

11. 8 ______

12. 24 ______

13. 38 ______

14. Escribe los nueve múltiplos de cada número que siguen. Halla los múltiplos comunes.

Múltiplos de 2: 2, ________________

Múltiplos de 8: 8, ________________

Múltiplos comunes: ________________

PRÁCTICA MATEMÁTICA 8 **Generalizar Álgebra Halla el número desconocido.**

15. 12, 24, 36, ______

16. 25, 50, 75, 100, ______

Indica si 20 es un factor o múltiplo del número.
Escribe *factor*, *múltiplo* o *ninguno*.

17. 10 ______

18. 20 ______

19. 30 ______

PIENSA MÁS **Escribe *verdadero* o *falso*. Explícalo.**

20. Todo número entero es múltiplo de 1.

____

____

21. Todo número entero es un factor de 1.

____

____

22. PIENSA MÁS Julio se pone una camisa azul cada 3 días. Larry se pone una camisa azul cada 4 días. El 12 de abril, Julio y Larry se pusieron una camisa azul. ¿Cuál será el próximo día en que los dos se pondrán una camisa azul?

____

Abril

Dom	Lun	Mar	Mié	Jue	Vie	Sáb
1	2	3	4	5	6	7
8	9	10	11	12	13	14
15	16	17	18	19	20	21
22	23	24	25	26	27	28
29	30					

Resolución de problemas • Aplicaciones

Completa el diagrama de Venn. Luego úsalo para resolver los problemas 23 a 25.

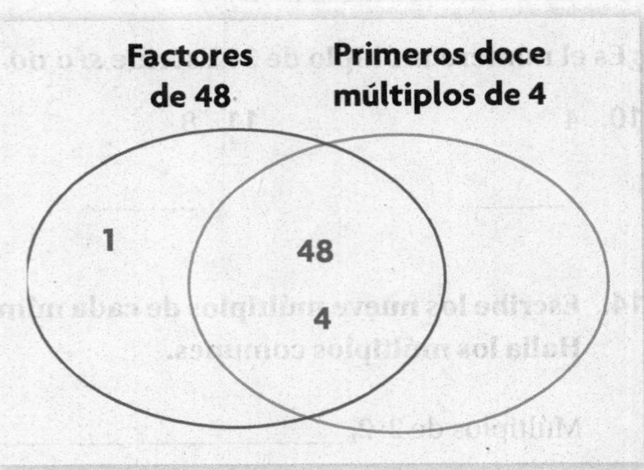

23. ¿Qué múltiplos de 4 no son factores de 48?

24. ¿Qué factores de 48 son múltiplos de 4?

25. MÁS AL DETALLE **Plantea un problema** Vuelve a mirar el Problema 24. Cambia los números para escribir un problema semejante. Luego resuélvelo.

ESCRIBE ▸*Matemáticas*
Muestra tu trabajo

26. Kia pagó $10 por dos dijes para su brazalete. El precio de cada dije era múltiplo de $2. ¿Cuáles son los precios posibles de los dijes?

27. PRÁCTICA MATEMÁTICA 7 **Halla la estructura** La respuesta es 9, 18, 27, 36, 45. ¿Cuál es la pregunta?

28. ESCRIBE ▸*Matemáticas* ¿Cómo sabes si un número es múltiplo de otro número?

29. PIENSA MÁS En los ejercicios 29a a 29e, selecciona Verdadero o Falso para cada enunciado.

29a. El número 45 es múltiplo de 9. ○ Verdadero ○ Falso

29b. El número 4 es múltiplo de 16. ○ Verdadero ○ Falso

29c. El número 28 es múltiplo de 4. ○ Verdadero ○ Falso

29d. El número 4 es factor de 28. ○ Verdadero ○ Falso

29e. El número 32 es factor de 8. ○ Verdadero ○ Falso

 PRÁCTICA ADICIONAL: Cuaderno de práctica de los estándares

Nombre ______________________________

Números primos y compuestos

Pregunta esencial ¿Cómo puedes saber si un número es primo o compuesto?

Operaciones y pensamiento algebraico—4.OA.4

PRÁCTICAS MATEMÁTICAS
MP.4, MP.6, MP.7

Soluciona el problema *En el mundo*

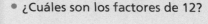

Los estudiantes están disponiendo mesas cuadradas para armar una mesa rectangular más grande. Si quieren optar por la mayor cantidad de maneras de disponer las mesas, ¿deberían usar 12 ó 13 mesas cuadradas?

- ¿Cuáles son los factores de 12?

____

Usa una cuadrícula para representar todas las disposiciones posibles con 12 y 13 mesas.

Dibuja todas las disposiciones posibles con 12 y 13 mesas. Rotula cada dibujo con los factores que representaste.

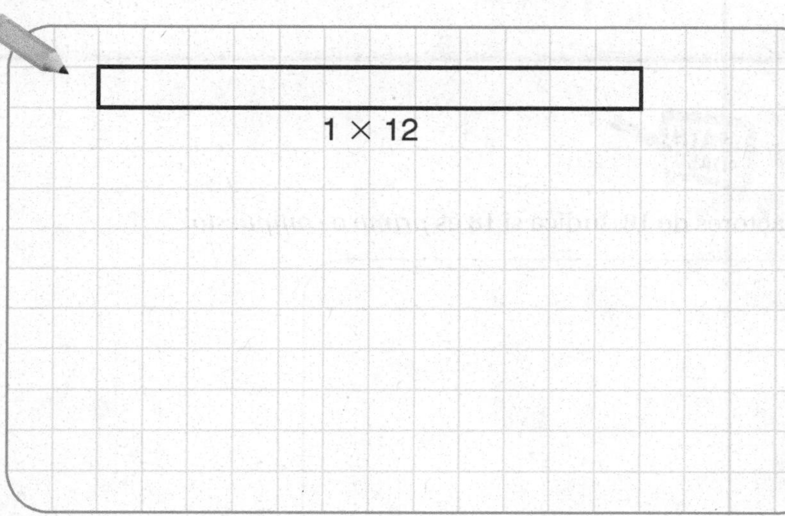

Para evitar errores

Los mismos factores en diferente orden deben contarse solo una vez. Por ejemplo, 3×4 y 4×3 son el mismo par de factores.

Entonces, hay más maneras de disponer ______ mesas.

Charla matemática — **Prácticas matemáticas**

Explica cómo podría haberte ayudado a resolver el problema anterior el hecho de saber si 12 y 13 son primos o compuestos.

- Un **número primo** es un número entero mayor que 1 que tiene exactamente dos factores: 1 y él mismo.
- Un **número compuesto** es un número entero mayor que 1 que tiene más de dos factores.

Factores de 12: ______ , ______ , ______ , ______ , ______ , ______

Factores de 13: ______ , ______

12 es un número ____________ y 13 es un número ____________.

Divisibilidad Puedes usar reglas de divisibilidad como ayuda para saber si un número es primo o compuesto. Si un número es divisible entre cualquier número distinto de 1 y de sí mismo, entonces es un número compuesto.

Indica si 51 es *primo* o *compuesto*.

¿Es 51 divisible entre 2?

____

¿Es 51 divisible entre 3?

____

Piensa: 51 es divisible entre un número distinto de 1 y de 51. 51 tiene más de dos factores.

Entonces, 51 es _______________.

Idea matemática

El número 1 no es primo ni compuesto porque tiene solamente un factor: 1.

Comparte y muestra

MATH BOARD

1. Usa la cuadrícula para representar los factores de 18. Indica si 18 es *primo* o *compuesto*.

Factores de 18: ____, ____, ____, ____, ____, ____

Piensa: 18 tiene más de dos factores.

Entonces, 18 es _______________.

Charla matemática **Prácticas matemáticas**

¿El producto de dos números primos es primo o compuesto? **Explícalo.**

Indica si los números son *primos* o *compuestos*.

2. 11

Piensa: ¿11 tiene más factores además de 1 y él mismo?

____

3. 73

____

4. 69

____

5. 42

____

Nombre ______________________

Por tu cuenta

Indica si el número es *primo* o *compuesto*.

6. 18 ________

7. 49 ________

8. 29 ________

9. 64 ________

10. 33 ________

11. 89 ________

12. 52 ________

13. 76 ________

Escribe *verdadero* o *falso* para cada enunciado. Explica o da un ejemplo para justificar tu respuesta.

14. Solo los números impares son primos.

15. PIENSA MÁS Un número compuesto no puede tener tres factores.

Resolución de problemas • Aplicaciones

16. MÁS AL DETALLE Soy un número entre el 60 y el 100. Mi dígito de las unidades es menor que mi dígito de las decenas. Soy un número primo. ¿Qué número soy?

17. Menciona un número impar de 2 dígitos que sea primo. Menciona un número impar de 2 dígitos que sea compuesto.

18. PIENSA MÁS Escoge las palabras que completen la oración de manera correcta.

El número 9 es [primo / compuesto] porque tiene [exactamente / más de] dos factores.

Conectar con los Estudios Sociales

La criba de Eratóstenes

Eratóstenes fue un matemático griego que vivió hace más de 2,200 años. Inventó un método para hallar números primos que actualmente se conoce como la criba de Eratóstenes.

19. Sigue los siguientes pasos para encerrar en un círculo todos los números primos menores que 100. Luego escribe los números primos.

PASO 1

Tacha el número 1, puesto que no es primo.

PASO 2

Encierra el número 2 en un círculo, puesto que es primo. Tacha el resto de los múltiplos de 2.

PASO 3

Encierra en un círculo el número que sigue que no esté tachado. Ese número es primo. Tacha todos los múltiplos de ese número.

PASO 4

Repite el Paso 3 hasta que todos los números estén encerrados en un círculo o tachados.

1	2	3	4	5	6	7	8	9	10
11	12	13	14	15	16	17	18	19	20
21	22	23	24	25	26	27	28	29	30
31	32	33	34	35	36	37	38	39	40
41	42	43	44	45	46	47	48	49	50
51	52	53	54	55	56	57	58	59	60
61	62	63	64	65	66	67	68	69	70
71	72	73	74	75	76	77	78	79	80
81	82	83	84	85	86	87	88	89	90
91	92	93	94	95	96	97	98	99	100

Entonces, los números primos menores que 100 son:

____

____

____

____

____

____

20. PRÁCTICA MATEMÁTICA 6 **Explica** por qué los múltiplos de cualquier número distinto de 1 no son números primos.

____

Nombre ______________________________

ÁLGEBRA
Lección 5.6

Patrones numéricos

Pregunta esencial ¿Cómo puedes formar y describir patrones?

Operaciones y pensamiento algebraico—4.OA.5

PRÁCTICAS MATEMÁTICAS
MP.1, MP.4, MP.5, MP.7

Soluciona el problema — En el mundo

Daryl está haciendo un patrón para tejer un edredón. En el patrón se muestran 40 cuadrados. Uno de cada cuatro cuadrados es azul. ¿Cuántos cuadrados azules hay en el patrón?

- Subraya lo que tienes que hallar.
- Encierra en un círculo lo que debes usar.

Un **patrón** es un conjunto ordenado de números u objetos. Cada número u objeto del patrón se denomina **término**.

Actividad 1 Halla un patrón.

Materiales ■ lápices de colores

Sombrea los cuadrados azules.

1	2	3	4	5	6	7	8	9	10
11	12	13	14	15	16	17	18	19	20
21	22	23	24	25	26	27	28	29	30
31	32	33	34	35	36	37	38	39	40

Charla matemática — Prácticas matemáticas

Describe otro patrón numérico para el edredón de Daryl.

¿Qué cuadrados son azules? ______________________________

Entonces, hay ______ cuadrados azules en el patrón.

1. ¿Qué patrones observas en la disposición de los cuadrados azules?

____

____

2. ¿Qué patrones observas en los números de los cuadrados azules?

____

____

Ejemplo Halla un patrón y descríbelo.

La regla para el patrón es *suma* 5. El primer término del patrón es 5.

A Usa la regla para escribir los números del patrón.

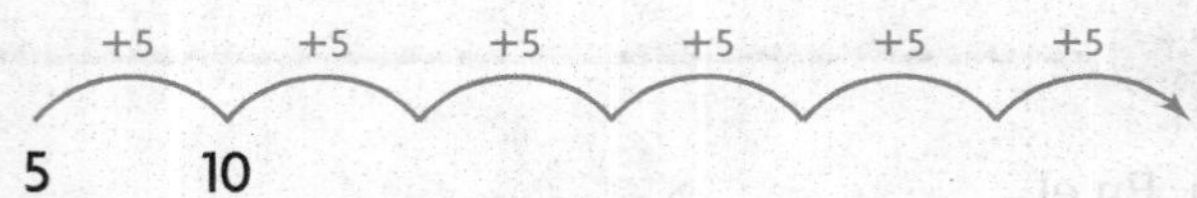

5, 10, ____, ____, ____, ____, ____, ____, ____, ...

B Describe otros patrones que halles en los números.

¿Qué puedes decir acerca de los dígitos que están en el lugar de las unidades?

____

____

Usa las palabras *impares* y *pares* para describir el patrón.

____

____

Usa la palabra *múltiplos* para describir el patrón.

____

____

¡Inténtalo! Halla un patrón y descríbelo.

La regla para el patrón es *suma* 3, *resta* 1. El primer término del patrón es 6.

Suma 3. Resta 1. Suma 3.

6 ____ ____ ____ ____ ____ ____ ____ ____ ____

Describe otro patrón que halles en los números.

____

____

____

Nombre ______________________________

Comparte y muestra

MATH BOARD

Charla matemática **Prácticas matemáticas**

Explica cómo el primer término de un patrón te ayuda a hallar el término que sigue.

Usa la regla para escribir los números del patrón.

1. Regla: Resta 10. Primer término: 100

Piensa: Resta 10.

100 ____ ____ ____ ____

100, ______, ______, ______, ______, ...

Usa la regla para escribir los números del patrón.
Describe otro patrón que halles en los números.

2. Regla: Multiplica por 2. Primer término: 4

4, ______, ______, ______, ______, ...

____

3. Regla: Cuenta salteado de 6 en 6. Primer término: 12

12, ______, ______, ______, ______, ...

____

Por tu cuenta

Usa la regla para escribir los primeros doce números del patrón. Describe otro patrón que halles en los números.

4. Regla: Suma 7. Primer término: 3

____

____

5. Regla: Suma 2, suma 1. Primer término: 12

____

____

6. PRÁCTICA MATEMÁTICA 5 **Usa patrones** Marcie le gusta coleccionar etiquetas adhesivas, pero también le gusta regalarlas. Ahora, Marcie tiene 87 etiquetas en su colección. Si Marcie obtiene 5 etiquetas nuevas cada semana y regala 3 por semana, ¿cuántas etiquetas tendrá Marcie en su colección después de 5 semanas?

____

Resolución de problemas • Aplicaciones En el mundo

7. PIENSA MÁS John está ahorrando para viajar a ver el Álamo. Empezó con $24 en su caja de ahorros. Cada semana, gana $15 cuidando niños. De esa cantidad, gasta $8 y ahorra el resto. John usa la regla *sumar* 7 para hallar cuánto dinero tiene al final de cada semana. ¿Cuáles son los primeros 8 números del patrón?

____

Entrenador personal en matemáticas

8. PIENSA MÁS + Escribe una marca debajo de la columna que describe al número.

	Primo	Compuesto
81		
29		
31		
62		

Plantea un problema

9. MÁS AL DETALLE En una actividad de la Feria de matemáticas se muestran dos tablas.

Números
2
3
5
6
10

Operaciones
suma
resta
multiplicación

Usa al menos dos números y una operación de las tablas para escribir un problema de patrones. Incluye los primeros cinco términos del patrón en la solución de tu problema.

Plantea un problema.	Resuelve tu problema.

- Describe otros patrones de los términos que escribiste.

____

PRÁCTICA ADICIONAL:
Cuaderno de práctica de los estándares

Nombre ____

Repaso y prueba del Capítulo 5

1. Escribe todos los factores del número.

14: ______________

2. Selecciona los números que tienen un factor de 5. Marca todos los que correspondan.

Ⓐ 15
Ⓑ 3
Ⓒ 45
Ⓓ 5
Ⓔ 50
Ⓕ 31

3. Jackson hacía una lámina para su habitación. Puso 50 tarjetas de colección en forma de rectángulo en la lámina. En los ejercicios 3a a 3e, elige Sí o No para indicar si la disposición de tarjetas que se muestra es posible.

3a.	5 hileras de 10 tarjetas	○ Sí	○ No
3b.	7 hileras de 8 tarjetas	○ Sí	○ No
3c.	25 hileras de 2 tarjetas	○ Sí	○ No
3d.	50 hileras de 1 tarjeta	○ Sí	○ No
3e.	45 hileras de 5 tarjetas	○ Sí	○ No

4. Escribe todos los pares de factores en la tabla.

Factores de 48	
______ × ______ = ______	______, ______
______ × ______ = ______	______, ______
______ × ______ = ______	______, ______
______ × ______ = ______	______, ______
______ × ______ = ______	______, ______

APRENDE EN LÍNEA
Opciones de evaluación
Prueba del capítulo

5. Clasifica los números. Algunos números pueden ir en más de una caja.

Divisible entre 5 y 9	Divisible entre 6 y 9	Divisible entre 2 y 6

6. James trabaja en una florería. Va a colocar 36 tulipanes en floreros para una boda. Debe colocar igual número de tulipanes en cada florero. El número de tulipanes de cada florero debe ser mayor que 1 y menor que 10. ¿Cuántos tulipanes puede haber en cada florero?

_______________ tulipanes

7. Brady tiene una colección de 64 tarjetas de básquetbol, 32 tarjetas de fútbol y 24 tarjetas de béisbol. Quiere poner las tarjetas en pilas iguales, con un solo tipo de tarjeta en cada pila. ¿Cuántas tarjetas puede poner en cada pila? Marca todas las respuestas posibles.

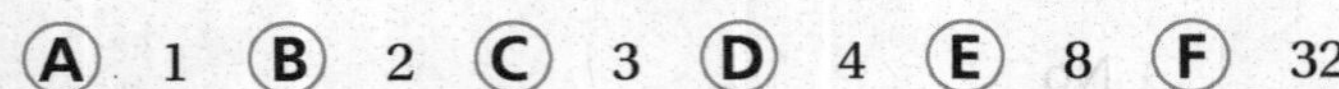

Ⓐ 1 Ⓑ 2 Ⓒ 3 Ⓓ 4 Ⓔ 8 Ⓕ 32

8. El Club de Jardinería está diseñando un jardín con 24 cosmos, 32 pensamientos y 36 caléndulas. Cada hilera tendrá solo un tipo de planta. Ben dice que puede poner 6 plantas en cada hilera. Hizo una lista de los factores comunes de 24, 32 y 36 a continuación para apoyar su razonamiento.

24: 1, 2, 3, 4, 6, 8, 12, 24

32: 1, 2, 4, 6, 9, 16, 32

36: 1, 2, 3, 4, 6, 8, 12, 18, 36

¿Tiene razón? Explica tu respuesta. Si su razonamiento es incorrecto, explica cómo debió haber hallado su respuesta.

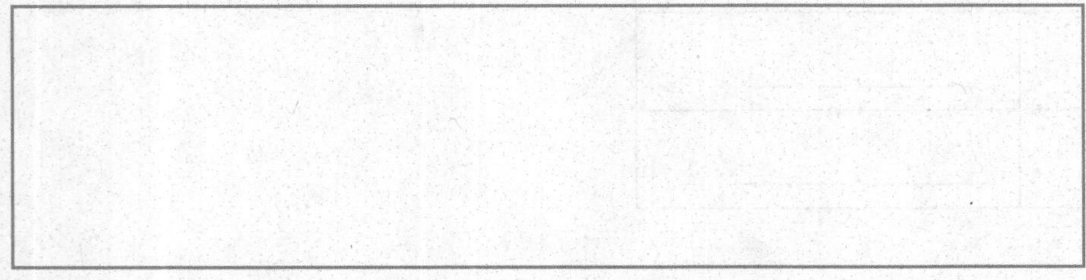

Nombre ______________________________

9. En la tabla se muestra la cantidad de obras que hay en exposición en un museo de arte.

Arte	
Tipo de arte	**Cantidad de obras**
Pinturas al óleo	30
Fotografías	24
Bocetos	21

Parte A

En julio, el museo presenta una muestra de las pinturas al óleo de diferentes artistas. Todos los artistas presentan igual número de pinturas y cada artista presenta más de 1 pintura. ¿Cuántos artistas podrían participar en la muestra?

______________________ artistas

Parte B

El museo quiere exhibir todas las obras de arte en hileras. Cada hilera tiene igual número de obras y el mismo tipo de arte. ¿Cuántas obras podría haber en cada hilera? Explica cómo hallaste tu respuesta.

10. Charles estaba contando salteado en una reunión del Club de Matemáticas. Empezó a contar de 8 en 8. Dijo 8, 16, 24, 32, 40 y 48. ¿Qué número dirá a continuación?

11. Jill escribió el número 40. Si su regla es *sumar 7*, ¿cuál es el cuarto número en el patrón de Jill? ¿Cómo puedes comprobar tu respuesta?

12. En los ejercicios 12a a 12e, selecciona Verdadero o Falso para cada enunciado.

12a. El número 36 es un múltiplo de 9.	○ Verdadero	○ Falso
12b. El número 3 es un múltiplo de 9.	○ Verdadero	○ Falso
12c. El número 54 es un múltiplo de 9.	○ Verdadero	○ Falso
12d. El número 3 es un factor de 9.	○ Verdadero	○ Falso
12e. El número 27 es un factor de 9.	○ Verdadero	○ Falso

13. ¿Qué múltiplo de 7 es también un factor de 7?

____

14. Manny hace la cena con 1 caja de pasta y 1 frasco de salsa. Si la pasta se vende en paquetes de 6 cajas y la salsa se vende en paquetes de 3 frascos, ¿cuál es el menor número de cenas que puede preparar Manny sin que le sobren ingredientes?

____________ cenas

15. Serena tiene varios paquetes de pasitas. Cada paquete contiene 3 cajas de pasitas. ¿Qué número de cajas de pasitas puede tener Serena? Marca todas las respuestas que correspondan.

Ⓐ 9 Ⓑ 18 Ⓒ 23 Ⓓ 27 Ⓔ 32

16. Elige las palabras que hacen que la oración sea verdadera.

El número 7 es [primo / compuesto] porque tiene [exactamente / más de] dos factores.

Nombre ____________________

17. Winnie escribió el siguiente acertijo: Soy un número entre 60 y 100. El dígito de mis unidades es dos menos que el dígito de mis decenas. Soy un número primo.

Parte A

¿Qué número describe el acertijo de Winnie? Explícalo.

Parte B

El amigo de Winnie, Marco, dijo que su acertijo se trataba del número 79. ¿Por qué 79 no puede ser la respuesta al acertijo de Winnie?

18. Clasifica los números como primos o compuestos.

Primo	Compuesto

37 65

71 82

19. Érica teje 18 cuadrados el lunes. Teje 7 cuadrados más cada día desde el martes al jueves. ¿Cuántos cuadrados teje Érica el viernes?

_______ cuadrados

20. Usa la regla para escribir los primeros cinco términos del patrón.

Regla: Suma 10, resta 5 Primer término: 11

____

21. Elina tiene 10 fichas para ordenar en un diseño rectangular. Dibujó un modelo de los rectángulos que podía formar con las diez fichas.

1 2 5 10

Parte A

¿Cómo muestra el dibujo de Elina que el número 10 es un número compuesto?

Parte B

Imagina que Elina usó 15 fichas para hacer su diseño rectangular. ¿Cuántos rectángulos diferentes podría formar con las 15 fichas? Haz una lista o un dibujo para mostrar el número y las dimensiones de los rectángulos que podría formar.

Parte C

El amigo de Elina, Luke, dijo que él podría hacer más rectángulos con 24 fichas que con las 10 fichas de Elina. ¿Estás de acuerdo con Luke? Explícalo.

Área de atención

Fracciones y números decimales

ÁREA DE ATENCIÓN Desarrollar la comprensión de la equivalencia de las fracciones, la suma y la resta de fracciones con denominadores comunes, y la multiplicación de fracciones de números enteros

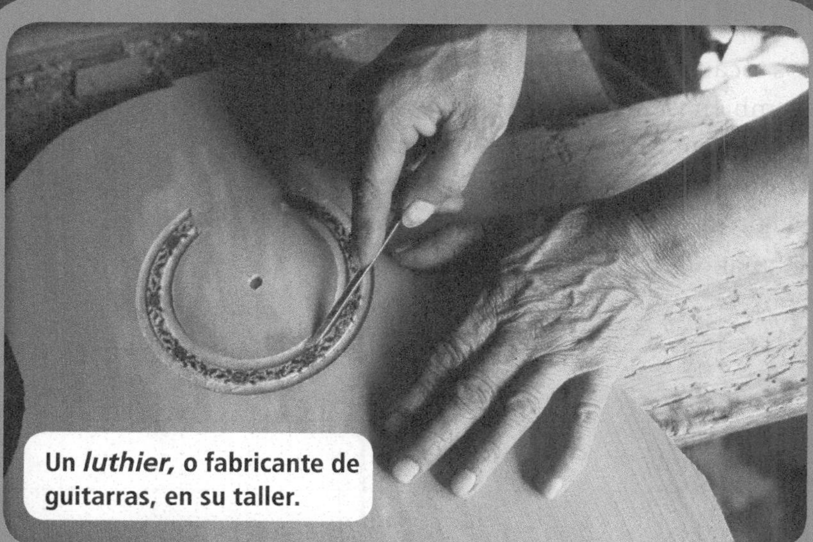

Un *luthier,* o fabricante de guitarras, en su taller.

Proyecto

Construir guitarras a medida

¿Sabes tocar la guitarra o te gustaría aprender a tocar una? El tamaño de guitarra que necesitas depende de tu estatura a la pulgada más próxima y de una *longitud de escala*. La longitud de escala es la distancia desde el *puente* hasta la *cejilla* de la guitarra.

Para comenzar

Ordena los tamaños de las guitarras de menor a mayor y completa la tabla.

Datos importantes

Tamaños de guitarras para estudiantes			
Edad del músico	Estatura del músico (a la pulgada más próxima)	Longitud de escala (de la más corta a la más larga, en pulgadas)	Tamaño de guitarra
4-6	de 3 pies y 3 pulgadas a 3 pies y 9 pulgadas	19	
6-8	de 3 pies y 10 pulgadas a 4 pies y 5 pulgadas	20.5	
8-11	de 4 pies y 6 pulgadas a 4 pies y 11 pulgadas	22.75	
11-adulto	5 pies o más	25.5	

Tamaño de la guitarra: de $\frac{1}{2}$, de $\frac{4}{4}$, de $\frac{1}{4}$, de $\frac{3}{4}$

Los adultos tocan guitarras de $\frac{4}{4}$. Puedes ver que las guitarras también vienen en tamaños de $\frac{3}{4}$, $\frac{1}{2}$, y $\frac{1}{4}$. Calcula qué tamaño de guitarra necesitarías según tu estatura y la longitud de escala para cada tamaño de guitarra. Usa la información de la tabla de Datos importantes para decidir el tamaño. **Explica** tu razonamiento.

Completado por ____________________

Capítulo 6

Equivalencia y comparación de fracciones

Muestra lo que sabes

Comprueba tu comprensión de destrezas importantes.

Nombre ______________________________

▶ **Parte de un entero** **Escribe una fracción para la parte sombreada.**

1. ______ 2. ______ 3. ______

▶ **Indicar la parte sombreada** **Escribe una fracción para la parte sombreada.**

4. ______ 5. ______ 6. ______

▶ **Comparar las partes de un entero** **Colorea las tiras fraccionarias para representar las fracciones. Encierra en un círculo la fracción mayor.**

7. $\frac{1}{2}$

$\frac{1}{3}$

8. $\frac{1}{5}$

$\frac{1}{3}$

Detective matemático

La superficie de la Tierra está formada por más de 57 millones de millas cuadradas de tierra firme. En la tabla se muestra la fracción aproximada de tierra firme de cada continente. Piensa como un detective matemático. ¿Qué continente ocupa la mayor parte de la tierra firme de la Tierra?

Continente	Parte de tierra firme
Asia	$\frac{3}{10}$
África	$\frac{1}{5}$
Antártida	$\frac{9}{100}$
Australia	$\frac{6}{100}$
Europa	$\frac{7}{100}$
América del Norte	$\frac{1}{6}$
América del Sur	$\frac{1}{8}$

Entrenador personal en matemáticas
Evaluación e intervención en línea

Desarrollo del vocabulario

▶ Visualízalo

Completa el diagrama de flujo con las palabras marcadas con ✓.

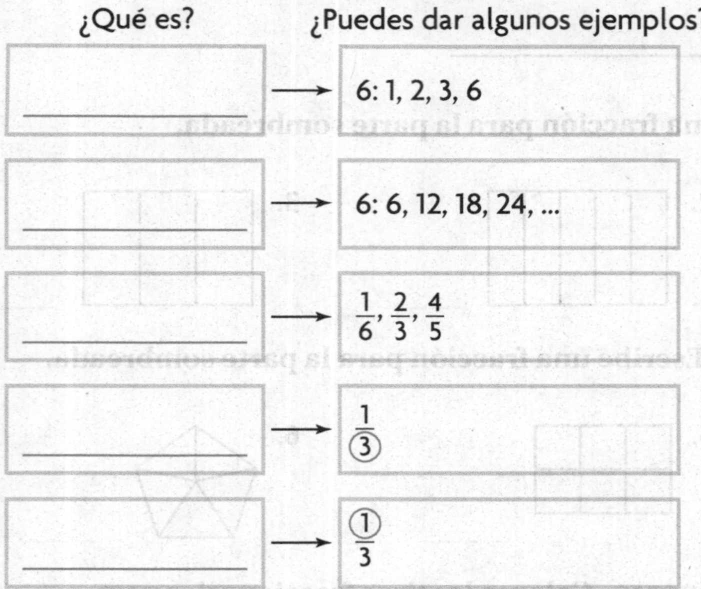

Palabras de repaso

✓ denominador
✓ factor
✓ fracción
✓ múltiplo
múltiplo común
✓ numerador

Palabras nuevas

denominador común
fracciones equivalentes
mínima expresión
punto de referencia

▶ Comprende el vocabulario

Completa las oraciones con palabras nuevas.

1. Una fracción está en su ______________________ si el único factor común que tienen el numerador y el denominador es 1.

2. Las ____________________________ indican la misma cantidad.

3. Un ______________________ es un múltiplo común de dos o más denominadores.

4. Un ______________________ es un tamaño o una cantidad que se conoce y que sirve para entender un tamaño o una cantidad diferente.

APRENDE EN LÍNEA
• Libro interactivo del estudiante
• Glosario multimedia

Nombre ______________________________

Fracciones equivalentes

Pregunta esencial ¿Cómo puedes usar modelos para mostrar fracciones equivalentes?

Número y operaciones—Fracciones—4.NF.1
PRÁCTICAS MATEMÁTICAS
MP.2, MP.4, MP.7

Investigar

Manos a la obra

Materiales ■ lápices de colores

Joe cortó un molde de lasaña en porciones de un tercio. Se quedó con $\frac{1}{3}$ y regaló el resto. Joe no comerá su porción de una sola vez. ¿Cómo puede cortarla en partes más pequeñas del mismo tamaño?

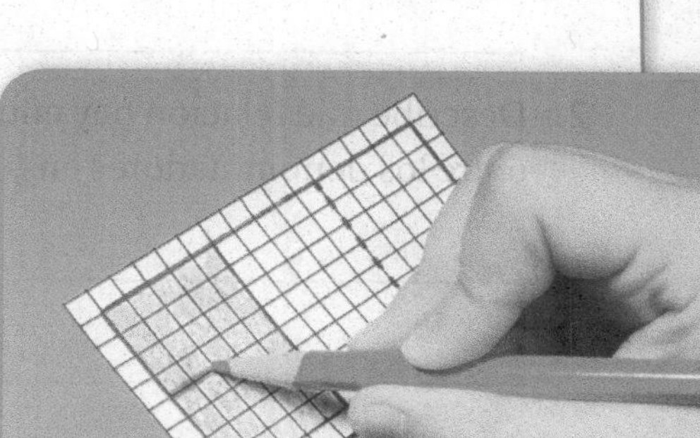

A. Haz un dibujo en el modelo para mostrar de qué manera Joe podría cortar su porción de lasaña en 2 partes iguales.

Puedes convertir estas 2 partes iguales en una fracción del molde original de lasaña.

Supón que Joe hubiera cortado el molde original de lasaña en partes iguales de este tamaño.

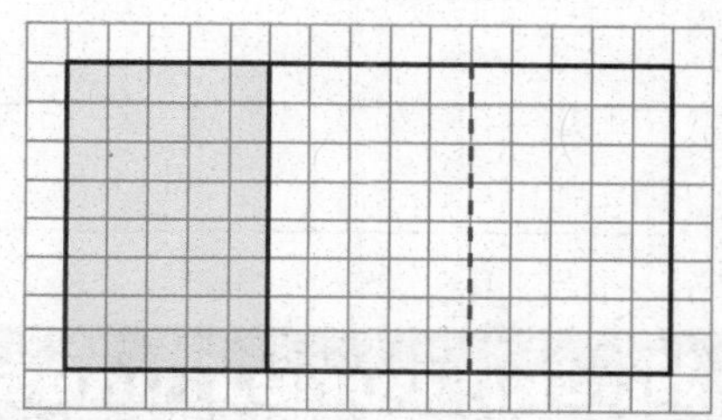

¿Cuántas partes habría? _______

¿A qué fracción del molde equivale 1 parte? _______

¿A qué fracción del molde equivalen 2 partes? _______

Puedes convertir $\frac{1}{3}$ en _______.

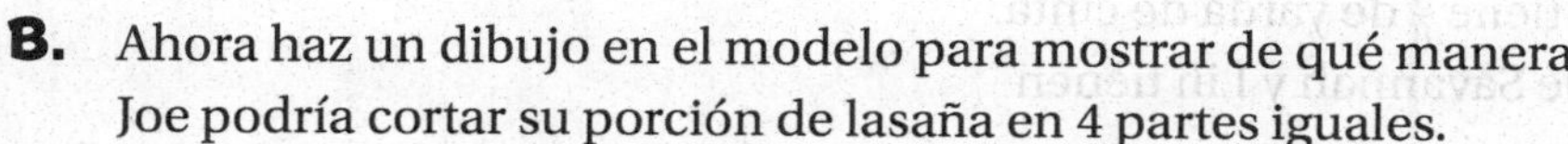

B. Ahora haz un dibujo en el modelo para mostrar de qué manera Joe podría cortar su porción de lasaña en 4 partes iguales.

Puedes convertir estas 4 partes iguales en una fracción del molde original de lasaña.

Supón que Joe hubiera cortado el molde original de lasaña en partes iguales de este tamaño.

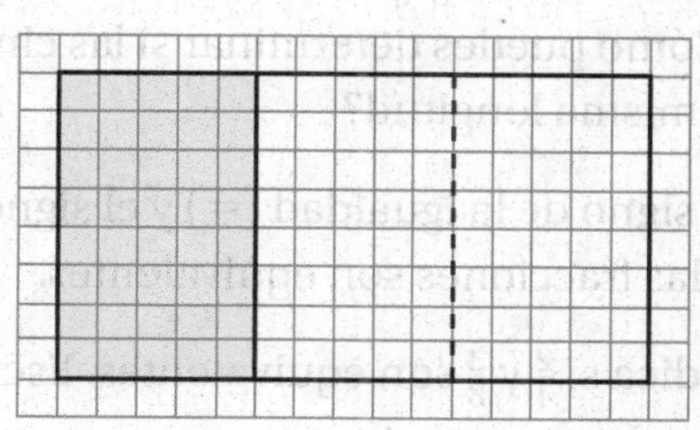

¿Cuántas partes habría? _______

¿A qué fracción del molde equivale 1 parte? _______

¿A qué fracción del molde equivalen 4 partes? _______

Puedes convertir $\frac{1}{3}$ en _______.

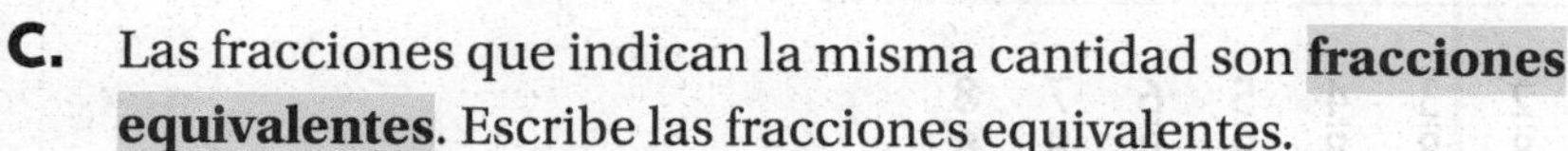

C. Las fracciones que indican la misma cantidad son **fracciones equivalentes**. Escribe las fracciones equivalentes.

$\frac{1}{3} = \frac{\square}{\square} = \frac{\square}{\square}$

Sacar conclusiones

1. Compara los modelos de $\frac{1}{3}$ y $\frac{2}{6}$. ¿Qué relación hay entre la cantidad de partes y el tamaño de las partes?

____

____

2. Describe qué relación hay entre los numeradores y qué relación hay entre los denominadores en $\frac{1}{3} = \frac{2}{6}$.

____

____

____

3. PIENSA MÁS ¿Es $\frac{1}{3} = \frac{3}{9}$ correcto? Explícalo.

____

____

Hacer conexiones

Savannah tiene $\frac{2}{4}$ de yarda de cinta y Lin tiene $\frac{3}{8}$ de yarda de cinta. ¿Cómo puedes determinar si las cintas de Savannah y Lin tienen la misma longitud?

El signo de la igualdad (=) y el signo de no igual a (≠) muestran si las fracciones son equivalentes.

Indica si $\frac{2}{4}$ y $\frac{3}{8}$ son equivalentes. Escribe = ó ≠.

PASO 1 Sombrea la cantidad de cinta que tiene Savannah.

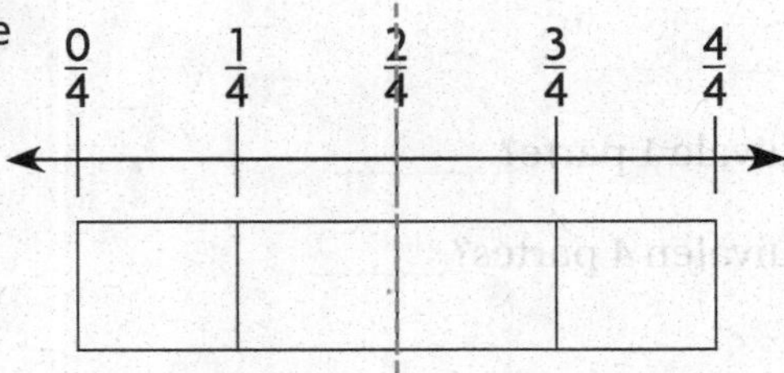

PASO 2 Sombrea la cantidad de cinta que tiene Lin.

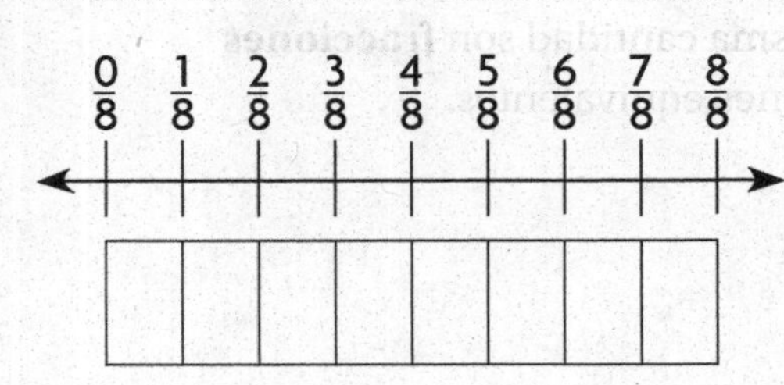

Piensa: $\frac{2}{4}$ de yarda no es lo mismo que $\frac{3}{8}$ de yarda.

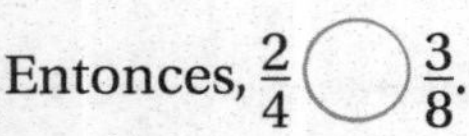

Entonces, $\frac{2}{4}$ ◯ $\frac{3}{8}$.

Charla matemática — **Prácticas matemáticas**

¿Cómo usarías un modelo para mostrar que $\frac{4}{8} = \frac{1}{2}$?

Nombre ______________________

Comparte y muestra

Usa el modelo para escribir una fracción equivalente.

1.

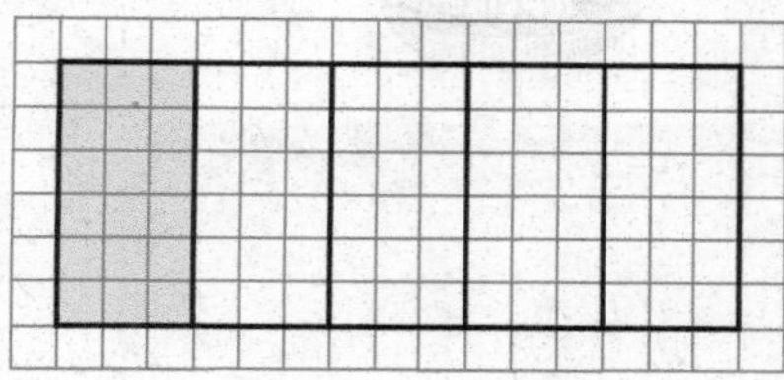

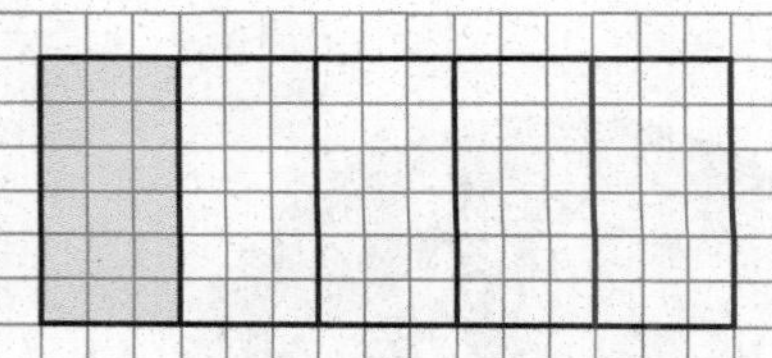

$\frac{1}{5}$ = ____

2.

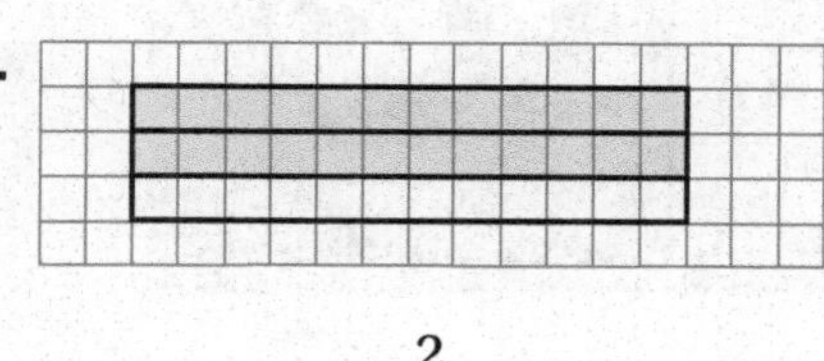

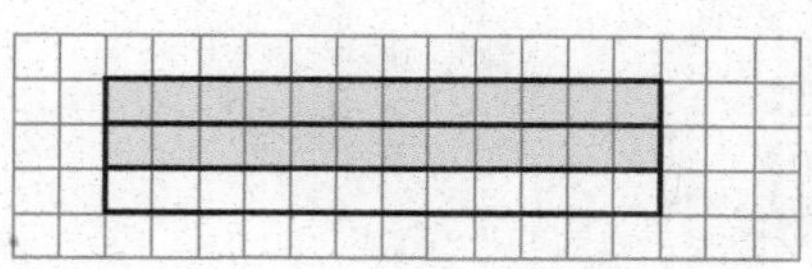

$\frac{2}{3}$ = ____

Indica si las fracciones son equivalentes. Escribe = ó ≠.

3. $\frac{1}{6}$ ◯ $\frac{2}{12}$

4. $\frac{2}{5}$ ◯ $\frac{6}{10}$

5. $\frac{4}{12}$ ◯ $\frac{1}{3}$

6. $\frac{5}{8}$ ◯ $\frac{2}{4}$

7. $\frac{5}{6}$ ◯ $\frac{10}{12}$

8. $\frac{1}{2}$ ◯ $\frac{5}{10}$

Resolución de problemas • Aplicaciones

9. MÁS AL DETALLE Manny usó 8 partes de un décimo para representar $\frac{8}{10}$. Ana usó menos partes para representar una fracción equivalente. ¿Qué relación hay entre el tamaño de una parte del modelo de Ana y el tamaño de una parte de un décimo? ¿De qué tamaño es la parte que usó Ana?

____

____

____

____

10. PRÁCTICA MATEMÁTICA 5 **Usa un modelo concreto** ¿Cuántas partes de un octavo necesitas para representar $\frac{3}{4}$? Explícalo.

____

____

____

____

____

¿Cuál es el error?

11. PIENSA MÁS Ben llevó dos pizzas a una fiesta. Dice que como quedó $\frac{1}{4}$ de cada pizza, quedó la misma cantidad de cada una. ¿Cuál es su error?

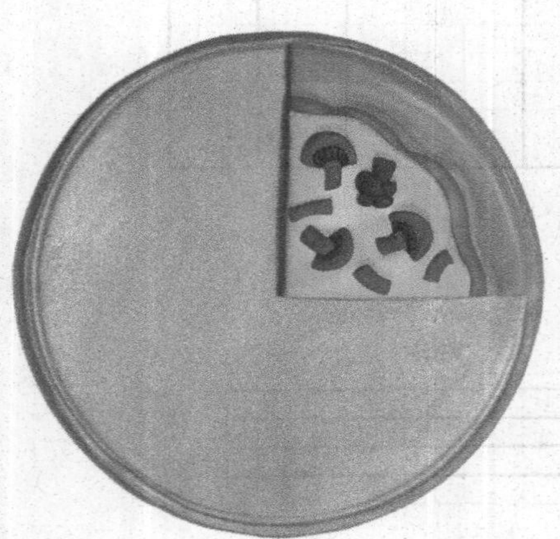

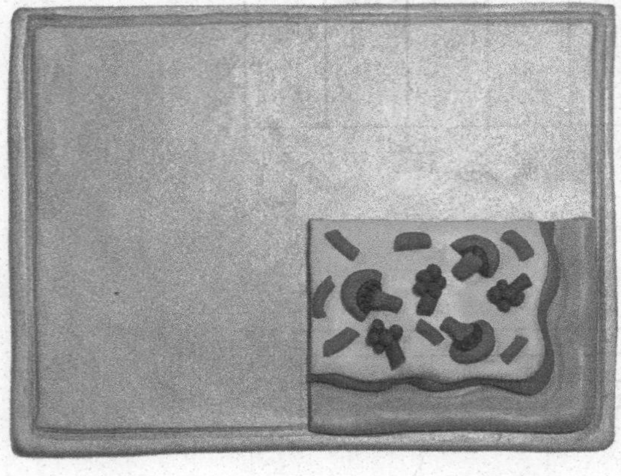

Describe el error de Ben.

____

____

____

____

Dibuja modelos de 2 pizzas, cada una con una cantidad diferente de partes iguales. Sombrea para mostrar $\frac{1}{4}$ de cada pizza.

12. PIENSA MÁS Para las opciones 12a a 12d, indica si las fracciones son equivalentes seleccionando el símbolo correcto.

12a. $\frac{3}{15}$ [= / ≠] $\frac{1}{6}$

12b. $\frac{3}{4}$ [= / ≠] $\frac{16}{20}$

12c. $\frac{2}{3}$ [= / ≠] $\frac{8}{12}$

12d. $\frac{8}{10}$ [= / ≠] $\frac{4}{5}$

PRÁCTICA ADICIONAL:
Cuaderno de práctica de los estándares

Nombre ____________________

Generar fracciones equivalentes

Pregunta esencial ¿Cómo puedes usar la multiplicación para hallar fracciones equivalentes?

Número y operaciones—Fracciones—4.NF.1

PRÁCTICAS MATEMÁTICAS
MP.4, MP.7, MP.8

Soluciona el problema

Patty necesita $\frac{3}{4}$ de taza de detergente para preparar un líquido para hacer burbujas. Su taza graduada está dividida en octavos. ¿Qué fracción de la taza graduada debería llenar Patty con el detergente?

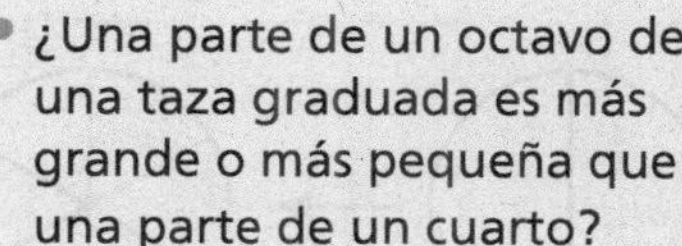

- ¿Una parte de un octavo de una taza graduada es más grande o más pequeña que una parte de un cuarto?

____

Halla cuántos octavos hay en $\frac{3}{4}$.

PASO 1 Compara los cuartos con los octavos.

Sombrea para representar $\frac{1}{4}$.
Usa partes de un cuarto.

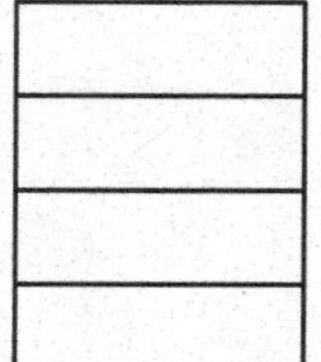

1 parte

Sombrea para representar $\frac{1}{4}$.
Usa partes de un octavo.

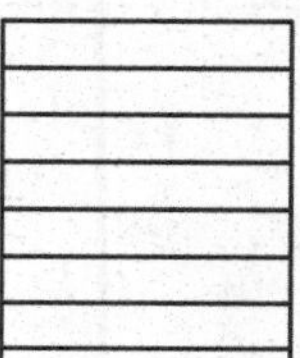

2 partes

Necesitas _______ partes de un octavo para formar 1 parte de un cuarto.

PASO 2 Halla cuántos octavos necesitas para formar 3 cuartos.

Sombrea para representar $\frac{3}{4}$.
Usa partes de un cuarto.

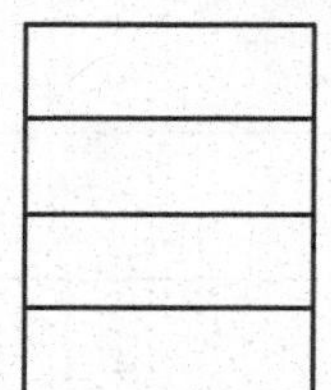

3 partes

Sombrea para representar $\frac{3}{4}$.
Usa partes de un octavo.

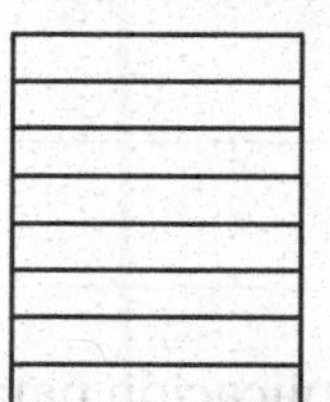

6 partes

Necesitaste 2 partes de un octavo para formar 1 parte de un cuarto. Entonces,

necesitas _______ partes de un octavo para formar 3 partes de un cuarto.

Entonces, Patty debería llenar $\frac{\square}{8}$ de la taza graduada con detergente.

Charla matemática — **Prácticas matemáticas**

¿Cómo supiste cuántas partes de un octavo necesitabas para formar 1 parte de un cuarto? **Explícalo.**

1. Explica por qué 6 partes de un octavo representan la misma cantidad que 3 partes de un cuarto.

____

Ejemplo **Escribe cuatro fracciones que sean equivalentes a $\frac{1}{2}$.**

REPRESENTA	ESCRIBE FRACCIONES EQUIVALENTES	RELACIONA LAS FRACCIONES EQUIVALENTES
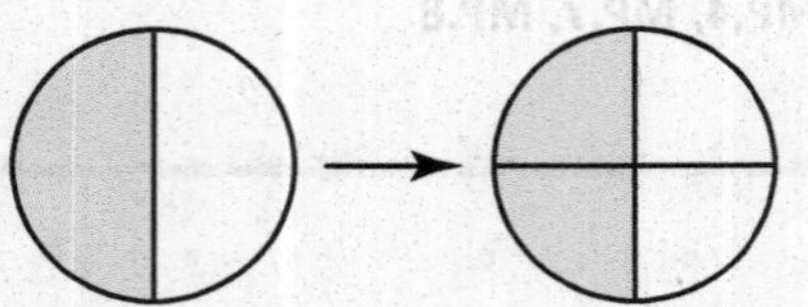	$\frac{1}{2} = \frac{2}{4}$	$\frac{1 \times 2}{2 \times 2} = \frac{2}{4}$
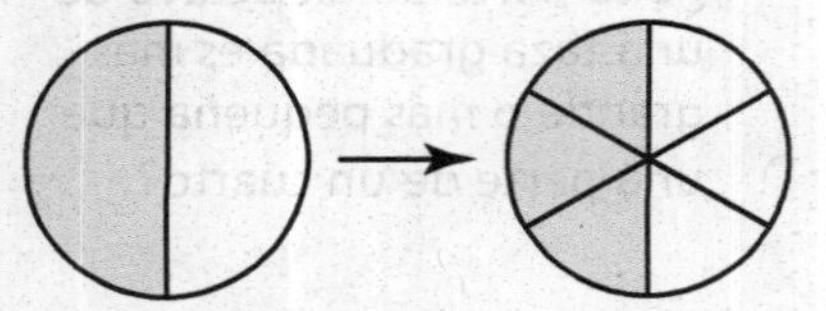	$\frac{1}{2} = \frac{\square}{6}$	$\frac{1 \times \square}{2 \times 3} = \frac{\square}{6}$
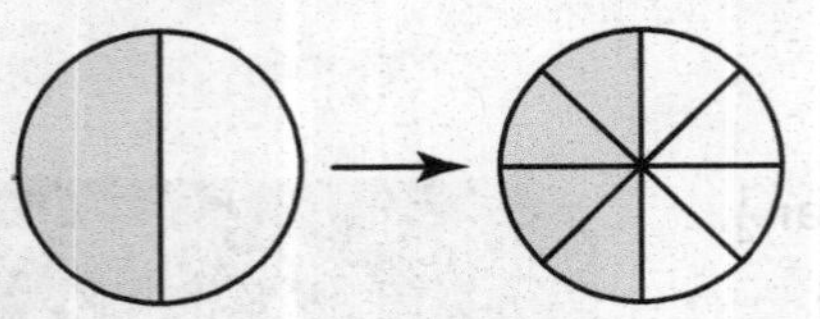	$\frac{1}{2} = \frac{\square}{\square}$	$\frac{1 \times \square}{2 \times \square} = \frac{\square}{\square}$
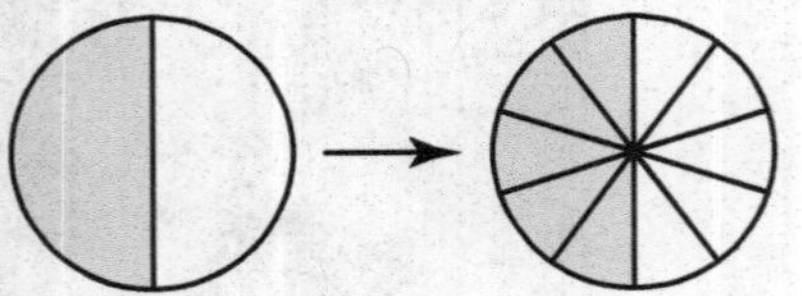	$\frac{1}{2} = \frac{\square}{\square}$	$\frac{1 \times \square}{2 \times \square} = \frac{\square}{\square}$

Entonces, $\frac{1}{2} = \frac{2}{4} = \frac{\square}{6} = \frac{\square}{\square} = \frac{\square}{\square}$.

2. Observa el modelo en el que se muestra $\frac{1}{2} = \frac{3}{6}$. ¿De qué manera la cantidad de partes del entero afecta a la cantidad de partes que están sombreadas? Explícalo.

____

____

3. Explica cómo puedes usar la multiplicación para escribir una fracción que sea equivalente a $\frac{3}{5}$.

____

____

____

4. ¿Son equivalentes $\frac{2}{3}$ y $\frac{6}{8}$? Explícalo.

____

____

Nombre ______________________________

Comparte y muestra

1. Completa la siguiente tabla.

REPRESENTA	ESCRIBE FRACCIONES EQUIVALENTES	RELACIONA LAS FRACCIONES EQUIVALENTES
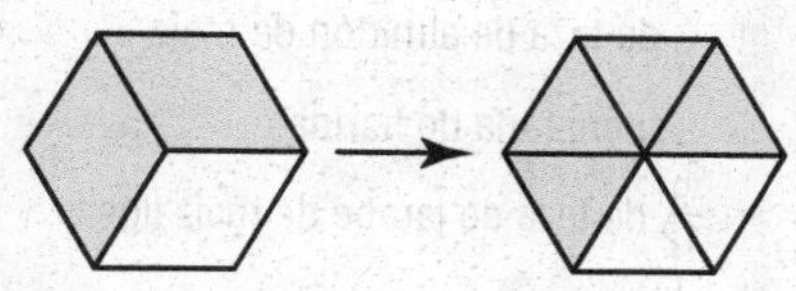	EQUIVALENTES	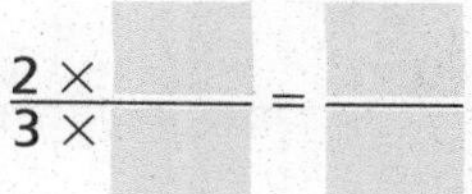 $\frac{2 \times \square}{3 \times \square} = \frac{\square}{\square}$
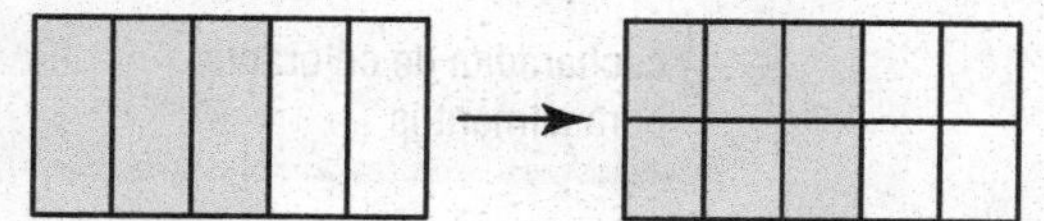	$\frac{3}{5} = \frac{6}{10}$	$\frac{3 \times \square}{5 \times \square} = \frac{\square}{\square}$
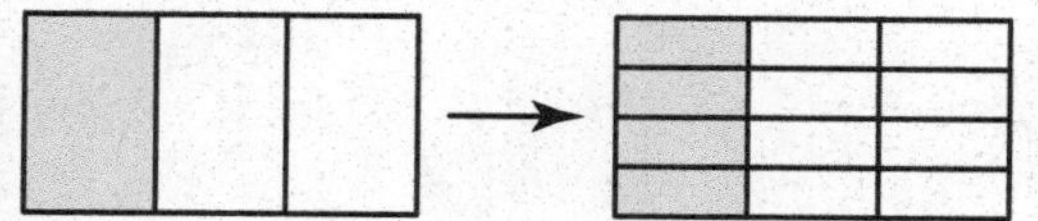	$\frac{1}{3} = \frac{4}{12}$	$\frac{1 \times \square}{3 \times \square} = \frac{\square}{\square}$

Charla matemática — **Prácticas matemáticas**

¿Puedes multiplicar el numerador y el denominador de una fracción por 0? **Explícalo.**

Escribe dos fracciones equivalentes.

 **2.** $\frac{4}{5}$

$\frac{4}{5} = \frac{4 \times \square}{5 \times \square} = \frac{\square}{\square}$

$\frac{4}{5} = \frac{4 \times \square}{5 \times \square} = \frac{\square}{\square}$

$\frac{4}{5} = \frac{\square}{\square} = \frac{\square}{\square}$

3. $\frac{2}{4}$

$\frac{2}{4} = \frac{2 \times \square}{4 \times \square} = \frac{\square}{\square}$

$\frac{2}{4} = \frac{2 \times \square}{4 \times \square} = \frac{\square}{\square}$

$\frac{2}{4} = \frac{\square}{\square} = \frac{\square}{\square}$

Por tu cuenta

Escribe dos fracciones equivalentes.

4. $\frac{3}{6}$

$\frac{3}{6} = \frac{\square}{\square} = \frac{\square}{\square}$

5. $\frac{3}{10}$

$\frac{3}{10} = \frac{\square}{\square} = \frac{\square}{\square}$

6. $\frac{2}{5}$

$\frac{2}{5} = \frac{\square}{\square} = \frac{\square}{\square}$

Indica si las fracciones son equivalentes. Escribe = ó ≠.

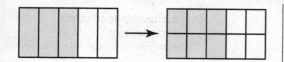

7. $\frac{5}{6} \bigcirc \frac{10}{18}$ **8.** $\frac{4}{5} \bigcirc \frac{8}{10}$ **9.** $\frac{1}{5} \bigcirc \frac{4}{10}$ **10.** $\frac{1}{4} \bigcirc \frac{2}{8}$

Resolución de problemas • Aplicaciones (En el mundo)

Usa la receta para resolver los problemas 11 y 12.

Receta de pintura facial

$\frac{2}{8}$ de taza de almidón de maíz

1 cucharada de harina

$\frac{9}{12}$ de taza de jarabe de maíz ligero

$\frac{1}{4}$ de taza de agua

$\frac{1}{2}$ cucharadita de colorante para alimentos

11. PIENSA MÁS Kim dice que la cantidad de harina de la receta se puede expresar como una fracción. ¿Tiene razón? Explícalo.

______

______

______

12. MÁS AL DETALLE ¿Cómo podrías usar una taza graduada de $\frac{1}{8}$ para medir el almidón de maíz?

______

______

______

13. PRÁCTICA MATEMÁTICA 5 **Comunica** Explica con palabras cómo sabes que una fracción es equivalente a otra fracción.

______

______

______

______

ESCRIBE ▸ *Matemáticas*
Muestra tu trabajo

14. PIENSA MÁS Kyle bebió $\frac{2}{3}$ de jugo de manzana. Completa cada espacio con un número de la lista para generar fracciones equivalentes a $\frac{2}{3}$. No se usarán todos los números.

$\frac{2}{3} = \frac{\square}{6} = \frac{12}{\square} = \frac{\square}{\square}$

2	4	6	8
12	15	16	18

PRÁCTICA ADICIONAL:
Cuaderno de práctica de los estándares

Nombre ____________________

Mínima expresión

Pregunta esencial ¿Cómo puedes escribir una fracción como una fracción equivalente en su mínima expresión?

Número y operaciones—Fracciones—4.NF.1
PRÁCTICAS MATEMÁTICAS
MP.2, MP.4, MP.6

Soluciona el problema *En el mundo*

Vicki compró un pastel helado cortado en 6 porciones iguales. Vicki, Margo y Elena se llevaron cada una 2 porciones del pastel a su casa. Vicki dice que cada una de ellas se llevó $\frac{1}{3}$ del pastel. ¿Tiene razón?

- ¿En cuántas porciones se cortó el pastel?

  ____

- ¿Cuántas porciones se llevó cada niña?

  ____

Actividad

Materiales ■ lápices de colores

PASO 1 Usa un lápiz azul para sombrear las porciones que se llevó Vicki.

PASO 2 Usa un lápiz rojo para sombrear las porciones que se llevó Margo.

PASO 3 Usa un lápiz amarillo para sombrear las porciones que se llevó Elena.

El pastel está dividido en ______ porciones del mismo tamaño. Los 3 colores del modelo muestran cómo combinar porciones de un sexto

para formar ______ porciones iguales de un tercio.

Entonces, Vicki tiene razón. Vicki, Margo y Elena se llevaron ―― del pastel cada una.

Charla matemática — **Prácticas matemáticas**

Compara los modelos de $\frac{2}{6}$ y $\frac{1}{3}$. **Explica** la relación que existe entre los tamaños de las porciones.

- ¿Qué pasaría si Vicki se llevara 3 porciones de pastel y Elena se llevara 3 porciones de pastel? ¿Cómo podrías combinar las porciones para escribir una fracción que represente la parte que se llevó cada amiga? Explícalo.

____

____

____

Mínima expresión Una fracción está en su **mínima expresión** cuando se la puede representar con la menor cantidad posible de partes iguales de un entero. Debes usar partes del mismo tamaño para describir la parte que tienes. Si no puedes usar menos partes para describir la parte que tienes, entonces la fracción no se puede simplificar.

De una manera **Usa modelos para escribir una fracción equivalente en su mínima expresión.**

REPRESENTA	ESCRIBE FRACCIONES EQUIVALENTES	RELACIONA LAS FRACCIONES EQUIVALENTES
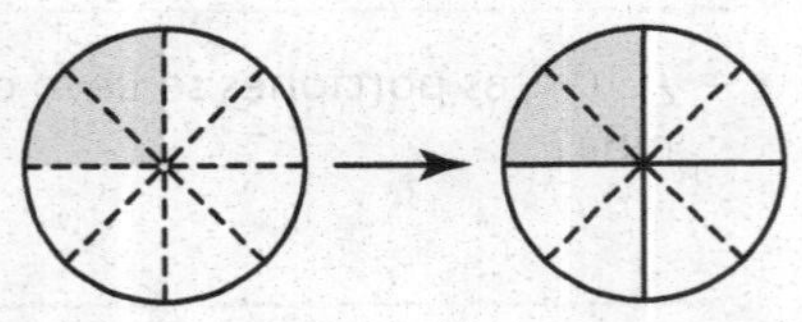	$\frac{2}{8} = \frac{1}{4}$	$\frac{2 \div 2}{8 \div 2} = \frac{1}{4}$
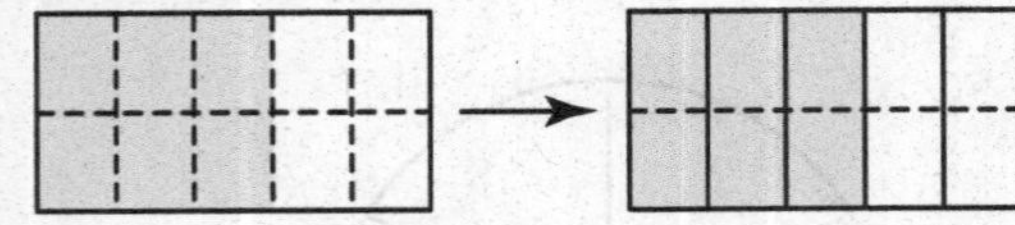	$\frac{6}{10} = \frac{\square}{5}$	$\frac{6 \div \square}{10 \div \square} = \frac{\square}{5}$
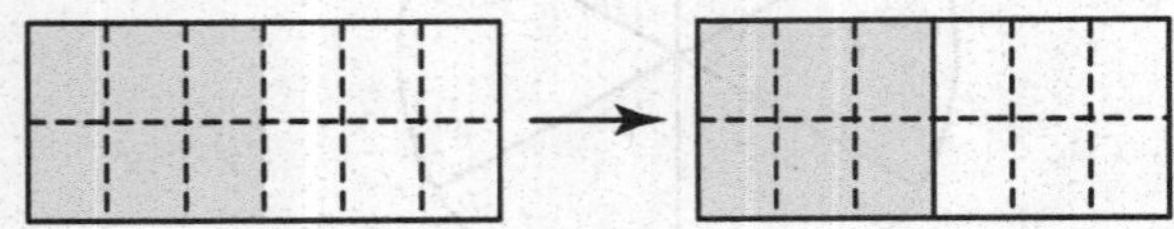	$\frac{6}{12} = \frac{\square}{\square}$	$\frac{6 \div \square}{12 \div \square} = \frac{\square}{\square}$

Para simplificar $\frac{6}{10}$, puedes combinar partes de un décimo en grupos iguales con 2 partes cada uno.

Entonces, $\frac{6}{10} = \frac{6 \div \square}{10 \div \square} = \frac{\square}{\square}$.

De otra manera **Usa factores comunes para escribir $\frac{6}{10}$ en su mínima expresión.**

Una fracción está en su mínima expresión cuando el único factor que el numerador y el denominador tienen en común es 1. Las partes del entero no se pueden combinar en menos partes del mismo tamaño para representar la misma fracción.

PASO 1 Escribe los factores del numerador y del denominador. Encierra en un círculo los factores comunes.	Factores de 6: ____, ____, ____, ____ Factores de 10: ____, ____, ____, ____
PASO 2 Divide el numerador y el denominador entre un factor común mayor que 1.	$\frac{6}{10} = \frac{6 \div \square}{10 \div \square} = \frac{\square}{\square}$

Puesto que 1 es el único factor que 3 y 5 tienen en común, la fracción _____ está escrita en su mínima expresión.

Nombre ___________________

Comparte y muestra

1. Escribe $\frac{8}{10}$ en su mínima expresión.

$$\frac{8}{10} = \frac{8 \div \square}{10 \div \square} = \frac{\square}{\square}$$

Escribe la fracción en su mínima expresión.

2. $\frac{6}{12}$ ______

3. $\frac{2}{10}$ ______

4. $\frac{6}{8}$ ______

5. $\frac{4}{6}$ ______

Charla matemática

Prácticas matemáticas

Explica cómo sabes si una fracción está en su mínima expresión.

Por tu cuenta

Escribe la fracción en su mínima expresión.

6. $\frac{9}{12}$ ______

7. $\frac{4}{8}$ ______

8. $\frac{10}{12}$ ______

9. $\frac{20}{100}$ ______

Indica si la fracción está en su mínima expresión. Escribe *sí* o *no*.

10. $\frac{2}{8}$ ______

11. $\frac{9}{12}$ ______

12. $\frac{5}{6}$ ______

13. $\frac{4}{10}$ ______

Indica si las fracciones son equivalentes.
Escribe = ó ≠. Usa la mínima expresión como ayuda.

14. $\frac{3}{6} \bigcirc \frac{5}{10}$

15. $\frac{9}{12} \bigcirc \frac{1}{3}$

16. $\frac{3}{12} \bigcirc \frac{2}{4}$

17. $\frac{6}{8} \bigcirc \frac{9}{12}$

Resolución de problemas • Aplicaciones

Usa el mapa para resolver los problemas 18 y 19.

18. PRÁCTICA MATEMÁTICA 7 ¿Qué fracción de los estados de la región sudoeste comparten la frontera con México? ¿Esta fracción está en su mínima expresión?

____

19. PIENSA MÁS ¿Cuál es la pregunta? $\frac{1}{3}$ de los estados de esta región se encuentran sobre el golfo de México.

____

____

____

____

20. MÁS AL DETALLE Peter dice que para escribir $\frac{4}{6}$ como $\frac{2}{3}$, se combinan las partes, pero para escribir $\frac{4}{6}$ como $\frac{8}{12}$, se descomponen las partes. ¿Tiene sentido? Explícalo.

____

____

____

____

ESCRIBE ▸ *Matemáticas*
Muestra tu trabajo

Entrenador personal en matemáticas

21. PIENSA MÁS + En el salón de Michelle, $\frac{9}{15}$ de los estudiantes toman el autobús para ir a la escuela, $\frac{4}{12}$ van en carro y $\frac{2}{30}$ van caminando. Decide si las oraciones 21a a 21c son verdaderas o falsas.

21a. En la mínima expresión, $\frac{3}{5}$ de los estudiantes tomaron el autobús. ○ Verdadero ○ Falso

21b. En la mínima expresión, $\frac{1}{4}$ de los estudiantes van a la escuela en carro. ○ Verdadero ○ Falso

21c. En la mínima expresión, $\frac{1}{15}$ de los estudiantes van a la escuela caminando. ○ Verdadero ○ Falso

PRÁCTICA ADICIONAL:
Cuaderno de práctica de los estándares

Nombre ______________________________

Denominadores comunes

Números y operaciones—Fracciones—4.NF.1

PRÁCTICAS MATEMÁTICAS MP.2, MP.4, MP.6

Pregunta esencial ¿Cómo puedes escribir un par de fracciones como fracciones con denominador común?

Soluciona el problema

Martín tiene dos rectángulos del mismo tamaño. Un rectángulo está cortado en partes de $\frac{1}{2}$. El otro rectángulo está cortado en partes de $\frac{1}{3}$. Martín quiere cortar los rectángulos de manera que todas las partes tengan el mismo tamaño. ¿Cómo puede cortar cada rectángulo?

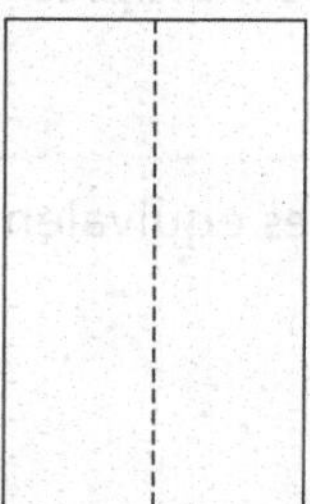

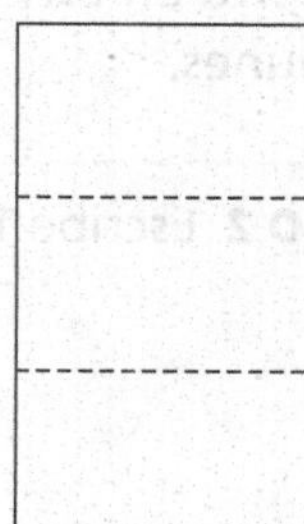

Un **denominador común** es un múltiplo común de los denominadores de dos o más fracciones. Las fracciones con denominadores comunes representan enteros divididos en la misma cantidad de partes.

Actividad Usa el plegado de papel y el sombreado.

Materiales ■ 2 hojas de papel

Halla un denominador común de $\frac{1}{2}$ y $\frac{1}{3}$.

PASO 1

Representa el rectángulo cortado en partes de $\frac{1}{2}$. Pliega una hoja de papel por la mitad. Dibuja una línea en el pliegue.

PASO 2

Representa el rectángulo cortado en partes de $\frac{1}{3}$. Pliega la otra hoja de papel en tercios. Dibuja líneas en los pliegues.

PASO 3

Pliega las hojas de papel que usaste en los Pasos 1 y 2 de manera que ambas hojas tengan la misma cantidad de partes. Dibuja líneas en los pliegues. ¿Cuántas partes iguales tiene cada hoja

de papel? ____________

PASO 4

Haz un dibujo que represente tus hojas de papel para mostrar la cantidad de partes que tendría cada rectángulo.

Entonces, cada rectángulo podría cortarse en ______ partes.

Charla matemática — **Prácticas matemáticas**

¿Martín debe cortar cada rectángulo la misma cantidad de veces? Explícalo.

Ejemplo Escribe $\frac{4}{5}$ y $\frac{1}{2}$ como un par de fracciones con denominadores comunes.

Puedes usar múltiplos comunes para hallar un denominador común. Escribe los múltiplos de cada denominador. Se puede usar un múltiplo común como denominador común.

PASO 1 Escribe múltiplos de 5 y de 2. Encierra en un círculo los múltiplos comunes.

5: 5, 10, ____, ____, ____

2: ____, ____, ____, ____, ____, ____, ____

PASO 2 Escribe fracciones equivalentes.

$$\frac{4}{5} = \frac{4 \times \square}{5 \times \square} = \frac{\square}{10}$$

$$\frac{1}{2} = \frac{1 \times \square}{2 \times \square} = \frac{\square}{10}$$

Elige un denominador que sea múltiplo común de 5 y de 2.

Puedes escribir $\frac{4}{5}$ y $\frac{1}{2}$ como ____ y ____.

Para evitar errores

Recuerda que cuando multiplicas el denominador por un factor, debes multiplicar el numerador por el mismo factor para escribir una fracción equivalente.

1. ¿$\frac{4}{5}$ y $\frac{1}{2}$ son fracciones equivalentes? Explícalo.

____

____

____

2. Describe otra manera en que puedes saber si $\frac{4}{5}$ y $\frac{1}{2}$ son equivalentes.

____

____

____

Comparte y muestra

1. Divide los enteros en el mismo número de partes iguales para hallar un denominador común de $\frac{1}{3}$ y $\frac{1}{12}$. Usa los modelos como ayuda.

denominador común: ____

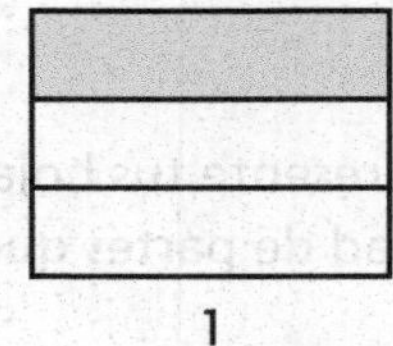

$\frac{1}{3}$

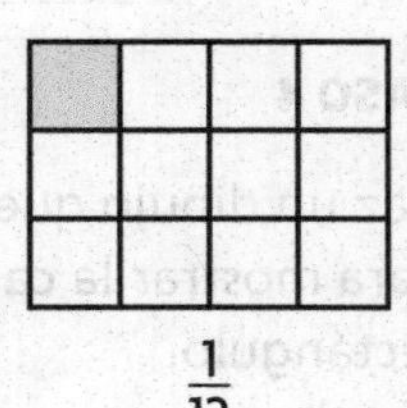

$\frac{1}{12}$

Nombre ______________________________

Escribe el par de fracciones como un par de fracciones con denominador común.

2. $\frac{1}{2}$ y $\frac{1}{4}$

3. $\frac{3}{4}$ y $\frac{5}{8}$

4. $\frac{1}{3}$ y $\frac{1}{4}$

5. $\frac{4}{12}$ y $\frac{5}{8}$

Charla matemática

Prácticas matemáticas

Explica cómo te ayuda usar un modelo o escribir múltiplos a hallar un denominador común.

Por tu cuenta

Escribe el par de fracciones como un par de fracciones con denominador común.

6. $\frac{1}{4}$ y $\frac{5}{6}$

7. $\frac{3}{5}$ y $\frac{4}{10}$

Indica si las fracciones son equivalentes. Escribe = ó ≠.

8. $\frac{3}{4}$ ◯ $\frac{1}{2}$

9. $\frac{3}{4}$ ◯ $\frac{6}{8}$

10. $\frac{1}{2}$ ◯ $\frac{4}{8}$

11. $\frac{6}{8}$ ◯ $\frac{4}{8}$

12. $\frac{1}{3}$ ◯ $\frac{2}{6}$

13. $\frac{1}{3}$ ◯ $\frac{4}{12}$

14. $\frac{2}{6}$ ◯ $\frac{4}{12}$

15. $\frac{4}{12}$ ◯ $\frac{4}{12}$

Resolución de problemas • Aplicaciones En el mundo

16. MÁS AL DETALLE Carrie tiene una serpentina roja que mide $\frac{3}{4}$ de yarda de longitud y una serpentina azul que mide $\frac{5}{6}$ de yarda de longitud. Carrie dice que las serpentinas miden lo mismo. ¿Tiene sentido? **Explícalo.**

17. PIENSA MÁS Lilian tiene dos rectángulos del mismo tamaño divididos en la misma cantidad de partes iguales. Un rectángulo tiene $\frac{1}{3}$ de sus partes sombreadas y el otro tiene $\frac{2}{5}$ de sus partes sombreadas. ¿Cuál es el menor número de partes en que podrían estar divididos ambos rectángulos?

Matemáticas al instante

18. PRÁCTICA MATEMÁTICA 6 Jonah dice que 9 es un denominador común de $\frac{3}{4}$ y $\frac{2}{5}$. ¿Cuál es el error de Jonah? **Explícalo.**

ESCRIBE ▸ *Matemáticas*
Muestra tu trabajo

Entrenador personal en matemáticas

19. PIENSA MÁS + Miguel tiene dos rectángulos divididos en el mismo número de partes iguales. Un rectángulo tiene $\frac{2}{3}$ de las partes sombreadas y el otro $\frac{3}{5}$ de las partes sombreadas.

¿En cuántas partes podría estar dividido cada rectángulo? Muestra tu trabajo haciendo un dibujo de los rectángulos.

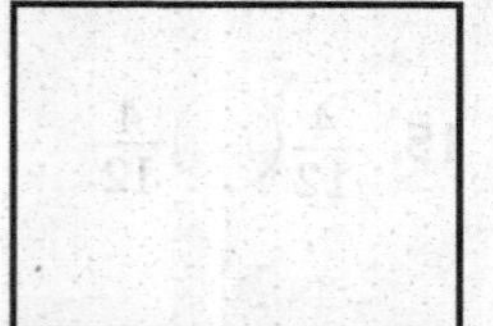

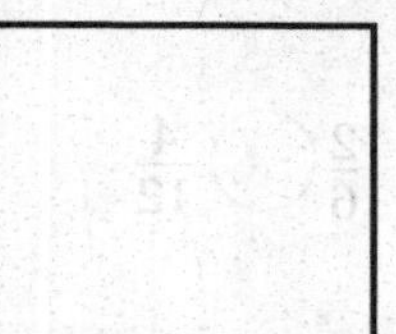

PRÁCTICA ADICIONAL:
Cuaderno de práctica de los estándares

Nombre ______________________________

Resolución de problemas • Hallar fracciones equivalentes

Número y operaciones—Fracciones—4.NF.1

PRÁCTICAS MATEMÁTICAS
MP.1, MP.3, MP.4

Pregunta esencial ¿Cómo puedes usar la estrategia *hacer una tabla* para resolver problemas con fracciones equivalentes?

Soluciona el problema (En el mundo)

Anaya está sembrando un jardín de flores. El jardín tendrá no más de 12 secciones iguales. En $\frac{3}{4}$ del jardín sembrará margaritas. ¿Qué otras fracciones podrían representar la parte del jardín que tendrá margaritas?

Lee el problema

¿Qué debo hallar?	¿Qué información debo usar?	¿Cómo usaré la información?
Otras ________ que podrían representar la parte del jardín que tendrá margaritas.	En ______ del jardín, Anaya sembrará margaritas. El jardín tendrá no más de ______ secciones iguales.	Puedo hacer una ________ para hallar fracciones ____________ para resolver el problema.

Resuelve el problema

Puedo hacer una tabla y dibujar modelos para hallar fracciones equivalentes.

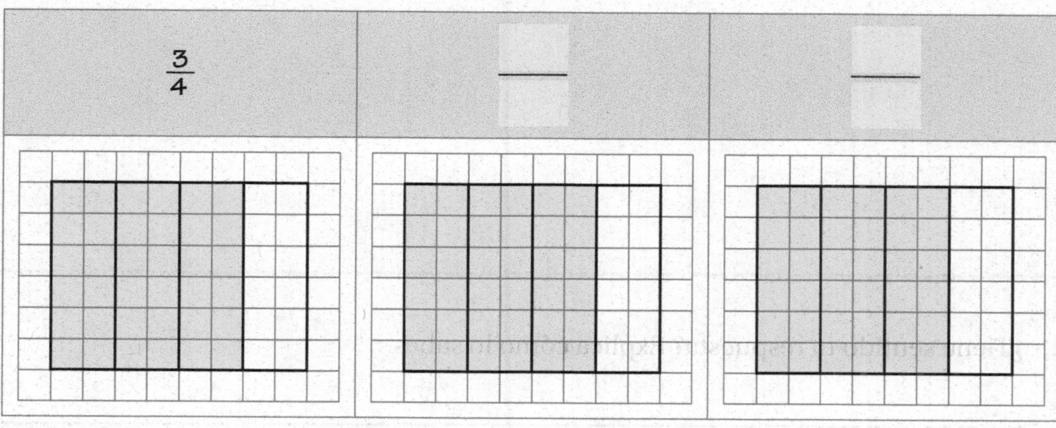

1. ¿Qué otras fracciones podrían representar la parte del jardín que tendrá margaritas? Explícalo. ____________

____

____

Charla matemática — Prácticas matemáticas

Compara los modelos de las fracciones equivalentes. ¿Qué relación hay entre la cantidad de partes y el tamaño de las partes? **Explícalo.**

Haz otro problema

Dos amigas están tejiendo bufandas. Cada bufanda tiene 3 rectángulos y $\frac{2}{3}$ de los rectángulos tienen rayas. Si las amigas van a hacer 10 bufandas, ¿cuántos rectángulos necesitan? ¿Cuántos rectángulos tendrán rayas?

Lee el problema

¿Qué debo hallar?	¿Qué información debo usar?	¿Cómo usaré la información?

Resuelve el problema

2. ¿Tiene sentido tu respuesta? Explica cómo lo sabes.

Charla matemática

Prácticas matemáticas

¿Qué estrategia usaste y por qué?

Nombre ____________________

Comparte y muestra

Soluciona el problema

- ✓ Usa la pizarra de Resolución de problemas.
- ✓ Subraya los datos importantes.
- ✓ Elige una estrategia que conozcas.

1. Keisha ayuda a planificar el recorrido de una maratón benéfica de 10 kilómetros. El comité quiere colocar los siguientes elementos a lo largo del recorrido.

Áreas de observación: al final de cada mitad de la ruta
Puestos de agua: al final de cada quinto de la ruta
Señalizadores de distancia: al final de cada décimo de la ruta

¿Qué lugares de la ruta tendrán más de uno de estos elementos?

Primero, haz una tabla para organizar la información.

	Total de lugares	Primer lugar	Todos los lugares
Áreas de observación	2	$\frac{1}{2}$	$\frac{1}{2}$
Puestos de agua	5	$\frac{1}{5}$	$\frac{1}{5}$
Señalizadores de distancia	10	$\frac{1}{10}$	$\frac{1}{10}$

A continuación, identifica una relación. Usa un denominador común y halla fracciones equivalentes.

Por último, identifica los lugares en donde habrá más de un elemento. Encierra en un círculo esos lugares.

____

____

2. PIENSA MÁS ¿Qué pasaría si también se colocaran señalizadores de distancia al final de cada cuarto de la ruta? ¿La ubicación de alguno de esos señalizadores coincidiría con la de otro señalizador de distancia, un puesto de agua o un área de observación? Explícalo.

____

____

____

3. Cincuenta y seis estudiantes se anotaron como voluntarios para la maratón. Había 4 grupos iguales de estudiantes y a cada grupo se le asignó una tarea diferente.

¿Cuántos estudiantes había en cada grupo? ____________

Por tu cuenta

4. PIENSA MÁS Un panadero cortó un pastel por la mitad. Cortó cada mitad en 3 porciones iguales y cada porción en 2 trozos iguales. Vendió 6 trozos. ¿Qué fracción del pastel vendió el panadero?

5. MÁS AL DETALLE Andy cortó un emparedado de atún y un emparedado de pollo en un total de 15 trozos del mismo tamaño. Cortó el emparedado de atún en 9 trozos más que el emparedado de pollo. Andy comió 8 trozos del emparedado de atún. ¿Qué fracción del emparedado de atún comió Andy?

ESCRIBE ▸ *Matemáticas*
Muestra tu trabajo

6. PRÁCTICA MATEMÁTICA 6 Luke fue a una feria y jugó a lanzar pelotas en estas cubetas. El número de cada cubeta indica la cantidad de puntos que se ganan por cada pelota que entre. ¿Cuál es la menor cantidad de pelotas que se debe acertar en las cubetas para anotar exactamente 100 puntos? **Explícalo.**

7. PIENSA MÁS Victoria acomoda flores en floreros en su restorán. En cada florero, $\frac{2}{3}$ de las flores son amarillas. ¿Qué otra fracción puede representar la parte de las flores que son amarillas? Sombrea los modelos para mostrar tu trabajo.

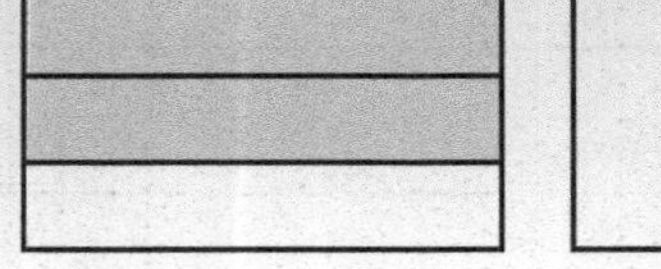

$\frac{2}{3}$ $\frac{\square}{12}$ $\frac{\square}{\square}$

PRÁCTICA ADICIONAL:
Cuaderno de práctica de los estándares

Nombre ______________________

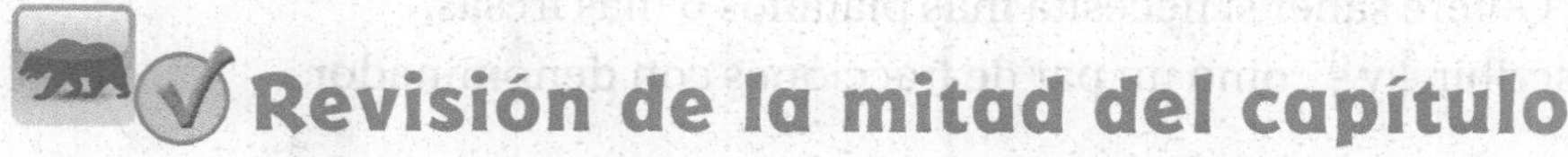

Revisión de la mitad del capítulo

Vocabulario

Vocabulario
denominador común
factor
fracciones equivalentes

Elige el término del recuadro que mejor corresponda.

1. Las ______________________ indican la misma cantidad. (pág. 237)

2. Un ______________________ es un múltiplo común de dos o más denominadores. (pág. 249)

Conceptos y destrezas

Escribe dos fracciones equivalentes. (4.NF.1)

3. $\frac{2}{5}$ = ______ = ______

4. $\frac{1}{3}$ = ______ = ______

5. $\frac{3}{4}$ = ______ = ______

Indica si las fracciones son equivalentes. Escribe = ó ≠. (4.NF.1)

6. $\frac{2}{3}$ ◯ $\frac{4}{12}$

7. $\frac{5}{6}$ ◯ $\frac{10}{12}$

8. $\frac{1}{4}$ ◯ $\frac{4}{8}$

Escribe la fracción en su mínima expresión. (4.NF.1)

9. $\frac{6}{8}$ ______________________

10. $\frac{25}{100}$ ______________________

11. $\frac{8}{10}$ ______________________

Escribe el par de fracciones como un par de fracciones con denominador común. (4.NF.1)

12. $\frac{3}{10}$ y $\frac{2}{5}$ ______________________

13. $\frac{1}{3}$ y $\frac{3}{4}$ ______________________

14. Sam necesita $\frac{5}{6}$ de taza de puré de plátanos y $\frac{3}{4}$ de taza de puré de fresas para una receta. Quiere saber si necesita más plátanos o más fresas. ¿Cómo puede escribir $\frac{5}{6}$ y $\frac{3}{4}$ como un par de fracciones con denominador común? (4.NF.1)

____

15. Karen dividirá su jardín en partes iguales. Plantará maíz en $\frac{8}{12}$ del jardín. ¿Cuál es la menor cantidad de partes en las que puede dividir su jardín? (4.NF.1)

____

16. Olivia está tejiendo bufandas. Cada bufanda tendrá 5 rectángulos y $\frac{2}{5}$ de los rectángulos serán morados. ¿Cuántos rectángulos morados necesita para hacer 3 bufandas? (4.NF.1)

____

17. Paul necesita comprar $\frac{5}{8}$ de libra de cacahuates. La balanza de la tienda mide partes de libra en dieciseisavos. ¿Qué medida es equivalente a $\frac{5}{8}$ de libra? (4.NF.1)

____

Nombre ______________________________

Comparar fracciones usando puntos de referencia

Número y operaciones— Fracciones—4.NF.2

PRÁCTICAS MATEMÁTICAS
MP.1, MP.3, MP.4

Pregunta esencial ¿Cómo puedes usar puntos de referencia para comparar fracciones?

Soluciona el problema

Zach preparó un refrigerio de palomitas de maíz. Mezcló $\frac{5}{8}$ de galón de palomitas de maíz con $\frac{1}{2}$ de galón de aros de manzana deshidratada. ¿Usó más aros de manzana o más palomitas de maíz?

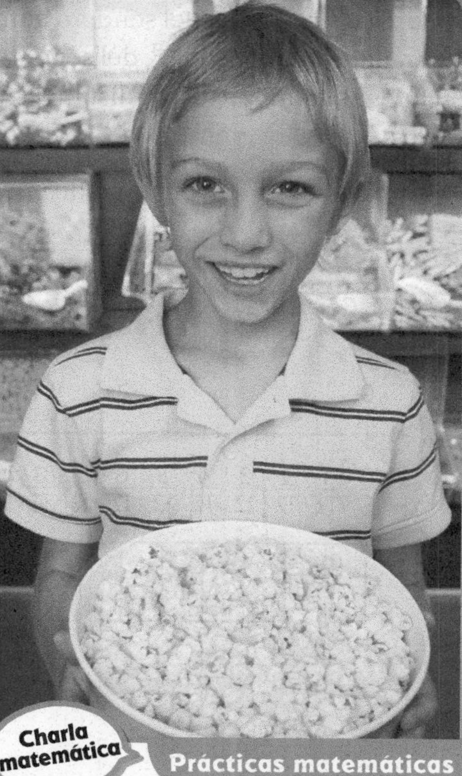

Actividad Compara $\frac{5}{8}$ y $\frac{1}{2}$.

Materiales ■ tiras fraccionarias

Usa tiras fraccionarias para comparar $\frac{5}{8}$ y $\frac{1}{2}$. Anota en el siguiente modelo.

$\frac{1}{2}$	$\frac{1}{2}$				$\frac{1}{2}$			
$\frac{5}{8}$	$\frac{1}{8}$	$\frac{1}{8}$	$\frac{1}{8}$	$\frac{1}{8}$	$\frac{1}{8}$	$\frac{1}{8}$	$\frac{1}{8}$	$\frac{1}{8}$

$\frac{5}{8}$ ◯ $\frac{1}{2}$

Entonces, Zach usó más ______________________.

Charla matemática **Prácticas matemáticas**

Explica cuál es la relación entre el número de partes de un octavo en $\frac{5}{8}$ y el número de partes de un octavo que necesitas para formar $\frac{1}{2}$.

1. Escribe cinco fracciones equivalentes a $\frac{1}{2}$. ¿Qué relación hay entre el numerador y el denominador de fracciones equivalentes a $\frac{1}{2}$?

____

____

2. ¿Cuántos octavos son equivalentes a $\frac{1}{2}$?

____

3. ¿Cómo puedes comparar $\frac{5}{8}$ y $\frac{1}{2}$ sin usar un modelo?

____

____

Puntos de referencia Un **punto de referencia** es un tamaño o una cantidad que se conoce y que sirve para entender un tamaño o una cantidad diferente. Puedes usar $\frac{1}{2}$ como punto de referencia para comparar fracciones.

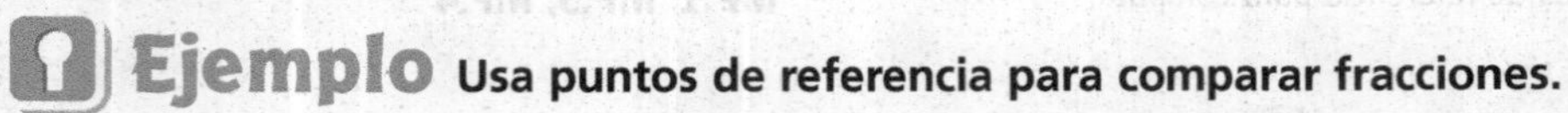

Ejemplo **Usa puntos de referencia para comparar fracciones.**

Una familia caminó por el mismo sendero de montaña. Evie y su padre caminaron $\frac{5}{12}$ del sendero antes de detenerse a almorzar. Jane y su madre caminaron $\frac{9}{10}$ del sendero antes de detenerse a almorzar. ¿Quiénes caminaron una distancia mayor antes del almuerzo?

Compara $\frac{5}{12}$ y $\frac{9}{10}$ con el punto de referencia $\frac{1}{2}$.

PASO 1 Compara $\frac{5}{12}$ con $\frac{1}{2}$.

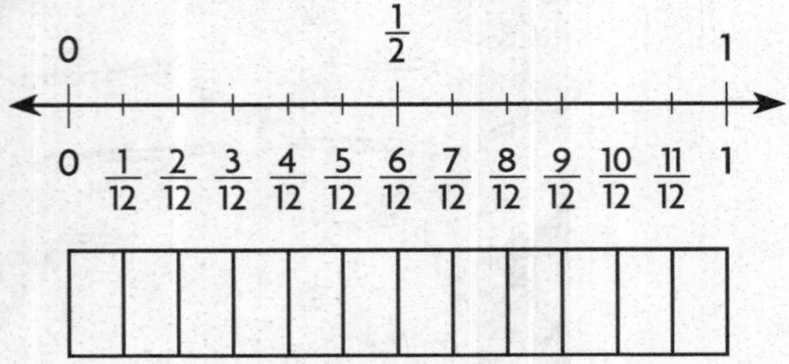

Piensa: Sombrea $\frac{5}{12}$.

PASO 2 Compara $\frac{9}{10}$ con $\frac{1}{2}$.

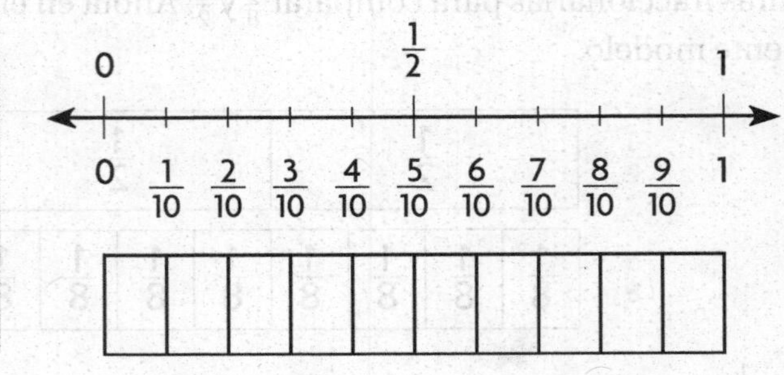

Piensa: Sombrea $\frac{9}{10}$.

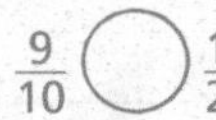

Puesto que $\frac{5}{12}$ es ______________ que $\frac{1}{2}$ y $\frac{9}{10}$ es ______________ que $\frac{1}{2}$, sabes que $\frac{5}{12}$ ○ $\frac{9}{10}$.

Entonces, ______________ caminaron una distancia mayor antes del almuerzo.

4. Explica cómo puedes saber que $\frac{5}{12}$ es menor que $\frac{1}{2}$ sin usar un modelo.

____

____

5. Explica cómo puedes saber que $\frac{7}{10}$ es mayor que $\frac{1}{2}$ sin usar un modelo.

____

____

Nombre ____________________

Comparte y muestra

1. Compara $\frac{2}{5}$ y $\frac{1}{8}$. Escribe < ó >.

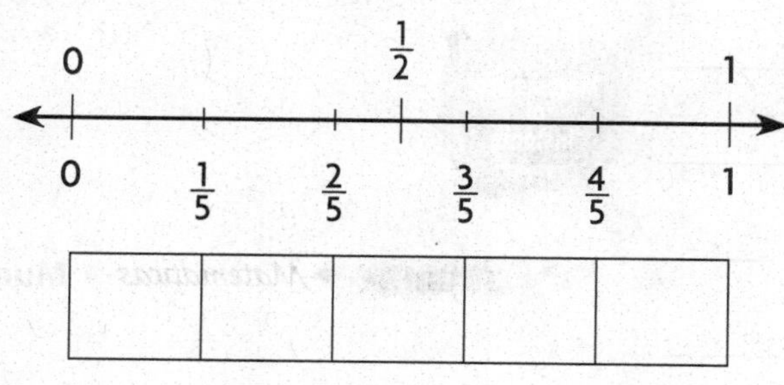

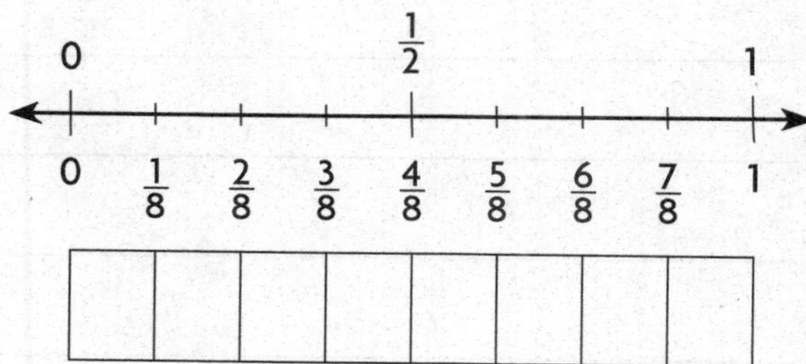

$\frac{2}{5}$ ◯ $\frac{1}{8}$

Compara. Escribe < ó >.

2. $\frac{1}{2}$ ◯ $\frac{4}{6}$

3. $\frac{3}{10}$ ◯ $\frac{1}{2}$

4. $\frac{11}{12}$ ◯ $\frac{4}{8}$

5. $\frac{5}{8}$ ◯ $\frac{2}{5}$

Charla matemática — **Prácticas matemáticas**

Explica cómo sabes que $\frac{1}{3} < \frac{1}{2}$.

Por tu cuenta

Compara. Escribe < ó >.

6. $\frac{8}{10}$ ◯ $\frac{3}{8}$

7. $\frac{1}{3}$ ◯ $\frac{7}{12}$

8. $\frac{2}{6}$ ◯ $\frac{7}{8}$

9. $\frac{4}{8}$ ◯ $\frac{2}{10}$

10. $\frac{3}{4}$ ◯ $\frac{1}{2}$

11. $\frac{6}{6}$ ◯ $\frac{1}{3}$

12. $\frac{4}{5}$ ◯ $\frac{1}{6}$

13. $\frac{5}{8}$ ◯ $\frac{9}{10}$

PRÁCTICA MATEMÁTICA 2 Razona cuantitativamente **Álgebra** **Halla un numerador que haga que el enunciado sea verdadero.**

14. $\frac{2}{4} < \frac{\square}{6}$

15. $\frac{8}{10} > \frac{\square}{8}$

16. $\frac{10}{12} > \frac{\square}{4}$

17. $\frac{2}{5} < \frac{\square}{10}$

18. Cuando dos fracciones están entre 0 y $\frac{1}{2}$, ¿cómo sabes qué fracción es mayor? Explícalo.

____

____

____

Resolución de problemas • Aplicaciones

19. PIENSA MÁS Saundra corrió $\frac{7}{12}$ de milla. Lamar corrió $\frac{3}{4}$ de milla. ¿Quién corrió más? Explica.

ESCRIBE ▸ *Matemáticas* • Muestra tu tra

20. **¿Cuál es la pregunta?** Selena corrió más que Manny.

21. MÁS AL DETALLE Mary hizo una fuente pequeña de ziti y una fuente pequeña de lasaña. Cortó el ziti en 8 partes iguales y la lasaña en 9 partes iguales. Su familia comió $\frac{2}{3}$ de la lasaña. Si comieron más lasaña que ziti, ¿qué fracción del ziti podrían haber comido?

22. PIENSA MÁS James, Ema y Ryan anduvieron en bicicleta alrededor del Lago Eagle. James recorrió $\frac{2}{10}$ de la distancia en una hora. Ema recorrió $\frac{4}{8}$ de la distancia en una hora. Ryan recorrió $\frac{2}{5}$ de la distancia en una hora. Compara las distancias que recorrió cada uno uniendo los enunciados con el símbolo correcto. Cada símbolo se puede usar más de una vez o puede no ser usado.

$\frac{2}{10}$ ● $\frac{4}{8}$ •   • =

$\frac{4}{8}$ ● $\frac{2}{5}$ •   • <

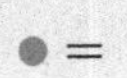

$\frac{2}{10}$ ● $\frac{2}{5}$ •   • >

PRÁCTICA ADICIONAL:
Cuaderno de práctica de los estándares

Nombre ______________________________

Comparar fracciones

Pregunta esencial ¿Cómo puedes comparar fracciones?

Número y operaciones—Fracciones —4.NF.2

PRÁCTICAS MATEMÁTICAS
MP.2, MP.4, MP.6

Soluciona el problema

Todos los años, la escuela de Avery organiza una feria. Este año, $\frac{3}{8}$ de los puestos fueron de pintura facial y $\frac{1}{4}$ fueron de arte con arena. ¿Hubo más puestos de pintura facial o de arte con arena? Compara $\frac{3}{8}$ y $\frac{1}{4}$.

De una manera Usa un denominador común.

Cuando dos fracciones tienen el mismo denominador, tienen partes del mismo tamaño. Puedes comparar el número de partes.

PIENSA

Piensa: 8 es múltiplo de 4 y de 8. Usa 8 como denominador común.

$$\frac{1}{4} = \frac{1 \times \square}{4 \times \square} = \frac{\square}{8}$$

$\frac{3}{8}$ ya tiene a 8 como denominador.

REPRESENTA Y ANOTA

Sombrea el modelo. Luego compara.

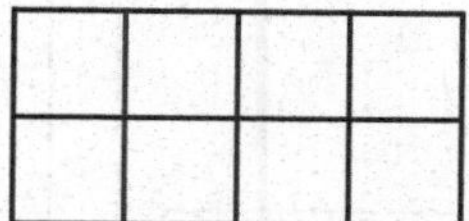

$\frac{3}{8}$  $\frac{2}{8}$

De otra manera Usa un numerador común.

Cuando dos fracciones tienen el mismo numerador, representan el mismo número de partes. Puedes comparar el tamaño de las partes.

PIENSA

Piensa: 3 es múltiplo de 3 y de 1. Usa 3 como numerador común.

$\frac{3}{8}$ ya tiene a 3 como numerador.

$$\frac{1}{4} = \frac{1 \times \square}{4 \times \square} = \frac{3}{\square}$$

REPRESENTA Y ANOTA

Sombrea el modelo. Luego compara.

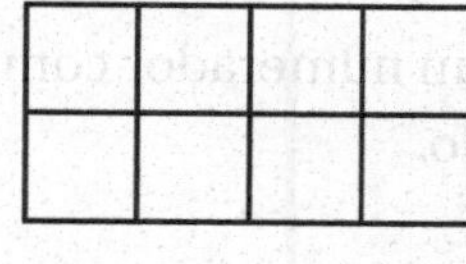

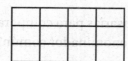

$\frac{3}{8}$ ◯ $\frac{3}{12}$

Como $\frac{3}{8}$ ◯ $\frac{1}{4}$, hubo más puestos de ________________.

Charla matemática — **Prácticas matemáticas**

Explica por qué no puedes usar $\frac{1}{2}$ como punto de referencia para comparar $\frac{3}{8}$ y $\frac{1}{4}$.

¡Inténtalo! **Compara las fracciones. Explica tu razonamiento.**

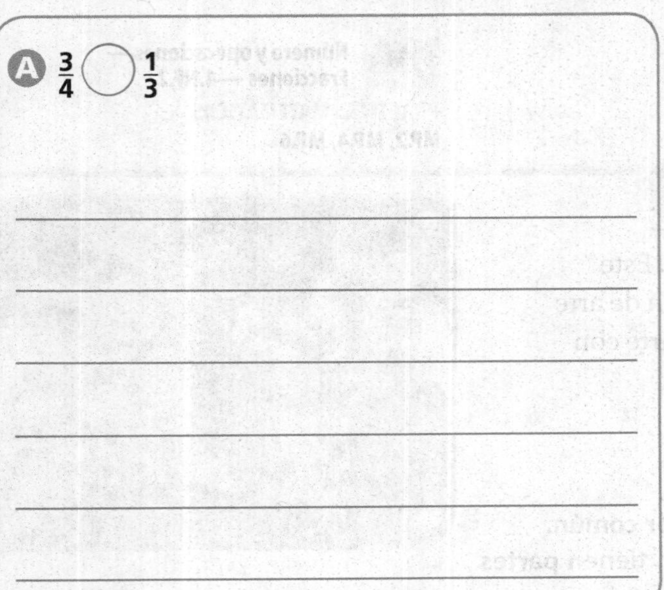

1. ¿Qué usarías para comparar $\frac{11}{12}$ y $\frac{5}{6}$, un numerador común o un denominador común? Explícalo.

2. ¿Puedes usar la mínima expresión para comparar $\frac{8}{10}$ y $\frac{3}{5}$? Explícalo.

Nombre ____________________

Comparte y muestra

1. Compara $\frac{2}{5}$ y $\frac{1}{10}$.

Piensa: Usa ________ como denominador común.

$\frac{2}{5} = \frac{\square \times \square}{\square \times \square} = \frac{\square}{\square}$

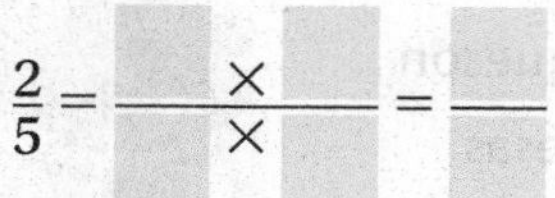

$\frac{1}{10}$

Piensa: 4 partes de un décimo ◯ 1 parte de un décimo.

$\frac{2}{5}$ ◯ $\frac{1}{10}$

2. Compara $\frac{6}{10}$ y $\frac{3}{4}$.

Piensa: Usa ________ como numerador común.

$\frac{6}{10}$

$\frac{3}{4} = \frac{\square \times \square}{\square \times \square} = \frac{\square}{\square}$

Piensa: 1 parte de un décimo ◯ 1 parte de un octavo.

$\frac{6}{10}$ ◯ $\frac{3}{4}$

Compara. Escribe <, >, ó =.

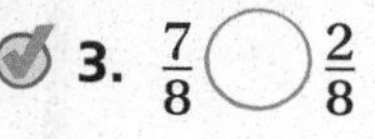

3. $\frac{7}{8}$ ◯ $\frac{2}{8}$

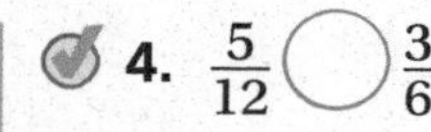

4. $\frac{5}{12}$ ◯ $\frac{3}{6}$

5. $\frac{4}{10}$ ◯ $\frac{4}{6}$

6. $\frac{6}{12}$ ◯ $\frac{2}{4}$

Charla matemática — **Prácticas matemáticas**

Explica por qué usar un numerador común o un denominador común puede ayudarte a comparar fracciones.

Por tu cuenta

Compara. Escribe <, >, ó =.

7. $\frac{1}{3}$ ◯ $\frac{1}{4}$

8. $\frac{4}{5}$ ◯ $\frac{8}{10}$

9. $\frac{3}{4}$ ◯ $\frac{2}{6}$

10. $\frac{1}{2}$ ◯ $\frac{5}{8}$

11. $\frac{3}{10}$ ◯ $\frac{2}{4}$

12. $\frac{75}{100}$ ◯ $\frac{8}{10}$

13. $\frac{4}{6}$ ◯ $\frac{2}{3}$

14. $\frac{3}{10}$ ◯ $\frac{4}{100}$

PRÁCTICA MATEMÁTICA 2 **Razona cuantitativamente** **Álgebra** **Halla un número que haga que el enunciado sea verdadero.**

15. $\frac{1}{2} > \frac{\square}{3}$

16. $\frac{3}{10} < \frac{\square}{5}$

17. $\frac{5}{12} < \frac{\square}{3}$

18. $\frac{2}{3} > \frac{4}{\square}$

Soluciona el problema En el mundo

19. PIENSA MÁS Jerry está haciendo un batido de fresas. ¿Qué medida es mayor: la cantidad de leche, requesón o fresas?

Matemáticas al instante

Batido de fresa

3 cubos de hielo
$\frac{3}{4}$ de taza de leche
$\frac{2}{6}$ de taza de requesón
$\frac{8}{12}$ de taza de fresas
$\frac{1}{4}$ de cucharadita de vainilla
$\frac{1}{8}$ de cucharadita de azúcar

a. ¿Qué debes hallar?

____

____

b. ¿Cómo hallarás la respuesta?

____

____

c. Muestra tu trabajo.

d. Jerry necesita más __________ que los otros dos ingredientes.

20. MÁS AL DETALLE Angie, Blake, Carlos y Daisy salieron a correr. Angie corrió $\frac{1}{3}$ de milla, Blake corrió $\frac{3}{5}$ de milla, Carlos corrió $\frac{7}{10}$ de milla y Daisy corrió $\frac{1}{2}$ milla. ¿Qué corredor corrió la distancia más corta? ¿Quién corrió la mayor distancia?

____

21. PIENSA MÁS Elaine compró $\frac{5}{8}$ de libra de ensalada de patata y $\frac{4}{6}$ de libra de ensalada de macarrones para un picnic. Usa los números para comparar las cantidades de ensalada de patata y ensalada de macarrones que compró Elaine.

$<$

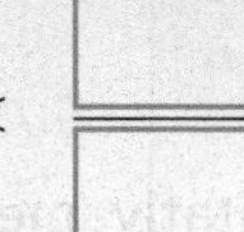

4

5

6

8

PRÁCTICA ADICIONAL:
Cuaderno de práctica de los estándares

Nombre ________________________________

Comparar y ordenar fracciones

Pregunta esencial ¿Cómo puedes ordenar fracciones?

Número y operaciones— Fracciones—4.NF.2

PRÁCTICAS MATEMÁTICAS MP.2, MP.4, MP.6

Soluciona el problema En el mundo

Julia tiene recipientes para residuos del mismo tamaño para el centro de reciclaje. Llenó $\frac{3}{5}$ de un recipiente con plásticos, $\frac{1}{12}$ de un recipiente con papel y $\frac{9}{10}$ de un recipiente con vidrio. ¿Qué recipiente está más lleno?

- Subraya lo que debes hallar.
- Encierra en un círculo las fracciones que compararás.

Ejemplo 1 Ubica y rotula $\frac{3}{5}$, $\frac{1}{12}$, y $\frac{9}{10}$ en la recta numérica.

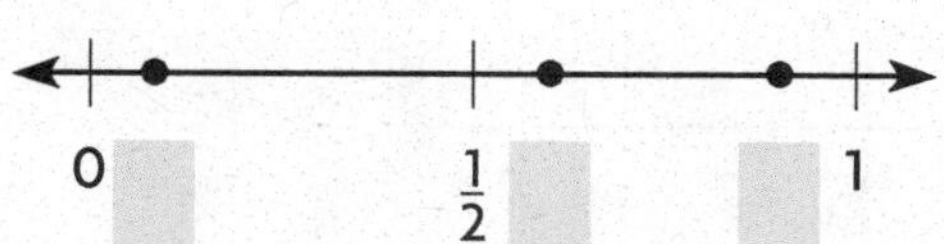

Idea matemática

A veces no es razonable hallar la ubicación exacta de un punto en una recta numérica. Los puntos de referencia pueden ayudarte a hallar ubicaciones aproximadas.

PASO 1 Compara cada fracción con $\frac{1}{2}$.

$\frac{3}{5} \bigcirc \frac{1}{2}$ $\quad$ $\frac{1}{12} \bigcirc \frac{1}{2}$ $\quad$ $\frac{9}{10} \bigcirc \frac{1}{2}$

Tanto ______ como ______ son mayores que $\frac{1}{2}$.

______ es menor que $\frac{1}{2}$.

Rotula $\frac{1}{12}$ en la recta numérica de arriba.

PASO 2 Compara $\frac{3}{5}$ y $\frac{9}{10}$.

Piensa: Usa 10 como denominador común.

$$\frac{3}{5} = \frac{\square \times \square}{\square \times \square} = \frac{\square}{\square}$$

Como $\frac{6}{10} \bigcirc \frac{9}{10}$, sabes que $\frac{3}{5} \bigcirc \frac{9}{10}$.

Rotula $\frac{3}{5}$ y $\frac{9}{10}$ en la recta numérica de arriba.

La fracción que está más alejada del 0 tiene el valor mayor.

La fracción de mayor valor es ______.

Entonces, el recipiente con ____________ es el que está más lleno.

Charla matemática **Prácticas matemáticas**

Explica cómo sabes que ubicaste $\frac{3}{5}$ correctamente en la recta numérica.

- Compara la distancia que hay entre $\frac{3}{5}$ y 0 y la distancia que hay entre $\frac{9}{10}$ y 0. ¿Qué conclusión puedes sacar sobre la relación entre $\frac{3}{5}$ y $\frac{9}{10}$? Explícalo.

____

____

Ejemplo 2 Ordena $\frac{7}{10}$, $\frac{1}{3}$, $\frac{7}{12}$, y $\frac{8}{10}$ de menor a mayor.

0 $\frac{1}{2}$ 1

PASO 1 Compara cada fracción con $\frac{1}{2}$.

Enumera las fracciones menores que $\frac{1}{2}$: ____________

Enumera las fracciones mayores que $\frac{1}{2}$: ____________

La fracción con el valor menor es ______.

Ubica y rotula $\frac{1}{3}$ en la recta numérica de arriba.

PASO 2 Compara $\frac{7}{10}$ con $\frac{7}{12}$ y $\frac{8}{10}$.

Piensa: $\frac{7}{10}$ y $\frac{7}{12}$ tienen un numerador común.

$\frac{7}{10}$ ◯ $\frac{7}{12}$

Piensa: $\frac{7}{10}$ y $\frac{8}{10}$ tienen un denominador común.

$\frac{7}{10}$ ◯ $\frac{8}{10}$

Ubica y rotula $\frac{7}{10}$, $\frac{7}{12}$, y $\frac{8}{10}$ en la recta numérica de arriba.

De menor a mayor, las fracciones son ____________.

Entonces, ______ < ______ < ______ < ______.

¡Inténtalo! Ordena $\frac{3}{4}$, $\frac{3}{6}$, $\frac{1}{3}$, y $\frac{2}{12}$ de menor a mayor.

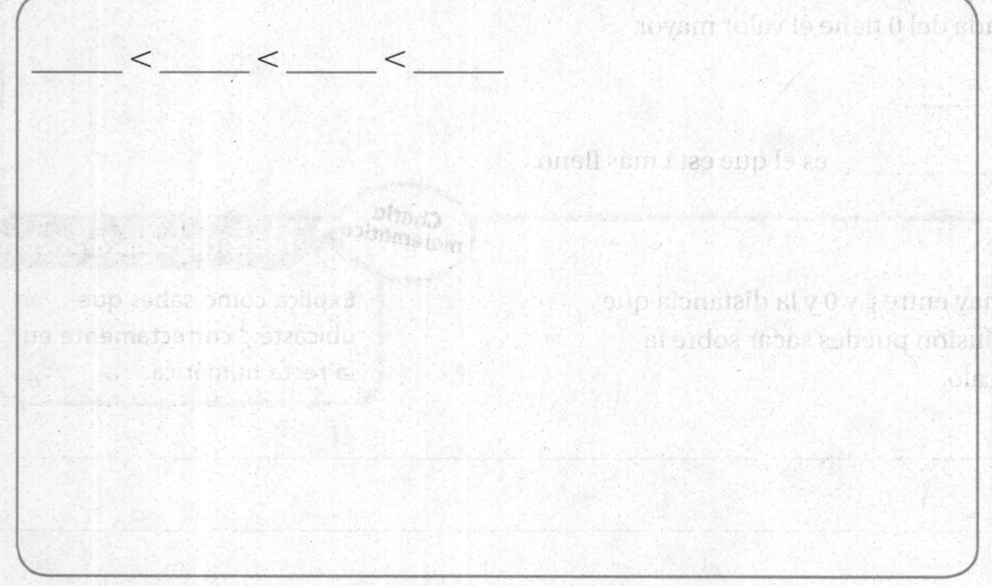

______ < ______ < ______ < ______

Nombre ______________________________

Comparte y muestra

1. Ubica y rotula puntos en la recta numérica como ayuda para ordenar $\frac{3}{10}$, $\frac{11}{12}$, y $\frac{5}{8}$ de menor a mayor.

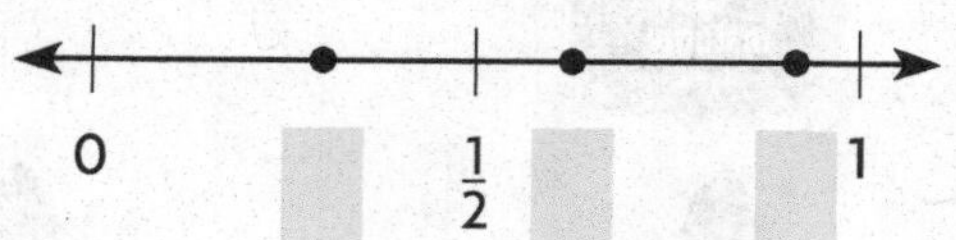

Escribe la fracción que tiene el valor mayor.

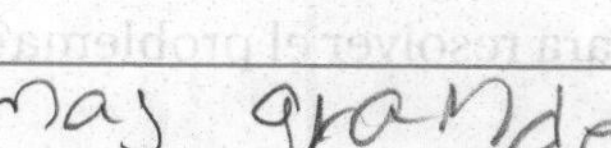

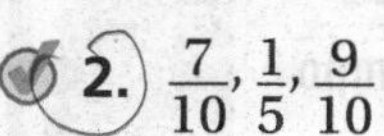

2. $\frac{7}{10}, \frac{1}{5}, \frac{9}{10}$

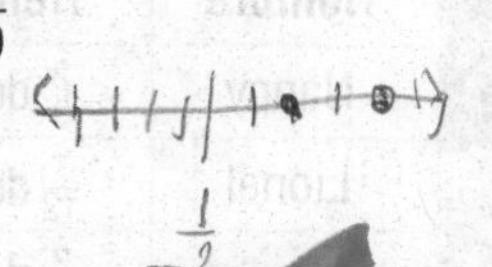

3. $\frac{5}{6}, \frac{7}{12}, \frac{7}{10}$

4. $\frac{2}{8}, \frac{1}{8}, \frac{2}{4}, \frac{2}{6}$

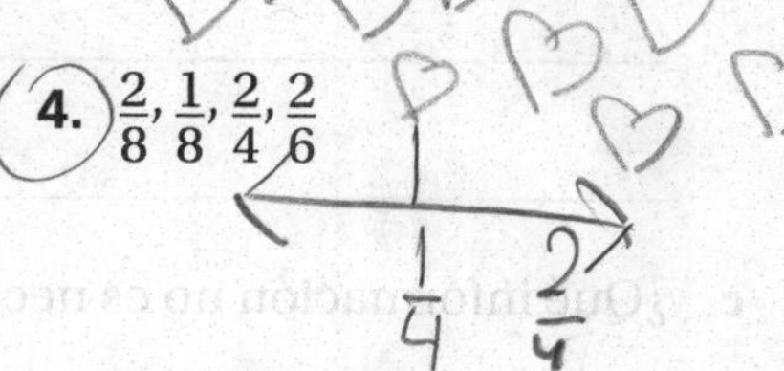

Ordena las fracciones de menor a mayor.

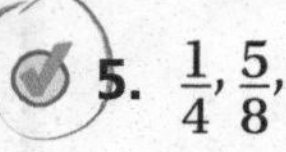

5. $\frac{1}{4}, \frac{5}{8}, \frac{1}{2}$

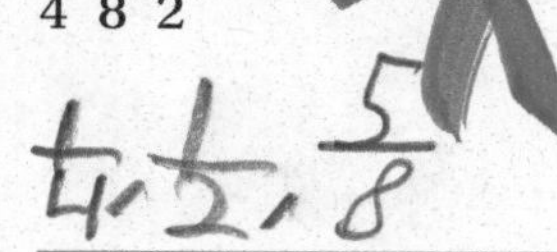

6. $\frac{3}{5}, \frac{2}{3}, \frac{3}{10}, \frac{4}{5}$

7. $\frac{3}{4}, \frac{7}{12}, \frac{5}{12}$

Charla matemática — **Prácticas matemáticas**

Explica cómo pueden ayudarte los puntos de referencia a ordenar fracciones.

Por tu cuenta

Ordena las fracciones de menor a mayor.

8. $\frac{2}{5}, \frac{1}{3}, \frac{5}{6}$

9. $\frac{4}{8}, \frac{5}{12}, \frac{1}{6}$

10. $\frac{7}{100}, \frac{9}{10}, \frac{4}{5}$

PRÁCTICA MATEMÁTICA 2 **Razona cuantitativamente** **Álgebra** **Escribe un numerador que haga que el enunciado sea verdadero.**

11. $\frac{1}{2} < \frac{\square}{10} < \frac{4}{5}$

12. $\frac{1}{4} < \frac{5}{12} < \frac{\square}{6}$

13. $\frac{\square}{8} < \frac{3}{4} < \frac{7}{8}$

Soluciona el problema

14. PIENSA MÁS Nancy, Lionel y Mavis corrieron una carrera de 5 kilómetros. En la tabla se muestran sus tiempos de llegada. ¿En qué orden finalizaron la carrera?

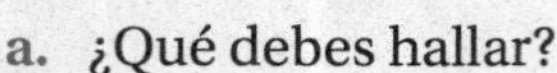

a. ¿Qué debes hallar?

____

____

b. ¿Qué información necesitas para resolver el problema?

____

____

c. ¿Qué información no es necesaria?

____

d. ¿Cómo resolverás el problema?

____

____

Meta

Resultados de la carrera de 5 kilómetros

Nombre	Tiempo
Nancy	$\frac{2}{3}$ de hora
Lionel	$\frac{7}{12}$ de hora
Mavis	$\frac{3}{4}$ de hora

e. Muestra los pasos para resolver el problema.

f. Completa las oraciones.

_______ finalizó en primer lugar.

_______ finalizó en segundo lugar.

_______ finalizó en tercer lugar.

15. MÁS AL DETALLE Alma usó 3 cuentas para hacer un collar. Las cuentas miden $\frac{5}{6}$ de pulgada, $\frac{5}{12}$ de pulgada, y $\frac{1}{3}$ de pulgada de longitud. ¿Cuáles son las longitudes de menor a mayor?

____

16. PIENSA MÁS Víctor tiene la receta para hacer frutos secos surtidos de su abuela.

$\frac{3}{4}$ de taza de nueces pecán	$\frac{2}{12}$ de taza de cacahuate
$\frac{1}{2}$ taza de almendras	$\frac{7}{8}$ de taza de nueces

Ordena los ingredientes de la receta de menor a mayor.

____

Nombre ______________________________

Repaso y prueba del Capítulo 6

1. Para los números 1a a 1d, indica si las fracciones son equivalentes seleccionando el símbolo correcto.

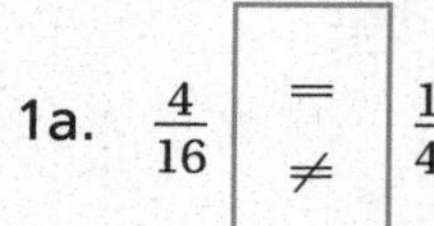

1a. $\frac{4}{16}$ [= / ≠] $\frac{1}{4}$

1c. $\frac{5}{6}$ [= / ≠] $\frac{25}{30}$

1b. $\frac{3}{5}$ [= / ≠] $\frac{12}{15}$

1d. $\frac{6}{10}$ [= / ≠] $\frac{5}{8}$

2. La mamá de Juan le dio una receta para una mezcla de cereal.

$\frac{3}{4}$ de taza de avena	$\frac{2}{3}$ de taza almendras
$\frac{1}{4}$ de taza de cacahuates	$\frac{1}{2}$ taza de pasas de uva

Ordena los ingredientes de la receta de mayor a menor.

3. Taylor corta $\frac{1}{5}$ de cartulina para un proyecto de su clase de arte y manualidades. Escribe fracciones equivalentes a $\frac{1}{5}$ con los denominadores dados.

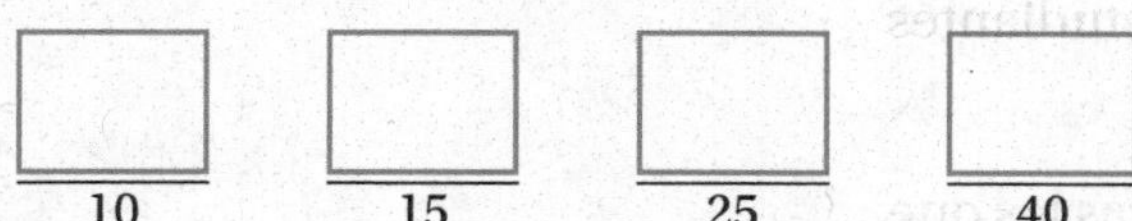

4. Un mecánico tiene tomas de corriente de los siguientes tamaños. Escribe cada fracción en la columna correcta.

$\frac{7}{8}$ de pulg. $\frac{3}{16}$ de pulg. $\frac{1}{4}$ de pulg. $\frac{3}{8}$ de pulg. $\frac{4}{8}$ de pulg. $\frac{11}{16}$ de pulg.

menos de $\frac{1}{2}$ pulg.	igual a $\frac{1}{2}$ pulg.	mayor a $\frac{1}{2}$ pulg.

Opciones de evaluación
Prueba del capítulo

5. Darcy compró $\frac{1}{2}$ libra de queso y $\frac{3}{4}$ de libra de hamburguesas para una barbacoa. Usa los números para comparar las cantidades de queso y hamburguesas que compró Darcy.

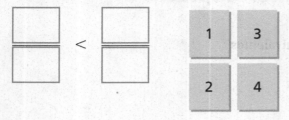

6. Brad está practicando piano. Pasa $\frac{1}{4}$ de hora practicando escalas y $\frac{1}{3}$ de hora practicando la canción para su recital. Para los números 6a–6c, selecciona Sí o No para indicar si los siguientes enunciados son verdaderos.

6a. 12 es un denominador común de $\frac{1}{4}$ y $\frac{1}{3}$. ○ Sí ○ No

6b. La cantidad de tiempo que pasa practicando escalas se puede escribir como $\frac{3}{12}$. ○ Sí ○ No

6c. La cantidad de tiempo que pasa practicando la canción para el recital se puede escribir como $\frac{6}{12}$. ○ Sí ○ No

7. En el coro escolar, $\frac{4}{24}$ de los estudiantes están en cuarto grado. En su mínima expresión, ¿qué fracción de los estudiantes de la escuela están en cuarto grado?

__________ de los estudiantes

8. ¿Cuáles pares de fracciones son equivalentes? Marca todas las que correspondan.

○ $\frac{8}{12}$ y $\frac{2}{3}$ ○ $\frac{4}{5}$ y $\frac{12}{16}$

○ $\frac{3}{4}$ y $\frac{20}{28}$ ○ $\frac{7}{10}$ y $\frac{21}{30}$

9. Sam trabajó en su proyecto para la feria de ciencias durante $\frac{1}{4}$ de hora el viernes y $\frac{1}{2}$ hora el sábado. ¿Cuáles son cuatro denominadores comunes para esas fracciones? Explica tu razonamiento.

Nombre ______________________

10. Morita trabaja en una tienda de flores y hace arreglos florales. Pone 10 flores en cada florero y $\frac{2}{10}$ de las flores son margaritas.

Parte A

Si Morita hace cuatro arreglos, ¿cuántas margaritas necesita? Muestra cómo puedes comprobar tu respuesta.

__________ margaritas

Parte B

El fin de semana pasado, Morita usó 10 margaritas para hacer arreglos de flores. ¿Cuántas flores que no eran margaritas usó para hacer arreglos? Explica tu razonamiento.

__________ otras flores

11. En el salón de Mary, $\frac{10}{28}$ de los estudiantes tienen un gato, $\frac{6}{12}$ tienen un perro y $\frac{2}{14}$ tienen un pájaro de mascota. Para los números 11a a 11c, elige Verdadero o Falso para cada enunciado.

11a. En la mínima expresión, $\frac{5}{14}$ de los estudiantes tienen un gato. ○ Verdadero ○ Falso

11b. En la mínima expresión, $\frac{2}{4}$ de los estudiantes tienen un perro. ○ Verdadero ○ Falso

11c. En la mínima expresión, $\frac{1}{7}$ de los estudiantes tienen un pájaro. ○ Verdadero ○ Falso

12. Regina, Courtney y Ellen fueron a caminar alrededor del Estanque Bear. Regina caminó $\frac{7}{10}$ de la distancia en una hora. Courtney caminó $\frac{3}{6}$ de la distancia en una hora. Ellen caminó $\frac{3}{8}$ de la distancia en una hora. Compara las distancias que cada uno caminó uniendo los enunciados con el símbolo correcto. Los símbolos se pueden usar más de una vez o ninguna.

• $<$

• $>$

• $=$

13. Ramón invitó a unos amigos a casa después de un juego de béisbol. Ramón hará una salsa para vegetales. Estos son los ingredientes de la receta:

Ingredientes de la salsa para vegetales	
$\frac{3}{4}$ de taza de perejil	$\frac{5}{8}$ de taza de suero de mantequilla
$\frac{1}{3}$ de taza de eneldo	$\frac{1}{2}$ taza de queso crema
$\frac{6}{8}$ de taza de cebolleta	$\frac{1}{16}$ de taza de jugo de limón

Parte A

¿Cuál es el ingrediente del que Ramón tiene que usar mayor cantidad, suero de mantequilla o queso crema? Explica cómo encontraste tu respuesta.

Parte B

Ramón dice que necesita la misma cantidad de dos ingredientes diferentes. ¿Está en lo cierto? Apoya tu respuesta con información del problema.

Nombre ______________________________

14. Sandy va a comprar panecillos para su fiesta. Quiere que $\frac{3}{5}$ de los panecillos sean integrales. ¿Qué otras fracciones pueden representar la parte de los panecillos que van a ser integrales? Pinta los modelos para mostrar tu trabajo.

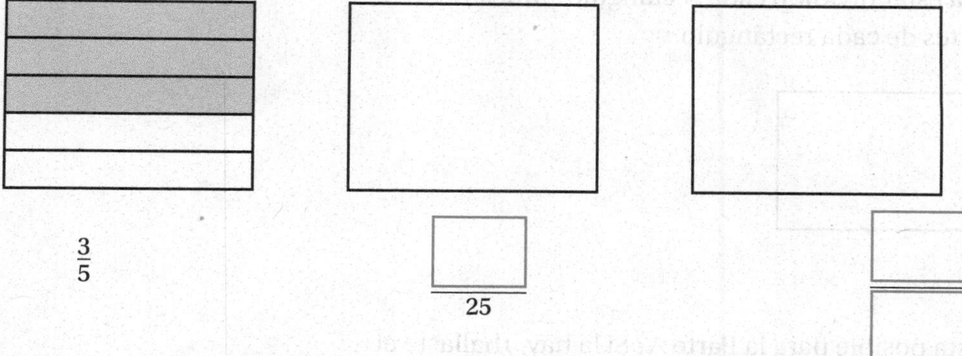

15. Ángel tiene $\frac{4}{8}$ de yarda de cinta y Lynn tiene $\frac{3}{4}$ de yarda de cinta. ¿Tienen Ángel y Lynn la misma cantidad de cinta? Pinta el modelo para mostrar cómo hallaste la respuesta. Explica tu razonamiento.

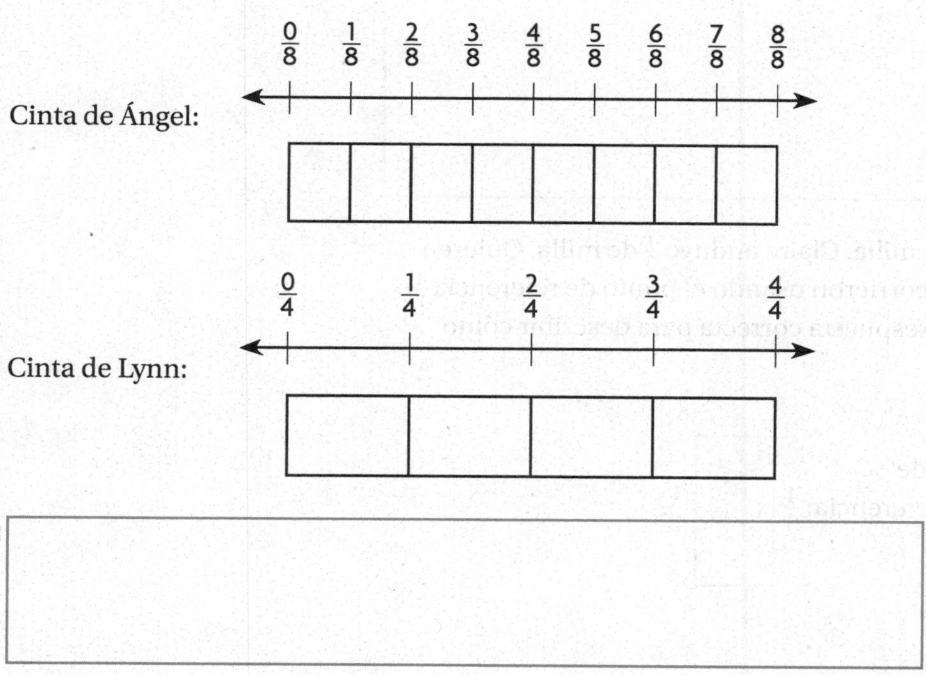

16. Ema usó $\frac{1}{4}$ de yarda de cinta roja. Completa los recuadros con un número de la lista para mostrar fracciones equivalentes a $\frac{1}{4}$. No se van a usar todos los números.

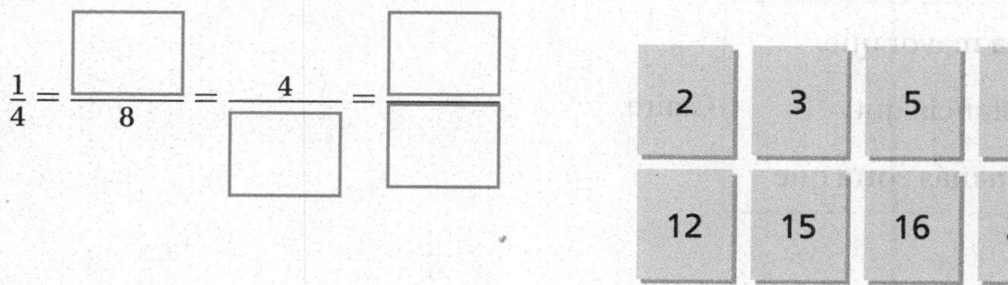

2	3	5	6
12	15	16	20

17. Frank tiene dos rectángulos del mismo tamaño divididos en la misma cantidad de partes iguales. Un rectángulo tiene $\frac{3}{4}$ de las partes pintadas y el otro tiene $\frac{1}{3}$ de las partes pintadas.

Parte A

¿En cuántas partes podría estar dividido cada rectángulo? Muestra tu trabajo dibujando las partes de cada rectángulo.

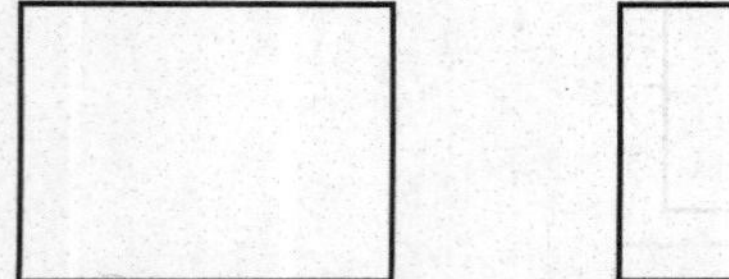

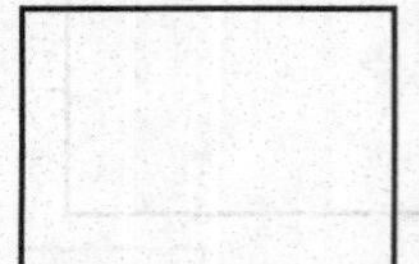

Parte B

¿Hay más de una respuesta posible para la Parte A? Si la hay, ¿hallaste el menor número de partes en que se podrían dividir ambos rectángulos? Explica tu razonamiento.

18. Suki anduvo en bicicleta $\frac{4}{5}$ de milla. Claire anduvo $\frac{1}{3}$ de milla. Quieren comparar la distancia que recorrieron usando el punto de referencia $\frac{1}{2}$. Para 18a a 18c, selecciona la respuesta correcta para describir cómo resolver el problema.

18a. Comparo la distancia de Suki con el punto de referencia: $\frac{4}{5}$ [$<$ | $>$ | $=$] $\frac{1}{2}$.

18b. Comparo la distancia de Claire con el punto de referencia: $\frac{1}{3}$ [$<$ | $>$ | $=$] $\frac{1}{2}$.

18c. Suki recorrió [una distancia mayor que | la misma distancia que | una distancia más corta que] Claire.

Capítulo 7

Sumar y restar fracciones

Muestra lo que sabes

Comprueba si comprendes las destrezas importantes.

Nombre ____________________

▶ Fracciones iguales a 1 **Escribe la fracción que indica el entero.**

1. 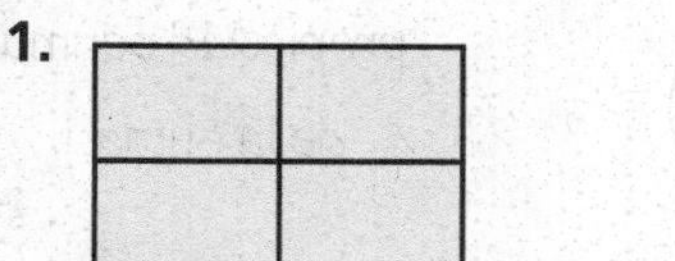 ______

2.  ______

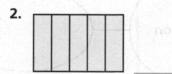

▶ Partes de un entero **Escribe la fracción que indica la parte sombreada.**

3. 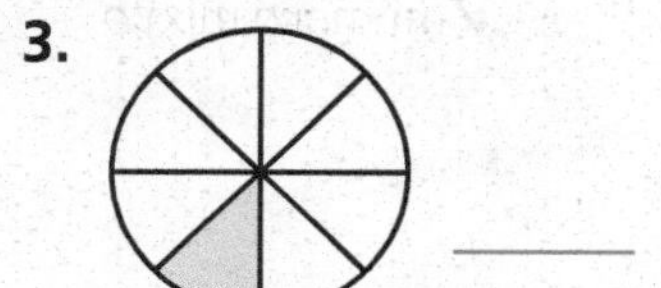 ______

4. 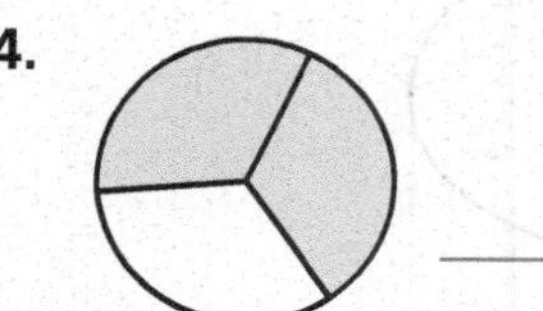 ______

5. 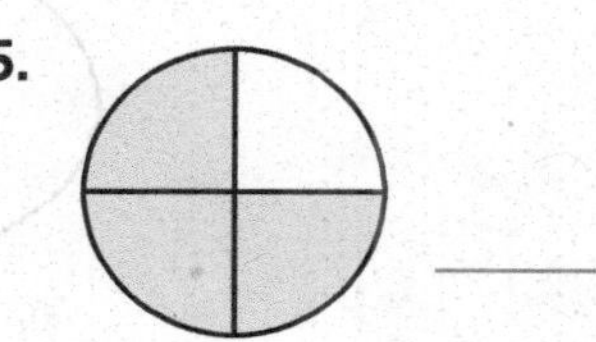 ______

▶ Leer y escribir fracciones **Escribe una fracción para la parte sombreada. Escribe una fracción para la parte que no está sombreada.**

6. sombreada: ______

no sombreada: ______

7. 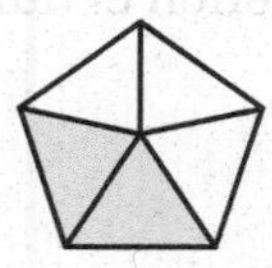

sombreada: ______

no sombreada: ______

Detective matemático

La electricidad que hace funcionar los aparatos eléctricos proviene de muchas fuentes. Alrededor de $\frac{5}{10}$ proviene del carbón $\frac{2}{10}$ del gas natural y $\frac{2}{10}$ de la energía nuclear. Piensa como un detective matemático. ¿Aproximadamente cuánta electricidad proviene de fuentes que no son el carbón, el gas natural ni la energía nuclear?

Entrenador personal en matemáticas
Evaluación e intervención en línea

Desarrollo del vocabulario

▶ Visualízalo

Completa el mapa conceptual con las palabras marcadas con ✓.

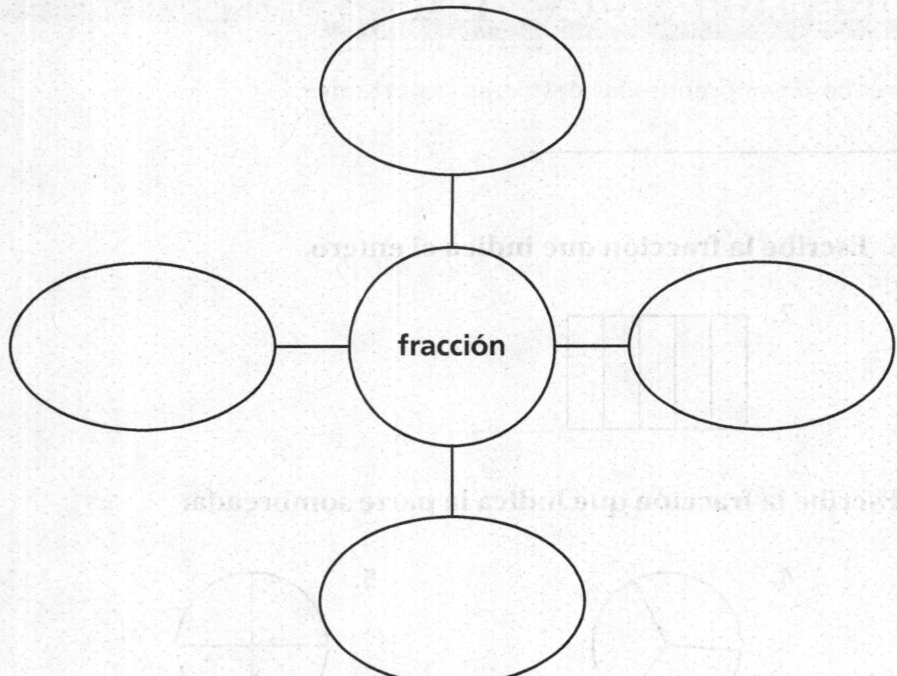

Palabras de repaso

✓ denominador
fracción
mínima expresión
✓ numerador
propiedad asociativa de la suma
propiedad conmutativa de la suma

Palabras nuevas

✓ fracción unitaria
✓ número mixto

▶ Comprende el vocabulario

Escribe la palabra o la frase que se relaciona con la descripción.

1. si el único factor común que tienen el numerador y el denominador es 1

____

2. un número que indica una parte de un entero o una parte de un grupo

____

3. una cantidad representada por un número entero y una fracción

____

4. el número de una fracción que indica cuántas partes iguales hay en el entero o en el grupo

____

5. una fracción que tiene 1 como numerador

____

- Libro interactivo del estudiante
- Glosario multimedia

Nombre ________________________________

Sumar y restar partes de un entero

Pregunta esencial ¿Cuándo puedes sumar o restar partes de un entero?

Números y operaciones—Fracciones—4.NF.3a

PRÁCTICAS MATEMÁTICAS
MP.4, MP.5

Investigar

Manos a la obra

Materiales ■ círculos fraccionarios ■ lápices de colores

A la Sra. Clark le sobraron las siguientes porciones de tarta después de una feria de pastelería.

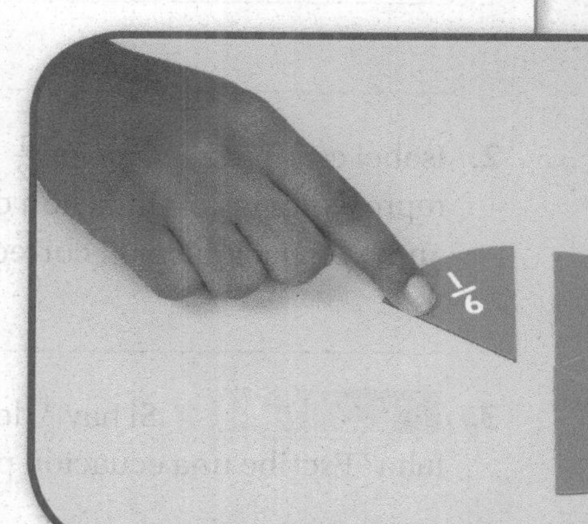

Combinará las porciones en el mismo plato. ¿Cuánta tarta habrá en el plato?

A. Usa círculos fraccionarios para representar el problema. Haz un dibujo de tu modelo. Luego escribe la suma.

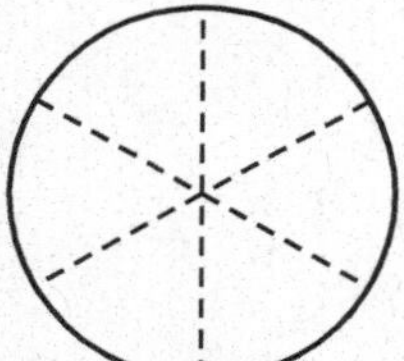 + 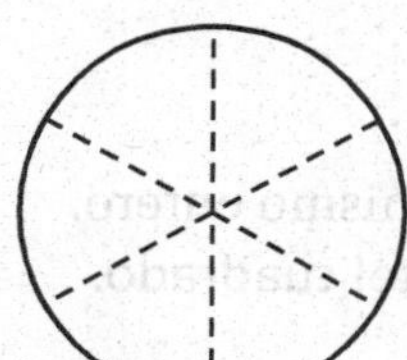 = 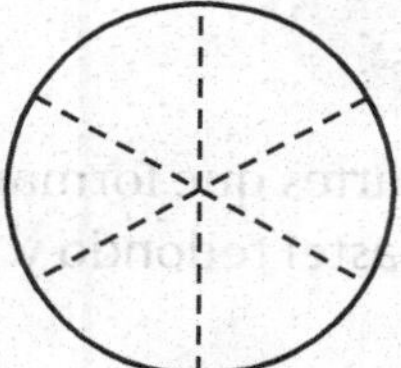

__________ + __________ = __________

Entonces, hay __________ de tarta en el plato.

B. Imagina que la Sra. Clark come 2 porciones de la tarta. ¿Cuánta tarta quedará en el plato? Usa círculos fraccionarios para representar el problema. Haz un dibujo de tu modelo. Luego escribe la diferencia.

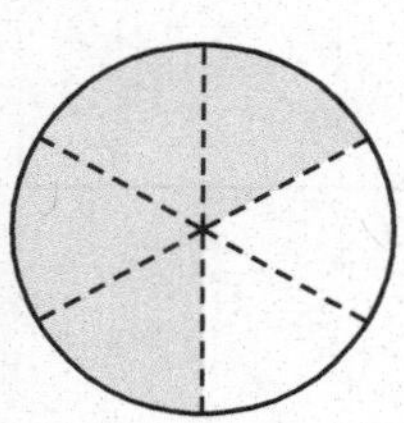

__________ − __________ = __________

Entonces, quedan __________ de la tarta en el plato.

Sacar conclusiones

1. Kevin dice que cuando combinas 3 porciones de tarta y 1 porción de tarta, tienes 4 porciones de tarta. Explica de qué manera se relaciona el enunciado de Kevin con la ecuación $\frac{3}{6} + \frac{1}{6} = \frac{4}{6}$.

2. Isabel escribió la ecuación $\frac{1}{2} + \frac{1}{6} = \frac{4}{6}$ y Jonah escribió $\frac{3}{6} + \frac{1}{6} = \frac{4}{6}$ para representar la combinación de las porciones de tarta. Explica por qué ambas ecuaciones son correctas.

3. **PIENSA MÁS** Si hay $\frac{4}{6}$ de una tarta en un plato, ¿qué parte de la tarta falta? Escribe una ecuación para justificar tu respuesta.

Hacer conexiones

Solamente puedes unir o separar partes que forman parte del mismo entero. Imagina que Randy tiene $\frac{1}{4}$ de un pastel redondo y $\frac{1}{4}$ de un pastel cuadrado.

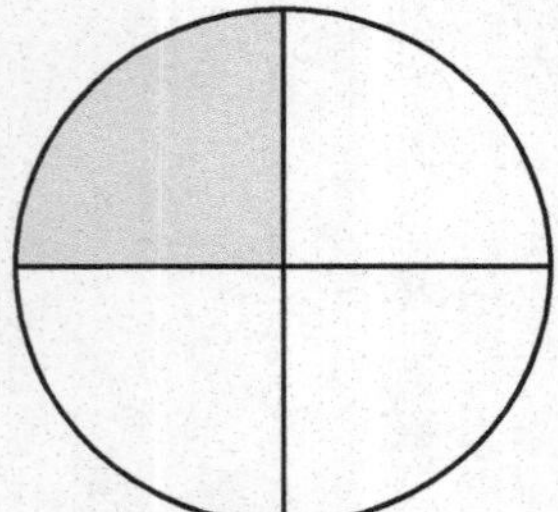

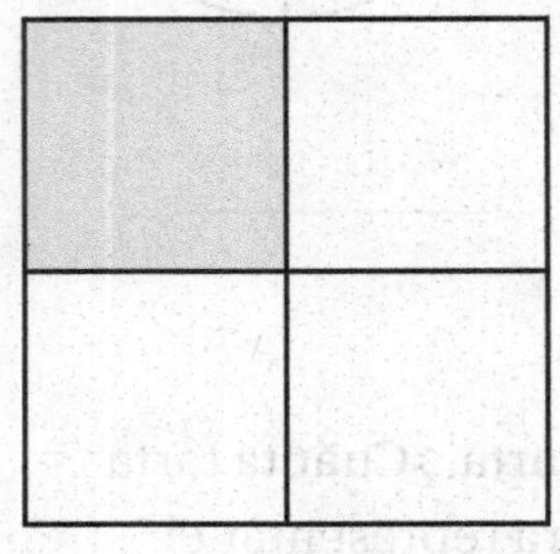

Prácticas matemáticas

Da un ejemplo de una situación en la que la ecuación $\frac{1}{4} + \frac{1}{4} = \frac{2}{4}$ tenga sentido. **Explica** tu razonamiento.

a. ¿Son iguales los enteros? Explícalo.

b. ¿Tiene sentido la suma $\frac{1}{4} + \frac{1}{4} = \frac{2}{4}$ en esta situación? Explícalo.

Name ____________________

Comparte y muestra

Usa el modelo para escribir una ecuación.

1. 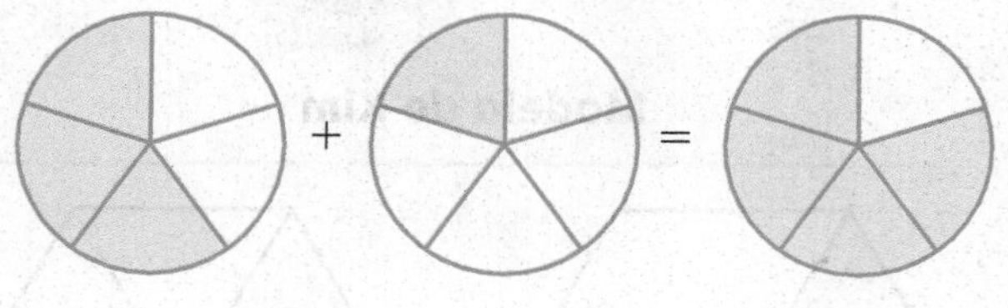

____

2. 

____

3. 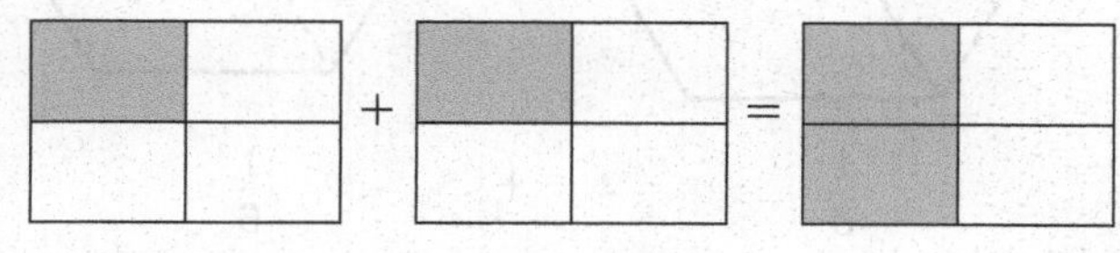

____

4. 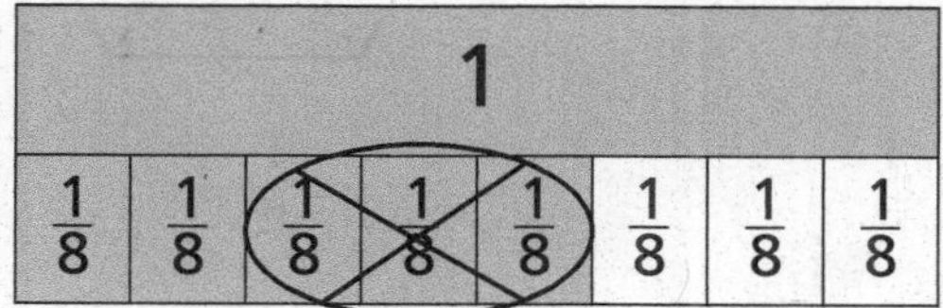

____

Usa el modelo para resolver la ecuación.

5. $\frac{3}{4} - \frac{1}{4} =$ __________

6. $\frac{5}{6} + \frac{1}{6} =$ __________

Resolución de problemas • Aplicaciones

7. PRÁCTICA MATEMÁTICA 2 **Razonamiento abstracto** Sean tiene $\frac{1}{5}$ de una magdalena y $\frac{1}{5}$ de un pastel grande.

   a. ¿Son iguales los enteros? Explícalo.

   ____

   b. ¿Tiene sentido la suma $\frac{1}{5} + \frac{1}{5} = \frac{2}{5}$ en esta situación? Explícalo.

   ____

8. MÁS AL DETALLE La clase de danza de Carrie aprendió $\frac{1}{5}$ de un baile nuevo el lunes, y $\frac{2}{5}$ del baile el martes. ¿Qué fracción de baile queda para que la clase aprenda el miércoles?

____

¿Tiene sentido?

9. PIENSA MÁS Samantha y Kim usaron modelos diferentes para hallar $\frac{1}{3} + \frac{1}{6}$. ¿Cuál de los dos modelos tiene sentido? ¿Cuál no tiene sentido? Explica tu razonamiento debajo de cada modelo.

Modelo de Samantha

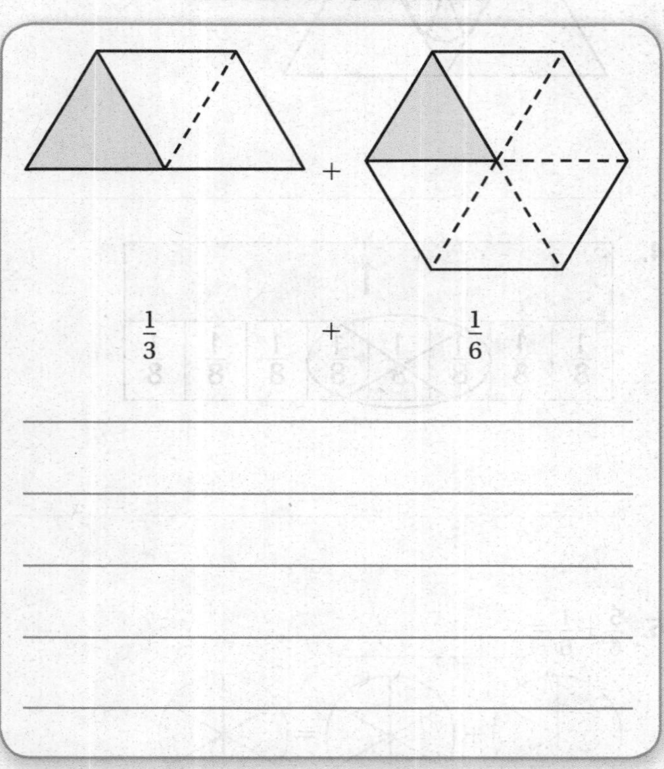

Modelo de Kim

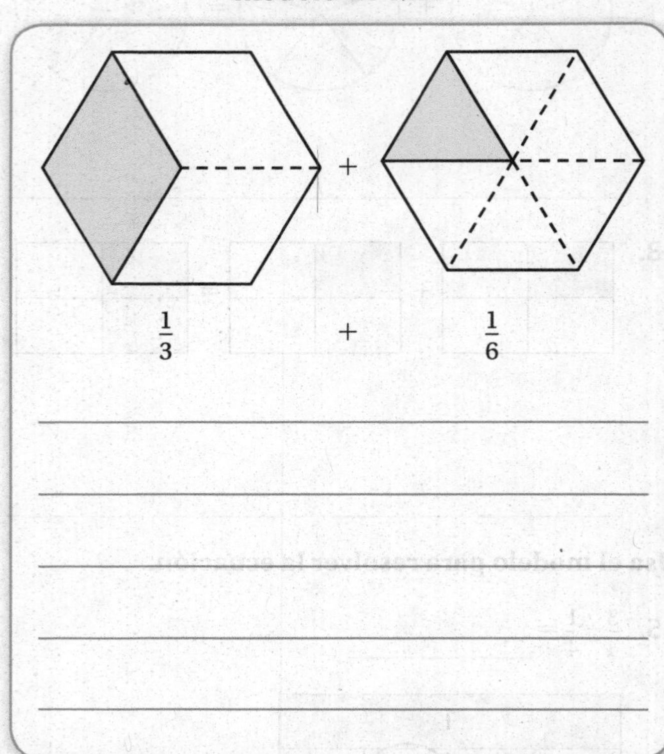

10. MÁS AL DETALLE Dibuja un modelo que podrías usar para sumar $\frac{1}{4} + \frac{1}{2}$.

Entrenador personal en matemáticas

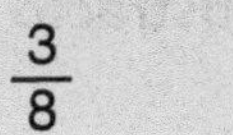

11. PIENSA MÁS + Cindy tiene dos tarros de pintura. Uno de los tarros está lleno hasta $\frac{3}{8}$. El otro está lleno hasta $\frac{2}{8}$.

Usa las fracciones para escribir una ecuación que muestre la cantidad de pintura que tiene Cindy.

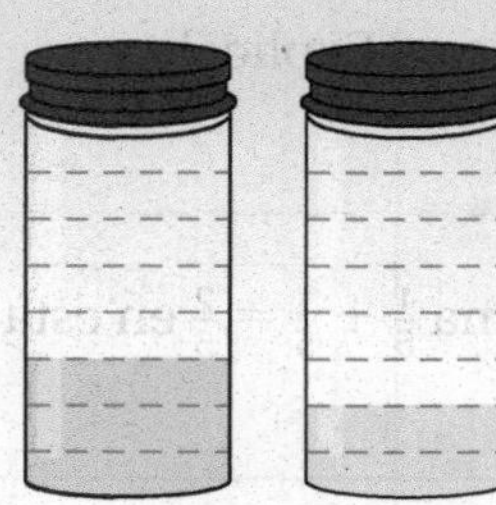

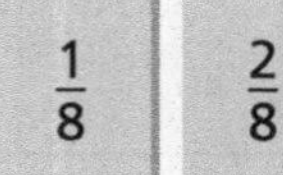

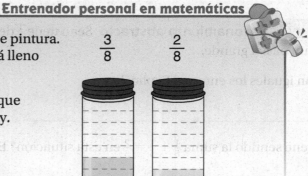

$\frac{1}{8}$ $\frac{2}{8}$ $\frac{3}{8}$ $\frac{5}{8}$ $\frac{7}{8}$

_____ + _____ = _____

PRÁCTICA ADICIONAL: Cuaderno de práctica de los estándares

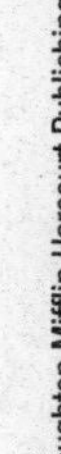

Nombre _______________

Escribir fracciones como sumas

Pregunta esencial ¿Cómo puedes escribir una fracción como una suma de fracciones con los mismos denominadores?

Números y operaciones—Fracciones—4.NF.3b
PRÁCTICAS MATEMÁTICAS
MP.2, MP.4, MP.8

Soluciona el problema

Emilio cortó un emparedado en 8 partes iguales y comió 1 parte. Le quedan $\frac{7}{8}$ del emparedado. Emilio colocó cada parte restante en un plato. ¿Cuántos platos usó? ¿Qué parte del emparedado colocó en cada plato?

Cada parte del emparedado es $\frac{1}{8}$ del entero. Llamamos **fracción unitaria** a $\frac{1}{8}$ porque indica la parte del entero que representa 1 parte. Una fracción unitaria siempre tiene 1 como numerador.

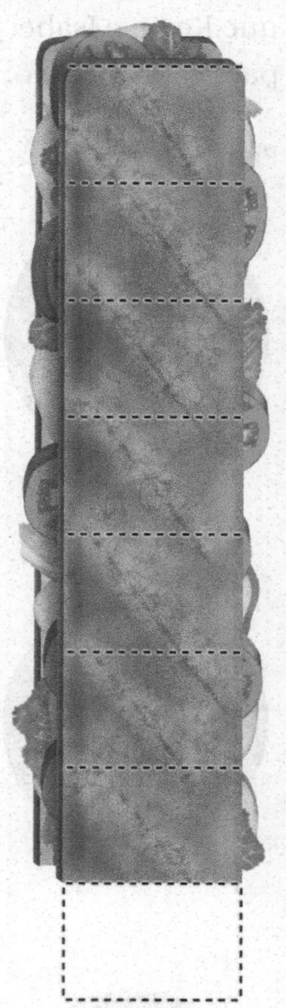

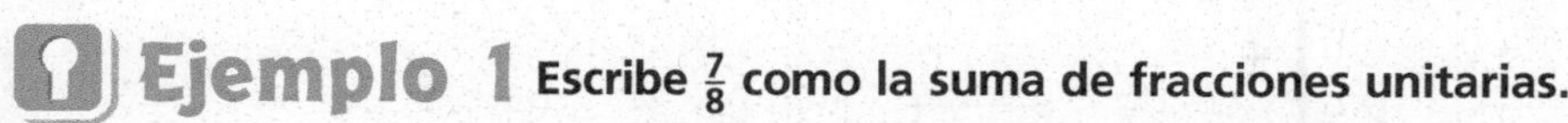

Ejemplo 1 Escribe $\frac{7}{8}$ como la suma de fracciones unitarias.

$\frac{7}{8}$ = ______ + ______ + ______ + ______ + ______ + ______ + ______

El número de sumandos representa el número de platos que usó.

Las fracciones unitarias representan la parte del emparedado que hay en cada plato.

Entonces, Emilio usó ______ platos. Colocó ______ del emparedado en cada plato.

1. ¿Qué pasaría si Emilio comiera 3 partes del emparedado en vez de 1 parte? ¿Cuántos platos necesitaría? ¿Qué parte del emparedado habría en cada plato? Explícalo.

____

____

____

____

Ejemplo 2 Escribe una fracción como una suma.

Kevin e Isabel compartirán una pizza entera. La pizza está cortada en 6 trozos iguales. Colocarán los trozos en dos platos. ¿Qué parte de la pizza entera podría haber en cada plato?

Sombrea los modelos para mostrar tres maneras diferentes en las que Kevin e Isabel podrían repartir la pizza. Escribe una ecuación para cada modelo.

Piensa: $\frac{6}{6}$ = 1 pizza entera.

$\frac{1}{6}$ $\frac{1}{6}$ $\frac{1}{6}$ $\frac{1}{6}$ $\frac{1}{6}$ $\frac{1}{6}$ = +

= +

$\frac{1}{6}$ $\frac{1}{6}$ $\frac{1}{6}$ $\frac{1}{6}$ $\frac{1}{6}$ $\frac{1}{6}$ = +

= +

$\frac{1}{6}$ $\frac{1}{6}$ $\frac{1}{6}$ $\frac{1}{6}$ $\frac{1}{6}$ $\frac{1}{6}$ = +

= +

Charla matemática **Prácticas matemáticas**

Si hubiera 8 platos, ¿podrían colocar $\frac{1}{6}$ de la pizza entera en cada plato? **Explícalo.**

2. ¿Qué pasaría si 3 amigos compartieran la pizza y colocaran los trozos en tres platos diferentes? ¿Qué parte de la pizza podría haber en cada plato? Escribe ecuaciones para justificar tu respuesta.

Nombre ______________________________

Comparte y muestra

1. Escribe $\frac{3}{4}$ como la suma de fracciones unitarias.

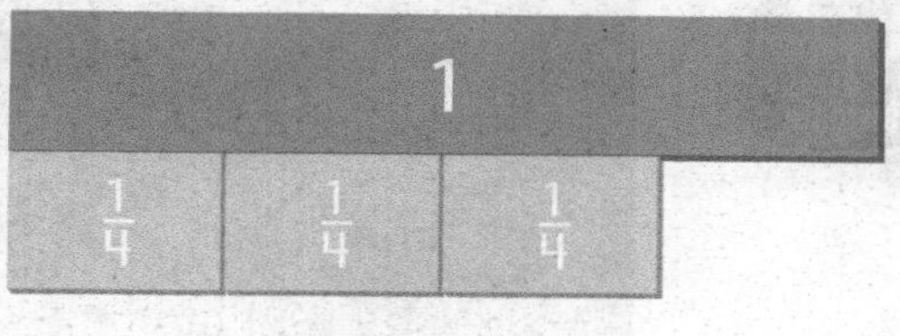

$\frac{3}{4} =$ _____ + _____ + _____

Escribe la fracción como la suma de fracciones unitarias.

 **2.**

1					
$\frac{1}{6}$	$\frac{1}{6}$	$\frac{1}{6}$	$\frac{1}{6}$	$\frac{1}{6}$	$\frac{1}{6}$

$\frac{5}{6} =$ ______________

 **3.**

1		
$\frac{1}{3}$	$\frac{1}{3}$	$\frac{1}{3}$

$\frac{2}{3} =$ ______________

Charla matemática — **Prácticas matemáticas**

Explica de qué manera el numerador en $\frac{5}{6}$ se relaciona con el número de sumandos que hay en la suma de sus fracciones unitarias.

Por tu cuenta

Escribe la fracción como la suma de fracciones unitarias.

4. $\frac{4}{12} =$ ______________

5. $\frac{6}{8} =$ ______________

Escribe la fracción como la suma de fracciones de tres maneras diferentes.

6. $\frac{8}{10}$

____

____

____

7. $\frac{6}{6}$

____

____

____

8. PRÁCTICA MATEMÁTICA 3 **Compara representaciones** ¿De cuántas maneras diferentes puedes escribir una fracción con numerador 2 como la suma de fracciones? Explícalo.

____

____

Soluciona el problema

9. PIENSA MÁS El jardín de Holly está dividido en 5 secciones iguales. Ella cercará el jardín en 3 áreas, y para eso agrupará algunas de las secciones iguales. ¿Qué partes del jardín podrían formar parte de cada área cercada?

a. ¿Qué información debes usar?

____

____

b. ¿Cómo puede ayudarte escribir una ecuación a resolver el problema? ______

____

____

c. ¿Cómo puede ayudarte dibujar un modelo a escribir una ecuación? ______

____

____

d. Muestra cómo puedes resolver el problema.

e. Completa la oración.

El jardín puede cercarse en partes de ______,

______, y ______ o en partes de ______,

______, y ______ .

10. MÁS AL DETALLE Leena caminó $\frac{2}{3}$ de milla. ¿cómo se escribe $\frac{2}{3}$ como suma de fracciones unitarias con un denominador de 9?

____

11. PIENSA MÁS La mamá de Ellie vende juguetes. Vendió $\frac{7}{10}$ de los juguetes. Selecciona una forma en que $\frac{7}{10}$ puede ser escrito como una suma de fracciones. Marca todas las opciones que correspondan.

Ⓐ $\frac{4}{10} + \frac{1}{10} + \frac{1}{10} + \frac{1}{10}$

Ⓑ $\frac{4}{10} + \frac{3}{10} + \frac{1}{10} + \frac{1}{10} + \frac{1}{10}$

Ⓒ $\frac{1}{10} + \frac{2}{10} + \frac{3}{10} + \frac{1}{10}$

PRÁCTICA ADICIONAL: Cuaderno de práctica de los estándares

Nombre ______________________________

Sumar fracciones usando modelos

Números y operaciones—Fracciones—4.NF.3d *También 4.MD.2*

PRÁCTICAS MATEMÁTICAS
MP.2, MP.3, MP.5

Pregunta esencial ¿Cómo puedes sumar fracciones con denominadores semejantes usando modelos?

Soluciona el problema

La Sra. Clark hizo una barra de pan. Usó $\frac{1}{8}$ del pan para preparar un refrigerio y $\frac{5}{8}$ del pan para el almuerzo. ¿Cuánto pan usó en total la Sra. Clark?

De una manera Usa una ilustración.

$\frac{1}{8}$ es _______ parte de un octavo de pan.

$\frac{5}{8}$ es _______ partes de un octavo de pan.

Sombrea 1 parte de un octavo. Luego sombrea 5 partes de un octavo.

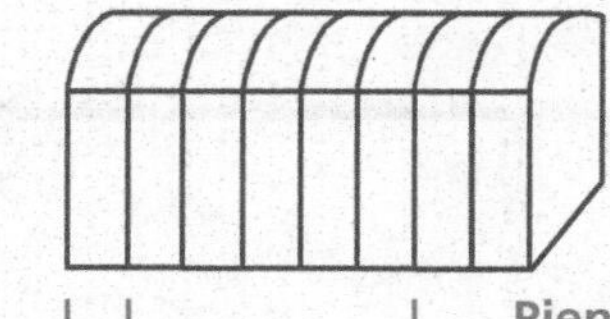

Piensa: Las partes que sombreaste representan las partes que usó la Sra. Clark.

Entonces, la Sra. Clark usó _______ partes de un octavo o $\frac{\square}{8}$ del pan.

De otra manera Usa tiras fraccionarias.

La tira rotulada 1 representa el pan entero.

Cada parte de $\frac{1}{8}$ representa 1 parte de un octavo de pan.

Sombrea $\frac{1}{8}$. Luego sombrea $\frac{5}{8}$.

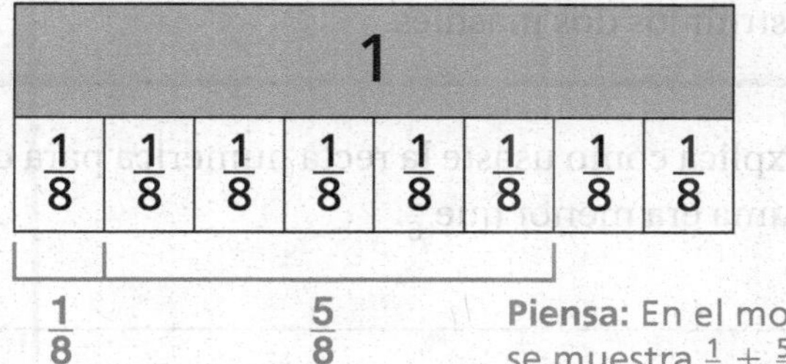

Piensa: En el modelo se muestra $\frac{1}{8} + \frac{5}{8}$.

¿Cuántas partes de $\frac{1}{8}$ están sombreadas? _______

Escribe la suma. $\frac{1}{8} + \frac{5}{8} = \frac{\square}{8}$

Entonces, la Sra. Clark usó _______ del pan.

1. Explica de qué manera se relaciona el numerador de la suma con el modelo de tiras fraccionarias.

____

____

Prácticas matemáticas

Explica por qué $\frac{1}{8} + \frac{5}{8} \neq \frac{6}{16}$.

2. Explica de qué manera se relaciona el denominador de la suma con el modelo de tiras fraccionarias.

____

____

Ejemplo

Jacob necesita dos palitos de madera para construir mástiles para un velero en miniatura. Un mástil medirá $\frac{3}{6}$ de pie de longitud. El otro mástil medirá $\frac{2}{6}$ de pie de longitud. Él tiene un palito de madera que mide $\frac{4}{6}$ de pie de longitud. ¿Este palito de madera es lo suficientemente largo para construir los dos mástiles?

Sombrea el modelo para mostrar $\frac{3}{6} + \frac{2}{6}$.

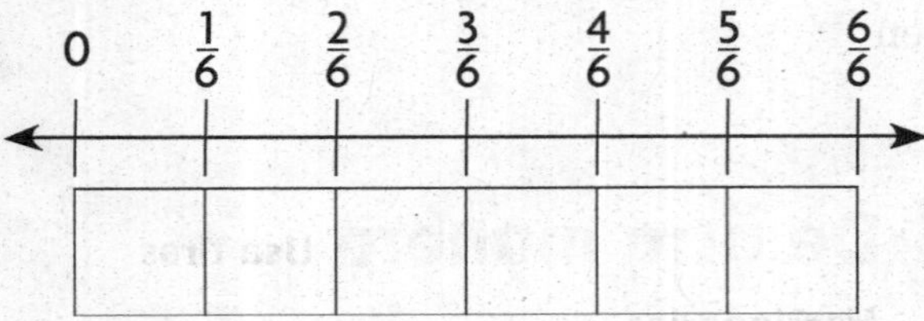

Escribe la suma. $\frac{3}{6} + \frac{2}{6} = \frac{\square}{6}$

¿La suma es menor o mayor que $\frac{4}{6}$? ________

Entonces, el palito de madera ________ lo suficientemente largo para construir los dos mástiles.

3. Explica cómo usaste la recta numérica para determinar si la suma era menor que $\frac{4}{6}$.

____

____

4. ¿Qué pasaría si cada mástil midiera $\frac{2}{6}$ de pie de longitud? ¿Podría Jacob usar el palito de madera para construir los dos mástiles? Explícalo.

____

Comparte y muestra

1. En septiembre, el gato de Adrian comió $\frac{3}{5}$ de una bolsa de golosinas para gatos y en octubre comió $\frac{1}{5}$ de la misma bolsa de golosinas para gatos. ¿Qué parte de la bolsa de golosinas para gatos comió el gato de Adrian en los dos meses?

Usa el modelo para hallar la suma $\frac{3}{5} + \frac{1}{5}$.

¿Cuántas partes de un quinto se muestran? ________

$\frac{3}{5} + \frac{1}{5} = \frac{\square}{5}$ de una bolsa

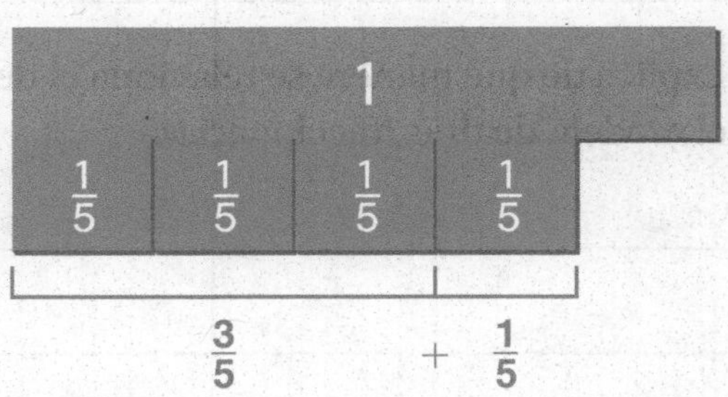

Nombre ____________________

Usa el modelo para hallar la suma.

2.

1			
$\frac{1}{4}$	$\frac{1}{4}$	$\frac{1}{4}$	$\frac{1}{4}$

$\frac{1}{4} + \frac{2}{4}$

$\frac{1}{4} + \frac{2}{4} =$ ______

3.

1									
$\frac{1}{10}$	$\frac{1}{10}$	$\frac{1}{10}$	$\frac{1}{10}$	$\frac{1}{10}$	$\frac{1}{10}$	$\frac{1}{10}$	$\frac{1}{10}$	$\frac{1}{10}$	$\frac{1}{10}$

$\frac{6}{10} + \frac{3}{10}$

$\frac{6}{10} + \frac{3}{10} =$ ______

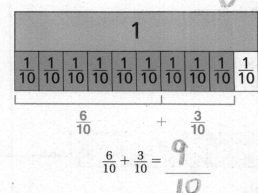

Halla la suma. Usa modelos como ayuda.

4. $\frac{3}{6} + \frac{3}{6} =$ ______

5. $\frac{5}{8} + \frac{2}{8} =$ ______

6. $\frac{1}{3} + \frac{1}{3} =$ ______

Charla matemática — **Prácticas matemáticas**

Explica cómo sumar $\frac{2}{6} + \frac{3}{6}$.

Por tu cuenta

Halla la suma. Usa modelos como ayuda.

7. $\frac{5}{8} + \frac{2}{8} =$ ______

8. $\frac{2}{5} + \frac{2}{5} =$ ______

9. $\frac{4}{6} + \frac{1}{6} =$ ______

10. $\frac{1}{10} + \frac{4}{10} =$ ______

11. $\frac{1}{4} + \frac{1}{4} =$ ______

12. $\frac{5}{12} + \frac{5}{12} =$ ______

Resolución de problemas • Aplicaciones

13. PIENSA MÁS Una suma tiene cinco sumandos. Cada sumando es una fracción unitaria. La suma es 1. ¿Cuáles son los sumandos?

____

Matemáticas al instante

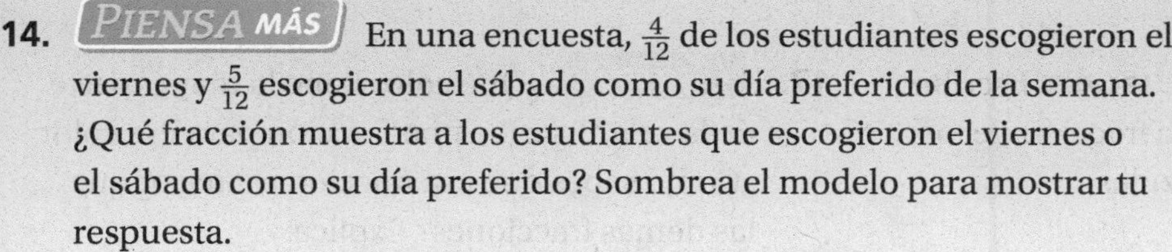

14. PIENSA MÁS En una encuesta, $\frac{4}{12}$ de los estudiantes escogieron el viernes y $\frac{5}{12}$ escogieron el sábado como su día preferido de la semana. ¿Qué fracción muestra a los estudiantes que escogieron el viernes o el sábado como su día preferido? Sombrea el modelo para mostrar tu respuesta.

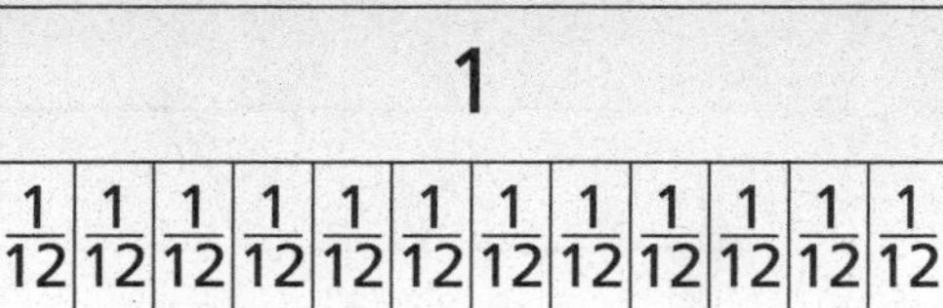

1											
$\frac{1}{12}$	$\frac{1}{12}$	$\frac{1}{12}$	$\frac{1}{12}$	$\frac{1}{12}$	$\frac{1}{12}$	$\frac{1}{12}$	$\frac{1}{12}$	$\frac{1}{12}$	$\frac{1}{12}$	$\frac{1}{12}$	$\frac{1}{12}$

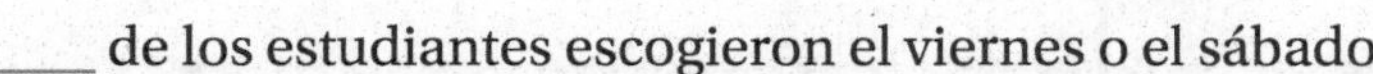

__________ de los estudiantes escogieron el viernes o el sábado.

15. PRÁCTICA MATEMÁTICA 4 **Hacer modelos matemáticos** Jin pone arena de colores en un jarro. Llenó $\frac{2}{10}$ del jarro con arena azul y $\frac{4}{10}$ del jarro con arena rosa. Describe una forma de hacer un modelo de la parte del jarro llena de arena.

____

____

Conectar con el Arte

Vitrales

¿Alguna vez has visto un vitral en un edificio o en una casa? Desde hace cientos de años, los artistas han diseñado vitrales.

Ayuda a diseñar el vitral que forma la vela del bote que se muestra a continuación.

Materiales ■ lápices de colores

Observa los ocho triángulos de la vela. Usa la siguiente guía para colorear los triángulos:

- $\frac{2}{8}$ azul
- $\frac{3}{8}$ rojo
- $\frac{2}{8}$ anaranjado
- $\frac{1}{8}$ amarillo

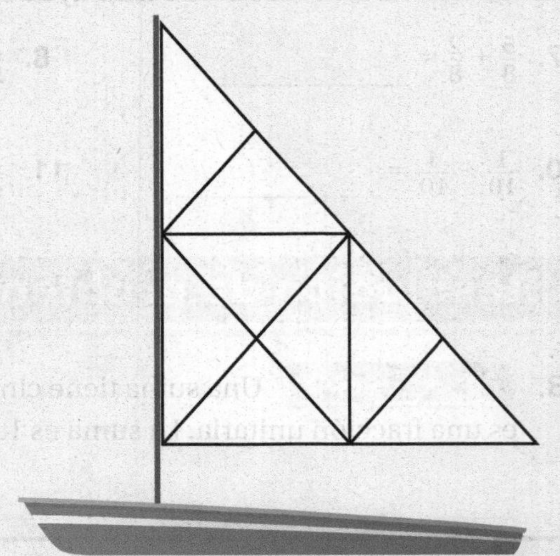

16. PRÁCTICA MATEMÁTICA 4 **Escribe una ecuación** Escribe una ecuación que muestre la fracción de los triángulos que son rojos o azules.

____

17. MÁS AL DETALLE ¿Qué color tiene la mayor parte de la vela? Escribe una fracción para ese color. ¿Cómo sabes que esa fracción es mayor que las demás fracciones? Explica.

____

____

____

PRÁCTICA ADICIONAL:
Cuaderno de práctica de los estándares

Nombre ______________________________

Restar fracciones usando modelos

Pregunta esencial ¿Cómo puedes restar fracciones con denominadores semejantes usando modelos?

Números y operaciones—Fracciones—4.NF.3d *También 4.MD.2*

PRÁCTICAS MATEMÁTICAS
MP.1, MP.2, MP.4, MP.5

Soluciona el problema

Una sonda espacial debe recorrer $\frac{5}{8}$ de milla para llegar a su destino. Ya ha recorrido $\frac{3}{8}$ de milla. ¿Cuánto le falta recorrer a la sonda?

Compara fracciones para hallar la diferencia.

PASO 1 Sombrea el modelo.

Sombrea el modelo para representar la distancia total.

Luego sombrea el modelo para representar la distancia que ya recorrió la sonda.

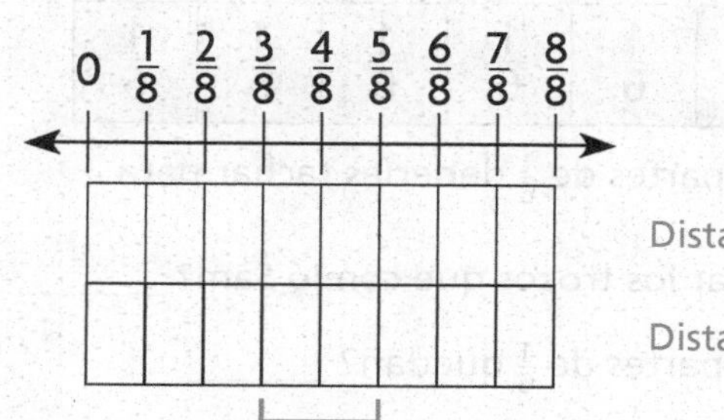

Piensa: La diferencia es ______.

PASO 2 Escribe la diferencia.

$\frac{5}{8} - \frac{3}{8} = \frac{\square}{8}$

Entonces, la sonda debe recorrer ______ de milla más.

1. Explica cómo se muestra en el modelo la distancia que le falta recorrer a la sonda.

____

____

2. Explica cómo puedes usar el modelo para hallar $\frac{6}{8} - \frac{2}{8}$.

____

____

Ejemplo

Sam pidió una pizza pequeña, que estaba cortada en 6 trozos iguales. Comió $\frac{2}{6}$ de la pizza y guardó el resto para más tarde. ¿Qué cantidad de pizza guardó para más tarde?

Halla $1 - \frac{2}{6}$.

- ¿Cuánta pizza tenía Sam al comienzo? ______
- ¿Cuántos trozos tiene el entero? ______
- ¿Cuántos trozos comió Sam? ______

De una manera Usa una ilustración.

Sombrea 1 entero.

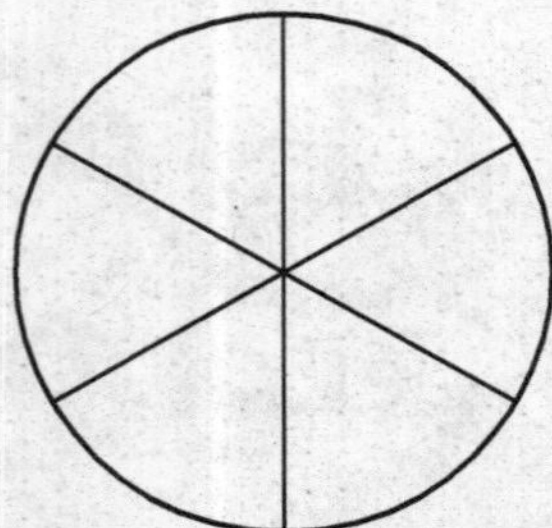

Tacha las partes que comió Sam.

Piensa: Comió $\frac{2}{6}$ de la pizza, o 2 partes de un sexto.

¿Cuántas partes de un sexto quedan? ______

Entonces, Sam guardó ______ de la pizza para más tarde.

De otra manera Usa tiras fraccionarias.

Usa seis partes de $\frac{1}{6}$-para representar la pizza entera.

1					
$\frac{1}{6}$	$\frac{1}{6}$	$\frac{1}{6}$	$\frac{1}{6}$	$\frac{1}{6}$	$\frac{1}{6}$

¿Cuántas partes de $\frac{1}{6}$ deberías tachar para representar los trozos que comió Sam? ______

¿Cuántas partes de $\frac{1}{6}$ quedan? ______

Escribe la diferencia.

$1 - \frac{\square}{\square} = \frac{\square}{\square}$

Charla matemática **Prácticas matemáticas**

Explica por qué en este problema tiene sentido considerar 1 entero como $\frac{6}{6}$.

3. Explica cómo se relaciona la ecuación $\frac{6}{6} - \frac{2}{6} = \frac{4}{6}$ con la situación que se presenta en el problema.

______

______

4. Sam comió $\frac{2}{3}$ de la pizza y guardó el resto para más tarde. Explica cómo puedes usar el círculo para hallar cuánto de la pizza guardó Sam para más tarde.

______

______

______

Nombre ______

Comparte y muestra

1. Lisa necesita $\frac{4}{5}$ de libra de camarones para preparar una ensalada. Tiene $\frac{1}{5}$ de libra de camarones. ¿Qué cantidad más de camarones necesita Lisa para preparar la ensalada?

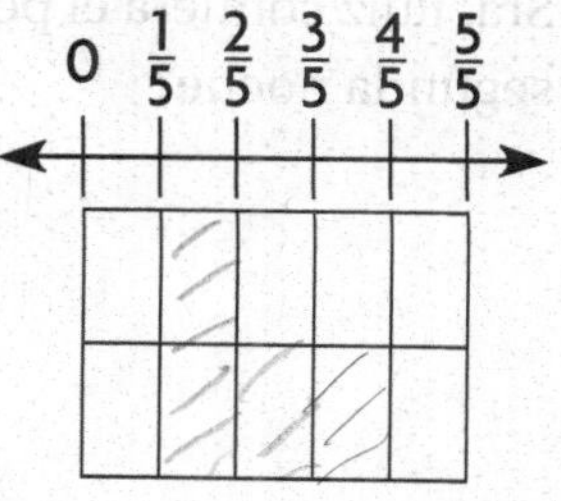

Resta $\frac{4}{5} - \frac{1}{5}$. Usa el modelo como ayuda.

Sombrea el modelo para representar la cantidad de camarones que necesita Lisa.

Luego sombrea el modelo para representar la cantidad de camarones que tiene Lisa. Compara la diferencia entre las dos hileras sombreadas.

$\frac{4}{5} - \frac{1}{5} = \frac{3}{5}$ de libra

Lisa necesita $\frac{3}{5}$ de libra más de camarones.

Usa el modelo para hallar la diferencia.

2. $\frac{3}{6} - \frac{2}{6} = \frac{1}{6}$

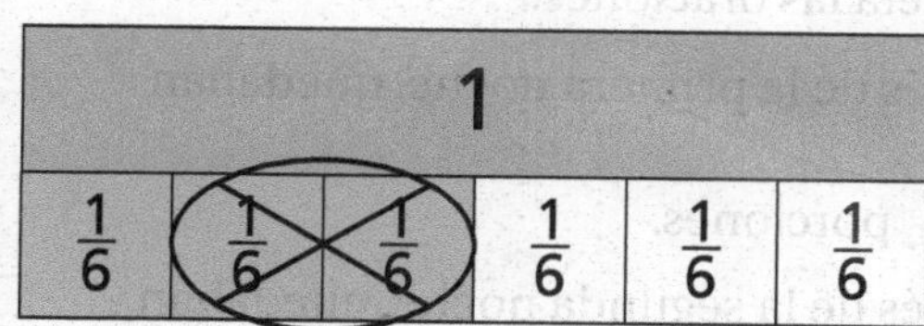

3. $\frac{8}{10} - \frac{3}{10} = \frac{5}{10}$

1									
$\frac{1}{10}$	$\frac{1}{10}$	$\frac{1}{10}$	$\frac{1}{10}$	$\frac{1}{10}$	$\frac{1}{10}$	$\frac{1}{10}$	$\frac{1}{10}$	$\frac{1}{10}$	$\frac{1}{10}$

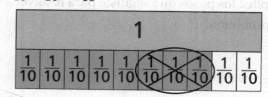

Resta. Usa modelos como ayuda.

4. $\frac{5}{8} - \frac{2}{8} = \frac{3}{8}$

5. $\frac{7}{12} - \frac{2}{12} = \frac{5}{12}$

6. $\frac{3}{4} - \frac{2}{4} = \frac{1}{4}$

Por tu cuenta

Resta. Usa modelos como ayuda.

7. $\frac{2}{3} - \frac{1}{3} = \frac{1}{3}$

8. $\frac{7}{8} - \frac{5}{8} = \frac{2}{8}$

Charla matemática — **Prácticas matemáticas**

Explica por qué cambia el numerador cuando restas fracciones con denominadores semejantes, pero no cambia el denominador.

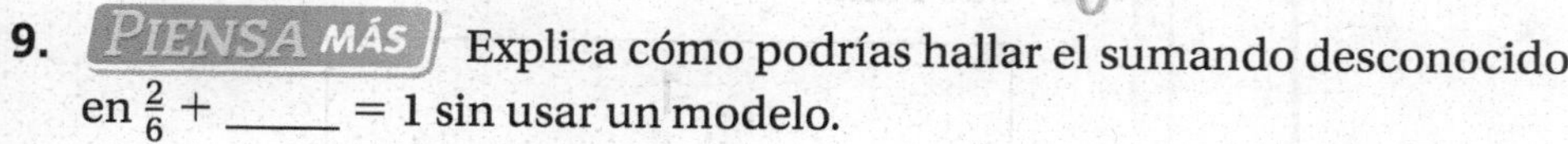

9. Explica cómo podrías hallar el sumando desconocido en $\frac{2}{6}$ + ______ = 1 sin usar un modelo.

______

______

______

Soluciona el problema

10. MÁS AL DETALLE Durante dos noches seguidas, la Sra. Ruiz sirvió tarta de postre. En las siguientes ilustraciones se muestra la tarta después de que la familia de la Sra. Ruiz comiera el postre cada noche. ¿Qué fracción de la tarta comieron la segunda noche?

Primera noche

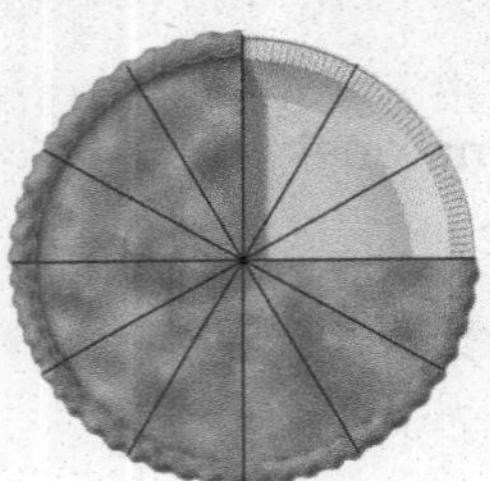

Segunda noche

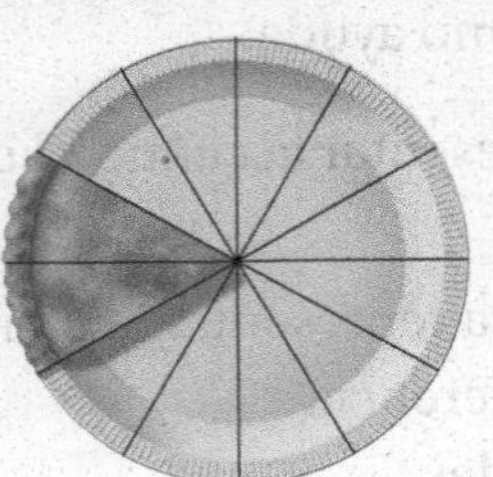

a. ¿Qué debes hallar? ______________________

b. ¿Cómo puedes hallar el número de porciones que comió la familia la segunda noche? ______________________

c. Explica los pasos que seguiste para resolver el problema.

____

____

____

____

d. Completa las oraciones.

Después de la primera noche, quedaban _______ porciones.

Después de la segunda noche, quedaban _______ porciones.

Entonces, la segunda noche la familia comió _______ de la tarta.

11. PRÁCTICA MATEMÁTICA 6 **Hacer conexiones entre modelos** Judi comió $\frac{7}{8}$ de una pizza pequeña y Jack comió $\frac{2}{8}$ de una segunda pizza pequeña. ¿Cuánta más pizza comió Judi?

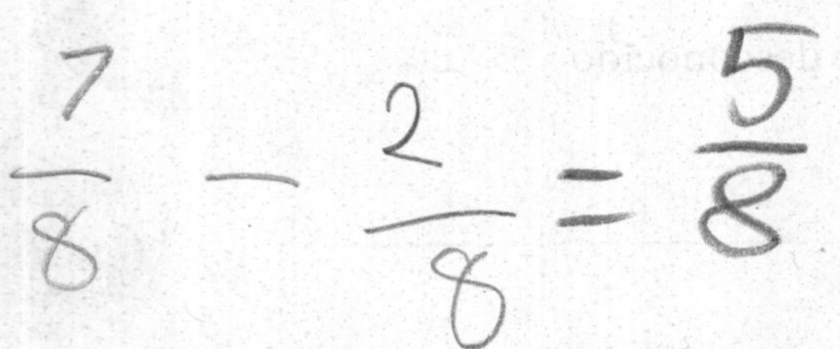

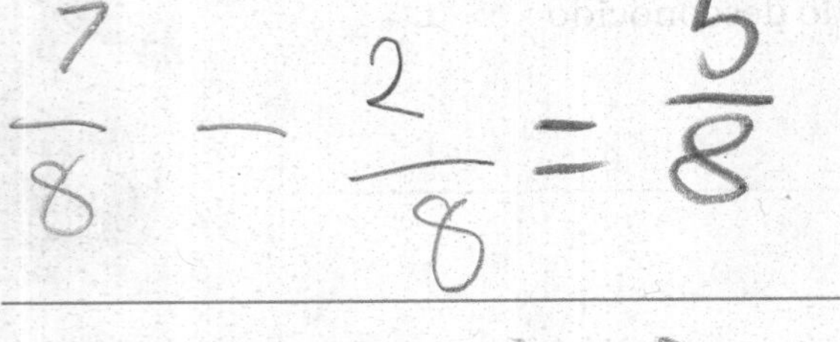

____

12. PIENSA MÁS Keiko cosió $\frac{3}{4}$ de yarda de cinta en su mochila. Pam cosió $\frac{1}{4}$ de yarda de cinta en su mochila. Sombrea el modelo para mostrar cuánta cinta más cosió Keiko en su mochila que Pam.

1			
$\frac{1}{4}$	$\frac{1}{4}$	$\frac{1}{4}$	$\frac{1}{4}$

Keiko cosió __________ de yarda de cinta más que Pam.

PRÁCTICA ADICIONAL: Cuaderno de práctica de los estándares

Nombre ___

Sumar y restar fracciones

Pregunta esencial ¿Cómo puedes sumar y restar fracciones con denominadores semejantes?

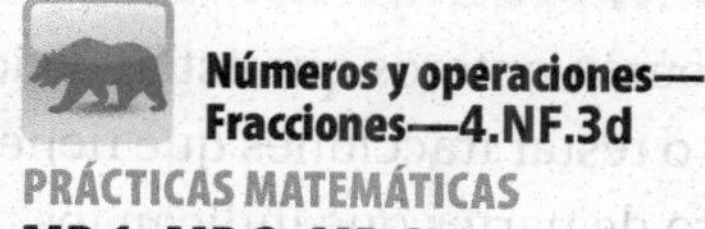

Números y operaciones—Fracciones—4.NF.3d
PRÁCTICAS MATEMÁTICAS
MP.1, MP.2, MP.4

Soluciona el problema *En el mundo*

Julie hace un cartel como informe sobre un libro. Según las instrucciones, debe usar $\frac{1}{5}$ del cartel para describir el ambiente, $\frac{2}{5}$ del cartel para describir los personajes y el resto del cartel para describir el argumento. ¿Qué parte del cartel usará para describir el argumento?

Ambiente
Personajes
Argumento

Ejemplo Usa un modelo.

Sombrea ___ para representar la parte que corresponde al ambiente.

Sombrea ___ para representar la parte que corresponde a los personajes.

1				
$\frac{1}{5}$	$\frac{1}{5}$	$\frac{1}{5}$	$\frac{1}{5}$	$\frac{1}{5}$

- Escribe una ecuación para la parte del cartel que usa para describir el ambiente y los personajes. ___
- ¿Qué representa la parte del modelo que no está sombreada?
___
- Escribe una ecuación para la parte del cartel que usará para describir el argumento.
___

Entonces, Julie usará ___ del cartel para describir el argumento.

Charla matemática **Prácticas matemáticas**

¿Por qué Julie debería dividir su cartel en 5 partes iguales en lugar de dividirlo en 3 partes iguales? **Explícalo.**

1. ¿Cuál es el error? Luke dice que $\frac{1}{5} + \frac{2}{5} = \frac{3}{10}$. Describe su error.

___

___

___

Denominadores comunes Las fracciones que tienen denominadores comunes representan enteros que están divididos en el mismo número de partes iguales. Para sumar o restar fracciones que tienen el mismo denominador, puedes sumar o restar el número de partes que indican los numeradores.

Ejemplo Completa cada ecuación.

En palabras	Fracciones
1 parte de un cuarto + 2 partes de un cuarto = _____ partes de un cuarto	$\frac{1}{4} + \frac{2}{4} = \frac{\square}{4}$
3 partes de un sexto + 2 partes de un sexto = __________	$\frac{3}{6} + \frac{2}{6} = \frac{\square}{\square}$
7 partes de un décimo − 4 partes de un décimo = __________	$\frac{\square}{\square} - \frac{\square}{\square} = \frac{\square}{\square}$

Comparte y muestra

Charla matemática **Prácticas matemáticas**

Explica por qué $\frac{11}{12} - \frac{5}{6} \neq \frac{6}{6}$.

1. 9 partes de un doceavo − 5 partes de un doceavo = __________

$\frac{9}{12} - \frac{5}{12} =$ _____

Halla la suma o la diferencia.

2. $\frac{3}{12} + \frac{8}{12} =$ _____

3. $\frac{1}{3} + \frac{1}{3} =$ _____

4. $\frac{3}{4} - \frac{1}{4} =$ _____

5. $\frac{2}{6} + \frac{2}{6} =$ _____

6. $\frac{3}{8} + \frac{1}{8} =$ _____

7. $\frac{6}{10} - \frac{2}{10} =$ _____

Por tu cuenta

Halla la suma o la diferencia.

8. $\frac{1}{2} + \frac{1}{2} =$ _____

9. $\frac{5}{6} - \frac{4}{6} =$ _____

10. $\frac{4}{5} - \frac{2}{5} =$ _____

11. $\frac{1}{10} + \frac{3}{10} =$ _____

12. $\frac{5}{12} - \frac{1}{12} =$ _____

13. $\frac{3}{8} + \frac{2}{8} =$ _____

Práctica: Copia y resuelve **Halla la suma o la diferencia.**

14. $\frac{1}{4} + \frac{1}{4} =$ _____

15. $\frac{9}{10} - \frac{5}{10} =$ _____

16. $\frac{1}{12} + \frac{7}{12} =$ _____

Nombre ______________________

Resolución de problemas • Aplicaciones

17. PRÁCTICA MATEMÁTICA 6 Un trabajador público pinta una línea en el centro de la calle Main. La calle Main mide $\frac{8}{10}$ de milla de longitud. El trabajador pintó $\frac{4}{10}$ de milla de la calle. **Explica** cómo hallar qué parte de una milla le queda por pintar.

____

____

____

18. PIENSA MÁS **¿Tiene sentido?** Brian dice que cuando sumas o restas fracciones con el mismo denominador, puedes sumar o restar los numeradores y mantener el mismo denominador. ¿Está en lo cierto Brian? Explica.

Matemáticas al instante

____

____

____

____

____

19. MÁS AL DETALLE La longitud de una cuerda era $\frac{6}{8}$ de yarda. Jeff cortó la cuerda en 3 partes. Cada parte tiene una longitud diferente medida en octavos de yarda. ¿Cuál es la longitud de cada parte de la cuerda?

____

20. PIENSA MÁS Para los puntos 20a–20d, escoge Sí o No para mostrar si la suma o la diferencia es correcta.

20a. $\frac{3}{5} + \frac{1}{5} = \frac{4}{5}$ ○ Sí ○ No

20b. $\frac{1}{4} + \frac{2}{4} = \frac{3}{8}$ ○ Sí ○ No

20c. $\frac{5}{8} - \frac{4}{8} = \frac{1}{8}$ ○ Sí ○ No

20d. $\frac{4}{9} - \frac{2}{9} = \frac{6}{9}$ ○ Sí ○ No

¿Tiene sentido?

21. Harry dice que $\frac{1}{4} + \frac{1}{8} = \frac{2}{8}$. Jane dice que $\frac{1}{4} + \frac{1}{8} = \frac{3}{8}$.
¿Cuál de las respuestas tiene sentido? ¿Cuál no tiene sentido?
Explica tu razonamiento. Dibuja un modelo como ayuda.

Harry
$\frac{1}{4} + \frac{1}{8} = \frac{2}{8}$

Jane
$\frac{1}{4} + \frac{1}{8} = \frac{3}{8}$

Modelo

Harry

Jane

PRÁCTICA ADICIONAL:
Cuaderno de práctica de los estándares

Nombre ________________________________

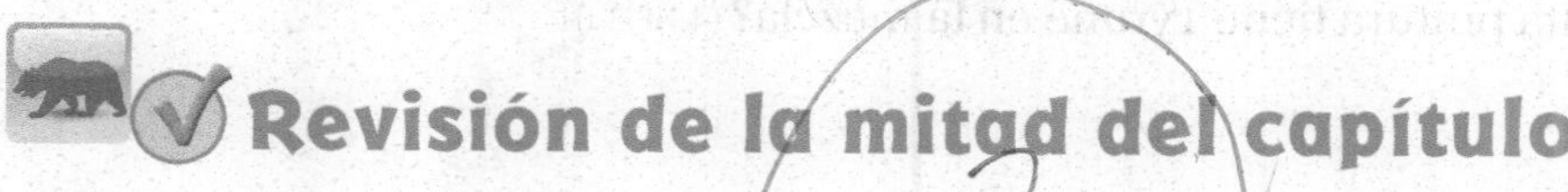

Revisión de la mitad del capítulo

Vocabulario

Vocabulario

fracción

fracción unitaria

mínima expresión

Elige el término del recuadro que mejor corresponda.

1. Una ______________ siempre tiene 1 como numerador. (pág. 283)

Conceptos y destrezas

Escribe la fracción como la suma de fracciones unitarias. (4.NF.3b)

2. $\frac{3}{10}$ = ______________

3. $\frac{6}{6}$ = ______________

Usa el modelo para escribir una ecuación. (4.NF.3a)

4.

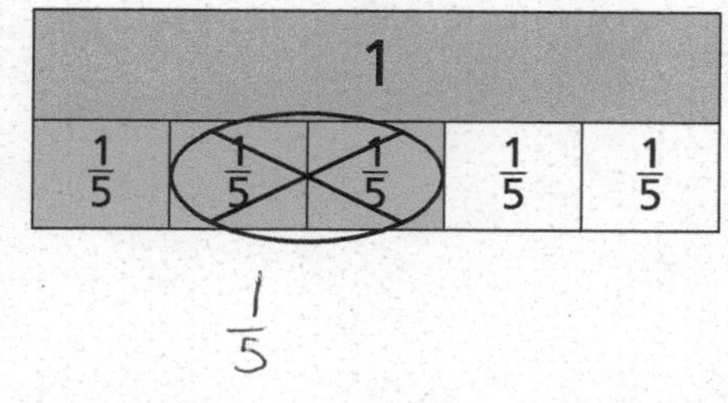

____

5.

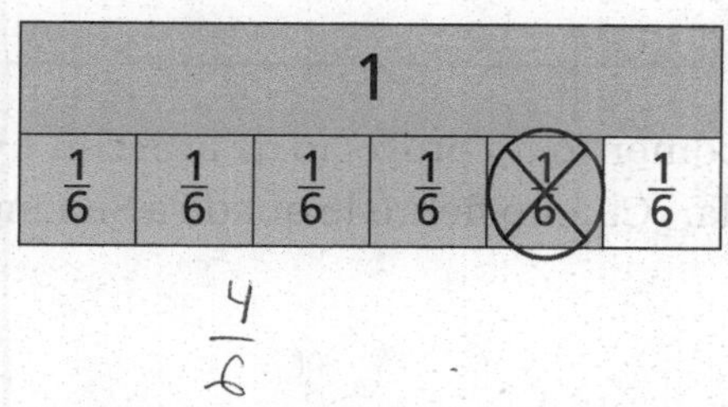

____

Usa el modelo para resolver la ecuación. (4.NF.3a)

6. $\frac{3}{8} + \frac{2}{8} =$ ______

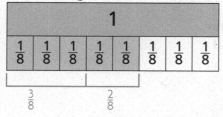

1							
$\frac{1}{8}$	$\frac{1}{8}$	$\frac{1}{8}$	$\frac{1}{8}$	$\frac{1}{8}$	$\frac{1}{8}$	$\frac{1}{8}$	$\frac{1}{8}$

$\frac{3}{8}$ $\frac{2}{8}$

7. $\frac{4}{10} + \frac{5}{10} =$ ______

1									
$\frac{1}{10}$	$\frac{1}{10}$	$\frac{1}{10}$	$\frac{1}{10}$	$\frac{1}{10}$	$\frac{1}{10}$	$\frac{1}{10}$	$\frac{1}{10}$	$\frac{1}{10}$	$\frac{1}{10}$

$\frac{4}{10}$ $\frac{5}{10}$

Halla la suma o la diferencia. (4.NF.3d)

8. $\frac{9}{12} - \frac{7}{12} =$ ______________

9. $\frac{2}{3} + \frac{1}{3} =$ ______________

10. $\frac{1}{5} + \frac{3}{5} =$ ______________

11. $\frac{2}{6} + \frac{2}{6} =$ ______________

12. $\frac{4}{4} - \frac{2}{4} =$ ______________

13. $\frac{7}{8} - \frac{4}{8} =$ ______________

14. Tyrone mezcló $\frac{7}{12}$ de cuarto de pintura roja con $\frac{1}{12}$ de cuarto de pintura amarilla. ¿Cuánta pintura tiene Tyrone en la mezcla? (4.NF.3d)

15. Jorge vive a $\frac{6}{8}$ de milla de la escuela y a $\frac{2}{8}$ de milla de un estadio de béisbol. ¿Cuánto más lejos de la escuela que del estadio de béisbol vive Jorge? (4.NF.3d)

16. Su Ling comenzó un proyecto de arte con 1 yarda de fieltro. Usó $\frac{5}{6}$ de yarda. ¿Cuánto fieltro le queda a Su Ling? (4.NF.3d)

17. Eloise colgó dibujos en $\frac{2}{5}$ de un tablero de anuncios. En $\frac{1}{5}$ del mismo tablero de anuncios, colgó trabajos de matemáticas. ¿Qué parte del tablero de anuncios tiene dibujos o trabajos de matemáticas? (4.NF.3d)

Nombre ________________________________

Convertir fracciones y números mixtos

Pregunta esencial ¿Cómo puedes convertir números mixtos en fracciones mayores que 1 y convertir fracciones mayores que 1 en números mixtos?

Números y operaciones—Fracciones—4.NF.3b *Tambien 4.MD.2*

PRÁCTICAS MATEMÁTICAS
MP.1, MP.4

Soluciona el problema

El Sr. Fox tiene $2\frac{3}{6}$ barras de pan de maíz. Cortó cada barra en trozos de $\frac{1}{6}$. Si invitó a 14 personas a cenar, ¿tiene suficiente pan para que cada invitado coma 1 trozo?

- ¿Cuál es el tamaño de 1 trozo de pan con relación al entero?

  ____

- ¿Qué cantidad de pan necesita el Sr. Fox para 14 personas?

  ____

Un **número mixto** es un número representado por un número entero y una fracción. Puedes escribir un número mixto como una fracción.

Para hallar cuántas partes de $\frac{1}{6}$ hay en $2\frac{3}{6}$, escribe $2\frac{3}{6}$ como una fracción.

Ejemplo **Escribe un número mixto como una fracción.**

PIENSA | REPRESENTA Y ANOTA

PASO 1 Representa $2\frac{3}{6}$.

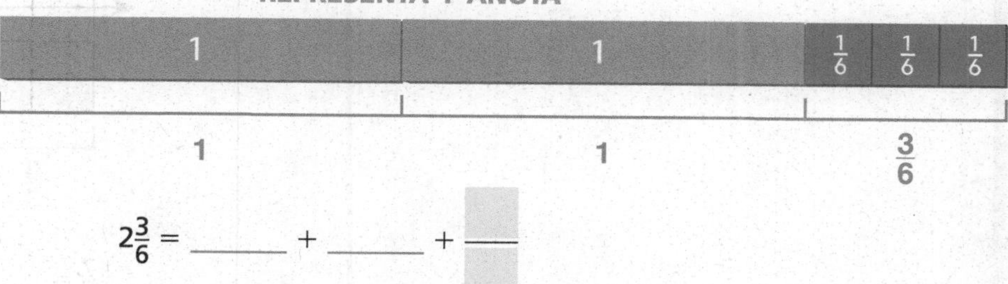

$2\frac{3}{6}$ = ______ + ______ + ——

PASO 2 Halla cuántas partes de $\frac{1}{6}$ hay en cada entero. Usa solo partes de $\frac{1}{6}$ para representar $2\frac{3}{6}$.

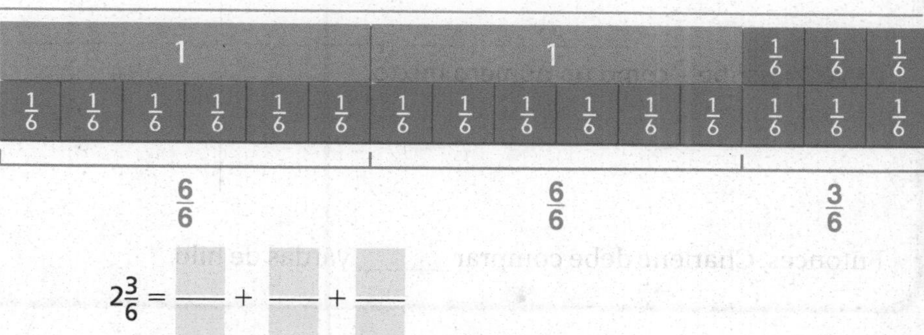

$2\frac{3}{6}$ = —— + —— + ——

PASO 3 Halla el número total de partes de $\frac{1}{6}$ que hay en $2\frac{3}{6}$.

Piensa: Halla $\frac{6}{6} + \frac{6}{6} + \frac{3}{6}$.

$2\frac{3}{6}$ = ——

Hay ______ partes de un sexto en $2\frac{3}{6}$.

Entonces, tiene suficiente pan para que cada una de las 14 personas coma 1 trozo.

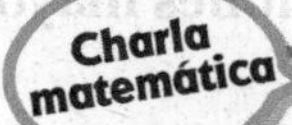

Prácticas matemáticas

Explica cómo escribir $1\frac{1}{4}$ como una fracción sin usar un modelo.

Ejemplo Escribe una fracción mayor que 1 como un número mixto.

Para hacer una pulsera, Charlene necesita 7 hilos color café. Cada hilo debe medir $\frac{1}{3}$ de yarda de longitud. ¿Cuánto hilo debe comprar para hacer la pulsera?

Escribe $\frac{7}{3}$ como un número mixto.

PIENSA	REPRESENTA Y ANOTA
PASO 1 Representa $\frac{7}{3}$.	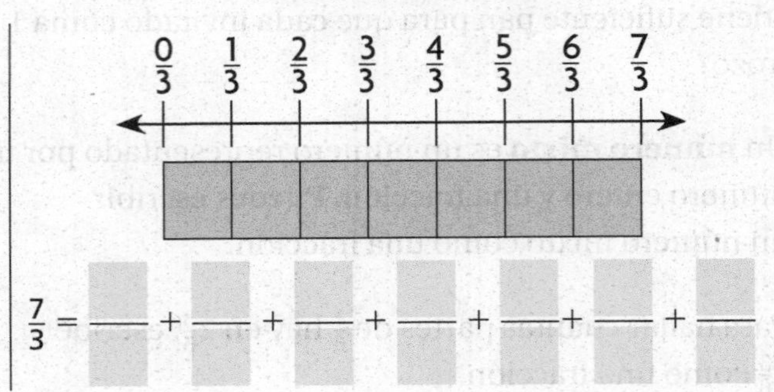
PASO 2 Halla cuántos enteros hay en $\frac{7}{3}$, y cuántos tercios quedan.	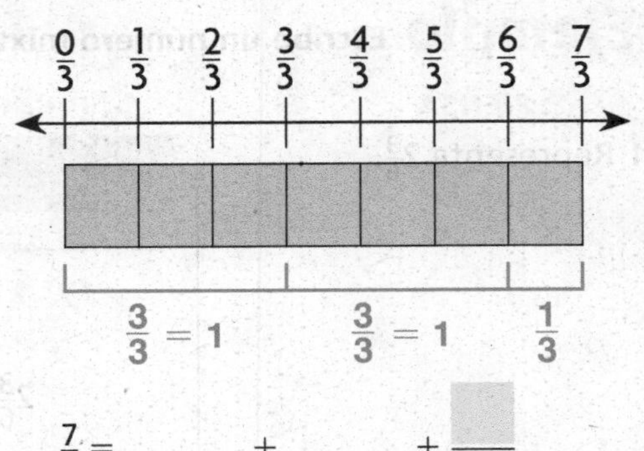
PASO 3 Escribe $\frac{7}{3}$ como un número mixto.	$\frac{7}{3}$ =

Entonces, Charlene debe comprar ______ yardas de hilo.

Comparte y muestra

Escribe los números desconocidos. Escribe números mixtos sobre la recta numérica y fracciones mayores que uno debajo de la recta numérica.

1.

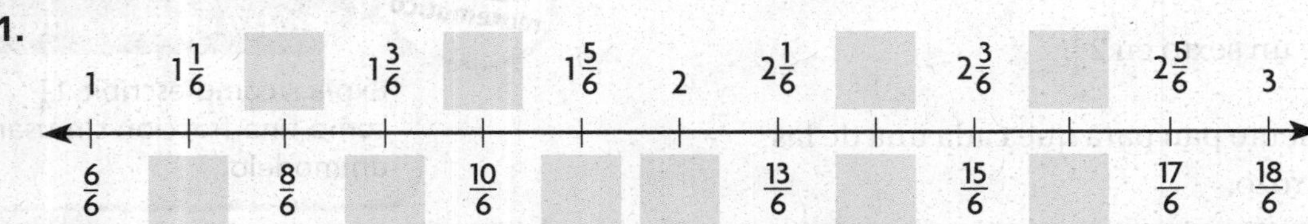

Nombre ______

Escribe el número mixto como una fracción.

2. $1\frac{1}{8}$

3. $1\frac{3}{5}$

4. $1\frac{2}{3}$

Escribe la fracción como un número mixto.

5. $\frac{11}{4}$

6. $\frac{6}{5}$

7. $\frac{13}{10}$

Charla matemática — **Prácticas matemáticas**

Describe cómo puedes comparar $1\frac{3}{5}$ y $\frac{7}{5}$.

Por tu cuenta

Escribe el número mixto como una fracción.

8. $2\frac{7}{10}$

9. $3\frac{2}{3}$

10. $4\frac{2}{5}$

Escribe la fracción como un número mixto.

11. $\frac{9}{5}$

12. $\frac{11}{10}$

13. $\frac{12}{2}$

Usar razonamiento repetido **Álgebra** **Halla los números desconocidos.**

14. $\frac{13}{7} = 1\frac{■}{7}$

15. $■\frac{5}{6} = \frac{23}{6}$

16. $\frac{57}{11} = ■\frac{■}{11}$

Resolución de problemas • Aplicaciones

Usa la receta para resolver los problemas 17 a 19.

Galletas energizantes
$1\frac{1}{3}$ tazas de miel
$1\frac{1}{2}$ tazas de mantequilla de cacahuate
1 taza de leche en polvo
$3\frac{1}{4}$ tazas de cereal de salvado

17. PRÁCTICA MATEMÁTICA 2 **Razonamiento cuantitativo** Cal está preparando galletas energizantes. ¿Cuántas $\frac{1}{2}$ tazas de mantequilla de cacahuate se usan en la receta?

____

18. PIENSA MÁS Imagina que Cal quiere preparar el doble de galletas energizantes de lo que se indica en la receta. ¿Cuántas tazas de cereal de salvado debería usar? Escribe tu respuesta como un número mixto y como una fracción mayor que 1 en su mínima expresión.

____

ESCRIBE ▸ *Matemáticas* • **Muestra tu tra**

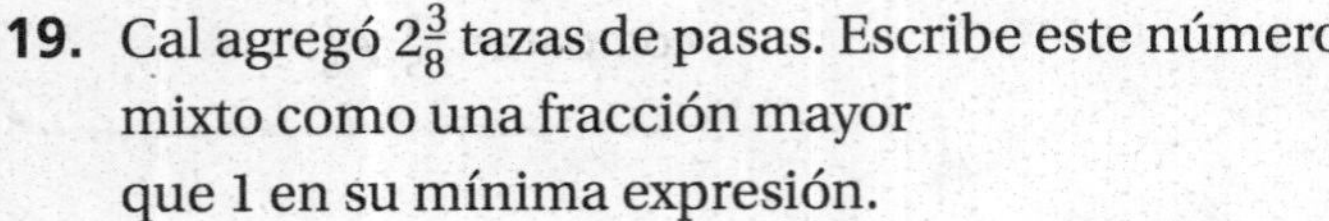

19. Cal agregó $2\frac{3}{8}$ tazas de pasas. Escribe este número mixto como una fracción mayor que 1 en su mínima expresión.

____

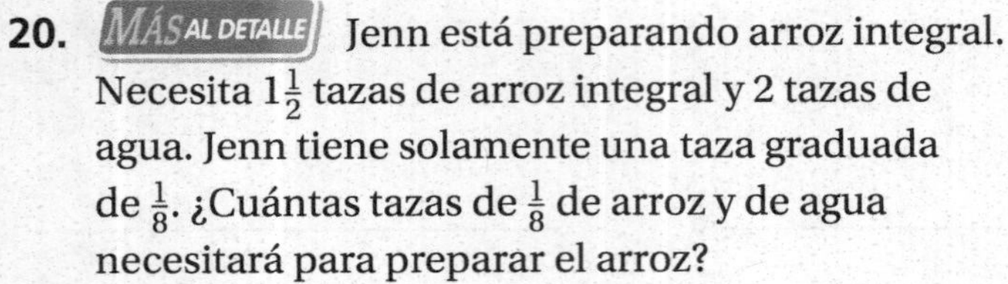

20. MÁS AL DETALLE Jenn está preparando arroz integral. Necesita $1\frac{1}{2}$ tazas de arroz integral y 2 tazas de agua. Jenn tiene solamente una taza graduada de $\frac{1}{8}$. ¿Cuántas tazas de $\frac{1}{8}$ de arroz y de agua necesitará para preparar el arroz?

____

21. PIENSA MÁS Dibuja una línea para mostrar el número mixto y la fracción quie tienen el mismo valor.

$1\frac{2}{5}$	$2\frac{3}{8}$	$4\frac{1}{3}$	$1\frac{2}{3}$
•	•	•	•
•	•	•	•
$\frac{30}{3}$	$\frac{13}{3}$	$\frac{4}{3}$	$\frac{8}{5}$

PRÁCTICA ADICIONAL:
Cuaderno de práctica de los estándares

Nombre ______________________________

Sumar y restar números mixtos

Pregunta esencial ¿Cómo puedes sumar y restar números mixtos con denominadores semejantes?

Números y operaciones—Fracciones—4.NF.3c *Tambien 4.MD.2*

PRÁCTICAS MATEMÁTICAS
MP.2, MP.4, MP.8

Soluciona el problema

Después de una fiesta, quedaron $1\frac{4}{6}$ quesadillas en una bandeja y $2\frac{3}{6}$ quesadillas en otra bandeja. ¿Cuántas quesadillas quedaron en total?

- ¿Qué operación usarás?

____

- ¿La suma de las partes fraccionarias de los números mixtos es mayor que 1?

____

Ejemplo Suma números mixtos.

PIENSA	REPRESENTA	ANOTA
PASO 1 Suma las partes fraccionarias de los números mixtos.	**Piensa:** Sombrea para representar $\frac{4}{6} + \frac{3}{6}$. 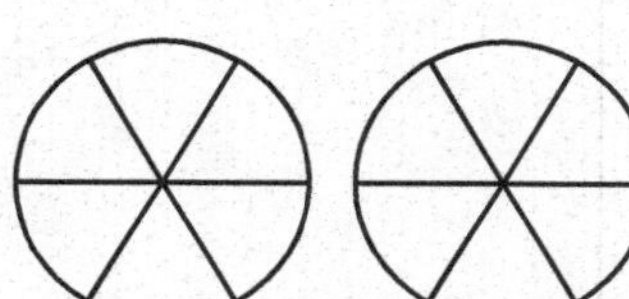	$1\frac{4}{6}$ $+\ 2\frac{3}{6}$ $\frac{\square}{\square}$
PASO 2 Suma las partes enteras de los números mixtos.	**Piensa:** Sombrea para representar 1 + 2. 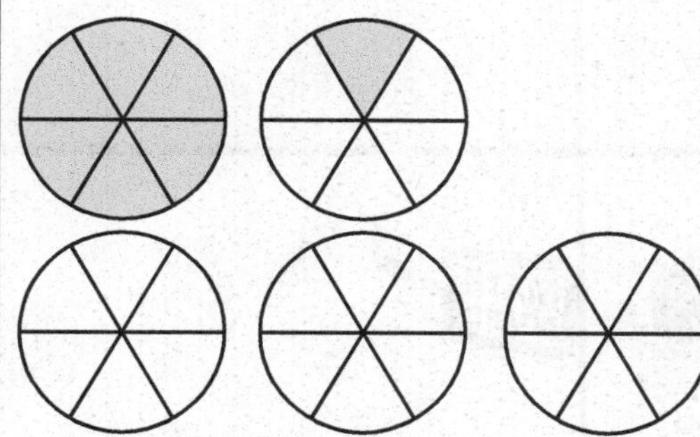	$1\frac{4}{6}$ $+\ 2\frac{3}{6}$ $\square\frac{7}{6}$
PASO 3 Convierte la suma.	**Piensa:** $\frac{7}{6}$ es mayor que 1. Agrupa los enteros para convertir la suma. Este modelo muestra un total de ___ enteros y $\frac{\square}{\square}$ restante.	$3\frac{7}{6} = 3 + \frac{6}{6} + \frac{\square}{\square}$ $= 3 + 1 + \frac{\square}{\square} = \square\frac{\square}{\square}$

Entonces, quedaron ______ quesadillas

Charla matemática — **Prácticas matemáticas**

Al representar sumas como $\frac{4}{6}$ y $\frac{3}{6}$, ¿por qué resulta útil combinar partes para formar enteros cuando es posible? **Explícalo.**

 **Ejemplo** Resta números mixtos.

Alejandro tenía $3\frac{4}{6}$ quesadillas. Su familia comió $2\frac{3}{6}$ de las quesadillas. ¿Cuántas quesadillas quedan?

Halla $3\frac{4}{6} - 2\frac{3}{6}$.

REPRESENTA

Sombrea el modelo para representar $3\frac{4}{6}$.

Luego tacha $2\frac{3}{6}$ para representar la resta.

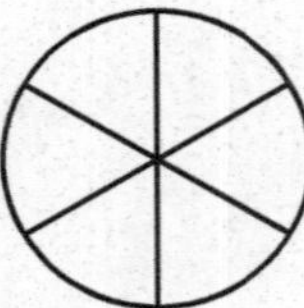

La diferencia es ______.

ANOTA

Resta las partes fraccionarias de los números mixtos.

Luego resta las partes enteras de los números mixtos.

$$\begin{array}{r} 3\frac{4}{6} \\ -\ 2\frac{3}{6} \\ \hline \end{array}$$

Entonces, quedan ______ quesadillas.

Comparte y muestra

Escribe el total como un número mixto con la parte fraccionaria menor que 1.

1. $1\frac{1}{6}$ $+3\frac{3}{6}$

Suma números enteros. Suma fracciones.

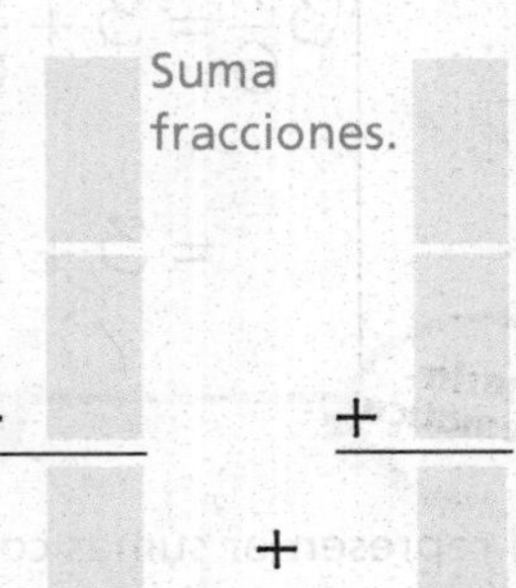

\+ ______ \+ ______ \+ = ______

2. $1\frac{4}{5}$ $+7\frac{2}{5}$

3. $2\frac{1}{2}$ $+3\frac{1}{2}$

Nombre ____________________

Halla la diferencia.

4. $3\frac{7}{12} - 2\frac{5}{12}$

5. $4\frac{2}{3} - 3\frac{1}{3}$

6. $6\frac{9}{10} - 3\frac{7}{10}$

Charla matemática — **Prácticas matemáticas**

Explica en qué se diferencian sumar y restar números mixtos, y sumar y restar fracciones.

Por tu cuenta

Escribe el total como un número mixto con la parte fraccionaria menor que 1.

7. $7\frac{4}{6} + 4\frac{3}{6}$

8. $8\frac{1}{3} + 3\frac{2}{3}$

9. $5\frac{4}{8} + 3\frac{5}{8}$

10. $3\frac{5}{12} + 4\frac{2}{12}$

Halla la diferencia.

11. $5\frac{7}{8} - 2\frac{3}{8}$

12. $5\frac{7}{12} - 4\frac{1}{12}$

13. $3\frac{5}{10} - 1\frac{3}{10}$

14. $7\frac{3}{4} - 2\frac{2}{4}$

Práctica: Copia y resuelve **Halla la suma o la diferencia.**

15. $1\frac{3}{8} + 2\frac{7}{8}$

16. $6\frac{5}{8} - 4$

17. $9\frac{1}{2} + 8\frac{1}{2}$

18. $6\frac{3}{5} + 4\frac{3}{5}$

19. $8\frac{7}{10} - \frac{4}{10}$

20. $7\frac{3}{5} - 6\frac{3}{5}$

Resolución de problemas • Aplicaciones

Resuelve. Escribe tu respuesta como un número mixto.

Muestra tu trabajo

21. PRÁCTICA MATEMÁTICA 1 **Encontrar el sentido de los problemas** La distancia en carro desde la casa de Alex hasta el museo es $6\frac{7}{10}$ millas. ¿Cuál es la distancia de ida y vuelta?

____

22. PIENSA MÁS La distancia desde el estadio hasta la casa de Kristina es $10\frac{9}{10}$ millas. La distancia desde el estadio hasta la casa de Luke es $2\frac{7}{10}$ millas. ¿Cuánto mayor es la distancia desde el estadio hasta la casa de Kristina que la distancia desde el estadio hasta la casa de Luke?

____

23. Pedro recorrió en bicicleta una distancia de $23\frac{4}{5}$ millas para ir desde su casa hasta la reserva natural. Jade recorrió en bicicleta una distancia de $12\frac{2}{5}$ millas para ir desde su casa hasta el lago. ¿Cuántas millas menos que Pedro recorrió Jade?

____

24. MÁS AL DETALLE La familia Martínez recorrió en carro una distancia de $55\frac{4}{5}$ millas para ir desde su casa hasta un centro de esquí, y luego recorrió $12\frac{4}{5}$ millas más para visitar amigos. Si la familia hizo el mismo recorrido para volver a su casa, ¿cuál fue la distancia total recorrida?

____

25. PIENSA MÁS Para los números 25a–25d, selecciona Verdadero o Falso para cada enunciado.

25a.	$2\frac{3}{8} + 1\frac{6}{8}$ es igual a $4\frac{1}{8}$.	○ Verdadero	○ Falso
25b.	$3\frac{6}{12} + 1\frac{4}{12}$ es igual a $2\frac{2}{12}$.	○ Verdadero	○ Falso
25c.	$5\frac{5}{6} - 2\frac{4}{6}$ es igual a $1\frac{3}{6}$.	○ Verdadero	○ Falso
25d.	$5\frac{5}{8} - 3\frac{2}{8}$ es igual a $2\frac{3}{8}$.	○ Verdadero	○ Falso

PRÁCTICA ADICIONAL:
Cuaderno de práctica de los estándares

Nombre ______________________

Convertir para restar

Pregunta esencial ¿Cómo puedes convertir un número mixto para restar más fácilmente?

Números y operaciones— Fracciones—4.NF.3c *Tambien 4.MD.2*

PRÁCTICAS MATEMÁTICAS
MP.3, MP.4

Soluciona el problema En el mundo

Ramón, Chandler y Chase salen a andar en bicicleta los fines de semana. Un fin de semana, Chase anduvo en bicicleta durante 3 horas, Chandler durante $2\frac{1}{4}$ horas y Ramón durante $1\frac{3}{4}$ horas. ¿Cuánto tiempo más que Ramón anduvo en bicicleta Chandler?

- ¿Qué operación usarás?

____

- Encierra en un círculo los números del problema que debes usar para hallar la solución.

De una manera Usa un modelo. Halla $2\frac{1}{4} - 1\frac{3}{4}$.

Sombrea el modelo para representar el tiempo que Chandler anduvo en bicicleta.

Luego sombrea el modelo para representar el tiempo que Ramón anduvo en bicicleta.

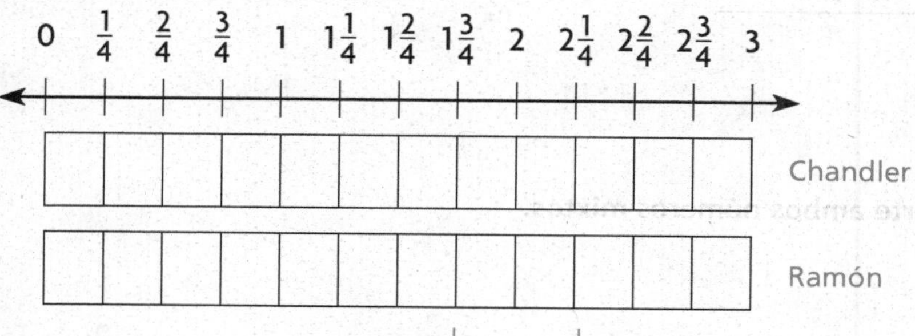

Piensa: La diferencia es ______.

Entonces, Chandler anduvo en bicicleta ______ hora más que Ramón.

1. Si tienes 1 parte de un cuarto, ¿puedes restar 3 partes de un cuarto? Explícalo.

____

____

Charla matemática — **Prácticas matemáticas**

Explica cómo puedes hallar cuánto tiempo más que Chandler anduvo en bicicleta Chase.

2. Si tienes 1 entero y 1 parte de un cuarto, ¿puedes restar 3 partes de un cuarto? Explícalo.

____

____

De una manera Convierte el primer número mixto.

Halla la diferencia. $5\frac{1}{8} - 3\frac{3}{8}$

PASO 1

Convierte $5\frac{1}{8}$ en un número mixto con una fracción mayor que 1.

Piensa:

$$5\frac{1}{8} = 4 + 1 + \frac{1}{8}$$

$$= 4 + \frac{\square}{8} + \frac{1}{8}$$

$$= \square$$

PASO 2

Resta los números mixtos.

$$5\frac{1}{8} = \square$$

$$-3\frac{3}{8} = -3\frac{3}{8}$$

$$\square$$

Charla matemática

Prácticas matemáticas

Explica por qué debes convertir $5\frac{1}{8}$.

De otra manera Convierte ambos números mixtos.

Halla la diferencia. $3\frac{4}{12} - 1\frac{6}{12}$

PASO 1

Convierte ambos números mixtos en fracciones mayores que 1.

$$3\frac{4}{12} = \frac{\square}{12} \qquad 1\frac{6}{12} = \frac{\square}{12}$$

PASO 2

Resta las fracciones mayores que 1.

$$\frac{\square}{12}$$

$$-\frac{\square}{12}$$

$$\square$$

- Explica cómo podrías convertir 5 para restar $3\frac{1}{4}$.

___

___

Nombre ________________________________

Comparte y muestra

1. Convierte ambos números mixtos en fracciones. Halla la diferencia.

$$3\frac{3}{6} = \frac{\square}{6}$$

$$-1\frac{4}{6} = -\frac{\square}{6}$$

Halla la diferencia.

2. $1\frac{1}{3} - \frac{2}{3}$

3. $4\frac{7}{10} - 1\frac{9}{10}$

4. $3\frac{5}{12} - \frac{8}{12}$

Charla matemática — **Prácticas matemáticas**

Describe cómo representarías $\frac{13}{6} - \frac{8}{6}$.

Por tu cuenta

Halla la diferencia.

5. $8\frac{1}{10} - 2\frac{9}{10}$

6. $2 - 1\frac{1}{4}$

7. $4\frac{1}{5} - 3\frac{2}{5}$

Práctica: Copia y resuelve **Halla la diferencia.**

8. $4\frac{1}{6} - 2\frac{5}{6}$

9. $6\frac{9}{12} - 3\frac{10}{12}$

10. $3\frac{3}{10} - \frac{7}{10}$

11. $4 - 2\frac{3}{5}$

12. $5\frac{1}{4} - 2\frac{3}{4}$

13. $3\frac{9}{12} - 1\frac{11}{12}$

14. $7\frac{3}{10} - 4\frac{7}{10}$

15. $2\frac{3}{8} - 1\frac{5}{8}$

Resolución de problemas • Aplicaciones

En el mundo

Convierte las fracciones para resolver los problemas.

Muchos instrumentos se doblan o curvan para que sea más fácil tocarlos, pero serían bastante largos si estuvieran completamente estirados.

16. PRÁCTICA MATEMÁTICA 1 **Analizar relaciones** La trompeta y la corneta son instrumentos de metal. Si se los estira por completo, la longitud de una trompeta es $5\frac{1}{4}$ pies y la de una corneta es $4\frac{2}{4}$ pies. ¿Cuánto más larga que la corneta es la trompeta?

____

17. PIENSA MÁS La tuba, el trombón y el corno francés son instrumentos de metal. Si se los estira por completo, la longitud de una tuba es 18 pies, la de un trombón es $9\frac{11}{12}$ pies y la de un corno francés es $17\frac{1}{12}$ pies. ¿Cuánto más larga que el corno francés es la tuba? ¿Cuánto más largo que el trombón es el corno francés?

____

18. MÁS AL DETALLE El tono de un instrumento musical está relacionado con su longitud. Por lo general, cuanto mayor es la longitud de un instrumento musical, más bajo es el tono. Ordena los instrumentos de metal de esta página según el tono, del más bajo al más alto.

____

ESCRIBE ▸ *Matemáticas*
Muestra tu trabajo

Entrenador personal en matemáticas

19. PIENSA MÁS + Alicia tenía $3\frac{1}{6}$ yardas de tela. Luego de hacer un mantel, tenía $1\frac{4}{6}$ yardas de tela. Alicia dijo que usó $2\frac{3}{6}$ yardas de tela para hacer el mantel. ¿Estás de acuerdo? Explica.

____

____

____

PRÁCTICA ADICIONAL:
Cuaderno de práctica de los estándares

Nombre ______________________

Las fracciones y las propiedades de la suma

Números y operaciones—Fracciones—4.NF.3c

PRÁCTICAS MATEMÁTICAS
MP.2, MP.7

Pregunta esencial ¿Cómo puedes sumar fracciones con denominadores semejantes usando las propiedades de la suma?

RELACIONA Las propiedades asociativa y conmutativa de la suma pueden ayudarte a agrupar y ordenar sumandos para hallar sumas mentalmente. Puedes usar el cálculo mental para combinar fracciones que suman 1.

- La propiedad conmutativa de la suma establece que cuando se cambia el orden de dos sumandos, la suma es la misma. Por ejemplo, $4 + 5 = 5 + 4$.
- La propiedad asociativa de la suma establece que al agrupar los sumandos de diferentes maneras, se obtiene el mismo resultado. Por ejemplo, $(5 + 8) + 4 = 5 + (8 + 4)$.

Soluciona el problema (En el mundo)

En el mapa se muestran cuatro faros de Florida Keys y la distancia que hay entre ellos en millas. El faro Dry Tortugas es el que está más al oeste, y el faro Alligator Reef es el que está más al este.

¿Cuál es la distancia desde el faro Dry Tortugas hasta el faro Alligator Reef por el camino que atraviesa los cuatro faros?

Usa propiedades para ordenar y agrupar.

Suma. $70\frac{5}{10} + 43\frac{6}{10} + 34\frac{5}{10}$

$70\frac{5}{10} + 43\frac{6}{10} + 34\frac{5}{10} =$ ______ + ______ + ______

Usa la propiedad conmutativa para ordenar los sumandos de manera que las fracciones que suman 1 estén juntas.

= (______ + ______) + ______

Usa la propiedad asociativa para agrupar los sumandos que puedes sumar mentalmente.

= (______) + ______

Suma los números que agrupaste, y luego suma el otro número mixto.

= ______

Escribe la suma.

Entonces, la distancia desde el faro Dry Tortugas hasta el faro Alligator Reef, por el camino que atraviesa los cuatro faros, es ______ millas.

¡Inténtalo! **Usa las propiedades y el cálculo mental para resolver los ejercicios. Muestra cada paso e indica la propiedad que usaste.**

$1\frac{1}{3} + (2 + 3\frac{2}{3})$

Comparte y muestra

1. Completa. Indica la propiedad que se usa.

$$\left(3\frac{4}{10} + 5\frac{2}{10}\right) + \frac{6}{10} = \left(5\frac{2}{10} + 3\frac{4}{10}\right) + \underline{\qquad} \quad \underline{\qquad\qquad\qquad}$$

$$= 5\frac{2}{10} + \left(3\frac{4}{10} + \qquad\right) \quad \underline{\qquad\qquad\qquad}$$

$$= 5\frac{2}{10} + \underline{\qquad}$$

$$= \underline{\qquad}$$

Charla matemática — **Prácticas matemáticas**

Describe cómo podrías usar las propiedades para hallar la suma $1\frac{1}{3} + 2\frac{5}{8} + 1\frac{2}{3}$.

Usa las propiedades y el cálculo mental para hallar la suma.

2. $\left(2\frac{7}{8} + 3\frac{2}{8}\right) + 1\frac{1}{8}$

3. $1\frac{2}{5} + \left(1 + \frac{3}{5}\right)$

4. $5\frac{3}{6} + (5\frac{5}{6} + 4\frac{3}{6})$

5. $(1\frac{1}{4} + 1\frac{1}{4}) + 2\frac{3}{4}$

6. $(12\frac{4}{9} + 1\frac{2}{9}) + 3\frac{5}{9}$

7. $\frac{3}{12} + (1\frac{8}{12} + \frac{9}{12})$

Nombre ______________________

Por tu cuenta

Usa las propiedades y el cálculo mental para hallar la suma.

8. $\left(45\frac{1}{3} + 6\frac{1}{3}\right) + 38\frac{2}{3}$

9. $\frac{1}{2} + \left(103\frac{1}{2} + 12\right)$

10. $\left(3\frac{5}{10} + 10\right) + 11\frac{5}{10}$

11. $1\frac{4}{10} + \left(37\frac{3}{10} + \frac{6}{10}\right)$

12. $\left(\frac{3}{12} + 10\frac{5}{12}\right) + \frac{9}{12}$

13. $5\frac{7}{8} + \left(6\frac{3}{8} + \frac{1}{8}\right)$

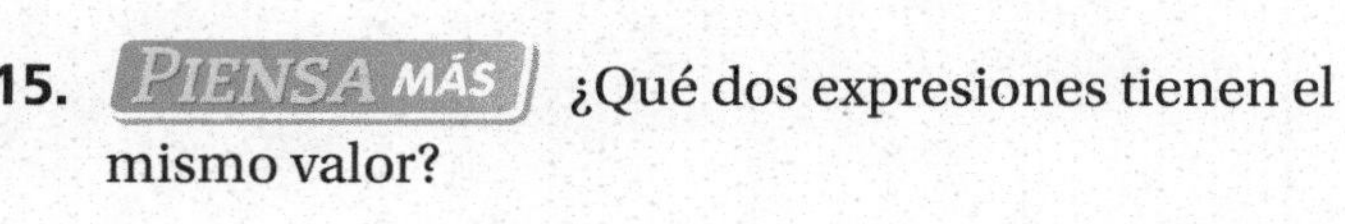

Resolución de problemas • Aplicaciones En el mundo

Usa las expresiones del recuadro para responder las preguntas 14 y 15.

14. ¿Qué propiedad de la suma usarías para reagrupar los sumandos en la expresión A?

____

15. PIENSA MÁS ¿Qué dos expresiones tienen el mismo valor?

____

A	$\frac{1}{8} + \left(\frac{7}{8} + \frac{4}{8}\right)$
B	$\frac{1}{2} + 2$
C	$\frac{3}{7} + \left(\frac{1}{2} + \frac{4}{7}\right)$
D	$\frac{1}{3} + \frac{4}{3} + \frac{2}{3}$

16. PIENSA MÁS Une la ecuación con la propiedad utilizada.

$\frac{6}{12} + (\frac{6}{12} + \frac{3}{12}) = (\frac{6}{12} + \frac{6}{12}) + \frac{3}{12}$ •

$3\frac{2}{5} + (5\frac{4}{5} + 2\frac{1}{5}) = 3\frac{2}{5} + (2\frac{1}{5} + 5\frac{4}{5})$ •   • Propiedad conmutativa

$(4\frac{1}{6} + 3\frac{5}{6}) + 2\frac{2}{6} = (3\frac{5}{6} + 4\frac{1}{6}) + 2\frac{2}{6}$ •   • Propiedad asociativa

$(1\frac{1}{8} + \frac{5}{8}) + 3\frac{3}{8} = 1\frac{1}{8} + (\frac{5}{8} + 3\frac{3}{8})$ •

Plantea un problema

17. MÁS AL DETALLE Se están confeccionando los disfraces para el musical escolar. En la tabla de la derecha se muestra la cantidad de tela que se necesita para hacer los disfraces del protagonista masculino y la protagonista femenina. Alice usa la expresión $7\frac{3}{8} + 1\frac{5}{8} + 2\frac{4}{8}$ para hallar la cantidad total de tela necesaria para el disfraz de la protagonista femenina.

Tela para disfraces (en yardas)		
Material	**Protagonista femenina**	**Protagonista masculino**
Seda	$7\frac{3}{8}$	$1\frac{2}{8}$
Fieltro	$1\frac{5}{8}$	$2\frac{3}{8}$
Algodón	$2\frac{4}{8}$	$5\frac{6}{8}$

Para hallar el valor de la expresión mediante el cálculo mental, Alice usó las propiedades de la suma.

$$7\frac{3}{8} + 1\frac{5}{8} + 2\frac{4}{8} = \left(7\frac{3}{8} + 1\frac{5}{8}\right) + 2\frac{4}{8}$$

Alice sumó 7 + 1 y pudo sumar rápidamente $\frac{3}{8}$ y $\frac{5}{8}$ al resultado de 8 para obtener 9. Sumó $2\frac{4}{8}$ a 9, entonces, su resultado fue $11\frac{4}{8}$.

Entonces, la cantidad de tela que se necesita para el disfraz de la protagonista femenina es $11\frac{4}{8}$ yardas.

Usa la información sobre el disfraz del protagonista masculino para escribir un problema nuevo.

Plantea un problema.

Resuelve tu problema. Comprueba tu solución.

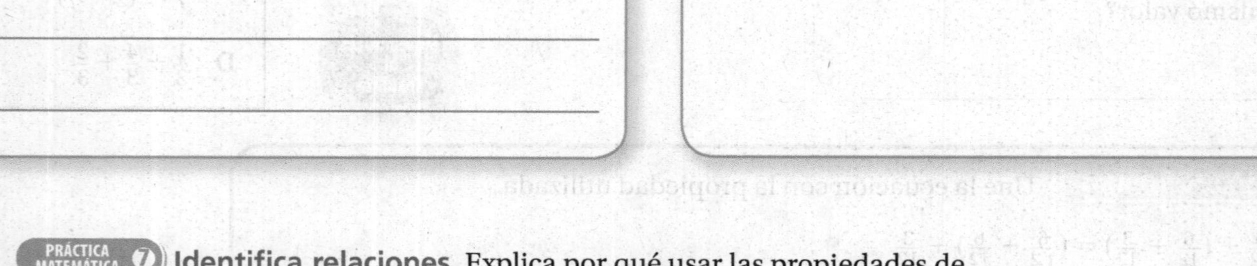

• PRÁCTICA MATEMÁTICA 7 **Identifica relaciones** Explica por qué usar las propiedades de la suma hace que ambos problemas sean más fáciles de resolver.

PRÁCTICA ADICIONAL: Cuaderno de práctica de los estándares

Nombre ______________________________

Resolución de problemas • Problemas con fracciones de varios pasos

Números y operaciones—Fracciones—4.NF.3d *Tambien 4.MD.2*

PRÁCTICAS MATEMÁTICAS
MP.1, MP.7

Pregunta esencial ¿Cómo puedes usar la estrategia *representar* para resolver problemas con fracciones de varios pasos?

Soluciona el problema — En el mundo

En una tienda se venden nueces en bolsas de $\frac{3}{4}$ de libra. Ann comprará algunas bolsas de nueces y las empaquetará en bolsas de 1 libra. ¿Cuál es la menor cantidad de bolsas de $\frac{3}{4}$ de libra que Ann debería comprar si quiere llenar todas las bolsas de 1 libra sin que sobren nueces?

Lee el problema

¿Qué debo hallar?

Debo hallar cuántas bolsas de ____________ necesita Ann para armar bolsas de nueces de 1 libra sin que sobren nueces.

¿Qué información debo usar?

Las bolsas que comprará tienen ______ de libra de nueces. Va a empaquetar las nueces en bolsas de ______ libra.

¿Cómo usaré la información?

...do usar círculos fraccionarios ____________ el problema.

Resuelve el problema

Describe cómo representarlo. Usa círculos fraccionarios.

Una bolsa de $\frac{3}{4}$ de libra — No alcanza para una bolsa de 1 libra

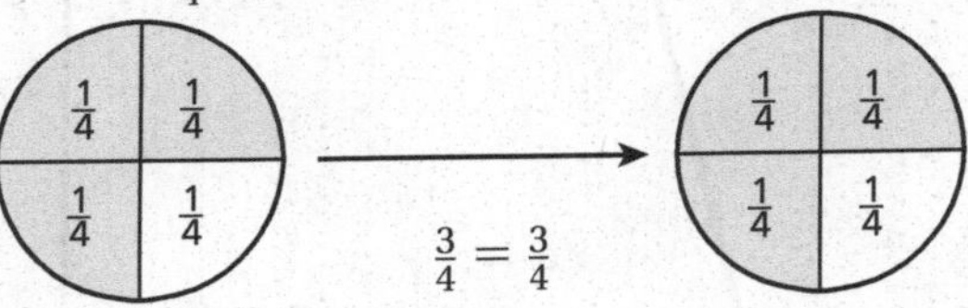

Dos bolsas de $\frac{3}{4}$ de libra — Una bolsa de 1 libra y sobran $\frac{2}{4}$ de libra

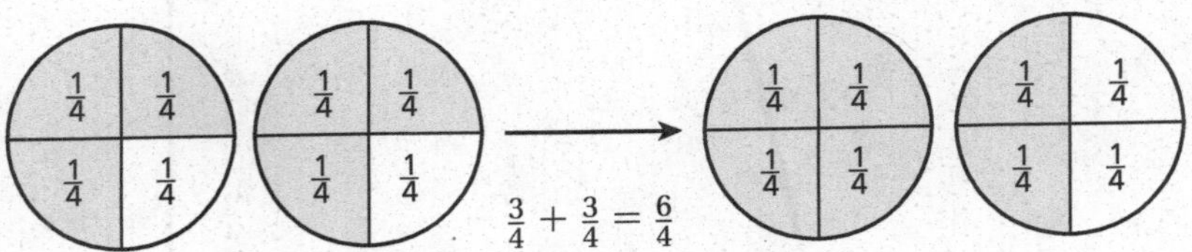

Tres bolsas de $\frac{3}{4}$ de libra tienen $\frac{3}{4} + \frac{3}{4} + \frac{3}{4} = \frac{\square}{4}$ de libra de nueces. Con esto se pueden armar ______ bolsas de 1 libra y sobra ______ de libra.

Cuatro bolsas de $\frac{3}{4}$ de libra tienen $\frac{3}{4} + \frac{3}{4} + \frac{3}{4} + \frac{3}{4} = \frac{\square}{4}$ de libra de nueces. Con esto se pueden armar ______ bolsas de 1 libra y sobran ____________ nueces.

Ann debería comprar ____________ bolsas de $\frac{3}{4}$ de libra de nueces.

Haz otro problema

Al final de la cena, un restaurante tenía varios platos con tartas, cada uno con 2 porciones de un sexto de tarta. El cocinero pudo juntar estas porciones y formar 2 tartas enteras sin que sobrara ninguna porción. ¿Cuántos platos juntó el cocinero?

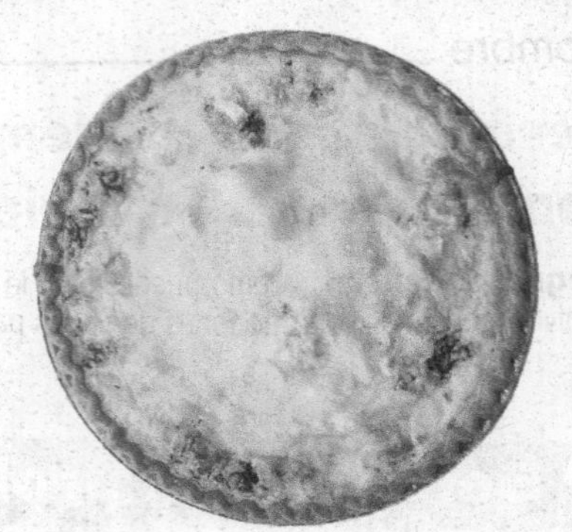

Lee el problema	Resuelve el problema
¿Qué debo hallar?	**Describe cómo representarlo.**
¿Qué información debo usar?	
¿Cómo usaré la información?	

Entonces, el cocinero juntó ______ platos, cada uno con $\frac{2}{6}$ de tarta.

Nombre ______________________________

Resolución de problemas • Problemas con fracciones de varios pasos

Números y operaciones—Fracciones—4.NF.3d *Tambien 4.MD.2*

PRÁCTICAS MATEMÁTICAS
MP.1, MP.7

Pregunta esencial ¿Cómo puedes usar la estrategia *representar* para resolver problemas con fracciones de varios pasos?

Soluciona el problema (En el mundo)

En una tienda se venden nueces en bolsas de $\frac{3}{4}$ de libra. Ann comprará algunas bolsas de nueces y las empaquetará en bolsas de 1 libra. ¿Cuál es la menor cantidad de bolsas de $\frac{3}{4}$ de libra que Ann debería comprar si quiere llenar todas las bolsas de 1 libra sin que sobren nueces?

Lee el problema

¿Qué debo hallar?

Debo hallar cuántas bolsas de ______________ necesita Ann para armar bolsas de nueces de 1 libra sin que sobren nueces.

¿Qué información debo usar?

Las bolsas que comprará tienen _______ de libra de nueces. Va a empaquetar las nueces en bolsas de _______ libra.

¿Cómo usaré la información?

Puedo usar círculos fraccionarios para ______________ el problema.

Resuelve el problema

Describe cómo representarlo. Usa círculos fraccionarios.

Una bolsa de $\frac{3}{4}$ de libra — No alcanza para una bolsa de 1 libra

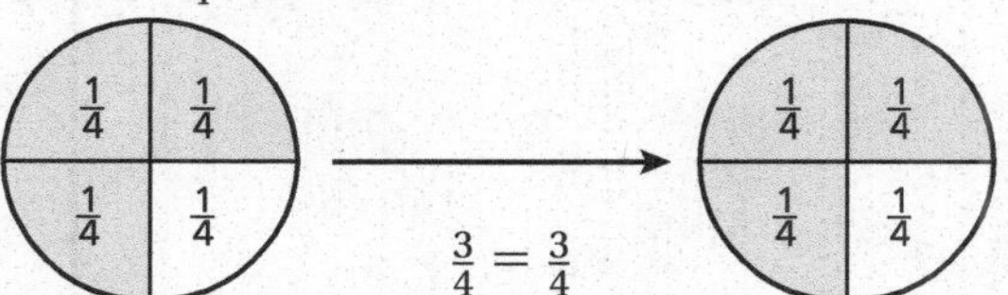

Dos bolsas de $\frac{3}{4}$ de libra — Una bolsa de 1 libra y sobran $\frac{2}{4}$ de libra

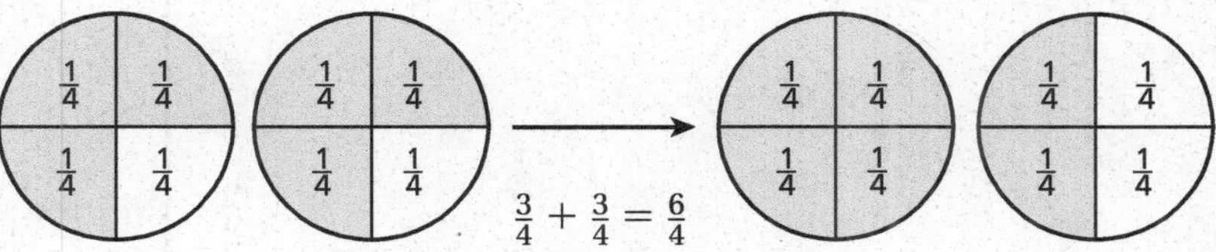

Tres bolsas de $\frac{3}{4}$ de libra tienen $\frac{3}{4} + \frac{3}{4} + \frac{3}{4} = \frac{\square}{4}$ de libra de nueces. Con esto se pueden armar _______ bolsas de 1 libra y sobra _______ de libra.

Cuatro bolsas de $\frac{3}{4}$ de libra tienen $\frac{3}{4} + \frac{3}{4} + \frac{3}{4} + \frac{3}{4} = \frac{\square}{4}$ de libra de nueces. Con esto se pueden armar _______ bolsas de 1 libra y sobran ______________ nueces.

Entonces, Ann debería comprar ______________ bolsas de $\frac{3}{4}$ de libra de nueces.

Haz otro problema

Al final de la cena, un restaurante tenía varios platos con tartas, cada uno con 2 porciones de un sexto de tarta. El cocinero pudo juntar estas porciones y formar 2 tartas enteras sin que sobrara ninguna porción. ¿Cuántos platos juntó el cocinero?

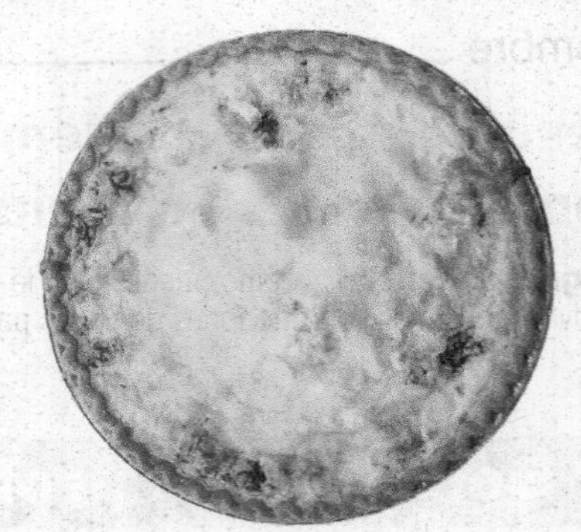

Lee el problema	Resuelve el problema
¿Qué debo hallar?	**Describe cómo representarlo.**
¿Qué información debo usar?	
¿Cómo usaré la información?	

Entonces, el cocinero juntó ______ platos, cada uno con $\frac{2}{6}$ de tarta.

Nombre ______________________________

Soluciona el Problema

√ Subraya la pregunta.
√ Encierra en un círculo los datos importantes.
√ Tacha la información innecesaria.

Comparte y muestra

MATH BOARD

1. La semana pasada, Sia corrió $1\frac{1}{4}$ millas todos los días durante 5 días y luego tomó 2 días libres. ¿Corrió al menos 6 millas la semana pasada?

Primero, representa el problema. Describe tu modelo.

____

____

____

____

____

Luego, reagrupa las partes del modelo para hallar la cantidad de millas enteras que corrió Sia.

Sia corrió ______ millas enteras y ______ de milla.

Por último, compara la cantidad total de millas que corrió con 6 millas.

$6\frac{1}{4}$ millas ◯ 6 millas

Entonces, Sia ______ al menos 6 millas la semana pasada.

2. ¿Qué pasaría si Sia corriera solamente $\frac{3}{4}$ de milla por día? ¿Habría corrido al menos 6 millas la semana pasada? Explícalo.

____

____

3. Una moneda de 25¢ es $\frac{1}{4}$ de dólar. Noah tiene 20 monedas de 25¢. ¿Cuánto dinero tiene? Explícalo.

____

____

____

4. PIENSA MÁS ¿Cuántas partes de $\frac{2}{5}$ hay en 2 enteros?

____

ESCRIBE ▸ *Matemáticas*
Muestra tu trabajo

Por tu cuenta

ESCRIBE ▸ *Matemáticas*
Muestra tu trabajo

5. Una empresa despachó 15,325 cajas de manzanas y 12,980 cajas de naranjas. ¿Cuántas más cajas de manzanas que de naranjas despachó la empresa?

____

6. PRÁCTICA MATEMÁTICA 1 **Analizar** En una feria se vendieron 3,300 boletos el viernes y el sábado. El viernes se vendieron 100 boletos más que el sábado. ¿Cuántos boletos se vendieron el viernes?

____

7. PIENSA MÁS Emma caminó $\frac{1}{4}$ de milla el lunes, $\frac{2}{4}$ de milla el martes y $\frac{3}{4}$ de milla el miércoles. Si el patrón continúa, ¿cuántas millas caminará el viernes? Explica cómo hallaste el número de millas.

____

____

____

____

____

____

8. MÁS AL DETALLE Jared pintó $\frac{5}{12}$ de una taza de rojo y $\frac{4}{12}$ de azul. ¿Qué parte de la taza no es roja ni azul?

____

9. PIENSA MÁS Escoge el número que completa correctamente la oración.

Cada día, la Sra. Hewes teje $\frac{1}{3}$ de una bufanda en la mañana y $\frac{1}{3}$ de una bufanda a la tarde.

Le llevará [2 / 3 / 4] días a la Sra. Hewes tejer dos bufandas.

PRÁCTICA ADICIONAL: Cuaderno de práctica de los estándares

Nombre ______________________________

Repaso y prueba del Capítulo 7

1. Un pintor mezcló $\frac{1}{4}$ de pintura roja con $\frac{3}{4}$ de pintura azul para formar pintura violeta.

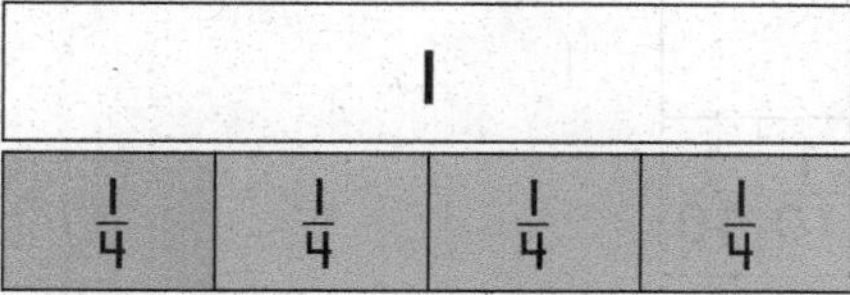

¿Cuánta pintura violeta hizo el pintor?

☐ cuarto de pintura violeta

2. Iván anduvo en bicicleta durante $1\frac{1}{2}$ horas el lunes, $2\frac{1}{3}$ horas el martes y $2\frac{2}{3}$ horas el miércoles. ¿Cuál es la cantidad total de horas que Iván anduvo en bicicleta?

Iván anduvo en bicicleta ☐ horas.

3. Tricia tenía $4\frac{1}{8}$ yardas de tela para hacer cortinas. Cuando terminó, le quedaban $2\frac{3}{8}$ yardas de tela. Ella dijo que había usado $2\frac{2}{8}$ de yardas de tela para las cortinas. ¿Estás de acuerdo? Explica.

4. La clase de Miguel asistió a la feria estatal. El terreno de la feria está dividido en secciones. Las atracciones están en $\frac{6}{10}$ del terreno. Los juegos están en $\frac{2}{10}$ del terreno. Las exhibiciones de granja están en $\frac{1}{10}$ del terreno.

Parte A

Usa el modelo. ¿Qué fracción del terreno de la feria está cubierta por atracciones y juegos?

La fracción del terreno con juegos y atracciones es ☐.

Parte B

¿Cuánto más grande es la sección del terreno de la feria con atracciones que la de exhibiciones de granja? Explica cómo se podría usar el modelo para encontrar la respuesta.

5. Rita está haciendo chile. La receta requiere $2\frac{3}{4}$ tazas de tomates. ¿Cuántas tazas de tomates, escritas como una fracción mayor que 1, se usan en la receta?

☐ tazas

6. La madre de Lamar vende equipamiento deportivo a través de Internet. Vendió $\frac{9}{10}$ del equipamiento deportivo. Selecciona una forma en que se puede escribir $\frac{9}{10}$ como una suma de fracciones. Marca todas las opciones que correspondan.

- Ⓐ $\frac{1}{10} + \frac{1}{10} + \frac{1}{10} + \frac{1}{10} + \frac{2}{10}$
- Ⓑ $\frac{3}{10} + \frac{2}{10} + \frac{3}{10} + \frac{1}{10}$
- Ⓒ $\frac{2}{10} + \frac{2}{10} + \frac{2}{10} + \frac{2}{10}$
- Ⓓ $\frac{4}{10} + \frac{1}{10} + \frac{1}{10} + \frac{3}{10}$
- Ⓔ $\frac{4}{10} + \frac{3}{10} + \frac{1}{10} + \frac{1}{10} + \frac{1}{10}$
- Ⓕ $\frac{2}{10} + \frac{2}{10} + \frac{2}{10} + \frac{3}{10}$

Nombre ______________________________

7. Bella llevó $\frac{8}{10}$ de galón de agua a una excursión a pie. Tomó $\frac{6}{10}$ del galón de agua. ¿Cuánta agua queda?

[ ] de galón

8. En una encuesta, $\frac{6}{10}$ de los estudiantes escogieron el sábado y $\frac{1}{10}$ escogió el lunes como su día preferido de la semana. ¿Qué fracción muestra a los estudiantes que escogieron el sábado o el lunes como su día preferido?

Parte A

Sombrea el modelo para mostrar tu respuesta.

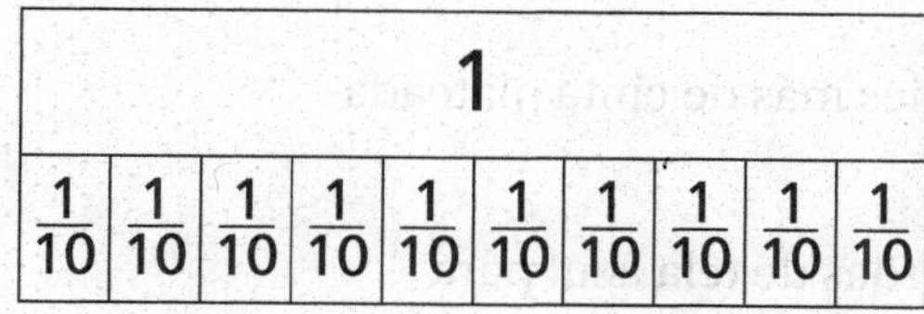

[ ] de los estudiantes escogieron el lunes o el sábado.

Parte B

¿Cómo se relacionan con el modelo el numerador y el denominador de tu respuesta? Explícalo.

9. Une la ecuación con la propiedad utilizada.

$\frac{6}{10} + \left(\frac{4}{10} + \frac{3}{10}\right) = \left(\frac{6}{10} + \frac{4}{10}\right) + \frac{3}{10}$ •

$1\frac{1}{4} + \left(3 + 2\frac{1}{4}\right) = 1\frac{1}{4} + \left(2\frac{1}{4} + 3\right)$ • • Propiedad conmutativa

$\left(2\frac{6}{10} + \frac{1}{10}\right) + 3\frac{9}{10} = 2\frac{6}{10} + \left(\frac{1}{10} + 3\frac{9}{10}\right)$ • • Propiedad asociativa

$\left(3\frac{4}{7} + 2\frac{1}{7}\right) + 6\frac{3}{7} = \left(2\frac{1}{7} + 3\frac{4}{7}\right) + 6\frac{3}{7}$ •

10. Para los números 10a–10e, selecciona Sí o No para mostrar si la suma o la diferencia es correcta.

10a. $\frac{2}{8} + \frac{1}{8} = \frac{3}{8}$ ○ Sí ○ No

10b. $\frac{4}{5} + \frac{1}{5} = \frac{5}{5}$ ○ Sí ○ No

10c. $\frac{4}{6} + \frac{1}{6} = \frac{5}{12}$ ○ Sí ○ No

10d. $\frac{6}{12} - \frac{4}{12} = \frac{2}{12}$ ○ Sí ○ No

10e. $\frac{7}{9} - \frac{2}{9} = \frac{9}{9}$ ○ Sí ○ No

11. Gina tiene $5\frac{2}{6}$ pies de cinta plateada y $2\frac{4}{6}$ de cinta dorada. ¿Cuánta más cinta plateada que cinta dorada tiene Gina?

[ ] pies más de cinta plateada

12. Jill está haciendo una capa larga. Necesita $4\frac{1}{3}$ yardas de tela azul para el exterior de la capa. Necesita $3\frac{2}{3}$ de tela morada para el interior de la capa.

Parte A

Jill restó incorrectamente los dos números mixtos para hallar cuánto más de tela azul debía comprar que de tela morada. Su trabajo se muestra a continuación.

$4\frac{1}{3} - 3\frac{2}{3} = \frac{12}{3} - \frac{9}{3} = \frac{3}{3}$

¿Por qué no es correcto el trabajo de Jill?

Parte B

¿Cuánta más tela azul que tela morada debería comprar Jill? Muestra tu trabajo.

Nombre ______________________

13. Russ tiene dos frascos de pegamento. Un frasco está lleno hasta $\frac{1}{5}$. El otro frasco está lleno hasta $\frac{2}{5}$.

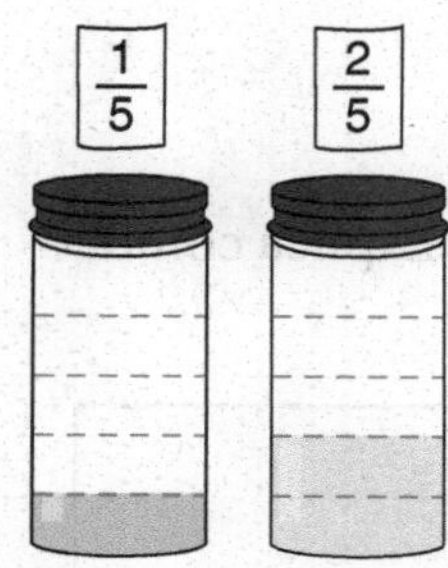

Usa las fracciones para escribir una ecuación para hallar la cantidad de pegamento que tiene Russ.

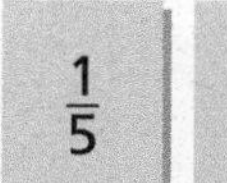

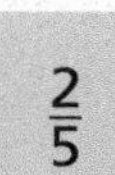

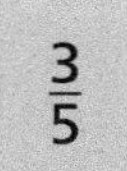

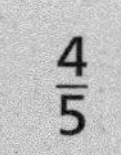

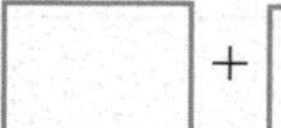 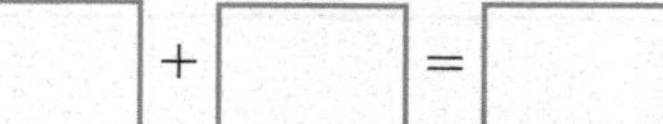

14. Gertie corrió $\frac{3}{4}$ de milla durante la clase de educación física. Sarah corrió $\frac{2}{4}$ de milla durante la misma clase. ¿Cuánto más lejos corrió Gertie que Sarah? Sombrea el modelo para mostrar tu respuesta.

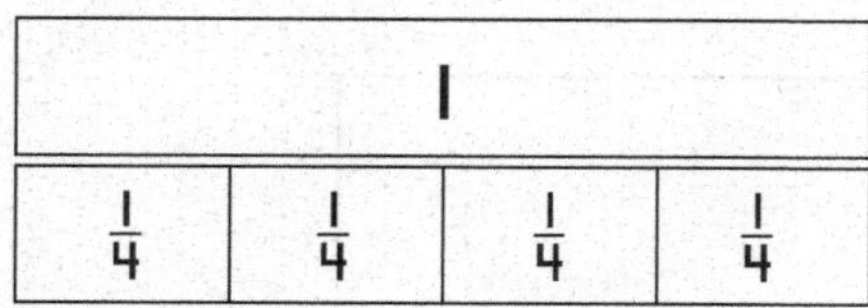

Gertie corrió ☐ de milla más lejos que Sarah.

15. Teresa plantó margaritas en $\frac{2}{8}$ de su jardín y petunias en $\frac{3}{8}$ de su jardín. ¿Qué fracción del jardín tiene margaritas y petunias?

El jardín de Teresa tiene ☐ de margaritas y petunias.

16. Dibuja una línea para mostrar el número mixto y la fracción que tienen el mismo valor.

• $3\frac{2}{7}$ • $4\frac{5}{8}$ • $2\frac{3}{5}$ • $2\frac{3}{8}$

• $\frac{21}{8}$ • $\frac{37}{3}$ • $\frac{21}{7}$ • $\frac{37}{8}$

17. Cada día, la hermana pequeña de Tally come $\frac{1}{4}$ de taza de cereal de arroz a la mañana y $\frac{1}{4}$ de taza de cereal de arroz a la tarde.

A la hermana de Tally le llevará  días comer 2 tazas de cereal de arroz.

18. Tres niñas están vendiendo cajas de palomitas de maíz para ganar dinero para realizar un viaje con su banda de música. En la semana 1, Emily vendió $2\frac{3}{4}$ cajas, Brenda vendió $4\frac{1}{4}$ cajas y Shannon vendió $3\frac{1}{2}$ cajas.

Parte A

¿Cuántas cajas de palomitas vendieron las niñas en total? Explica cómo hallaste la respuesta.

Parte B

Las niñas deben vender un total de 35 cajas para tener el dinero suficiente para el viaje. Supón que en la semana 2 y en la semana 3 venden la misma cantidad que la semana 1. ¿Habrán vendido suficientes cajas para ir de viaje? Explícalo.

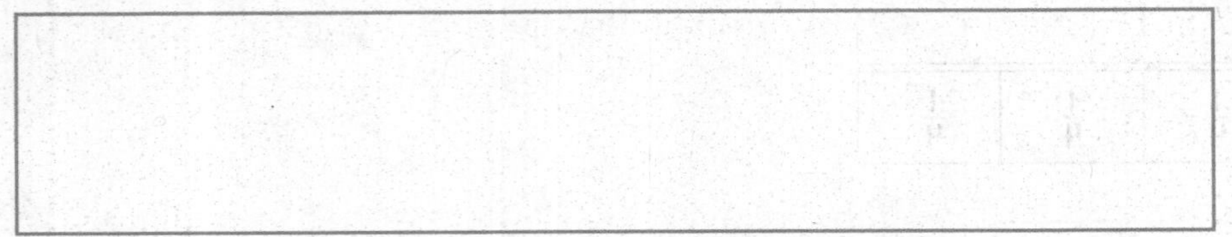

19. Henry comió $\frac{3}{8}$ de un emparedado. Keith comió $\frac{4}{8}$ del mismo emparedado. ¿Cuánto más comió Keith que Henry?

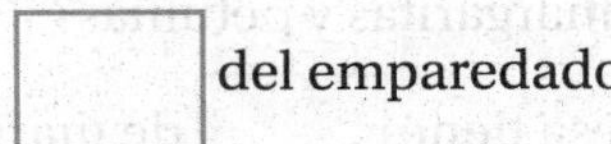
del emparedado

20. Para responder los números 20a–20d, selecciona Verdadero o Falso para cada enunciado.

20a. $1\frac{4}{9} + 2\frac{6}{9}$ es igual a $4\frac{1}{9}$. ○ Verdadero ○ Falso

20b. $3\frac{5}{6} + 2\frac{3}{6}$ es igual a $5\frac{2}{6}$. ○ Verdadero ○ Falso

20c. $4\frac{5}{8} - 2\frac{4}{8}$ es igual a $2\frac{3}{8}$. ○ Verdadero ○ Falso

20d. $5\frac{5}{8} - 3\frac{2}{8}$ es igual a $2\frac{3}{8}$. ○ Verdadero ○ Falso

21. Justin vive a $4\frac{3}{5}$ millas de la casa de su abuelo. Escribe el número mixto como una fracción mayor que 1.

$4\frac{3}{5} =$ ☐

Capítulo 8

Multiplicar fracciones por números enteros

Muestra lo que sabes

Comprueba si comprendes las destrezas importantes.

Nombre ______________________________

▶ Relacionar la suma con la multiplicación **Completa.**

1. 

____ + ____ + ____ + ____ = ____

____ × ____ = ____

2. 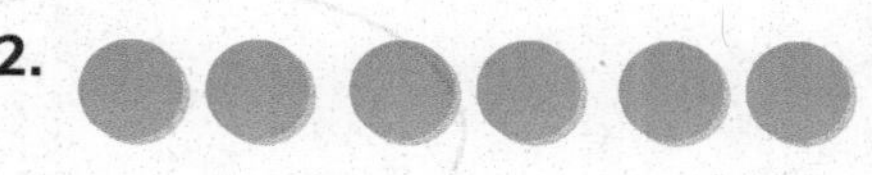

____ + ____ + ____ = ____

____ × ____ = ____

▶ Leer y escribir números mixtos **Escribe un número mixto para la parte sombreada. Escribe una fracción para la parte sin sombrear.**

3. 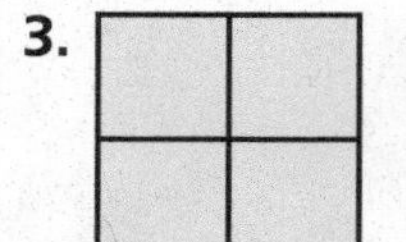 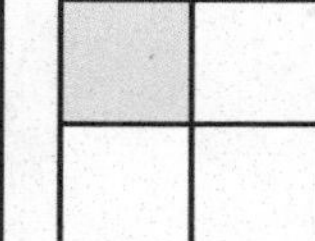

Sombreada: ______

Sin sombrear: ______

4. 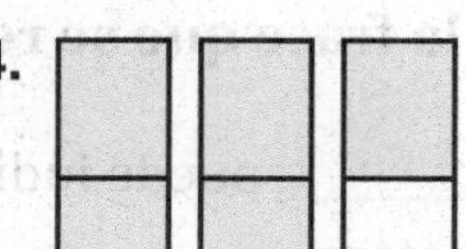

Sombreada: ______

Sin sombrear: ______

▶ Representar fracciones y números mixtos **Escribe una fracción o un número mixto para el modelo.**

5. 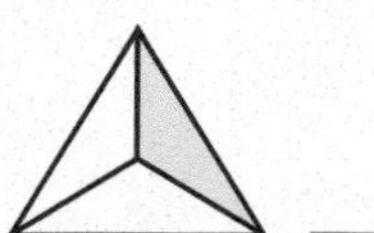 ______

6. 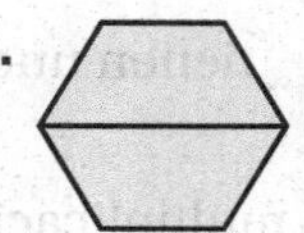 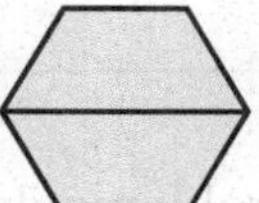 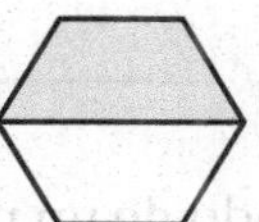 ______

Detective matemático

El presupuesto de la fiesta anual del Museo Carter es $10,000. La comida representa $\frac{1}{2}$ del presupuesto, las bebidas, $\frac{1}{4}$, y los adornos, $\frac{1}{10}$. El resto se gasta en pagarle al personal de la fiesta. Piensa como un detective matemático. ¿Cuánto dinero se gasta en pagarle al personal de la fiesta?

Entrenador personal en matemáticas
Evaluación e intervención en línea

Desarrollo del vocabulario

▶ Visualízalo

Completa el mapa conceptual con las palabras de repaso.

Palabras de repaso
fracción
fracción unitaria
múltiplo
producto
propiedad de identidad de la multiplicación

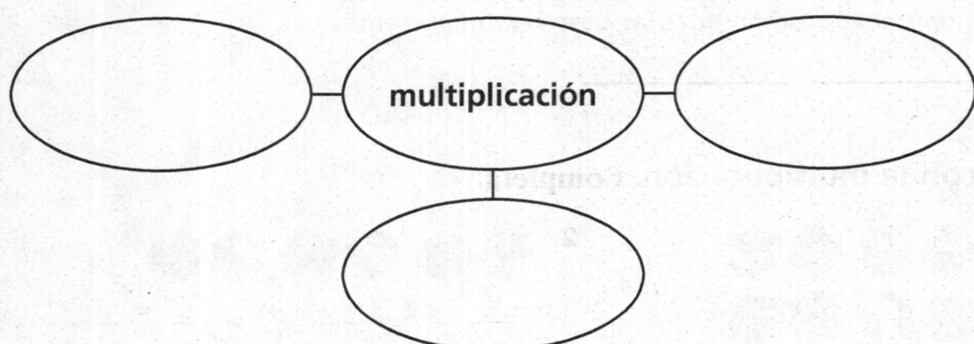

▶ Comprende el vocabulario

Escribe la palabra o la frase que se relaciona con la descripción.

1. Una ____________________ puede indicar una parte de un grupo o una parte de un entero.

2. Puedes escribir los ____________________ de 10 como 10, 20, 30, y así sucesivamente.

3. Las ____________________ tienen uno como numerador.

4. El resultado de un problema de multiplicación se llama ____________________.

5. La ____________________ establece que el producto de cualquier número por 1 es ese número.

APRENDE EN LÍNEA
- Libro interactivo del estudiante
- Glosario multimedia

Nombre ______________________________

Múltiplos de fracciones unitarias

Números y operaciones—Fracciones—4.NF.4a

PRÁCTICAS MATEMÁTICAS
MP.2, MP.5

Pregunta esencial ¿Cómo puedes escribir una fracción como el producto de un número entero y una fracción unitaria?

Soluciona el problema *En el mundo*

En una fiesta en la que se sirvieron pizzas, cada pizza se cortó en 6 trozos iguales. Al final de la fiesta, quedaron $\frac{5}{6}$ de una pizza. Roberta colocó cada uno de los trozos que quedaron en una bolsa para congelados distinta. ¿Cuántas bolsas usó? ¿Qué parte de una pizza colocó en cada bolsa?

- ¿Cuántos trozos de la pizza se comieron?

  ____

- ¿Qué fracción de la pizza es 1 trozo?

  ____

Ejemplo **Escribe $\frac{5}{6}$ como el producto de un número entero y una fracción unitaria.**

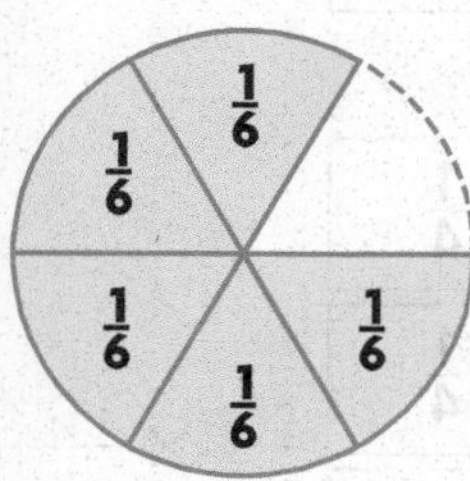

En la ilustración se muestran $\frac{5}{6}$ ó

_______ partes de un sexto.

Cada parte de un sexto de una pizza se puede mostrar con la fracción

unitaria _______.

Puedes usar fracciones unitarias para mostrar $\frac{5}{6}$ de dos maneras.

$\frac{5}{6}$ = _____ + _____ + _____ + _____ + _____

$\frac{5}{6}$ = _____ $\times \frac{1}{6}$

El número de sumandos, o multiplicador, representa el número de bolsas que se usan.

Las fracciones unitarias representan la parte de la pizza que va en cada bolsa.

Recuerda

Puedes usar la multiplicación para mostrar la suma repetida.

3×4 significa $4 + 4 + 4$.

4×2 significa $2 + 2 + 2 + 2$.

Charla matemática — **Prácticas matemáticas**

Explica cómo puedes escribir $\frac{3}{2}$ como un número mixto.

Entonces, Roberta usó _______ bolsas. Colocó _______ de una pizza en cada bolsa.

- Explica cómo puedes escribir $\frac{3}{2}$ como el producto de un número entero y una fracción unitaria.

____

____

____

Múltiplos El producto de un número y un número positivo es un múltiplo del número. Has aprendido acerca de múltiplos de números enteros.

Los productos 1×4, 2×4, 3×4, y así sucesivamente, son múltiplos de 4. Los números 4, 8, 12, y así sucesivamente, son múltiplos de 4.

También puedes hallar múltiplos de fracciones unitarias.

$1 \times \frac{1}{4}$ es $\frac{1}{4}$. Usa modelos para escribir los siguientes cuatro múltiplos de $\frac{1}{4}$. Completa el último modelo.

$\frac{1}{4}$	$\frac{1}{4}$	$\frac{1}{4}$	$\frac{1}{4}$
$\frac{1}{4}$	$\frac{1}{4}$	$\frac{1}{4}$	$\frac{1}{4}$

$2 \times \frac{1}{4} = \frac{2}{4}$

$\frac{1}{4}$	$\frac{1}{4}$	$\frac{1}{4}$	$\frac{1}{4}$
$\frac{1}{4}$	$\frac{1}{4}$	$\frac{1}{4}$	$\frac{1}{4}$
$\frac{1}{4}$	$\frac{1}{4}$	$\frac{1}{4}$	$\frac{1}{4}$

$3 \times \frac{\square}{\square} = \frac{\square}{4}$

$\frac{1}{4}$	$\frac{1}{4}$	$\frac{1}{4}$	$\frac{1}{4}$
$\frac{1}{4}$	$\frac{1}{4}$	$\frac{1}{4}$	$\frac{1}{4}$
$\frac{1}{4}$	$\frac{1}{4}$	$\frac{1}{4}$	$\frac{1}{4}$
$\frac{1}{4}$	$\frac{1}{4}$	$\frac{1}{4}$	$\frac{1}{4}$

$4 \times \frac{\square}{\square} = \frac{\square}{4}$

$\frac{1}{4}$	$\frac{1}{4}$	$\frac{1}{4}$	$\frac{1}{4}$
$\frac{1}{4}$	$\frac{1}{4}$	$\frac{1}{4}$	$\frac{1}{4}$
$\frac{1}{4}$	$\frac{1}{4}$	$\frac{1}{4}$	$\frac{1}{4}$
$\frac{1}{4}$	$\frac{1}{4}$	$\frac{1}{4}$	$\frac{1}{4}$
$\frac{1}{4}$	$\frac{1}{4}$	$\frac{1}{4}$	$\frac{1}{4}$

$\square \times \frac{\square}{\square} = \frac{\square}{4}$

Los múltiplos de $\frac{1}{4}$ son $\frac{1}{4}$, ___, ___, ___, y ___.

Usa una recta numérica para escribir múltiplos de $\frac{1}{5}$.

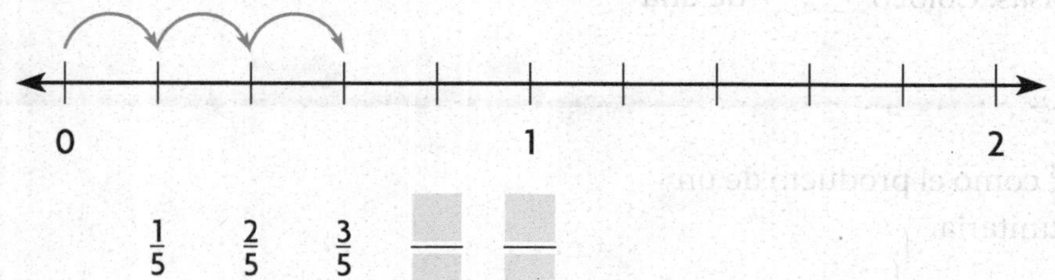

Los múltiplos de $\frac{1}{5}$ son $\frac{1}{5}$, ___, ___, ___, y ___.

Nombre ______________________________

Comparte y muestra

1. Usa la ilustración para completar las ecuaciones.

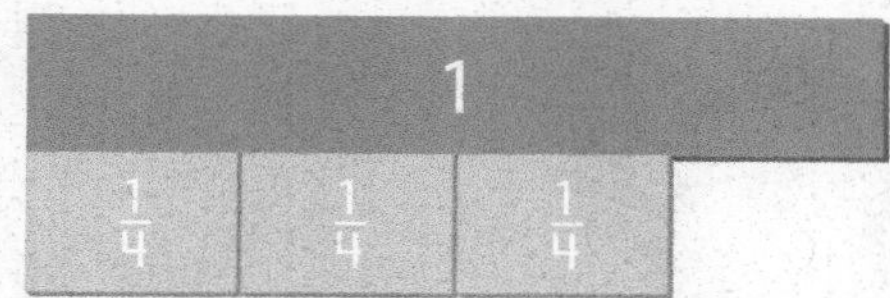

$\frac{3}{4} =$ _____ + _____ + _____

$\frac{3}{4} =$ _____ $\times \frac{1}{4}$

Escribe la fracción como el producto de un número entero y una fracción unitaria.

2. $\frac{4}{5} =$ __________

3. $\frac{3}{10} =$ __________

4. $\frac{8}{3} =$ __________

Escribe los siguientes cuatro múltiplos de la fracción unitaria.

5. $\frac{1}{6}$, ___, ___, ___, ___

6. $\frac{1}{3}$, ___, ___, ___, ___

Prácticas matemáticas

Explica por qué $\frac{8}{5}$ es un múltiplo de $\frac{1}{5}$.

Por tu cuenta

Escribe la fracción como el producto de un número entero y una fracción unitaria.

7. $\frac{5}{6} =$ __________

8. $\frac{9}{4} =$ __________

9. $\frac{3}{100} =$ __________

Escribe los siguientes cuatro múltiplos de la fracción unitaria.

10. $\frac{1}{10}$, ___, ___, ___, ___

11. $\frac{1}{8}$, ___, ___, ___, ___

Resolución de problemas • Aplicaciones

12. PRÁCTICA MATEMÁTICA 6 Robyn usa $\frac{1}{2}$ de taza de arándanos para hacer una barra de pan de arándanos. **Explica** cuántas barras puede hacer con $2\frac{1}{2}$ tazas de arándanos.

____

13. MÁS AL DETALLE Nigel cortó un pan en 12 piezas iguales. Su familia comió un poco de pan y ahora quedan $\frac{5}{12}$ del pan. Nigel quiere poner cada una de las piezas restantes en su propia bolsa. ¿Cuántas bolsas necesita Nigel?

____

14. PIENSA MÁS ¿Qué fracción es un múltiplo de $\frac{1}{5}$? Selecciona todas las opciones que correspondan.

○ $\frac{4}{5}$ ○ $\frac{5}{9}$

○ $\frac{5}{7}$ ○ $\frac{3}{5}$

¿Tiene sentido?

15. PIENSA MÁS ¿Qué enunciado tiene sentido? ¿Qué enunciado no tiene sentido? Explica tu razonamiento.

No hay múltiplos de $\frac{1}{6}$ entre $\frac{3}{6}$ y $\frac{4}{6}$.

Gavin	Abigail

- Para el enunciado que no tiene sentido, escribe un enunciado nuevo que tenga sentido.

Nombre ______________________________

Múltiplos de fracciones

Pregunta esencial ¿Cómo puedes escribir el producto de un número entero y una fracción como el producto de un número entero y una fracción unitaria?

Números y operaciones—Fracciones—4.NF.4b *También 4.NF.4c*

PRÁCTICAS MATEMÁTICAS
MP.1, MP.2, MP.4

Soluciona el problema

Jen está preparando 4 bandejas de fideos al horno. Para cada bandeja, necesita $\frac{2}{3}$ de taza de queso. Con su pala puede medir $\frac{1}{3}$ de taza de queso. ¿Cuántas palas de queso necesita para las 4 bandejas?

Ejemplo 1 Usa un modelo para escribir el producto de $4 \times \frac{2}{3}$ como el producto de un número entero y una fracción unitaria.

$\frac{1}{3}$	$\frac{1}{3}$	$\frac{1}{3}$

Piensa: $\frac{2}{3}$ es 2 partes de un tercio.

$\frac{2}{3}$ = ______ + ______ ó 2 × ______.

Hay 4 bandejas de fideos al horno. Cada bandeja necesita $\frac{2}{3}$ de taza de queso.

$\frac{1}{3}$	$\frac{1}{3}$	$\frac{1}{3}$	← 1 bandeja: $2 \times \frac{1}{3} = \frac{2}{3}$
$\frac{1}{3}$	$\frac{1}{3}$	$\frac{1}{3}$	← 2 bandeja: $2 \times 2 \times \frac{1}{3} = 4 \times \frac{1}{3} = \frac{4}{3}$
$\frac{1}{3}$	$\frac{1}{3}$	$\frac{1}{3}$	← 3 bandeja: $3 \times 2 \times \frac{1}{3} = 6 \times \frac{1}{3} = \frac{6}{3}$
$\frac{1}{3}$	$\frac{1}{3}$	$\frac{1}{3}$	← 4 bandeja: $4 \times 2 \times \frac{1}{3} = 8 \times \frac{1}{3} = \frac{8}{3}$

$4 \times \frac{2}{3} = 4 \times$ ______ $\times \frac{1}{3} =$ ______ $\times \frac{1}{3} = \frac{\square}{3}$

Entonces, Jen necesita ______ palas de un tercio de queso para las 4 bandejas de fideos.

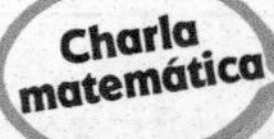

Prácticas matemáticas

Explica cómo este modelo de $4 \times \frac{2}{3}$ se relaciona con un modelo de 4×2.

1. ¿Qué pasaría si Jen decidiera preparar 10 bandejas de fideos? Describe un patrón que podrías usar para hallar el número de palas de queso que necesitaría.

____

____

____

Múltiplos Has aprendido a escribir múltiplos de fracciones unitarias. También puedes escribir múltiplos de fracciones no unitarias.

Ejemplo 2 Usa una recta numérica para escribir múltiplos de $\frac{2}{5}$.

Piensa: Multiplica $\frac{2}{5}$ por números positivos

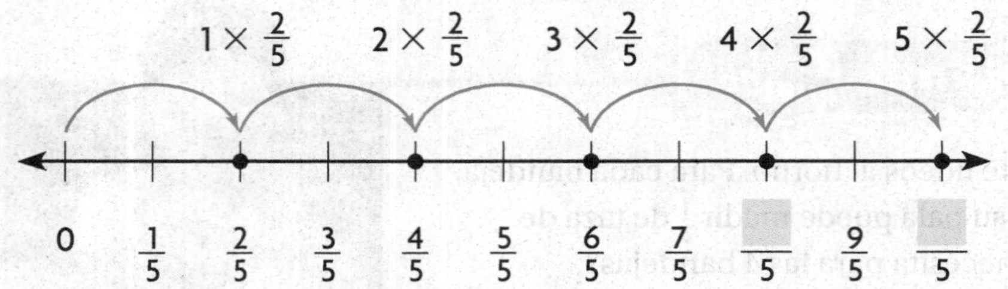

Los múltiplos de $\frac{2}{5}$ son $\frac{2}{5}$, ____, ____, ____, y ____.

$3 \times \frac{2}{5} = \frac{6}{5}$. Escribe $\frac{6}{5}$ como el producto de un número entero y una fracción unitaria.

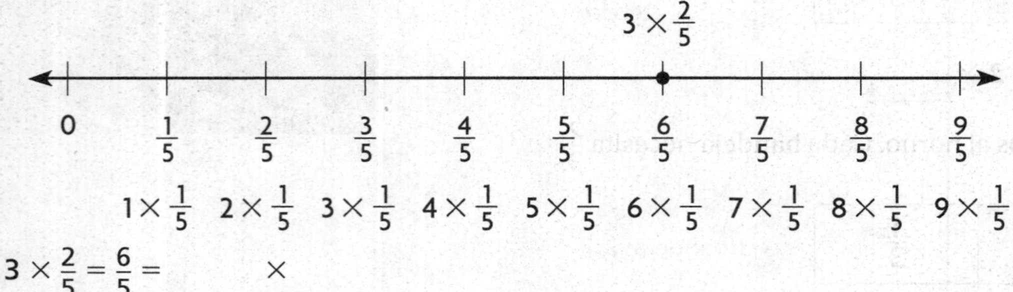

$3 \times \frac{2}{5} = \frac{6}{5} =$ ____ $\times$ ____

2. Explica cómo usar la suma repetida para escribir el múltiplo de una fracción como el producto de un número entero y una fracción unitaria.

____

____

Comparte y muestra

1. Escribe tres múltiplos de $\frac{3}{8}$.

$1 \times \frac{3}{8} =$ ____

$2 \times \frac{3}{8} =$ ____

$3 \times \frac{3}{8} =$ ____

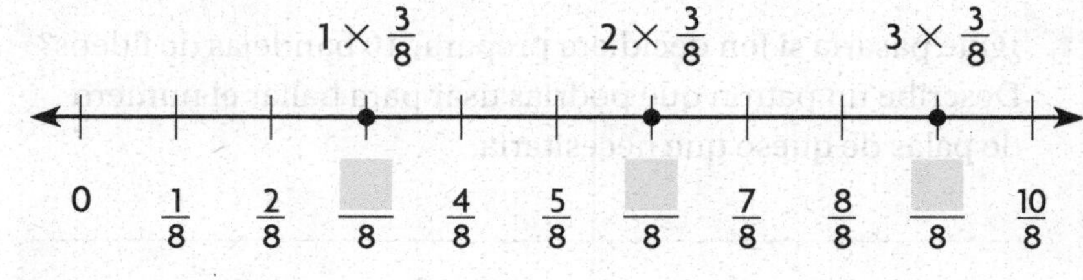

Los múltiplos de $\frac{3}{8}$ son ____, ____, y ____.

Nombre ______________________________

Escribe los siguientes cuatro múltiplos de la fracción.

2. $\frac{3}{6}$, ____, ____, ____, ____

3. $\frac{2}{10}$, ____, ____, ____, ____

Escribe el producto como el producto de un número entero y una fracción unitaria.

4.

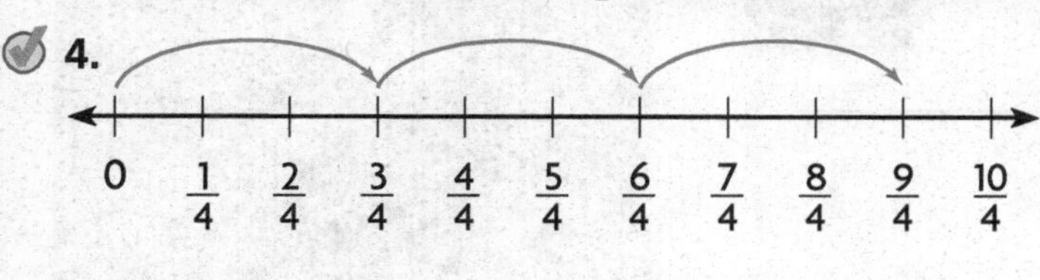

$3 \times \frac{3}{4} =$ ____________

5.

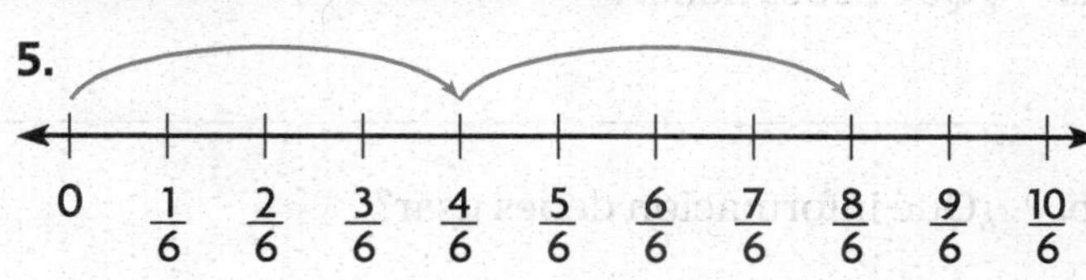

$2 \times \frac{4}{6} =$ ____________

Charla matemática — **Prácticas matemáticas**

Explica cómo escribir el producto de un número entero y una fracción como el producto de un número entero y una fracción unitaria.

Por tu cuenta

Escribe los siguientes cuatro múltiplos de la fracción.

6. $\frac{4}{5}$, ____, ____, ____, ____

7. $\frac{2}{4}$, ____, ____, ____, ____

Escribe el producto como el producto de un número entero y una fracción unitaria.

8.

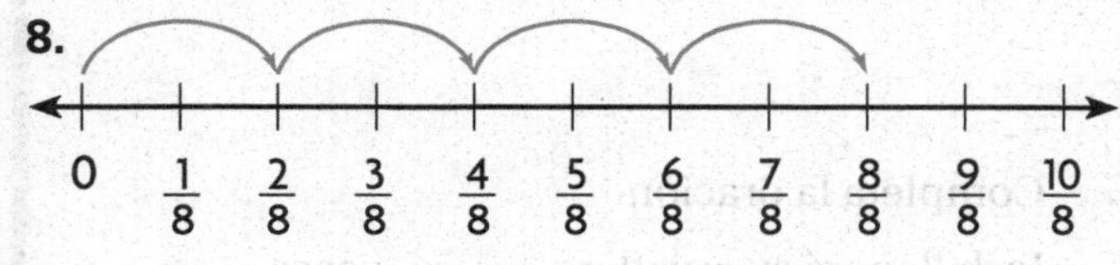

$4 \times \frac{2}{8} =$ ____________

9.

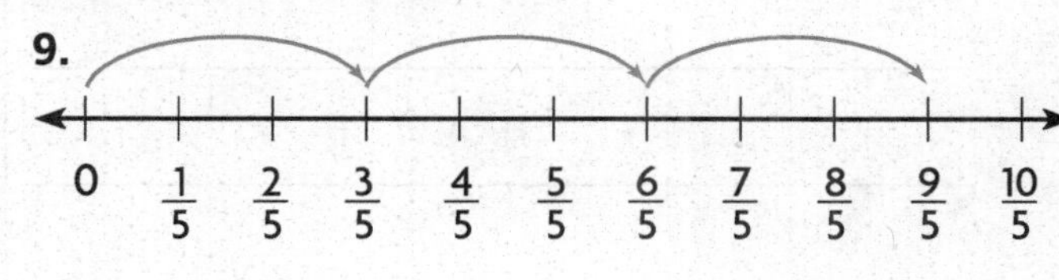

$3 \times \frac{3}{5} =$ ____________

10. PRÁCTICA MATEMÁTICA 8 **Usa razonamiento repetido** ¿$\frac{6}{10}$ y $\frac{6}{30}$ son múltiplos de $\frac{3}{10}$? Explícalo.

____

____

11. MÁS AL DETALLE ¿Qué es mayor, $4 \times \frac{2}{7}$ ó $3 \times \frac{3}{7}$? Explícalo.

____

____

Soluciona el problema

12. PIENSA MÁS Josh está regando sus plantas. Le pone $\frac{3}{5}$ de pinta de agua a cada una de sus 2 plantas. Su regadera contiene $\frac{1}{5}$ de pinta. ¿Cuántas veces llenará su regadera para regar ambas plantas?

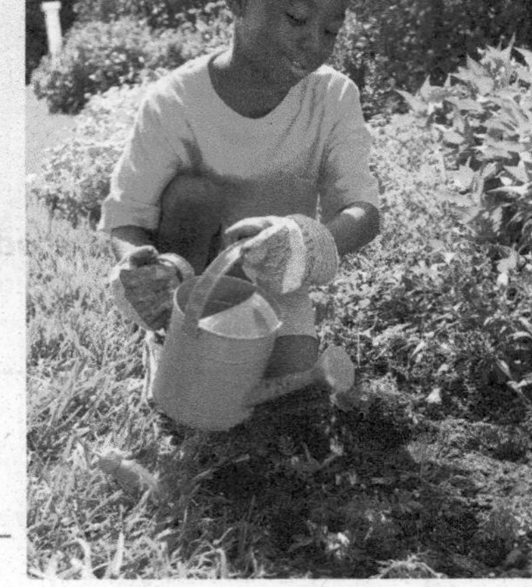

a. ¿Qué debes hallar?

b. ¿Qué información debes usar?

c. ¿De qué manera dibujar un modelo puede ayudarte a resolver el problema?

d. Muestra los pasos que sigues para resolver el problema.

e. Completa la oración.

Josh llenará su regadera ______ veces.

Entrenador personal en matemáticas

13. PIENSA MÁS + Alma está haciendo tres tandas de tortillas. Ella agrega $\frac{3}{4}$ de taza de agua a cada tanda. La taza de medida puede contener hasta $\frac{1}{4}$ de taza. ¿Cuántas veces debe Alma medir $\frac{1}{4}$ de taza de agua para tener lo suficiente para las tortillas? Sombrea el modelo para mostrar tu respuesta.

$\frac{1}{4}$	$\frac{1}{4}$	$\frac{1}{4}$	$\frac{1}{4}$

$\frac{1}{4}$	$\frac{1}{4}$	$\frac{1}{4}$	$\frac{1}{4}$

$\frac{1}{4}$	$\frac{1}{4}$	$\frac{1}{4}$	$\frac{1}{4}$

Alma debe medir $\frac{1}{4}$ de taza ☐ veces.

PRÁCTICA ADICIONAL: Cuaderno de práctica de los estándares

Nombre ______________________

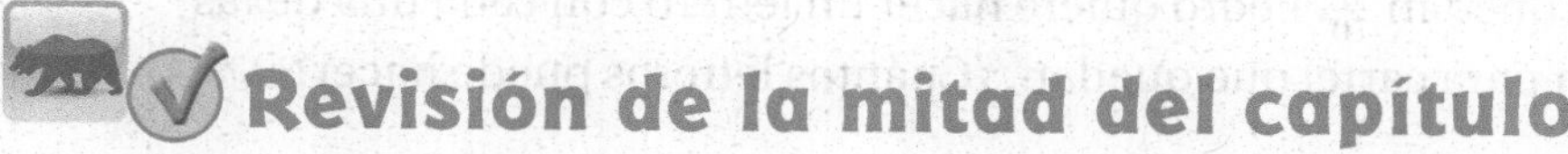

Revisión de la mitad del capítulo

Vocabulario

Vocabulario
fracción unitaria
múltiplo
producto

Elige el término del recuadro que mejor corresponda.

1. El ______________ de un número es el producto de ese número y un número positivo. (pág. 330)

2. Una ______________ siempre tiene 1 como numerador. (pág. 329)

Conceptos y destrezas

Escribe los siguientes cuatro múltiplos de la fracción unitaria. (4.NF.4a)

3. $\frac{1}{2}$, ▢, ▢, ▢, ▢

4. $\frac{1}{5}$, ▢, ▢, ▢, ▢

Escribe la fracción como el producto de un número entero y una fracción unitaria. (4.NF.4a)

5. $\frac{4}{10} =$ ______________

6. $\frac{8}{12} =$ ______________

7. $\frac{3}{4} =$ ______________

Escribe los siguientes cuatro múltiplos de la fracción. (4.NF.4b)

8. $\frac{2}{5}$, ▢, ▢, ▢, ▢

9. $\frac{5}{6}$, ▢, ▢, ▢, ▢

Escribe el producto como el producto de un número entero y una fracción unitaria. (4.NF.4b)

10.

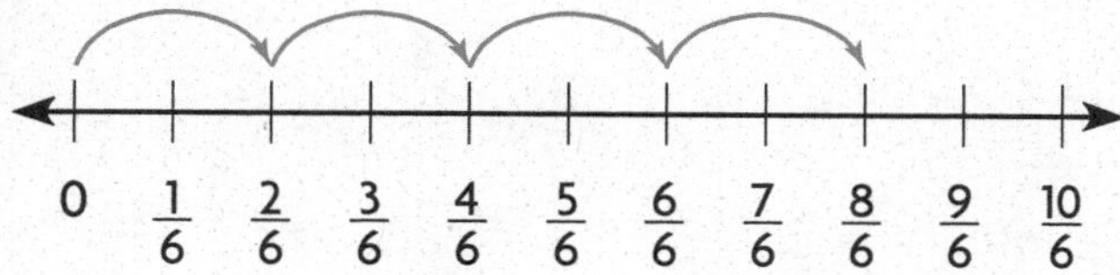

$4 \times \frac{2}{6} =$ ______________

11.

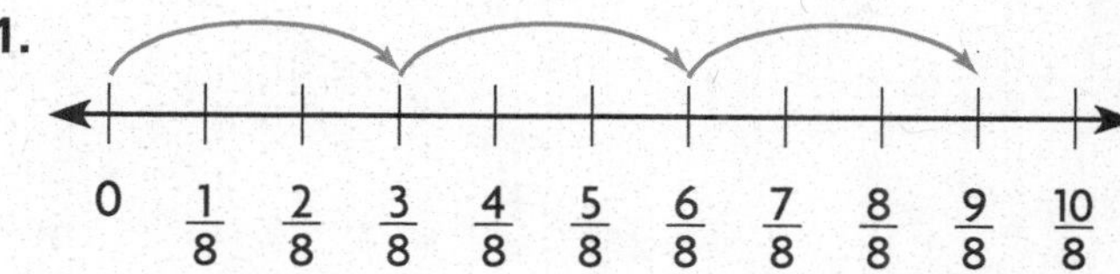

$3 \times \frac{3}{8} =$ ______________

12. Pedro cortó una hoja de cartón para cartel en 10 partes iguales. Su hermano usó un poco y ahora quedan $\frac{8}{10}$. Pedro quiere hacer un letrero con cada una de las partes del cartón para cartel que quedan. ¿Cuántos letreros puede hacer? (4.NF.4a)

13. Ella está preparando 3 tandas de batidos de plátano. Necesita $\frac{3}{4}$ de galón de leche para cada tanda. En su taza graduada cabe $\frac{1}{4}$ de galón. ¿Cuántas veces deberá llenar la taza graduada para preparar las 3 tandas de batidos? (4.NF.4b)

14. Darren cortó una tarta de limón en 8 trozos iguales. Sus amigos comieron un poco y ahora quedan $\frac{5}{8}$. Darren quiere colocar cada uno de los trozos de la tarta de limón que quedan en un plato distinto. ¿Qué parte de la tarta colocará en cada plato? (4.NF.4a)

15. Beth está regando con fertilizante líquido las plantas de 4 macetas. En su cuchara para medir cabe $\frac{1}{8}$ de cucharadita. Las instrucciones dicen que se deben verter $\frac{5}{8}$ de cucharadita de fertilizante en cada maceta. ¿Cuántas veces deberá llenar la cuchara para fertilizar las plantas de las 4 macetas? (4.NF.4b)

Nombre ______________________

Multiplicar una fracción por un número entero usando modelos

Pregunta esencial ¿Cómo puedes usar un modelo para multiplicar una fracción por un número entero?

Números y operaciones—Fracciones—4.NF.4b *También 4.NF.4c*

PRÁCTICAS MATEMÁTICAS
MP.1, MP.2, MP.4

Soluciona el problema (En el mundo)

Rafael practica tocar el violín durante $\frac{3}{4}$ de hora cada día. Tiene un concierto dentro de 3 días. ¿Cuánto tiempo practicará en 3 días?

- ¿Cuántos grupos iguales de $\frac{3}{4}$ debes representar?

______

Ejemplo 1 Usa un modelo para multiplicar $3 \times \frac{3}{4}$.

Piensa: $3 \times \frac{3}{4}$ es igual a 3 grupos de $\frac{3}{4}$ de un entero. Sombrea el modelo para mostrar 3 grupos de $\frac{3}{4}$.

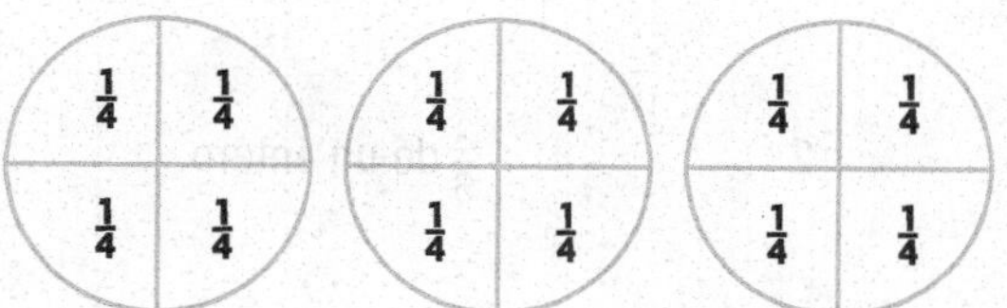

1 grupo de $\frac{3}{4}$ = ______

2 grupos de $\frac{3}{4}$ = ______

3 grupos de $\frac{3}{4}$ = ______

$3 \times \frac{3}{4}$ = ______

Entonces, Rafael practicará durante ______ horas en total.

Charla matemática **Prácticas matemáticas**

Si multiplicas $4 \times \frac{2}{6}$, ¿el producto es mayor que o menor que 4? **Explícalo.**

1. Explica cómo puedes usar la suma repetida con el modelo para hallar el producto de $3 \times \frac{3}{4}$.

______

______

2. Rafael divide su práctica diaria de $\frac{3}{4}$ de hora en sesiones que duran $\frac{1}{4}$ de hora cada una. Describe de qué manera el modelo muestra la cantidad de sesiones que Rafael tiene en 3 días.

______

______

Ejemplo 2 Usa un patrón para multiplicar.

Sabes cómo usar un modelo y la suma repetida para multiplicar una fracción por un número entero. Busca un patrón en la tabla para descubrir otra manera de multiplicar una fracción por un número entero.

Problema de multiplicación		Número entero (cantidad de grupos)	Fracción (tamaño de los grupos)	Producto
$\frac{1}{6}$ $\frac{1}{6}$ $\frac{1}{6}$ $\frac{1}{6}$ $\frac{1}{6}$ $\frac{1}{6}$ / $\frac{1}{6}$ $\frac{1}{6}$ $\frac{1}{6}$ $\frac{1}{6}$ $\frac{1}{6}$ $\frac{1}{6}$	$2 \times \frac{1}{6}$	2	$\frac{1}{6}$ de un entero	$\frac{2}{6}$
$\frac{1}{6}$ $\frac{1}{6}$ $\frac{1}{6}$ $\frac{1}{6}$ $\frac{1}{6}$ $\frac{1}{6}$ / $\frac{1}{6}$ $\frac{1}{6}$ $\frac{1}{6}$ $\frac{1}{6}$ $\frac{1}{6}$ $\frac{1}{6}$	$2 \times \frac{2}{6}$	2	$\frac{2}{6}$ de un entero	$\frac{4}{6}$
$\frac{1}{6}$ $\frac{1}{6}$ $\frac{1}{6}$ $\frac{1}{6}$ $\frac{1}{6}$ $\frac{1}{6}$ / $\frac{1}{6}$ $\frac{1}{6}$ $\frac{1}{6}$ $\frac{1}{6}$ $\frac{1}{6}$ $\frac{1}{6}$	$2 \times \frac{3}{6}$	2	$\frac{3}{6}$ de un entero	$\frac{6}{6}$

Cuando multiplicas una fracción por un número entero, el numerador del producto es el producto del ____________ y el ____________ de la fracción. El denominador del producto es el mismo que el ____________ de la fracción.

3. ¿Cómo multiplicas una fracción por un número entero sin usar un modelo ni la suma repetida?

____

____

4. Describe dos maneras diferentes de hallar el producto de $4 \times \frac{2}{3}$.

____

____

____

____

Nombre ______________________________

Comparte y muestra

1. Halla el producto de $3 \times \frac{5}{8}$.

1 grupo de $\frac{5}{8} = \frac{\square}{8}$

2 grupos de $\frac{5}{8} = \frac{\square}{8}$

3 grupos de $\frac{5}{8} = \frac{\square}{8}$

$3 \times \frac{5}{8} =$ ______

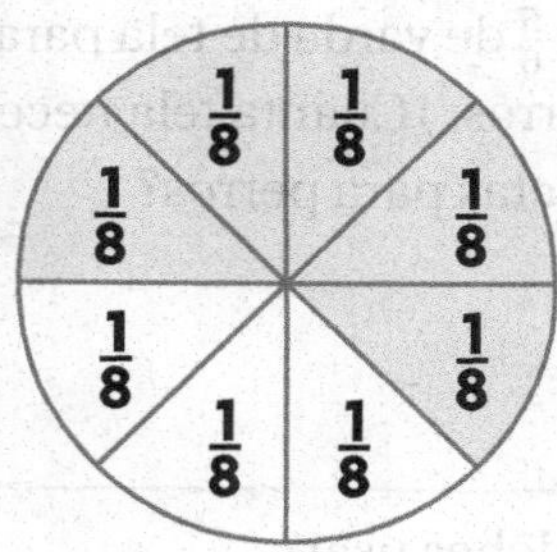

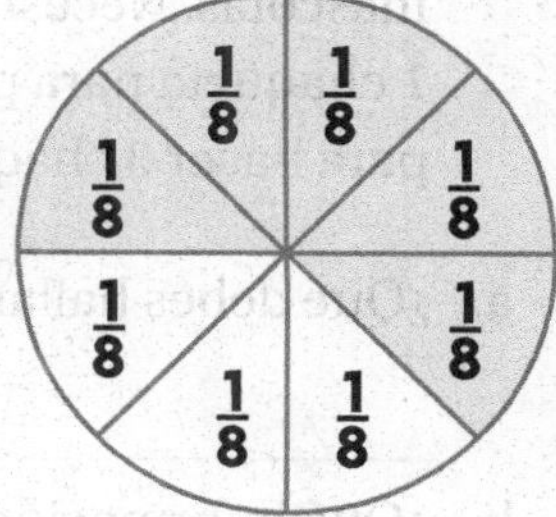

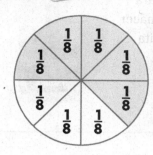

3 grupos de $\frac{5}{8}$

Multiplica.

2.

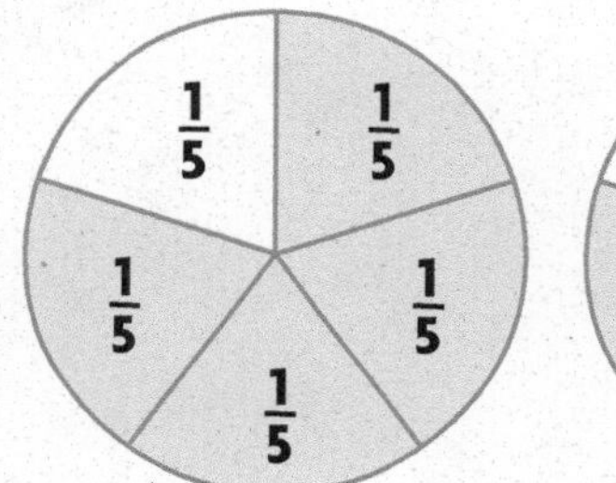

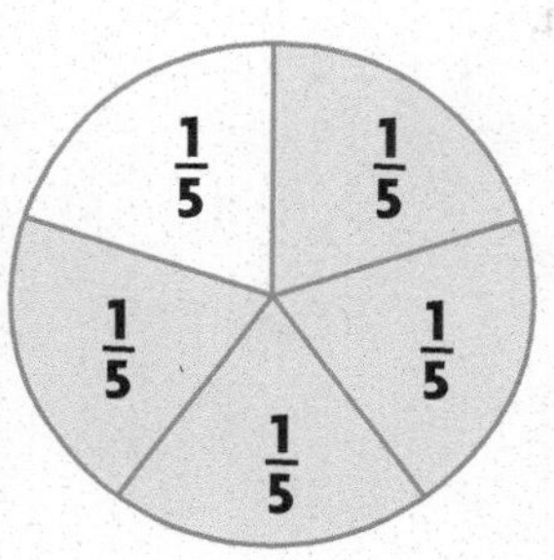

$2 \times \frac{4}{5} =$ ______

3.

$4 \times \frac{2}{3} =$ ______

4. $5 \times \frac{3}{10} =$ ______

5. $4 \times \frac{5}{6} =$ ______

Charla matemática — **Prácticas matemáticas**

Describe cómo representar el Ejercicio 5.

Por tu cuenta

Multiplica.

6. $2 \times \frac{7}{12} =$ ______

7. $6 \times \frac{3}{8} =$ ______

8. $5 \times \frac{2}{4} =$ ______

9. $3 \times \frac{4}{6} =$ ______

10. $2 \times \frac{5}{10} =$ ______

11. $4 \times \frac{2}{5} =$ ______

PRÁCTICA MATEMÁTICA 7 Busca un patrón **Álgebra** **Escribe el número desconocido.**

12. $\square \times \frac{2}{3} = \frac{12}{3}$

13. $5 \times \frac{\square}{4} = \frac{10}{4}$

14. $2 \times \frac{7}{\square} = \frac{14}{8}$

Soluciona el problema

15. PIENSA MÁS Lisa confecciona ropa para mascotas. Necesita $\frac{5}{6}$ de yarda de tela para hacer 1 chaqueta para perros. ¿Cuánta tela necesita para hacer 3 chaquetas para perros?

a. ¿Qué debes hallar?

____

b. ¿Qué información debes usar?

____

____

c. Muestra los pasos que sigues para resolver el problema.

d. Completa la oración.

Lisa necesita _______ yardas de tela para hacer 3 chaquetas para perros.

16. MÁS AL DETALLE El perro pequeño de Manuel come $\frac{2}{4}$ de bolsa de alimento para perros en 1 mes. El perro grande come $\frac{3}{4}$ de bolsa de alimento para perros en 1 mes. ¿Cuántas bolsas comen los dos perros en 6 meses?

____

17. PIENSA MÁS Selecciona el producto correcto para la ecuación.

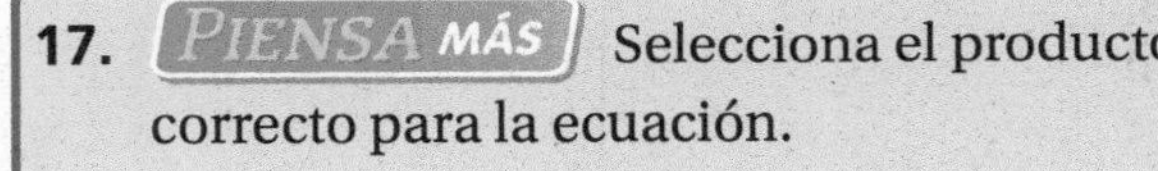

$9 \times \frac{2}{12} =$ ☐ $3 \times \frac{6}{7} =$ ☐

$6 \times \frac{4}{7} =$ ☐ $8 \times \frac{3}{12} =$ ☐

PRÁCTICA ADICIONAL: Cuaderno de práctica de los estándares

Nombre ____________________

Multiplicar una fracción o un número mixto por un número entero

Pregunta esencial ¿Cómo puedes multiplicar una fracción por un número entero para resolver un problema?

Números y operaciones—Fracciones—4.NF.4c

PRÁCTICAS MATEMÁTICAS
MP.1, MP.4

Soluciona el problema (En el mundo)

Christina está planeando una rutina de baile. Al final de cada compás de la música, hará $1\frac{1}{4}$ giro. ¿Cuántos giros hará después de los 3 primeros compases de la música?

- ¿Christina hará más o menos que $1\frac{1}{4}$ giro en 3 compases de la música?

______

- ¿Qué operación usarás para resolver el problema?

______

Puedes multiplicar un número mixto por un número entero.

Ejemplo

PASO 1 Escribe y resuelve una ecuación.

$3 \times 1\frac{1}{4} = 3 \times \frac{\square}{\square} = \frac{\square}{\square}$ Escribe $1\frac{1}{4}$ como una fracción. Multiplica.

PASO 2 Escribe el producto como un número mixto.

$\frac{15}{4} = \underbrace{\frac{1}{4} + \frac{1}{4} + \frac{1}{4} + \frac{1}{4}}_{1} + \underbrace{\_ + \_ + \_ + \_}_{1} + \underbrace{\_ + \_ + \_ + \_}_{1} + \_ + \_ + \_$

$1 + 1 + 1 + \frac{1}{4} + \frac{1}{4} + \frac{1}{4}$

$= \square + \frac{\square}{\square}$ Combina los enteros. Luego combina las partes restantes.

$= \square\frac{\square}{\square}$ Escribe el número mixto.

Entonces, Christina dará ______ giros.

Prácticas matemáticas

Explica cómo escribir un número mixto como una fracción en el Paso 2 se relaciona con la división.

1. Si multiplicas $3 \times \frac{1}{4}$, ¿el producto es mayor que o menor que 3? Explícalo.

______

______

2. Explica cómo puedes saber que $3 \times 1\frac{1}{4}$ es mayor que 3 sin hallar el producto exacto.

______

Convierte números mixtos y fracciones Puedes usar la multiplicación y la división para convertir fracciones y números mixtos.

Recuerda

La propiedad de identidad de la multiplicación establece que el producto de cualquier número por 1 es ese número.

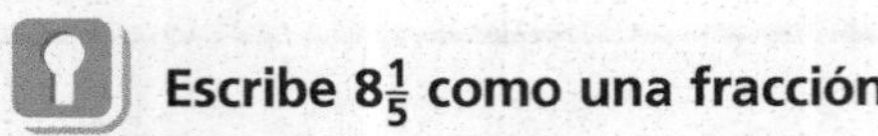

Escribe $8\frac{1}{5}$ como una fracción.

$8\frac{1}{5} = 8 + \frac{1}{5}$

$= (8 \times \_\_\_\_) + \frac{1}{5}$ Usa la propiedad de identidad de la multiplicación.

$= \left(8 \times \frac{\square}{\square}\right) + \frac{1}{5}$ Convierte 1.

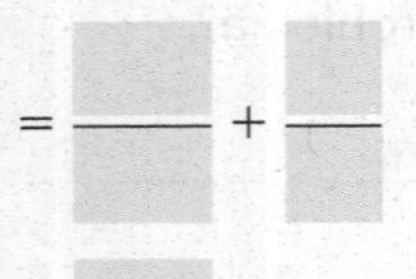

$= \frac{\square}{\square} + \frac{\square}{\square}$ Multiplica.

$= \frac{\square}{\square}$ Suma.

Escribe $\frac{32}{5}$ como un número mixto.

Halla cuántos grupos de $\frac{5}{5}$ hay en $\frac{32}{5}$.

- Divide 32 entre 5.
- El cociente es la cantidad de enteros que hay en $\frac{32}{5}$.
- El residuo es la cantidad de quintos que quedan.

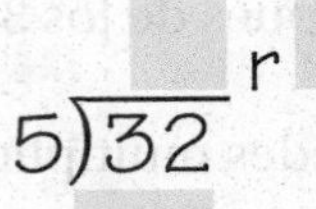

$5\overline{)32}$ $\square$ r $\square$

$-\square$

$\square$

Hay 6 grupos de $\frac{5}{5}$, ó 6 enteros. Quedan 2 quintos, o $\frac{2}{5}$.

$\frac{32}{5} = \square\frac{\square}{\square}$

¡Inténtalo! Halla $5 \times 2\frac{2}{3}$. Escribe el producto como un número mixto.

$5 \times 2\frac{2}{3} = 5 \times \_\_\_\_$ Escribe $2\frac{2}{3}$ como una fracción.

$= \_\_\_\_$ Multiplica.

$= \_\_\_\_$ Divide el numerador entre 3.

3. Explica por qué tu solución para $5 \times 2\frac{2}{3} = 13\frac{1}{3}$ es razonable.

____

____

4. ¿Tiene sentido? Dylan dice que para hallar $5 \times 2\frac{2}{3}$, puede hallar $(5 \times 2) + \left(5 \times \frac{2}{3}\right)$. ¿Tiene sentido? Explícalo.

____

____

Nombre ______________________

Comparte y muestra

1. $2 \times 3\frac{2}{3} = 2 \times$ ______

$=$ ______

$=$ ______

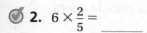

Multiplica. Escribe el producto como un número mixto.

2. $6 \times \frac{2}{5} =$ ______

3. $3 \times 2\frac{3}{4} =$ ______

4. $2 \times 1\frac{5}{6} =$ ______

Charla matemática — **Prácticas matemáticas**

Explica cómo sabes que tu resultado para el Ejercicio 3 es razonable.

Por tu cuenta

Multiplica. Escribe el producto como un número mixto.

5. $4 \times \frac{5}{8} =$ ______

6. $6 \times \frac{5}{12} =$ ______

7. $3 \times 2\frac{1}{2} =$ ______

8. $2 \times 2\frac{2}{3} =$ ______

9. $5 \times 1\frac{2}{4} =$ ______

10. $4 \times 2\frac{2}{5} =$ ______

PRÁCTICA MATEMÁTICA 7 Busca un patrón **Álgebra** **Escribe el número desconocido.**

11. $\square \times 2\frac{1}{3} = 9\frac{1}{3}$

12. $3 \times 2\frac{2}{\square} = 7\frac{2}{4}$

13. $3 \times \square\frac{3}{8} = 4\frac{1}{8}$

14. Describe dos maneras diferentes de escribir $\frac{7}{3}$ como un número mixto.

____

____

____

____

____

Resolución de problemas • Aplicaciones En el mundo

Usa la receta para resolver los problemas 15 a 18.

15. Otis planea hacer 3 tandas de tizas para la acera. ¿Cuánto yeso necesita?

16. **¿Cuál es la pregunta?** El resultado es $\frac{32}{3}$.

Receta de tiza para la acera
$\frac{3}{4}$ de taza de agua tibia
$1\frac{1}{2}$ tazas de yeso
$2\frac{2}{3}$ cucharadas de pintura en polvo

17. PIENSA MÁS Patty tiene 2 tazas de agua tibia. ¿Es suficiente esa cantidad de agua para preparar 4 tandas de tizas para la acera? Explica cómo lo sabes sin hallar el producto exacto.

18. MÁS AL DETALLE Rita hace tiza para la acera dos veces a la semana. Cada día, pasa $1\frac{1}{4}$ horas haciendo la tiza. ¿Cuánto tiempo dedica Rita a hacer tiza para la acera en 3 semanas?

Entrenador personal en matemáticas

19. PIENSA MÁS + Oliver tiene lecciones de música los lunes, miércoles y viernes. Cada lección dura $\frac{3}{4}$ de hora. Oliver dice que tendrá lecciones durante $3\frac{1}{2}$ horas esta semana. Sin multiplicar, explica cómo sabes que Oliver está equivocado.

PRÁCTICA ADICIONAL: Cuaderno de práctica de los estándares

Nombre ______________________________

Resolución de problemas • Problemas de comparación con fracciones

Pregunta esencial ¿Cómo puedes usar la estrategia *hacer un diagrama* para resolver problemas de comparación con fracciones?

Números y operaciones—Fracciones—4.NF.4c
PRÁCTICAS MATEMÁTICAS
MP.1, MP.2

Soluciona el problema

La parte más profunda del Gran Cañón mide alrededor de $1\frac{1}{6}$ millas de profundidad. La parte más profunda del océano está ubicada en la fosa de las Marianas, en el océano Pacífico. Es casi 6 veces más profunda que la parte más profunda del Gran Cañón. ¿Alrededor de qué profundidad tiene la parte más profunda del océano?

Lee el problema

¿Qué debo hallar?

Debo hallar ______________________

____

____

¿Qué información debo usar?

La parte más profunda del Gran Cañón mide alrededor de ______ millas de profundidad. La parte más profunda del océano es alrededor de ______ veces más profunda.

¿Cómo usaré la información?

Puedo ______________________ para comparar las profundidades.

Resuelve el problema

Dibuja un modelo de barras. Compara la parte más profunda del Gran Cañón y la parte más profunda del océano en millas.

__________ | $1\frac{1}{6}$ |

__________ | ____ | ____ | ____ | ____ | ____ | ____ |

m

Escribe una ecuación y resuélvela.

m es la parte más profunda del ____________, en millas.

$m =$ ______ ______ Escribe una ecuación.

$m =$ ______ ______ Escribe el número mixto como una fracción.

$m =$ ______ Multiplica.

$m =$ ______ Escribe la fracción como un número entero.

Entonces, la parte más profunda del océano mide alrededor de ______ millas de profundidad.

Haz otro problema

Las montañas suelen medirse según su altura sobre el nivel del mar. El monte Washington tiene una altura de más de $1\frac{1}{10}$ millas sobre el nivel del mar. El monte Everest mide alrededor de 5 veces más alto. ¿Alrededor de cuántas millas sobre el nivel del mar se eleva el monte Everest?

Lee el problema	Resuelve el problema
¿Qué debo hallar?	
¿Qué información debo usar?	
¿Cómo usaré la información?	

Entonces, el monte Everest se eleva alrededor de ______ millas sobre el nivel del mar.

- ¿Cómo te ayudó a resolver el problema hacer un diagrama?

____

____

____

Charla matemática — **Prácticas matemáticas**

Explica cómo podrías usar la estrategia *representar* para hallar la altura del monte Everest.

Nombre ________________________________

Comparte y muestra

1. Los dragones de Komodo son los lagartos más pesados del planeta. Una cría de dragón de Komodo mide $1\frac{1}{4}$ pies de longitud al nacer. La madre es 6 veces más larga. ¿Cuál es la longitud de la madre?

Primero, dibuja un modelo de barras para representar el problema.

Luego, escribe la ecuación que debes resolver.

____

Por último, halla la longitud de la madre del dragón de Komodo.

La madre del dragón de Komodo mide ______ pies de longitud.

2. PIENSA MÁS ¿Qué pasaría si un dragón de Komodo macho midiera 7 veces más que la cría de dragón de Komodo? ¿Cuál sería la longitud del macho? ¿Cuánto más largo sería el macho que la hembra?

____

3. El colibrí más pequeño es el zunzuncito. Su masa es alrededor de $1\frac{1}{2}$ gramos. La masa de un colibrí rufo es 3 veces la masa del colibrí zunzuncito. ¿Cuál es la masa del colibrí rufo?

____

4. Sloane debe manejar durante $\frac{3}{4}$ hora para llegar a la casa de su abuela. Tarda 5 veces más en manejar hasta la casa de su primo. ¿Cuánto tarda en manejar hasta la casa de su primo?

____

Soluciona el Problema

- ✓ Usa la pizarra de Resolución de problemas.
- ✓ Subraya los datos importantes.

ESCRIBE ▸ *Matemáticas*
Muestra tu trabajo

Por tu cuenta

Usa la tabla para resolver los problemas 5 y 6.

Payton tiene varios tipos de flores en su jardín. En la tabla se muestran las alturas promedio de las flores.

Flor	Altura
tulipán	$1\frac{1}{4}$ pies
margarita	$2\frac{1}{2}$ pies
lirio atigrado	$3\frac{1}{3}$ pies
girasol	$7\frac{3}{4}$ pies

5. PRÁCTICA MATEMÁTICA 1 **Interpretar problemas** ¿Cuál es la diferencia entre la altura de la flor más alta y la altura de la flor más baja del jardín de Payton?

____

ESCRIBE ▸ *Matemáticas*
Muestra tu trabajo

6. PIENSA MÁS Payton dice que la altura promedio de su girasol es 7 veces la de su tulipán. ¿Estás de acuerdo con su enunciado? Explica tu razonamiento.

____

____

____

____

7. MÁS AL DETALLE Miguel corrió $1\frac{3}{10}$ millas el lunes. El viernes, Miguel corrió 3 veces la distancia que corrió el lunes. ¿Cuánta distancia más corrió Miguel el viernes que el lunes?

____

Entrenador personal en matemáticas

8. PIENSA MÁS + La tabla muestra las longitudes de diferentes tipos de tortugas de un zoológico.

Nombre de la tortuga	Tipo de tortuga	Longitud
Tuck	Tortuga de agua común	$1\frac{1}{6}$ pies
Lolly	Tortuga laúd	$5\frac{5}{6}$ pies
Daisy	Tortuga caguama	$3\frac{1}{2}$ pies

En los ejercicios 8a a 8d, elige Verdadero o Falso para cada enunciado.

8a. Daisy es 4 veces más larga que Tuck. ○ Verdadero ○ Falso

8b. Lolly es 5 veces más larga que Tuck. ○ Verdadero ○ Falso

8c. Daisy es 3 veces más larga que Tuck. ○ Verdadero ○ Falso

8d. Lolly es 2 veces más larga que Daisy. ○ Verdadero ○ Falso

PRÁCTICA ADICIONAL:
Cuaderno de práctica de los estándares

Nombre ____________________

Repaso y prueba del Capítulo 8

1. ¿Cuáles son los siguientes cuatro múltiplos de $\frac{1}{8}$?

2. Marta está haciendo ensalada de fruta para tres personas. Agrega $\frac{3}{8}$ de taza de arándanos para cada porción. Su taza de medición puede contener $\frac{1}{8}$ de taza. ¿Cuántas veces debe medir Marta $\frac{1}{8}$ de taza de arándanos para tener lo suficiente para la ensalada de frutas? Sombrea los modelos para mostrar tu respuesta.

$\frac{1}{8}$	$\frac{1}{8}$	$\frac{1}{8}$	$\frac{1}{8}$	$\frac{1}{8}$	$\frac{1}{8}$	$\frac{1}{8}$	$\frac{1}{8}$

$\frac{1}{8}$	$\frac{1}{8}$	$\frac{1}{8}$	$\frac{1}{8}$	$\frac{1}{8}$	$\frac{1}{8}$	$\frac{1}{8}$	$\frac{1}{8}$

$\frac{1}{8}$	$\frac{1}{8}$	$\frac{1}{8}$	$\frac{1}{8}$	$\frac{1}{8}$	$\frac{1}{8}$	$\frac{1}{8}$	$\frac{1}{8}$

Marta debe medir $\frac{1}{8}$ de taza __________ veces.

3. Mickey ejercita $\frac{3}{4}$ de hora cada día. ¿Cuántas horas ejercita en 8 días?

__________ horas

APRENDE EN LÍNEA
Opciones de evaluación
Prueba del capítulo

4. Molly está horneando para el evento de Madres y Pastelitos en su escuela. Horneará 4 tandas de pastelitos de plátano. Necesita $1\frac{3}{4}$ tazas de plátanos para cada tanda de pastelitos.

Parte A

Molly completó la multiplicación que se muestra a continuación y dijo que necesitaba 8 tazas de plátanos para las 4 tandas de pastelitos. ¿Cuál es el error de Molly?

$$4 \times 1\frac{3}{4} = 4 \times \frac{8}{4} = \frac{32}{4} = 8$$

Parte B

¿Cuál es el número correcto de tazas que Molly necesita para 4 tandas de pastelitos? Explica cómo encontraste tu respuesta.

5. ¿Qué fracción es un múltiplo de $\frac{1}{9}$? Selecciona todas las que sean correctas.

○ $\frac{3}{9}$ ○ $\frac{9}{12}$ ○ $\frac{2}{9}$

○ $\frac{4}{9}$ ○ $\frac{9}{10}$ ○ $\frac{9}{9}$

6. Mimi grabó un juego de fútbol que duró $1\frac{2}{3}$ horas. Lo miró 3 veces en el transcurso del fin de semana para estudiar las jugadas. ¿Cuántas horas pasó Mimi viendo el partido de fútbol? Muestra tu trabajo.

7. Theo está comparando longitudes de tiburones. Aprendió que un tiburón cornudo mide $2\frac{3}{4}$ pies de longitud. Un tiburón azul tiene 4 veces esa longitud. Completa el modelo. Luego halla la longitud de un tiburón azul.

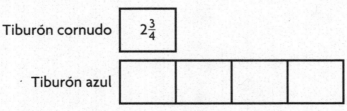

Tiburón cornudo	$2\frac{3}{4}$			
Tiburón azul				

Un tiburón azul mide ______ pies de longitud.

Nombre ____________________

8. Joel dibujó una recta numérica que muestra los múltiplos de $\frac{3}{5}$.

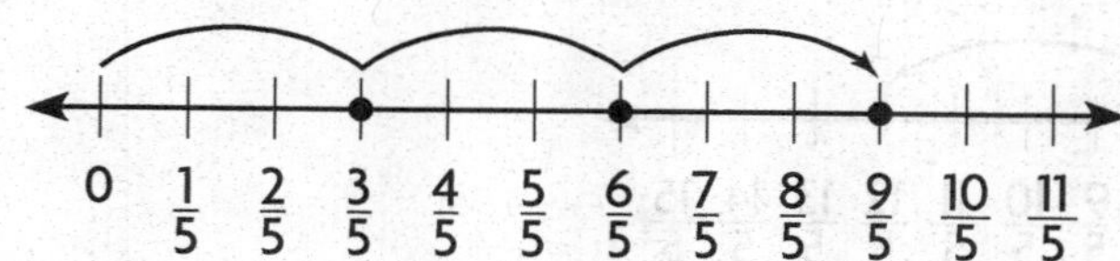

El producto $2 \times \frac{3}{5}$ se muestra en la fracción ☐ en la recta numérica.

9. Bobby tiene práctica de béisbol los lunes, miércoles y viernes. Cada práctica dura $2\frac{1}{2}$ horas. Bobby dice que tendrá práctica durante 4 horas esta semana.

Parte A

Sin multiplicar, explica cómo sabes que lo que dice Bobby no es correcto.

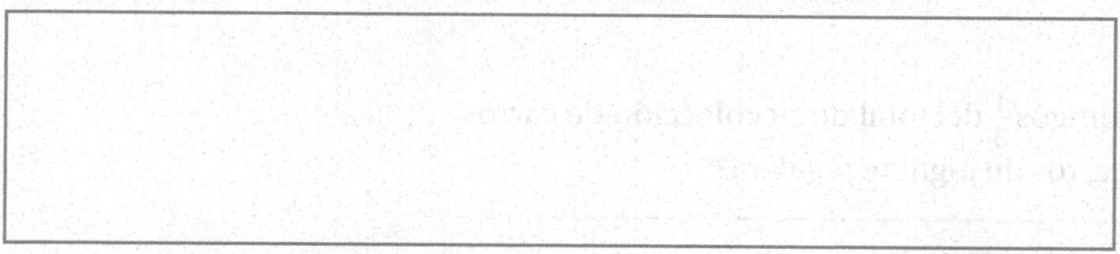

Parte B

¿Cuántas horas de práctica tendrá Bobby esta semana? Escribe tu respuesta como un número mixto. Muestra tu trabajo.

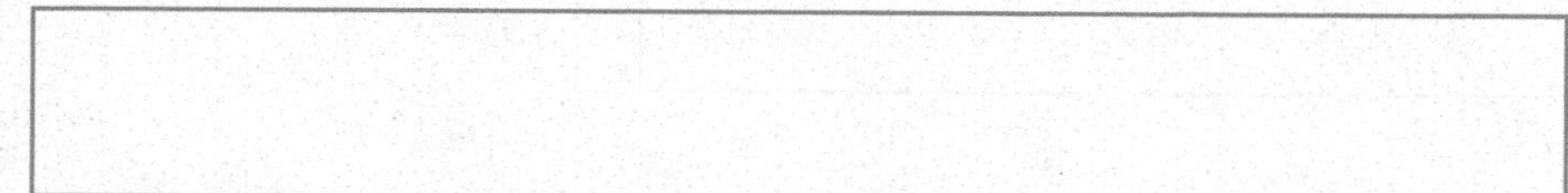

10. Observa la recta numérica. Escribe las fracciones faltantes.

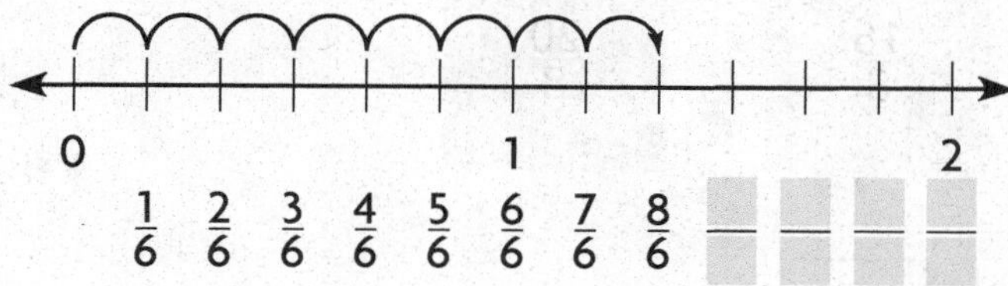

11. El perro de Ana pesó $5\frac{5}{8}$ libras cuando nació. A los 4 años de edad, el perro pesaba 6 veces su peso inicial. Completa cada recuadro con un número o símbolo de la lista para mostrar cómo encontrar el peso del perro de Ana a los 4 años. No todos los números y símbolos se deben usar.

Peso = 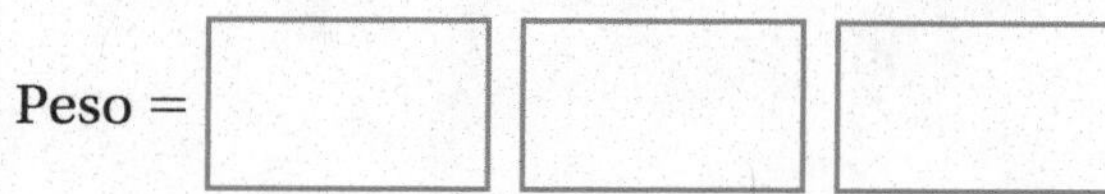

$5\frac{5}{8}$	4	5	6
$6\frac{5}{8}$	+	=	×

12. Asta creó una recta numérica fraccionaria para que la ayudara a encontrar $3 \times \frac{4}{5}$.

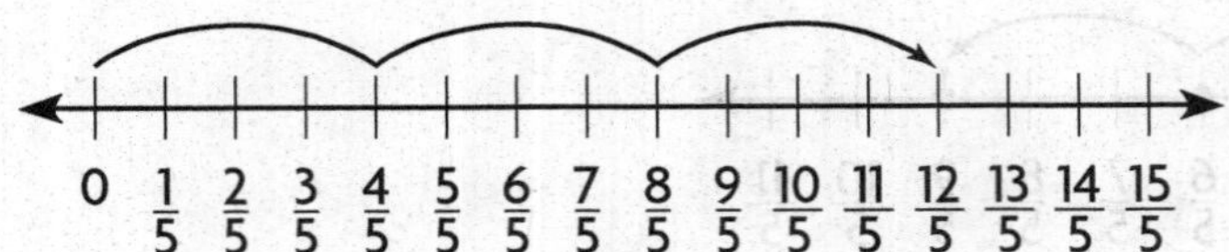

Selecciona una forma de escribir $3 \times \frac{4}{5}$ como el producto de un número entero y una fracción unitaria.

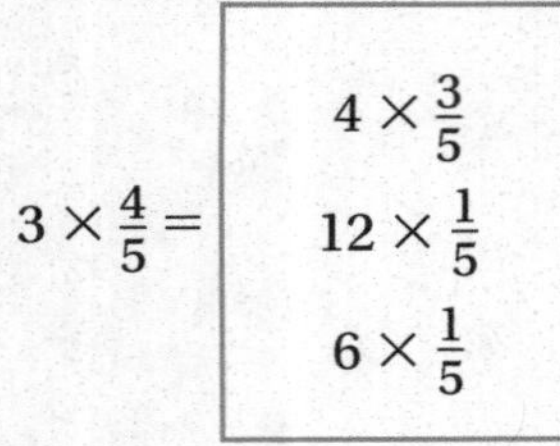

13. Yusif quería darle a 2 de sus amigos $\frac{1}{3}$ del total de su colección de carros de juguete. ¿Cuántos de sus carros de juguete regalará?

14. Selecciona el producto correcto para la ecuación.

$\frac{8}{16}$ $\frac{32}{8}$ $\frac{16}{8}$ $\frac{20}{8}$

$4 \times \frac{5}{8} =$ ☐

$4 \times \frac{4}{8} =$ ☐

Nombre ______________________________

15. En la tabla se muestran las longitudes de diferentes tipos de serpientes de un zoológico.

Nombre de la serpiente	Tipo de serpiente	Longitud
Kenny	Boa de arena	$1\frac{1}{2}$ pies
Bobby	Pitón real	$4\frac{1}{2}$ pies
Puck	Pitón de cola corta	$7\frac{1}{2}$ pies

En los ejercicios 15a a 15d, elige Verdadero o Falso para la afirmación.

15a. Bobby es 4 veces más larga que Kenny. ○ Verdadero ○ Falso

15b. Bobby es 3 veces más larga que Kenny. ○ Verdadero ○ Falso

15c. Puck es 5 veces más larga que Kenny. ○ Verdadero ○ Falso

15d. Puck es 2 veces más larga que Bobby. ○ Verdadero ○ Falso

16. Hank usó $3\frac{1}{2}$ bolsas de semillas para plantar césped en el jardín del frente de su casa. Usó 3 veces más semillas para plantar césped en el jardín de la parte trasera de su casa. ¿Cuántas semillas necesitó Hank para el jardín trasero?

__________ bolsas

17. Jess hizo una gran olla de arroz y frijoles. Usó $1\frac{1}{2}$ tazas de frijoles. Usó 4 veces más arroz.

Parte A

Dibuja un modelo para mostrar el problema.

Parte B

Usa tu modelo para escribir una ecuación. Luego resuelve la ecuación para hallar la cantidad de arroz que necesita Jess.

18. La Sra. Burnham hace arcilla para modelar para su clase. Necesita $\frac{2}{3}$ de taza de agua tibia para cada tanda.

Parte A

La Sra. Burnham tiene una medida de 1 taza que no tiene ninguna otra marca. ¿Puede hacer 6 tandas de arcilla para modelar usando solamente la medida de 1 taza? Describe dos formas en que puedes encontrar la respuesta.

Parte B

La receta de la arcilla para modelar también requiere $\frac{1}{2}$ taza de almidón de maíz. Nikki dice que la Sra. Burnham también necesitará 4 tazas de almidón de maíz. ¿Estás de acuerdo o en desacuerdo con esta afirmación? Explícalo.

19. Donna compra telas para hacer posa platos. Necesita $\frac{1}{5}$ de yarda de cada tipo de tela. Tiene 9 tipos diferentes de telas para hacer su diseño. Usa la ecuación que se presenta a continuación. Escribe en el espacio en blanco el número que hace que el enunciado sea verdadero.

$$\frac{9}{5} = \_\_\_\_\_\_ \times \frac{1}{5}$$

20. El Sr. Tuyen usa $\frac{5}{8}$ de un tanque de combustible cada semana para manejar hacia y desde su trabajo. ¿Cuántos tanques de combustible usa el Sr. Tuyen en 5 semanas? Escribe tu respuesta de dos formas diferentes.

El Sr. Tuyen usa __________ ó __________ tanques de combustible.

21. Rico está haciendo 4 tandas de salsa. Cada tanda requiere $\frac{2}{3}$ de taza de maíz. Rico tiene solamente una medida de $\frac{1}{3}$ de taza. ¿Cuántas veces debe medir $\frac{1}{3}$ de taza de maíz para tener lo suficiente para toda la salsa?

__________ veces

Capítulo 9

Relacionar fracciones y decimales

Muestra lo que sabes

Comprueba tu comprensión de destrezas importantes.

Nombre ______________________________

Contar monedas **Halla el valor total.**

1. Valor total: ____________

2. Valor total: ____________

Fracciones equivalentes **Escribe dos fracciones equivalentes para cada ilustración.**

3.

4.

____________ ____________

Fracciones con denominador 10

Escribe una fracción para la expresión en palabras. Puedes hacer un dibujo.

5. tres décimos ____________

6. seis décimos ____________

7. ocho décimos ____________

8. nueve décimos ____________

Detective matemático

La Barca de Ciencias del Río Hudson, amarrada cerca de New York, demuestra cómo puede usarse energía renovable para producir alimentos para grandes ciudades. Las verduras cultivadas en la barca requieren ______ del agua que necesitan en tierra. Piensa como un detective matemático. Usa estas pistas para hallar la fracción y el número decimal de la cantidad que falta.

- El número es menor que uno y tiene dos lugares decimales.
- El valor del dígito en el lugar de los centésimos es $\frac{5}{100}$.
- El valor del dígito en el lugar de los décimos es $\frac{2}{10}$.

Entrenador personal en matemáticas

Evaluación e intervención en línea

Desarrollo del vocabulario

▶ Visualízalo

Completa el mapa semántico con las palabras marcadas con ✓.

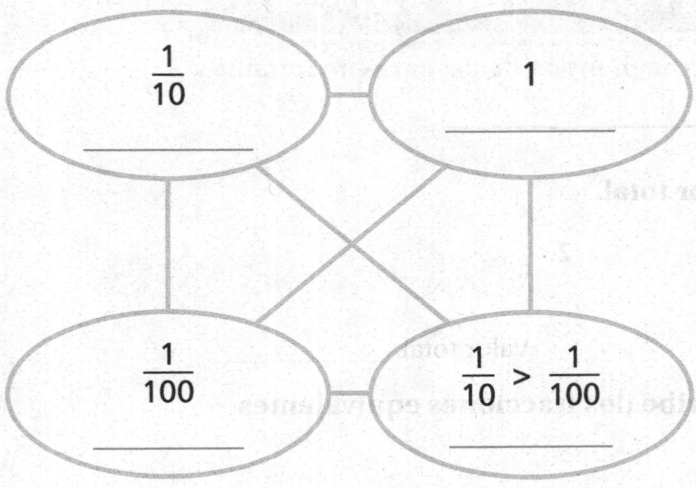

Palabras de repaso

- ✓ comparar
- ✓ entero
- fracción
- fracciones equivalentes
- valor posicional

Palabras nuevas

- ✓ centésimo
- ✓ décimo
- número decimal
- números decimales equivalentes
- punto decimal

▶ Comprende el vocabulario

Traza una línea para emparejar las palabras con sus definiciones.

Palabra	Definición
1. número decimal	• Dos o más números decimales que indican la misma cantidad
2. punto decimal	• Una parte de cien partes iguales
3. décimo	• Un número que tiene uno o más dígitos a la derecha del punto decimal
4. centésimo	• Una parte de diez partes iguales
5. números decimales equivalentes	• Un símbolo que se usa para separar los dólares de los centavos en cantidades de dinero y para separar el lugar de las unidades del lugar de los décimos en los números decimales

APRENDE EN LÍNEA
- Libro interactivo del estudiante
- Glosario multimedia

Nombre ______________________

Relacionar décimos y decimales

Pregunta esencial ¿Cómo puedes registrar décimos como fracciones y números decimales?

Números y operaciones—Fracciones—4.NF.6
PRÁCTICAS MATEMÁTICAS
MP.2, MP.3, MP.4

Soluciona el problema

Ty lee un libro sobre rocas metamórficas. Leyó $\frac{7}{10}$ del libro. ¿Qué número decimal describe la parte del libro que leyó Ty?

Un **número decimal** es un número que tiene uno o más dígitos a la derecha del **punto decimal**. Puedes escribir décimos y centésimos como fracciones o números decimales.

De una manera Usa un modelo y una tabla de valor posicional.

Fracción

Sombrea $\frac{7}{10}$ del modelo.

Piensa: El modelo está dividido en 10 partes iguales. Cada parte representa un **décimo**.

Escribe: ______________

Lee: siete décimos

Número decimal

$\frac{7}{10}$ es 7 décimos.

Unidades	.	Décimos	Centésimos
	.		

↑ punto decimal

Escribe: ______________

Lee: ______________

De otra manera Usa una recta numérica.

Rotula la recta numérica con números decimales que sean equivalentes a las fracciones. Ubica el punto $\frac{7}{10}$.

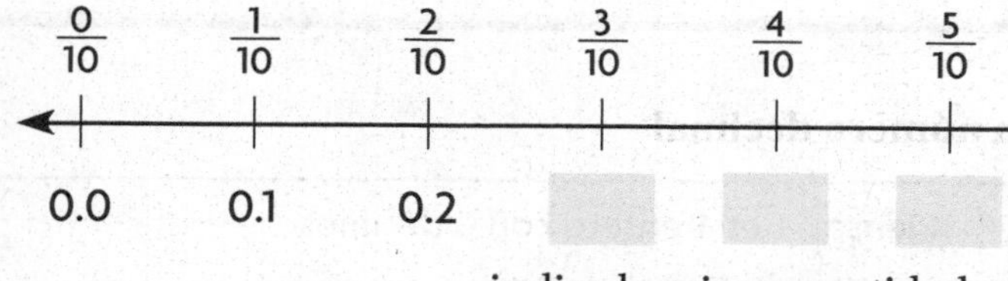

______________ indica la misma cantidad que $\frac{7}{10}$.

Entonces, Ty leyó 0.7 partes del libro.

Charla matemática **Prácticas matemáticas**

Explica cómo se relacionan el tamaño de un entero y el tamaño de un décimo.

- ¿Cómo puedes escribir 0.1 como una fracción? Explícalo.

____

Lara recorrió $1\frac{6}{10}$ millas en su bicicleta. ¿Qué número decimal describe la distancia que recorrió en su bicicleta?

Ya escribiste una fracción como un número decimal. También puedes escribir un número mixto como un número decimal.

De una manera Usa un modelo y una tabla de valor posicional.

Fracción

Sombrea $1\frac{6}{10}$ del modelo.

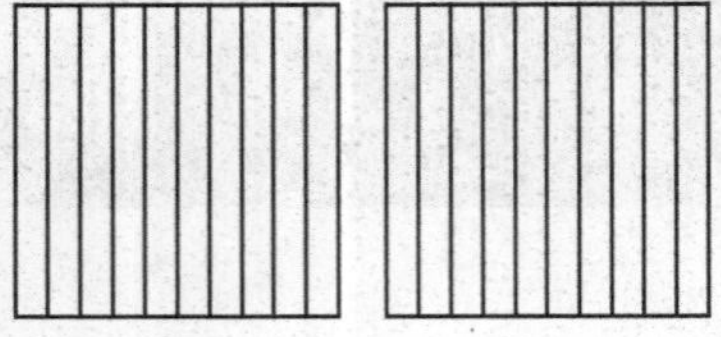

Escribe: ____________________

Lee: uno con seis décimos

Número decimal

$1\frac{6}{10}$ es 1 entero con 6 décimos.

Piensa: Usa el lugar de las unidades para anotar los enteros.

Unidades	.	Décimos	Centésimos
	.		

Escribe: ____________________

Lee: ____________________

De otra manera Usa una recta numérica.

Rotula la recta numérica con números mixtos y números decimales equivalentes. Ubica el punto $1\frac{6}{10}$.

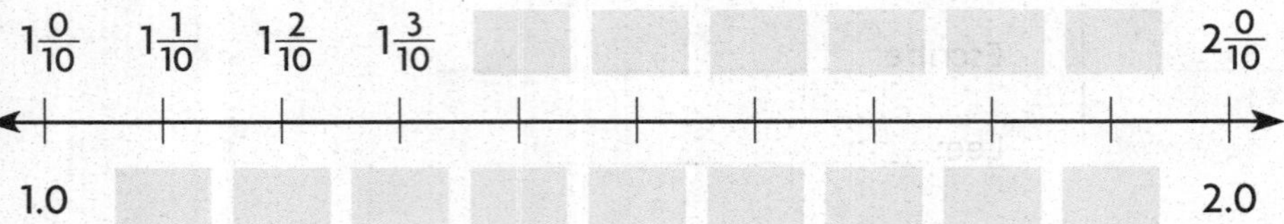

____________________ indica la misma cantidad que $1\frac{6}{10}$.

Entonces, Lara recorrió ____________________ millas en su bicicleta.

¡Inténtalo! Escribe 1 como una fracción y como un número decimal

Sombrea el modelo para representar 1.

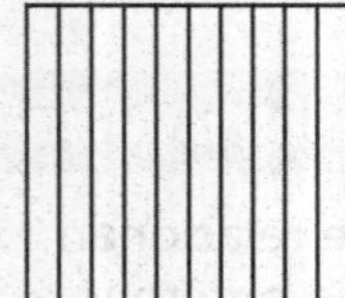

Fracción: ____________________

Piensa: 1 es 1 entero con 0 décimos.

Unidades	.	Décimos	Centésimos
	.		

Número decimal: ____________________

Nombre ______________________

Comparte y muestra

1. Escribe cinco décimos como una fracción y como un número decimal.

   Fracción: ______ Número decimal: ______

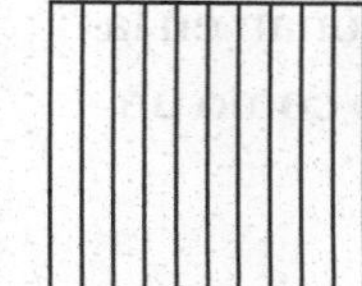

Unidades	.	Décimos	Centésimos
	.		

Escribe la fracción o el número mixto y el número decimal que indican los modelos.

2. 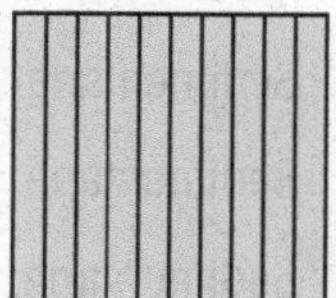 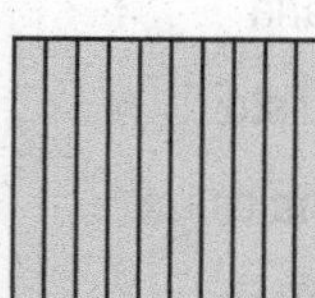 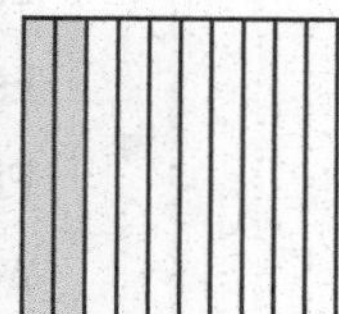

   ______ ______

3. 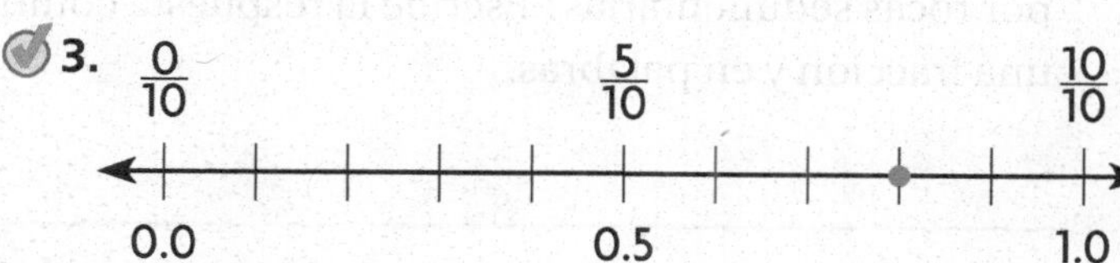

   ______ ______

Charla matemática — **Prácticas matemáticas**

¿Cómo puedes escribir $1\frac{3}{10}$ como un número decimal? Explícalo.

Por tu cuenta

Escribe la fracción o el número mixto y el número decimal que indican los modelos.

4. 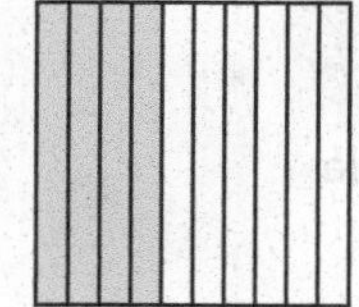

   ______ ______

5. 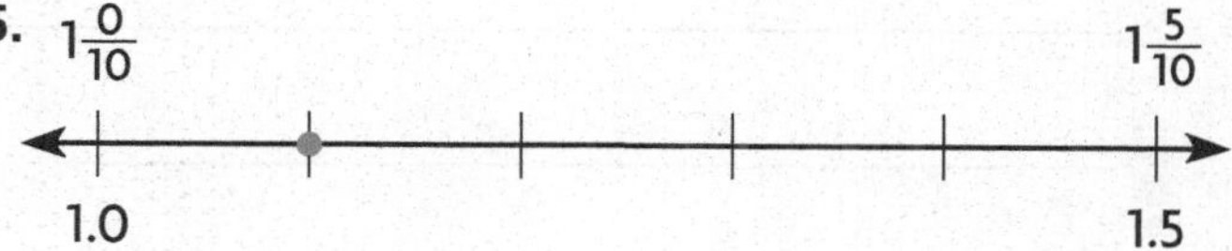

   ______ ______

6. 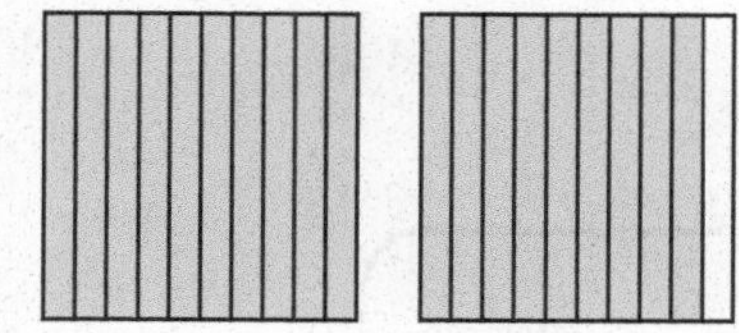

   ______ ______

7. 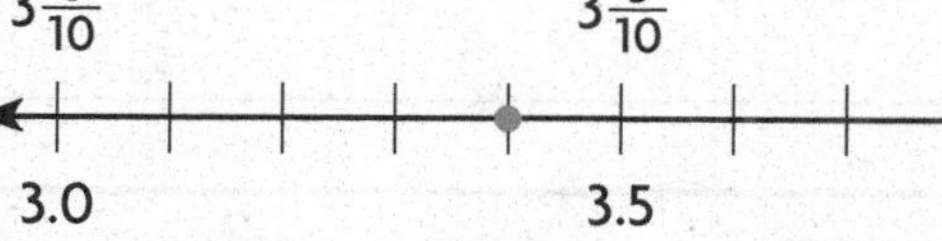

   ______ ______

Práctica: Copia y resuelve **Escribe la fracción o el número mixto como un número decimal.**

8. $5\frac{9}{10}$

9. $\frac{1}{10}$

10. $\frac{7}{10}$

11. $8\frac{9}{10}$

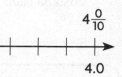

12. $\frac{6}{10}$

13. $6\frac{3}{10}$

14. $\frac{5}{10}$

15. $9\frac{7}{10}$

Resolución de problemas • Aplicaciones

Usa la tabla para resolver los ejercicios 16 a 19.

Colección de rocas de Ramón

Nombre	Tipo
Basalto	Ígnea
Riolita	Ígnea
Granito	Ígnea
Peridotita	Ígnea
Escoria	Ígnea
Esquisto	Sedimentaria
Piedra caliza	Sedimentaria
Arenisca	Sedimentaria
Mica	Metamórfica
Pizarra	Metamórfica

▲ Granito: ígnea

▲ Mica: metamórfica

▲ Arenisca: sedimentaria

16. ¿Qué parte de las rocas que se mencionan en la tabla son ígneas? Escribe el resultado como un número decimal.

____

17. ¿Qué parte de la colección de Ramón está formada por rocas sedimentarias? Escribe la respuesta como una fracción y en palabras.

____

18. PIENSA MÁS ¿Qué parte de las rocas que se mencionan en la tabla son metamórficas? Escribe el resultado como una fracción y como un número decimal.

____

19. PRÁCTICA MATEMÁTICA 5 **Comparte** Niki escribió el siguiente enunciado en su informe: "Las rocas metamórficas forman 2.0 de la colección de rocas de Ramón". Describe su error.

____

____

20. MÁS AL DETALLE Josh pagó 3 libros con dos billetes de $20. Recibió $1 de cambio. Todos los libros tenían el mismo precio. ¿Cuánto costaba cada libro?

____

21. PIENSA MÁS Elige el número que muestra el modelo. Marca todas las opciones que sean correctas.

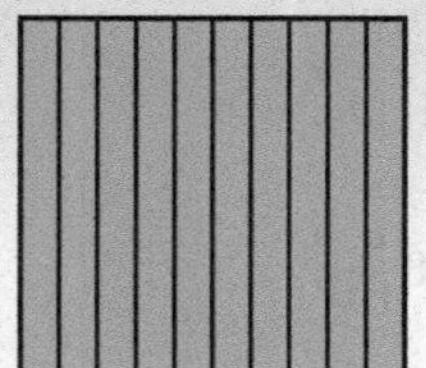

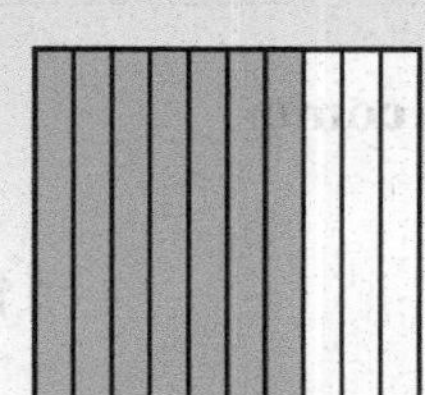

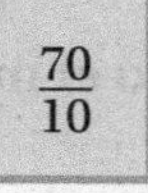

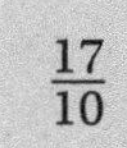

$1\frac{7}{10}$ | $\frac{70}{10}$ | 1.7

7 | 0.7 | $\frac{17}{10}$

PRÁCTICA ADICIONAL: Cuaderno de práctica de los estándares

Nombre ____________________

Relacionar centésimos y decimales

Pregunta esencial ¿Cómo puedes registrar centésimos como fracciones y números decimales?

Números y operaciones—Fracciones—4.NF.6

PRÁCTICAS MATEMÁTICAS
MP.4, MP.6, MP.7

Soluciona el problema En el mundo

En los Juegos Olímpicos de Verano de 2008, el mejor tiempo de la competencia de 100 metros estilo mariposa, categoría caballeros, fue solo $\frac{1}{100}$ segundo más rápido que el segundo tiempo. ¿Qué número decimal representa esta fracción de segundo?

- Encierra en un círculo los números que debes usar.

Puedes escribir los centésimos como fracciones o números decimales.

De una manera Usa un modelo y una abla de valor posicional.

Fracción

Sombrea $\frac{1}{100}$ del modelo.

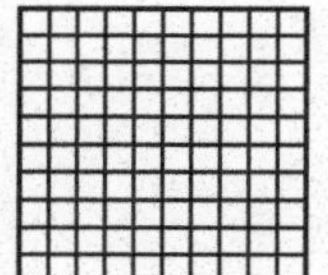

Piensa: El modelo está dividido en 100 partes iguales. Cada parte representa un **centésimo**.

Escribe: ____________

Lee: un centésimo

Número decimal

Completa la tabla de valor posicional. $\frac{1}{100}$ es 1 centésimo.

Unidades	.	Décimos	Centésimos
0	.	0	1

Escribe: ____________

Lee: un centésimo

De otra manera Usa una recta numérica.

Rotula la recta numérica con números decimales equivalentes. Ubica el punto $\frac{1}{100}$.

Charla matemática **Prácticas matemáticas**

Explica cómo se relacionan el tamaño de un décimo y el tamaño de un centésimo.

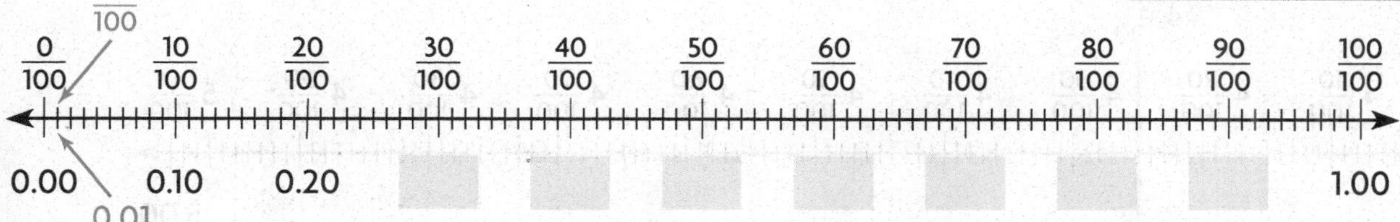

__________ indica la misma cantidad que $\frac{1}{100}$.

Entonces, el mejor tiempo fue __________ segundos más rápido.

Alicia ganó la carrera de 400 metros estilo libre por $4\frac{25}{100}$ segundos. ¿Cómo puedes escribir este número mixto como un número decimal?

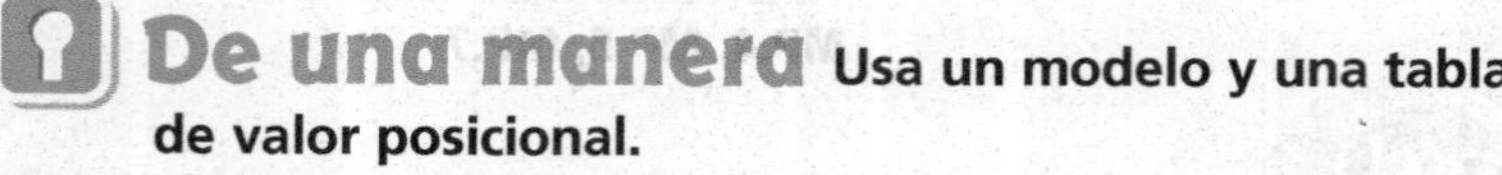

De una manera Usa un modelo y una tabla de valor posicional.

Número mixto

Sombrea el modelo para representar $4\frac{25}{100}$.

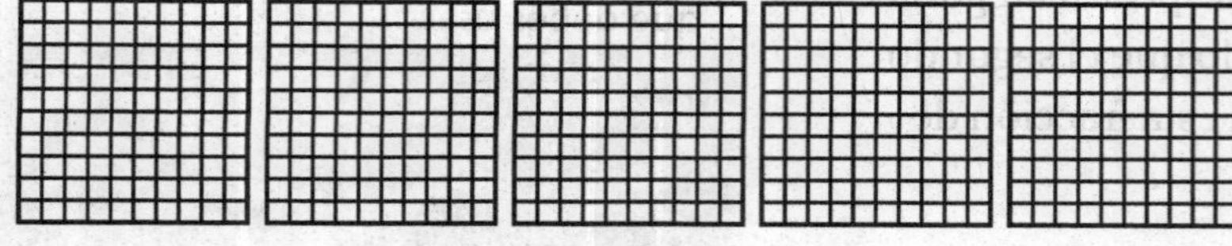

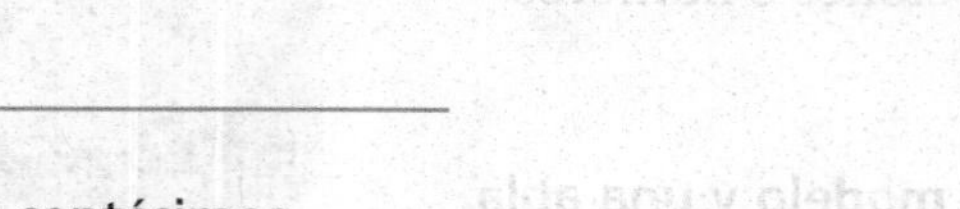

Escribe: ______________________

Lee: cuatro con veinticinco centésimos

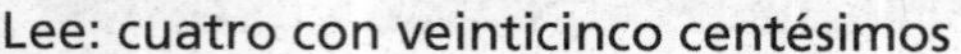

Número decimal

Completa la tabla de valor posicional.

Piensa: Observa el modelo anterior. $4\frac{25}{100}$ es igual a 4 unidades con 2 décimos y 5 centésimos

Unidades	.	Décimos	Centésimos
	.		

Escribe: ______________________

Lee: ______________________

De otra manera Usa una recta numérica.

Rotula la recta numérica con números mixtos y números decimales equivalentes. Ubica el punto $4\frac{25}{100}$.

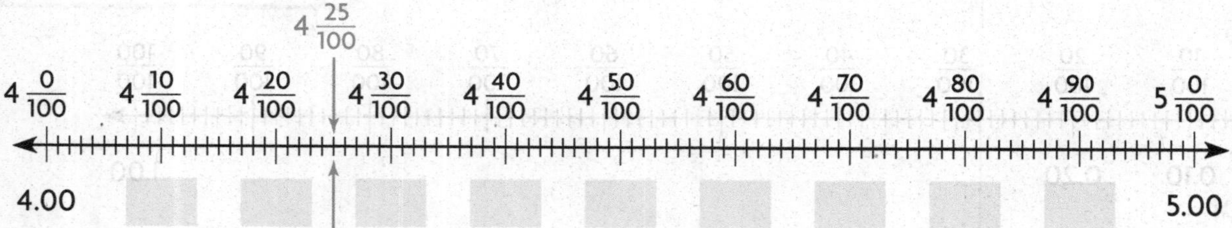

__________ indica la misma cantidad que $4\frac{25}{100}$.

Entonces, Alicia ganó la carrera por __________ segundos.

Nombre ____________________

Comparte y muestra

1. Sombrea el modelo para representar $\frac{31}{100}$.
Escribe la cantidad como un número decimal.

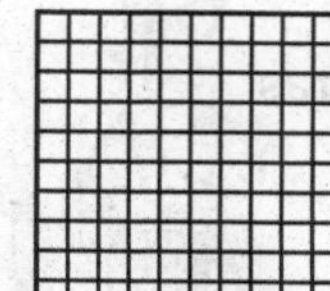

Unidades	.	Décimos	Centésimos

____

Escribe la fracción o el número mixto y el número decimal que indican los modelos.

2.

____________ ____________

3.

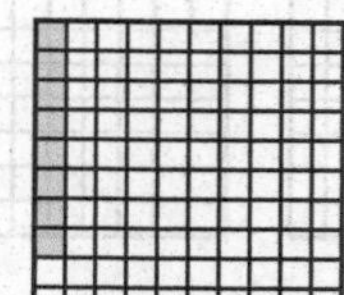

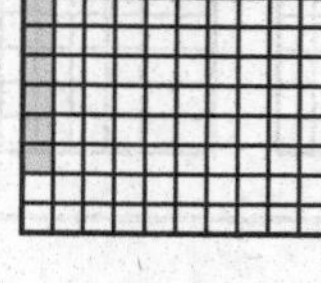

____________ ____________

4.

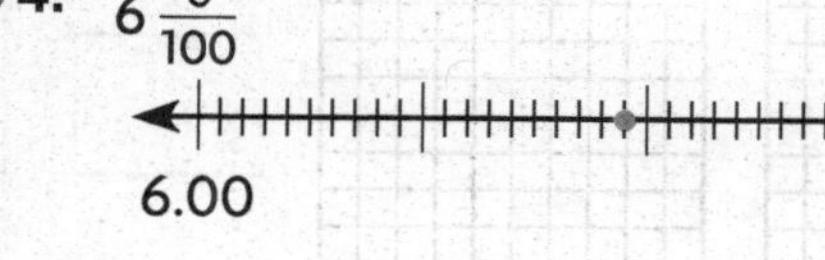

$6\frac{0}{100}$ — $6\frac{50}{100}$ — $7\frac{0}{100}$

6.00 — 6.50 — 7.00

____________ ____________

Charla matemática — Prácticas matemáticas

¿0.5 y 0.50 son equivalentes? Explícalo.

Por tu cuenta

Escribe la fracción o el número mixto y el número decimal que indican los modelos..

5.

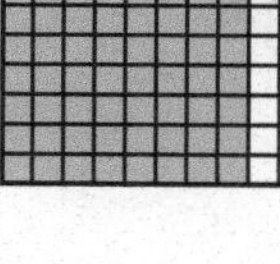

____________ ____________

6.

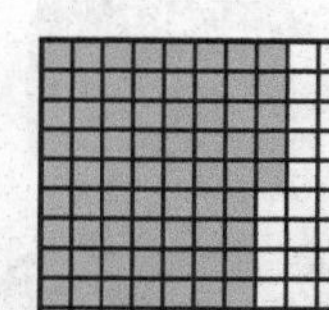

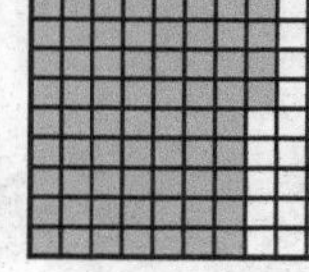

____________ ____________

7.

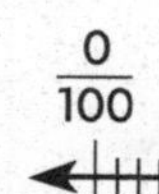

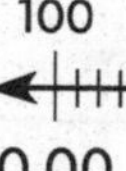

$\frac{0}{100}$ — $\frac{50}{100}$ — $\frac{100}{100}$

0.00 — 0.50 — 1.00

____________ ____________

Práctica: Copia y resuelve **Escribe la fracción o el número mixto como un número decimal.**

8. $\frac{9}{100}$ **9.** $4\frac{55}{100}$ **10.** $\frac{10}{100}$ **11.** $9\frac{33}{100}$ **12.** $\frac{92}{100}$ **13.** $14\frac{16}{100}$

Resolución de problemas • Aplicaciones En el mundo

14. PIENSA MÁS Sombrea las cuadrículas para mostrar tres maneras diferentes de usar modelos para representar $\frac{16}{100}$.

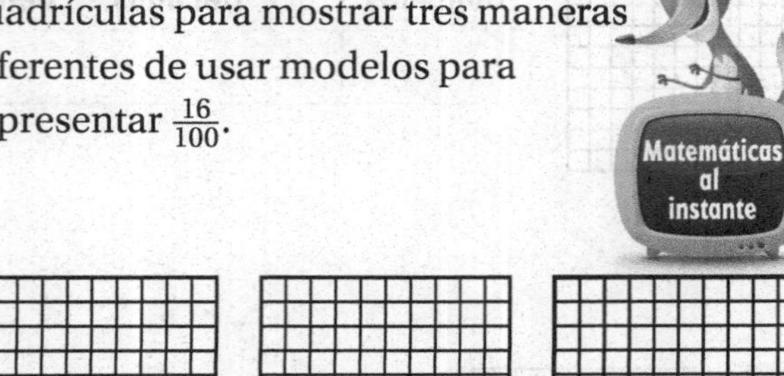

15. PRÁCTICA MATEMÁTICA 1 **Describe relaciones** Describe de qué manera se relacionan un entero, un décimo y un centésimo.

16. PIENSA MÁS Sombrea el modelo para mostrar $1\frac{24}{100}$. Luego escribe el número mixto en forma de número decimal.

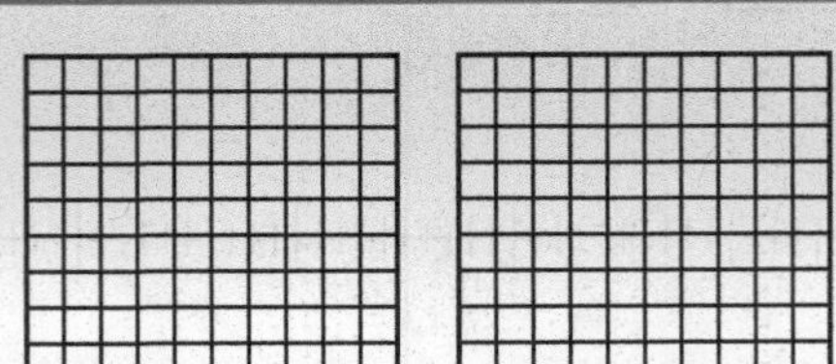

¿Tiene sentido?

17. MÁS AL DETALLE La Biblioteca Conmemorativa está ubicada a 0.3 millas de la escuela. ¿Cuál de los enunciados tiene sentido: el de Gabe o el de Lara? ¿Cuál no tiene sentido? Explica tu razonamiento.

Gabe dijo que iba a recorrer 3 décimos de milla hasta la Biblioteca Conmemorativa después de la escuela.

Lara dijo que iba a recorrer 3 millas hasta la Biblioteca Conmemorativa después de la escuela.

PRÁCTICA ADICIONAL: Cuaderno de práctica de los estándares

Nombre ______________________________

Fracciones equivalentes y decimales

Pregunta esencial ¿Cómo puedes registrar décimos y centésimos como fracciones y números decimales?

Números y operaciones—Fracciones—4.NF.5 *Also 4.NF.6*

PRÁCTICAS MATEMÁTICAS
MP.2, MP.4, MP.6, MP.8

Soluciona el problema

Daniel completó una caminata de un día por una reserva natural. En la primera hora de caminata, bebió $\frac{6}{10}$ de litro de agua. ¿Cuántos centésimos de litro bebió?

- Subraya lo que debes hallar.
- ¿Cómo puedes representar los centésimos?

____

De una manera **Escribe $\frac{6}{10}$ como una fracción equivalente con denominador 100.**

REPRESENTA

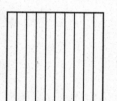

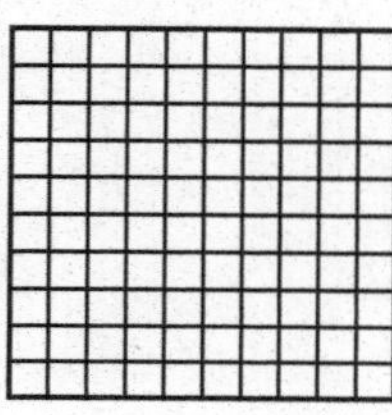

$$\frac{6}{10} = \frac{\square}{100}$$

ANOTA

$$\frac{6}{10} = \frac{6 \times \square}{10 \times \square} = \frac{\square}{100}$$

De otra manera **Escribe $\frac{6}{10}$ como un número decimal.**

Piensa: 6 décimos es igual a 6 décimos con 0 centésimos.

Unidades	.	Décimos	Centésimos

Entonces, Daniel bebió _______, ó _______ litros de agua.

Prácticas matemáticas

Explica cómo puedes escribir 0.2 como centésimos.

- Explica por qué 6 décimos es equivalente a 60 centésimos.

____

____

Durante una tormenta, Jasmine juntó 0.30 litros de agua en una jarra. ¿Cuántos décimos de litro juntó?

Los **números decimales equivalentes** son números decimales que indican la misma cantidad. Puedes escribir 0.30 como un número decimal que indica los décimos.

De una manera **Escribe 0.30 como un número decimal equivalente.**

Representa 0.30 en la tabla de valor posicional.

Unidades	.	Décimos	Centésimos

Piensa: No hay centésimos.

0.30 es equivalente a ______ décimos.

Escribe 0.30 como ______.

De otra manera **Escribe 0.30 como una fracción con denominador 10.**

PASO 1 Escribe 0.30 como una fracción.

0.30 es igual a ______ centésimos.

La forma de escribir 30 centésimos como una fracción es ______.

PASO 2 Escribe $\frac{30}{100}$ como una fracción equivalente con denominador 10.

Piensa: 10 es un factor común del numerador y del denominador.

$$\frac{30}{100} = \frac{30 \div \square}{100 \div \square} = \frac{\square}{10}$$

Entonces, Jasmine juntó ______, ó ______ de litro de agua.

Comparte y muestra

1. Escribe $\frac{4}{10}$ como centésimos.

Escribe $\frac{4}{10}$ como una fracción equivalente.

$$\frac{4}{10} = \frac{4 \times \square}{10 \times \square} = \frac{\square}{100}$$

Fracción: ______

Escribe $\frac{4}{10}$ como un número decimal.

Unidades	.	Décimos	Centésimos

Número decimal: ______

Nombre ______________________

Escribe el número como centésimos en forma de fracción y en forma de número decimal.

2. $\frac{7}{10}$

3. 0.5

4. $\frac{3}{10}$

Escribe el número como décimos en forma de fracción y en forma de número decimal.

5. 0.40

6. $\frac{80}{100}$

7. $\frac{20}{100}$

Por tu cuenta

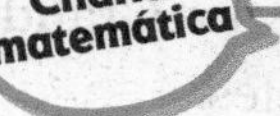

Prácticas matemáticas

¿Se puede escribir 0.25 como décimos? **Explícalo.**

Práctica: Copia y resuelve **Escribe el número como centésimos en forma de fracción y en forma de número decimal.**

8. $\frac{8}{10}$

9. $\frac{2}{10}$

10. 0.1

Práctica: Copia y resuelve **Escribe el número como décimos en forma de fracción y en forma de número decimal.**

11. $\frac{60}{100}$

12. $\frac{90}{100}$

13. 0.70

PIENSA MÁS **Escribe el número como un número mixto equivalente con centésimos.**

14. $1\frac{4}{10}$

15. $3\frac{5}{10}$

16. $2\frac{9}{10}$

Resolución de problemas • Aplicaciones En el mundo

17. PIENSA MÁS Carter dice que 0.08 es equivalente a $\frac{8}{10}$. Describe y corrige el error de Carter.

18. PIENSA MÁS Elige Verdadero o Falso en cada enunciado para resolver los problemas 18a a 18e.

18a. 0.6 es equivalente a $\frac{6}{100}$. ○ Verdadero ○ Falso

18b. $\frac{3}{10}$ es equivalente a 0.30. ○ Verdadero ○ Falso

18c. $\frac{40}{100}$ es equivalente a $\frac{4}{10}$. ○ Verdadero ○ Falso

18d. 0.40 es equivalente a $\frac{4}{100}$. ○ Verdadero ○ Falso

18e. 0.5 es equivalente a 0.50. ○ Verdadero ○ Falso

Conectar con las Ciencias

Aguas continentales

¿Cuántos lagos y ríos hay en tu estado? El Servicio Geológico de los EE.UU. define las aguas continentales como aguas que están delimitadas por tierra. El océano Atlántico, el océano Pacífico y los Grandes Lagos no se consideran aguas continentales.

19. ESCRIBE ▸*Matemáticas* Poco más de $\frac{2}{100}$ del total de los Estados Unidos son aguas continentales. Escribe $\frac{2}{100}$ como un número decimal.

20. PRÁCTICA MATEMÁTICA 6 ¿Puedes escribir 0.02 como décimos? **Explícalo.**

21. Alrededor de 0.17 del área de Rhode Island son aguas continentales. Escribe 0.17 como una fracción.

22. MÁS AL DETALLE Los lagos y ríos de Louisiana cubren alrededor de $\frac{1}{10}$ del estado. Escribe $\frac{1}{10}$ como centésimos en palabras, en forma de fracción y en forma de número decimal.

Nombre ____________________

Relacionar fracciones, decimales y dinero

Números y operaciones—Fracciones—4.NF.6

PRÁCTICAS MATEMÁTICAS
MP.2, MP.4, MP.6

Pregunta esencial ¿Cómo puedes relacionar fracciones, decimales y dinero?

Soluciona el problema (En el mundo)

Julie y Sarah juntas tienen $1.00 en monedas de 25¢. Quieren repartir las monedas de 25¢ en partes iguales. ¿Cuántas monedas de 25¢ debería recibir cada una? ¿Cuánto dinero es?

Recuerda

1 dólar = 100 centavos
1 moneda de 25¢ = 25 centavos
1 moneda de 10¢ = 10 centavos
1 moneda de 1¢ = 1 centavo

Usa el modelo para relacionar dinero, fracciones y números decimales.

4 monedas de 25¢ = 1 dólar = $1.00

$0.25 $0.25 $0.25 $0.25

1 moneda de 25¢ es $\frac{25}{100}$, ó $\frac{1}{4}$ de dólar.

2 monedas de 25¢ son $\frac{50}{100}$, $\frac{2}{4}$, ó $\frac{1}{2}$ de dólar.

$\frac{1}{2}$ de dólar es = $0.50, ó 50 centavos.

Encierra en un círculo la cantidad de monedas de 25¢ que debe recibir cada niña.

Entonces, cada niña debe recibir 2 monedas de 25¢ ó $ ____________.

Ejemplos Usa dinero para representar números decimales.

1 dólar

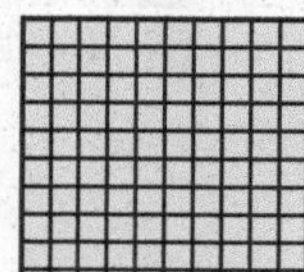

$1.00, ó

____________ centavos

10 monedas de 10¢ = 1 dólar

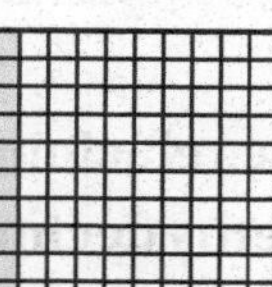

1 moneda de 10¢ = $\frac{1}{10}$, ó 0.10 dólares

$ ____________, ó 10 centavos

100 monedas de 1¢ = 1 dólar

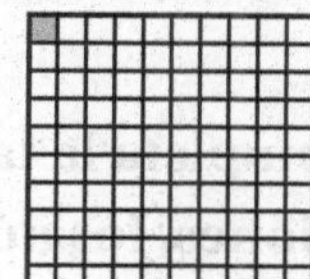

1 moneda de 1¢ = $\frac{1}{100}$, ó 0.01 dólares

$ ____________, ó 1 centavo

Charla matemática — **Prácticas matemáticas**

Si tienes 68 monedas de 1¢, ¿qué parte de un dólar tienes? **Explícalo.**

Relacionar dinero y números decimales

Piensa en los dólares como unidades, en las monedas de 10¢ como décimos y en las monedas de 1¢ como centésimos.

$1.56

Dólares	.	Monedas de 10¢	Monedas de 1¢
1	.	5	6

Centésimos: $1.56 = 1 dólar y 56 monedas de 1¢

Hay 100 monedas de 1¢ en 1 dólar.
Entonces, $1.56 = 156 monedas de 1¢.

1.56 dólares

Unidades	.	Décimos	Centésimos
1	.	5	6

Piensa: 1.56 = 1 unidad y 56 centésimos

Hay 100 centésimos en 1 unidad.
Entonces, 1.56 = 156 centésimos.

Más ejemplos

Sombrea el modelo decimal para representar la cantidad de dinero. Luego escribe la cantidad de dinero y una fracción en términos de dólares.

A

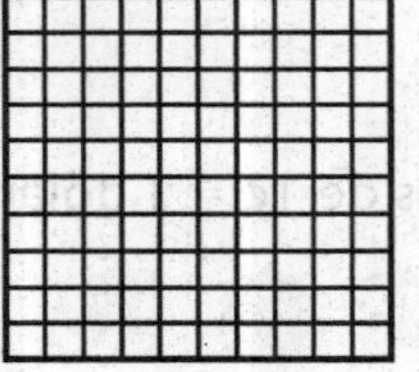

______, ó $\frac{21}{100}$ de dólar

B

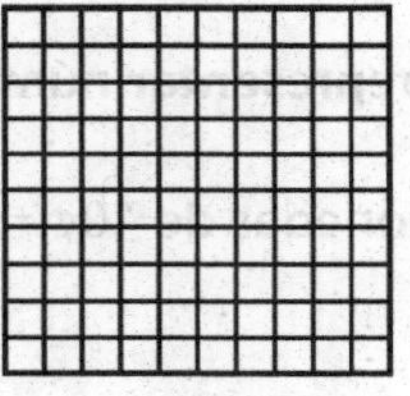

$1.46, ó 1  /100 dólares

¡Inténtalo!

Completa la tabla para mostrar cómo se relacionan el dinero, las fracciones, los números mixtos y los números decimales.

Billetes y monedas de $	Cantidad de dinero	Fracción o número mixto	Número decimal
	$0.03		0.03
	$0.25	$\frac{25}{100}$ ó $\frac{1}{4}$	
2 monedas de 25¢ y 1 moneda de 10¢		$\frac{60}{100}$ ó $\frac{6}{10}$	
2 billetes de $1 y 5 monedas de 5¢			

Charla matemática — **Prácticas matemáticas**

¿Qué preferirías tener: $0.25 ó $\frac{3}{10}$ de dólar? **Explícalo.**

Nombre ______________________

Comparte y muestra

1. Escribe la cantidad de dinero como un número decimal en términos de dólares.

5 monedas de 1¢ = $\frac{5}{100}$ de dólar = __________ dólares.

Escribe la cantidad total de dinero. Luego escribe la cantidad como una fracción o un número mixto y como un número decimal en términos de dólares.

2.

______ ______ ______

3.

______ ______ ______

Escribe como una cantidad de dinero y como un número decimal en términos de dólares.

4. $\frac{92}{100}$ ______ ______ **5.** $\frac{7}{100}$ ______ ______ **6.** $\frac{16}{100}$ ______ ______ **7.** $\frac{53}{100}$ ______ ______

Charla matemática — **Prácticas matemáticas**

Explica cómo se relacionan \$0.84 y $\frac{84}{100}$ de dólar.

Por tu cuenta

Escribe la cantidad total de dinero. Luego escribe la cantidad como una fracción o un número mixto y como un número decimal en términos de dólares.

8.

______ ______ ______

9.

______ ______ ______

Escribe como una cantidad de dinero y como un número decimal en términos de dólares.

10. $\frac{27}{100}$ ______ ______ **11.** $\frac{4}{100}$ ______ ______ **12.** $\frac{75}{100}$ ______ ______ **13.** $\frac{100}{100}$ ______ ______

Escribe la cantidad total de dinero. Luego escribe la cantidad como una fracción y como un número decimal en términos de dólares.

14. 1 moneda de 25¢, 6 monedas de 10¢ y 8 monedas de 1¢

______ ______ ______

15. 3 monedas de 10¢, 5 monedas de 5¢ y 20 monedas de 1¢

______ ______ ______

PRÁCTICA MATEMÁTICA 6 Haz conexiones **Álgebra** **Completa para indicar el valor de cada dígito.**

16. \$1.05 = ______ dólar + ______ monedas de 1¢, 1.05 = ______ unidad + ______ centésimos

17. \$5.18 = ______ dólares + ______ moneda de 10¢ + ______ monedas de 1¢

5.18 = ______ unidades + ______ décimo + ______ centésimos

Resolución de problemas • Aplicaciones

Usa la tabla para resolver los problemas 18 y 19.

Cambio en monedas

Nombre	Monedas de 25¢	Monedas de 10¢	Monedas de 5¢	Monedas de 1¢
Kim	1	3	2	3
Tony	0	6	1	6
Nick	2	4	0	2

18. En la tabla se muestran las monedas que tienen tres estudiantes. Escribe la cantidad total que tiene Nick como una fracción en términos de dólares.

____

19. PIENSA MÁS Kim gastó $\frac{40}{100}$ de dólar en un refrigerio. Escribe la cantidad que le queda como una cantidad de dinero.

____

20. MÁS AL DETALLE Travis tiene $\frac{1}{2}$ de dólar. Tiene al menos dos tipos diferentes de monedas en el bolsillo. **Dibuja** dos conjuntos posibles de monedas que Travis podría tener.

21. PIENSA MÁS Completa la tabla.

Billetes y monedas de \$	Cantidad de dinero	Fracción o número mixto	Número decimal
6 monedas de 1¢		$\frac{6}{100}$	0.06
	\$0.50		0.50
		$\frac{70}{100}$ or $\frac{7}{10}$	0.70
3 billetes de \$1, 9 monedas de 1¢			3.09

Nombre ____________________

Resolución de problemas • El dinero

Pregunta esencial ¿Cómo puedes usar la estrategia representar para resolver problemas en los que se usa el dinero?

Medición y datos—4.MD.2

PRÁCTICAS MATEMÁTICAS
MP.1, MP.4, MP.5

Soluciona el problema

Marnie y Serena juntas tienen $1.20. Quieren repartir el dinero en partes iguales. ¿Cuánto dinero recibirá cada una?

Usa el organizador gráfico para resolver el problema.

Lee el problema	Resuelve el problema
¿Qué debo hallar? Debo hallar ____________________ ____________________	Puedes representar $1.20 con 4 monedas de 25¢ y 2 ____________________. Encierra en un círculo las monedas que representan dos conjuntos del mismo valor.      
¿Qué información debo usar? Debo usar la cantidad total, ______, y dividir esa cantidad en ______ partes iguales.	
¿Cómo usaré la información? Usaré monedas para representar la ____________________ y resolver el problema.	Entonces, cada niña recibirá ______ monedas de 25¢ y ______ moneda de 10¢. Cada una recibirá $ ______.

- Describe otra manera en que podrías representar el problema con monedas.

____

____

Haz otro problema

Josh, Tom y Chuck tienen $0.40 cada uno. ¿Cuánto dinero tienen entre los tres?

Lee el problema	Resuelve el problema
¿Qué debo hallar?	
¿Qué información debo usar?	
¿Cómo usaré la información?	

- ¿Cómo puedes usar monedas de 10¢ y de 5¢ para resolver el problema?

Charla matemática

Prácticas matemáticas

¿Qué otra estrategia podrías usar para resolver el problema? **Explícalo.**

Nombre ___________________________

Comparte y muestra

1. Juan tiene \$3.43. Va a comprar un pincel que cuesta \$1.21 para pintar un carro de juguete. ¿Cuánto dinero tendrá Juan después de pagar el pincel?

Primero, usa billetes y monedas para representar \$3.43.

Luego, debes restar. Quita billetes y monedas por un valor de \$1.21. Marca con una X lo que quitaste.

Por último, cuenta el valor de los billetes y las monedas que quedaron. ¿Cuánto dinero le quedará a Juan?

____

2. ¿Qué pasaría si Juan tuviera \$3.43 y quisiera comprar un pincel que cuesta \$2.28? ¿Cuánto dinero le quedaría a Juan en ese caso? Explícalo.

____

____

____

____

____

____

3. Sofía tiene \$2.25. Quiere dar la misma cantidad de dinero a sus 3 primos pequeños. ¿Cuánto dinero recibirá cada primo?

____

Soluciona el Problema

- ✓ Encierra en un círculo la pregunta.
- ✓ Subraya los datos importantes.
- ✓ Tacha la información que no sea necesaria.

ESCRIBE ▸ *Matemáticas*

Muestra tu trabajo

Por tu cuenta

4. Marcus ahorra $13 cada semana. ¿En cuántas semanas habrá ahorrado por lo menos $100?

5. PRÁCTICA MATEMÁTICA 1 **Analiza relaciones** Hoshi tiene $50. Emily tiene $23 más que Hoshi. Karl tiene $16 menos que Emily. ¿Cuánto dinero tienen entre los tres?

6. PIENSA MÁS Cuatro niñas tienen $5.00 para repartir en partes iguales. ¿Cuánto dinero recibirá cada niña? Explícalo.

ESCRIBE ▶ *Matemáticas*
Muestra tu trabajo

7. MÁS AL DETALLE ¿Qué pasaría si cuatro niñas quisieran repartir $5.52 en partes iguales? ¿Cuánto dinero recibiría cada niña? Explícalo.

Entrenador personal en matemáticas

8. PIENSA MÁS + Aimé y tres de sus amigas hallaron 3 monedas de 25¢ y una moneda de 5¢ en el suelo. Si Aimé y sus amigas quieren repartir el dinero en partes iguales, ¿cuánto recibirá cada una? Explica cómo hallaste la respuesta.

PRÁCTICA ADICIONAL:
Cuaderno de práctica de los estándares

Nombre ______________________________

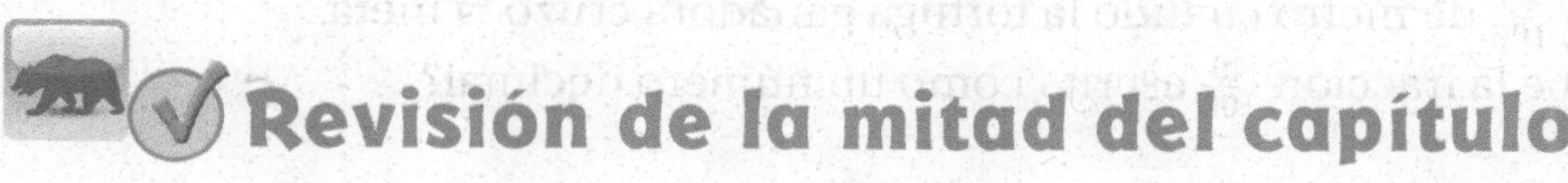

Revisión de la mitad del capítulo

Vocabulario

Elige el término del recuadro que mejor corresponda para completar la oración.

Vocabulario
centena
centésimo
número decimal
punto decimal

1. El símbolo que se usa para separar el lugar de las unidades y el lugar de los décimos se llama ________________. (pág. 359)
2. El número 0.4 está escrito como un ________________. (pág.359)
3. Un ________________ es una de cien partes iguales de un entero. (pág. 363)

Conceptos y destrezas

Escribe la fracción o el número mixto y el número decimal que indica el modelo. (4.NF.6)

4. 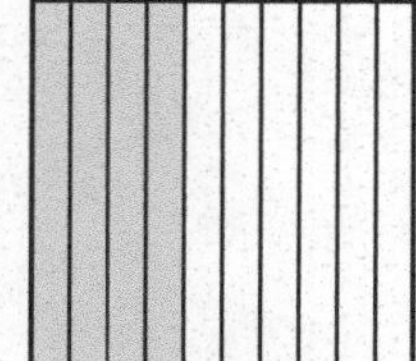

______ ______

5. 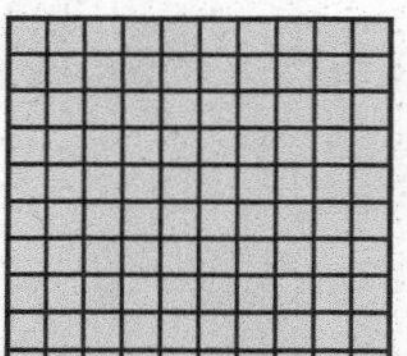 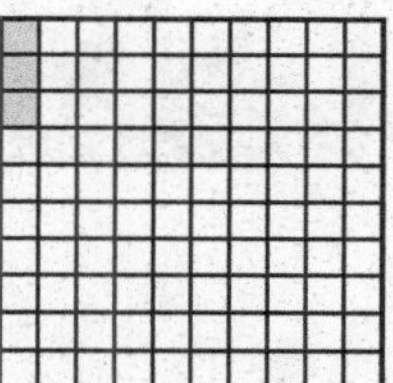

______ ______

Escribe el número como centésimos en forma de fracción y en forma de número decimal. (4.NF.5)

6. $\frac{8}{10}$ ________

7. 0.5 ________

8. $\frac{6}{10}$ ________

Escribe la fracción o el número mixto como una cantidad de dinero y como un número decimal en términos de dólares. (4.NF.6)

9. $\frac{65}{100}$ ________

10. $1\frac{48}{100}$ ________

11. $\frac{4}{100}$ ________

12. La tortuga de Ken compitió en una carrera de 0.50 metros. Su tortuga había recorrido $\frac{49}{100}$ de metro cuando la tortuga ganadora cruzó la meta. ¿Cómo se escribe la fracción $\frac{49}{100}$ escrita como un número decimal? (4.NF.6)

____

13. Álex vive a ocho décimos de milla de Sarah. ¿Cómo se escribe ocho décimos escrito como un número decimal? (4.NF.6)

____

14. ¿Qué fracción, en centésimos, es equivalente a $\frac{1}{10}$? (4.NF.5)

____

15. Elaine encontró en su bolsillo lo que se muestra a continuación. ¿Cuánto dinero había en su bolsillo? (4.NF.6)

____

16. Tres niñas se repartieron \$0.60. Cada niña recibió igual cantidad de dinero. ¿Cuánto dinero recibió cada niña? (4.MD.2)

____

17. La balanza de la tienda de comestibles pesa carne y queso en centésimos de libra. Sam puso $\frac{5}{10}$ de libra de salchichón en la balanza de la tienda de comestibles. ¿Qué peso muestra la balanza? (4.NF.5)

____

Nombre ______________________________

Sumar partes fraccionarias de 10 y 100

Pregunta esencial ¿Cómo puedes sumar fracciones cuyos denominadores son 10 ó 100?

Números y operaciones—Fracciones—4.NF.5 *Also 4.MD.2*

PRÁCTICAS MATEMÁTICAS
MP.2, MP.6, MP.7, MP.8

Soluciona el problema — En el mundo

Las clases de cuarto grado pintan diseños en azulejos cuadrados para hacer un mural. La clase de la maestra Kirk pintó $\frac{3}{10}$ del mural. La clase del maestro Becker pintó $\frac{21}{100}$ del mural. ¿Qué parte del mural está pintada?

Sabes cómo sumar fracciones con partes de igual tamaño. Puedes usar fracciones equivalentes para sumar fracciones con partes que no son de igual tamaño.

Ejemplo 1 Halla $\frac{3}{10} + \frac{21}{100}$.

PASO 1 Escribe $\frac{3}{10}$ y $\frac{21}{100}$ como un par de fracciones con denominador común.

Piensa: 100 es múltiplo de 10. Usa 100 como denominador común.

$$\frac{3}{10} = \frac{3 \times \square}{10 \times \square} = \frac{\square}{100}$$

Piensa: $\frac{21}{100}$ ya tiene a 100 en el denominador.

PASO 2 Suma.

Piensa: Usa fracciones con denominador común para escribir $\frac{3}{10} + \frac{21}{100}$.

$$\frac{30}{100} + \frac{21}{100} = \frac{\square}{100}$$

Entonces, $\frac{\square}{100}$ del mural está pintado.

Charla matemática — Prácticas matemáticas

Cuando sumas décimos y centésimos, ¿siempre puedes usar 100 como denominador común? **Explícalo.**

¡Inténtalo! Halla $\frac{4}{100} + \frac{1}{10}$.

A **Escribe** $\frac{1}{10}$ como $\frac{10}{100}$.

$$\frac{1}{10} = \frac{1 \times \square}{10 \times \square} = \frac{\square}{100}$$

B **Suma.**

$$\frac{\square}{100} + \frac{10}{100} = \frac{\square}{100}$$

Entonces, $\frac{4}{100} + \frac{10}{100} = \frac{14}{100}$.

Ejemplo 2 Suma números decimales.

Sergio vive a 0.5 millas de la tienda. La tienda está a 0.25 millas de la casa de su abuela. Sergio va a ir caminado a la tienda y luego a la casa de su abuela. ¿Qué distancia recorrerá?

Halla 0.5 + 0.25.

PASO 1 Escribe 0.5 + 0.25 como una suma de fracciones.

Piensa: 0.5 es 5 décimos. **Piensa:** 0.25 es 25 centésimos.

$0.5 = \frac{\quad}{\quad}$ $0.25 = \frac{\quad}{\quad}$

Escribe 0.5 + 0.25 como $\frac{\quad}{\quad} + \frac{\quad}{\quad}$

PASO 2 Escribe $\frac{5}{10} + \frac{25}{100}$ como una suma de fracciones con denominador común.

Piensa: Usa 100 como denominador común. Convierte $\frac{5}{10}$.

$$\frac{5}{10} = \frac{5 \times \quad}{10 \times \quad} = \frac{\quad}{100}$$

Escribe $\frac{5}{10} + \frac{25}{100}$ como $\frac{\quad}{\quad} + \frac{\quad}{\quad}$.

PASO 3 Suma.

$$\frac{50}{100} + \frac{25}{100} = \frac{\quad}{\quad}$$

PASO 4 Escribe la suma como un número decimal.

$$\frac{75}{100} = \_\_\_\_$$

Entonces, Sergio recorrerá ______ millas.

Charla matemática **Prácticas matemáticas**

Explica por qué \$0.25 equivale tanto a $\frac{1}{4}$ de dólar como a $\frac{25}{100}$ de dólar.

¡Inténtalo! **Halla \$0.25 + \$0.40.**

\$0.25 + \$0.40 = ______

Recuerda

Una cantidad de dinero menor que un dólar se puede escribir como una fracción de dólar.

Nombre ______________________________

Comparte y muestra

1. Halla $\frac{7}{10} + \frac{5}{100}$.

Piensa: Escribe los sumandos como fracciones con denominador común.

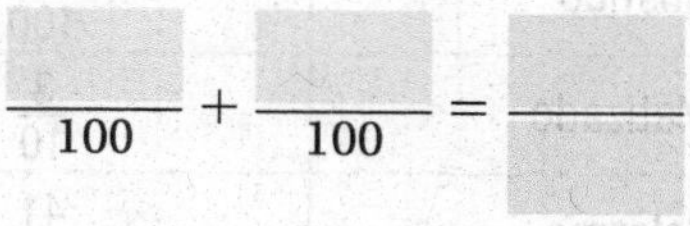

$\frac{\square}{100} + \frac{\square}{100} = \square$

Halla la suma.

2. $\frac{1}{10} + \frac{11}{100} =$ ______

3. $\frac{36}{100} + \frac{5}{10} =$ ______

4. $0.16 + $0.45 = $ ______

5. $0.08 + $0.88 = $ ______

Por tu cuenta

6. $\frac{6}{10} + \frac{25}{100} =$ ______

7. $\frac{7}{10} + \frac{7}{100} =$ ______

8. $\frac{19}{100} + \frac{4}{10} =$ ______

9. $\frac{3}{100} + \frac{9}{10} =$ ______

10. $0.55 + $0.23 = $ ______

11. $0.19 + $0.13 = $ ______

PRÁCTICA MATEMÁTICA 2 **Razona cuantitativamente** **Álgebra** Escribe el número que hace que la ecuación sea verdadera.

12. $\frac{20}{100} + \frac{\square}{10} = \frac{60}{100}$

13. $\frac{2}{10} + \frac{\square}{100} = \frac{90}{100}$

Resolución de problemas • Aplicaciones En el mundo

Usa la tabla para resolver los problemas 14 a 17.

Tienda de losas	
Estilo	**Longitud (en metros)**
Rústico	$\frac{15}{100}$
Matizado	$\frac{3}{10}$
Palermo	$\frac{41}{100}$
Arco Iris	$\frac{6}{10}$
Rosado	$\frac{8}{100}$

14. PIENSA MÁS Darío eligió losas estilo Matizado y losas estilo Palermo para colocar en el camino de entrada de su casa. ¿Cuántos metros de longitud tendrá cada juego de una losa estilo Matizado y una losa estilo Palermo?

15. El patio trasero de la casa de Nona está hecho con un patrón que se repite de una losa estilo Rosado y una losa estilo Arco Iris. ¿Cuántos metros de longitud tiene cada par de losas?

16. MÁS AL DETALLE Para hacer un camino de losas, a Emily le gustaría usar una losa estilo Rústico, luego, una losa estilo Arco Iris y luego, otra losa estilo Rústico. ¿Cuánto medirá una hilera formada por las tres losas? Explícalo.

17. ESCRIBE ▸ *Matemáticas* ¿Qué dos losas puedes colocar una junto a la otra para obtener una longitud total de 0.38 metros? Explica cómo hallaste tu respuesta.

18. PIENSA MÁS Christelle quiere construir una casa de muñecas. La casa tiene una altura de $\frac{6}{10}$ de metro sin el techo. El techo mide $\frac{15}{100}$ de alto. ¿Cuál es la altura de la casa de muñecas con el techo? Elige un número de cada columna para completar la ecuación y resolver el problema.

$\frac{6}{10} + \frac{15}{100} =$ [$\frac{6}{100}$ / $\frac{60}{100}$ / $\frac{61}{100}$] $+$ [$\frac{15}{10}$ / $\frac{5}{100}$ / $\frac{15}{100}$] $=$ [$\frac{65}{100}$ / $\frac{7}{10}$ / $\frac{75}{100}$] de metro de alto.

PRÁCTICA ADICIONAL: Cuaderno de práctica de los estándares

Nombre ____________________

Comparar decimales

Pregunta esencial ¿Cómo puedes comparar decimales?

Números y operaciones—Fracciones—4.NF.7

PRÁCTICAS MATEMÁTICAS MP.2, MP.4, MP.6

Soluciona el problema *En el mundo*

El parque de la ciudad ocupa 0.64 millas cuadradas. Aproximadamente 0.18 del área del parque está cubierta de agua, y aproximadamente 0.2 del área del parque está cubierta por senderos pavimentados. ¿Qué ocupa un área mayor del parque: el agua o los senderos pavimentados?

- Tacha la información que no es necesaria.
- Encierra en un círculo los números que debes usar.
- ¿Qué debes hallar?

____

____

De una manera Usa un modelo.

Sombrea 0.18. Sombrea 0.2.

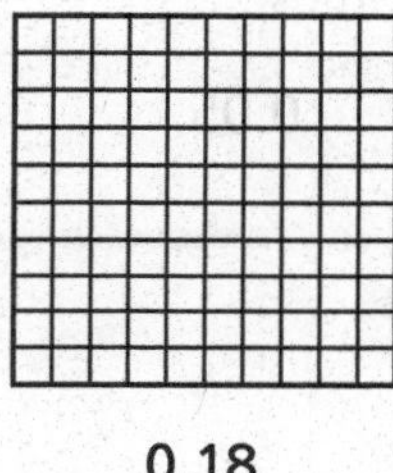

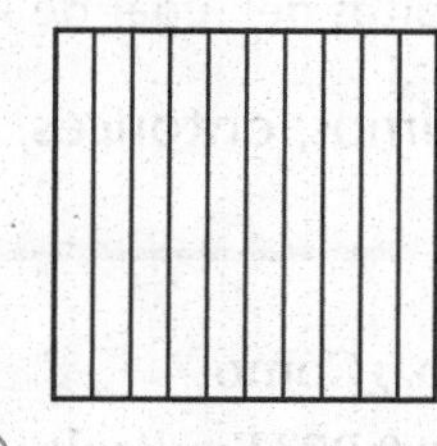

0.18 ◯ 0.2

De otras maneras

A Usa una recta numérica.

Ubica 0.18 y 0.2 en una recta numérica.

Piensa: 2 décimos equivalen a 20 centésimos.

0.0 0.10 0.20 0.30 0.40 0.50

______ está más cerca de 0; entonces, 0.18 ◯ 0.2.

B Compara partes del mismo tamaño.

- 0.18 es igual a ______ centésimos.
- 0.2 es igual a 2 décimos, que es equivalente a ______ centésimos.

18 centésimos ◯ 20 centésimos; entonces, 0.18 ◯ 0.2.

Entonces, los ____________________ ocupan un área mayor del parque.

Charla matemática **Prácticas matemáticas**

¿Cómo puedes comparar la cantidad de décimos que tiene 0.18 y la cantidad de décimos que tiene 0.2? **Explícalo.**

Valor posicional Puedes usar el valor posicional para comparar números escritos como números decimales. Comparar números decimales es como comparar números enteros. Siempre compara primero los dígitos que tienen el mayor valor posicional.

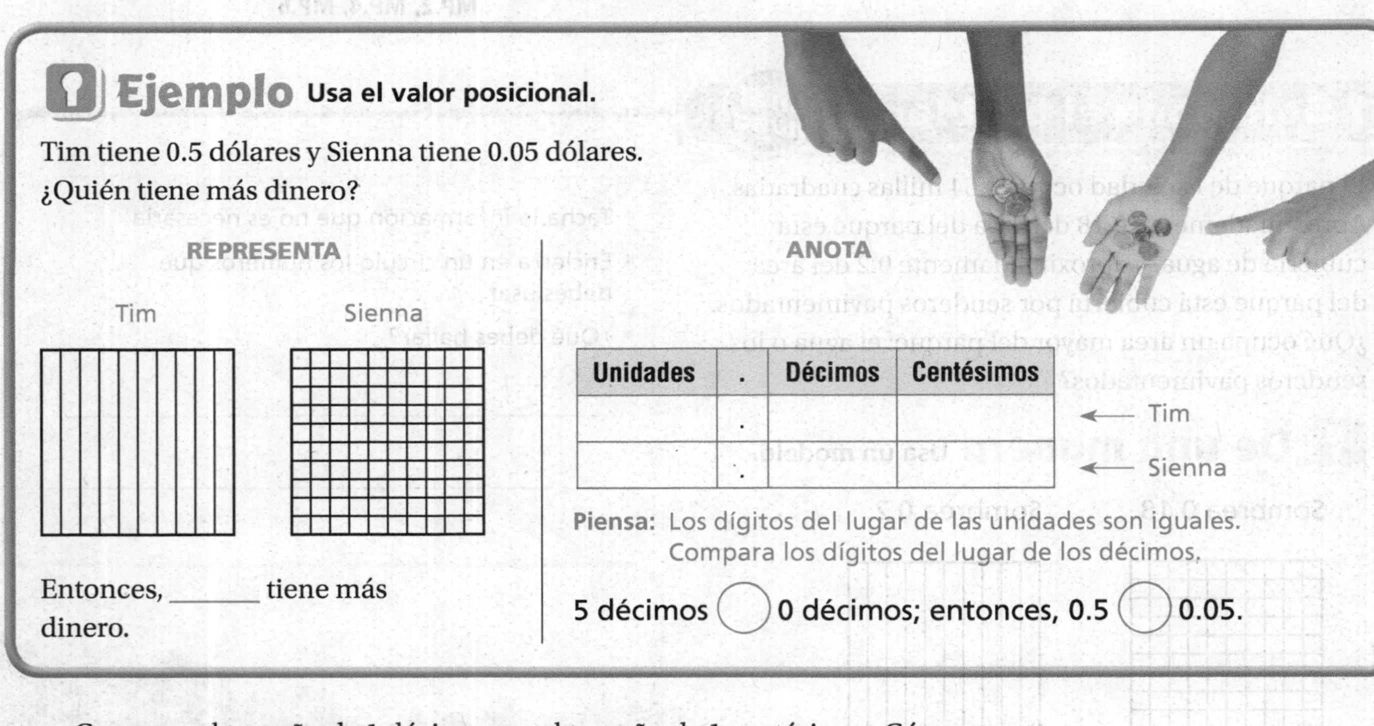

Ejemplo Usa el valor posicional.

Tim tiene 0.5 dólares y Sienna tiene 0.05 dólares. ¿Quién tiene más dinero?

REPRESENTA

Tim Sienna

Entonces, ______ tiene más dinero.

ANOTA

Unidades	.	Décimos	Centésimos	
	.			← Tim
	.			← Sienna

Piensa: Los dígitos del lugar de las unidades son iguales. Compara los dígitos del lugar de los décimos.

5 décimos ◯ 0 décimos; entonces, 0.5 ◯ 0.05.

- Compara el tamaño de 1 décimo con el tamaño de 1 centésimo. ¿Cómo puedes usar esa comparación como ayuda para comparar 0.5 y 0.05? Explícalo.

____

____

____

¡Inténtalo! **Compara 1.3 y 0.6. Escribe <, >, ó =.**

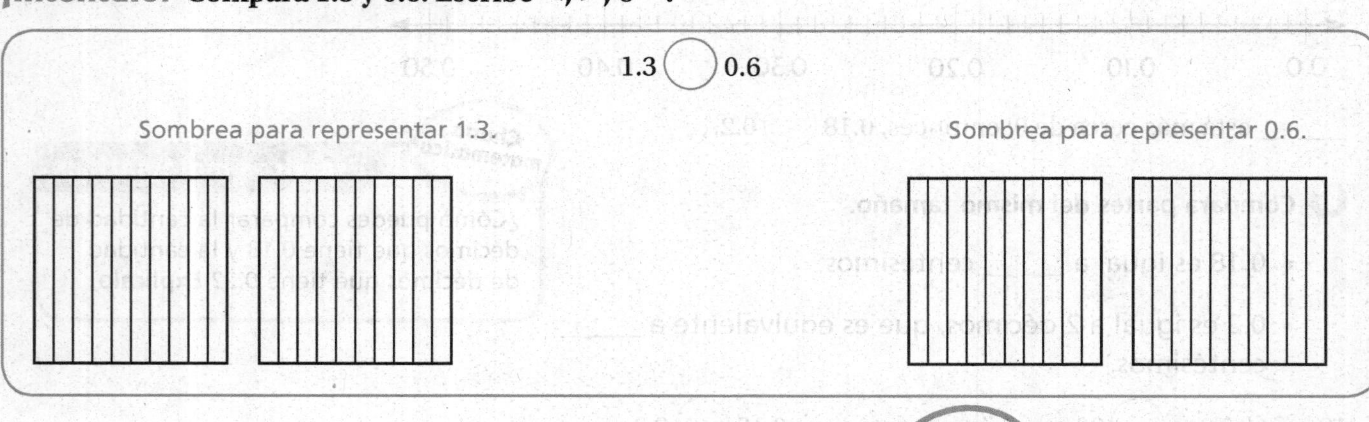

1.3 ◯ 0.6

Sombrea para representar 1.3.

Sombrea para representar 0.6.

Charla matemática **Prácticas matemáticas**

Explica cómo puedes usar el valor posicional para comparar 1.3 y 0.6.

Nombre ______________________________

Comparte y muestra

1. Compara 0.39 y 0.42. Escribe <, >, ó =.
Sombrea el modelo como ayuda.

0.39 ◯ 0.42

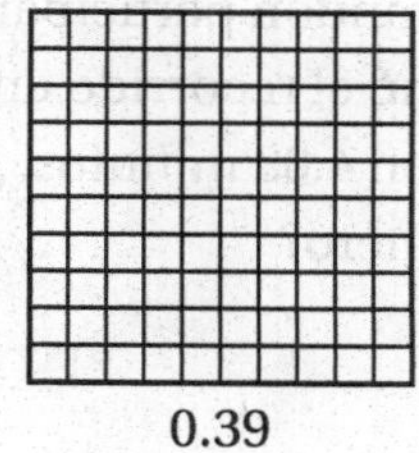

0.39

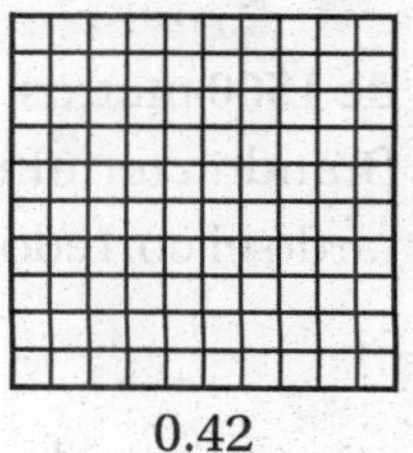

0.42

Compara. Escribe <, >, ó =.

2. 0.26 ◯ 0.23

Unidades	.	Décimos	Centésimos
	.		
	.		

3. 0.7 ◯ 0.54

Unidades	.	Décimos	Centésimos
	.		
	.		

4. 1.15 ◯ 1.3

Unidades	.	Décimos	Centésimos
	.		
	.		

5. 4.5 ◯ 2.89

Unidades	.	Décimos	Centésimos
	.		
	.		

Charla matemática — **Prácticas matemáticas**

¿Puedes comparar 0.39 y 0.42 si solo comparas los décimos? **Explícalo.**

Por tu cuenta

Compara. Escribe <, >, ó =.

6. 0.9 ◯ 0.81 **7.** 1.06 ◯ 0.6 **8.** 0.25 ◯ 0.3 **9.** 2.61 ◯ 3.29

10. 0.38 ◯ 0.83 **11.** 1.9 ◯ 0.99 **12.** 1.11 ◯ 1.41 **13.** 0.8 ◯ 0.80

PRÁCTICA MATEMÁTICA 2 **Razona cuantitativamente** **Compara. Escribe <, >, ó =.**

14. 0.30 ◯ $\frac{3}{10}$ **15.** $\frac{4}{100}$ ◯ 0.2 **16.** 0.15 ◯ $\frac{1}{10}$ **17.** $\frac{1}{8}$ ◯ 0.8

Soluciona el problema En el mundo

18. PIENSA MÁS Ricardo y Brandon participaron en una carrera de 1500 metros. Ricardo terminó el recorrido en 4.89 minutos. Brandon terminó el recorrido en 4.83 minutos. ¿Cuánto tiempo tardó el corredor que llegó primero?

a. ¿Qué se te pide que halles? ______

b. ¿Qué debes hacer para hallar el resultado? ______

c. Resuelve el problema.

d. ¿Cuánto tiempo tardó el corredor que terminó primero?

______

e. Vuelve a mirar. ¿Tiene sentido tu respuesta? Explícalo.

______

19. MÁS AL DETALLE La Venus Atrapamoscas se cierra en 0.3 segundos, mientras que la Rueda de agua se cierra en 0.2 segundos. ¿Qué número decimal está entre 0.2 y 0.3? Explícalo.

______

Entrenador personal en matemáticas

20. PIENSA MÁS + Elige Verdadero o Falso en cada desigualdad para resolver los problemas 20a a 20c.

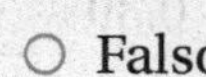

20a.	$0.5 > 0.53$	○ Verdadero	○ Falso
20b.	$0.35 < 0.37$	○ Verdadero	○ Falso
20c.	$\$1.35 > \$0.35$	○ Verdadero	○ Falso

PRÁCTICA ADICIONAL:
Cuaderno de práctica de los estándares

Nombre ____

Repaso y prueba del Capítulo 9

1. Elige el número que muestra el modelo. Marca todas las opciones que sean correctas.

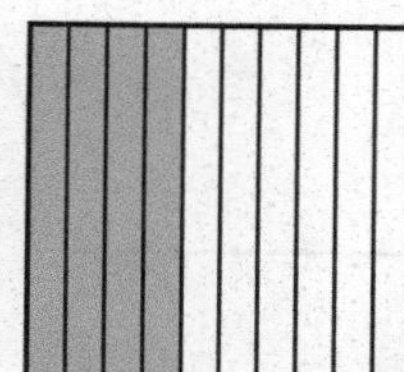

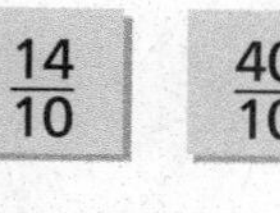

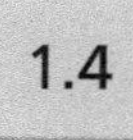

$1\frac{4}{10}$ 14 4.1

2. Rick tiene un dólar y veintisiete centavos para comprar un cuaderno. ¿Cuál de las opciones muestra esta suma de dinero en términos de dólares? Marca todas las opciones que sean correctas.

Ⓐ 12.7
Ⓑ 1.027
Ⓒ $1.27
Ⓓ 1.27
Ⓔ $1\frac{27}{100}$
Ⓕ $\frac{127}{10}$

3. Elige Verdadero o Falso en cada enunciado para resolver los problemas 3a a 3e.

3a. 0.9 es equivalente a 0.90. ○ Verdadero ○ Falso

3b. 0.20 es equivalente a $\frac{2}{100}$. ○ Verdadero ○ Falso

3c. $\frac{80}{100}$ es equivalente a $\frac{8}{10}$. ○ Verdadero ○ Falso

3d. $\frac{6}{10}$ es equivalente a 0.60. ○ Verdadero ○ Falso

3e. 0.3 es equivalente a $\frac{3}{100}$. ○ Verdadero ○ Falso

APRENDE EN LÍNEA **Opciones de evaluación**
Prueba del capítulo

4. Después de vender libros y juguetes viejos, Gwen y su hermano Max ganaron 5 billetes de un dólar, 6 monedas de 25¢ y 8 monedas de 10¢. Acordaron dividir el dinero en partes iguales.

Parte A

¿Cuál es la cantidad total de dinero que ganaron Gwen y Max? Explícalo.

Parte B

Max dice que él y Gwen no pueden tener la misma cantidad de dinero porque no se pueden dividir 5 billetes de un dólar en partes iguales. ¿Estás de acuerdo con Max? Explícalo.

5. Harrison anduvo $\frac{6}{10}$ de milla en bicicleta hasta el parque. Sombrea el modelo. Luego escribe el número decimal para mostrar qué distancia recorrió Harrison en su bicicleta.

Harrison recorrió ________ millas en su bicicleta hasta el parque.

6. Amaldo gastó $\frac{88}{100}$ de dólar en un lápiz de recuerdo del Parque Nacional Zion, en Utah. ¿Cómo se escribe $\frac{88}{100}$ como número decimal en términos de dólares?

7. Tim tiene $5.82. Está ahorrando dinero para un videojuego que cuesta $8.95.

Tim necesita ________ más para tener dinero suficiente para el juego.

Nombre ___________________________

8. Cheyenne vive a $\frac{7}{10}$ de milla de la escuela. Una fracción en centésimos equivalente a $\frac{7}{10}$ es __________.

9. Escribe un número decimal en décimos que sea **menor** que 2.42, pero **mayor** que 2.0.

____

10. Kylee y dos de sus amigas están en el museo. Encontraron dos monedas de 25¢ y una moneda de 10¢ en el suelo.

Parte A

Si Kylee y sus amigas quieren repartir el dinero en partes iguales, ¿cuánto recibirá cada una? Explica cómo hallaste tu respuesta.

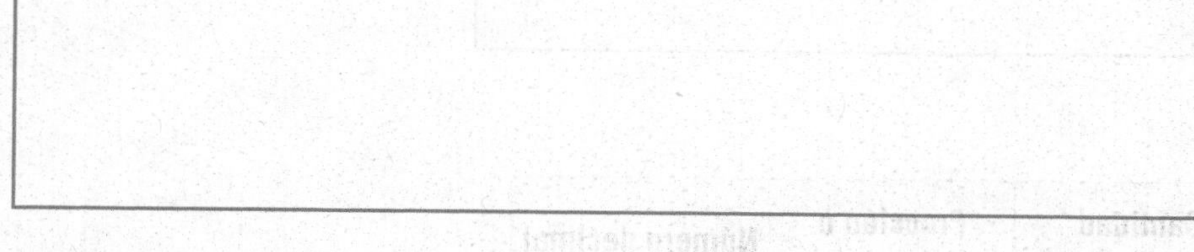

Parte B

Kylee dice que cada una recibirá $\frac{2}{10}$ del dinero que encontraron. ¿Estás de acuerdo? Explícalo.

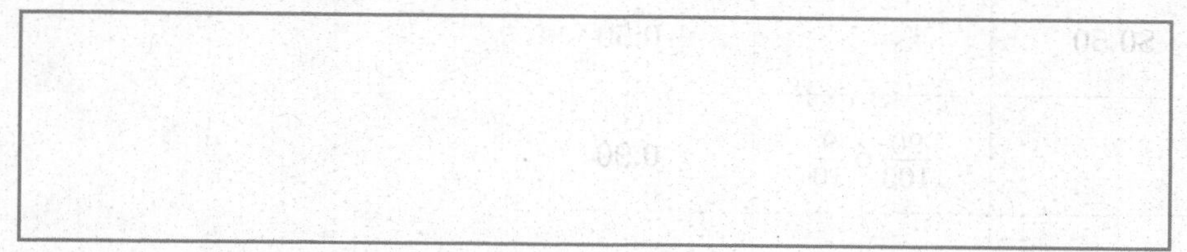

11. Sombrea el modelo para mostrar $1\frac{52}{100}$. Luego escribe el número mixto en forma de número decimal.

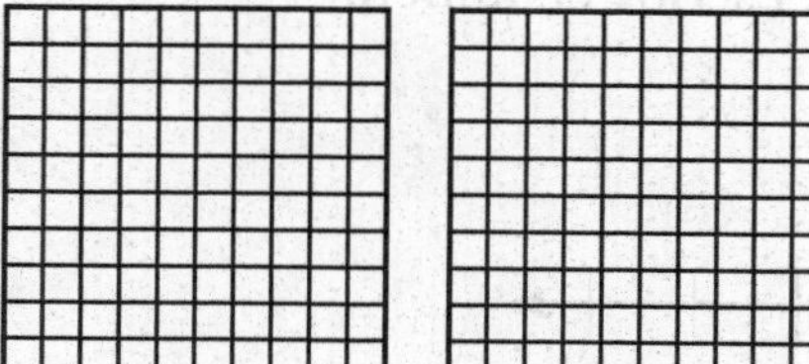

12. Henry está preparando galletas. La receta dice que necesita $\frac{5}{10}$ de kilogramo de harina y $\frac{9}{100}$ de kilogramo de azúcar.

Parte A

Si Henry mide correctamente las dos cantidades y las une, ¿cuánto tendrá de harina y azúcar? Muestra tu trabajo.

Parte B

¿Cómo puedes escribir tu respuesta en forma de número decimal?

13. En una orquesta hay 100 músicos. $\frac{4}{10}$ de ellos tocan instrumentos de cuerdas: el violín, la viola, el violoncelo, el contrabajo, la guitarra, el laúd y el arpa. ¿Qué número decimal es equivalente a $\frac{4}{10}$?

14. Completa la tabla.

Billetes y monedas de $	Cantidad de dinero	Fracción o número mixto	Número decimal
8 monedas de 1¢		$\frac{8}{100}$	0.08
	$0.50		0.50
		$\frac{90}{100}$ ó $\frac{9}{10}$	0.90
4 billetes de $1 y 5 monedas de 1¢			4.05

15. El punto marcado en la recta numérica muestra la cantidad de segundos que tardó un atleta en correr las 40 yardas llanas. Escribe el número decimal que corresponde al punto.

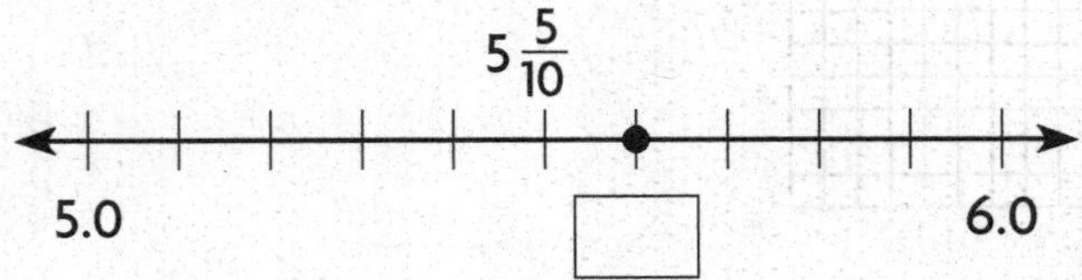

Nombre ______________________________

16. Ingrid está armando un carrito de juguete. El carrito tiene una altura de $\frac{5}{10}$ de metro sin el techo. El techo mide $\frac{18}{100}$ de metro de alto. ¿Cuál es la altura del carrito con el techo? Elige un número de cada columna para completar una ecuación y resolver el problema.

$\frac{5}{10} + \frac{18}{100} =$		$+$		$=$		de metro de alto.
	$\frac{5}{100}$		$\frac{18}{100}$		$\frac{68}{10}$	
	$\frac{15}{100}$		$\frac{81}{100}$		$\frac{32}{100}$	
	$\frac{50}{100}$		$\frac{18}{10}$		$\frac{68}{100}$	

17. Callie sombreó el modelo para representar las preguntas que respondió correctamente en un examen. ¿Qué número decimal representa la parte del modelo que está sombreada?

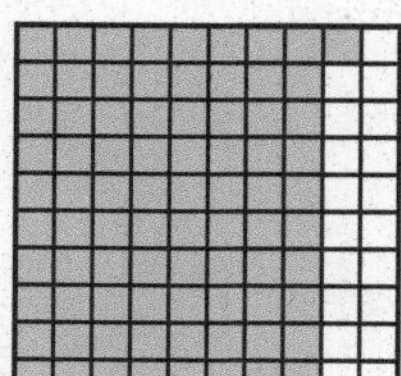

representa ☐

18. Elige Verdadero o Falso en cada desigualdad para resolver los problemas 18a a 18f.

18a.	$0.21 < 0.27$	○ Verdadero	○ Falso
18b.	$0.4 > 0.45$	○ Verdadero	○ Falso
18c.	$\$3.21 > \$0.2$	○ Verdadero	○ Falso
18d.	$1.9 < 1.90$	○ Verdadero	○ Falso
18e.	$0.41 = 0.14$	○ Verdadero	○ Falso
18f.	$6.2 > 6.02$	○ Verdadero	○ Falso

19. Escribe los números que faltan para hallar la suma.

$$\frac{4}{10} + \frac{\square}{100} = \frac{8}{\square}$$

20. Steve mide un árbol a medida que crece. Dibujó este modelo para mostrar el crecimiento del árbol en metros. ¿Qué fracción, número mixto o número decimal muestra el modelo? Marca todas las opciones que sean correctas.

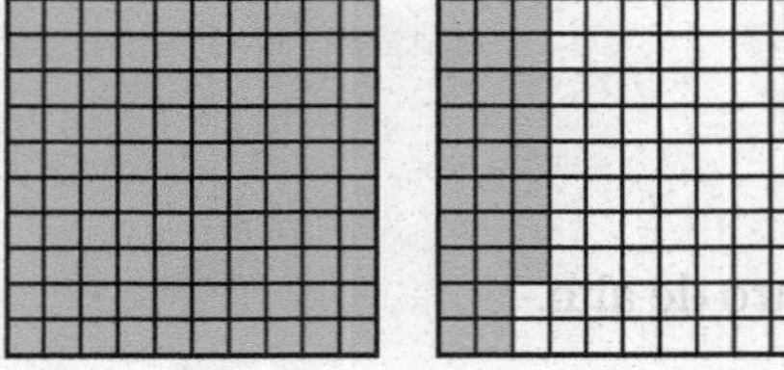

Ⓐ 1.28

Ⓑ 12.8

Ⓒ 0.28

Ⓓ $2\frac{8}{100}$

Ⓔ $1\frac{28}{100}$

Ⓕ $1\frac{28}{10}$

21. Luke vive a 0.4 kilómetros de una pista de patinaje. Mark vive a 0.25 kilómetros de la pista.

Parte A

¿Quién vive más cerca de la pista de patinaje? Explícalo.

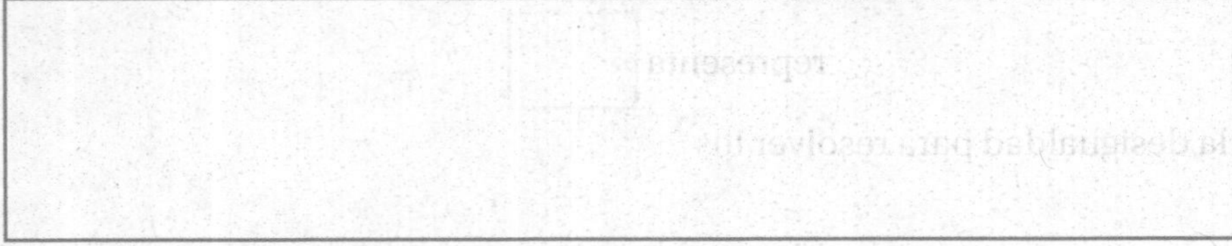

Parte B

¿Cómo puedes escribir la distancia en forma de fracción? Explícalo.

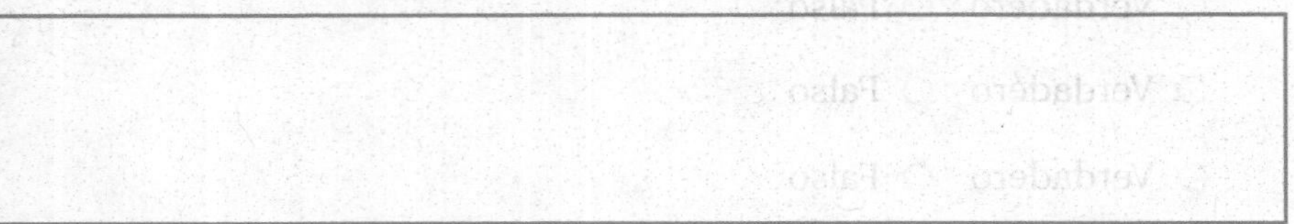

Parte C

Luke irá caminando hasta la pista de patinaje para buscar una rutina de ejercicios. Luego irá caminando a la casa de Mark. ¿Caminará más de un kilómetro o menos de un kilómetro? Explícalo.

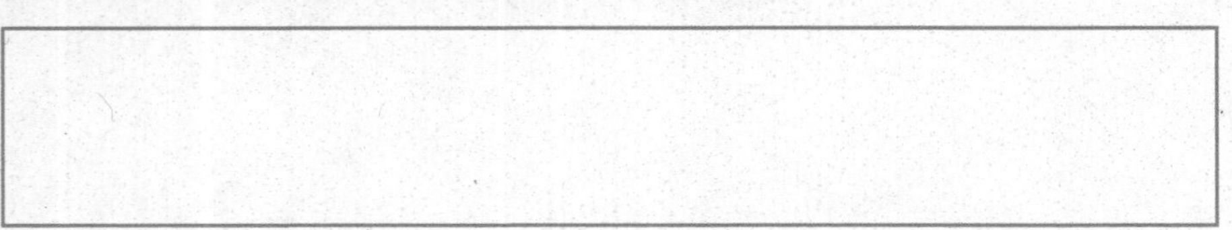

Área de atención

Geometría, medición y datos

ÁREA DE ATENCIÓN Comprender que las figuras geométricas se pueden analizar y clasificar de acuerdo a sus propiedades, como lados paralelos, lados perpendiculares, medidas particulares de los ángulos y la simetría

Los paisajistas pueden ayudar a diseñar y planear espacios exteriores como los jardines botánicos.

Proyecto

Los paisajistas

Cuando se toman un descanso, las personas que viven y trabajan en grandes ciudades salen de los edificios altos para relajarse en espacios verdes. Un jardín urbano puede ser pequeño, pero les da a las personas la posibilidad de disfrutar la belleza de la naturaleza.

Para comenzar

Diseña un jardín que cubra toda una manzana. Debes decidir qué espacios y servicios tendrá tu jardín y dónde los ubicarás. Delimita zonas de tu jardín para cada espacio o servicio. Luego halla la cantidad de unidades cuadradas que cubre y anótala en el diseño. Usa los datos importantes de la derecha como ayuda.

Datos importantes

Espacios y servicios de un jardín urbano

- Bancos
- Cafetería
- Jardín de flores
- Jardín de bulbos de primavera
- Caminos
- Arboleda
- Jardín de arbustos
- Cascada y fuente

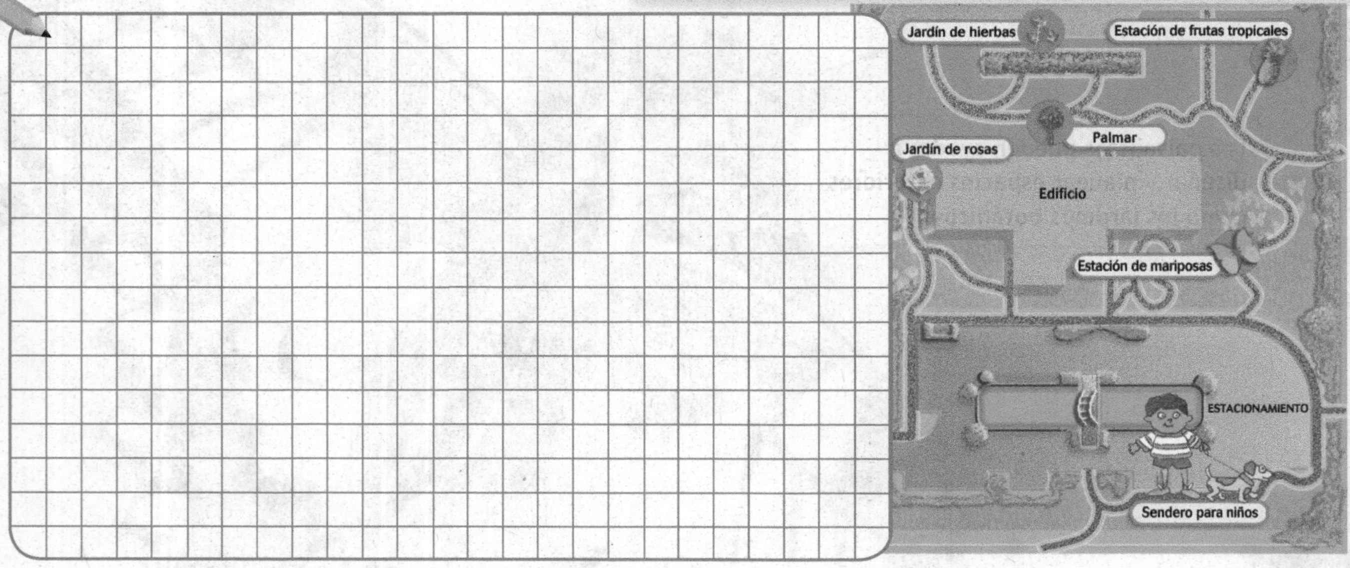

▲ Este mapa es un ejemplo de la manera en que se puede diseñar un jardín urbano.

Completado por ______________________

Capítulo 10

Figuras bidimensionales

Muestra lo que sabes

Comprueba tu comprensión de destrezas importantes.

Nombre ______________________________

▶ Lados y vértices Escribe el número de vértices.

1.

_____ vértices

2.

_____ vértices

3.

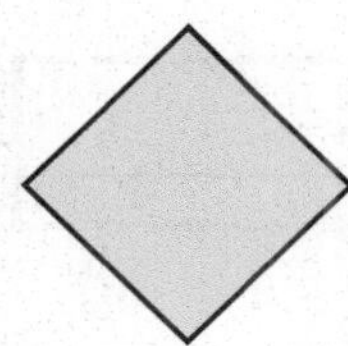

_____ vértices

▶ Número de lados Escribe el número de lados.

4.

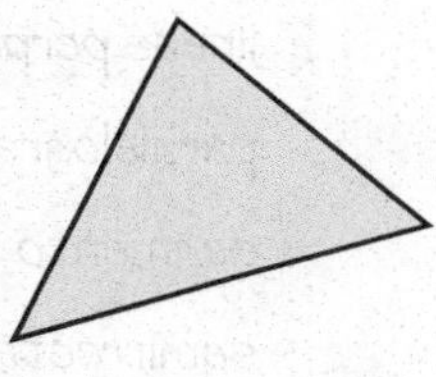

_____ lados

5.

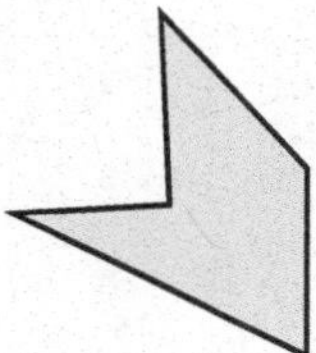

_____ lados

6.

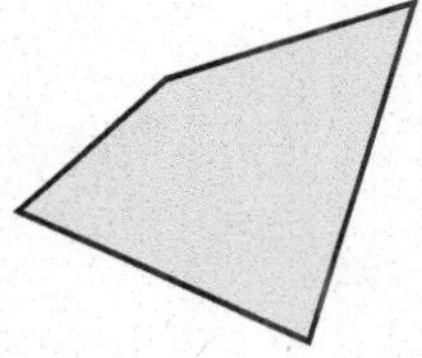

_____ lados

▶ Patrones geométricos Dibuja las dos figuras que siguen en el patrón.

7.

Detective matemático

El Centro de Historia Natural de la isla de Wight, a poca distancia de la costa de Inglaterra, tiene conchas de todos los tamaños, formas y colores. Muchas conchas son simétricas. Piensa como un detective matemático. Investiga esta concha. Describe su forma con términos geométricos. Luego determina si la concha tiene simetría axial.

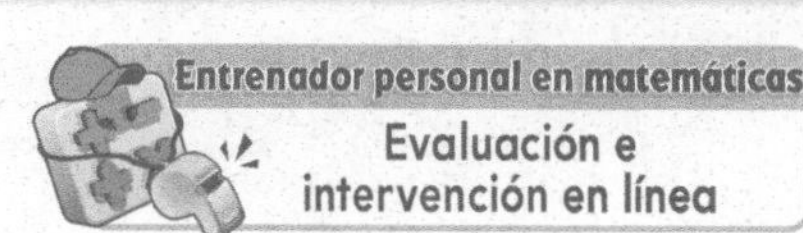

Desarrollo del vocabulario

▶ Visualízalo

Completa el diagrama de flujo con las palabras marcadas con ✓.

Geometría

¿Qué es?	¿Puedes dar algunos ejemplos?
______________ →	
______________ →	
______________ →	

Palabras de repaso

✓ cuadrilátero

✓ polígono

✓ triángulo

Palabras nuevas

- Palabras nuevas
- ángulo agudo
- ángulo llano
- ángulo obtuso
- ángulo recto
- línea
- líneas paralelas
- líneas perpendiculares
- paralelogramo
- segmento
- semirrecta
- simetría axial
- triángulo acutángulo
- triángulo equilátero
- triángulo escaleno
- triángulo isósceles
- triángulo obtusángulo
- triángulo rectángulo

▶ Comprende el vocabulario

Completa las oraciones con palabras nuevas.

1. Una figura tiene ______________ si al doblarla sobre un eje las dos partes coinciden exactamente.
2. Una figura que no tiene extremos se llama ______________.
3. Una figura que tiene dos extremos se llama ______________.
4. Las ______________ son líneas que nunca se cruzan.
5. Cuando dos líneas se cruzan y forman un vértice recto, las líneas son ______________.

APRENDE EN LÍNEA

- Libro interactivo del estudiante
- Glosario multimedia

Nombre ______________________

Líneas, semirrectas y ángulos

Pregunta esencial ¿Cómo puedes identificar y dibujar puntos, líneas, segmentos, semirrectas y ángulos?

Geometría—4.G.1
PRÁCTICAS MATEMÁTICAS
MP.4, MP.5, MP.6

Soluciona el problema *En el mundo*

Los objetos comunes pueden representar figuras geométricas. Por ejemplo, la flecha que indica dónde se encuentra la salida de un edificio es una semirrecta. Una franja continua pintada en el medio de una carretera recta representa una línea.

Término y definición	Dibújalo	Léelo	Escríbelo	Ejemplo
Un **punto** es una ubicación exacta en el espacio.	A •	punto *A*	punto *A*	
Una **línea** es una sucesión de puntos que se extiende de manera recta e ininterrumpida en ambas direcciones.	B C	línea *BC* línea *CB*	$\overleftrightarrow{BC}$ $\overleftrightarrow{CB}$	
Un **segmento** es una parte de una línea que está entre dos extremos.	D E	segmento *DE* segmento *ED*	$\overline{DE}$ $\overline{ED}$	CEDA EL PASO
Una **semirrecta** es una parte de una línea que tiene un extremo y se extiende de manera ininterrumpida en una dirección.	F G	semirrecta *FG*	$\overrightarrow{FG}$	UNA VÍA

Actividad 1 Dibuja y rotula $\overline{JK}$.

____

Prácticas matemáticas

Explica cuál es la relación entre las líneas, los segmentos y las semirrectas.

• ¿Hay alguna otra manera de escribir el nombre de $\overline{JK}$? Explícalo.

____

____

Ángulos

Término y definición	Dibújalo	Léelo	Escríbelo	Ejemplo
Un **ángulo** está formado por dos semirrectas o segmentos que tienen el mismo extremo. El extremo que comparten se llama vértice.	P Q R	ángulo *PQR* ángulo *RQP* ángulo *Q*	$\angle PQR$ $\angle RQP$ $\angle Q$	

Puedes escribir el nombre de un ángulo según su vértice. Cuando usas 3 puntos para indicar un ángulo, el vértice siempre es el punto del medio.

Los ángulos se clasifican según el tamaño de la abertura que hay entre las semirrectas.

Un **ángulo recto** forma un vértice recto.	Un **ángulo llano** forma una línea.	Un **ángulo agudo** es menor que un ángulo recto.	Un **ángulo obtuso** es mayor que un ángulo recto y menor que un ángulo llano.

Actividad 2 Clasifica el ángulo.

Materiales ▪ papel

Para clasificar un ángulo, puedes compararlo con un ángulo recto.

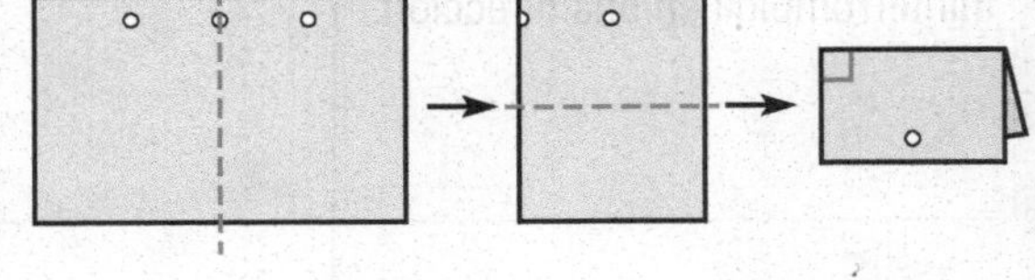

Haz un ángulo recto con una hoja de papel. Dobla la hoja por la mitad dos veces para representar un ángulo recto. Usa el ángulo recto para clasificar los siguientes ángulos.
Escribe *agudo*, *obtuso*, *recto*, o *llano*.

a. 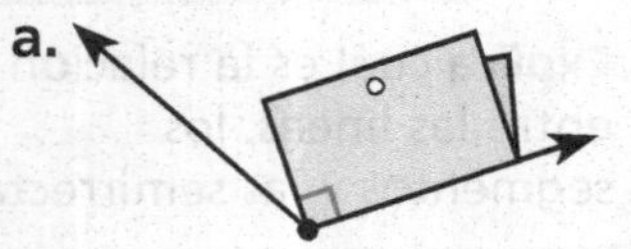

____

b. 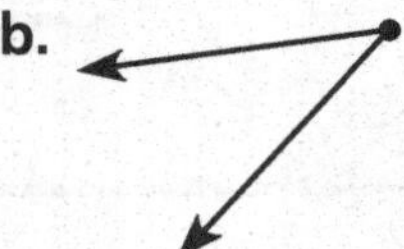

____

c. 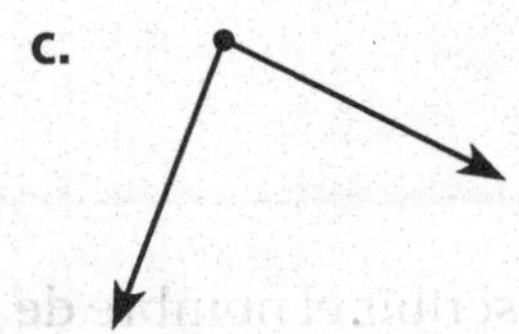

____

d. 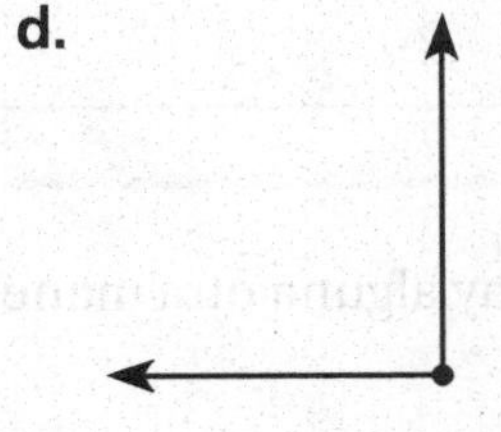

____

Nombre ____

Comparte y muestra

1. Dibuja y rotula $\overline{AB}$ en el espacio que está a la derecha.

$\overline{AB}$ es un ____________________.

Dibuja y rotula un ejemplo de la figura.

2. $\overleftrightarrow{XY}$

3. obtuso $\angle K$

4. recto $\angle CDE$

Usa la Figura *M* para resolver los problemas 5 y 6.

5. Menciona un segmento.

____

6. Menciona un ángulo recto.

____

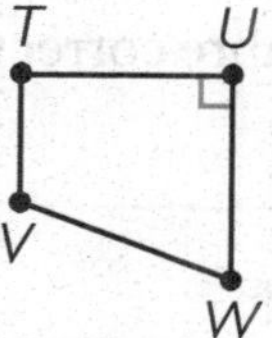

Figura *M*

Por tu cuenta

Dibuja y rotula un ejemplo de la figura.

7. $\overrightarrow{PQ}$

8. $\angle RST$ agudo

9. $\angle WXZ$ llano

Usa la Figura *F* para resolver los problemas 10 a 15.

10. Menciona una semirrecta.

____

11. Menciona un ángulo obtuso.

____

12. Menciona una línea.

____

13. Menciona un segmento.

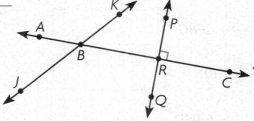

____

14. Menciona un ángulo recto.

____

15. Menciona un ángulo agudo.

____

Figura *F*

Resolución de problemas • Aplicaciones

Usa la ilustración del puente para resolver los problemas 16 y 17.

16. Clasifica $\angle A$.

17. ¿Qué ángulo es obtuso?

18. PIENSA MÁS ¿Cuántos ángulos diferentes hay en la Figura *X*? Escríbelos.

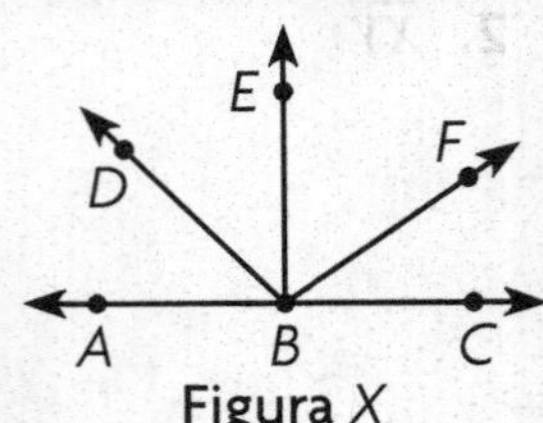

Figura *X*

19. MÁS AL DETALLE Vanesa dibujó el ángulo que está a la derecha y escribió su nombre así: $\angle TRS$. Explica por qué el nombre de Vanesa es incorrecto. Escribe el nombre correcto del ángulo.

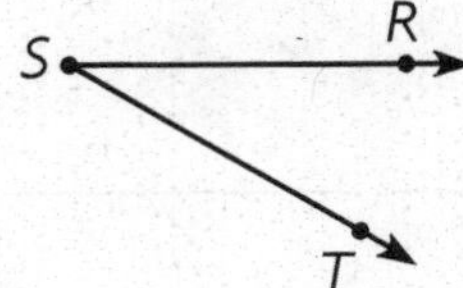

20. PIENSA MÁS Escribe las palabras que describan cada parte de la Figura *A*.

semirrecta | línea | segmento | ángulo agudo | ángulo recto

Figura *A*

$\overline{BG}$

$\overleftrightarrow{CD}$

$\angle FBG$

$\overrightarrow{BE}$

$\angle AGD$

PRÁCTICA ADICIONAL: Cuaderno de práctica de los estándares

Nombre ____

Clasificar triángulos por sus ángulos

Pregunta esencial ¿Cómo puedes clasificar triángulos por el tamaño de sus ángulos?

Soluciona el problema

Un triángulo es un polígono con tres lados y tres ángulos. Puedes escribir el nombre de un triángulo según los vértices de sus ángulos.

Triángulo	Nombres posibles	
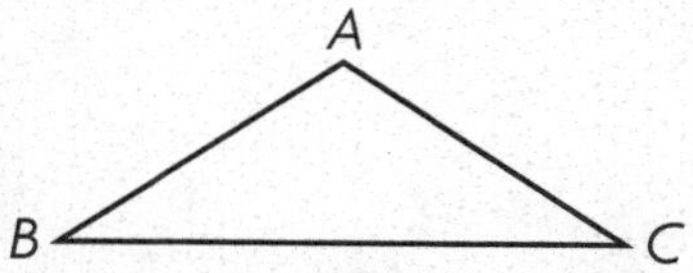 (triángulo con vértices A, B, C)	△ABC	△ACB
	△BCA	△BAC
	△CAB	△CBA

Lee
Cuando veas "△ABC", di "triángulo ABC."

El ángulo de un triángulo puede ser recto, agudo u obtuso.

Actividad 1 Identifica ángulos rectos, agudos y obtusos en los triángulos.

Materiales ■ lápices de colores

Usa la Guía de colores de los triángulos para colorear los siguientes triángulos.

Guía de colores de los triángulos	
ROJO	un ángulo recto
AZUL	un ángulo obtuso
NARANJA	tres ángulos agudos

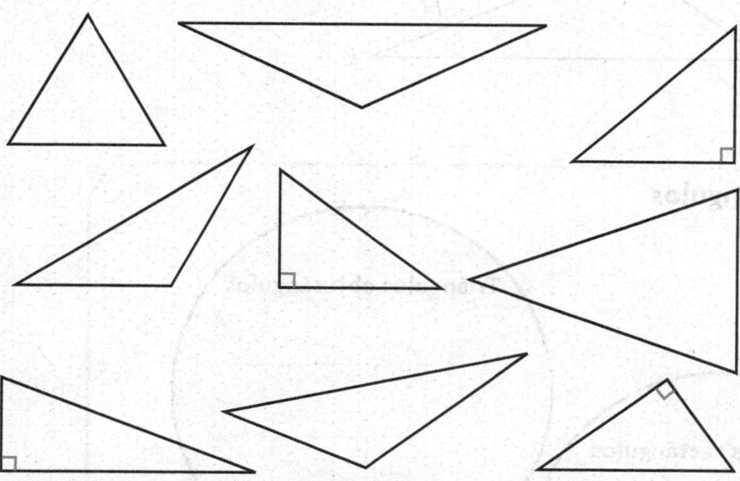

Charla matemática **Prácticas matemáticas**

¿Un triángulo puede tener más de un ángulo obtuso? **Explícalo.**

¡Inténtalo!

a. Escribe el nombre del triángulo con un ángulo recto. ________

b. Escribe el nombre del triángulo con un ángulo obtuso. ________

c. Escribe el nombre del triángulo con tres ángulos agudos. ________

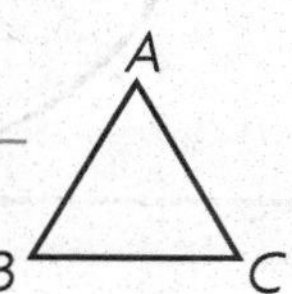

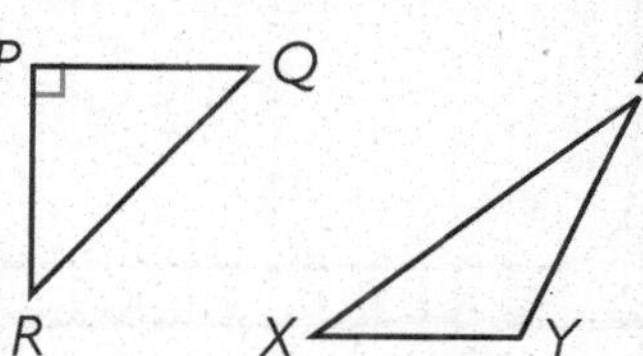

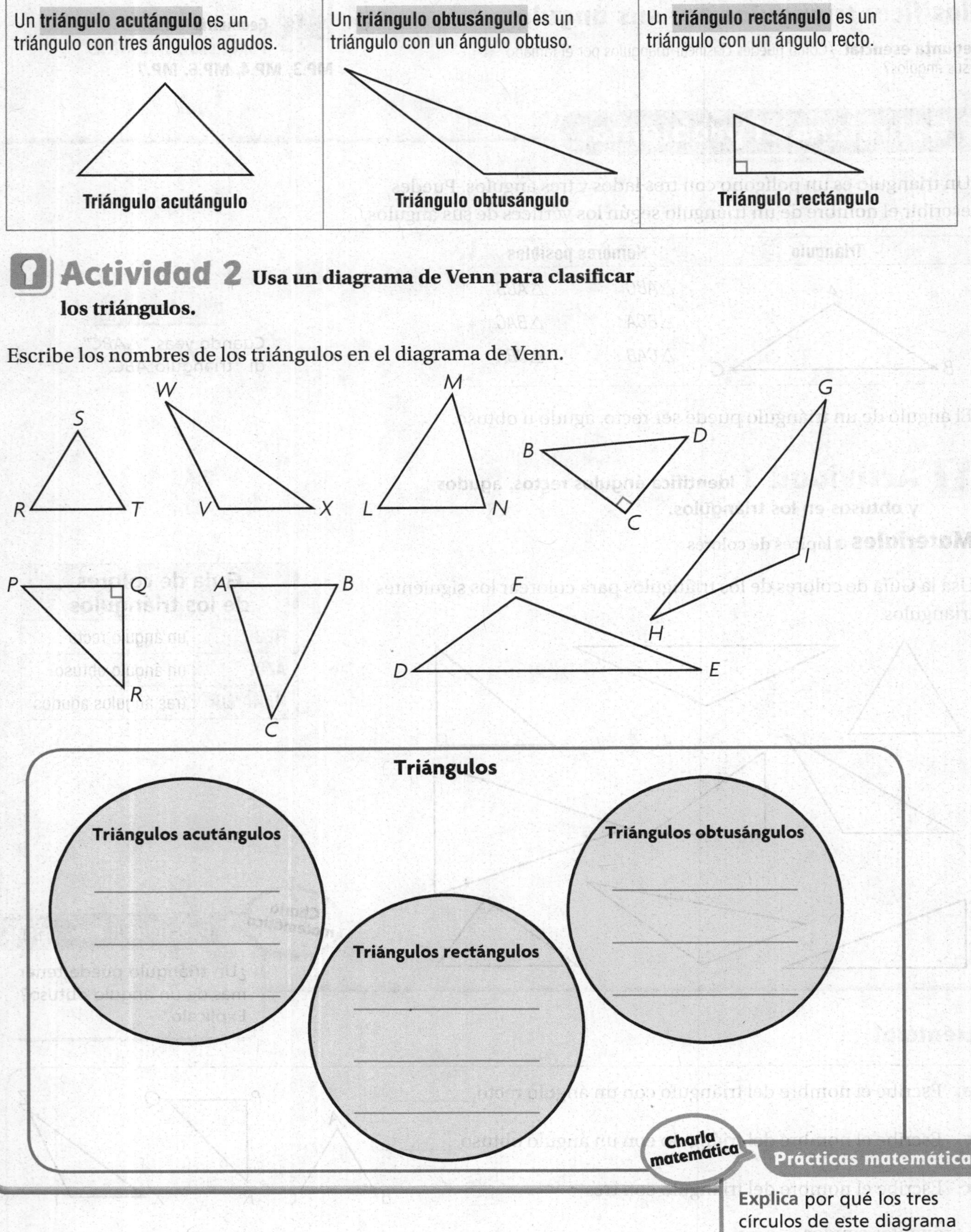

Un **triángulo acutángulo** es un triángulo con tres ángulos agudos.	Un **triángulo obtusángulo** es un triángulo con un ángulo obtuso.	Un **triángulo rectángulo** es un triángulo con un ángulo recto.
Triángulo acutángulo	**Triángulo obtusángulo**	**Triángulo rectángulo**

Actividad 2 Usa un diagrama de Venn para clasificar los triángulos.

Escribe los nombres de los triángulos en el diagrama de Venn.

Charla matemática

Prácticas matemáticas

Explica por qué los tres círculos de este diagrama de Venn no se superponen.

Nombre ______________________________

Comparte y muestra

1. Escribe el nombre del triángulo. Indica si cada ángulo es *agudo, recto* u *obtuso.*

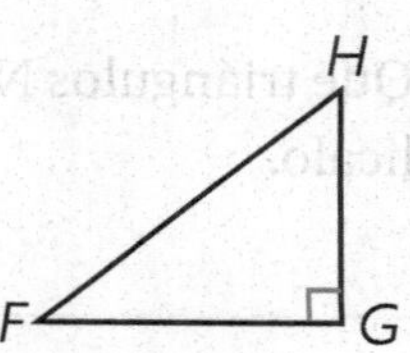

Un nombre para este triángulo es ____________.

$\angle F$ es ____________.

$\angle G$ es ____________.

$\angle H$ es ____________.

Clasifica los triángulos. Escribe *acutángulo, rectángulo* u *obtusángulo.*

2.

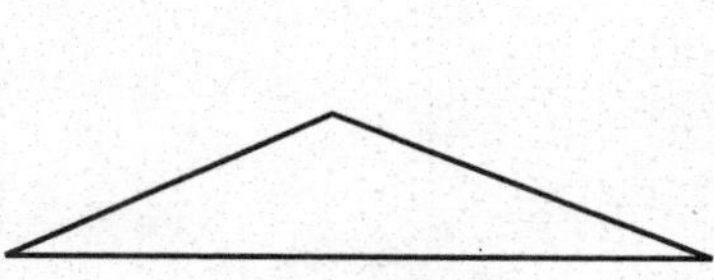

____

3.

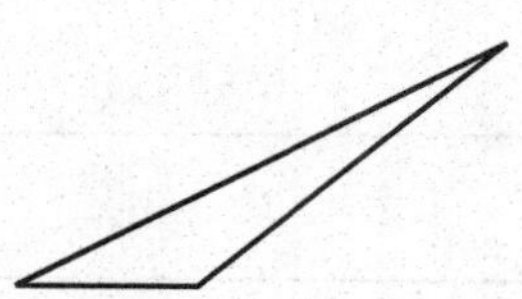

4.

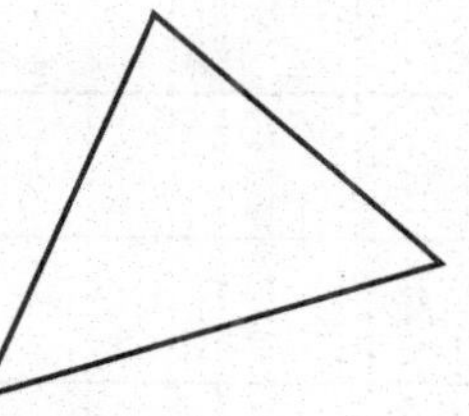

Por tu cuenta

Clasifica los triángulos. Escribe *acutángulo, rectángulo* u *obtusángulo.*

5.

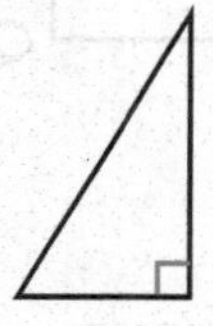

____

6.

____

7.

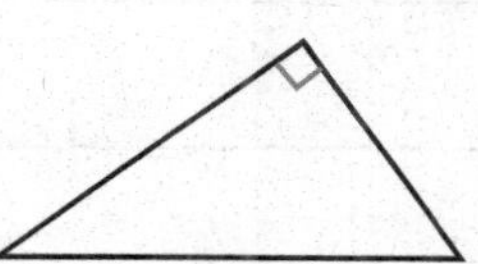

____

8. PIENSA MÁS Tacha la figura que no pertenece. Explica por qué.

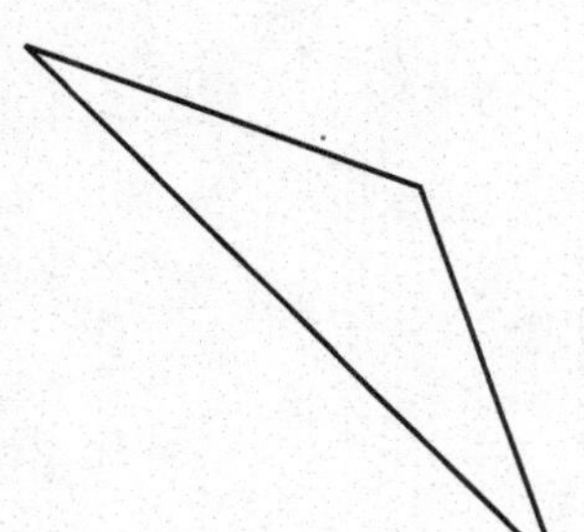

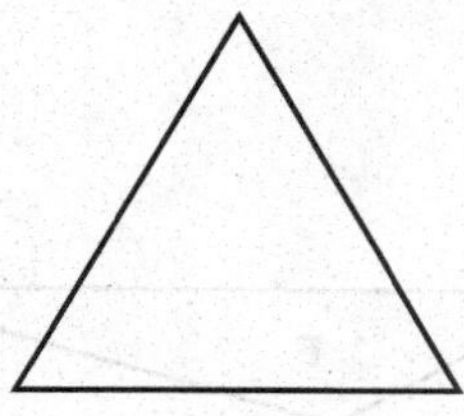

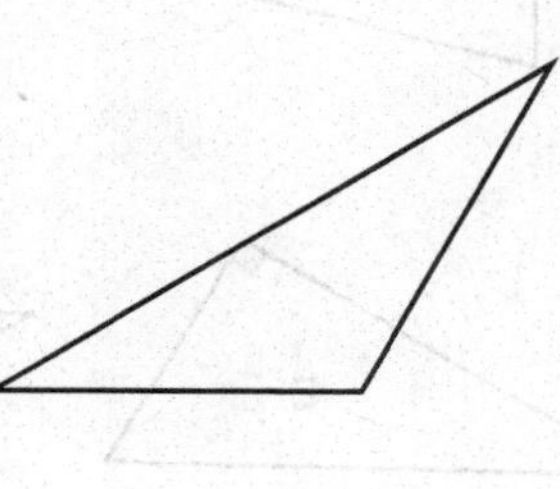

Resolución de problemas • Aplicaciones

Usa el diagrama de Venn para resolver los problemas 9 y 10.

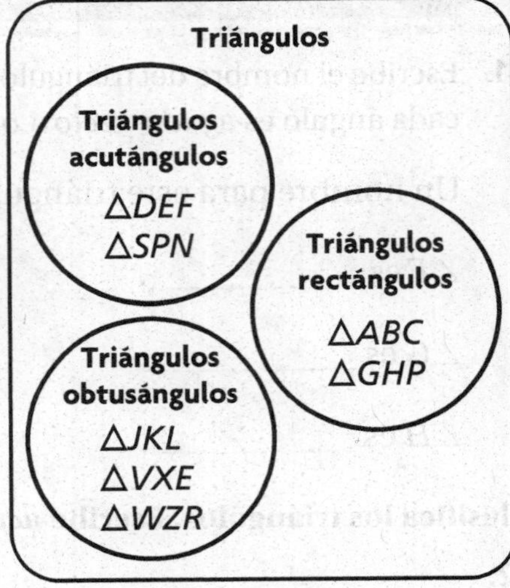

9. PIENSA MÁS ¿Qué triángulos NO tienen un ángulo obtuso? Explícalo.

____

____

10. PRÁCTICA MATEMÁTICA 6 ¿Cuántos triángulos tienen *por lo menos* dos ángulos agudos? **Explícalo.**

____

____

____

____

11. MÁS AL DETALLE Usa el cuadrado que se muestra a la derecha. Dibuja un segmento desde el punto *M* hasta el punto *P*. Escribe el nombre de los triángulos formados por ese segmento y clasifícalos.

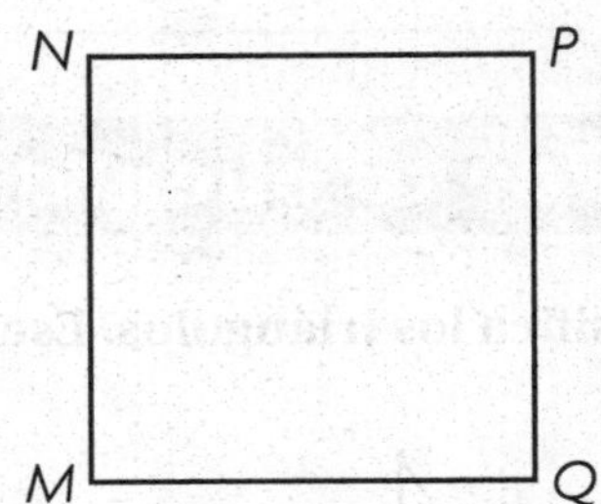

____

____

____

12. PIENSA MÁS Escribe la letra del triángulo debajo de la clasificación que corresponda.

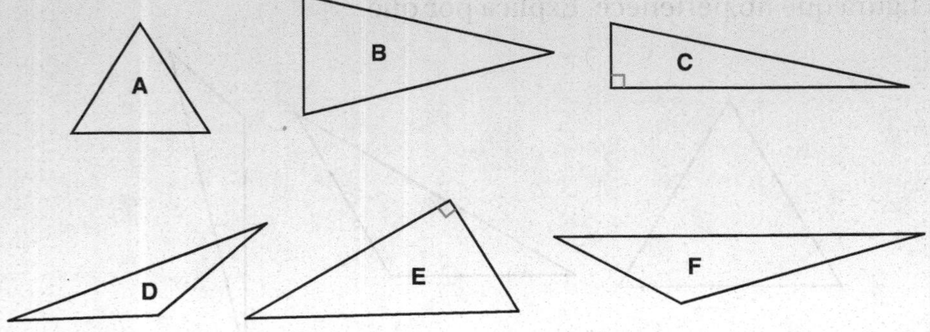

Triángulo acutángulo	Triángulo obtusángulo	Triángulo rectángulo

PRÁCTICA ADICIONAL:
Cuaderno de práctica de los estándares

Nombre ____________________

Clasificar triángulos por sus lados

Geometría— 4.G.2

PRÁCTICAS MATEMÁTICAS
MP.3, MP.4, MP.6, MP.7

Pregunta esencial ¿Cómo puedes clasificar triángulos por la longitud de sus lados?

Soluciona el problema En el mundo

Los triángulos también pueden clasificarse por la longitud de sus lados.

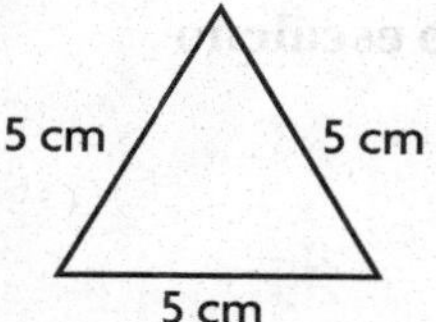

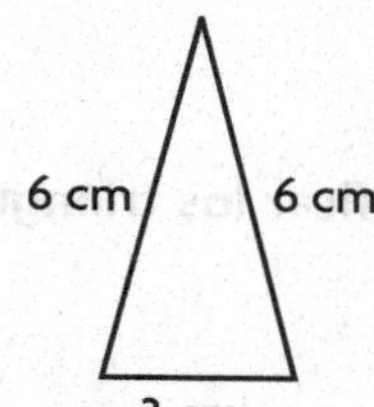

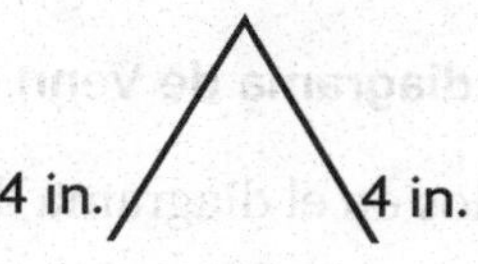

Un triángulo puede tener 3 lados de igual longitud, 2 lados de igual longitud o ningún lado de igual longitud.

Actividad 1 Identifica triángulos que tengan 3 lados de igual longitud, 2 lados de igual longitud o ningún lado de igual longitud.

Materiales ■ lápices de colores

Usa la Guía de colores de los triángulos para colorear los siguientes triángulos.

Guía de colores de los triángulos	
ROJO	3 lados de igual longitud
AZUL	2 lados de igual longitud
NARANJA	0 lados de igual longitud

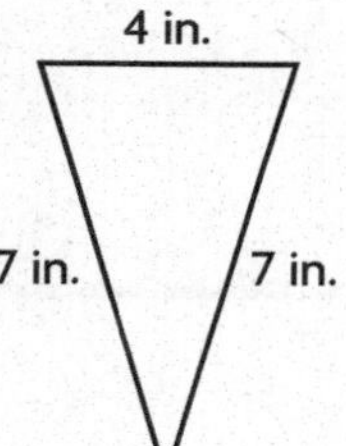

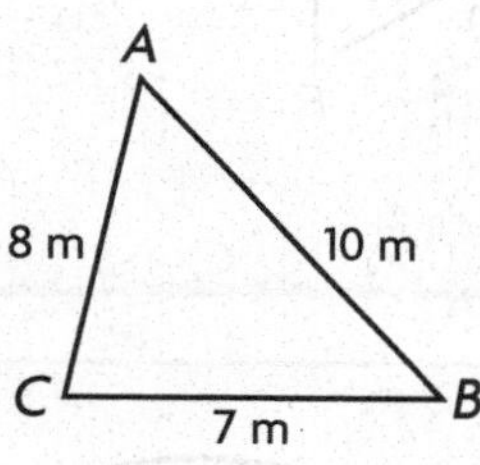

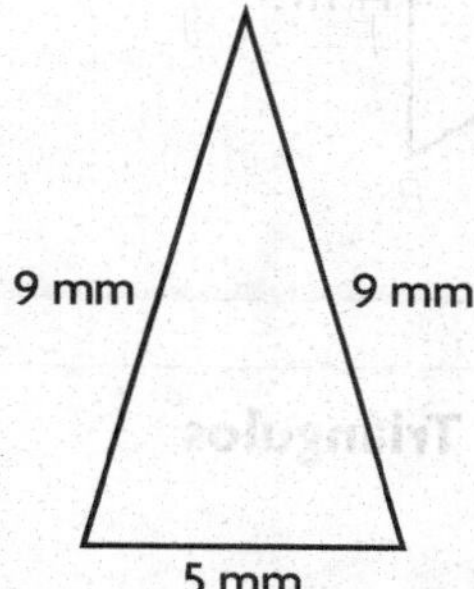

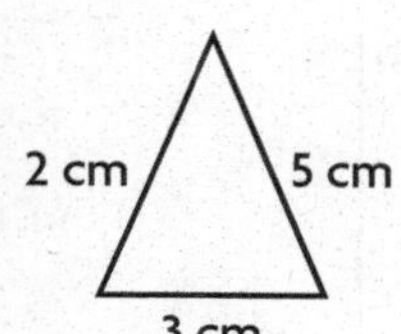

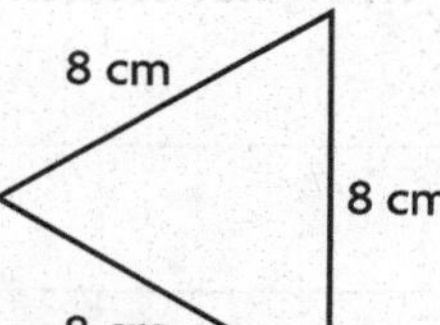

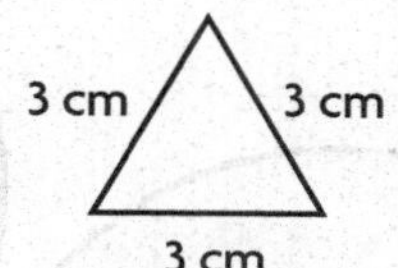

¡Inténtalo!

a. Escribe el nombre del triángulo que no tiene lados de igual longitud. ____________

b. Escribe el nombre del triángulo que tiene los 3 lados de igual longitud. ____________

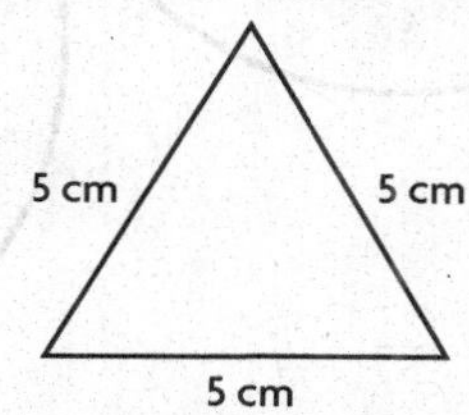

Triángulo *A*

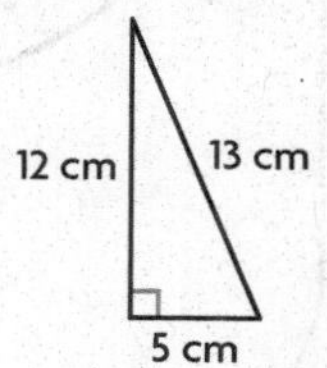

Triángulo *B*

Un **triángulo equilátero** es un triángulo que tiene 3 lados iguales.

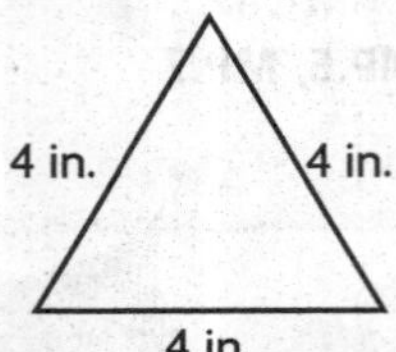

Triángulo equilátero

Un **triángulo isósceles** es un triángulo que tiene 2 lados iguales.

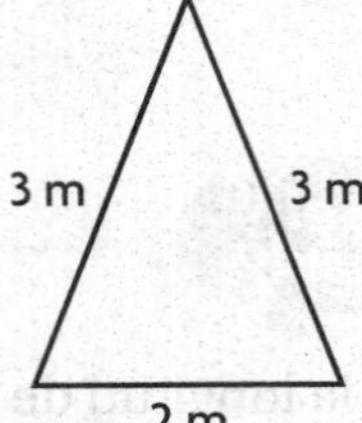

Triángulo isósceles

Un **triángulo escaleno** es un triángulo que no tiene lados iguales.

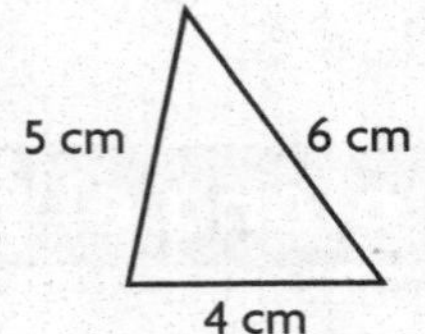

Triángulo escaleno

Actividad 2 Usa un diagrama de Venn para clasificar los triángulos.

Escribe los nombres de los triángulos en el diagrama de Venn.

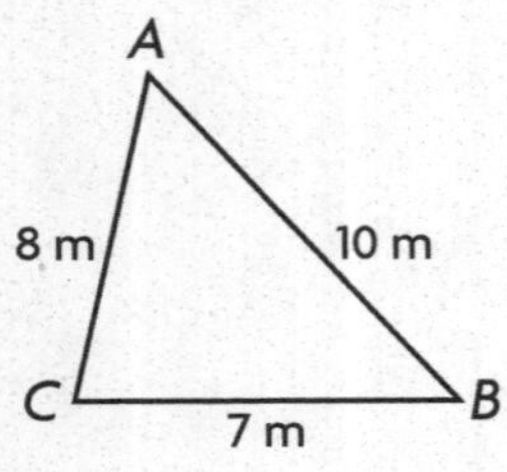

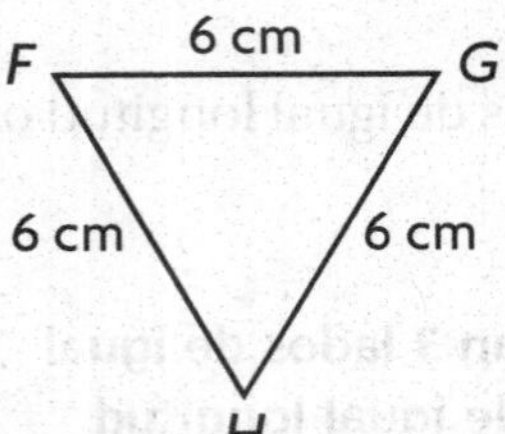

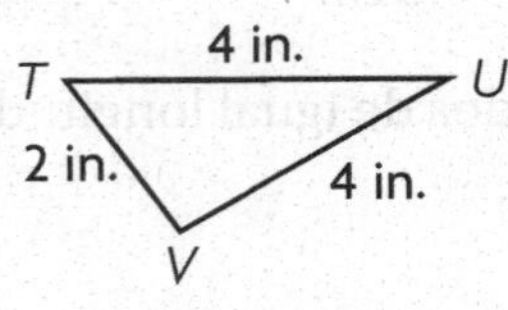

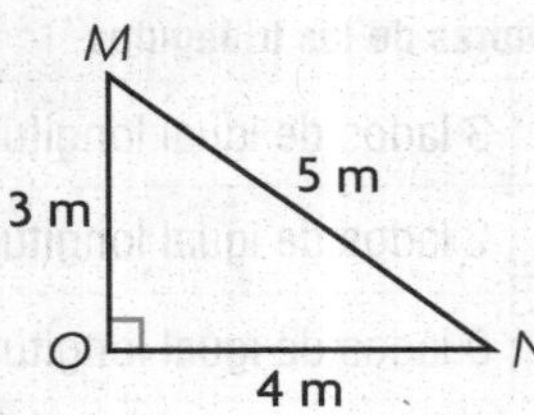

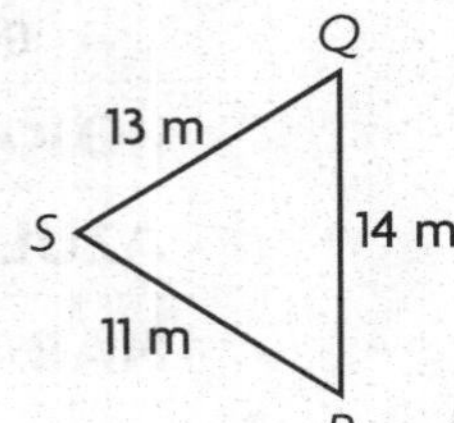

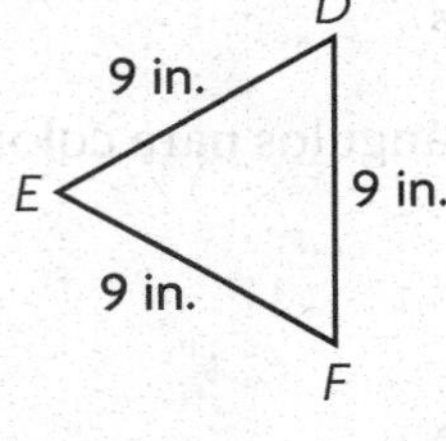

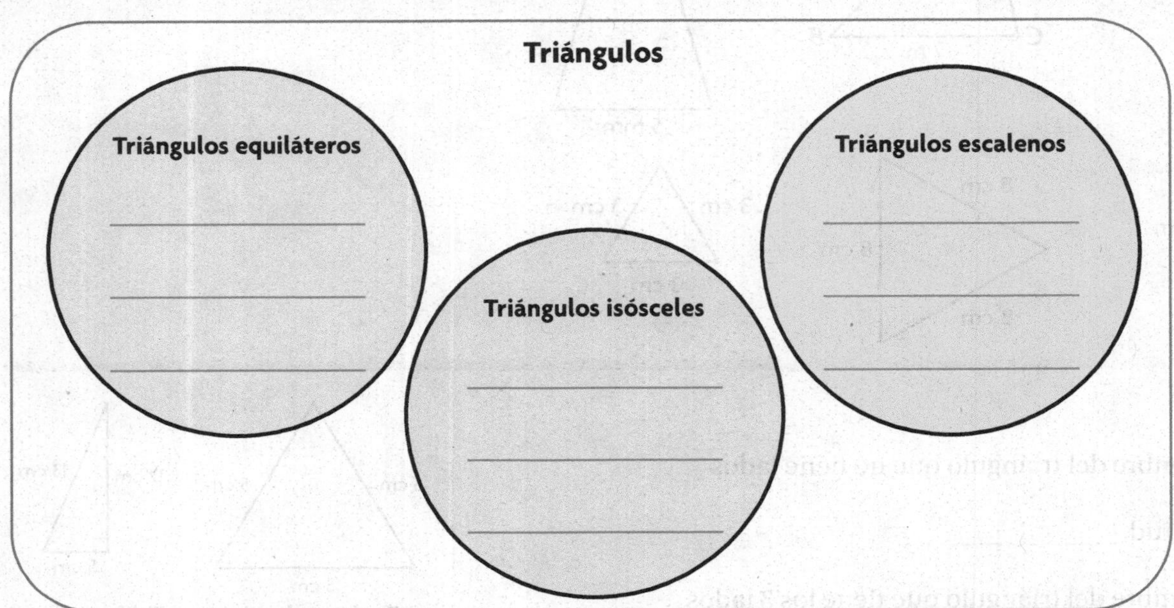

Nombre ______________________________

Comparte y muestra

1. Clasifica el triángulo de la derecha.
Indica si es *equilátero, isósceles* o *escaleno.*

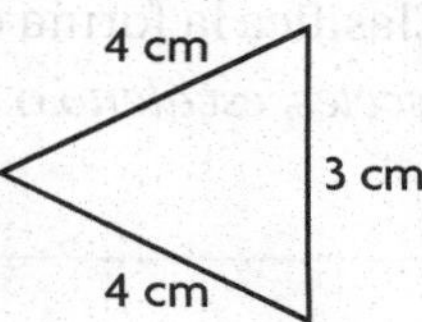

Piensa: ¿Cuántos lados iguales tiene el triángulo?

____

Clasifica los triángulos. Escribe *equilátero, isósceles* o *escaleno.*

2.

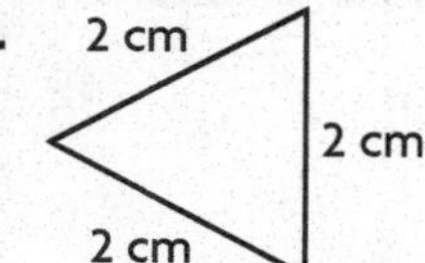

____

3.

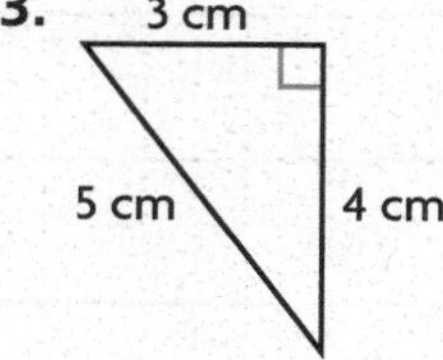

____

4.

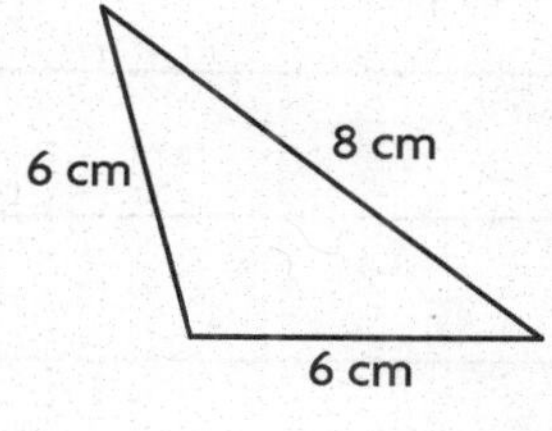

____

Por tu cuenta

Clasifica los triángulos. Escribe *equilátero, isósceles,* o *escaleno.*

5.

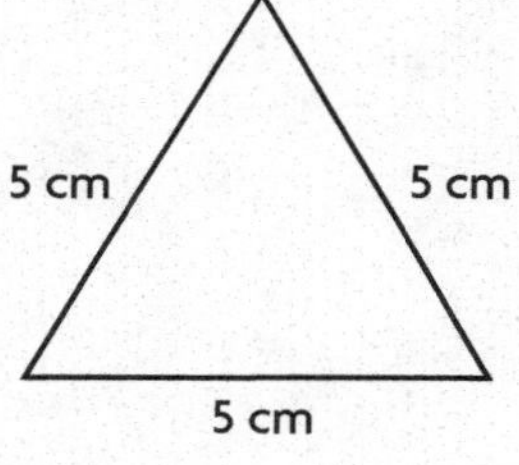

____

6.

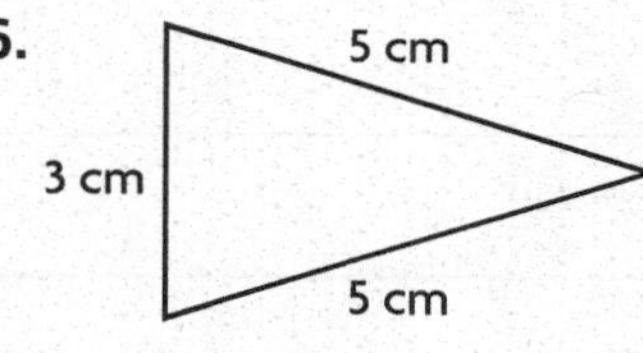

____

7.

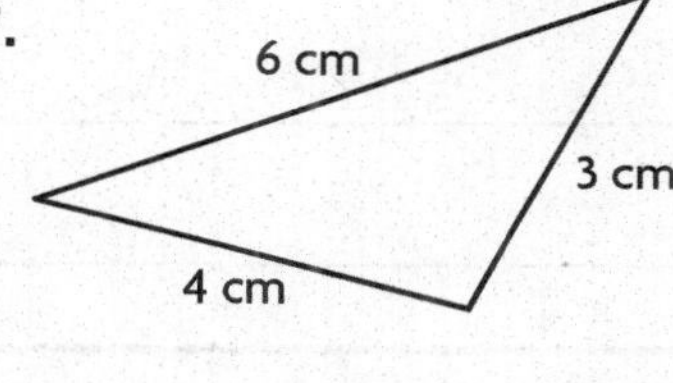

____

Clasifica los triángulos a partir de la longitud de sus lados. Escribe *equilátero, isósceles,* o *escaleno.*

8. 12 pulgadas, 12 pulgadas, 12 pulgadas

____

9. 4 pulgadas, 6 pulgadas, 6 pulgadas

____

10. 9 pulgadas, 5 pulgadas, 7 pulgadas

____

11. 14 pulgadas, 7 pulgadas, 14 pulgadas

____

Resolución de problemas • Aplicaciones *En el mundo*

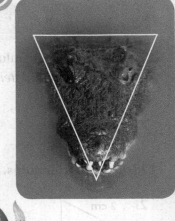

12. PIENSA MÁS La cabeza del cocodrilo americano parece tener la forma de un triángulo. Clasifica la forma de la cabeza según la longitud de sus lados. Escribe *isósceles, escaleno* o *equilátero*.

____

13. PIENSA MÁS ¿En qué se parecen un triángulo equilátero y un triángulo escaleno? ¿En qué se diferencian? Explica tu respuesta.

____

____

____

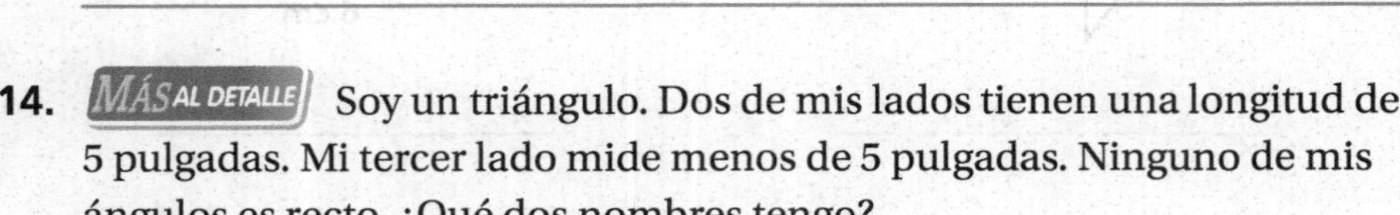

14. MÁS AL DETALLE Soy un triángulo. Dos de mis lados tienen una longitud de 5 pulgadas. Mi tercer lado mide menos de 5 pulgadas. Ninguno de mis ángulos es recto. ¿Qué dos nombres tengo?

ESCRIBE ▸ *Matemáticas*

Muestra tu trabajo

____

15. PRÁCTICA MATEMÁTICA 6 **Explica** cómo un triángulo puede ser isósceles y obtusángulo.

____

____

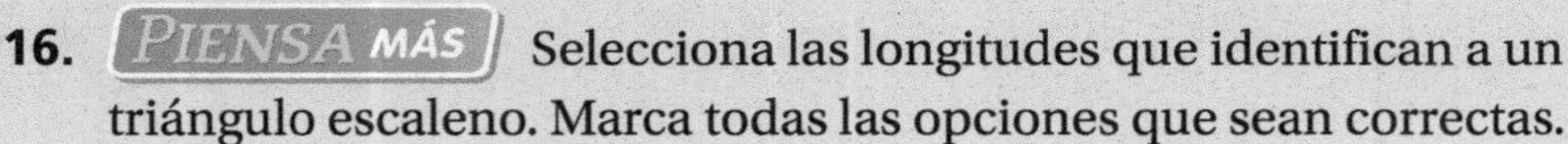

16. PIENSA MÁS Selecciona las longitudes que identifican a un triángulo escaleno. Marca todas las opciones que sean correctas.

- Ⓐ 2 pulgadas, 2 pulgadas, 3 pulgadas
- Ⓑ 3 metros, 4 metros, 5 metros
- Ⓒ 6 pies, 6 pies, 6 pies
- Ⓓ 10 metros, 7 metros, 5 metros
- Ⓔ 8 pies, 3 pies, 8 pies

PRÁCTICA ADICIONAL:
Cuaderno de práctica de los estándares

Nombre ____________________

Líneas paralelas y líneas perpendiculares

Pregunta esencial ¿Cómo puedes identificar y trazar líneas paralelas y líneas perpendiculares?

Geometría—4.G.1

PRÁCTICAS MATEMÁTICAS
MP.4, MP.5, MP.6

Soluciona el problema

Puedes encontrar modelos de líneas en el mundo real. Por ejemplo, dos calles que se cruzan representan líneas secantes. Los rieles metálicos de las vías del ferrocarril que nunca se cruzan representan líneas paralelas.

▲ Los trenes maglev usan imanes para elevarse sobre las vías mientras están en movimiento.

Término y definición	Trázalo	Léelo	Escríbelo
Las **líneas secantes** son líneas en un plano que se cruzan exactamente en un punto. Las líneas secantes forman cuatro ángulos.	H, K, X, J, I	La línea *HI* interseca la línea *JK* en el punto *X*.	$\overleftrightarrow{HI}$ y $\overleftrightarrow{JK}$ se intersecan en el punto *X*
Las **líneas paralelas** son líneas en un plano que siempre están a la misma distancia. Las líneas paralelas nunca se intersecan.	D, E, F, G	La línea *DE* es paralela a la línea *FG*.	$\overleftrightarrow{DE} \parallel \overleftrightarrow{FG}$ El símbolo ∥ significa "es paralela a."
Las **líneas perpendiculares** son líneas en un plano que al intersecarse forman cuatro ángulos rectos.	N, L, M, O	La línea *LM* es perpendicular a la línea *NO*.	$\overleftrightarrow{LM} \perp \overleftrightarrow{NO}$ El símbolo ⊥ significa "es perpendicular a".

¡Inténtalo! **Indica cuál es la relación entre las calles. Escribe *perpendiculares, paralelas* o *secantes*.**

- calle 36 O y Broadway ____________________
- calle 35 O y Séptima Avenida ____________________
- calle 37 O y calle 36 O ____________________

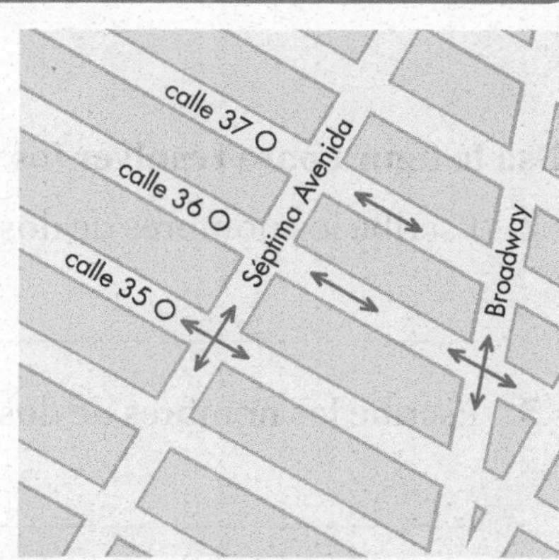

Charla matemática Prácticas matemáticas

¿Dos semirrectas pueden ser paralelas? **Explícalo.**

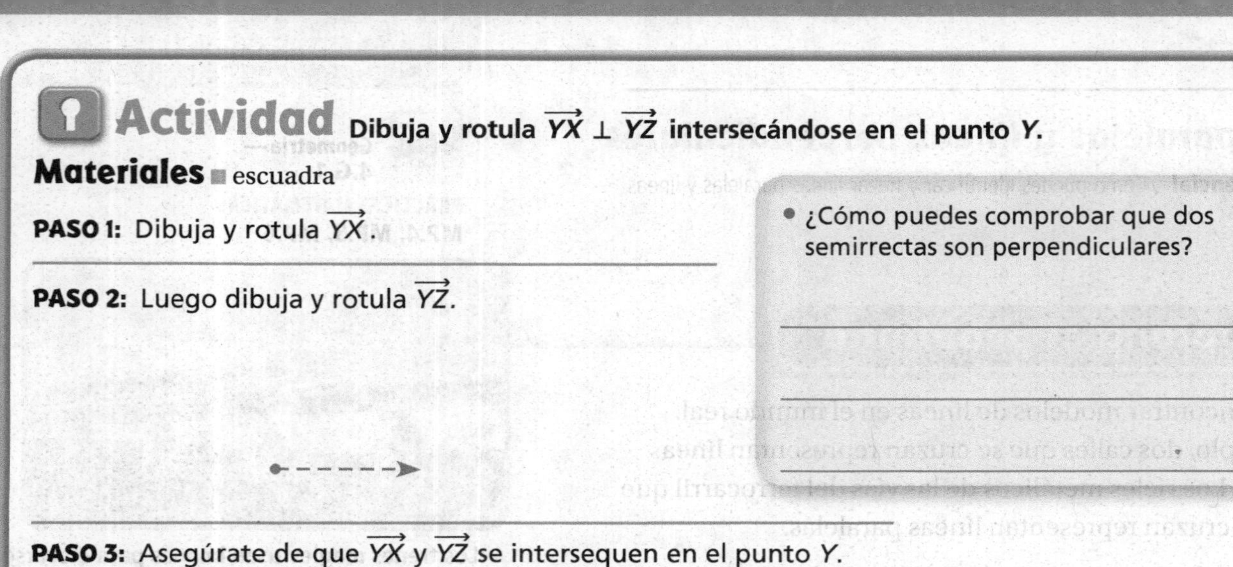

Actividad Dibuja y rotula $\overrightarrow{YX} \perp \overrightarrow{YZ}$ intersecándose en el punto *Y*.

Materiales ■ escuadra

PASO 1: Dibuja y rotula $\overrightarrow{YX}$.

PASO 2: Luego dibuja y rotula $\overrightarrow{YZ}$.

- ¿Cómo puedes comprobar que dos semirrectas son perpendiculares?

PASO 3: Asegúrate de que $\overrightarrow{YX}$ y $\overrightarrow{YZ}$ se intersequen en el punto *Y*.

PASO 4: Asegúrate de que las semirrectas sean perpendiculares.

1. Escribe el nombre de la figura que dibujaste.

2. ¿Puedes clasificar la figura? Explícalo.

Comparte y muestra

1. Dibuja y rotula $\overline{QR} \parallel \overline{ST}$.

   Piensa: Las líneas paralelas nunca se intersecan. Los segmentos paralelos son partes de las líneas paralelas.

Usa la figura para resolver los problemas 2 y 3.

2. Escribe los nombres de dos segmentos que sean paralelos.

3. Escribe los nombres de dos segmentos que sean perpendiculares.

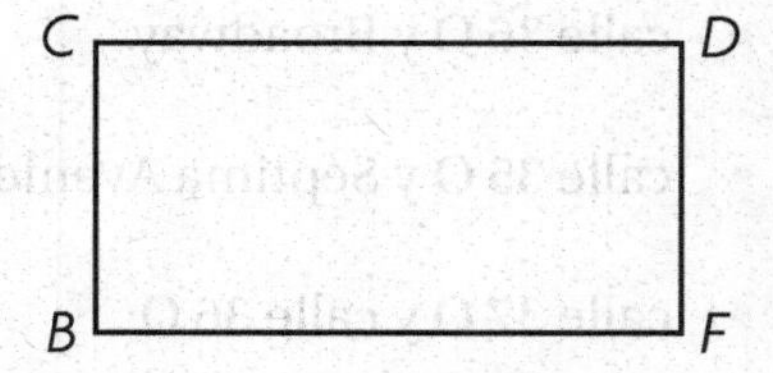

Charla matemática **Prácticas matemáticas**

Explica de qué manera los símbolos $\perp$ y $\parallel$ te ayudan a recordar qué relaciones describen.

Nombre ______________________________

Por tu cuenta

Usa la figura para resolver los problemas 4 y 5.

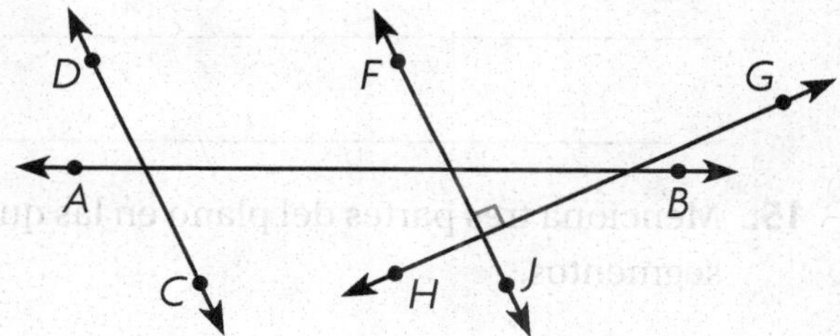

4. Escribe el nombre de un par de líneas que sean perpendiculares. ______________________

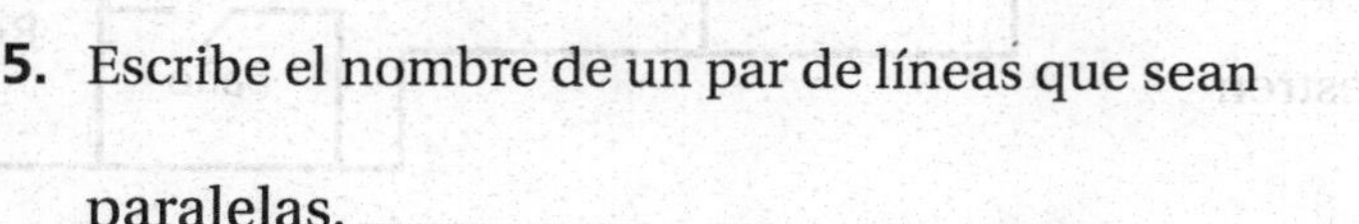

5. Escribe el nombre de un par de líneas que sean paralelas. ______________________

Dibuja y rotula la figura descrita.

6. $\overline{RS} \parallel \overline{TU}$	**7.** $\overrightarrow{KL}$ y $\overrightarrow{KM}$	**8.** $\overline{CD} \perp \overline{DE}$
9. $\overleftrightarrow{JK} \perp \overleftrightarrow{LM}$	**10.** $\overleftrightarrow{ST}$ interseca $\overleftrightarrow{UV}$ en el punto X	**11.** $\overleftrightarrow{AB} \parallel \overleftrightarrow{FG}$

Resolución de problemas • Aplicaciones En el mundo

Usa la figura para resolver los problemas 12 y 13.

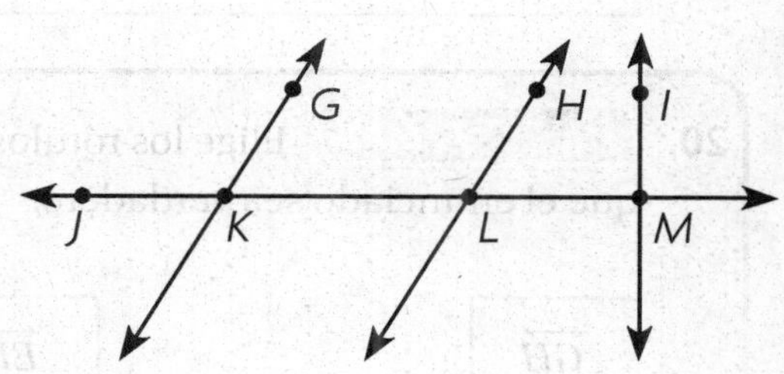

12. PIENSA MÁS Daniel dice que $\overleftrightarrow{HL}$ es paralela a $\overleftrightarrow{IM}$. ¿Tiene razón? Explícalo.

____

____

13. MÁS AL DETALLE Escribe el nombre de dos segmentos secantes que no sean perpendiculares.

____

Usa el plano de la casa que está a la derecha para resolver los problemas 14 a 16.

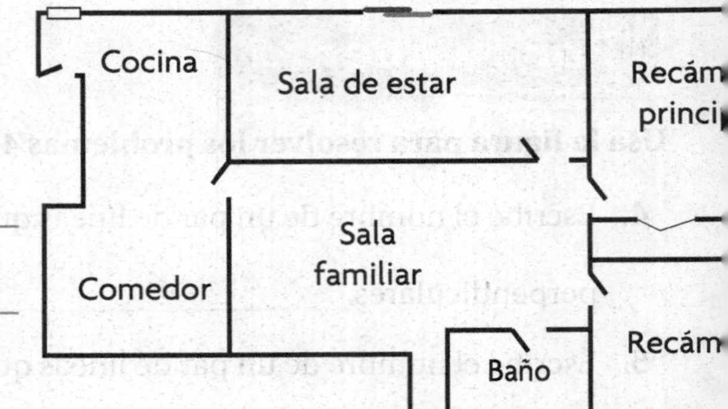

14. ¿Qué término geométrico describe un rincón de la sala de estar?

____

____

15. Menciona tres partes del plano en las que se muestren segmentos.

____

____

16. PIENSA MÁS Indica un par de segmentos que sean paralelos.

____

____

Usa el mapa que está a la derecha para resolver los problemas 17 a 19.

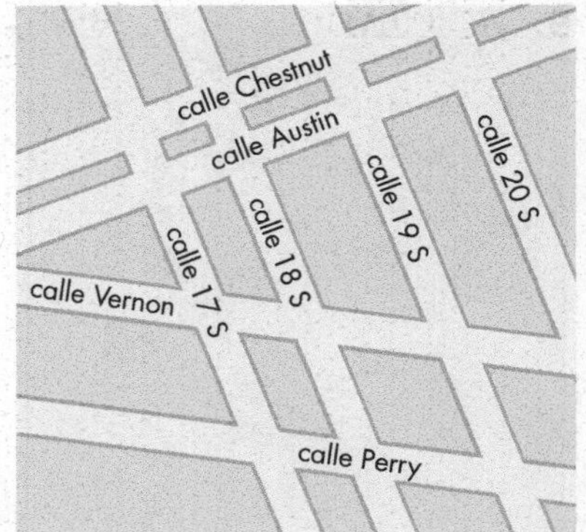

17. Indica una calle que sea paralela a la calle 17 S.

____

____

18. PRÁCTICA MATEMÁTICA 4 **Usa diagramas** Indica una calle que sea paralela a la calle Vernon.

____

19. Indica una calle que sea perpendicular a la calle 19 S.

____

20. PIENSA MÁS Elige los rótulos correctos para que el enunciado sea verdadero.

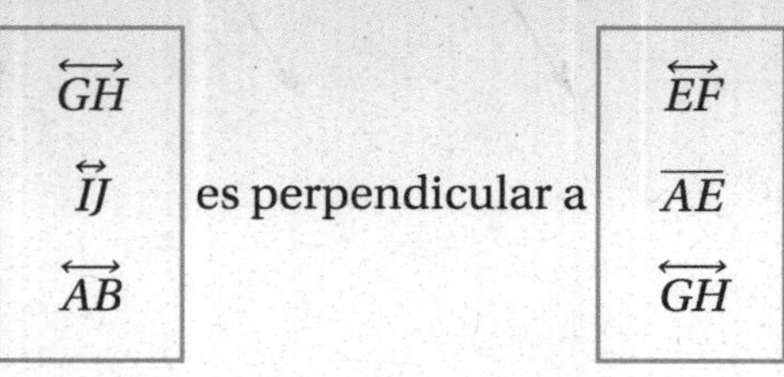

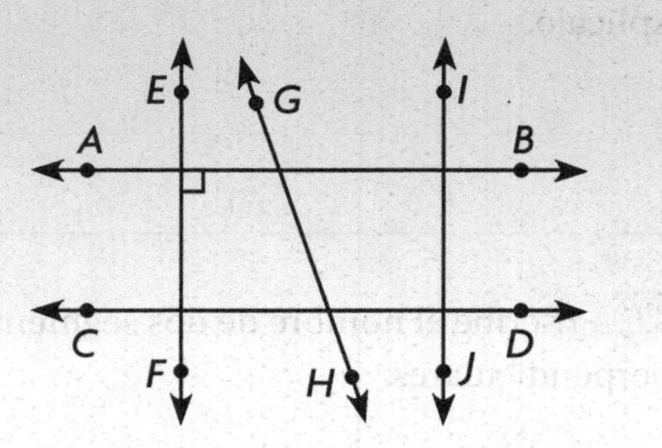

PRÁCTICA ADICIONAL:
Cuaderno de práctica de los estándares

Nombre ______________________________

Clasificar cuadriláteros

Pregunta esencial ¿Cómo puedes ordenar y clasificar cuadriláteros?

Geometría— 4.G.2

PRÁCTICAS MATEMÁTICAS MP.2, MP.4, MP.6

Soluciona el problema

Un cuadrilátero es un polígono con cuatro lados y cuatro ángulos. Para escribir el nombre de un cuadrilátero, puedes usar los vértices de sus ángulos.

Cuadrilátero *ABCD* es un nombre posible para la figura de la derecha. Cuadrilátero *ACBD* no es un nombre posible, puesto que los puntos *A* y *C* no son extremos del mismo lado.

Supón que los segmentos que parecen paralelos son paralelos.

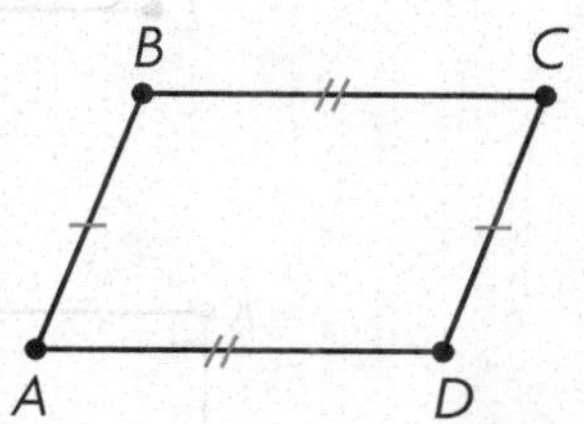

Las marcas que hay en los segmentos indican que tienen la misma longitud. Los lados *AD* y *BC* tienen la misma longitud. Los lados *AB* y *CD* tienen la misma longitud.

Cuadriláteros comunes

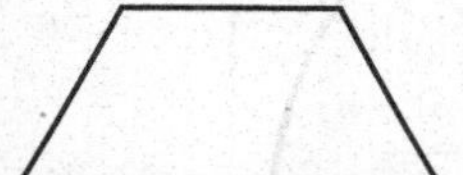

Trapecio
- 1 par de lados paralelos

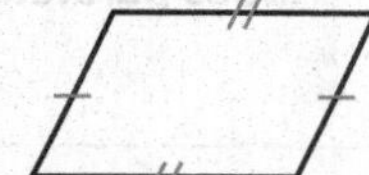

Paralelogramo
- 2 pares de lados paralelos
- 2 pares de lados de igual longitud

Rombo
- 2 pares de lados paralelos
- 4 lados de igual longitud

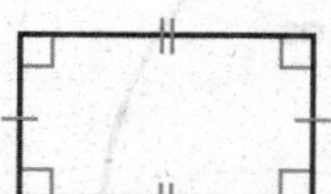

Rectángulo
- 2 pares de lados paralelos
- 2 pares de lados de igual longitud
- 4 ángulos rectos

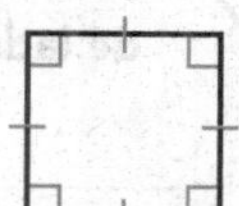

Cuadrado
- 2 pares de lados paralelos
- 4 lados de igual longitud
- 4 ángulos rectos

Actividad 1 Identifica ángulos rectos en los cuadriláteros.

Materiales ■ lápices de colores

Usa la Guía de colores de los cuadriláteros para colorear los cuadriláteros.

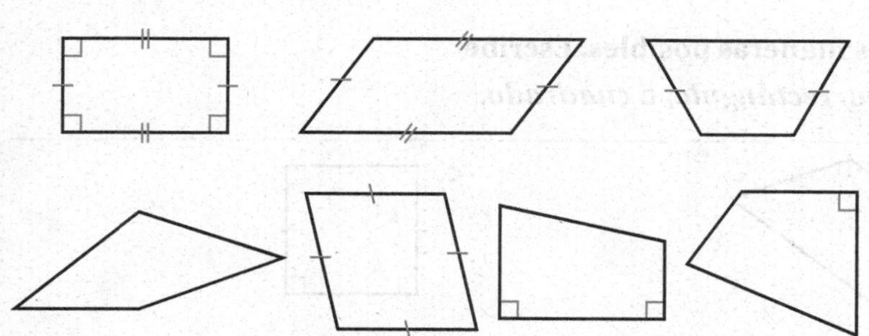

Guía de colores de los cuadriláteros	
ROJO	exactamente 4 ángulos rectos
AZUL	exactamente 2 ángulos rectos
NARANJA	exactamente 1 ángulo recto

Charla matemática — Prácticas matemáticas

¿Un cuadrilátero puede tener exactamente 3 ángulos rectos? **Explícalo.**

Actividad 2 Usa un diagrama de Venn para clasificar los cuadriláteros.

Escribe los nombres de los cuadriláteros en el diagrama de Venn.

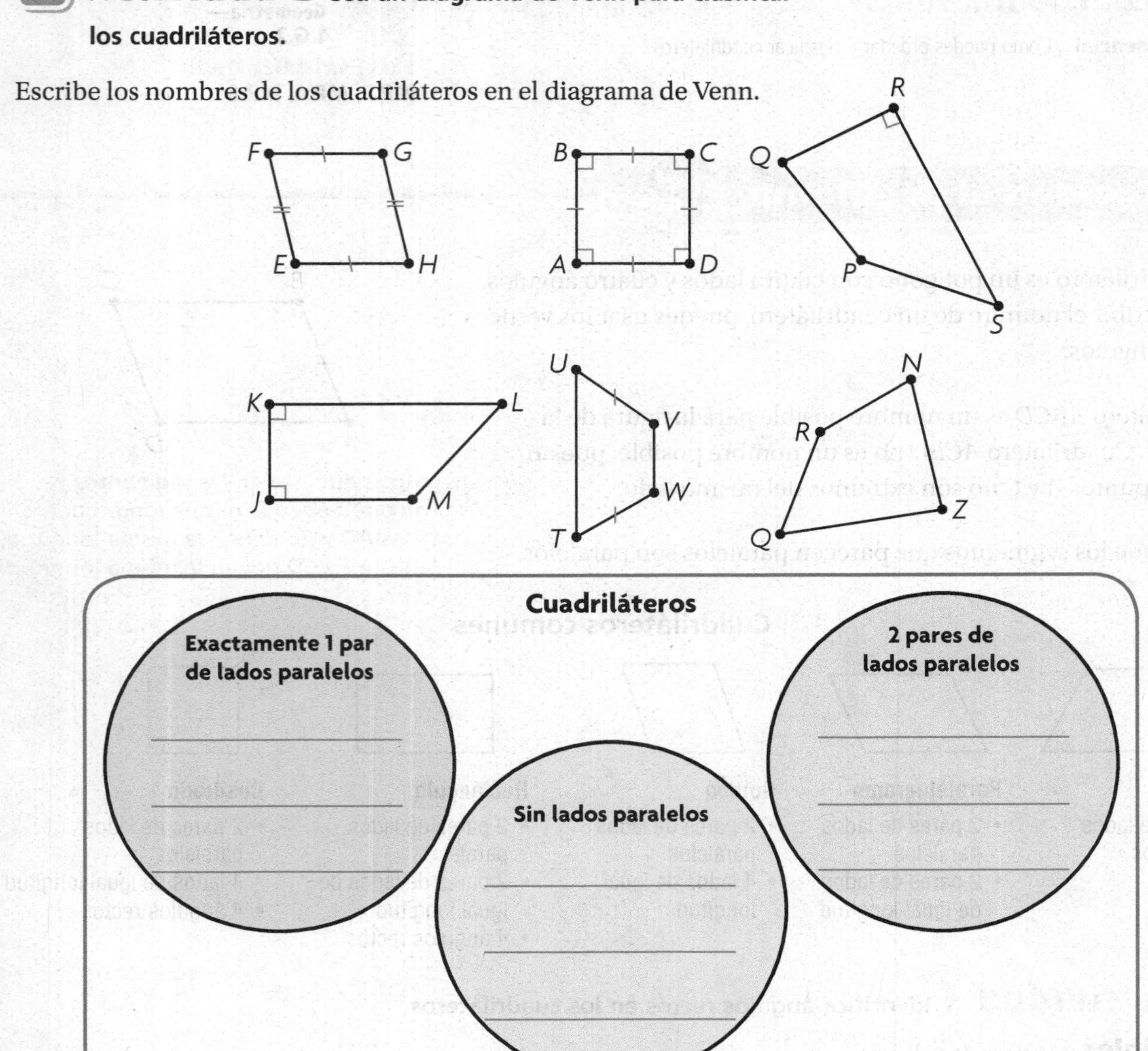

¡Inténtalo! Clasifica las figuras de todas las maneras posibles. Escribe *cuadrilátero, trapecio, paralelogramo, rombo, rectángulo,* o *cuadrado.*

a. ______________________ ______________________ ______________________

b. ______________________ ______________________ ______________________

c. ______________________ ______________________ ______________________

Nombre ______________________________

Comparte y muestra

1. Indica si el cuadrilátero también es un trapecio, un paralelogramo, un rombo, un rectángulo o un cuadrado.

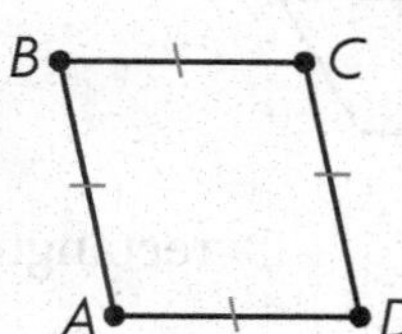

Piensa: ______ pares de lados paralelos

______ lados de igual longitud

______ ángulos rectos

El cuadrilátero *ABCD* también es un ______________________.

Clasifica las figuras de todas las maneras posibles. Escribe *cuadrilátero, trapecio, paralelogramo, rombo, rectángulo* o *cuadrado.*

2.

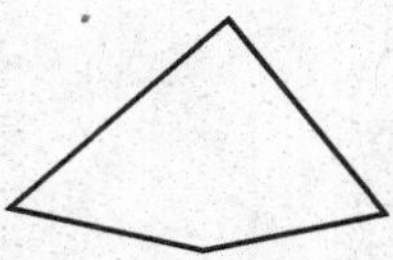

____

____

____

3.

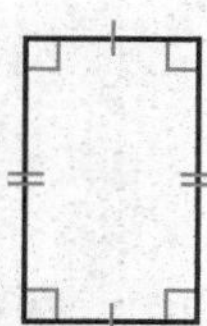

____

____

____

4.

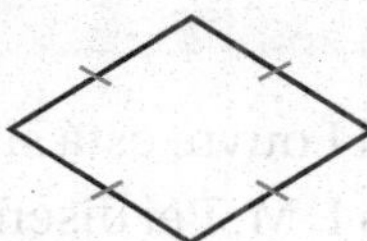

____

____

____

Charla matemática — **Prácticas matemáticas**

¿Cómo podrías clasificar una figura que tiene 4 lados, pero ninguno de ellos es paralelo? **Explícalo.**

Por tu cuenta

Clasifica las figuras de todas las maneras posibles. Escribe *cuadrilátero, trapecio, paralelogramo, rombo, rectángulo* o *cuadrado.*

5.

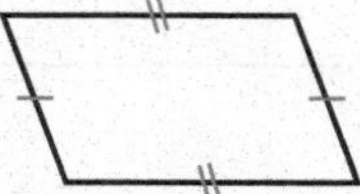

____

____

____

6.

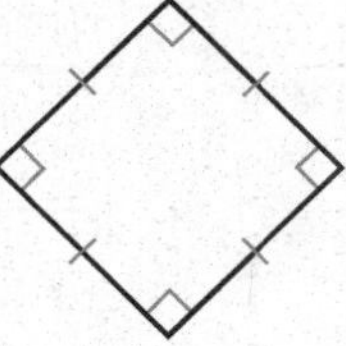

____

____

____

7.

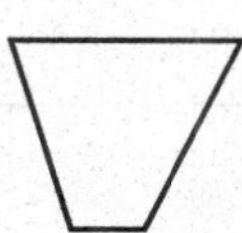

____

____

____

Resolución de problemas • Aplicaciones

8. PIENSA MÁS Explica en qué se parecen y en qué se diferencian un cuadrado y un rombo.

9. PIENSA MÁS Clasifica la figura. Selecciona todas las opciones que sean correctas.

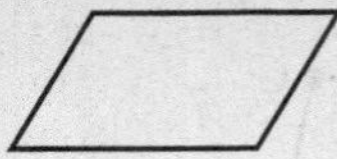

- ○ cuadrilátero
- ○ rectángulo
- ○ trapecio
- ○ rombo
- ○ paralelogramo
- ○ cuadrado

Conectar con el Arte

El museo del Louvre está situado en París, Francia. El arquitecto I. M. Pei diseñó la estructura de vidrio y metal que está en la entrada principal del museo. La estructura se llama Pirámide del Louvre.

Este es un diagrama de parte de la entrada a la Pirámide del Louvre.

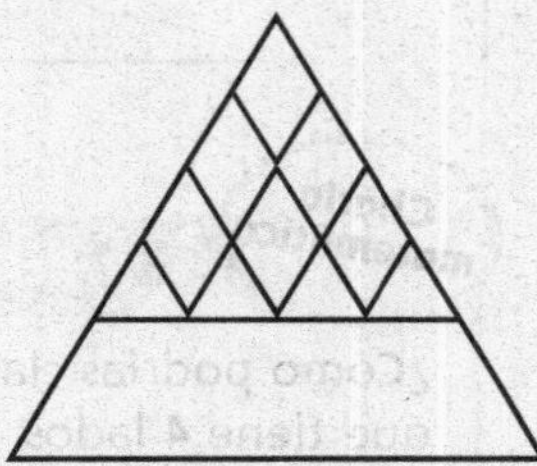

10. PRÁCTICA MATEMÁTICA 1 **Describe** los cuadriláteros que ves en el diagrama.

11. MÁS AL DETALLE ¿Cuántos triángulos ves en el diagrama? Explícalo.

PRÁCTICA ADICIONAL:
Cuaderno de práctica de los estándares

Nombre ____________________

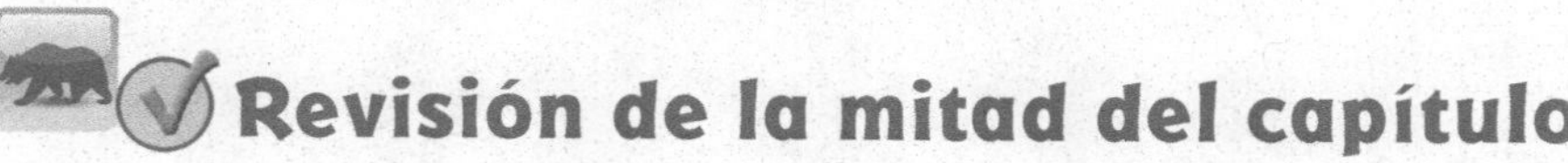

Revisión de la mitad del capítulo

Vocabulario

Elige el término del recuadro que mejor corresponda para completar la oración.

Vocabulario
ángulo agudo
ángulo llano
ángulo obtuso
ángulo recto
segmento
semirrecta

1. Un ____________________ es una parte de una línea que está entre dos extremos. (pág.399)
2. Un ____________________ forma un vértice recto. (pág. 400)
3. Un ____________________ es mayor que un ángulo recto y menor que un ángulo llano. (pág. 400)
4. La figura bidimensional que tiene un extremo es una ____________________. (pág. 399)
5. Un ángulo que forma una línea se llama ____________________. (pág. 400)

Conceptos y destrezas

6. En la cuadrícula que está a la derecha, traza un polígono que tenga 2 pares de lados paralelos, 2 pares de lados de igual longitud, y 2 ángulos agudos y 2 ángulos obtusos. Indica todos los nombres posibles para la figura. (4.G.2)

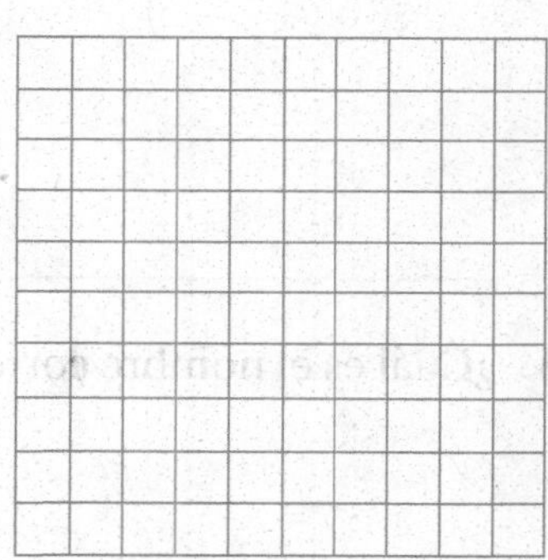

____

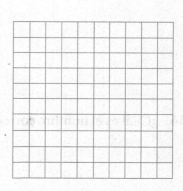

Traza la figura. (4.G.1)

7. líneas paralelas
8. $\angle ABC$ obtuso
9. líneas secantes que no son perpendiculares
10. $\angle RST$ agudo

11. ¿Qué triángulo no tiene lados de igual longitud? (4.G.2)

____

12. ¿Qué figura tiene 2 pares de lados que son paralelos, 2 pares de lados de igual longitud y 4 ángulos rectos? (4.G.2)

____

13. ¿Qué cuadrilátero puede tener 2 pares de lados paralelos, todos los lados de la misma longitud y ningún ángulo recto? (4.G.2)

____

14. ¿Cuál es el nombre correcto de la figura? (4.G.1)

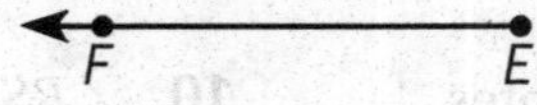

____

15. Describe los ángulos de un triángulo obtusángulo. (4.G.2)

____

____

____

____

Nombre ____________________________________

Simetría axial

Pregunta esencial ¿Cómo puedes verificar si una figura tiene simetría axial?

Geometría—
4.G.3
MATHEMATICAL PRACTICES
MP.2, MP.3, MP.5

Soluciona el problema *En el mundo*

Uno de los tipos de simetría que se halla en las figuras geométricas es la simetría axial. Este letrero se encuentra en las colinas de Hollywood, California. ¿Las letras del letrero de Hollywood tienen simetría axial?

Una figura tiene **simetría axial** si al doblarla sobre un eje las dos partes coinciden exactamente. Una línea de doblez, o **eje de simetría**, divide una figura en dos partes que tienen igual forma y tamaño.

Actividad Explora la simetría axial.

Materiales ■ patrones de figuras geométricas ■ tijeras

A **¿La letra W tiene simetría axial?**

PASO 1 Usa patrones de figuras geométricas para formar la letra W.

PASO 2 Traza la letra.

PASO 3 Recorta el trazado.

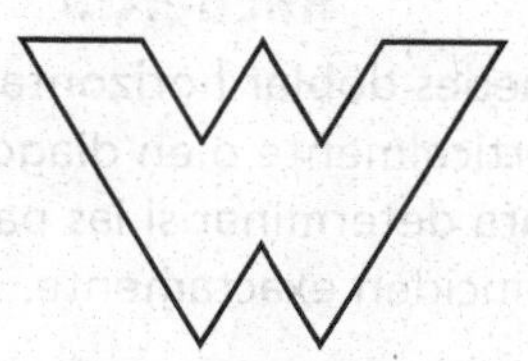

PASO 4 Dobla el trazado sobre una línea vertical.

Piensa: Las dos partes de la W doblada coinciden exactamente. La línea de doblez es un eje de simetría.

Entonces, la letra W ____________ simetría axial.

Idea matemática

Una línea vertical va hacia arriba y hacia abajo. ↕

Una línea horizontal va hacia la izquierda y hacia la derecha. ↔

Una línea diagonal atraviesa los vértices de un polígono que no están próximos entre sí. Puede ir hacia arriba, hacia abajo, hacia la izquierda y hacia la derecha. ⤢ ⤡

Charla matemática **Prácticas matemáticas**

¿Por qué es importante usar una línea de doblez para comprobar si una figura tiene simetría axial?

B **¿La letra L tiene simetría axial?**

PASO 1

Usa patrones de figuras geométricas o papel cuadriculado para formar la letra L.

PASO 2

Traza la letra.

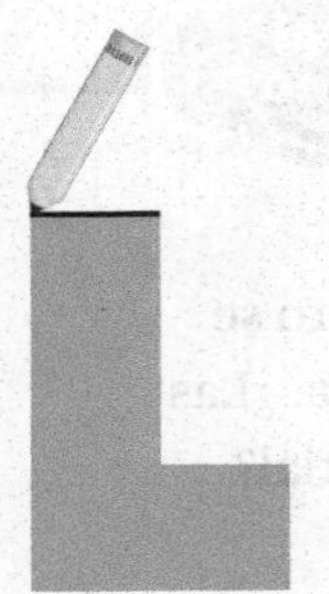

PASO 3

Recorta el trazado.

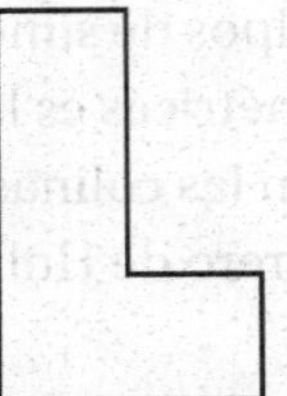

PASO 4

Dobla el trazado sobre una línea vertical.

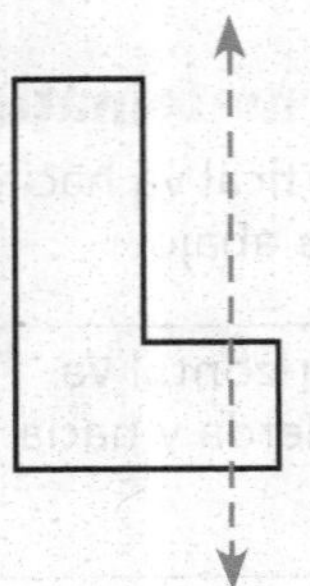

¿Las dos partes coinciden exactamente?

____

PASO 5

Luego ábrelo y dóblalo horizontalmente.

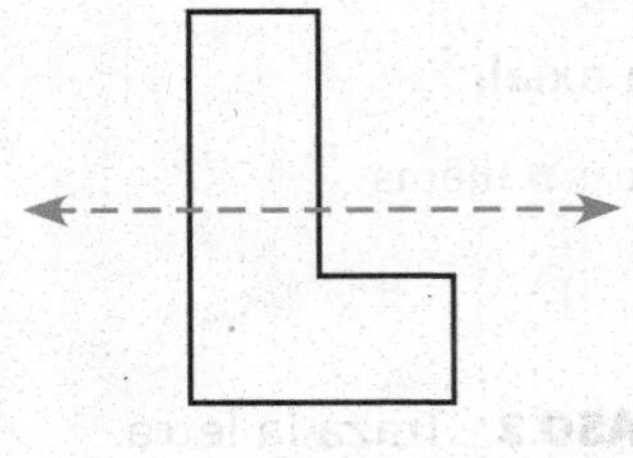

¿Las dos partes coinciden exactamente?

____

PASO 6

Luego ábrelo y dóblalo en diagonal.

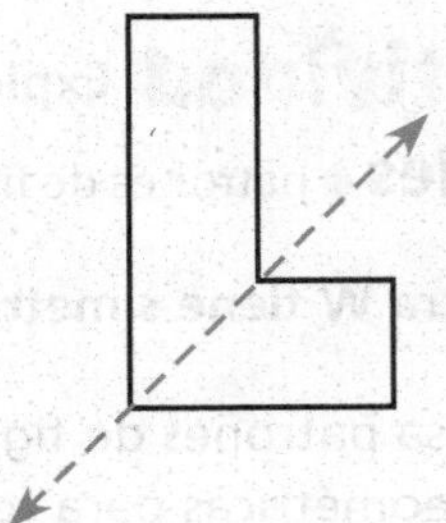

¿Las dos partes coinciden exactamente?

____

Entonces, la letra L ___________________ simetría axial.

1. Repite los pasos 1 a 6 para el resto de la letras de HOLLYWOOD. ¿Qué letras tienen simetría axial?

____

2. ¿Alguna de las letras tiene más de un eje de simetría? Explícalo.

____

____

Recuerda

Puedes doblar horizontalmente, verticalmente o en diagonal para determinar si las partes coinciden exactamente.

Nombre ______________________

Comparte y muestra

Indica si las partes que están a ambos lados de la línea coinciden. ¿La línea es un eje de simetría? Escribe *sí* o *no*.

1. 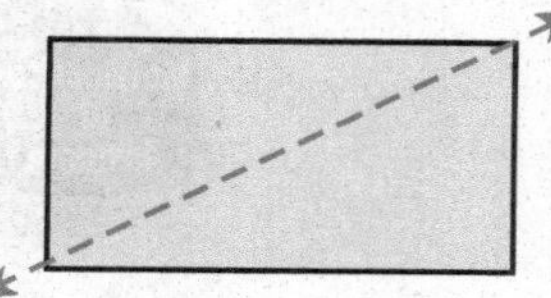
______

2. 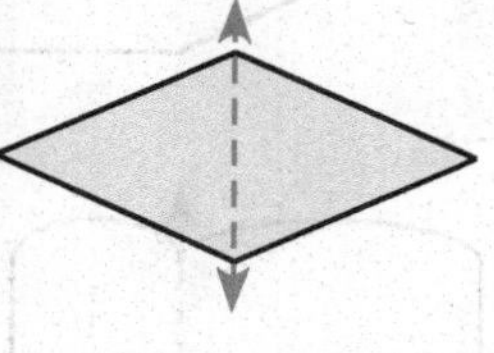
______

3. 
______

4. 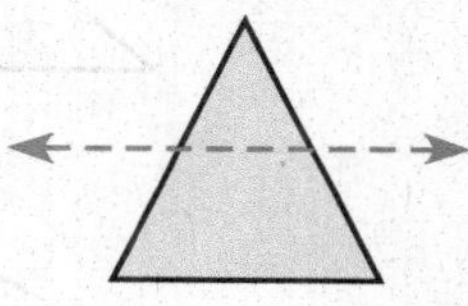
______

Indica si la línea azul puede ser un eje de simetría. Escribe *sí* o *no*.

5. 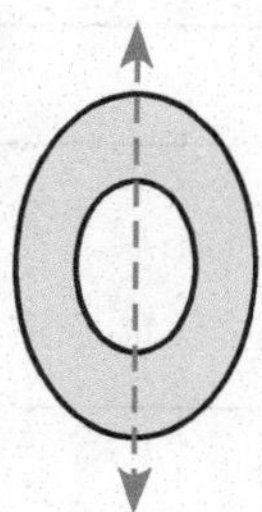
______

6. 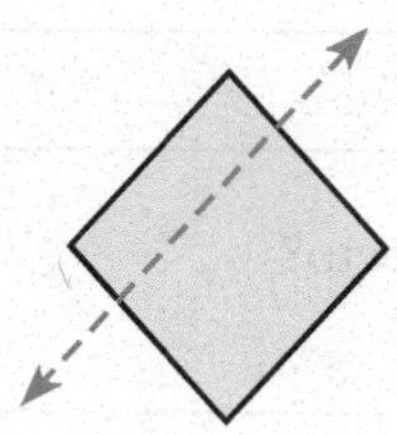
______

7. 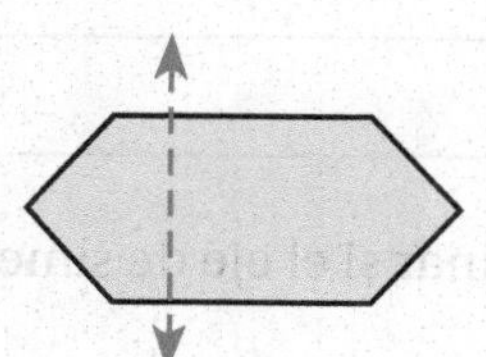
______

8. 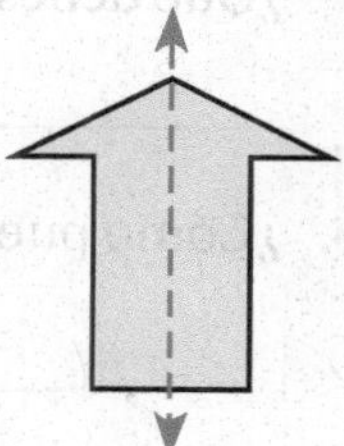
______

Charla matemática — **Prácticas matemáticas**

Explica cómo doblar papel puede ayudarte a comprobar si una figura tiene simetría axial.

Por tu cuenta

Indica si la línea azul puede ser un eje de simetría. Escribe *sí* o *no*.

9. 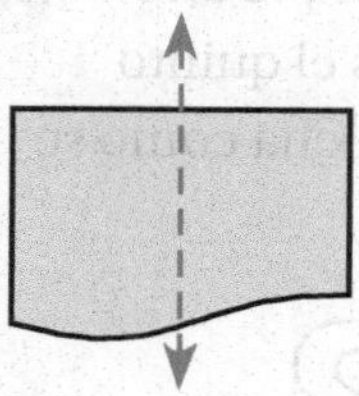
______

10. 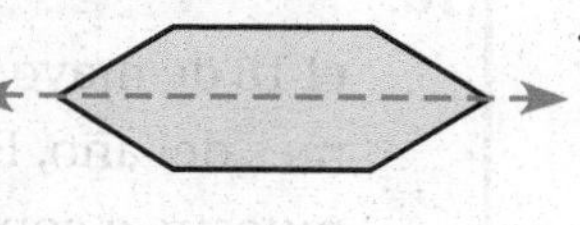
______

11. 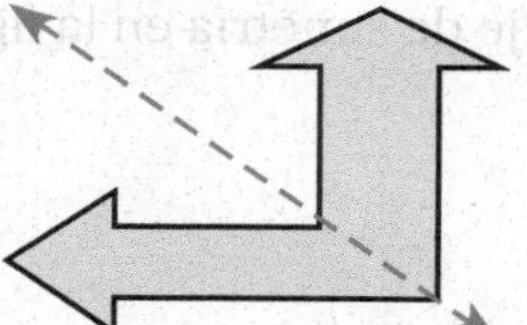
______

12. 
______

13. MÁS AL DETALLE ¿Cuál es la mejor descripción de la simetría de la letra I?

I

____

Soluciona el problema

14. ¿Qué figura tiene un eje de simetría trazado correctamente?

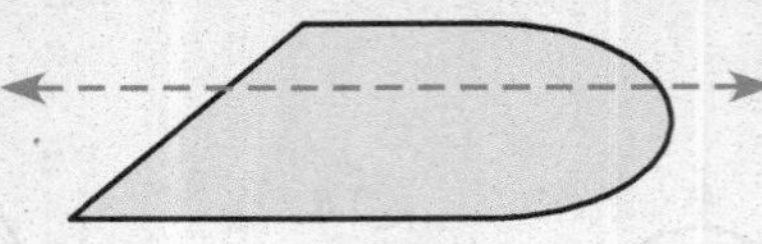

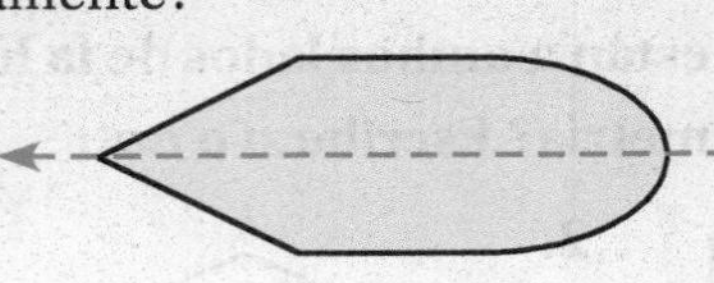

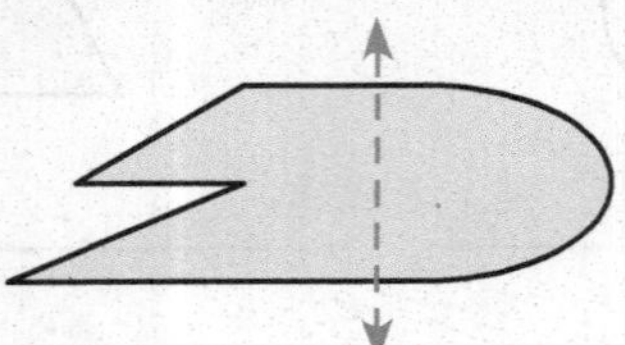

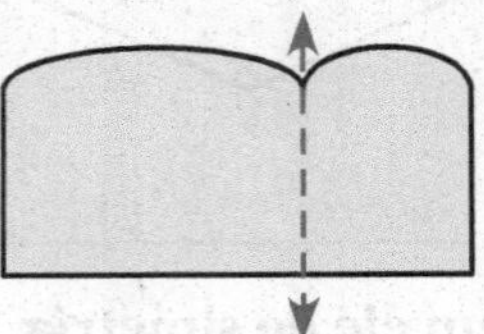

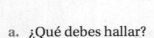

a. ¿Qué debes hallar? ______________________________

____

b. ¿Cómo puedes determinar si el eje de simetría es correcto?

____

____

c. Indica cómo resolviste el problema.

____

____

d. Encierra en un círculo la respuesta correcta arriba.

15. PRÁCTICA MATEMÁTICA 2 **Razona de manera abstracta** Dibuja un eje de simetría en la figura.

Entrenador personal en matemáticas

16. PIENSA MÁS + Eva cumple años el 18 de mayo. Como mayo es el quinto mes del año, Eva escribió la fecha como se muestra a continuación.

5 / 18

Eva dice que todos los números que escribió tienen simetría axial. ¿Tiene razón? Explícalo.

____

____

____

PRÁCTICA ADICIONAL: Cuaderno de práctica de los estándares

Nombre ___________________________

Hallar y dibujar ejes de simetría

Pregunta esencial ¿Cómo hallas los ejes de simetría?

Geometría—
4.G.3

PRÁCTICAS MATEMÁTICAS
MP.1, MP.7, MP.8

Soluciona el problema

¿Cuántos ejes de simetría tiene cada polígono?

Actividad 1 Halla ejes de simetría.

Materiales ■ papel punteado y papel punteado isométrico ■ escuadra

PASO 1

Traza un triángulo como el que se muestra, de manera que todos los lados tengan la misma longitud.

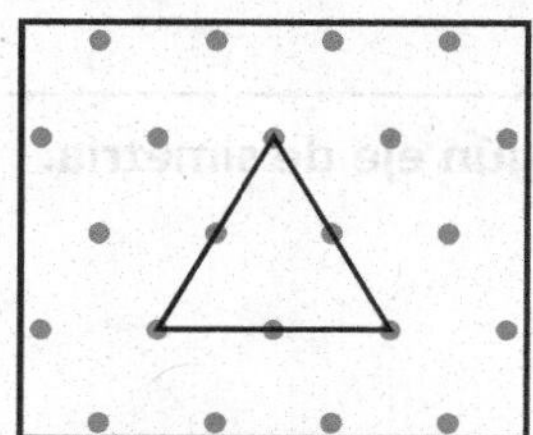

PASO 2

Dobla el triángulo de diferentes maneras y comprueba la simetría axial. Repasa con lápiz las líneas de doblez que sean ejes de simetría.

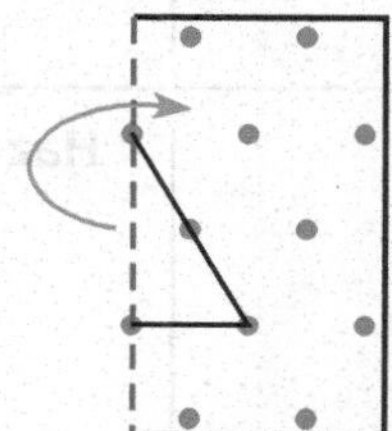

- ¿Hay un eje de simetría si doblas el papel horizontalmente?

____

PASO 3

Repite los pasos para cada polígono que se muestra. Completa la tabla.

Polígono	Triángulo	Cuadrado	Paralelogramo	Rombo	Trapecio	Hexágono
Número de lados	3					
Número de ejes de simetría	3					

- En un polígono regular, todos los lados tienen la misma longitud y todos los ángulos son iguales. ¿Qué puedes decir del número de ejes de simetría de los polígonos regulares?

____

____

Charla matemática **Prácticas matemáticas**

¿Cuántos ejes de simetría tiene un círculo? **Explícalo.**

Actividad 2 Haz diseños que tengan simetría axial.

Materiales ■ patrones de figuras geométricas

Usa más de un patrón de figura geométrica para hacer un diseño. Registra tu diseño. Dibuja el eje o los ejes de simetría.

Para evitar errores

Para evitar errores, puedes usar un espejo para comprobar la simetría axial.

Haz un diseño con 2 ejes de simetría.

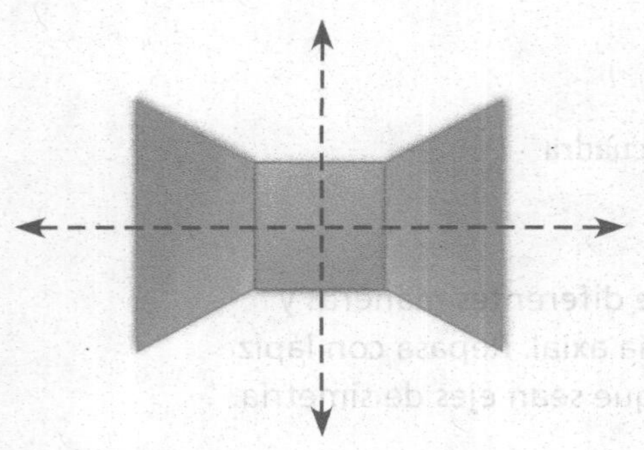

Haz un diseño con 2 ejes de simetría.

Haz un diseño con más de 2 ejes de simetría.

Haz un diseño sin ningún eje de simetría.

Comparte y muestra

1. La figura que está a la derecha tiene simetría axial. Dibuja los 2 ejes de simetría.

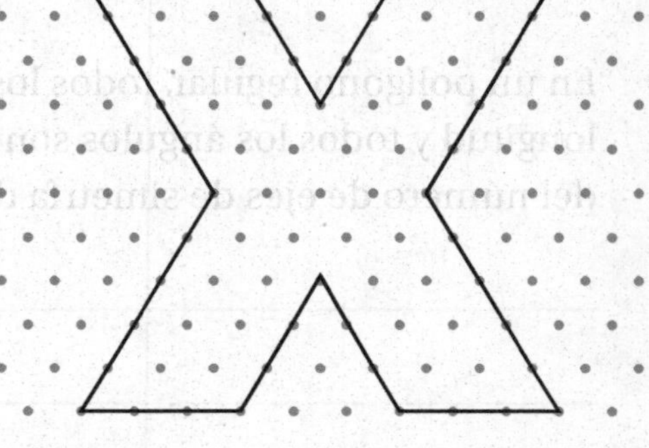

Nombre ____________________

Indica si la figura no tiene ejes de simetría, si tiene 1 eje de simetría o si tiene más. Escribe *ninguno, 1,* o *más de 1.*

2. 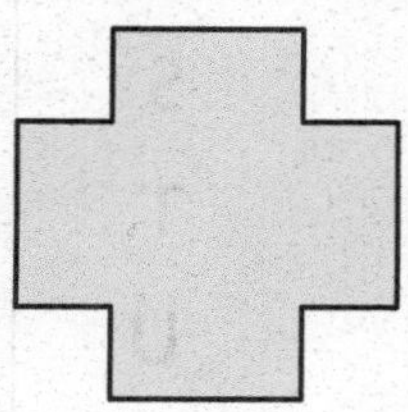 ____________

3.  ____________

4.  ____________

5.  ____________

Charla matemática — **Prácticas matemáticas**

Explica cómo puedes hallar los ejes de simetría de una figura.

Por tu cuenta

Indica si la figura no tiene ejes de simetría, si tiene 1 eje de simetría o si tiene más. Escribe *ninguno, 1,* o *más de 1.*

6. 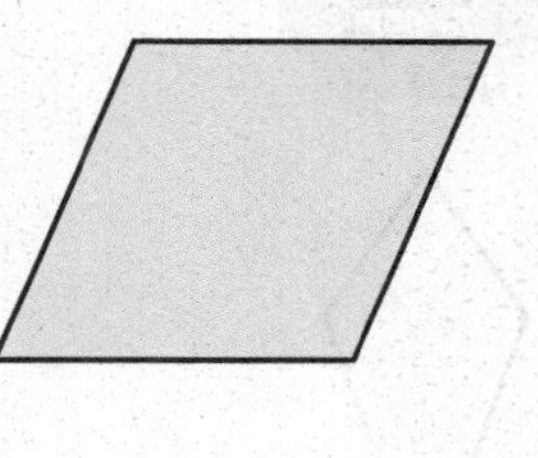 ____________

7.  ____________

8.  ____________

9. 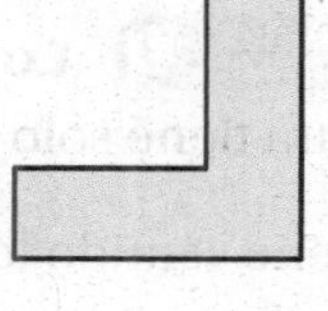 ____________

Práctica: Copia y resuelve **¿Los diseños tienen simetría axial? Escribe *sí* o *no*. Si tu respuesta es *sí*, dibuja todos los ejes de simetría.**

10. 

11. 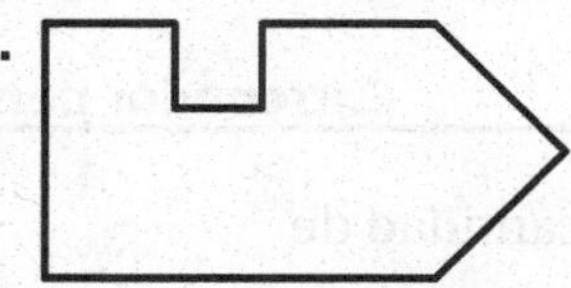

12. 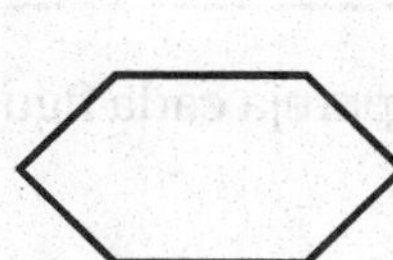

13. 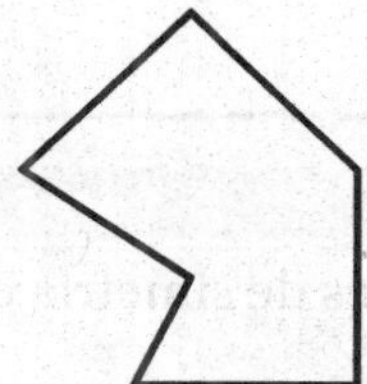

14. MÁS AL DETALLE Dibuja una figura que tenga 5 lados y exactamente 1 eje de simetría.

Resolución de problemas • Aplicaciones

Usa la tabla para resolver los problemas 15 a 17.

A	H	S
B	I	T
C	J	U
D	L	V
E	N	W

15. ¿Qué letras tienen solo 1 eje de simetría?

____

16. ¿Qué letras no tienen ningún eje de simetría?

____

17. PIENSA MÁS La letra C tiene simetría horizontal. La letra A tiene simetría vertical. ¿Qué letras tienen tanto simetría horizontal como simetría vertical?

____

18. PRÁCTICA MATEMÁTICA 3 **Comprobar el razonamiento de otros** Jeff dice que la figura tiene solo 2 ejes de simetría.

¿Tiene sentido lo que dice? Explícalo.

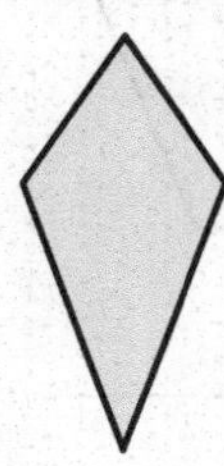

____

____

____

Entrenador personal en matemáticas

19. PIENSA MÁS + Empareja cada figura con la cantidad de ejes de simetría que tiene.

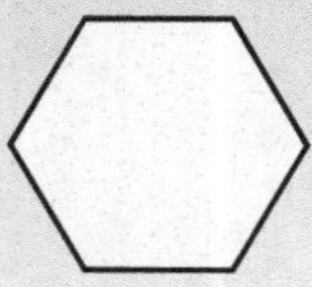

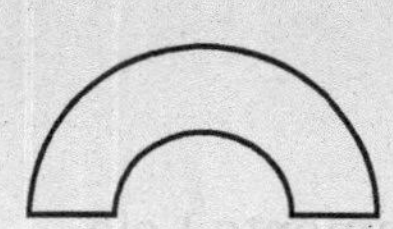

G

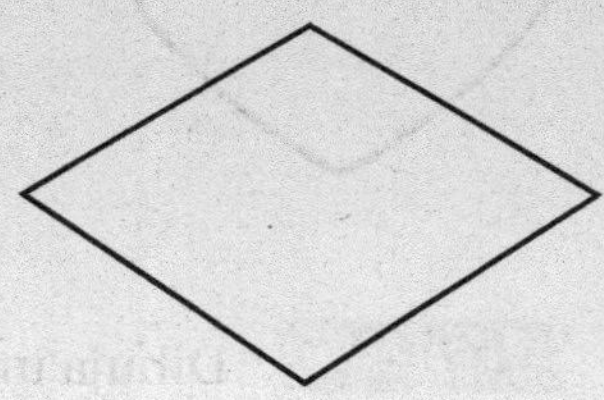

0 ejes de simetría	1 eje de simetría	2 ejes de simetría	Más de 2 ejes de simetría

PRÁCTICA ADICIONAL:
Cuaderno de práctica de los estándares

Nombre ______________________________

Resolución de problemas • Formar patrones

Pregunta esencial ¿Cómo puedes usar la estrategia representar para resolver problemas sobre patrones?

Operaciones y pensamiento algebraico—4.OA.5

PRÁCTICAS MATEMÁTICAS
MP.4, MP.7, MP.8

Soluciona el problema

Puedes hallar patrones en telas, cerámicas, tapetes y papel tapiz. Para determinar los patrones, puedes considerar la forma, el tamaño, la posición, el color o la cantidad de figuras.

Sofía usará el patrón de abajo para hacer el ribete de un papel tapiz. ¿Cuáles podrían ser las tres figuras que siguen en el patrón?

Usa el siguiente organizador gráfico para resolver el problema.

Lee el problema

¿Qué debo hallar?	¿Qué información debo usar?	¿Cómo usaré la información?
Debo hallar las tres ____________ que siguen en el patrón.	Debo usar la ____________ de cada figura del patrón de Sofía.	Usaré patrones de figuras geométricas para representar las ____________ y representar el problema.

Resuelve el problema

Describe la manera en que representaste el problema para resolverlo.

Usé un trapecio y un triángulo para representar la primera figura del patrón. Usé un ____________ y ____________ para representar la segunda figura del patrón. Continué la representación del patrón repitiendo los modelos de las primeras dos figuras.

Estas son las tres figuras que siguen en el patrón.

Charla matemática — Prácticas matemáticas

Explica cómo puedes usar números para describir el patrón según las figuras que lo componen.

Haz otro problema

Dibuja la figura que podría seguir en el patrón.

Figura: 1 2 3 4 ______ 5

¿Cómo puedes describir el patrón?

Lee el problema		
¿Qué debo hallar?	**¿Qué información debo usar?**	**¿Cómo usaré la información?**

Resuelve el problema

1. Usa las figuras para escribir un patrón numérico. Luego describe el patrón de los números.

______

______

______

Charla matemática **Prácticas matemáticas**

¿Qué otra estrategia podrías usar para resolver el problema?

2. ¿Cuál podría ser el décimo número del patrón? Explícalo.

______

______

Nombre ____________________________________

Soluciona el problema

- √ Usa la pizarra de Resolución de problemas.
- √ Subraya los datos importantes.
- √ Elige una estrategia que conozcas.

Comparte y muestra

1. Marisol está haciendo un patrón con figuras geométricas. ¿Cuál podría ser la figura que falta?

Primero, observa las figuras geométricas.

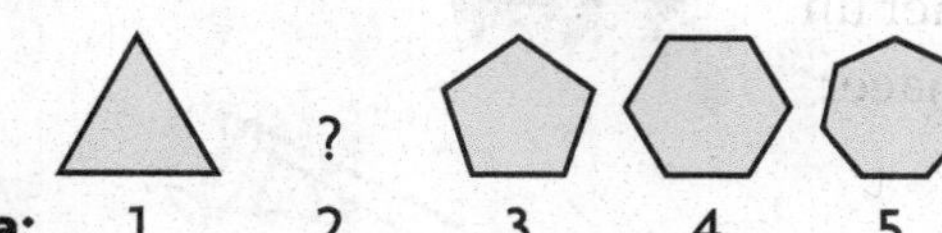

Figura: 1 ? 2 3 4 5

Luego, describe el patrón.

____

____

Por último, dibuja la figura que falta.

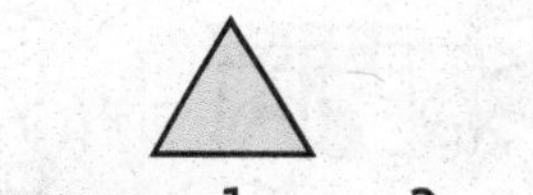

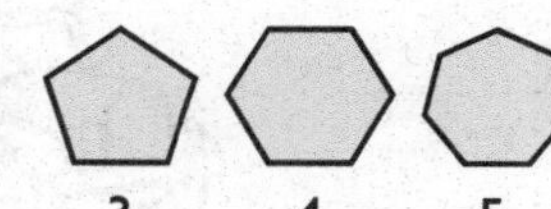

Figura: 1 2 3 4 5

2. Usa las figuras para escribir un patrón numérico. Luego describe el patrón de los números.

____

3. PIENSA MÁS ¿Qué pasaría si el patrón continuara? Escribe una expresión que describa el número de lados que tiene la sexta figura del patrón de Marisol.

____

4. Sahil formó un patrón con círculos. A continuación se muestran los primeros nueve círculos. Describe el patrón. Si Sahil continúa el patrón, ¿cuáles podrían ser los tres círculos que siguen?

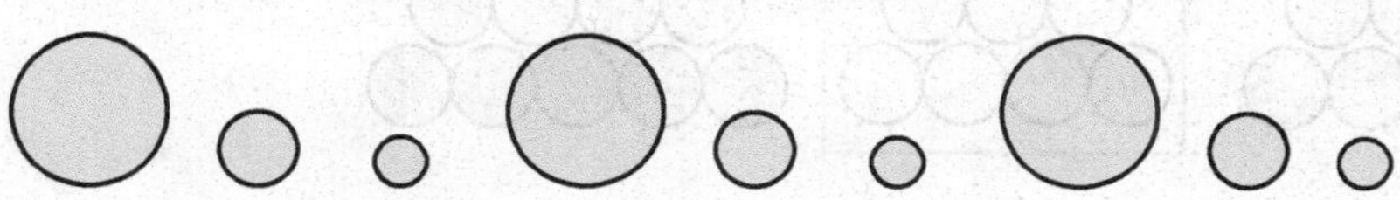

____

Por tu cuenta

Usa los diseños infantiles para edredones para resolver los problemas 5 y 6.

5. PIENSA MÁS Lu está haciendo un edredón de 20 cuadrados de ancho y 24 hileras. Para hacer el ribete del edredón, debe usar cada diseño infantil la misma cantidad de veces. Cada cuadrado puede contener un diseño. ¿Qué cantidad de cada diseño usa para hacer el ribete?

____

6. PRÁCTICA MATEMÁTICA 5 **Comparte** Lu comenzó por el primer cuadrado de su edredón y dispuso sus diseños infantiles en este orden: avión, carro, camión de bomberos, helicóptero, grúa y carrito. Según esta unidad de patrón, ¿qué diseño colocará Lu en el decimoquinto lugar? Explica cómo hallaste tu respuesta.

____

____

____

____

7. MÁS AL DETALLE Missy usa 1 retazo de tela hexagonal, 2 retazos rectangulares y 4 retazos triangulares para hacer un diseño con insectos para un edredón. Si usa 70 retazos en total para diseñar insectos, ¿qué cantidad de cada figura usa?

____

8. PIENSA MÁS Norris dibujó este patrón.

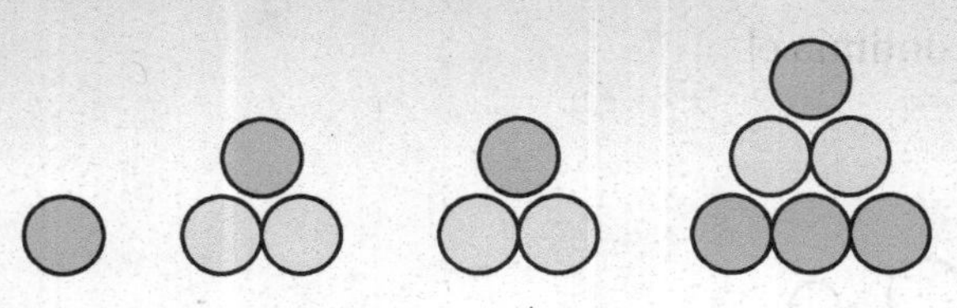

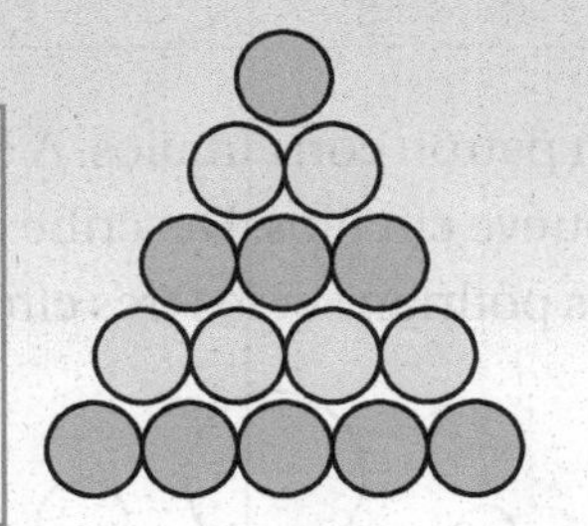

Rotula los círculos para mostrar los colores de la cuarta figura del patrón.

PRÁCTICA ADICIONAL:
Cuaderno de práctica de los estándares

Nombre ____________________________

Repaso y prueba del Capítulo 10

1. Gavin está diseñando una cometa. Hizo un bosquejo de la cometa. ¿Cuántos ángulos rectos tendrá la cometa?

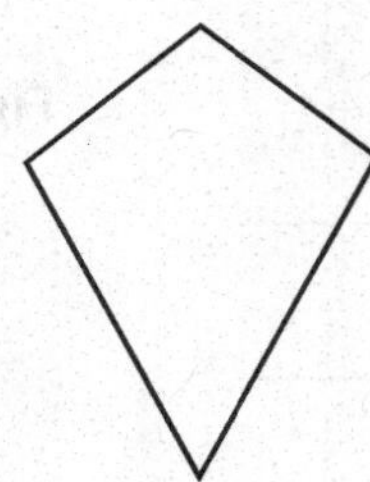

_______ ángulos rectos

2. Escribe la letra de cada triángulo debajo de la clasificación correcta.

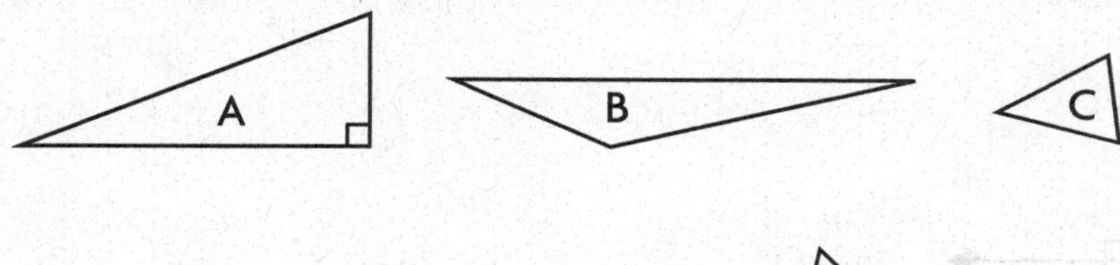

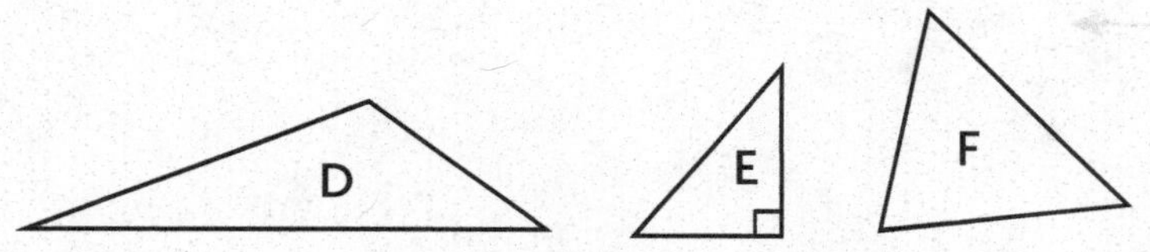

Triángulo acutángulo	Triángulo obtusángulo	Triángulo rectángulo

3. Elige las longitudes que identifiquen un triángulo escaleno. Marca todas las opciones que sean correctas.

- Ⓐ 5 pulgadas, 5 pulgadas, 6 pulgadas
- Ⓑ 2 metros, 3 metros, 4 metros
- Ⓒ 9 pies, 9 pies, 9 pies
- Ⓓ 11 metros, 6 metros, 15 metros
- Ⓔ 6 pies, 3 pies, 6 pies

APRENDE EN LÍNEA
Opciones de evaluación
Prueba del capítulo

4. Escribe la palabra que describe cada parte de la Figura A que aparece a continuación.

semirrecta	línea	segmento
ángulo agudo	ángulo recto	

Figura A

$\overline{EB}$ ______________ $\angle EBG$ ______________

$\overleftrightarrow{AB}$ ______________ $\angle CGB$ ______________

$\overrightarrow{GA}$ ______________

5. ¿Qué término describe mejor la figura que se muestra a continuación?

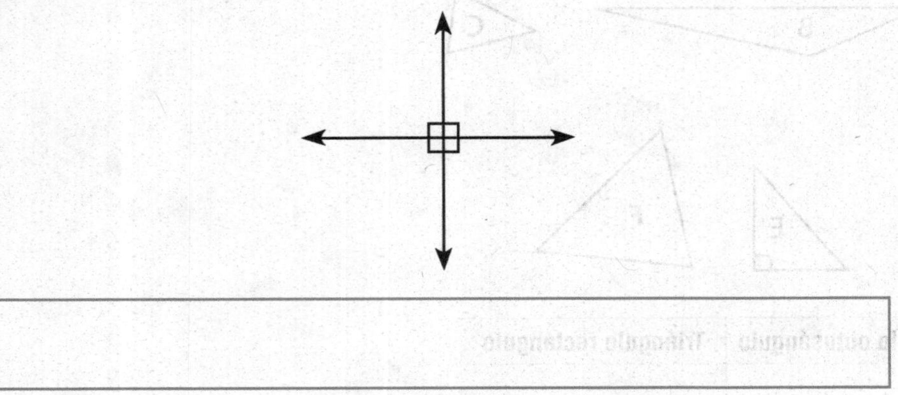

6. Naomi parte de viaje a Los Ángeles el 12 de agosto. Como agosto es el octavo mes, Naomi escribió la fecha de la siguiente manera:

Naomi dice que todos los números que escribió tienen simetría axial. ¿Tiene razón? Explica tu razonamiento.

Nombre ______________________________

7. Max hizo un banderín en forma de triángulo. ¿Cómo puedes clasificar el triángulo según sus ángulos?

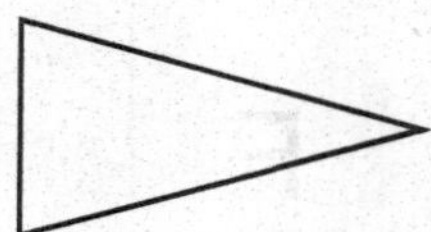

El triángulo es un triángulo ____________.

8. Elige los rótulos para hacer que el enunciado sea verdadero.

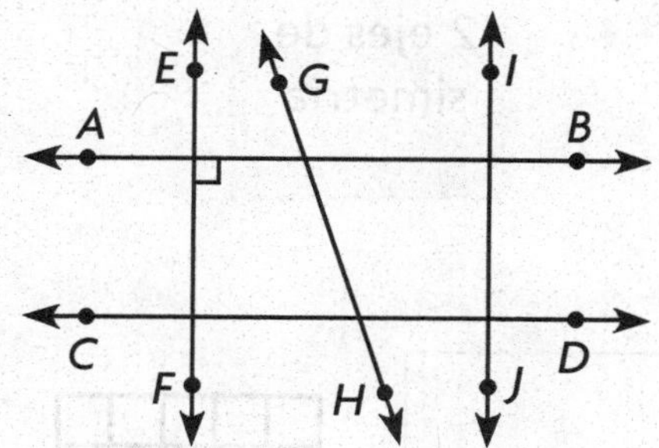

$\overleftrightarrow{GH}$ $\overleftrightarrow{CD}$ $\overleftrightarrow{AB}$	es paralelo a	$\overleftrightarrow{EF}$ $\overleftrightarrow{CD}$ $\overleftrightarrow{GH}$	.

9. Clasifica la figura. Selecciona todas las opciones que sean correctas.

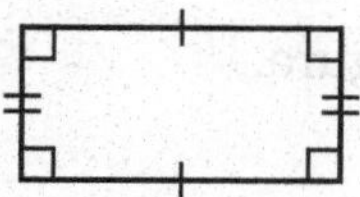

- ○ cuadrilátero
- ○ trapecio
- ○ paralelogramo
- ○ rectángulo
- ○ rombo
- ○ cuadrado

10. Lily diseñó una glorieta en su jardín que tiene la forma de un cuadrilátero con 1 solo par de lados paralelos. ¿Cómo puedes clasificar la figura?

El cuadrilátero es un ____________.

11. Empareja cada figura con la cantidad de ejes de simetría que tenga.

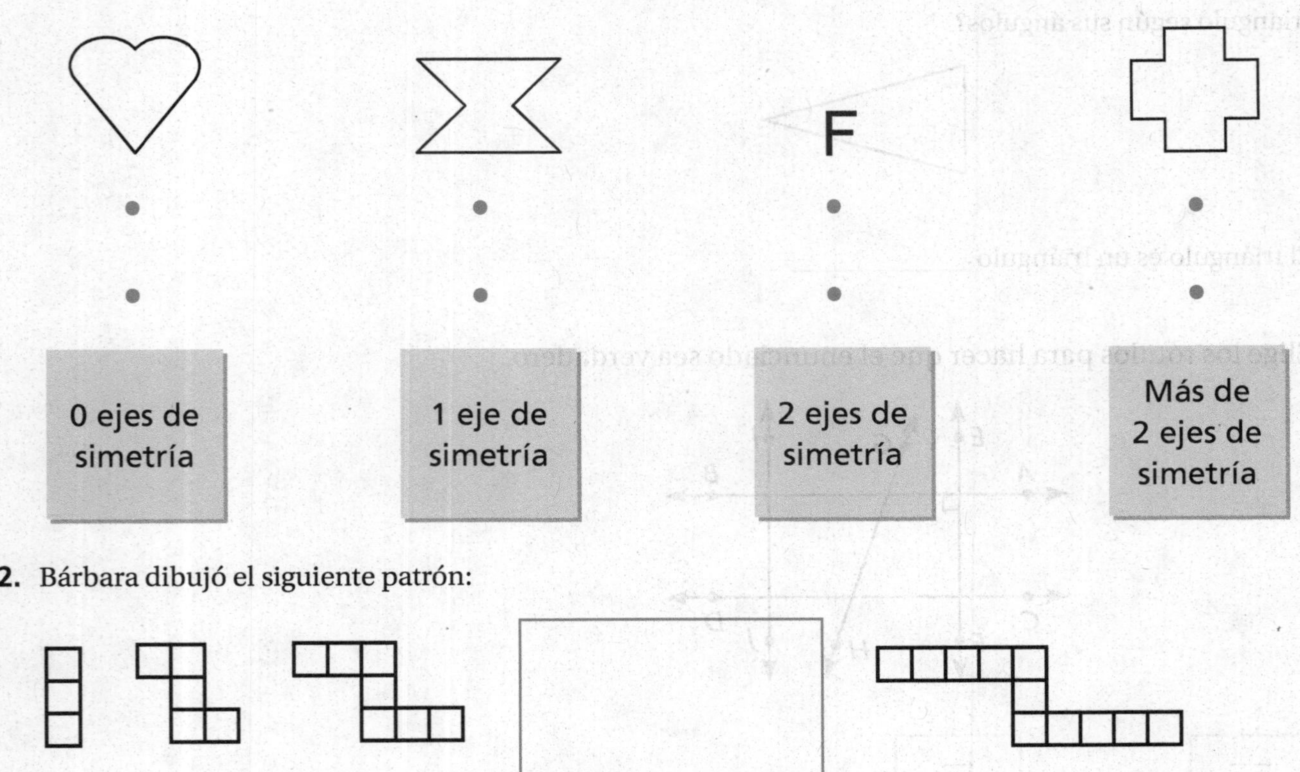

12. Bárbara dibujó el siguiente patrón:

Usa el recuadro para completar el patrón. ☐

13. Claudia dibujó la figura que está a continuación. Dibuja un eje de simetría en la figura.

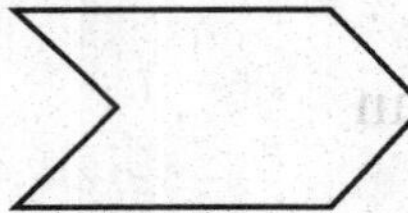

14. Escribe la palabra, o las palabras, que mejor describan la figura.

15. ¿Cuántos ángulos agudos tiene un triángulo rectángulo?

Un triángulo rectángulo tiene _______ ángulos agudos.

Nombre ______________________________

16. Mike dibujó una figura con lados opuestos paralelos. Escribe el par de lados paralelos. ¿Qué figura es?

D E G F

17. Encierra en un círculo la letra que no tiene simetría axial.

DOTS

18. Joseph hizo un patrón con óvalos y rectángulos. Se muestran las primeras cuatro figuras del patrón. Dibuja la figura que sigue.

Figura 1 **Figura 2** **Figura 3** **Figura 4** **Figura 5**

19. Jeremy dibujó la Figura 1 y Louisa dibujó la Figura 2.

Figura 1 **Figura 2**

Parte A

Jeremy dice que las dos figuras son rectángulos. ¿Estás de acuerdo? Apoya tu respuesta.

Parte B

Louisa dice que las dos figuras son rombos. ¿Estás de acuerdo? Apoya tu respuesta.

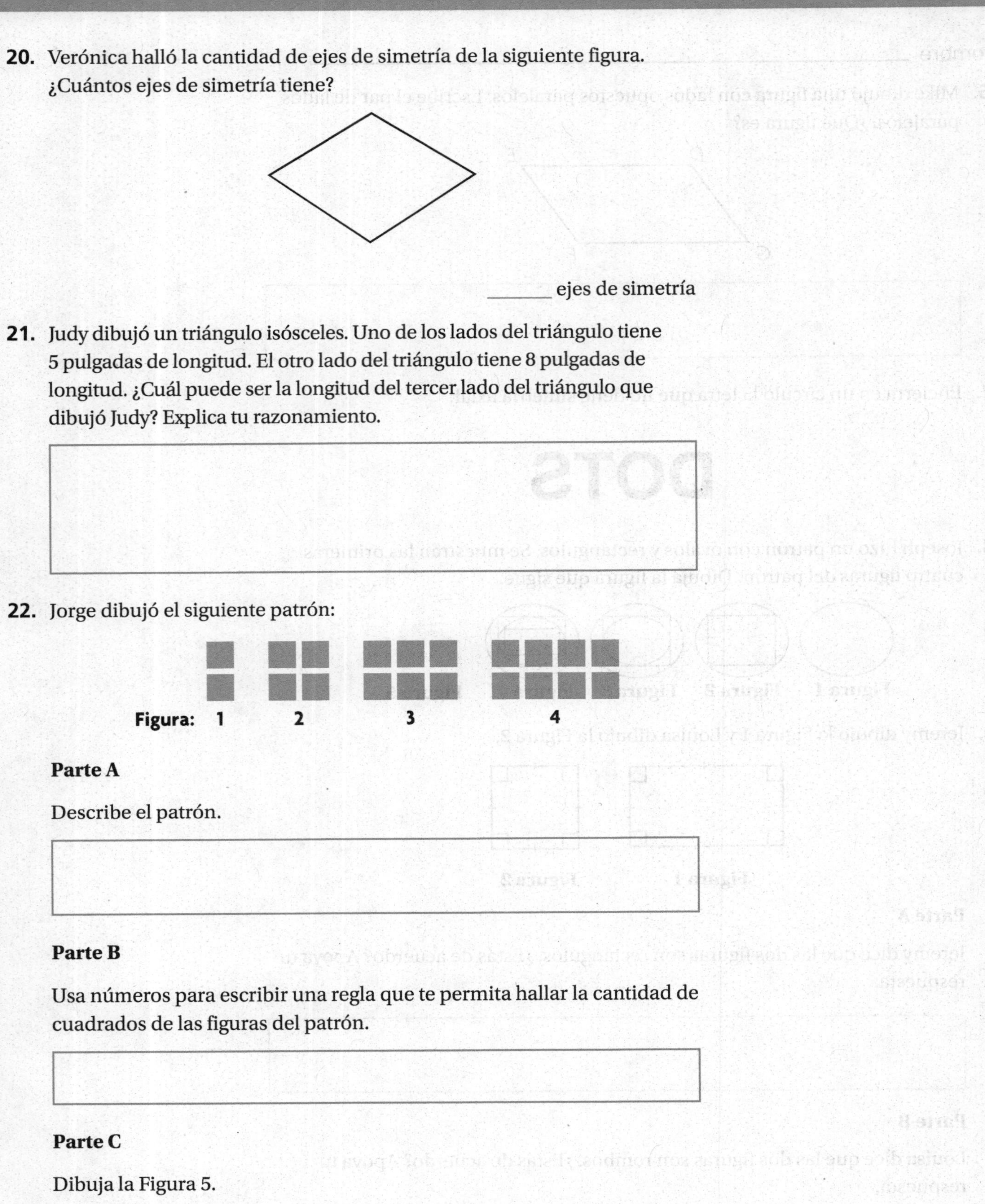

20. Verónica halló la cantidad de ejes de simetría de la siguiente figura. ¿Cuántos ejes de simetría tiene?

_____ ejes de simetría

21. Judy dibujó un triángulo isósceles. Uno de los lados del triángulo tiene 5 pulgadas de longitud. El otro lado del triángulo tiene 8 pulgadas de longitud. ¿Cuál puede ser la longitud del tercer lado del triángulo que dibujó Judy? Explica tu razonamiento.

22. Jorge dibujó el siguiente patrón:

Figura: 1 2 3 4

Parte A

Describe el patrón.

Parte B

Usa números para escribir una regla que te permita hallar la cantidad de cuadrados de las figuras del patrón.

Parte C

Dibuja la Figura 5.

Capítulo 11

Ángulos

Muestra lo que sabes

Comprueba si comprendes las destrezas importantes.

Nombre ____________________________

▶ **Usar una regla métrica** **Usa una regla en centímetros para medir. Halla la longitud en centímetros.**

1. 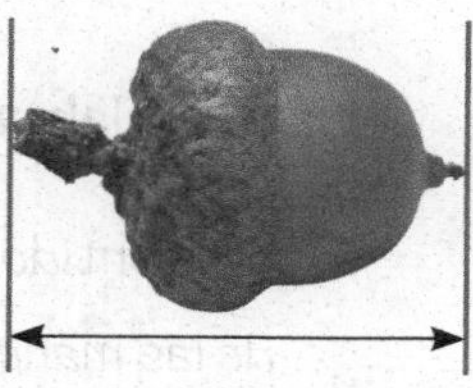

_____ centímetros

2. 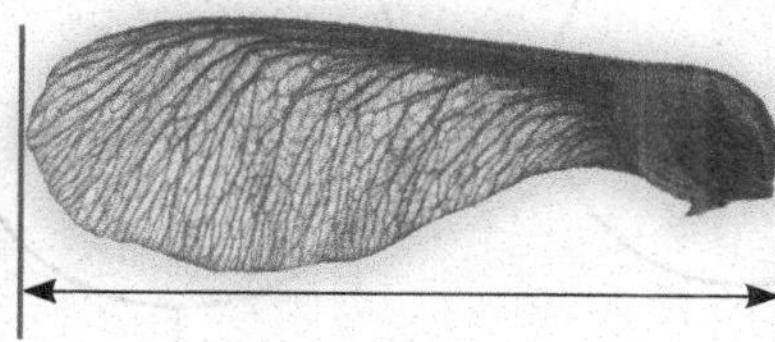

_____ centímetros

▶ **Clasificar ángulos** **Clasifica el ángulo. Escribe *agudo, recto* u *obtuso*.**

3. 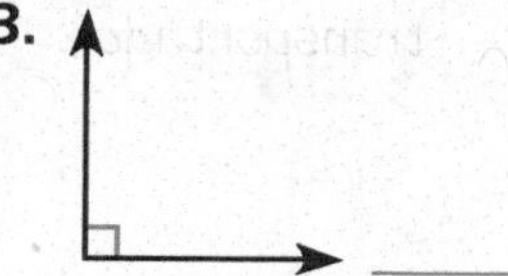 _________

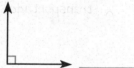

4. 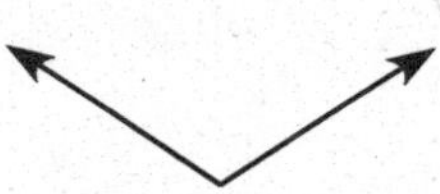 _________

5. 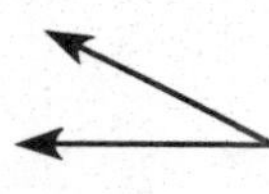 _________

▶ **Partes de un entero** **Escribe una fracción para cada parte sombreada.**

6.  _____

7. 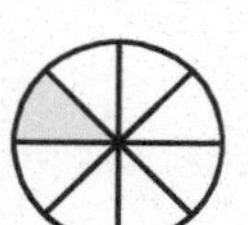 _____

8. 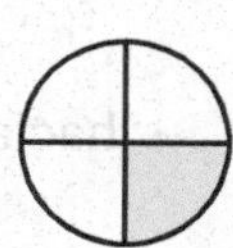 _____

9. 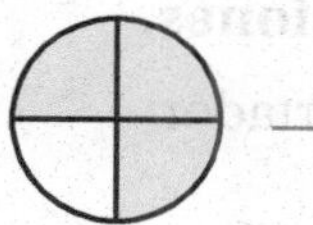 _____

Detective matemático

El puente Sunshine Skyway atraviesa la bahía de Tampa, en la Florida. Los puentes y otras construcciones pueden representar figuras geométricas. Piensa como un detective matemático e investiga sobre el puente. Describe las figuras geométricas que observas. Luego clasifica los ángulos rotulados y el triángulo.

Entrenador personal en matemáticas
Evaluación e intervención en línea

Desarrollo del vocabulario

▶ Visualízalo

Usa las palabras de repaso para completar el mapa conceptual.

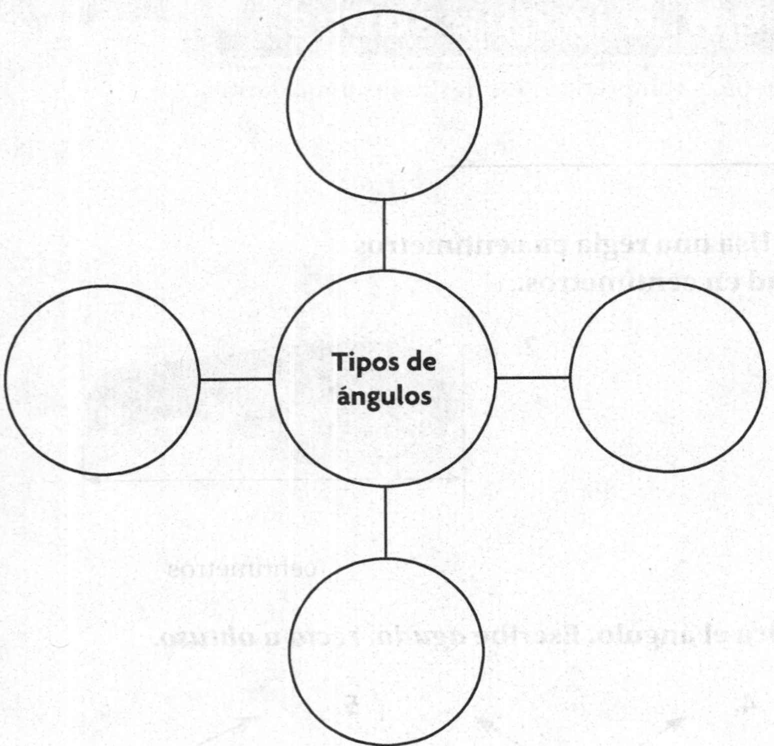

Palabras de repaso

agudo
círculo
llano
obtuso
recto
semirrecta
vértice

Palabras nuevas

en el sentido contrario de las manecillas del reloj
en el sentido de las manecillas del reloj
grado (°)
transportador

▶ Comprende el vocabulario

Traza una línea para emparejar las palabras con sus definiciones.

1. transportador	• hacia la derecha
2. grado(°)	• hacia la izquierda
3. en el sentido de las manecillas del reloj	• un instrumento para medir el tamaño de un ángulo
4. en el sentido contrario de las manecillas del reloj	• la unidad que se usa para medir ángulos

APRENDE EN LÍNEA
- **Libro interactivo del estudiante**
- **Glosario multimedia**

Nombre ___________________________

Ángulos y partes fraccionarias de un círculo

Pregunta esencial ¿Cuál es la relación entre ángulos y partes fraccionarias de un círculo?

Medición y datos—4.MD.5a
PRÁCTICAS MATEMÁTICAS
MP.2, MP.3, MP.5

Investigar

Manos a la obra

Materiales ■ círculos fraccionarios

A. Coloca una parte que represente $\frac{1}{12}$ sobre el círculo. Coloca la punta de la parte fraccionaria sobre el centro del círculo. Dibuja la parte fraccionaria para crear un ángulo.

¿Qué partes de la parte fraccionaria representan las semirrectas del ángulo? ___________________

¿En qué parte del círculo está el vértice del ángulo?

____

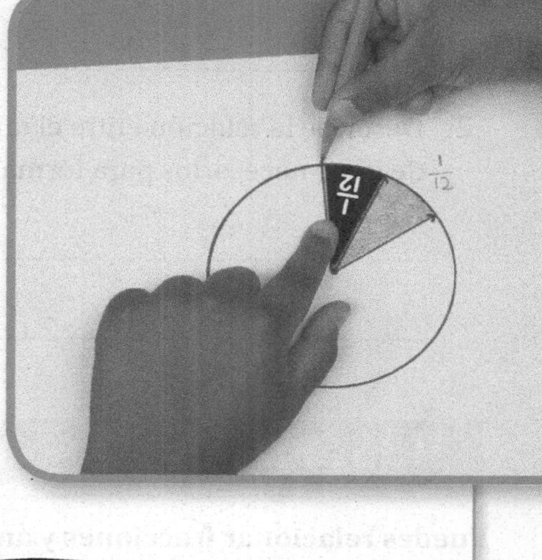

B. Sombrea el ángulo que forma la parte de $\frac{1}{12}$. Rotúlalo $\frac{1}{12}$.

C. Coloca la parte de $\frac{1}{12}$ nuevamente sobre el ángulo sombreado. Gírala **en el sentido contrario de las manecillas del reloj**, es decir, hacia la izquierda.

Dibuja la parte fraccionaria en su nueva posición. ¿Cuántos doceavos dibujaste en total? _______ Rotula $\frac{2}{12}$.

D. Gira la parte fraccionaria en el sentido contrario de las manecillas del reloj otra vez y dibújala. Rotula el número total de doceavos.

Continúa hasta que llegues al ángulo sombreado.

¿Cuántas veces debiste girar la parte de $\frac{1}{12}$ para formar un círculo? ___________

¿Cuántos ángulos se juntan en el centro del círculo? ___________

Sacar conclusiones

1. Compara el tamaño del ángulo que forma una parte de $\frac{1}{4}$ y el tamaño del ángulo que forma una parte de $\frac{1}{12}$. Usa una parte de $\frac{1}{4}$ y tu modelo de la página 441 como ayuda.

____

____

____

2. Describe la relación entre el tamaño de la parte fraccionaria y el número de giros necesarios para formar un círculo.

____

____

Hacer conexiones

Puedes relacionar fracciones y ángulos con las manecillas de un reloj.

Sean las manecillas del reloj las semirrectas de un ángulo. Cada marca de 5 minutos representa $\frac{1}{12}$ de giro **en el sentido de las manecillas del reloj.**

Transcurren 15 minutos.

El minutero hace _______________ de giro en el sentido de las manecillas del reloj.

Transcurren 30 minutos.

El minutero hace _______________ de giro en el sentido de las manecillas del reloj.

Transcurren 45 minutos.

El minutero hace _______________ de giro en el sentido de las manecillas del reloj.

Transcurren 60 minutos.

El minutero hace _______________ de giro o _______________ en el sentido de las manecillas del reloj.

Charla matemática — **Prácticas matemáticas**

Explica en qué se parece un ángulo que se forma en un círculo con una parte fraccionaria de $\frac{1}{4}$ a $\frac{1}{4}$ de giro y 15 minutos transcurridos en un reloj.

Nombre ____________________

Comparte y muestra

Indica qué fracción del círculo representa el ángulo sombreado.

1. 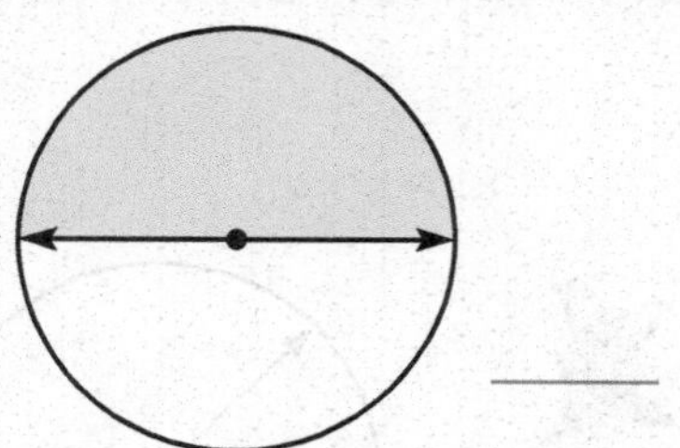 ________

2. 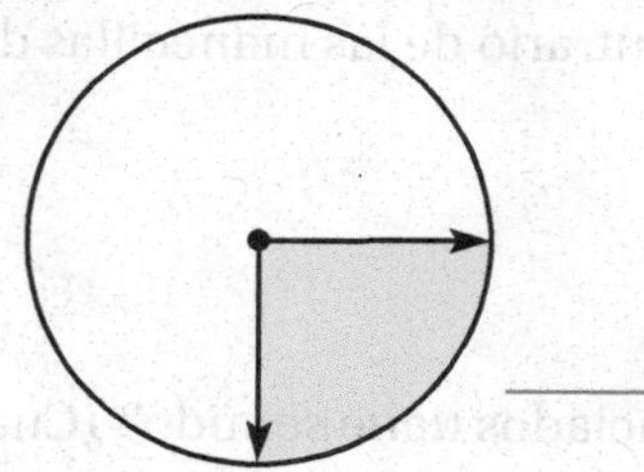 ________

3. 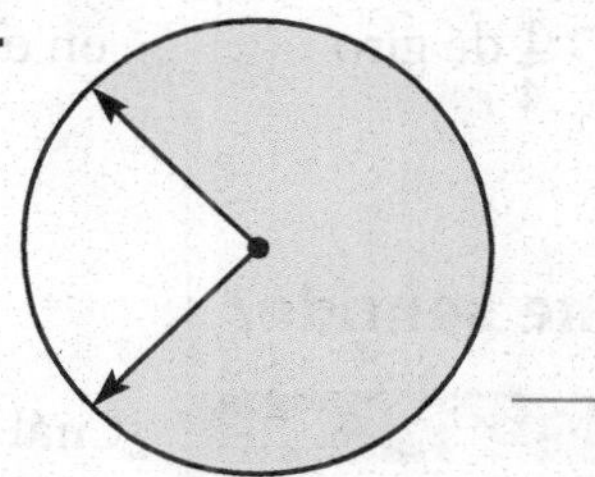 ________

4. 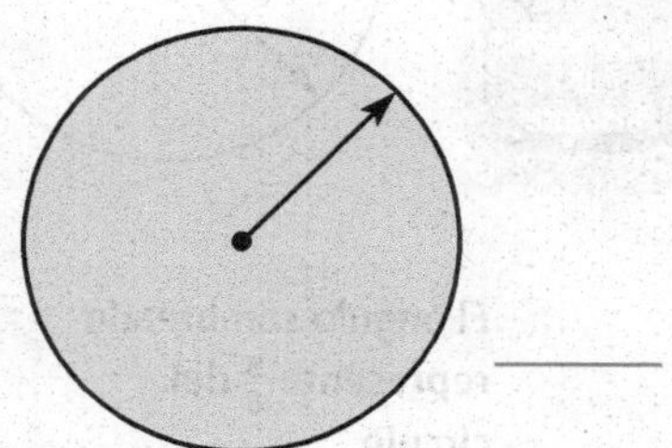 ________

5. 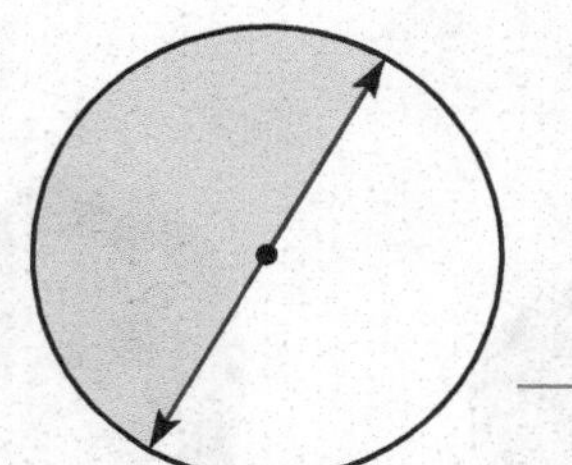 ________

6. 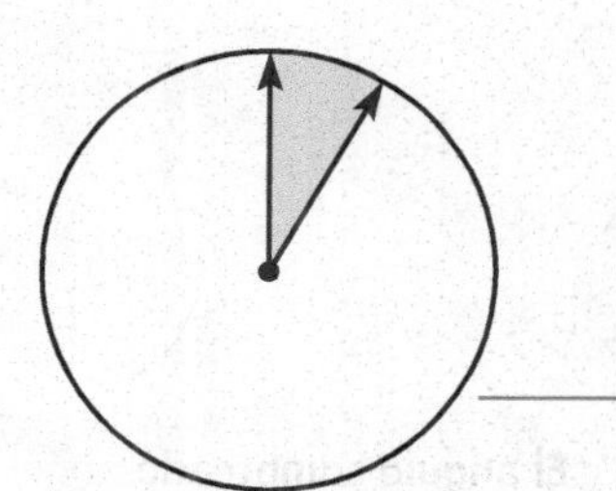 ________

Indica si el ángulo del círculo muestra $\frac{1}{4}$, $\frac{1}{2}$, $\frac{3}{4}$ de giro o 1 giro completo en el sentido de las manecillas del reloj o en el sentido contrario de las manecillas del reloj.

7. 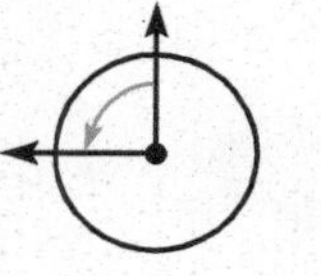 ________

8. 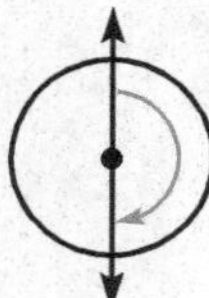 ________

9. 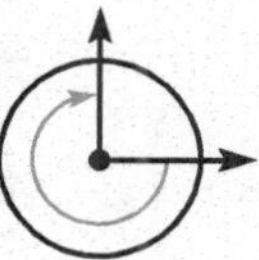 ________

Resolución de problemas • Aplicaciones

10. PRÁCTICA MATEMÁTICA 1 Susan vio el juego desde la 1 p. m. hasta la 1:30 p. m. **Describe** el giro que hizo el minutero en ese tiempo.

____

____

11. MÁS AL DETALLE Compara los ángulos de los ejercicios 1 y 5. ¿La posición del ángulo influye en el tamaño del ángulo? Explícalo.

____

____

Entrenador personal en matemáticas

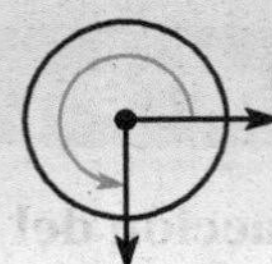

12. PIENSA MÁS + Malcom dibujó este ángulo en el círculo. ¿Cuál de las opciones describe el ángulo? Marca todas las opciones que sean correctas.

○ $\frac{3}{4}$ de giro ○ en el sentido de las manecillas del reloj

○ $\frac{1}{4}$ de giro ○ en el sentido contrario de las manecillas del reloj

¿Tiene sentido?

13. PIENSA MÁS ¿Cuál de los enunciados tiene sentido? ¿Cuál no tiene sentido? Explica tu razonamiento.

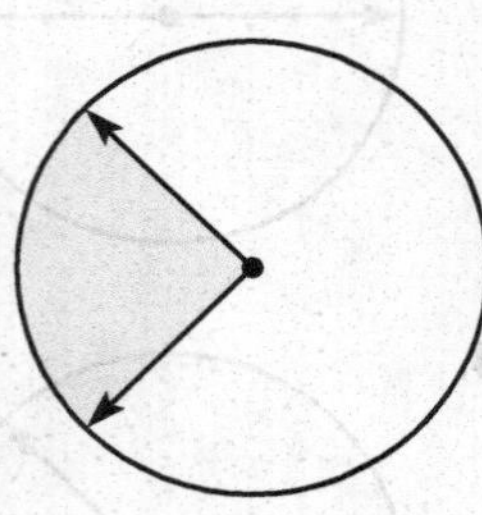

El ángulo sombreado representa $\frac{1}{4}$ del círculo.

El ángulo sombreado representa $\frac{3}{8}$ del círculo.

Enunciado de Carla	Enunciado de Adam

- Para el enunciado que no tiene sentido, escribe un enunciado que tenga sentido.

- ¿De qué otra manera se puede describir el tamaño del ángulo? Explícalo.

PRÁCTICA ADICIONAL:
Cuaderno de práctica de los estándares

Nombre ______________________

Grados

Pregunta esencial ¿Cuál es la relación entre grados y partes fraccionarias de un círculo?

Medición y datos—4.MD.5a, 4.MD.5b
PRÁCTICAS MATEMÁTICAS
MP.1, MP.2, MP.5

RELACIONA Puedes usar lo que sabes acerca de los ángulos y las partes fraccionarias de un círculo para comprender la medición de ángulos. Los ángulos se miden en unidades llamadas **grados**. Piensa en un círculo dividido en 360 partes iguales. Un ángulo que gira sobre $\frac{1}{360}$ del círculo mide 1 grado.

Idea matemática
El símbolo de grado es °.

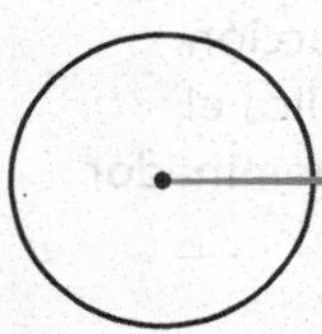

Soluciona el problema En el mundo

El ángulo entre dos rayos de la rueda de bicicleta gira sobre $\frac{10}{360}$ de un círculo. ¿Cuánto mide el ángulo que se forma entre los dos rayos?

- ¿Qué parte de un ángulo representa un rayo?

____

____

____

Ejemplo 1 Usa partes fraccionarias para hallar la medida del ángulo.

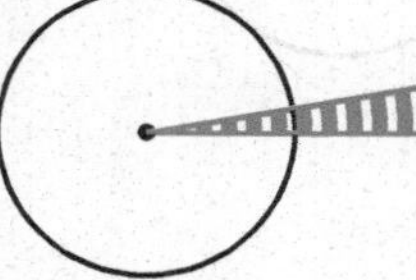

Cada $\frac{1}{360}$ de giro mide ______ grado.

Diez $\frac{1}{360}$ de giro miden ______ grados.

Entonces, el ángulo entre los rayos mide ______.

▲ La bicicleta Penny Farthing fue construida en el siglo XIX.

Charla matemática **Prácticas matemáticas**

¿Cuántos grados mide un ángulo que hace un giro de 1 círculo entero? **Explícalo.**

Ejemplo 2 Halla la medida de un ángulo recto.

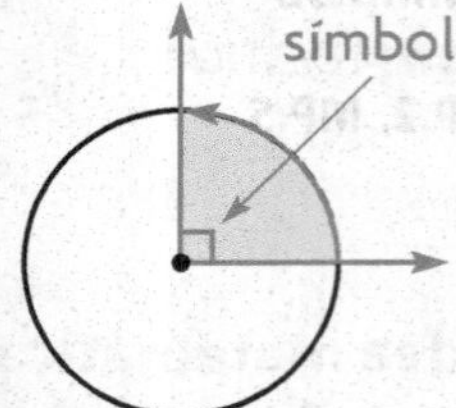

Piensa: ¿Sobre qué fracción de un círculo gira un ángulo recto? ______

PASO 1 Escribe $\frac{1}{4}$ como una fracción equivalente con 360 como denominador.

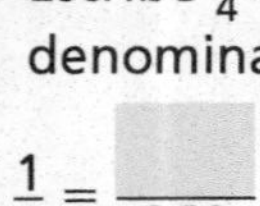

$\frac{1}{4} = \frac{\square}{360}$ **Piensa:** 4 × 9 = 36, entonces 4 × ______ = 360.

Recuerda

Para escribir una fracción equivalente, multiplica el numerador y el denominador por el mismo factor.

PASO 2 Escribe $\frac{90}{360}$ en grados.

Un ángulo que gira sobre $\frac{1}{360}$ de un círculo mide ______.

Un ángulo que gira sobre $\frac{90}{360}$ de un círculo mide ______.

Entonces, un ángulo recto mide ______.

¡Inténtalo! Halla la medida de un ángulo llano.

¿Sobre qué fracción de un círculo gira un ángulo llano? ______

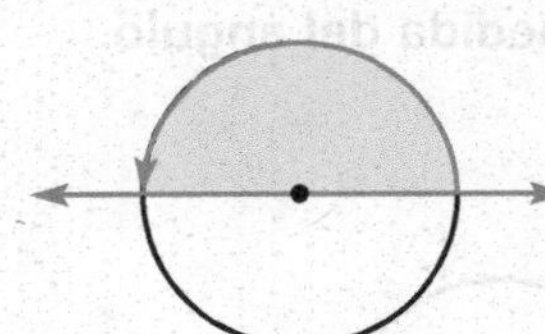

Escribe $\frac{1}{2}$ como una fracción equivalente con 360 como denominador.

$\frac{1}{2} = \frac{\square}{360}$ **Piensa:** 2 × 18 = 36, entonces 2 × ______ = 360.

Entonces, un ángulo llano mide ______.

1. ¿Cómo puedes describir la medida de un ángulo agudo en grados?

______

______

2. ¿Cómo puedes describir la medida de un ángulo obtuso en grados?

______

______

Nombre ________________

Comparte y muestra

1. Halla la medida del ángulo.

¿Sobre qué fracción de un círculo gira el ángulo? ______

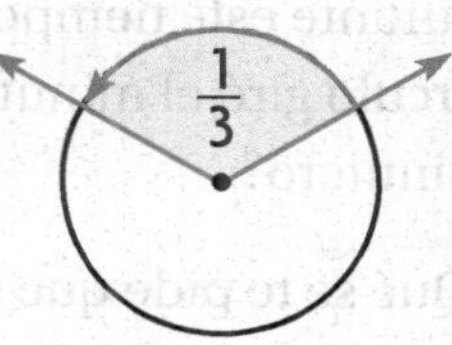

$\frac{1}{3} = \frac{\square}{360}$ **Piensa:** 3 × 12 = 36, entonces 3 × ______ = 360.

Entonces, el ángulo mide ______.

Indica la medida del ángulo en grados.

2. 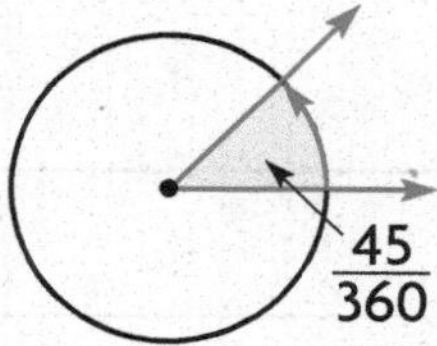

______

3. 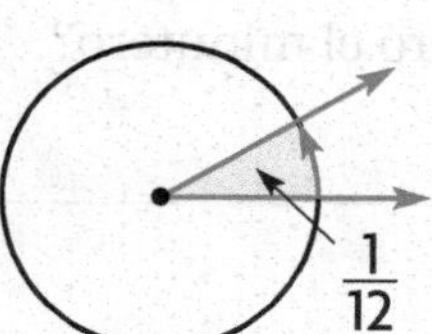

______

Charla matemática — Prácticas matemáticas

Si un ángulo mide 60°, ¿sobre qué fracción de un círculo gira? **Explícalo.**

Por tu cuenta

Indica la medida del ángulo en grados.

4. 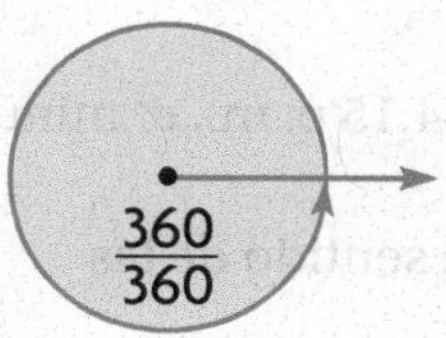

______

5. 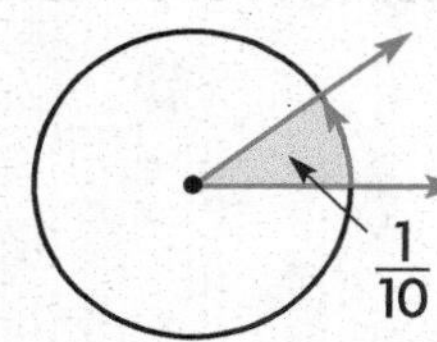

______

Clasifica el ángulo. Escribe *agudo, obtuso, recto* o *llano*.

6. 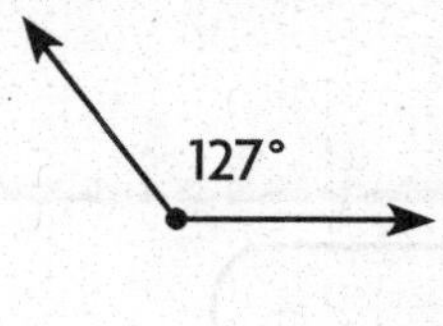

______

7. 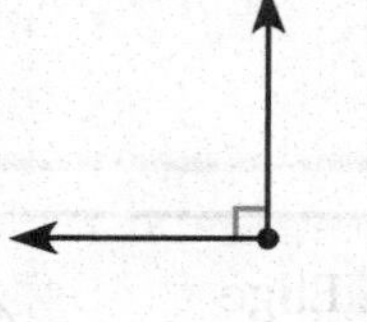

______

8. 

______

9. 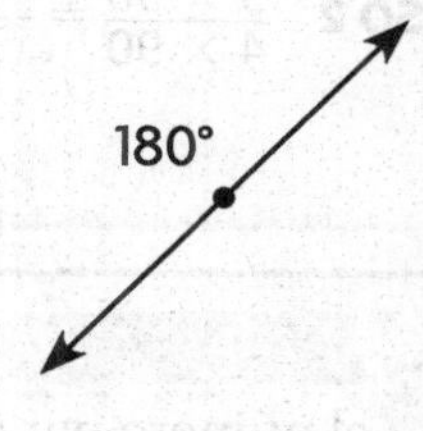

______

10. PRÁCTICA MATEMÁTICA 6 ¿Este es un ángulo obtuso? **Explícalo.**

11. MÁS AL DETALLE Alex cortó una pizza circular en 8 porciones iguales. Quitó 2 de las porciones. ¿Cuánto mide el ángulo formado por las porciones que faltan?

______

Soluciona el problema *En el mundo*

12. PIENSA MÁS Ava comenzó a leer a las 3:30 p. m. Se detuvo para beber un refrigerio a las 4:15 p. m. Durante este tiempo, ¿sobre qué fracción de un círculo giró el minutero? ¿Cuántos grados giró el minutero?

a. ¿Qué se te pide que halles? ______________________________

____

b. ¿Qué información puedes usar para hallar la fracción de un círculo sobre la cual giró el minutero?

____

____

c. ¿De qué manera puedes usar la fracción de un círculo sobre la cual giró el minutero para hallar cuántos grados giró?

____

____

d. Muestra los pasos para resolver el problema.

PASO 1 $\frac{3 \times \square}{4 \times \square} = \frac{?}{360}$

PASO 2 $\frac{3 \times 90}{4 \times 90} = \frac{\square}{360}$

e. Completa las oraciones.

Entre las 3:30 p. m. y las 4:15 p. m., el minutero hizo ______ de giro en el sentido de las manecillas del reloj.

El minutero giró ______.

13. PIENSA MÁS Un ángulo representa $\frac{1}{15}$ de un círculo. Elige el número para mostrar cómo hallar la medida del ángulo en grados.

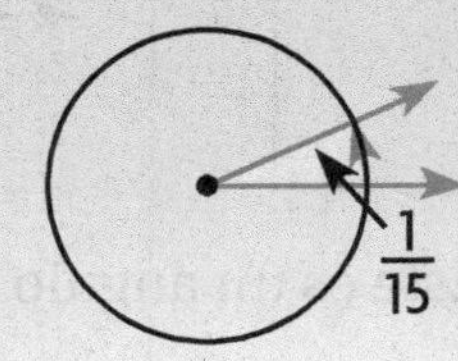

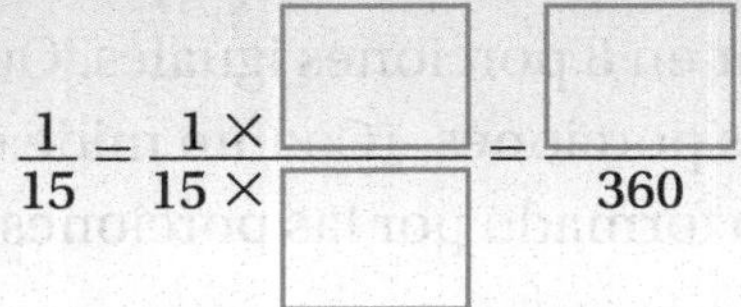

$\frac{1}{15} = \frac{1 \times \square}{15 \times \square} = \frac{\square}{360}$

20

24

30

El ángulo mide ______________.

PRÁCTICA ADICIONAL: Cuaderno de práctica de los estándares

Nombre ________________________

Medir y dibujar ángulos

Pregunta esencial ¿Cómo puedes usar un transportador para medir y dibujar ángulos?

Medición y datos—4.MD.6
PRÁCTICAS MATEMÁTICAS
MP.4, MP.5, MP.6,

Soluciona el problema *En el mundo*

Emma quiere hacer una escultura de arcilla de su hija tal como aparece en la foto bailando. ¿Cómo puede medir ∠*DCE*, el ángulo que forman los brazos de su hija?

Un **transportador** es un instrumento para medir el tamaño de un ángulo.

Actividad Usa un transportador para medir ∠*DCE*.

Materiales ■ transportador

PASO 1 Coloca el punto central del transportador en el vértice *C* del ángulo.

PASO 2 Alinea la marca de 0° de la escala del transportador con la semirrecta *CE*.

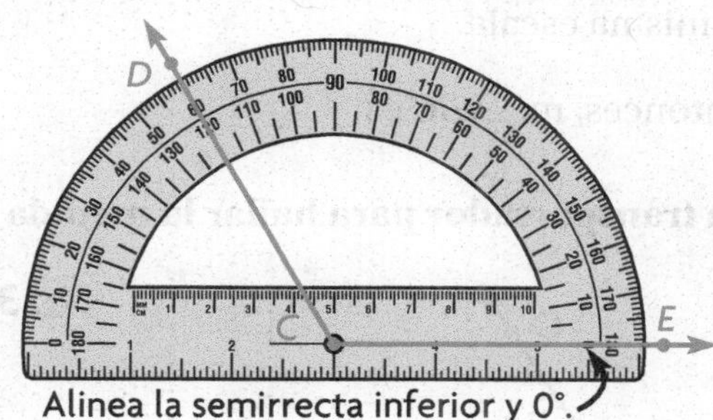

Alinea la semirrecta inferior y 0°.

PASO 3 Halla el punto en el que la semirrecta *CD* interseca la misma escala. Lee la medida del ángulo en esa escala. Si es necesario, extiende la semirrecta.

m∠*DCE* = ______ **Lee m∠*DCE* como la "medida del ángulo *DCE*".**

Entonces, el ángulo que forman los brazos de la hija de Emma mide ______.

Charla matemática **Prácticas matemáticas**

Cuando mides, ¿puedes alinear cualquiera de las semirrectas del ángulo con el transportador? **Explícalo.**

Dibujar ángulos **También puedes usar un transportador para dibujar un ángulo de una medida dada.**

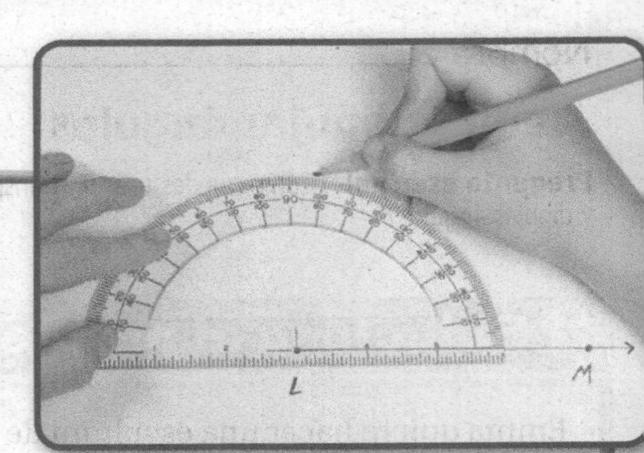

 **Actividad** Dibuja $\angle KLM$ con una medida de 82°.

Materiales ■ transportador

PASO 1 Usa el lado recto del transportador para dibujar y rotular la semirrecta *LM*.

PASO 2 Coloca el punto central del transportador sobre el punto *L*. Alinea la semirrecta *LM* con la marca de 0° del transportador.

PASO 3 Marca un punto en 82° sobre la misma escala. Rotula el punto *K*.

PASO 4 Usa el lado recto del transportador para dibujar la semirrecta *LK*.

Comparte y muestra

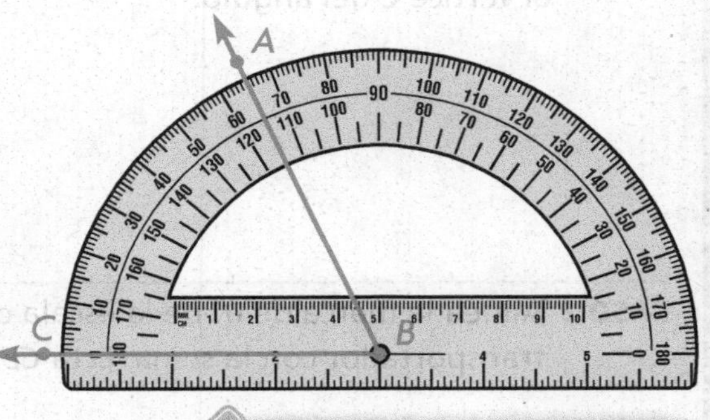

1. Mide $\angle ABC$.

Coloca el centro del transportador sobre el punto ______.

Alinea la semirrecta *BC* con ______.

Lee el punto en el que la ______ interseca la misma escala.

Entonces, $m\angle ABC$ es ______.

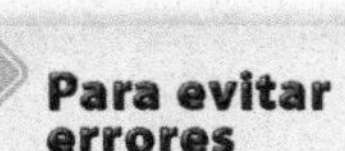

Para evitar errores
Asegúrate de usar la escala correcta en el transportador. Pregúntate: ¿Es razonable la medida?

Usa un transportador para hallar la medida de los ángulos.

2.

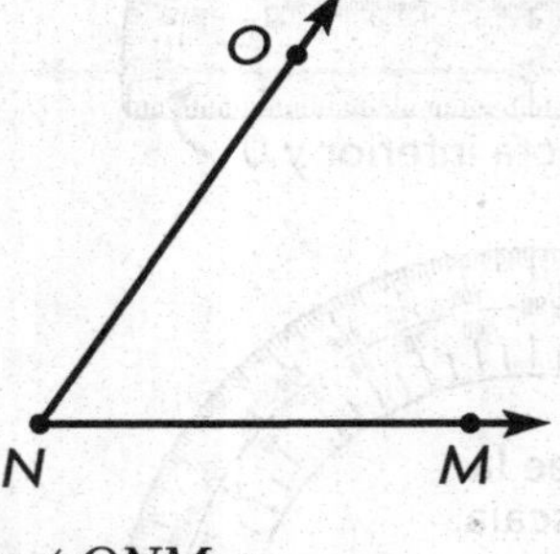

$m\angle ONM =$ ______

 **3.**

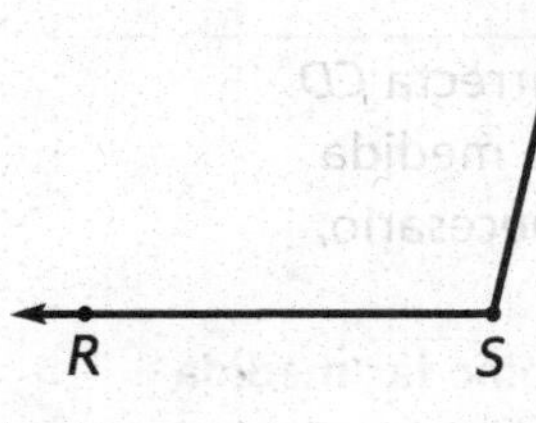

$m\angle TSR =$ ______

Usa un transportador para dibujar los ángulos.

4. 170°

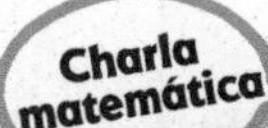 **5.** 78°

Charla matemática **Prácticas matemáticas**

Describe en qué se parecen dibujar ángulos y medir ángulos.

Nombre ______________________

Por tu cuenta

Usa un transportador para hallar la medida de los ángulos.

6.

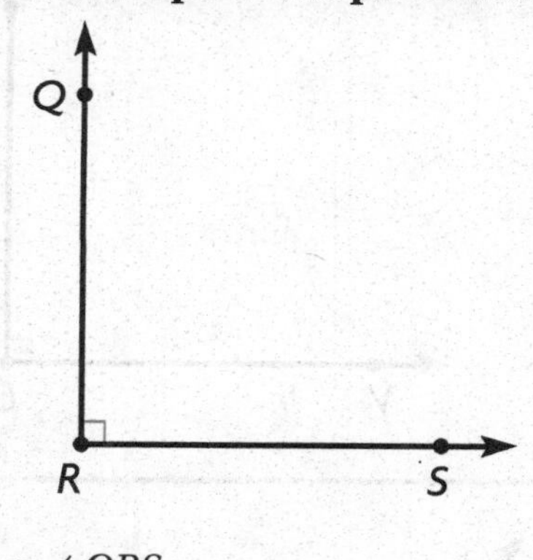

m$\angle QRS$ = ______

7.

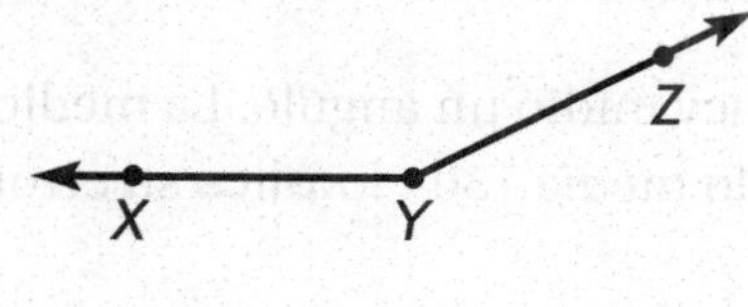

m$\angle XYZ$ = ______

Usa un transportador para dibujar los ángulos.

8. 115°

9. 67°

Dibuja un ejemplo de cada ángulo. Rotula el ángulo con su medida.

10. un ángulo agudo

11. un ángulo obtuso

12. un ángulo llano

13. un ángulo recto

14. PIENSA MÁS Dibuja un ángulo con una medida de 0°. Describe tu dibujo.

____

____

Resolución de problemas • Aplicaciones *En el mundo*

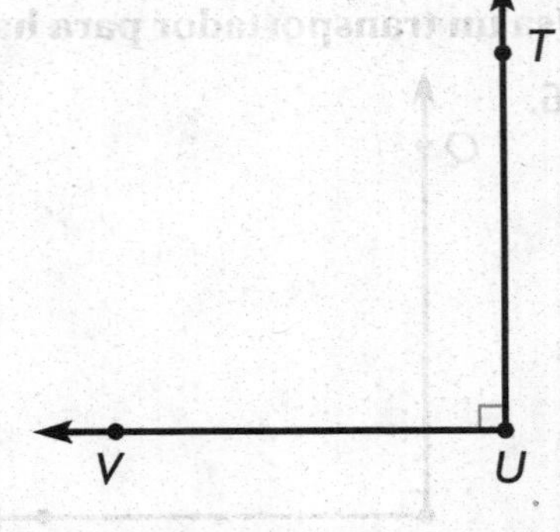

15. MÁS AL DETALLE Hadley quiere dividir este ángulo en tres ángulos de igual medida. ¿Cuánto medirá cada ángulo? _______

16. PRÁCTICA MATEMÁTICA 6 Tracy midió un ángulo. La medición le dio 50°, pero en realidad el ángulo medía 130°. **Explica** su error.

____

____

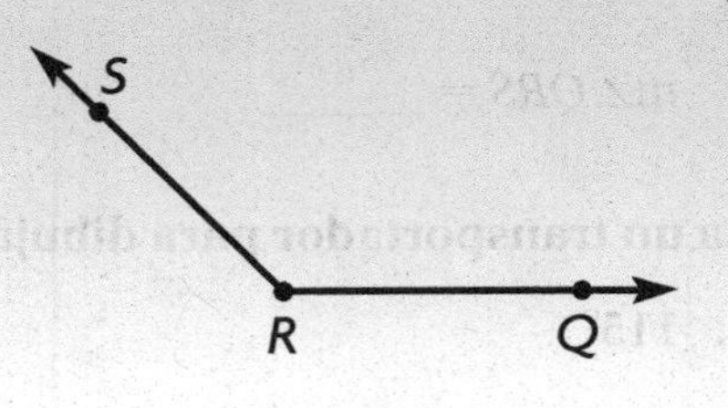

17. PIENSA MÁS Elige la palabra o el número para completar un enunciado verdadero sobre ∠*QRS*.

∠*QRS* es un ángulo [agudo / obtuso / recto] que mide [45°. / 115°. / 135°.]

Conectar con las Ciencias

El eje de la Tierra

La Tierra tarda un año en girar alrededor del Sol. El hemisferio norte es la mitad de la Tierra que está al norte del ecuador. Las estaciones del año se deben a la inclinación del eje terrestre.

Usa los diagramas y un transportador para resolver los problemas 18 y 19.

Hemisferio norte

invierno

Sol

Tierra

18. En el hemisferio norte, el eje terrestre está alejado del Sol el primer día de invierno, que suele ser el 21 de diciembre. ¿Cuánto mide el ángulo marcado el primer día de invierno, que es el día más corto del año?

____

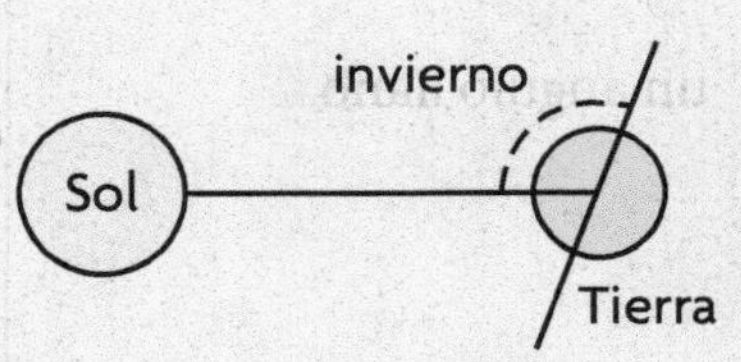

19. El eje terrestre no está alejado del Sol ni inclinado hacia él ni el primer día de primavera ni el primer día de otoño, que suelen ser el 20 de marzo y el 22 de septiembre. ¿Cuánto mide el ángulo marcado el primer día de primavera u otoño?

____

PRÁCTICA ADICIONAL:
Cuaderno de práctica de los estándares

Nombre ____________________

Revisión de la mitad del capítulo

Vocabulario

Vocabulario
en el sentido contrario de las manecillas del reloj
en el sentido de las manecillas del reloj
grado (°)
transportador

Elige el término del recuadro que mejor corresponda.

1. La unidad que se usa para medir ángulos se llama

________________. (pág. 445)

2. Un giro ________________ es un giro hacia la izquierda. (pág. 441)

3. Un ________________ es un instrumento para medir el tamaño de un ángulo. (pág. 449)

Conceptos y destrezas

Indica si el ángulo del círculo muestra $\frac{1}{4}$, $\frac{1}{2}$, $\frac{3}{4}$ de giro o 1 giro completo en el sentido de las manecillas del reloj o en el sentido contrario de las manecillas del reloj. (4.MD.5a)

4.

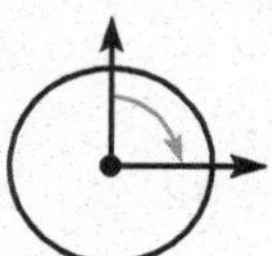

____

____

5.

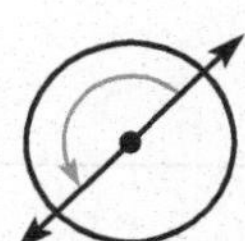

____

____

6.

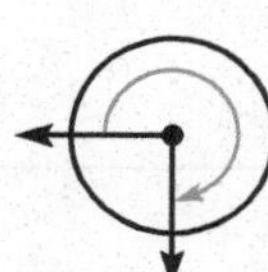

____

____

7.

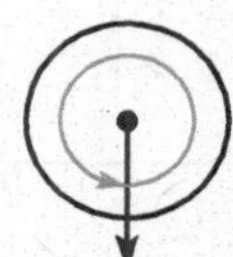

____

____

Indica la medida del ángulo en grados. (4.MD.5a, 4.MD.5b)

8.

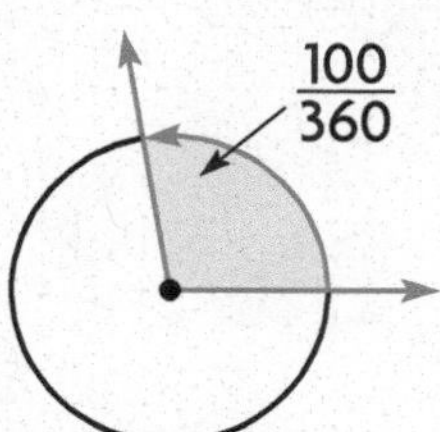

____

9.

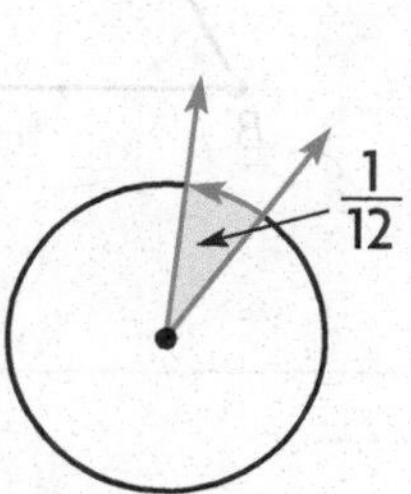

____

Usa un transportador para dibujar los ángulos. (4.MD.6)

10. 75°

11. 127°

12. Phillip observó un juego de vóleibol de playa desde la 1:45 p. m. hasta las 2:00 p. m. ¿Cuántos grados giró el minutero en ese tiempo? **(4.MD.5a, 4.MD.5b)**

____

13. ¿Qué ángulo forma esta porción de tarta? **(4.MD.5a, 4.MD.5b)**

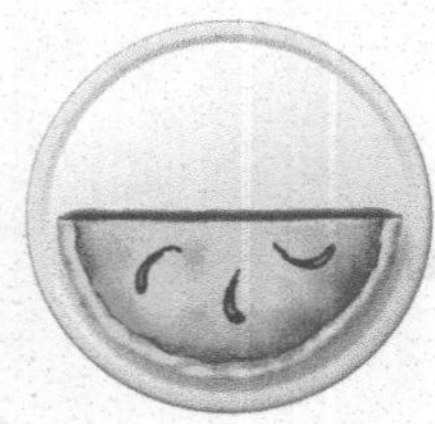

____

14. ¿Cuánto mide $\angle CBT$? Usa un transportador como ayuda. **(4.MD.6)**

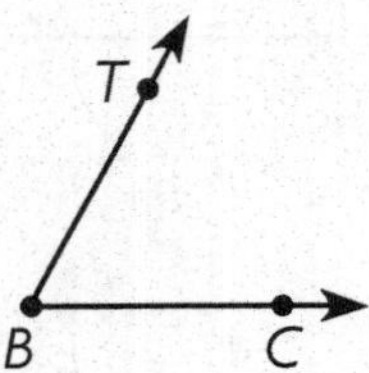

____

Nombre ___________________________

Unir y separar ángulos

Pregunta esencial ¿Cómo puedes determinar la medida de un ángulo separado en partes?

Medición y datos—4.MD.7
PRÁCTICAS MATEMÁTICAS
MP.2, MP.4, MP.5

Investigar

Manos a la obra

Materiales ■ cartulina ■ tijeras ■ transportador

A. Usa cartulina. Dibuja un ángulo que mida exactamente 70°. Rotúlalo $\angle ABC$.

B. Recorta $\angle ABC$ de la cartulina.

C. Recorta $\angle ABC$ para separarlo en dos partes. Empieza a cortar desde el vértice y corta entre las semirrectas.

¿Qué figuras se formaron? ___________

D. Usa un transportador para medir los dos ángulos que se formaron.

Anota las medidas. ___________

E. Halla la suma de los ángulos que se formaron.

_____ + _____ = _____
parte + parte = entero

Idea matemática
Puedes pensar en $\angle ABC$ como el entero y en los dos ángulos que se formaron como las partes del entero.

F. Une los dos ángulos. Compara $m\angle ABC$ con la suma de las medidas de sus partes. Explica cuál es la relación entre ellas.

____

____

____

____

Sacar conclusiones

1. ¿Qué pasaría si cortaras $\angle ABC$ en dos ángulos diferentes? ¿Qué conclusión puedes sacar acerca de la suma de las medidas de estos dos ángulos? Explícalo.

2. PIENSA MÁS Seth cortó $\angle ABC$ en 3 partes. Dibuja un modelo con el que muestres dos maneras diferentes en que Seth pudo haber separado el ángulo.

3. Escribe una oración en la que compares la medida de un ángulo con la suma de sus partes.

Hacer conexiones

Materiales ■ transportador

Puedes escribir la medida de los ángulos que se muestran en el interior del círculo como una suma.

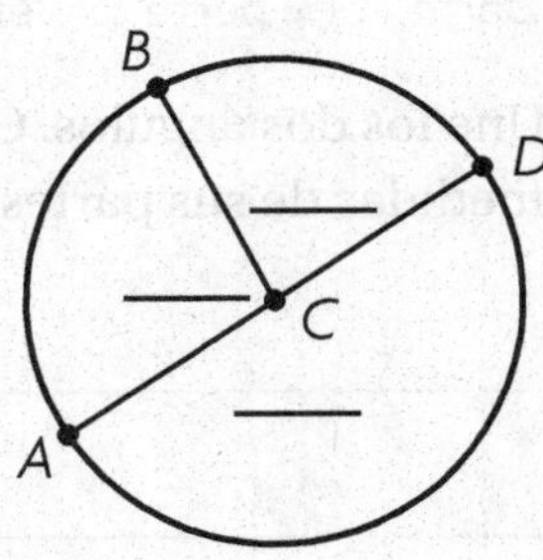

PASO 1 Usa un transportador para hallar la medida de los ángulos.

PASO 2 Rotula cada ángulo con su medida.

PASO 3 Escribe la suma de las medidas de los ángulos como una ecuación.

_____ + _____ + _____ = _____

parte + parte + parte = entero

Charla matemática — Prácticas matemáticas

Describe los ángulos que se muestran en el círculo de arriba con las palabras *entero* y *parte*.

Nombre ______________________________

Comparte y muestra

Suma para hallar la medida del ángulo. Escribe una ecuación para anotar tu trabajo.

1.

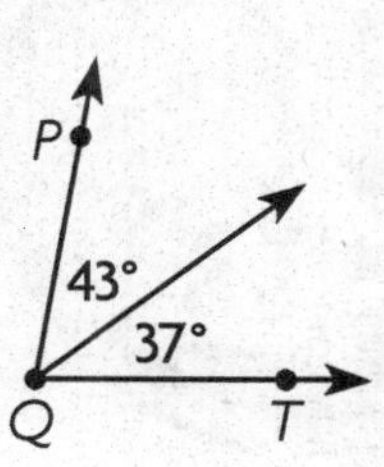

____

m∠*PQT* = ______

2.

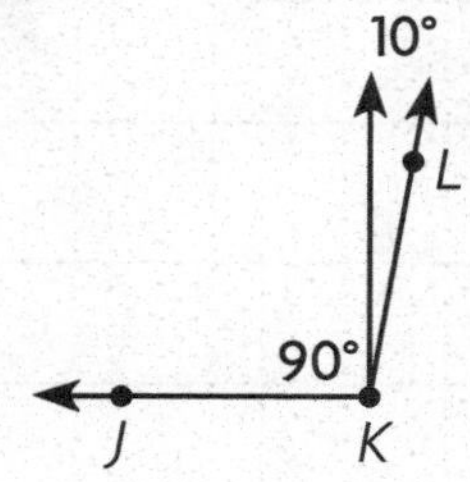

____

m∠*JKL* = ______

3.

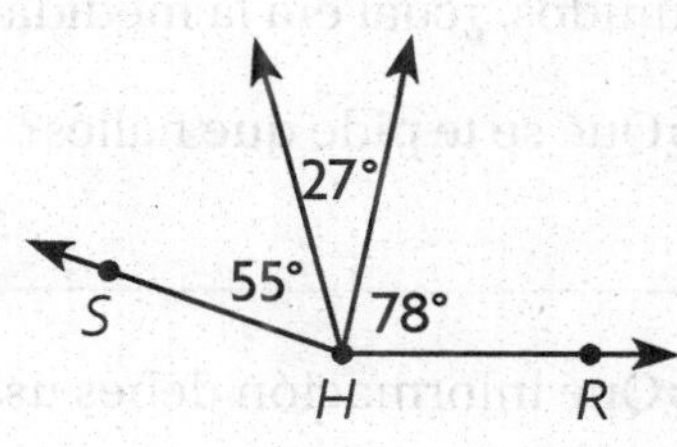

____

m∠*RHS* = ______

Usa un transportador para hallar la medida de los ángulos. Rotula cada ángulo con su medida. Escribe la suma de las medidas de los ángulos como una ecuación.

4.

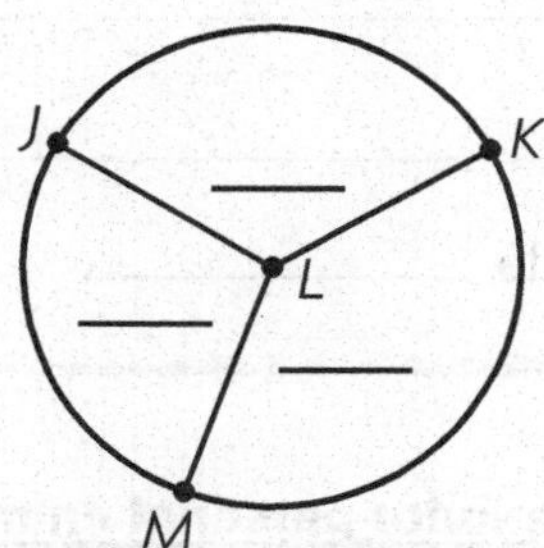

____

5.

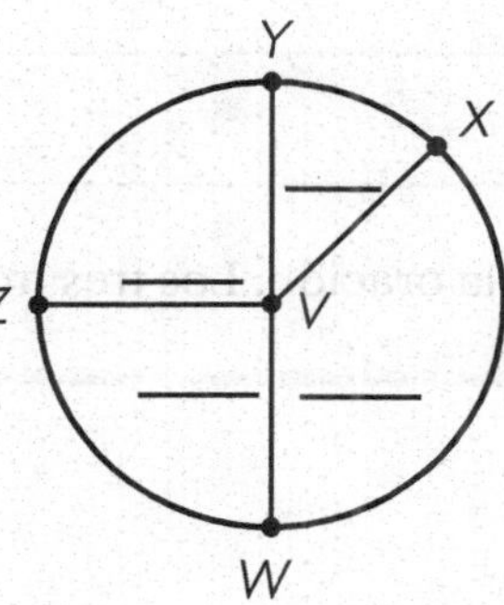

____

Resolución de problemas • Aplicaciones

6. PRÁCTICA MATEMÁTICA 4 **Usa diagramas** ¿Cuánto mide ∠*QRT*?

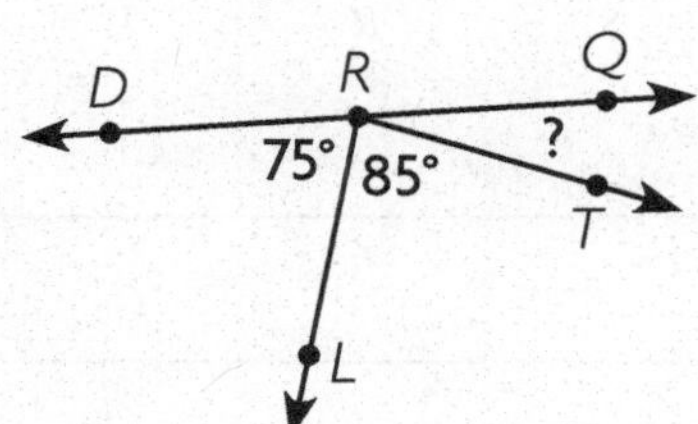

____

7. MÁS AL DETALLE Vuelve a leer el Ejercicio 1. Supón que unes un ángulo que mide 10° al ∠*PQT*. Dibuja el ángulo nuevo, mostrando las tres partes. ¿Qué tipo de ángulo se formó?

____

Soluciona el problema En el mundo

8. PIENSA MÁS Stephanie, Kay y Shane comieron cada una un trozo de pizza del mismo tamaño. La medida del ángulo de cada trozo era 45°. Cuando los trozos estaban unidos, ¿cuál era la medida del ángulo que formaban?

a. ¿Qué se te pide que halles? ______________________

____

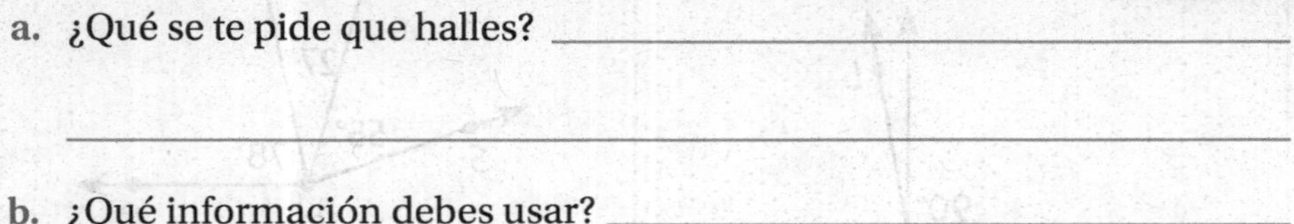

b. ¿Qué información debes usar? ______________________

____

____

c. Indica cómo puedes usar la suma para resolver el problema.

____

____

____

d. Completa la oración: Los tres trozos de pizza formaban un ángulo de ____________.

9. ¿Cuál es la medida de $\angle XZW$? Escribe una ecuación para mostrar tu trabajo.

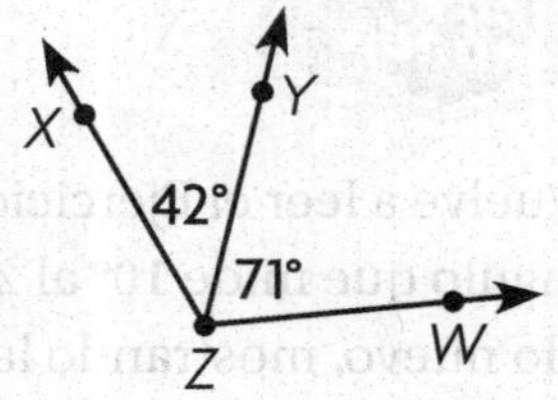

____

Entrenador personal en matemáticas

10. PIENSA MÁS + ¿Cuánto mide $\angle PRS$? Usa ecuaciones para explicar y comprobar tu respuesta.

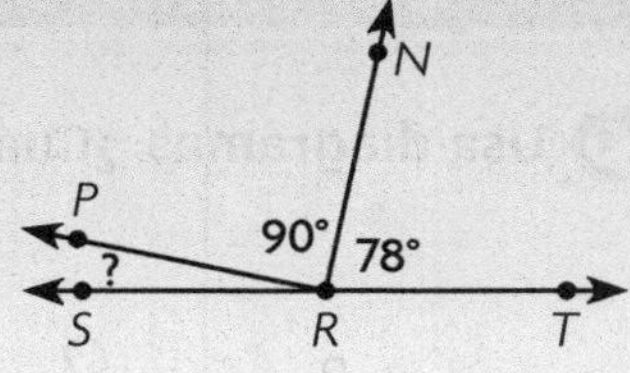

____

____

____

____

____

PRÁCTICA ADICIONAL:
Cuaderno de práctica de los estándares

Nombre ______________________________

RESOLUCIÓN DE PROBLEMAS
Lección 11.5

Resolución de problemas • Medidas desconocidas de ángulos

Pregunta esencial ¿Cómo puedes usar la estrategia *hacer un diagrama* para resolver problemas de medición de ángulos?

Medición y datos—4.MD.7
PRÁCTICAS MATEMÁTICAS MP.1, MP.4

Soluciona el problema

El Sr. Tran está cortando un pedazo de azulejo de cocina como se muestra en el dibujo que está a la derecha. Necesita azulejos con ángulos de 45º para hacer un diseño. Después de cortar el azulejo, ¿cuánto mide el ángulo de la parte que sobra? ¿Puede usar ambos pedazos en su diseño?

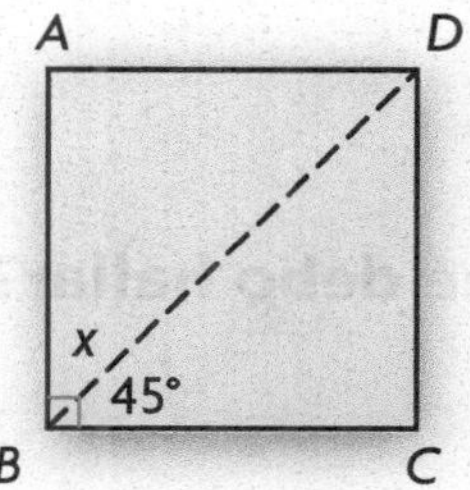

Usa el siguiente organizador gráfico para resolver el problema.

Lee el problema

¿Qué debo hallar?	¿Qué información debo usar?	¿Cómo usaré la información?
Debo hallar ______ ______	Puedo usar las medidas de los ángulos que conozco. ______ ______	Puedo dibujar un modelo de barras y usar la información para ______ ______

Resuelve el problema

Puedo dibujar un modelo de barras para representar el problema. Luego puedo escribir una ecuación para resolver el problema.

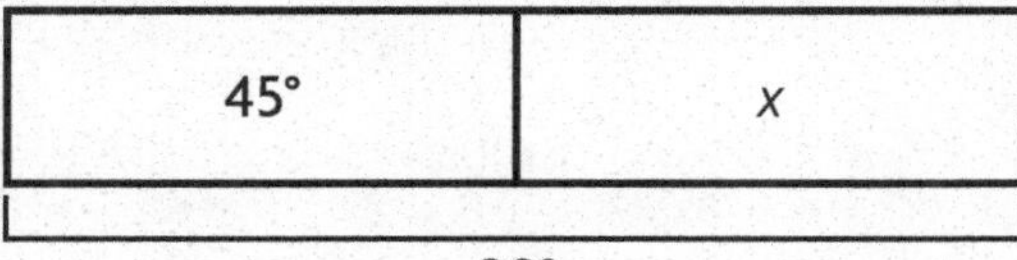

$m\angle ABD + m\angle CBD = m\angle ABC$

$x +$ ______ $=$ ______

$x =$ ______

La $m\angle ABD =$ ______.

Puesto que ambos azulejos miden ______, el Sr. Tran puede usar ambos pedazos para su diseño.

Charla matemática

Prácticas matemáticas

¿Qué otra ecuación puedes escribir para resolver el problema? **Explícalo.**

Haz otro problema

Marisol está construyendo un armazón para un arenero, pero las tablas que tiene son demasiado cortas. Debe unir dos tablas para construir un lado como se muestra en el dibujo que está a la derecha. ¿En qué ángulo cortó la primera tabla?

L
x
55°
H
J
K

Lee el problema

¿Qué debo hallar?	¿Qué información debo usar?	¿Cómo usaré la información?

Resuelve el problema

- Explica cómo puedes comprobar la respuesta del problema.

Nombre ____________________

Comparte y muestra

1. Laura recorta un cuadrado de papel de borrador como se muestra en el dibujo que está a la derecha. ¿Cuánto mide el ángulo del pedazo que sobra?

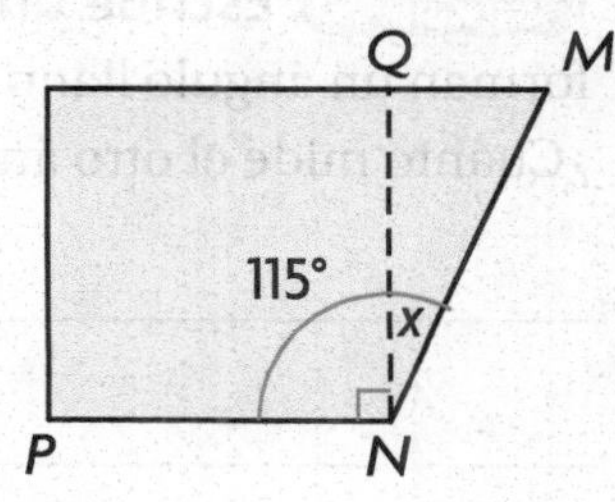

Primero, dibuja un modelo de barras para representar el problema.

A continuación, escribe la ecuación que debes resolver.

____

____

Por último, halla la medida del ángulo del pedazo que sobra.
m∠*MNQ* = ______
Entonces, el ángulo del pedazo que sobra mide ______.

2. Jackie recortó el borde de un pedazo de metal de desecho para hacer una escuadra como se muestra en el dibujo de la derecha. ¿Cuánto mide el pedazo que recortó?

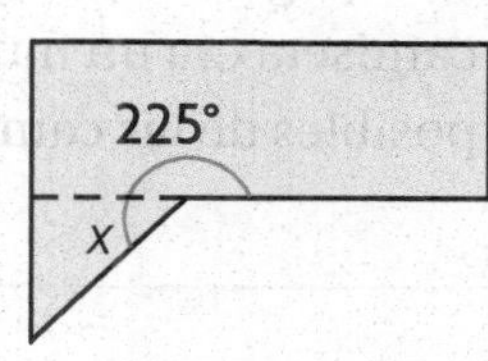

____

Por tu cuenta

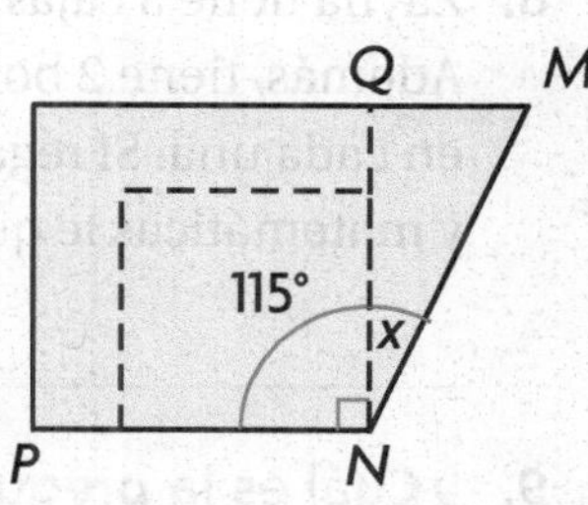

3. PIENSA MÁS ¿Qué pasaría si Laura recortara un cuadrado más pequeño, como se muestra a la derecha? ¿La m∠*MNQ* sería diferente? Explícalo.

____

____

____

4. MÁS AL DETALLE En el mapa se muestra la ruta que sigue Marco para repartir periódicos. Cuando él dobla a la derecha desde la calle Principal para tomar la calle Céntrica, ¿cuánto mide el ángulo que dibuja? **Pista:** Dibuja una línea discontinua para extender la calle Roble y formar un ángulo de 180°.

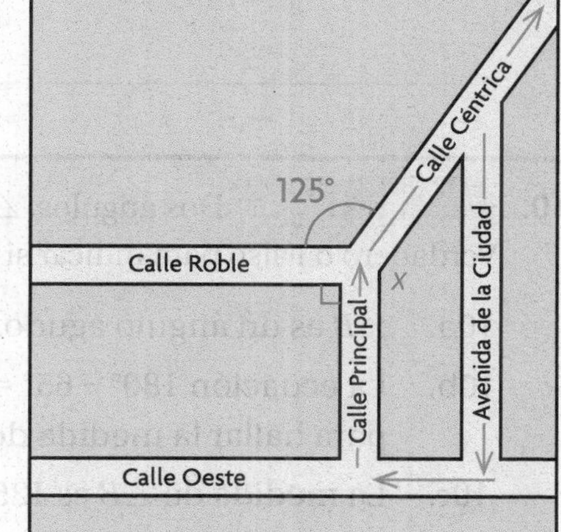

____

Resolución de problemas • Aplicaciones

5. PRÁCTICA MATEMÁTICA 4 **Escribe una ecuación** Dos ángulos forman un ángulo llano. Uno de los ángulos mide 89º. ¿Cuánto mide el otro ángulo? Explícalo.

6. **Plantea un problema** Vuelve a mirar el Problema 5. Escribe un problema similar sobre dos ángulos que formen un ángulo recto.

ESCRIBE ▶ *Matemáticas* • **Muestra tu trabajo**

7. Sam pagó $20 por dos camisetas. El precio de cada camiseta era un múltiplo de 5. ¿Cuáles son los precios posibles de las camisetas?

8. Zayna tiene 3 cajas con 15 libros de arte en cada una. Además, tiene 2 bolsas con 11 libros de matemáticas en cada una. Si regala 30 libros, ¿cuántos libros de arte y matemáticas le quedarán?

9. **¿Cuál es la pregunta?** Mide más de 0º y menos de 90º.

10. *PIENSA* MÁS Dos ángulos, $\angle A$ y $\angle B$, forman un ángulo llano. El $\angle A$ mide 65°. Elige Verdadero o Falso para indicar si los enunciados 10a a 10c son verdaderos o no.

10a. $\angle B$ es un ángulo agudo. ○ Verdadero ○ Falso

10b. La ecuación $180° - 65° = x°$ se puede usar para hallar la medida de $\angle B$. ○ Verdadero ○ Falso

10c. La medida de $\angle B$ es 125°. ○ Verdadero ○ Falso

PRÁCTICA ADICIONAL:
Cuaderno de práctica de los estándares

Nombre ______________________________

Repaso y prueba del Capítulo 11

1. Un ángulo representa $\frac{1}{12}$ de un círculo. Usa los números para mostrar cómo hallar la medida del ángulo en grados.

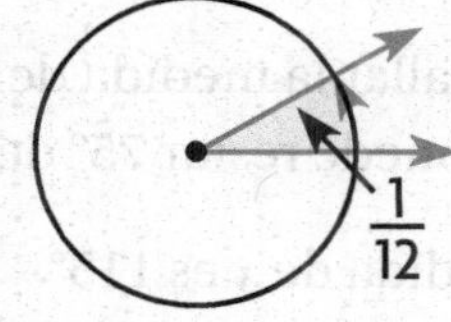

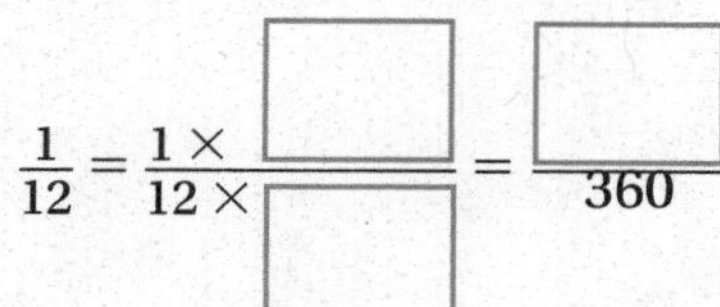

$\frac{1}{12} = \frac{1 \times \square}{12 \times \square} = \frac{\square}{360}$

24

30

36

El ángulo mide ______.

2. Empareja la medida de cada $\angle C$ con la medida de $\angle D$ para que la suma forme un ángulo llano.

$\angle C$	$\angle D$
	145°
122°	75°
35°	148°
62°	58°
105°	55°
	118°

3. Katie dibujó un ángulo obtuso. ¿Cuál de las opciones puede ser la medida del ángulo que dibujó? Marca todas las opciones que sean correctas.

Ⓐ 35°

Ⓑ 157°

Ⓒ 180°

Ⓓ 92°

4. Dibuja en el círculo un ángulo que represente $\frac{1}{4}$ de giro en el sentido contrario de las manecillas del reloj.

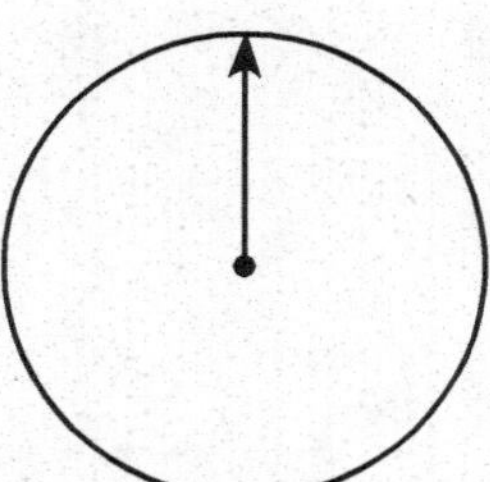

APRENDE EN LÍNEA

Opciones de evaluación
Prueba del capítulo

5. René dibujó la figura que se muestra. Elige Sí o No para indicar si los enunciados 5a a 5c son verdaderos o no.

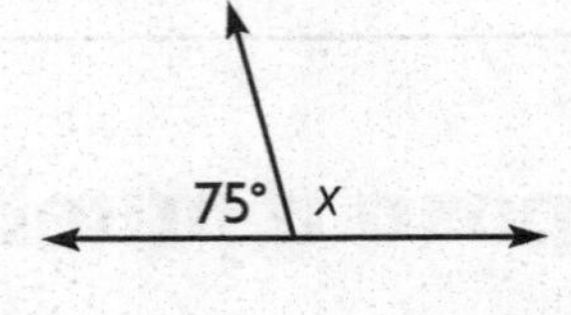

5a. Un ángulo llano mide 180°. ○ Sí ○ No

5b. Para hallar la medida de *x*, René puede restar 75° de 180°. ○ Sí ○ No

5c. La medida de *x* es 115°. ○ Sí ○ No

6. Trey dibujó esta figura con un transportador.

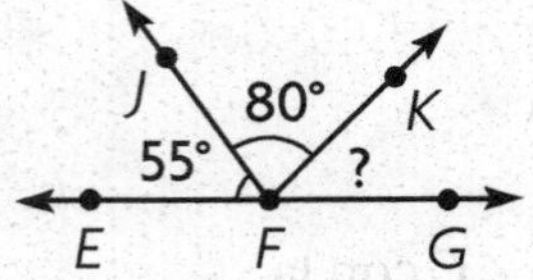

Parte A

Escribe una ecuación que pueda usarse para hallar la m $\angle KFG$.

Parte B

¿Cuánto mide el $\angle KFG$? Describe cómo resolviste la ecuación y cómo puedes comprobar tu respuesta.

7. Usa un transportador para hallar la medida del ángulo.

El ángulo mide ______.

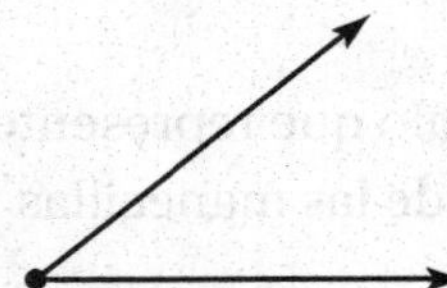

Nombre ___________________________

8. Alex dibujó este ángulo en el círculo. ¿Cuál de las opciones describe al ángulo? Marca todas las opciones que sean correctas.

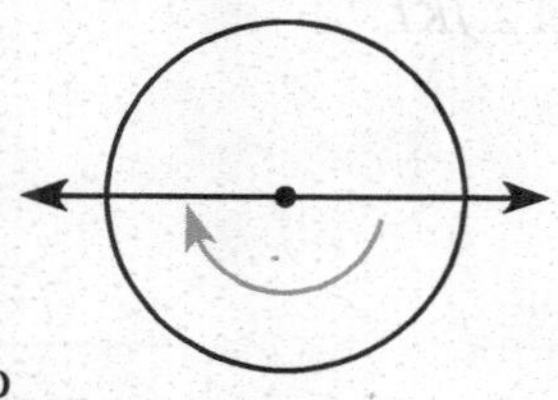

Ⓐ $\frac{1}{4}$ de giro

Ⓑ $\frac{1}{2}$ de giro

Ⓒ en el sentido de las manecillas del reloj

Ⓓ en el sentido contrario de las manecillas del reloj

9. Mike tiene un trozo de papel que es $\frac{1}{4}$ de un círculo grande. Corta el papel en tres trozos iguales desde el punto central del círculo. ¿Cuánto mide el ángulo de cada parte?

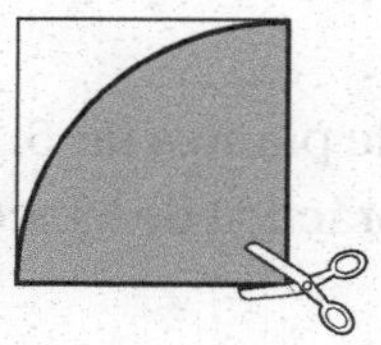

El ángulo mide ______.

10. Usa un transportador para hallar la medida de cada ángulo. Anota cada ángulo y su medida en los recuadros, ordenados de menor a mayor.

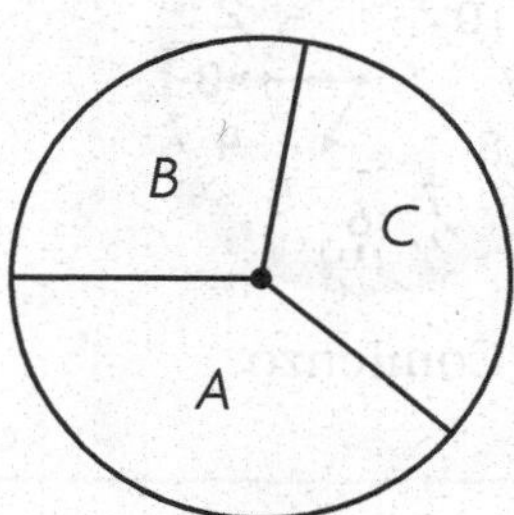

Ángulo:	Ángulo:	Ángulo:
Medida:	Medida:	Medida:

11. Usa los números y los símbolos para escribir una ecuación que pueda usarse para hallar la medida desconocida.

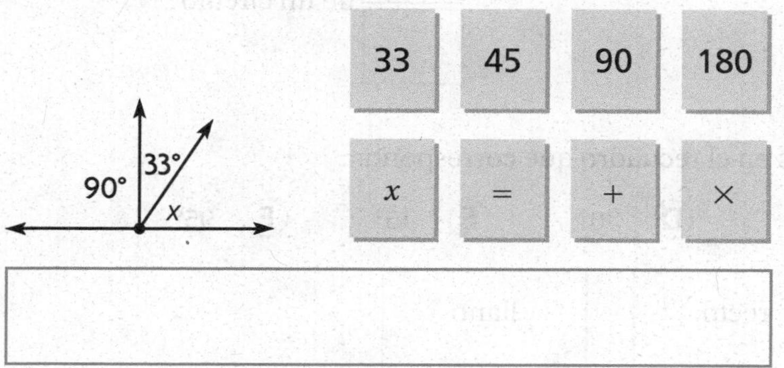

¿Cuál es la medida desconocida del ángulo? ______

12. Elige una palabra y un número para completar un enunciado verdadero sobre el $\angle JKL$.

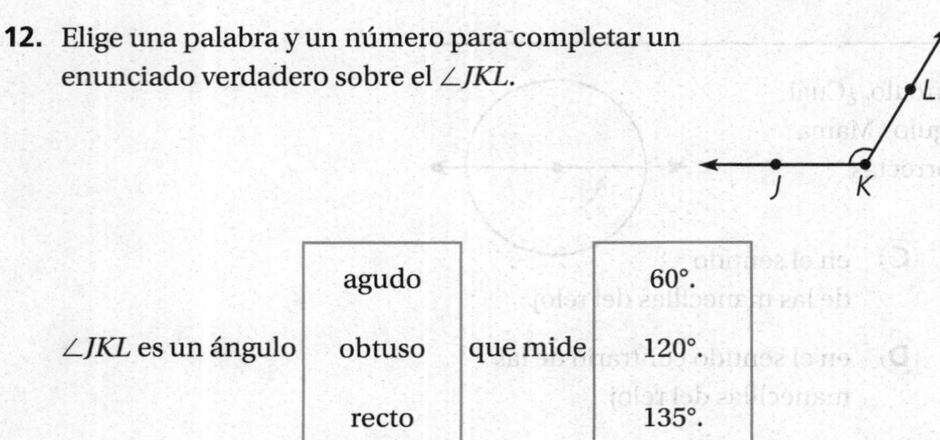

	agudo		60°.
$\angle JKL$ es un ángulo	obtuso	que mide	120°.
	recto		135°.

13. Vince comenzó su práctica de piano a las 5:15 p. m. Terminó a las 5:35 p. m. ¿Cuántos grados giró el minutero durante la práctica de Vince? Explica cómo hallaste la respuesta.

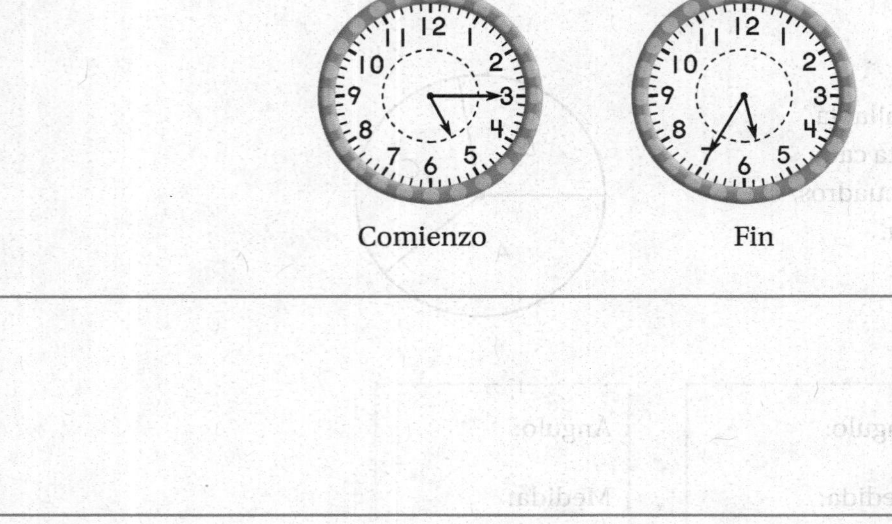

14. Un ángulo mide 125°. ¿Sobre qué fracción de un círculo gira el ángulo?

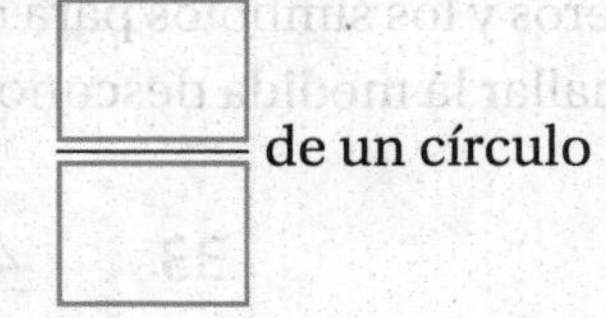

15. Escribe la letra de cada medida de ángulos en el recuadro que corresponda.

Ⓐ 125° Ⓑ 90° Ⓒ 180° Ⓓ 30° Ⓔ 45° Ⓕ 95°

agudo	obtuso	recto	llano

Nombre ___

16. Para resolver los problemas 16a y 16b, elige la fracción con la que completes un enunciado verdadero sobre la figura.

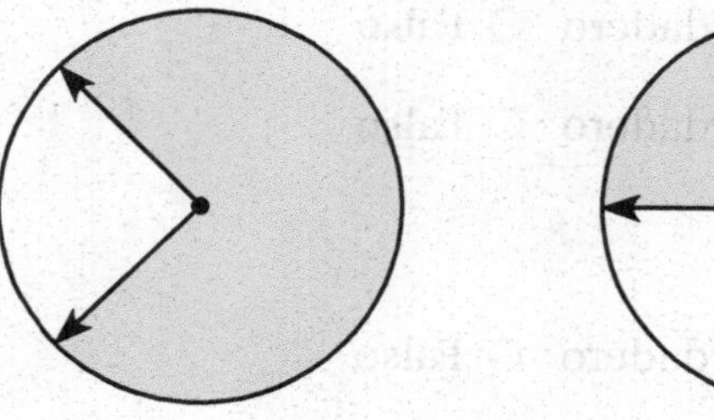

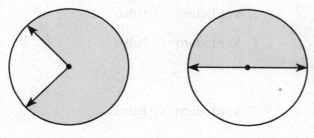

Figura 1 Figura 2

16a. El ángulo de la Figura 1 representa [$\frac{1}{4}$ / $\frac{1}{2}$ / $\frac{3}{4}$] de giro.

16b. El ángulo de la Figura 2 representa [$\frac{1}{4}$ / $\frac{1}{2}$ / $\frac{3}{4}$] de giro.

17. Melanie recorta un rectángulo de papel de borrador como se muestra. Quiere calcular cuánto mide el ángulo del trozo de papel que queda.

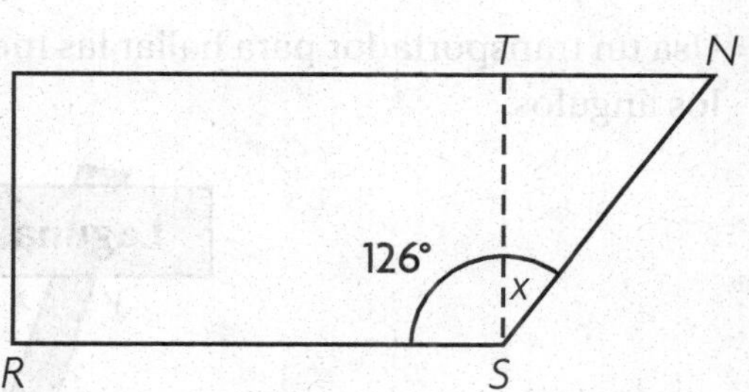

Parte A

Dibuja un modelo de barras para representar el problema.

Parte B

Escribe y resuelve una ecuación para hallar el valor de x.

El ángulo mide ______.

18. Dos ángulos, $\angle A$ y $\angle B$, forman un ángulo recto. El $\angle A$ mide 32°. Elige Verdadero o Falso para indicar si los enunciados 18a a 18c son verdaderos o no.

18a. $\angle B$ es un ángulo agudo.	○ Verdadero	○ Falso
18b. La ecuación $180° - 32° = x°$ se puede usar para hallar la medida de $\angle B$.	○ Verdadero	○ Falso
18c. La medida de $\angle B$ es 58°.	○ Verdadero	○ Falso

19. Un círculo se divide en partes. ¿Qué suma podría representar la medida del ángulo que forma el círculo? Marca todas las opciones que sean correctas.

Ⓐ 120° + 120° + 120° + 120°

Ⓑ 25° + 40° + 80° + 105° + 110°

Ⓒ 33° + 82° + 111° + 50° + 84°

Ⓓ 40° + 53° + 72° + 81° + 90° + 34°

20. Usa un transportador para hallar las medidas desconocidas de los ángulos.

$x =$ ______ $y =$ ______

¿Qué notas sobre las medidas desconocidas? ¿Es lo que esperabas? Explica tu razonamiento.

Capítulo 12

Tamaño relativo de las unidades de medida

Muestra lo que sabes

Comprueba tu comprensión de destrezas importantes.

Nombre ______________________________

Las horas y media **Lee el reloj. Escribe la hora.**

1. 

____

2. 

____

3. 

____

Multiplicar por números de 1 dígito **Halla el producto.**

4. 84×7

5. 536×8

6. 748×5

7. $2,524 \times 2$

8. 360×9

9. 296×3

10. $\$1,428 \times 4$

11. 64×5

Detective matemático

Un equipo recibió una cubeta con agua y una esponja. En 1 minuto tenía que llenar con agua otra cubeta de medio galón de capacidad usando solo la esponja. En el diagrama de puntos se muestra la cantidad de agua que escurrieron en la cubeta. Piensa como un detective matemático. ¿El equipo escurrió suficiente agua para llenar la cubeta de medio galón?

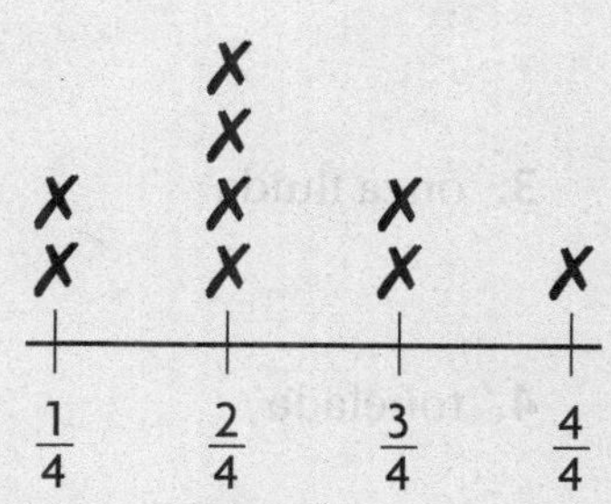

Cantidad de agua escurrida en la cubeta (en tazas)

Entrenador personal en matemáticas
Evaluación e intervención en línea

Desarrollo del vocabulario

▶ Visualízalo

Completa el diagrama de ideas con las palabras marcadas con ✓.

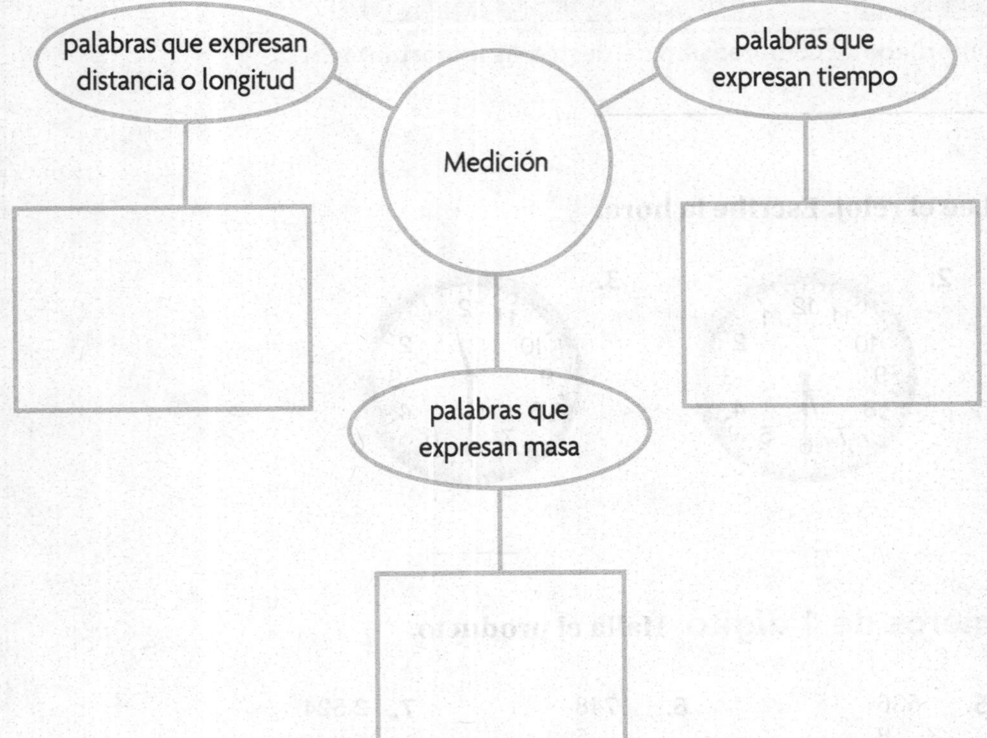

Palabras de repaso

✓ a.m.
✓ centímetro
✓ gramo
✓ hora
✓ kilogramo
✓ metro
✓ minuto
✓ p.m.
✓ pie
✓ pulgada
✓ tiempo transcurrido
✓ yarda

Palabras nuevas

cuarto
decímetro
diagrama de puntos
galón
libra
medio galón
mililitro
milímetro
onza
onza fluida
pinta
segundo
taza
tonelada

▶ Comprende el vocabulario

Dibuja una línea para emparejar las palabras con sus definiciones.

1. decímetro
2. segundo
3. onza fluida
4. tonelada
5. diagrama de puntos

- una unidad del sistema usual para medir el volumen de un líquido
- una gráfica en la que se muestra la frecuencia de datos en una recta numérica
- una unidad del sistema usual que se usa para medir el peso
- una unidad pequeña de tiempo
- una unidad del sistema métrico para medir la longitud o la distancia

- Libro interactivo del estudiante
- Glosario multimedia

Nombre ______________________________

Medidas de puntos de referencia

Pregunta esencial ¿Cómo puedes usar puntos de referencia para entender el tamaño relativo de las unidades de medida?

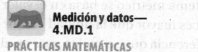

Medición y datos— 4.MD.1

PRÁCTICAS MATEMÁTICAS MP.1, MP.5

Soluciona el problema

Juan dice que la longitud de su bicicleta es de alrededor de cuatro yardas. Usa las unidades de referencia de abajo para determinar si lo que dice Juan es razonable.

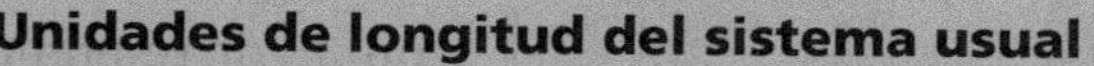

Unidades de longitud del sistema usual			
1 pulg alrededor de 1 pulgada	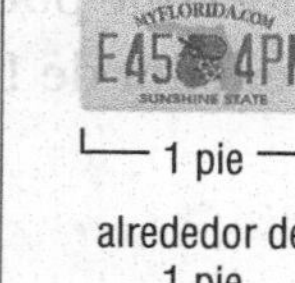 1 pie alrededor de 1 pie	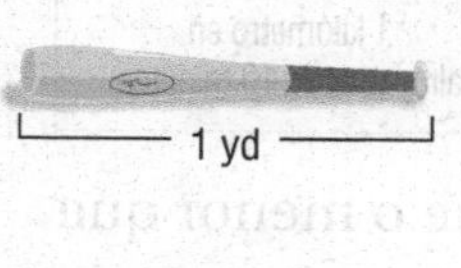 1 yd alrededor de 1 yarda	 1 milla en alrededor de 20 minutos

Una **milla** es una unidad del sistema usual para medir la longitud o la distancia. El punto de referencia indica la distancia que puedes caminar en alrededor de 20 minutos.

Un bate de béisbol mide alrededor de una yarda de longitud. Puesto que la bicicleta de Juan es más corta que cuatro veces la longitud del bate, su bicicleta mide menos de cuatro yardas.

Entonces, lo que dice Juan ______ razonable.

La longitud de la bicicleta de Juan es alrededor de ______ bates de béisbol.

Ejemplo 1 Usa las unidades de referencia del sistema usual.

Unidades de volumen de un líquido del sistema usual				
 1 taza = 8 onzas fluidas	 1 pinta	 1 cuarto	 1 medio galón	 1 galón

- ¿Alrededor de cuánto líquido hay en un vaso de chocolate caliente? ______________

Unidades de peso del sistema usual		
 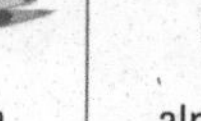 alrededor de 1 onza	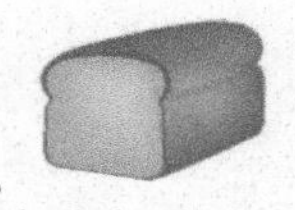 alrededor de 1 libra	 alrededor de 1 tonelada

- ¿Alrededor de cuánto pesa una toronja? ______________

Charla matemática — **Prácticas matemáticas**

Ordena las unidades de peso de mayor a menor. Usa puntos de referencia para **explicar** tu respuesta.

Puntos de referencia para unidades del sistema métrico

El sistema métrico se basa en el valor posicional. Cada unidad es 10 veces mayor que la unidad menor que le sigue. Abajo se muestran puntos de referencia que se suelen usar en el sistema métrico.

Ejemplo 2 Usa las unidades de referencia del sistema métrico

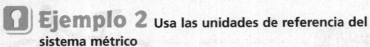

Unidades de longitud del sistema métrico

alrededor de 1 milímetro	alrededor de 1 centímetro	alrededor de 1 decímetro	alrededor de 1 metro	1 kilómetro en alrededor de 10 minutos

Un **kilómetro** es una unidad del sistema métrico para medir la longitud o la distancia. El punto de referencia indica la distancia que puedes caminar en alrededor de 10 minutos.

- ¿La longitud de tu salón de clases es mayor que o menor que un kilómetro?

  ____

Unidades de volumen de un líquido del sistema métrico

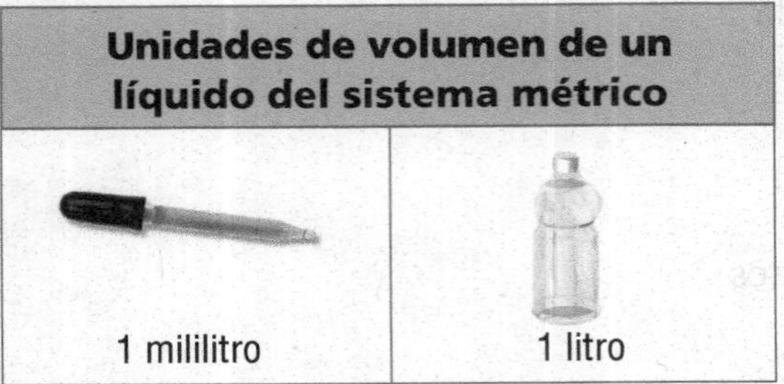

1 mililitro	1 litro

- ¿Alrededor de cuánta medicina hay en un frasco de medicina?

  alrededor de 120 ________________

Unidades de masa del sistema métrico

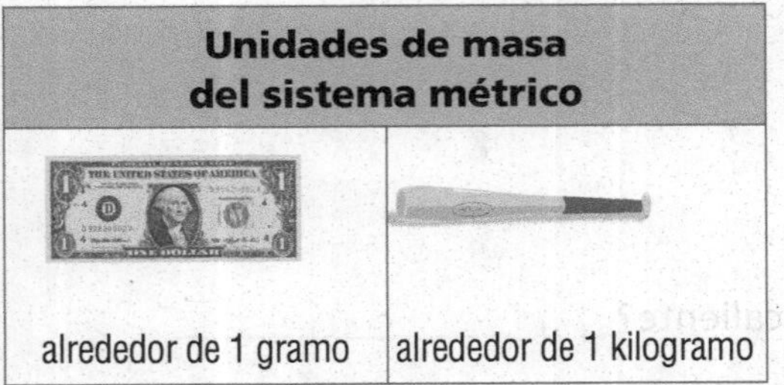

alrededor de 1 gramo	alrededor de 1 kilogramo

- ¿Alrededor de cuánto es la masa de un clip?

  ____

Charla matemática — **Prácticas matemáticas**

Explica cómo puedes usar medidas de referencia para decidir qué unidad usar al hacer mediciones.

Nombre ___________________________

Comparte y muestra

Usa puntos de referencia para elegir la unidad del sistema métrico que usarías para medir los elementos.

Unidades del sistema métrico
centímetro
metro
kilómetro
gramo
kilogramo
mililitro
litro

1. la masa de una fresa

____

2. la longitud de un celular

____

Encierra en un círculo la mejor estimación.

3. el ancho del escritorio del maestro

10 metros o 1 metro

4. la cantidad de líquido que entra en un tazón de refresco de frutas

2 litros o 20 litros

5. la distancia entre Seattle y San Francisco

6 millas o 680 millas

Charla matemática — **Prácticas matemáticas**

Explica por qué usarías kilómetros en lugar de metros para medir la longitud de los Estados Unidos.

Por tu cuenta

Usa puntos de referencia para elegir la unidad del sistema usual que usarías para medir los elementos..

Unidades del sistema usual
pulgada
pie
yarda
onza
libra
taza
galón

6. la longitud de un campo de fútbol americano

____

7. el peso de una calabaza

____

Encierra en un círculo la mejor estimación.

8. el peso de una sandía

4 libras o 4 onzas

9. la cantidad de líquido que cabe en una pecera

10 tazas o 10 galones

Completa la oración. Escribe *más* o *menos*.

10. El perro grande de Matthew pesa _______________ de una tonelada.

11. Puede haber _______________ de una taza de agua en un fregadero.

12. Un clip tiene una masa de _______________ de un kilogramo.

Resolución de problemas • Aplicaciones En el mundo

Para los problemas 13 a 15, usa puntos de referencia para explicar tu respuesta.

13. PIENSA MÁS Cristina está preparando fideos con queso para su familia. ¿Debería usar 1 libra de fideos o 1 onza de fideos?

____

____

14. ¿Cuál es la mejor estimación para la longitud de una mesa de cocina: 200 centímetros o 200 metros?

____

____

15. MÁS AL DETALLE Jodi quiere saber el peso y la altura de su perro. ¿Qué dos unidades debería usar?

____

16. PRÁCTICA MATEMÁTICA 1 **Evalúa la razonabilidad** Dalton usó puntos de referencia para estimar que, en un galón, hay más tazas que cuartos. ¿Es razonable la estimación de Dalton? Explícalo.

____

____

17. PIENSA MÁS Completa la oración con la palabra correcta.

Justine tiene sed después de haber corrido dos millas.

Debería beber [1 litro / 1 metro / 100 mililitros] de agua.

PRÁCTICA ADICIONAL: Cuaderno de práctica de los estándares

Nombre ______________________________

Unidades de longitud del sistema usual

Medición y datos—3.OA.2
También 4.MD.2
PRÁCTICAS MATEMÁTICAS
MP.1, MP.2, MP.5

Pregunta esencial ¿Cómo puedes usar modelos para comparar unidades de longitud del sistema usual?

Soluciona el problema *En el mundo*

Puedes usar una regla para medir la longitud. En una regla de 1 pie se muestra que hay 12 pulgadas en 1 pie. Una regla de 3 pies es una regla de 1 yarda. Hay 3 pies en 1 yarda.

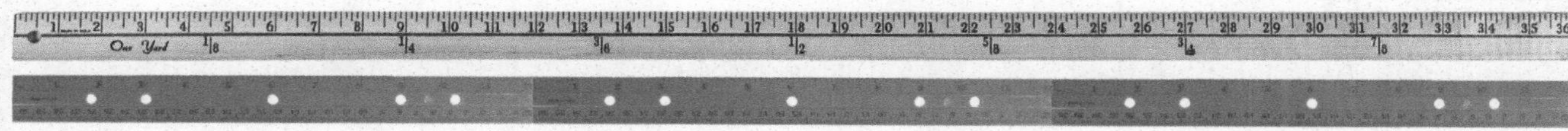

¿Qué relación hay entre el tamaño de un pie y el tamaño de una pulgada?

Actividad

Materiales ■ papel cuadriculado de 1 pulgada ■ tijeras ■ cinta adhesiva

PASO 1 Recorta el papel en fichas cuadradas de una pulgada. Rotula cada ficha "1 pulgada".

1 pulgada	1 pulgada	1 pulgada	1 pulgada
1 pulgada	1 pulgada	1 pulgada	1 pulgada

1 pulgada　1 pulgada　1 pulgada　1 pulgada

PASO 2 Coloca 12 fichas cuadradas una al lado de la otra para formar 1 pie. Pega las fichas con cinta adhesiva.

1 pie

1 pulgada	1 pulgada	1 pulgada	1 pulgada	1 pulgada	1 pulgada	1 pulgada	1 pulgada	1 pulgada	1 pulgada	1 pulgada	1 pulgada

PASO 3 Compara el tamaño de 1 pie con el tamaño de 1 pulgada.

1 pie

1 pulgada	1 pulgada	1 pulgada	1 pulgada	1 pulgada	1 pulgada	1 pulgada	1 pulgada	1 pulgada	1 pulgada	1 pulgada	1 pulgada

1 pulgada

1 pulgada

Piensa: Necesitas 12 pulgadas para formar 1 pie.

Entonces, 1 pie es______ veces la longitud de 1 pulgada.

Charla matemática **Prácticas matemáticas**

¿Cuántas pulgadas necesitas para formar una yarda? **Explícalo**

Ejemplo Compara medidas.

Emma tiene 4 pies de hilo. Necesita 50 pulgadas de hilo para hacer pulseras. ¿Cómo puede saber si tiene suficiente hilo para hacer las pulseras?

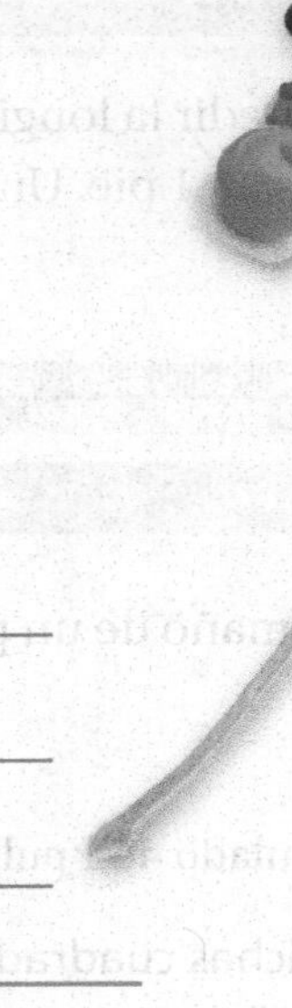

Puesto que 1 pie es 12 veces la longitud de 1 pulgada, puedes multiplicar el número de pies por 12 para convertir los pies en pulgadas.

PASO 1 Haz una tabla en la que relaciones pies y pulgadas.

Pies	Pulgadas
1	12
2	
3	
4	
5	

Piensa:

1 pie × 12 = 12 pulgadas

2 pies × 12 = ______

3 pies × ______ = ______

4 pies × ______ = ______

5 pies × ______ = ______

PASO 2 Compara 4 pies y 50 pulgadas.

4 pies → ______ ◯ ______ ← 50 pulgadas

Piensa: Escribe cada medida en pulgadas y compáralas con <, >, ó =.

Emma tiene 4 pies de hilo. Necesita 50 pulgadas de hilo.

4 pies es ______ que 50 pulgadas.

Entonces, Emma ______ suficiente hilo para hacer las pulseras.

Charla matemática **Prácticas matemáticas**

Eplica cómo te ayudó hacer una tabla a resolver el problema.

- **¿Qué pasaría si** Emma tuviera 5 pies de hilo? ¿Tendría suficiente hilo para hacer las pulseras? Explica.

______

______

______

Nombre ____________________

Comparte y muestra

1. Compara el tamaño de una yarda con el tamaño de un pie. Usa un modelo como ayuda.

1 yarda		
___	___	___

1 yarda es ______ veces la longitud de ______ pie.

Unidades de longitud del sistema usual
1 pie (pie) = 12 pulgadas (pulg) 1 yarda (yd) = 3 pies 1 yarda (yd) = 36 pulgadas

Completa.

2. 2 pies = ______ pulgadas
3. 3 yardas = ______ pies
4. 7 yardas = ______ pies

Charla matemática — **Prácticas matemáticas**

Si midieras la longitud de tu salón de clases en yardas y luego en pies, ¿con qué unidad tendrías un mayor número de unidades? **Explícalo.**

Por tu cuenta

Completa.

5. 4 yardas = ______ pies
6. 10 yardas = ______ pies
7. 7 pies = ______ pulgadas

PRÁCTICA MATEMÁTICA 4 **Usa símbolos Álgebra** **Compara con <, > ó =.**

8. 1 pie ◯ 13 pulgadas
9. 2 yardas ◯ 6 pies
10. 6 pies ◯ 60 pulgadas

Resolución de problemas • Aplicaciones En el mundo

11. PIENSA MÁS Joanna tiene 3 yardas de tela. Necesita 100 pulgadas de tela para hacer cortinas. ¿Tiene suficiente tela para las cortinas? Explícalo. Haz una tabla como ayuda.

Yardas	Pulgadas
1	
2	
3	

____

____

____

12. PIENSA MÁS Selecciona las medidas que sean iguales. Elige todas las que correspondan.

Ⓐ 4 pies
Ⓑ 12 yardas
Ⓒ 36 pies
Ⓓ 480 pulgadas
Ⓔ 15 pies
Ⓕ 432 pulgadas

13. MÁS AL DETALLE Jasmine y Luke usaron tiras fraccionarias para comparar el tamaño de un pie con el tamaño de una pulgada en fracciones. Dibujaron modelos para mostrar sus respuestas. ¿Qué respuesta tiene sentido? ¿Qué respuesta no tiene sentido? Explica tu razonamiento.

Trabajo de Jasmine

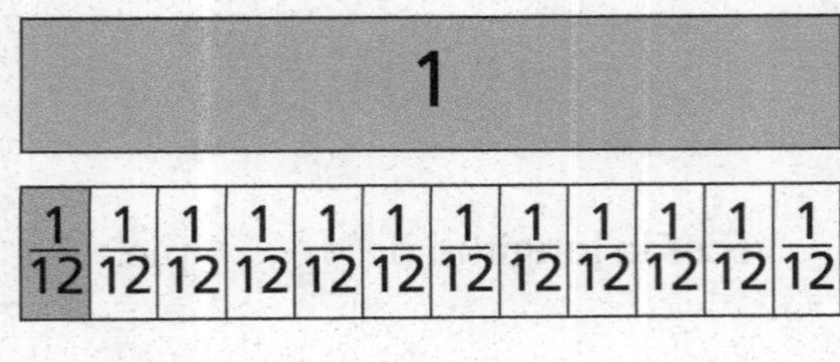

1 pulgada es $\frac{1}{12}$ de un pie.

Trabajo de Luke

1		
$\frac{1}{3}$	$\frac{1}{3}$	$\frac{1}{3}$

1 pulgada es $\frac{1}{3}$ de un pie.

a. PRÁCTICA MATEMÁTICA 3 **Aplica** Para la respuesta que no tiene sentido, escribe una respuesta que tenga sentido.

b. Vuelve a mirar el modelo de Luke. ¿Qué dos unidades podrías comparar con su modelo? Explícalo.

PRÁCTICA ADICIONAL:
Cuaderno de práctica de los estándares

Nombre ____________________

Unidades de peso del sistema usual

Pregunta esencial ¿Cómo puedes usar modelos para comparar unidades de peso del sistema usual?

Medición y datos—4.MD.1
También 4.MD.2
PRÁCTICAS MATEMÁTICAS
MP.1, MP.6, MP.7

Soluciona el problema (En el mundo)

Las **onzas** y las **libras** son unidades de peso del sistema usual. ¿Qué relación hay entre el tamaño de una libra y el tamaño de una onza?

▲ Puedes usar una báscula de resorte para medir el peso.

Actividad

Materiales ■ lápices de colores

En la siguiente recta numérica se muestra la relación entre libras y onzas.

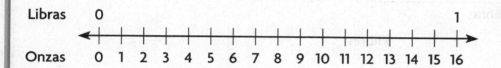

Libras: 0 ... 1

Onzas: 0 1 2 3 4 5 6 7 8 9 10 11 12 13 14 15 16

PASO 1 Usa un lápiz de color para sombrear 1 libra en la recta numérica.

PASO 2 Usa un lápiz de otro color para sombrear 1 onza en la recta numérica.

PASO 3 Compara el tamaño de 1 libra y el tamaño de 1 onza.

Necesitas ______ onzas para formar ______ libra.

Entonces, 1 libra es ______ veces más pesada que 1 onza.

Charla matemática — Prácticas matemáticas

¿Cuál es mayor: 9 libras o 9 onzas? Explícalo.

- PRÁCTICA MATEMÁTICA 6 **Explica** cómo te ayudó la recta numérica a comparar el tamaño de las unidades.

____

____

____

____

Ejemplo Compara medidas.

Nancy necesita 5 libras de harina para preparar tartas para un festival. Tiene 90 onzas de harina. ¿Cómo puede saber si tiene suficiente harina para preparar las tartas?

PASO 1 Haz una tabla en la que relaciones libras y onzas.

Libras	Onzas
1	16
2	
3	
4	
5	

Piensa:

1 libra × 16 = 16 onzas

2 libras × 16 = ______

3 libras × ______ = ______

4 libras × ______ = ______

5 libras × ______ = ______

PASO 2 Compara 90 onzas y 5 libras.

90 onzas ↓ ______

5 libras ↓ ______

Piensa: Escribe cada medida en onzas y compáralas con <, >, ó =.

______ ◯ ______

Nancy tiene 90 onzas de harina. Necesita 5 libras de harina.

90 onzas es ______ que 5 libras.

Entonces, Nancy ______ suficiente harina para preparar las tartas.

¡Inténtalo! Hay 2,000 libras en 1 **tonelada**.
Haz una tabla que relacione toneladas y libras.

Toneladas	Libras
1	2,000
2	
3	

1 tonelada es ______ veces más pesada que 1 libra.

Nombre ______________________________

Comparte y muestra

MATH BOARD

1. 4 toneladas = __________ libras

Piensa: 4 toneladas × __________ = __________

Unidades de peso del sistema usual
1 libra (lb) = 16 onzas (oz)
1 tonelada (T) = 2,000 libras

Completa.

2. 5 toneladas = __________ libras

3. 6 libras = __________ onzas

Charla matemática — Prácticas matemáticas

¿Qué ecuación puedes usar para resolver el Ejercicio 4? **Explícalo.**

Por tu cuenta

Completa.

4. 7 libras = __________ onzas

5. 6 toneladas = __________ libras

PRÁCTICA MATEMÁTICA 4 Usa símbolos **Álgebra** **Compara con >, <, ó =.**

6. 1 libra ◯ 15 onzas

7. 2 toneladas ◯ 2 libras

Resolución de problemas • Aplicaciones En el mundo

8. Una empresa de paisajismo encargó 8 toneladas de grava. La grava se vende en bolsas de 50 libras. ¿Cuántas libras de grava encargó la empresa?

____

9. PIENSA MÁS Si pudieras dibujar una recta numérica para mostrar la relación entre toneladas y libras, ¿cómo sería? Explícalo.

____

____

____

Matemáticas al instante

10. PIENSA MÁS Escribe el símbolo que establezca la relación correcta entre los pesos.

< = >

160 onzas ______ 10 libras 600 libras ______ 3 toneladas

11. MÁS AL DETALLE Alexis compró $\frac{1}{2}$ de libra de uvas. ¿Cuántas onzas de uvas compró?

Dani dibujó la siguiente recta numérica para resolver el problema. Dice que su modelo muestra que hay 5 onzas en $\frac{1}{2}$ libra. ¿Cuál es su error?

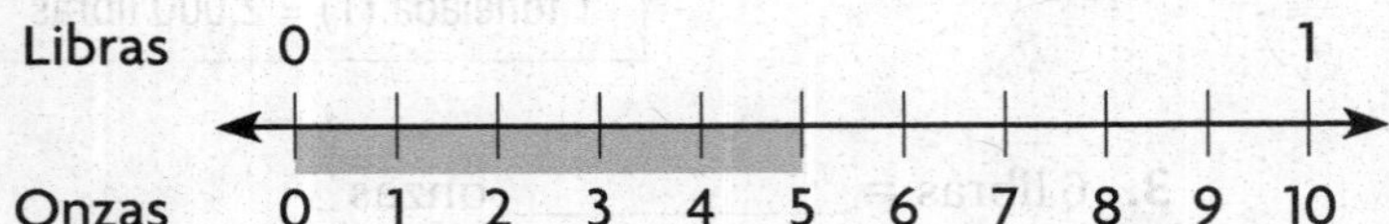

Observa cómo Dani resolvió el problema. Halla su error y descríbelo.

Dibuja la recta numérica correcta y resuelve el problema.

Entonces, Alexis compró _____ onzas de uvas.

- PRÁCTICA MATEMÁTICA 6 Vuelve a mirar la recta numérica que dibujaste. ¿Cuántas onzas hay en $\frac{1}{4}$ libra? **Explícalo.**

PRÁCTICA ADICIONAL: Cuaderno de práctica de los estándares

Nombre ______________________

Unidades de volumen de un líquido del sistema usual

Pregunta esencial ¿Cómo puedes usar modelos para comparar unidades de volumen de un líquido del sistema usual?

Medición y datos—4.MD.1
También 4.MD.2

PRÁCTICAS MATEMÁTICAS
MP.3, MP.7, MP.8

Soluciona el problema (En el mundo)

El **volumen de un líquido** es la medida del espacio que ocupa un líquido. Algunas unidades básicas para medir el volumen de un líquido son **galones**, **medios galones**, **cuartos**, **pintas** y **tazas**.

1 taza = 8 onzas fluidas
1 pinta = 2 tazas
1 cuarto = 4 tazas

Las barras de abajo representan las relaciones entre algunas unidades de volumen de un líquido. Las unidades más grandes son los galones. Las unidades más pequeñas son las onzas fluidas.

1 galón

1 galón															
1 medio galón								1 medio galón							
1 cuarto				1 cuarto				1 cuarto				1 cuarto			
1 pinta		1 pinta		1 pinta		1 pinta		1 pinta		1 pinta		1 pinta		1 pinta	
1 taza	1 taza	1 taza	1 taza	1 taza	1 taza	1 taza	1 taza	1 taza	1 taza	1 taza	1 taza	1 taza	1 taza	1 taza	1 taza
8 onzas fluidas	8 onzas fluidas	8 onzas fluidas	8 onzas fluidas	8 onzas fluidas	8 onzas fluidas	8 onzas fluidas	8 onzas fluidas	8 onzas fluidas	8 onzas fluidas	8 onzas fluidas	8 onzas fluidas	8 onzas fluidas	8 onzas fluidas	8 onzas fluidas	8 onzas fluidas

Ejemplo ¿Qué relación hay entre el tamaño de un galón y el tamaño de un cuarto?

Charla matemática — **Prácticas matemáticas**

Describe el patrón que observas en las unidades de volumen de un líquido.

PASO 1 Dibuja dos barras que represente esta relación. Una barra debe mostrar galones y la otra barra debe mostrar cuartos.

PASO 2 Sombrea 1 galón en una barra y sombrea 1 cuarto en la otra barra.

PASO 3 Compara el tamaño de 1 galón y el tamaño de 1 cuarto.

Entonces, 1 galón es ______ veces más que 1 cuarto.

Ejemplo Compara medidas.

Serena debe preparar 3 galones de limonada para la venta de limonada. Tiene una mezcla en polvo para preparar 350 onzas fluidas de limonada. ¿Cómo puede saber si tiene suficiente mezcla?

PASO 1 Usa el modelo de la página 483. Halla la relación entre galones y onzas fluidas.

1 galón = ______ tazas

1 taza = ______ onzas fluidas

1 galón = ______ tazas × ______ onzas fluidas

1 galón = ______ onzas fluidas

PASO 2 Haz una tabla en la que relaciones galones y onzas fluidas.

Galones	Onzas fluidas
1	128
2	
3	

Piensa:

1 galón = 128 onzas fluidas

2 galones × 128 = ______ onzas fluidas

3 galones × 128 = ______ onzas fluidas

PASO 3 Compara 350 onzas fluidas y 3 galones.

350 onzas fluidas → ______

3 galones → ______

Piensa: Escribe cada medida en onzas fluidas y compáralas con <, > ó =.

______ ◯ ______

Serena tiene suficiente mezcla para preparar 350 onzas fluidas. Debe preparar 3 galones de limonada.

350 onzas fluidas es ______ que 3 galones.

Entonces, Serena ______ suficiente mezcla para preparar 3 galones de limonada.

Nombre ____________________

Comparte y muestra

MATH BOARD

1. Compara el tamaño de un cuarto con el tamaño de una pinta. Usa un modelo como ayuda.

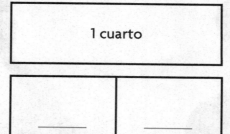

1 cuarto	
____	____

Unidades de volumen de un líquido del sistema usual
1 taza (tz) = 8 onzas fluidas (oz fl)
1 pinta (pt) = 2 tazas
1 cuarto (ct) = 2 pintas
1 cuarto (ct) = 4 tazas
1 galón (gal) = 4 cuartos
1 galón (gal) = 8 pintas
1 galón (gal) = 16 tazas

1 cuarto es ______ veces más que ______ pinta.

Completa.

2. 2 pintas = ______ tazas

3. 3 galones = ______ cuartos

4. 6 cuartos = ______ tazas

Charla matemática — **Prácticas matemáticas**

Explica cómo se relaciona la tabla de conversión que está arriba con el modelo de barras del Ejercicio 1.

Por tu cuenta

Completa.

5. 4 galones = ______ pintas

6. 5 tazas = ______ onzas fluidas

Usa símbolos **Álgebra** **Compara con >, < ó =.**

7. 2 galones ◯ 32 tazas

8. 4 pintas ◯ 6 tazas

9. 5 quarts ◯ 11 pints

Resolución de problemas • Aplicaciones

En el mundo

10. PIENSA MÁS Un equipo de fútbol tiene 25 jugadores. El equipo tiene un botellón de agua de 4 galones. Si el botellón está lleno, ¿hay suficiente agua para que cada jugador beba 2 tazas? Explícalo. Haz una tabla como ayuda.

____

____

____

Galones	Tazas
1	
2	
3	
4	

11. PRÁCTICA MATEMÁTICA 3 **Verifica el razonamiento de otros** ¿Qué enunciado tiene sentido? ¿Qué enunciado no tiene sentido? Explica tu razonamiento.

1 pinta es $\frac{1}{4}$ de galón.

1 pinta es $\frac{1}{8}$ de galón.

Enunciado de Zach

___

Enunciado de Ángela

___

12. MÁS AL DETALLE En cada uno de los vasos de Peter caben 8 onzas fluidas. ¿Cuántos vasos de jugo puede servir Peter con una botella que contiene 2 cuartos?

___

13. PIENSA MÁS + Una jarra contiene 5 cuartos de agua. Josy dice que la jarra contiene 10 tazas de agua. Explica cuál es el error de Josy. Luego, halla la cantidad correcta de tazas que contiene la jarra.

___

PRÁCTICA ADICIONAL:
Cuaderno de práctica de los estándares

Nombre ______________________

Diagramas de puntos

Pregunta esencial ¿Cómo puedes hacer e interpretar diagramas de puntos con datos fraccionarios?

Medición y datos—4.MD.4 *Tamabien 4.MD.2*
PRÁCTICAS MATEMÁTICAS
MP.4, MP.5, MP.7

Soluciona el problema — En el mundo

Los datos muestran la longitud de los botones de la colección de Jen. Para un proyecto de arte, Jen quiere saber cuántos botones miden más que $\frac{1}{4}$ de pulgada.

Puedes usar un diagrama de puntos para resolver el problema. Un **diagrama de puntos** es una gráfica en la que se muestra la frecuencia de datos en una recta numérica.

Longitud de los botones de la colección de Jen (en pulgadas)
$\frac{1}{4}, \frac{3}{4}, \frac{1}{4}, \frac{4}{4}, \frac{1}{4}, \frac{4}{4}$

Haz un diagrama de puntos para mostrar los datos.

Ejemplo 1

PASO 1 Ordena los datos de menor a mayor según su longitud y completa la tabla de conteo.

____

Botones de la colección de Jen	
Longitud (en pulgadas)	**Conteo**
$\frac{1}{4}$	
$\frac{3}{4}$	
$\frac{4}{4}$	

PASO 2 Rotula la recta numérica de abajo con las longitudes en fracciones ordenadas de menor a mayor.

PASO 3 Marca una *X* sobre la recta numérica para cada punto de datos. Escribe un título para el diagrama de puntos.

____ ____ ____ ____

____

Entonces, ______ botones son más largos que $\frac{1}{4}$ de pulgada.

Charla matemática — **Prácticas matemáticas**

Explica cómo rotulaste los números de la recta numérica en el Paso 2.

1. ¿Cuántos botones hay en la colección de Jen? ____________

2. ¿Cuál es la diferencia de longitud entre el botón más largo y el botón más corto de la colección? ____________

Piensa: Para hallar la diferencia, resta los numeradores. Los denominadores quedan iguales.

Ejemplo 2

Algunos de los estudiantes de la clase de la maestra Lewis van a la escuela a pie. Los datos muestran la distancia que caminan los estudiantes. ¿Qué distancia camina la mayoría de los estudiantes?

Distancia que caminan los estudiantes hasta la escuela (en millas)
$\frac{1}{2}, \frac{1}{2}, \frac{1}{4}, \frac{3}{4}, \frac{1}{4}, \frac{1}{2}, \frac{1}{2}$

Haz un diagrama de puntos para mostrar los datos.

PASO 1 Ordena los datos de menor a mayor distancia y completa la tabla de conteo.

PASO 2 Rotula la recta numérica de abajo con las longitudes en fracciones ordenadas de menor a mayor.

PASO 3 Marca una *X* sobre la recta numérica para cada punto de datos. Escribe un título para el diagrama de puntos.

Distancia que caminan los estudiantes hasta la escuela

Distancia (en millas)	Conteo

Entonces, la mayoría de los estudiantes camina ______.

3. ¿Cuántos estudiantes más que caminan $\frac{1}{2}$ milla hasta la escuela hay que estudiantes que caminan $\frac{1}{4}$ de milla?

4. ¿Cuál es la diferencia entre la distancia más larga y la distancia más corta que caminan los estudiantes?

5. ¿Qué pasaría si un estudiante nuevo se incorporara a la clase de la maestra Lewis y caminara $\frac{3}{4}$ de milla hasta la escuela? ¿Cómo cambiaría el diagrama de puntos? Explícalo.

Nombre ______________________________

Comparte y muestra

1. Un crítico de restaurantes recopiló datos sobre el tiempo que debieron esperar los clientes por la comida. Ordena los datos de menor a mayor según el tiempo de espera. Haz una tabla de conteo y un diagrama de puntos para mostrar los datos.

Tiempo que los clientes esperaron por la comida (en horas)
$\frac{1}{2}, \frac{1}{4}, \frac{3}{4}, \frac{1}{4}, \frac{1}{4}, \frac{1}{2}, 1$

Tiempo que los clientes esperaron por la comida	
Tiempo (en horas)	Conteo

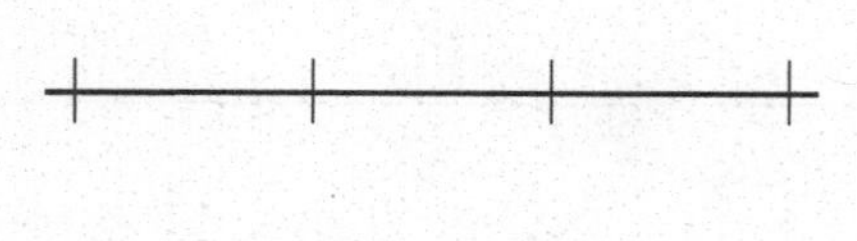

____ ____ ____ ____

Charla matemática

Prácticas matemáticas

Explica cómo te ayudó el diagrama de puntos a responder la Pregunta 2.

Usa el diagrama de puntos para responder las preguntas 2 y 3.

2. ¿Sobre cuántos clientes recopiló datos el crítico? ____________

3. ¿Cuál es la diferencia entre el tiempo de espera más largo y el más corto? ____________

Por tu cuenta

4. PRÁCTICA MATEMÁTICA 4 **Usa modelos** Los datos muestran la longitud de las cintas que usó Bea para envolver paquetes. Haz una tabla de conteo y un diagrama de puntos para mostrar los datos.

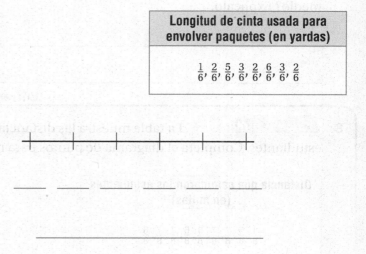

Longitud de cinta usada para envolver paquetes (en yardas)
$\frac{1}{6}, \frac{2}{6}, \frac{5}{6}, \frac{3}{6}, \frac{2}{6}, \frac{6}{6}, \frac{3}{6}, \frac{2}{6}$

Cinta usada para envolver paquetes	
Longitud (en yardas)	Conteo

____ ____ ____ ____ ____

____

Usa el diagrama de puntos para responder la pregunta 5.

5. ¿Cuál es la diferencia de longitud entre la cinta más larga y la más corta? ____________

Soluciona el problema

6. MÁS AL DETALLE En el diagrama de puntos se muestra la distancia en millas que los estudiantes del maestro Boren corrieron en la pista. En total, ¿corrieron más o menos de 5 millas?

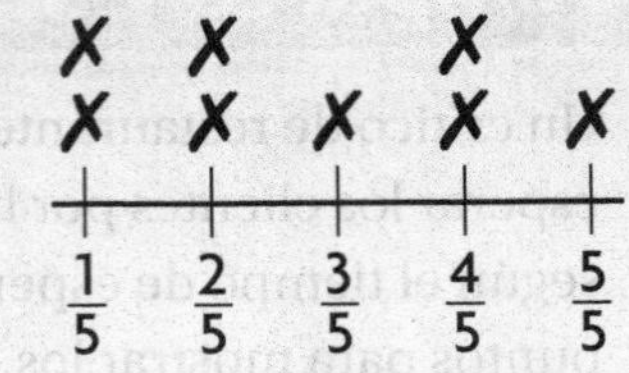

Distancia que corrieron los estudiantes en la pista (en millas)

a. ¿Qué se te pide que halles? ______

______

b. ¿Qué información debes usar? ______

______

c. ¿Cómo te ayudará el diagrama de puntos a resolver el problema? ______

______

d. ¿Qué operación usarás para resolver el problema? ______

e. Muestra los pasos para resolver el problema.

______

______

f. Completa las oraciones.

Los estudiantes corrieron un total de ______ millas. ______ millas ______ 5 millas; entonces, en total corrieron ______ de 5 millas.

7. PIENSA MÁS Lena colecciona cucharas antiguas. En el diagrama de puntos se muestra la longitud de las cucharas de su colección. Si ordena todas sus cucharas según el tamaño, ¿cuál es el tamaño de la cuchara del medio? Explícalo.

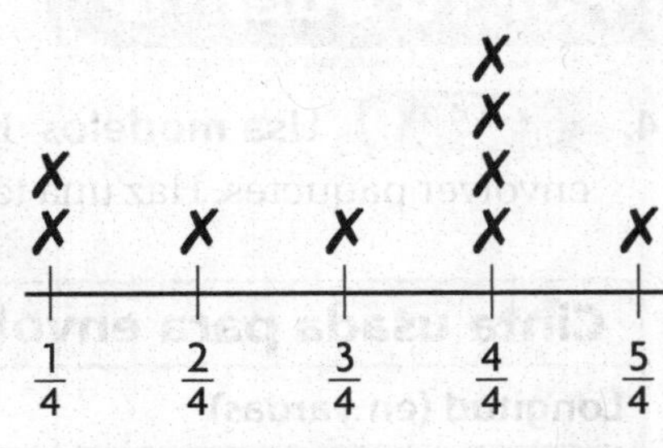

Longitud de las cucharas (en pies)

______

______

Entrenador personal en matemáticas

8. PIENSA MÁS + La tabla muestra las distancias que caminaron algunos estudiantes. Completa el diagrama de puntos para representar los datos.

Distancia que caminaron los estudiantes (en millas)
$\frac{4}{8}, \frac{5}{8}, \frac{7}{8}, \frac{7}{8}, \frac{5}{8}, \frac{6}{8}, \frac{7}{8}, \frac{7}{8}, \frac{6}{8}$

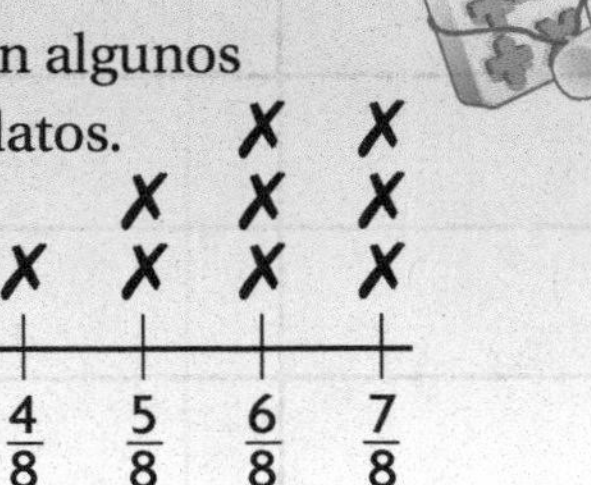

Distancia que caminaron los estudiantes (en millas)

PRÁCTICA ADICIONAL: Cuaderno de práctica de los estándares

Nombre ______________________________

Revisión de la mitad del capítulo

Vocabulario

Vocabulario
libra
pinta
yarda

Elige el término del recuadro que mejor corresponda para completar la oración.

1. Una ____________ es una unidad del sistema usual para medir el peso. (pág. 479)

2. La taza y la ____________ son unidades del sistema usual para medir el volumen de un líquido. (pág. 483)

Conceptos y destrezas

Completa la oración. Escribe *más* o *menos*. (4.MD.1)

3. Un gato pesa ____________ de una onza.

4. El zapato de Serena mide ____________ de una yarda de longitud.

Completa. (4.MD.1)

5. 5 pies = ______ pulgadas

6. 4 toneladas = ______ libras

7. 4 tazas = ______ pintas

8. La clase de la maestra Byrne fue a recoger frambuesas. Los datos muestran el peso de los recipientes con frambuesas que recogieron los estudiantes. Haz una tabla de conteo y un diagrama de puntos para mostrar los datos. (4.MD.4)

Peso de los recipientes con frambuesas (en libras)
$\frac{3}{4}, \frac{1}{4}, \frac{2}{4}, \frac{4}{4}, \frac{1}{4}, \frac{1}{4}, \frac{2}{4}, \frac{3}{4}, \frac{3}{4}$

Recipientes con frambuesas	
Peso (en libras)	Conteo

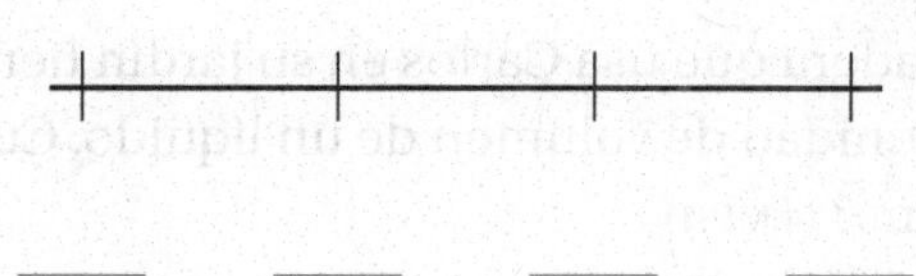

______ ______ ______ ______

____

Usa el diagrama de puntos para responder las preguntas 9 y 10. (4.MD.4)

9. ¿Cuál es la diferencia de peso entre el recipiente más pesado y el recipiente más liviano de frambuesas? ____________

10. ¿Cuántas libras de frambuesas recogió la clase de la maestra Byrne en total? ____________

11. Una jarra contiene 2 galones de agua. ¿Cuántos cuartos de agua contiene? (4.MD.1)

12. Serena compró 4 libras de masa para preparar pizza. La receta indica la cantidad de masa en onzas que se necesita para una pizza. ¿Cuántas onzas de masa compró? (4.MD.1)

13. Vaughn hizo un lanzamiento de bala de 9 yardas en una competencia de atletismo. El juez usó una cinta para medir la distancia en pies. ¿A cuántos pies lanzó la bala? (4.MD.1)

14. La regadera que usa Carlos en su jardín tiene una capacidad de 5 de cierta unidad de volumen de un líquido. Cuando está llena ¿cuánta agua contiene? (4.MD.1)

Nombre ______________________

Unidades de longitud del sistema métrico

Pregunta esencial ¿Cómo puedes usar modelos para comparar unidades de longitud del sistema métrico?

Medición y datos—4.MD.1
También 4.MD.2

PRÁCTICAS MATEMÁTICAS
MP.1, MP.7, MP.8

Investigar

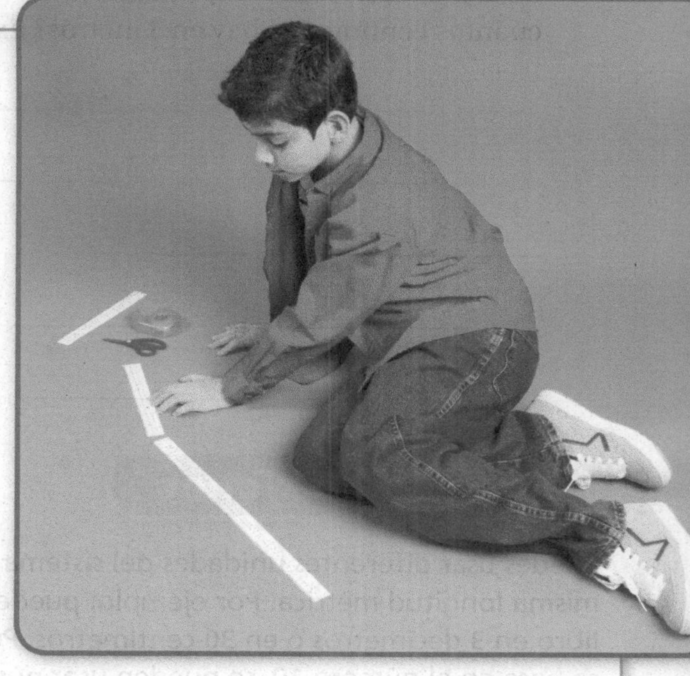

Materiales ■ regla (metro) ■ tijeras ■ cinta adhesiva

Los metros (m), los **decímetros** (dm), los centímetros (cm) y los **milímetros** (mm) son unidades de longitud del sistema métrico.

Haz una regla de un metro para mostrar la relación entre estas unidades.

A. Recorta las tiras de la regla de un metro.

B. Coloca las tiras una junto a la otra para formar 1 metro. Une las tiras con cinta adhesiva.

C. Observa tu regla de un metro. ¿Qué patrones observas sobre el tamaño de las unidades?

1 metro es ______ veces más largo que 1 decímetro.

1 decímetro es ______ veces más largo que 1 centímetro.

1 centímetro es ______ veces más largo que 1 milímetro.

Describe el patrón que observes.

____

____

Idea matemática

Si alinearas 1,000 reglas de un metro una junto a la otra, la longitud de las reglas de un metro sería 1 kilómetro.

Sacar conclusiones

1. Compara el tamaño de 1 metro con el tamaño de 1 centímetro. Usa tu regla de un metro como ayuda.

____

2. Compara el tamaño de 1 metro con el tamaño de 1 milímetro. Usa tu regla de un metro como ayuda.

____

3. PIENSA MÁS ¿Qué operación podrías usar para hallar cuántos centímetros hay en 3 metros? Explícalo.

____

____

____

____

____

Hacer conexiones

Puedes usar diferentes unidades del sistema métrico para describir la misma longitud métrica. Por ejemplo, puedes medir la longitud de un libro en 3 decímetros o en 30 centímetros. Puesto que el sistema métrico se basa en el número 10, se pueden usar números decimales o fracciones para describir longitudes del sistema métrico como unidades equivalentes.

Piensa en 1 metro como un entero. Usa tu regla de un metro para escribir las unidades equivalentes como fracciones y como números decimales.

1 metro = 10 decímetros

Cada decímetro es

______ ó ______ de un metro.

1 metro = 100 centímetros

Cada centímetro es

______ ó ______ de un metro.

Completa la oración.

- Una longitud de 51 centímetros es ______ ó ______ de un metro.
- Una longitud de 8 decímetros es ______ ó ______ de un metro.
- Una longitud de 82 centímetros es ______ ó ______ de un metro.

Charla matemática

Prácticas matemáticas

Explica cómo puedes ubicar y escribir los decímetros y los centímetros como partes de un metro en la regla de un metro.

Nombre ______________________

Comparte y muestra

MATH BOARD

Unidades de longitud del sistema métrico
1 centímetro (cm) = 10 milímetros (mm) 1 decímetro (dm) = 10 centímetros 1 metro (m) = 10 decímetros 1 metro (m) = 100 centímetros 1 metro (m) = 1,000 milímetros

Completa.

1. 2 metros = ______ centímetros

2. 3 centímetros = ______ milímetros

3. 5 decímetros = ______ centímetros

PRÁCTICA MATEMÁTICA 4 Usa símbolos **Álgebra Compara con <, > ó =.**

4. 4 metros ◯ 40 decímetros

5. 5 centímetros ◯ 5 milímetros

6. 6 decímetros ◯ 65 centímetros

7. 7 metros ◯ 700 milímetros

Describe la longitud en metros. Escribe tu respuesta como una fracción y como un número decimal.

8. 65 centímetros = ______ ó ______ metro

9. 47 centímetros = ______ ó ______ metro

10. 9 decímetros = ______ ó ______ metro

11. 2 decímetros = ______ ó ______ metro

Resolución de problemas • Aplicaciones

En el mundo

12. Lucille corre la carrera de los 50 metros llanos en la competencia de atletismo. ¿Cuál es la longitud de la carrera en decímetros?

____

13. MÁS AL DETALLE Alexis está tejiendo una manta de 2 metros de longitud. Cada 2 decímetros, cambia el color del estambre para hacer rayas. ¿Cuántas rayas tendrá la manta? Explícalo.

____

____

____

14. PIENSA MÁS El escritorio de Julianne mide 75 centímetros de longitud. Ella dice que su escritorio mide 7.5 metros de longitud. Describe su error.

15. PIENSA MÁS Escribe las medidas equivalentes en cada columna.

5,000 milímetros — 500 centímetros — 50 centímetros

$\frac{55}{100}$ de metro — 0.500 metros — 0.55 metros

$\frac{500}{1,000}$ de metro — 550 milímetros — 50 decímetros

5 metros	55 centímetros	500 milímetros

16. PIENSA MÁS Aruna estaba escribiendo un informe sobre los árboles de pecán. Hizo la tabla que está a la derecha con la información.

Escribe un problema que se pueda resolver con los datos.

Árbol de pecán	
Medidas promedio	
Longitud de las nueces	3 cm a 5 cm
Altura	21 m a 30 m
Ancho del tronco	18 dm
Ancho de la hoja	10 cm a 20 cm

Plantea un problema.

Resuelve tu problema.

- PRÁCTICA MATEMÁTICA 1 **Describe** cómo podrías modificar el problema si cambiaras una unidad del problema. Luego resuélvelo.

PRÁCTICA ADICIONAL: Cuaderno de práctica de los estándares

Nombre ______________________________

Unidades de masa y de volumen de un líquido del sistema métrico

Medición y datos—4.MD.1
También 4.MD.2
PRÁCTICAS MATEMÁTICAS
MP.2, MP.7

Pregunta esencial ¿Cómo puedes usar modelos para comparar unidades de masa y de volumen de un líquido del sistema métrico?

Soluciona el problema En el mundo

La masa es la cantidad de materia que hay en un objeto. Algunas unidades de masa del sistema métrico son los kilogramos (kg) y los gramos (g). Los litros (l) y los **mililitros** (ml) son unidades de volumen de un líquido del sistema métrico.

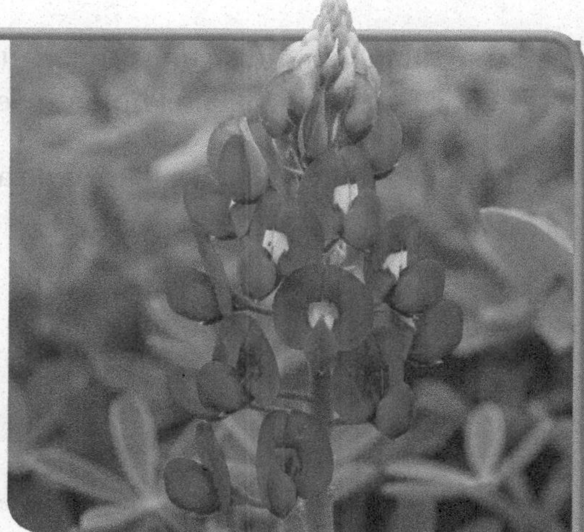

En las tablas se muestra la relación entre estas unidades.

Unidades de masa del sistema métrico
1 kilogramo (kg) = 1,000 gramos (g)

Unidades de volumen de un líquido del sistema métrico
1 litro (l) = 1,000 mililitros (ml)

Ejemplo 1 Compara kilogramos y gramos.

Becky plantó muchos lupinos en un jardín. Usó 9 kilogramos de tierra. ¿Cuántos gramos de tierra son?

número de kilogramos		gramos en 1 kilogramo		total de gramos
9	×	1,000	=	________

Entonces, Becky usó ________ gramos de tierra para plantar sus lupinos.

- ¿El kilogramo es una unidad más grande o más pequeña que el gramo?

  ____

- ¿La cantidad de gramos será mayor o menor que la cantidad de kilogramos?

  ____

- ¿Qué operación usarás para resolver el problema?

  ____

Ejemplo 2 Compara litros y mililitros.

Becky usó 5 litros de agua para regar el jardín de lupinos. ¿Cuánto mililitros de agua son?

número de litros		mililitros en 1 litro		total de mililitros
5	×	1,000	=	________

Entonces, Becky usó ________ mililitros de agua.

Charla matemática **Prácticas matemáticas**

Compara el tamaño de un kilogramo con el tamaño de un gramo. Luego compara el tamaño de un litro con el tamaño de un mililitro.

Comparte y muestra

1. En una jarra hay 3 litros de agua. ¿Cuántos mililitros de agua hay en la jarra?

   Hay ______ mililitros en 1 litro. Puesto que estoy convirtiendo una

   unidad más grande a una unidad más pequeña, puedo __________ 3 por 1,000 para hallar el número de mililitros que hay en 3 litros.

   Entonces, hay ______ mililitros de agua en la jarra.

Completa.

2. 4 litros = ______ mililitros

3. 6 kilogramos = ______ gramos

Prácticas matemáticas

Explica cómo hallaste el número de gramos que hay en 6 kilogramos en el Ejercicio 3.

Por tu cuenta

Completa.

4. 8 kilogramos = ______ gramos

5. 7 litros = ______ mililitros

PRÁCTICA MATEMÁTICA 4 **Usa símbolos Álgebra** Compara con <, > ó =.

6. 1 kilogramo ◯ 900 gramos

7. 2 litros ◯ 2,000 mililitros

PRÁCTICA MATEMÁTICA 7 **Busca un patrón Álgebra** Completa.

8.

Litros	Mililitros
1	1,000
2	
3	
	4,000
5	
6	
	7,000
8	
9	
10	

9.

Kilogramos	Gramos
1	1,000
2	
	3,000
4	
5	
6	
7	
	8,000
9	
10	

Nombre ______________________

Resolución de problemas • Aplicaciones En el mundo

10. Frank quiere llenar una pecera con 8 litros de agua. ¿Cuántos mililitros de agua son?

____

11. Kim tiene 3 botellas de agua. Llena cada botella con 1 litro de agua. ¿Cuántos mililitros de agua tiene?

____

12. La mochila vacía de Jared tiene una masa de 3 kilogramos. En un viaje, él no quiere cargar más de 7 kilogramos. ¿Cuántos gramos puede empacar Jared?

____

ESCRIBE ▸ *Matemáticas*
Muestra tu trabajo

13. MÁS AL DETALLE Una hielera portátil grande contiene 20 litros de té helado y una hielera portátil pequeña contiene 5 litros de té helado. ¿Cuántos mililitros más de té helado contiene la hielera grande que la hielera pequeña?

____

14. PIENSA MÁS Una bolsa de cereal de 500 gramos cuesta $4 y una bolsa de cereal de 2 kilogramos cuesta $15. ¿Cuál es la forma menos costosa de comprar 2,000 gramos de cereal? Explícalo.

____

____

____

15. PRÁCTICA MATEMÁTICA 3 **Verifica el razonamiento de otros** La manzana más grande del mundo tenía una masa de 1,849 gramos. Sue dijo que la masa era mayor que 2 kilogramos. ¿Tiene sentido el enunciado de Sue? Explícalo.

____

____

____

____

Soluciona el problema

16. PIENSA MÁS Lori compró 600 gramos de pimienta de cayena y 2 kilogramos de pimienta negra. ¿Cuántos gramos de pimienta compró en total?

pimienta negra pimienta de cayena

a. ¿Qué se te pide que halles?

____

b. ¿Qué información usarás?

____

c. Explica cómo podrías resolver el problema.

____

____

____

d. Muestra cómo resolviste el problema.

____

____

____

____

e. Completa las oraciones.

Lori compró ______ gramos de pimienta de cayena.

Compró ______ gramos de pimienta negra.

______ + ______ = ______ gramos

Entonces, Lori compró ______ gramos de pimienta en total.

17. ESCRIBE ▶ *Matemáticas* Bill tiene dos piedras. Una tiene una masa de 20 gramos y la otra tiene una masa de 20 kilogramos. ¿Qué piedra tiene mayor masa? Explícalo.

____

____

____

18. PIENSA MÁS En los ejercicios 18a a 18c, elige Sí o No para determinar si las medidas son equivalentes.

18a. 5,000 gramos y 5 kilogramos ○ Sí ○ No

18b. 300 mililitros y 3 litros ○ Sí ○ No

18c. 8 gramos y 8,000 kilogramos ○ Sí ○ No

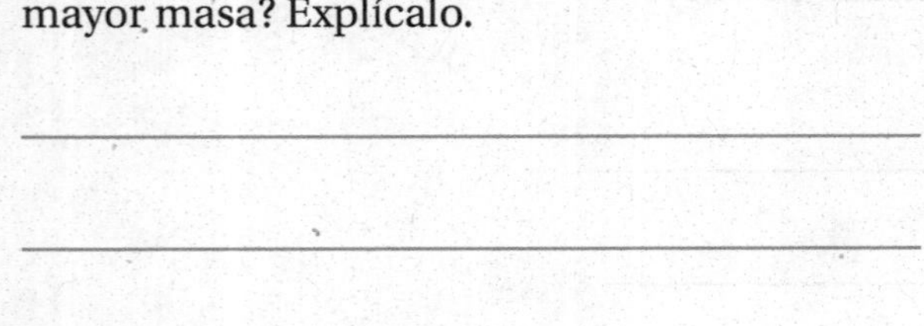

PRÁCTICA ADICIONAL: Cuaderno de práctica de los estándares

Nombre ___________________________

Unidades de tiempo

Pregunta esencial ¿Cómo puedes usar modelos para comparar unidades de tiempo?

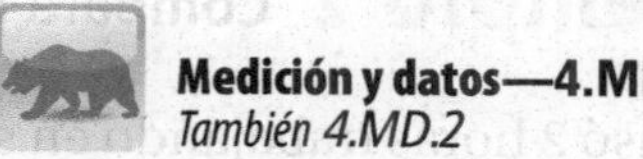

Medición y datos—4.MD.1
También 4.MD.2
PRÁCTICAS MATEMÁTICAS
MP.1, MP.5, MP.7

Soluciona el problema En el mundo

El siguiente reloj analógico tiene un horario, un minutero y un segundero, que marca cada **segundo**, para medir la hora. Son las 4:30:12.

Lee

Lee 4:30:12 como 4 y 30 con 12 segundos, o como pasaron 30 minutos y 12 segundos desde las 4.

- En una hora, ¿hay más minutos o segundos?

____

Hay 60 segundos en un minuto y hay 60 minutos en una hora. En los siguientes relojes se muestra la duración de un segundo, de un minuto y de una hora.

Hora de inicio: 3:00:00

Transcurre 1 segundo.

Ahora, son las 3:00:01.

Transcurre 1 minuto, o 60 segundos. El segundero dio un giro completo en el sentido de las manecillas del reloj.

Ahora, son las 3:01:00.

Transcurre 1 hora, o 60 minutos. El minutero dio un giro completo en el sentido de las manecillas del reloj.

Ahora, son las 4:00:00.

Ejemplo 1 ¿Qué relación hay entre la duración de una hora y la duración de un segundo?

Hay ______ minutos en una hora.

Hay ______ segundos en un minuto.

60 minutos × ______ = ______ segundos

Hay ______ segundos en una hora.

Entonces, 1 hora dura ______ veces lo que dura 1 segundo.

Piensa: Multiplica el número de minutos que hay en una hora por el número de segundos que hay en un minuto.

Charla matemática **Prácticas matemáticas**

¿Cuántos giros completos en el sentido de las manecillas del reloj da el minutero en 3 horas? **Explícalo.**

Ejemplo 2 Compara medidas.

Larissa pasó 2 horas trabajando en su proyecto de ciencias. Cliff pasó 200 minutos trabajando en su proyecto de ciencias. ¿Quién pasó más tiempo trabajando en su proyecto?

PASO 1 Haz una tabla en la que relaciones horas y minutos.

Hours	Minutes
1	60
2	
3	

PASO 2 Compara 2 horas y 200 minutos.

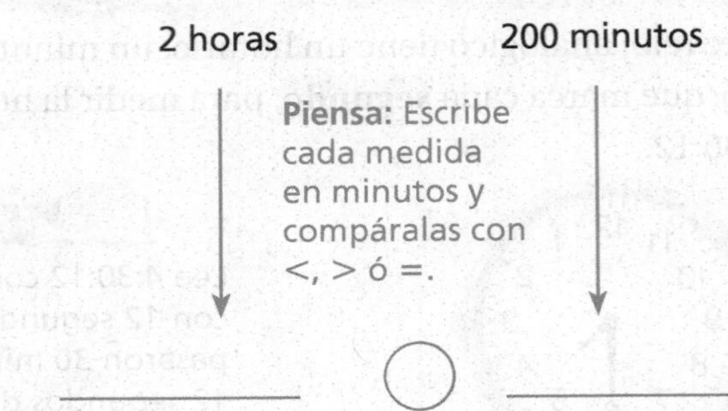

2 horas es ____________ que 200 minutos.

Entonces, ______ pasó más tiempo que ______ trabajando en su proyecto de ciencias

Actividad Compara la duración de una semana y la duración de un día.

Materiales ■ lápices de colores

En la siguiente recta numérica se muestra la relación entre días y semanas.

PASO 1 Usa un lápiz de color para sombrear 1 semana en la recta numérica.

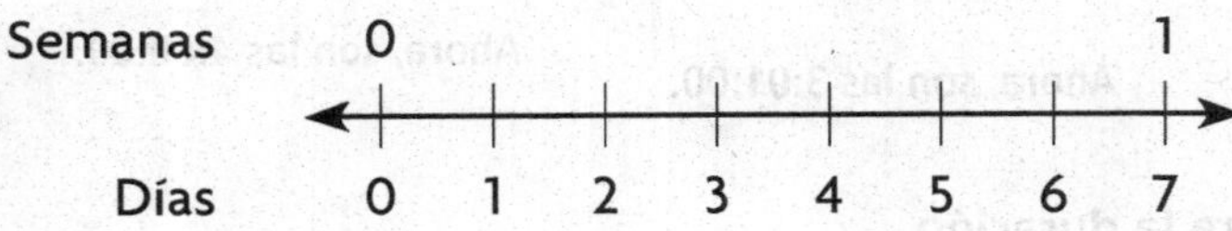

____

PASO 2 Usa un lápiz de otro color para sombrear 1 día en la recta numérica.

____

PASO 3 Compara el tamaño de 1 semana y el tamaño de 1 día.

Hay ______ días en ______ semana.

Entonces, 1 semana dura ______ veces lo que dura 1 día.

Nombre ____________________________________

Comparte y muestra

Unidades de tiempo
1 minuto (min) = 60 segundos (s) 1 hora (h) = 60 minutos 1 día (d) = 24 horas 1 semana (sem) = 7 días 1 año (a) = 12 meses (m) 1 año (a) = 52 semanas

1. Compara la duración de un año y la duración de un mes. Usa un modelo como ayuda.

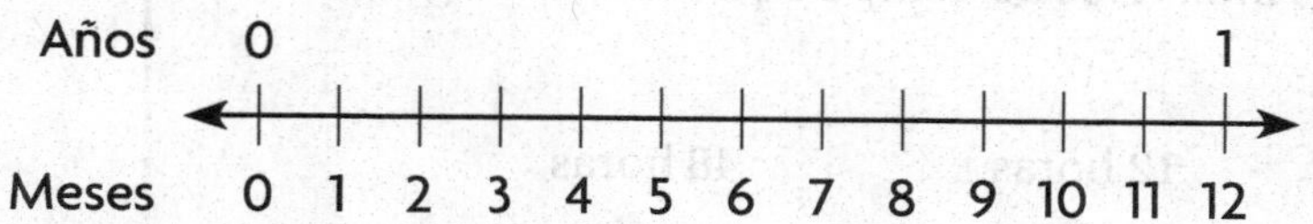

1 año dura ______ veces lo que dura ______ mes.

Prácticas matemáticas

Explica cómo te ayudó la recta numérica a comparar la duración de un año y la duración de un mes.

Completa.

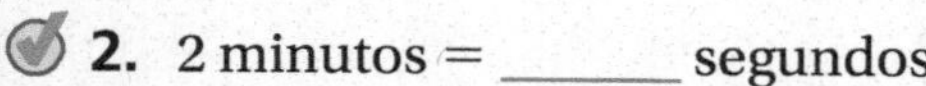

2. 2 minutos = ______ segundos

3. 4 años = ______ meses

Por tu cuenta

Completa.

4. 3 minutos = ______ segundos

5. 4 horas = ______ minutos

PRÁCTICA MATEMÁTICA 4 **Usa símbolos** **Álgebra Compara con >, < ó =.**

6. 3 años ◯ 35 meses

7. 2 días ◯ 40 horas

Resolución de problemas • Aplicaciones

8. MÁS AL DETALLE Damien vive en un edificio de apartamentos desde hace 5 años. Ken vive allí desde hace 250 semanas. ¿Quién vive hace más tiempo en el edificio? Explícalo. Haz una tabla como ayuda.

Años	Meses
1	
2	
3	
4	
5	

____

____

9. PIENSA MÁS ¿Cuántas horas hay en una semana? Explícalo.

____

____

10. PRÁCTICA MATEMÁTICA 5 **Comunica** Explica cómo sabes que 9 minutos son menos que 600 segundos.

____

____

11. PIENSA MÁS Une con una línea los intervalos de tiempo equivalentes. Algunos intervalos pueden no tener equivalente.

1 hora	2 horas	5 horas	12 horas	48 horas
•	•	•	•	•
•	•	•	•	•
2 días	120 minutos	4 días	3,600 segundos	300 minutos

Conectar con las Ciencias

Un día es el tiempo que tarda la Tierra en hacer una rotación completa. Un año es el tiempo que tarda la Tierra en trasladarse alrededor del Sol. Para que el calendario coincida con la duración de la órbita de la Tierra, existen los años bisiestos. En los años bisiestos hay un día más. Cada cuatro años se agrega al calendario un día bisiesto: el 29 de febrero.

1 año = 365 días

1 año bisiesto = 366 días

12. ¿Cuántos días hay en 4 años, si el cuarto año es un año bisiesto? Explícalo. Haz una tabla como ayuda.

Años	Días
1	
2	
3	
4	

____

____

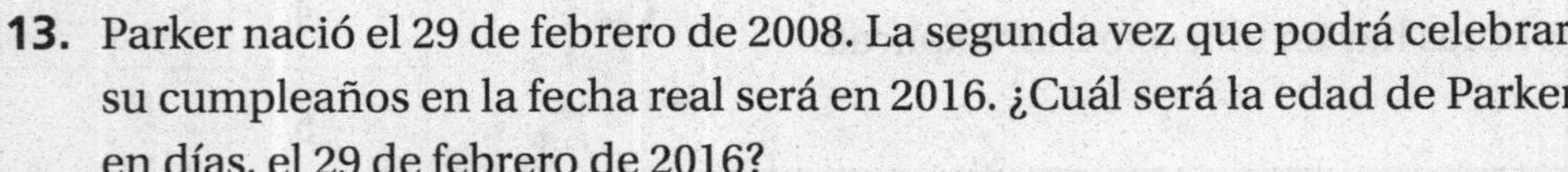

13. Parker nació el 29 de febrero de 2008. La segunda vez que podrá celebrar su cumpleaños en la fecha real será en 2016. ¿Cuál será la edad de Parker, en días, el 29 de febrero de 2016?

____

PRÁCTICA ADICIONAL:
Cuaderno de práctica de los estándares

Nombre ____________________

Resolución de problemas • Tiempo transcurrido

Pregunta esencial ¿Cómo puedes usar la estrategia *hacer un diagrama* para resolver problemas de tiempo transcurrido?

Medición y datos—4.MD.2
Tambien **4.MD.1**
PRÁCTICAS MATEMÁTICAS
MP.3, MP.5, MP.8

Soluciona el problema

Dora y su hermano Kyle pasaron 1 hora y 35 minutos trabajando en el jardín. Luego pararon para almorzar a la 1:20 p. m. ¿A qué hora comenzaron a trabajar en el jardín?

Usa el organizador gráfico como ayuda para resolver el problema.

Lee el problema

¿Qué debo hallar?	¿Qué información debo usar?	¿Cómo usaré la información?
Debo hallar la hora a la que Dora y Kyle ______________ ______________.	Debo usar el ______________ y la hora a la que ______________.	Puedo dibujar una línea cronológica como ayuda para contar hacia atrás y hallar la ______________.

Resuelve el problema

Dibujo una línea cronológica en la que se muestre la hora de finalización a la 1:20 p. m. A continuación, cuento hacia atrás 1 hora y luego de 5 minutos en 5 minutos hasta llegar a 35 minutos.

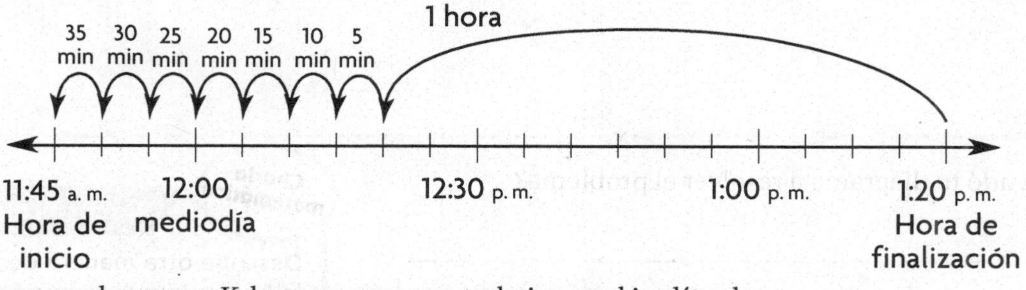

Entonces, Dora y su hermano Kyle comenzaron a trabajar en el jardín a las ______________.

1. ¿Qué pasaría si Dora y Kyle pasaran 50 minutos trabajando en el jardín y pararan para almorzar a las 12:30 p. m.? ¿A qué hora habrían comenzado a trabajar en el jardín?

____

Haz otro problema

Benjamín comenzó a montar en bicicleta a las 10:05 a. m. Dejó de hacerlo 23 minutos más tarde, cuando su amigo Robbie lo invitó a jugar *kickball*. ¿A qué hora dejó de montar en bicicleta Benjamín?

Lee el problema

¿Qué debo hallar?	¿Qué información debo usar?	¿Cómo usaré la información?

Resuelve el problema

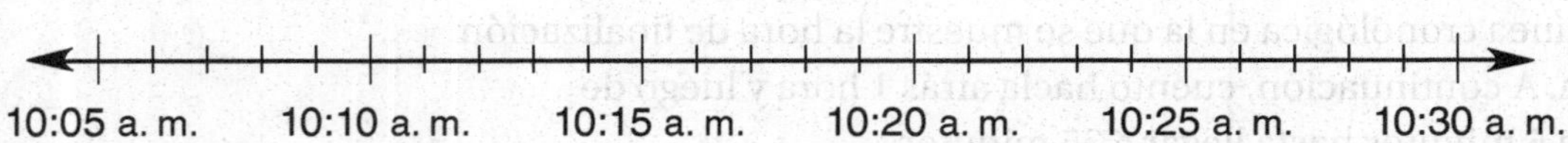

2. ¿Cómo te ayudó tu diagrama a resolver el problema?

____

____

____

Charla matemática — **Prácticas matemáticas**

Describe otra manera de hallar la hora a la que se inició o que finalizó una actividad dados el tiempo transcurrido y la hora de inicio o la hora de finalización.

Nombre ____________________

Soluciona el problema

- √ Usa la pizarra de Resolución de problemas.
- √ Elige una estrategia que conozcas.
- √ Subraya los datos importantes.

Comparte y muestra

1. Evelyn tiene clases de danza todos los sábados. La clase dura 1 hora y 15 minutos y termina a las 12:45 p. m. ¿A qué hora comienza la clase de danza de Evelyn?

Primero, escribe el problema que debes resolver.

____

A continuación, dibuja una línea cronológica para mostrar la hora de finalización y el tiempo transcurrido.

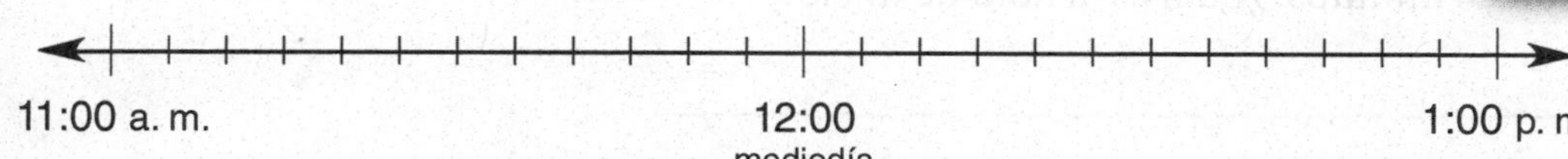

Por último, halla la hora de inicio.

La clase de danza de Evelyn comienza a las ____________.

2. PIENSA MÁS ¿Qué pasaría si la clase de danza de Evelyn comenzara a las 11:00 a. m. y durara 1 hora y 25 minutos? ¿A qué hora terminaría la clase? Describe en qué se diferencia este problema del Problema 1.

____

____

3. Beth subió al autobús a las 8:06 a. m. Pasaron treinta y cinco minutos hasta que llegó a la escuela. ¿A qué hora llegó Beth a la escuela?

____

____

4. Lyle salió a pescar durante 1 hora y 30 minutos, hasta que se quedó sin carnada a las 6:40 p. m. ¿A qué hora comenzó a pescar Lyle?

____

____

Por tu cuenta

5. Mike y Jed fueron a esquiar a las 10:30 a. m. Esquiaron durante 1 hora y 55 minutos hasta que pararon para almorzar. ¿A qué hora pararon para almorzar?

____

6. MÁS AL DETALLE Mike puede correr una milla en 12 minutos. Comienza a correr a las 11:30 a. m. y corre 4 millas. ¿A qué hora finaliza?

____

7. PRÁCTICA MATEMÁTICA 5 **Comunica** Explica cómo puedes usar un diagrama para determinar la hora de inicio si la hora de finalización son las 9:00 a. m. y el tiempo transcurrido son 26 minutos. ¿Cuál es la hora de inicio?

____

____

____

____

ESCRIBE ▸ *Matemáticas*
Muestra tu trabajo

8. PIENSA MÁS Bethany terminó su tarea de matemáticas a las 4:20 p. m. Resolvió 25 problemas de multiplicación en total. Si tardó 3 minutos en resolver cada problema, ¿a qué hora comenzó Bethany a hacer su tarea de matemáticas?

____

9. PIENSA MÁS Vincent comenzó sus tareas del hogar de la semana el sábado por la mañana a las 11:20. Las terminó 1 hora y 10 minutos más tarde. Dibuja una línea cronológica que muestre la hora de finalización.

Vincent terminó sus tareas a las ____________ p. m.

PRÁCTICA ADICIONAL:
Cuaderno de práctica de los estándares

Nombre ______________________

Medidas mixtas

Pregunta esencial ¿Cómo puedes resolver problemas con medidas mixtas?

Medición y datos—4.MD.2
Tambien 4.MD.1
PRÁCTICAS MATEMÁTICAS
MP.1, MP.2, MP.8

Soluciona el problema

Herman construye una mesa para meriendas para un nuevo campamento. La mesa mide 5 pies y 10 pulgadas de longitud. ¿Cuánto mide la mesa para meriendas en pulgadas?

- ¿La medida mixta es mayor o menor que 6 pies?

____

- ¿Cuántas pulgadas hay en 1 pie?

____

Convierte una medida mixta.

Piensa en 5 pies y 10 pulgadas como 5 pies + 10 pulgadas.

Escribe los pies como pulgadas.

5 pies
+ 10 pulgadas

Piensa: 5 pies × 12 = 60 pulgadas →

[ ] pulg
+ [ ] pulg
[ ] pulg

Entonces, la mesa mide ______ pulgadas de longitud.

Ejemplo 1 Suma medidas mixtas.

Herman construyó la mesa para meriendas en 2 días. El primer día trabajó 3 horas y 45 minutos. El segundo día trabajó 2 horas y 10 minutos. ¿Cuánto tardó en construir la mesa?

PASO 1 Suma los minutos.

3 hr 45 min
+ 2 hr 10 min
[ ] min

PASO 2 Suma las horas.

3 hr 45 min
+ 2 hr 10 min
[ ] hr 55 min

Entonces, Herman tardó ______________ en construir la mesa.

Charla matemática **Prácticas matemáticas**

¿En qué se parecen sumar medidas mixtas y sumar decenas y unidades? ¿En qué se diferencian? **Explícalo.**

- ¿Qué pasaría si Herman trabajara 5 minutos más en la mesa para meriendas? ¿Cuánto tiempo habría trabajado en la mesa? Explícalo.

____

____

Ejemplo 2 Resta medidas mixtas.

Alicia construye un cerco alrededor del área para meriendas. Tiene un poste que mide 6 pies y 6 pulgadas de longitud. Corta 1 pie y 7 pulgadas de un extremo. ¿Cuánto mide el poste ahora?

PASO 1 Resta las pulgadas.

Piensa: 7 pulgadas es mayor que 6 pulgadas. Hay que reagrupar para restar.

6 pies 6 pulg = 5 pies 6 pulg + 12 pulg

= 5 pies ______ pulg

5 18
~~6~~ pies ~~6~~ pulg
− 1 pie 7 pulg
___ pulg

PASO 2 Resta los pies.

5 18
~~6~~ pies ~~6~~ pulg
− 1 pie 7 pulg
___ pies 11 pulg

Entonces, ahora el poste mide ______________ de longitud.

Para evitar errores
Asegúrate de comprobar que estás reagrupando correctamente. Hay 12 pulgadas en 1 pie.

¡Inténtalo! Resta.

3 libras y 5 onzas − 1 libra y 2 onzas

Comparte y muestra

1. Un camión transporta 2 toneladas y 500 libras de acero. ¿Cuántas libras de acero transporta el camión?

Piensa en 2 toneladas y 500 libras como 2 toneladas + 500 libras.
Escribe las toneladas como libras.

2 toneladas
+ 500 libras

Piensa: 2 toneladas × 2,000 = ⟶ ______ libras

______ libras
+ ______ libras
______ libras

Entonces, el camión transporta __________ libras de acero.

Nombre ______________________

Vuelve a escribir cada medida en la unidad dada.

2. 1 yarda y 2 pies

_______ pies

3. 3 pintas y 1 taza

_______ tazas

4. 3 semanas y 1 día

_______ días

Suma o resta.

5. 2 lb 4 oz
+ 1 lb 6 oz

6. 3 gal 2 c
− 1 gal 3 c

7. 5 hr 20 min
− 3 hr 15 min

Charla matemática

Prácticas matemáticas

¿Cómo sabes cuándo debes reagrupar para restar? **Explícalo.**

Por tu cuenta

Vuelve a escribir cada medida en la unidad dada.

8. 1 hora y 15 minutos

_______ minutos

9. 4 cuartos y 2 pintas

_______ pintas

10. 10 pies y 10 pulgadas

_______ pulgadas

Suma o resta.

11. 2 toneladas 300 lb
− 1 tonelada 300 lb

12. 10 gal 8 c
+ 8 gal 9 c

13. 7 lb 6 oz
− 2 lb 12 oz

Resolución de problemas • Aplicaciones

En el mundo

14. PRÁCTICA MATEMÁTICA 3 **Aplica** Ahmed llena 6 jarras con jugo. Cada jarra contiene 2 cuartos y 1 pinta. ¿Cuántas pintas de jugo tiene en total?

____

15. **¿Tiene sentido?** Sam y Dave resuelven el ejercicio que está a la derecha. Sam dice que la suma es 4 pies y 18 pulgadas. Dave dice que la suma es 5 pies y 6 pulgadas. ¿Qué resultado tiene sentido? ¿Qué resultado no tiene sentido? Explícalo.

2 ft 10 pulg
+ 2 ft 8 pulg

____

____

16. *PIENSA MÁS* Jackson tiene una cuerda que mide 1 pie y 8 pulgadas de longitud. La corta en 4 partes iguales. ¿Cuántas pulgadas de longitud mide cada parte?

____

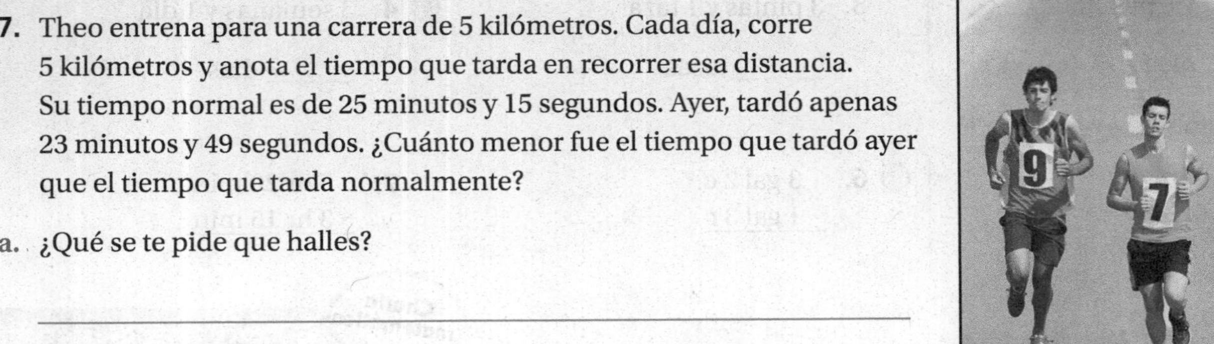

Soluciona el problema En el mundo

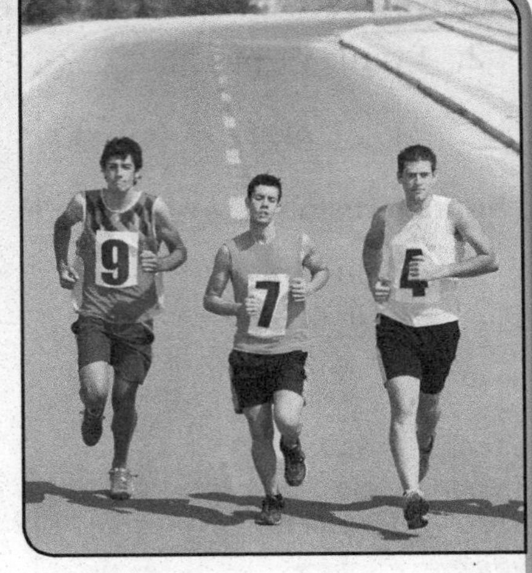

17. Theo entrena para una carrera de 5 kilómetros. Cada día, corre 5 kilómetros y anota el tiempo que tarda en recorrer esa distancia. Su tiempo normal es de 25 minutos y 15 segundos. Ayer, tardó apenas 23 minutos y 49 segundos. ¿Cuánto menor fue el tiempo que tardó ayer que el tiempo que tarda normalmente?

a. ¿Qué se te pide que halles?

b. ¿Qué sabes?

c. ¿Cómo resolverás el problema?

d. Resuelve el problema.

e. Completa la oración.

Ayer, Theo tardó ______ menos que su tiempo normal en correr 5 kilómetros.

18. MÁS AL DETALLE Jon tiene 5 tramos de tubo. Cada tramo mide 3 pies y 6 pulgadas de longitud. Si Jon une los extremos de los tramos para hacer un tubo largo, ¿cuánto medirá el tubo nuevo?

Entrenador personal en matemáticas

19. PIENSA MÁS + Ana mezcla 2 cuartos y 1 pinta de jugo de manzana con 1 cuarto y 3 tazas de jugo de arándanos. ¿Podrá poner la mezcla en una jarra de un galón? Explica.

PRÁCTICA ADICIONAL: Cuaderno de práctica de los estándares

Nombre ______________________

Patrones en unidades de medida

Pregunta esencial ¿Cómo puedes usar patrones para escribir pares de números para unidades de medida?

Medición y datos—4.MD.1

PRÁCTICAS MATEMÁTICAS MP.4, MP.5, MP.7

RELACIONA En la tabla que está a la derecha se muestra la relación entre yardas y pies. Puedes pensar en los números de la tabla como pares de números.
1 y 3, 2 y 6, 3 y 9, 4 y 12, 5 y 15 son pares de números.

Con los pares de números se muestra la relación que hay entre yardas y pies. 1 yarda es igual a 3 pies, 2 yardas son iguales a 6 pies, 3 yardas son iguales a 9 pies y así sucesivamente.

Yardas	Pies
1	3
2	6
3	9
4	12
5	15

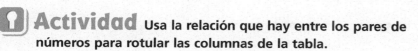

Soluciona el problema En el mundo

Lillian hizo la siguiente tabla para mostrar la relación entre dos unidades de tiempo. ¿Qué unidades de tiempo se muestran en el patrón de la tabla?

Actividad Usa la relación que hay entre los pares de números para rotular las columnas de la tabla.

_______	_______
1	7
2	14
3	21
4	28
5	35

- Escribe los pares de números.

____

- Describe la relación que hay entre los números de cada par.

____

____

____

- Rotula las columnas de la tabla.

Piensa: ¿Qué unidad de tiempo es 7 veces más grande que otra unidad?

Charla matemática **Prácticas matemáticas**

Observa los pares de números de la tabla. ¿Podrías cambiar el orden de los números de cada par? **Explica** por qué.

¡Inténtalo! Jasper hizo la siguiente tabla para mostrar la relación entre dos unidades de volumen de un líquido del sistema usual. ¿Qué unidades de volumen de un líquido del sistema usual se muestran en el patrón de la tabla?

____	____
1	4
2	8
3	12
4	16
5	20

- Escribe los pares de números.

____

- Describe la relación que hay entre los números de cada par.

____

____

____

- Rotula las columnas de la tabla.

Piensa: ¿Qué unidad de volumen de un líquido del sistema usual es 4 veces más grande que otra unidad?

- ¿Qué otras unidades podrías haber usado para rotular las columnas de la tabla anterior? Explícalo.

____

____

____

Comparte y muestra

1. En la tabla se muestra un patrón para dos unidades de tiempo. Rotula las columnas de la tabla con las unidades de tiempo.

Piensa: ¿Qué unidad de tiempo es 24 veces más grande que otra unidad?

____	____
1	24
2	48
3	72
4	96
5	120

Charla matemática — **Prácticas matemáticas**

Explica cómo rotulaste las columnas de la tabla.

Nombre ________________________________

En cada tabla se muestra un patrón para dos unidades del sistema usual. Rotula las columnas de la tabla.

2.

______	______
1	2
2	4
3	6
4	8
5	10

3.

______	______
1	16
2	32
3	48
4	64
5	80

Por tu cuenta

En cada tabla se muestra un patrón para dos unidades de tiempo. Rotula las columnas de la tabla.

4.

______	______
1	60
2	120
3	180
4	240
5	300

5.

______	______
1	12
2	24
3	36
4	48
5	60

En cada tabla se muestra un patrón para dos unidades de longitud del sistema métrico. Rotula las columnas de la tabla.

6.

______	______
1	10
2	20
3	30
4	40
5	50

7.

______	______
1	100
2	200
3	300
4	400
5	500

8. MÁS AL DETALLE Escribe los pares de números de la tabla del Ejercicio 6. Describe la relación que hay entre los números de cada par.

____

____

____

Resolución de problemas • Aplicaciones

9. ¿Cuál es el error? María escribió *Semanas* como rótulo de la primera columna de la tabla y *Años* como rótulo de la segunda columna. Describe su error.

?	?
1	52
2	104
3	156
4	208
5	260

____

____

____

10. PRÁCTICA MATEMÁTICA 3 **Verifica el razonamiento de otros** En la tabla se muestra un patrón para dos unidades del sistema métrico. Lou rotula las columnas *Metros* y *Milímetros*. Zayna las rotula *Litros* y *Mililitros*. ¿Qué respuesta tiene sentido? ¿Qué respuesta no tiene sentido? Explícalo.

?	?
1	1,000
2	2,000
3	3,000
4	4,000
5	5,000

____

____

____

____

____

11. PIENSA MÁS Observa los siguientes pares de números: 1 y 365, 2 y 730, 3 y 1,095. ¿Los pares de números describen la relación que hay entre qué dos unidades de tiempo? Explícalo.

____

____

12. PIENSA MÁS Las tablas muestran los patrones de algunas unidades de medida. Escribe el rótulo correcto en cada tabla.

Onzas | Días | Pies | Galones | Horas | Pulgadas | Libras | Cuartos

____	____
1	12
2	24
3	36
4	48

____	____
1	24
2	48
3	72
4	96

____	____
1	4
2	8
3	12
4	16

PRÁCTICA ADICIONAL: Cuaderno de práctica de los estándares

Nombre ___________________________

Repaso y prueba del Capítulo 12

1. La señora Miller quiere hacer una estimación del ancho de los escalones del frente de su casa. Selecciona cuál es la mejor unidad de referencia que puede usar.

   (A) su dedo

   (B) el ancho de una moneda de diez centavos

   (C) el ancho de la patente de un carro

   (D) la distancia que puede caminar en 20 minutos

2. Franco jugó al ajedrez en la computadora durante 3 horas. Lian jugó al ajedrez en la computadora durante 150 minutos. Compara los tiempos que ambos pasaron jugando al ajedrez. Completa la oración.

   ___________ pasó ________________ más que ___________ jugando al ajedrez.

3. Selecciona las medidas que sean iguales. Marca todas las que correspondan.

   (A) 6 pies

   (B) 15 yardas

   (C) 45 pies

   (D) 600 pulgadas

   (E) 12 pies

   (F) 540 pulgadas

4. Jackie preparó 6 cuartos de limonada. Dice que hizo 3 pintas de limonada. Explica cuál es el error de Jackie. Luego, halla la cantidad correcta de pintas de limonada.

5. Josh hace gimnasia todos los días después de la escuela. El cuadro muestra la cantidad de tiempo que Josh pasó haciendo gimnasia durante dos semanas.

Tiempo que hizo gimnasia (horas)
$\frac{1}{4}, \frac{1}{4}, \frac{3}{4}, \frac{3}{4}, \frac{1}{2}, 1, 1, 1, \frac{3}{4}, 1$

Parte A

Haz una tabla de conteo y un diagrama de puntos para representar los datos.

Tiempo que hizo gimnasia	
Tiempo (en horas)	Conteo

Parte B

Explica cómo usaste la tabla de conteo para rotular los números y graficar las X.

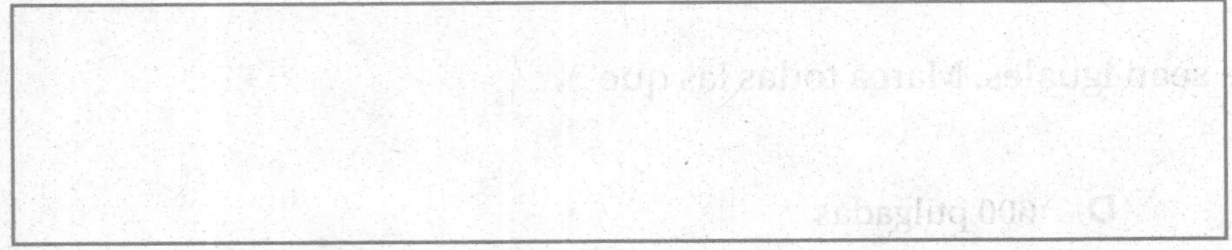

Parte C

¿Cuál es la diferencia entre la mayor y la menor cantidad de tiempo que Josh dedicó a hacer gimnasia?

_____ de hora

6. Selecciona la palabra correcta para completar la oración. Juan trae una botella de agua a la práctica de fútbol.

Una botella llena de agua contiene [1 litro / 10 mililitros / 1 metro] de agua.

Nombre ___________________________________

7. Escribe el símbolo que compare los pesos correctamente.

<	=	>

128 onzas ______ 8 libras

8,000 libras ______ 3 toneladas

8. Dwayne compró 5 yardas de papel de regalo. ¿Cuántas pulgadas de papel de regalo compró?

______ pulgadas

9. Un saco de patatas pesa 14 libras y 9 onzas. Después de que Wendy preparara una ensalada de patatas para un picnic, el saco pesa 9 libras y 14 onzas. ¿Cuánto pesan las patatas que Wendy usó para la ensalada? Escribe los números para mostrar la resta correcta.

4	5	11	13	19	25	39

□	□
14 libras	9 onzas
− 9 libras	14 onzas
□ libras	□ onzas

10. Sabita hizo esta tabla para mostrar la relación entre dos unidades de volumen de un líquido del sistema usual.

Parte A

Escribe los pares de números de la tabla. Luego, describe la relación que hay entre los números de cada par.

______	______
1	2
2	4
3	6
4	8
5	10

Parte B

Rotula las columnas de la tabla. Explica tu respuesta.

11. La tabla muestra las distancias en millas que algunos estudiantes nadaron. Completa el diagrama de puntos para representar los datos.

Distancia que los estudiantes nadaron (en millas)
$\frac{1}{8}, \frac{2}{8}, \frac{3}{8}, \frac{3}{8}, \frac{5}{8}, \frac{3}{8}, \frac{2}{8}, \frac{4}{8}, \frac{3}{8}, \frac{1}{8}, \frac{4}{8}, \frac{4}{8}$

Distancia que los estudiantes nadaron (en millas)

¿Cuál es la diferencia entre la mayor y la menor distancia que nadaron los estudiantes?

☐ de milla

12. Un elefante que vive en una reserva pesa 4 toneladas. ¿Cuántas libras pesa el elefante?

_____ libras

13. Katia compró dos melones. Dice que la diferencia de la masa de los melones es de 5,000 gramos. ¿Qué melones compró Katia?

Ⓐ sandía: 8 kilogramos

Ⓑ melón Cantalupo: 5 kilogramos

Ⓒ melón verde: 3 kilogramos

Ⓓ melón Casaba: 2 kilogramos

Ⓔ melón Crenshaw: 1 kilogramo

14. Escribe las medidas equivalentes en cada columna.

3,000 milímetros	300 centímetros	30 centímetros
$\frac{35}{100}$ de metro	0.300 metros	0.35 metros
$\frac{300}{1,000}$ de metro	350 milímetros	30 decímetros

3 metro	35 centímetros	300 milímetros

Nombre ________________________________

15. Cheryl está preparando una mezcla de jugos para una fiesta. Mezcla 7 pintas de jugo de manzana con 7 pintas de jugo de arándanos. ¿Cuántas onzas fluidas de jugo obtiene Cheryl?

______ onzas fluidas

16. El partido de fútbol de Hamid comenzará a las 11:00 a. m., pero los jugadores deben presentarse en el campo tres cuartos de hora antes para el precalentamiento. El partido debe finalizar a las 1:15 p. m.

Parte A

Hamid dice que tiene que estar en el campo a las 9:45 a. m. ¿Eso es correcto? Explícalo.

Parte B

El parque cierra a las 6:30 p. m. Hay un recreo de 15 minutos entre cada partido que se juega en el parque, y todos los partidos duran lo mismo que el partido de fútbol de Hamid. ¿Cuántos partidos más se pueden jugar antes de que el parque cierre? Explica.

17. En los ejercicios 17a. a 17e., selecciona Sí o No para decir si las medidas son equivalentes o no.

17a. 7,000 gramos y 7 kilogramos ○ Sí ○ No

17b. 200 mililitros y 2 litros ○ Sí ○ No

17c. 6 gramos y 6,000 kilogramos ○ Sí ○ No

17d. 5 litros y 5,000 mililitros ○ Sí ○ No

17e. 2 mililitros y 2,000 litros ○ Sí ○ No

18. Une con líneas los intervalos de tiempo equivalentes.

$\frac{1}{2}$ hora	2 horas	3 horas	8 horas	72 horas
•	•	•	•	•
•	•	•	•	•
3 días	180 minutos	1,800 segundos	480 minutos	7,200 segundos

19. Anya llegó a la biblioteca el sábado por la mañana a las 11:10 a. m. Se fue de la biblioteca 1 hora y 20 minutos después. Dibuja una línea cronológica para representar la hora de finalización.

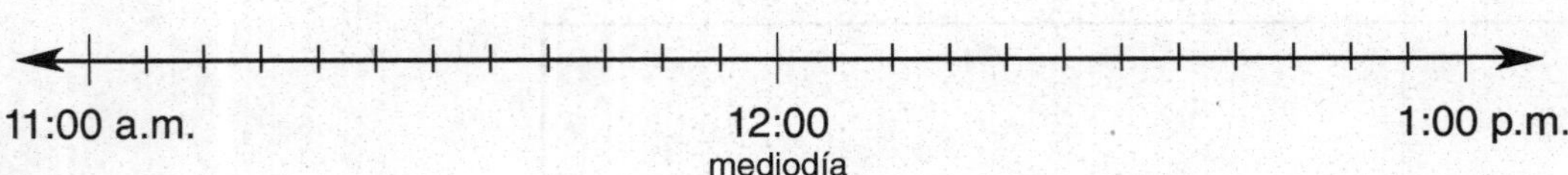

Anya se fue de la biblioteca a las ______ p. m.

20. Las tablas muestran patrones para algunas unidades de medida. Escribe los rótulos correctos en cada una de las tablas.

Pintas | Días | Pies | Tazas | Semanas | Yardas | Pulgadas | Cuartos

1	3
2	6
3	9
4	12

1	7
2	14
3	21
4	28

1	4
2	8
3	12
4	16

21. Una piscina olímpica tiene 25 metros de ancho. ¿Cuántos decímetros de ancho tiene?

______ decímetros de ancho

22. Frankie está entrenando para una carrera de 5 kilómetros. Su tiempo normal es 31 minutos y 21 segundos. Ayer, tardó sólo 29 minutos y 38 segundos.

¿Cuánto tiempo menos que su tiempo normal tardó Frankie?

____

Capítulo 13

Álgebra: Perímetro y área

Muestra lo que sabes

Comprueba si comprendes las destrezas importantes.

Nombre ______________________________

▶ Factores que faltan **Halla el factor que falta.**

1. 

_____ $\times 6 = 24$

2. 

$3 \times$ _____ $= 27$

▶ Sumar números enteros **Halla la suma.**

3. $17 + 153 + 67 =$ _______

4. $8 + 78 + 455 =$ _______

5. $211 + 52 + 129 + 48 =$ _______

6. $42 + 9 + 336 + 782 =$ _______

▶ Multiplicar números enteros **Halla el producto.**

7. 78×6

8. 29×7

9. 42×5

10. 57×9

Detective matemático

En el área cerca de Cartersville, Georgia, que ahora es un parque estatal, vivieron indígenas. Construyeron túmulos funerarios que solían contener objetos, como cuentas, plumas y adornos de cobre para las orejas. Uno de los túmulos del parque mide 63 pies de altura. Piensa como un detective matemático. Si la parte superior del túmulo es un rectángulo con un perímetro de 322 yardas, ¿cuál podría ser la longitud de los lados de ese rectángulo?

Entrenador personal en matemáticas
Evaluación e intervención en línea

Desarrollo del vocabulario

▶ Visualizar

Usa el diagrama de Venn para clasificar las palabras marcadas con ✓.

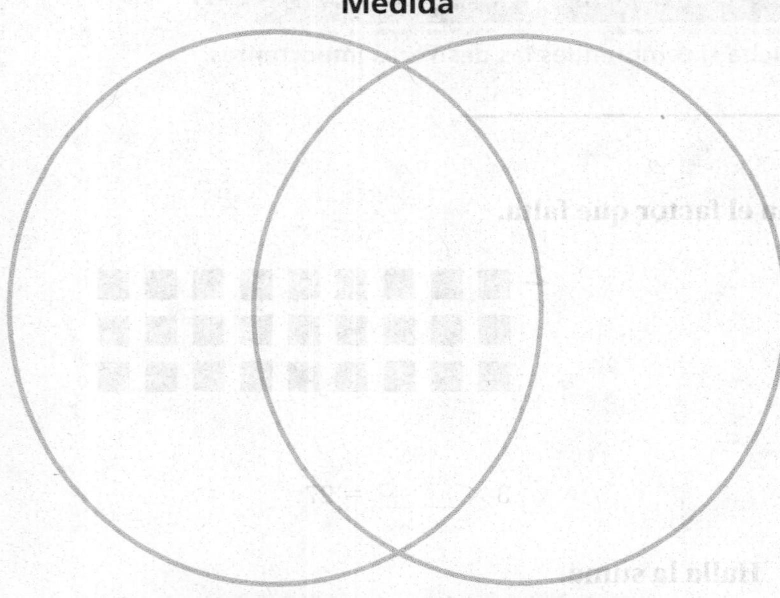

Palabras de repaso

✓ centímetro
✓ kilómetro
✓ metro
✓ milla
✓ pie
✓ pulgada
✓ yarda

Palabras nuevas

✓ altura
✓ área
base
✓ fórmula
✓ perímetro
unidad cuadrada

▶ Comprender el vocabulario

Escribe la palabra o el término que resuelva el acertijo.

1. Soy la cantidad de unidades cuadradas que se necesitan para cubrir una superficie.

____

2. Soy la distancia que hay alrededor de una figura.

____

3. Soy una unidad de área que mide 1 unidad por 1 unidad.

____

4. Soy un conjunto de símbolos que expresa una regla matemática.

____

- Libro interactivo del estudiante
- Glosario multimedia

Nombre ____________________________________

Perímetro

Pregunta esencial ¿Cómo puedes usar una fórmula para hallar el perímetro de un rectángulo?

Medición y datos—4.MD.3

PRÁCTICAS MATEMÁTICAS
MP.1, MP.7, MP.8

Soluciona el problema

Julio está colocando un borde de piedra alrededor de su jardín rectangular. La longitud del jardín es 7 pies. El ancho del jardín es 5 pies. ¿Cuántos pies de borde de piedra necesita Julio en total?

- Encierra en un círculo los números que usarás.
- ¿Qué se te pide que halles?

____

____

El **perímetro** es la distancia alrededor de una figura.

Para hallar cuántos pies de borde de piedra necesita Julio, halla el perímetro del jardín.

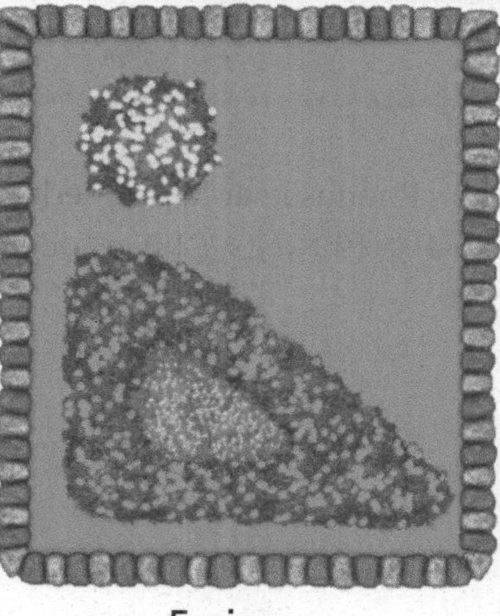

Usa la suma.

Perímetro de un rectángulo = longitud + ancho + longitud + ancho

$7 + 5 + 7 + 5 =$ ______

El perímetro es ______ pies.

Entonces, Julio necesita ______ pies de borde de piedra.

Usa la multiplicación.

A Halla el perímetro de un rectángulo.

Perímetro = (2 × longitud) + (2 × ancho)

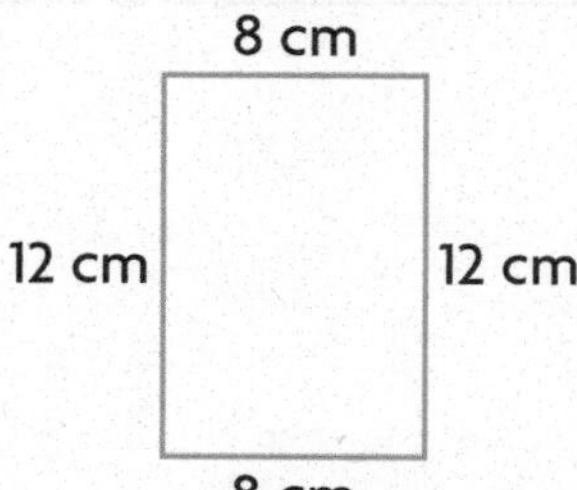

Perímetro = $(2 \times 12) + (2 \times 8)$

$= 24 + 16$

$=$ ______

Entonces, el perímetro es ______ centímetros.

B Halla el perímetro de un cuadrado.

Perímetro = 4 × un lado

16 pulg

16 pulg | 16 pulg

16 pulg

Perímetro = 4×16

$=$ ______

Entonces, el perímetro es ______ pulgadas.

Charla matemática

Prácticas matemáticas

Explica cuál es la relación entre usar la suma y usar la multiplicación para hallar el perímetro de un rectángulo.

Usa una fórmula Una **fórmula** es una regla matemática.
Puedes usar una fórmula para hallar un perímetro.

$$P = (2 \times l) + (2 \times a)$$

↑ perímetro ↑ longitud ↑ ancho

ancho

longitud

Ejemplo Halla el perímetro del rectángulo.

$P = (2 \times l) + (2 \times a)$

$= (2 \times$ ______ $) + (2 \times$ ______ $)$ Piensa: Escribe las medidas que conoces.

$=$ ______ $+$ ______ Piensa: Resuelve lo que está entre paréntesis primero.

$=$ ______

14 m

18 m

El perímetro del rectángulo es ____________.

1. ¿Puedes usar la propiedad distributiva para escribir la fórmula $P = (2 \times l) + (2 \times a)$ de otra manera? Explícalo.

____

____

____

____

¡Inténtalo! **Escribe una fórmula para el perímetro de un cuadrado.**

Usa la letra ______ para el perímetro.

Usa la letra ______ para la longitud de un lado.

Fórmula: ______________________

2. Justifica la fórmula que escribiste para el perímetro de un cuadrado.

____

____

____

____

____

Nombre ____________________

Comparte y muestra

Fórmulas para el perímetro

Rectángulo:
$P = (2 \times l) + (2 \times a)$ o
$P = 2 \times (l + a)$

Cuadrado:
$P = 4 \times L$

1. Halla el perímetro del rectángulo.

P = (_____ × _____) + (_____ × _____)

= (_____ × _____) + (_____ × _____)

= _____ + _____

= _____

El perímetro es _____ pies.

8 pies

4 pies

Halla el perímetro del rectángulo o cuadrado.

2.

_____ yardas

3.

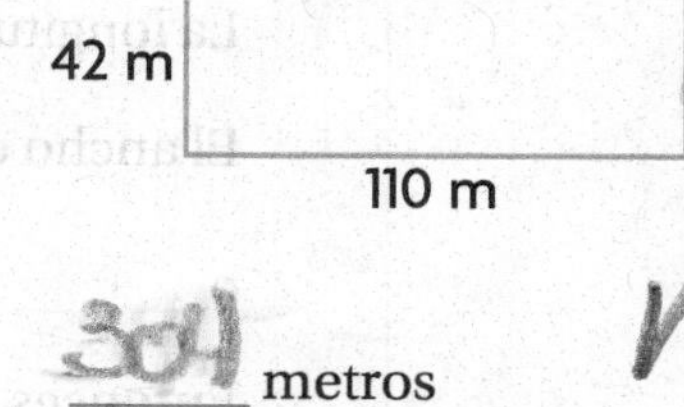

_____ metros

4.

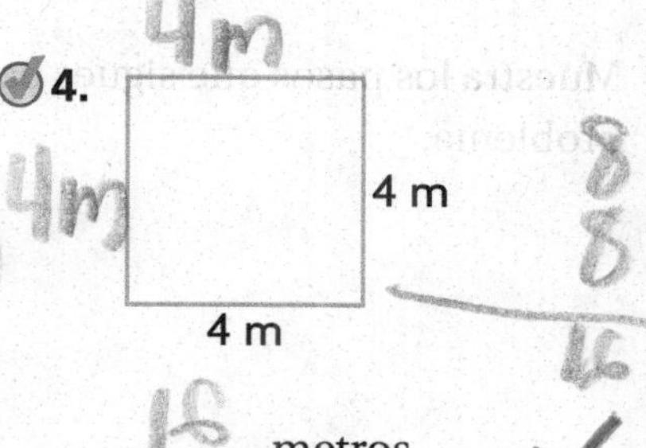

_____ metros

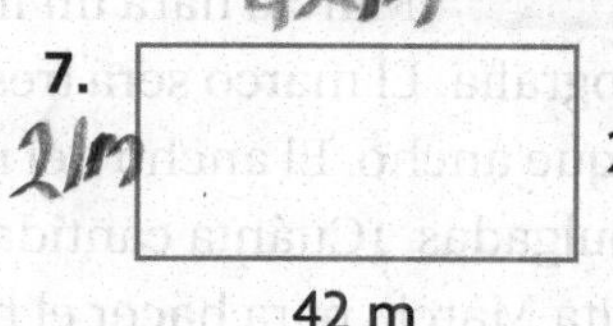

Prácticas matemáticas

¿Puedes usar la fórmula $P = (2 \times l) + (2 \times a)$ para hallar el perímetro de un cuadrado? **Explícalo.**

Por tu cuenta

Halla el perímetro del rectángulo o cuadrado.

5.

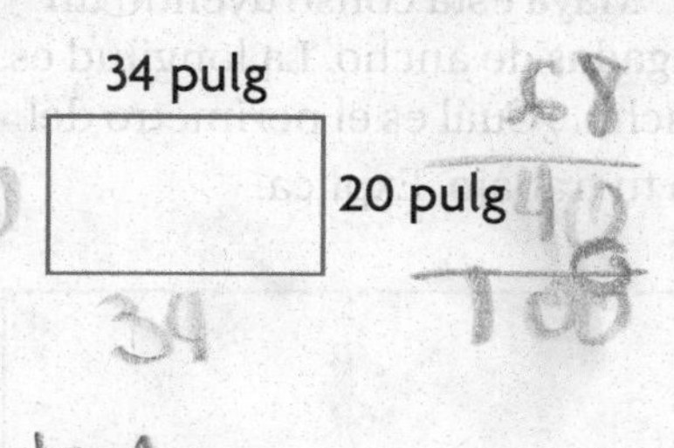

_____ pulgadas

6.

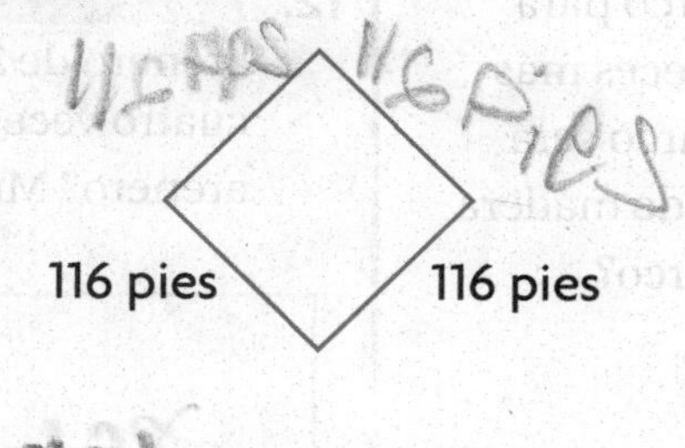

_____ pies

7. 21 m

42 m

_____ metros

8. Robert desea colocar luces en el perímetro de su patio. El patio mide 40 pies de longitud y 25 pies de ancho. ¿Cuántos pies de luces necesita?

9. 

Analiza ¿Cuál es la longitud del lado de un cuadrado que posee un perímetro de 60 metros?

Soluciona el problema

10. PIENSA MÁS Alejandra quiere agregar una tira de flecos a una bufanda. La bufanda tiene forma de rectángulo. La longitud de la bufanda es 48 pulgadas. El ancho es igual a la mitad de la longitud. ¿Qué longitud debe tener la tira de flecos?

a. Haz un dibujo de la bufanda y rotula las medidas dadas.

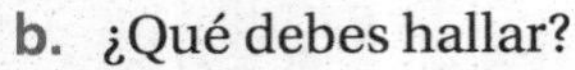
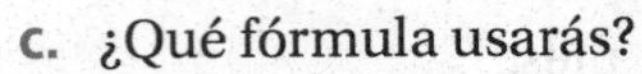

b. ¿Qué debes hallar?

____

c. ¿Qué fórmula usarás?

____

d. Muestra los pasos que sigues para resolver el problema.

e. Completa.

La longitud de la bufanda es ______ pulgadas.

El ancho es igual a la mitad de la longitud

o ______ ÷ 2 = ______ pulgadas.

Entonces, el perímetro es (______ × ______) +

(______ × ______) = ______ pulgadas.

f. Alejandra necesita ____________ de flecos.

11. MÁS AL DETALLE Marcia hará un marco para su fotografía. El marco será tres veces más largo que ancho. El ancho del marco será de 5 pulgadas. ¿Cuánta cantidad de madera necesita Marcia para hacer el marco?

____

12. PIENSA MÁS Maya está construyendo un arenero de 36 pulgadas de ancho. La longitud es cuatro veces el ancho. ¿Cuál es el perímetro del arenero? Muestra tu trabajo. Explica.

PRÁCTICA ADICIONAL: Cuaderno de práctica de los estándares

Nombre ____________________

Área

Pregunta esencial ¿Cómo puedes usar una fórmula para hallar el área de un rectángulo?

Medición y datos—4.MD.3

PRÁCTICAS MATEMÁTICAS
MP.3, MP.6, MP.7

Soluciona el problema En el mundo

La **base, *b*,** de una figura bidimensional puede ser cualquiera de los lados. La **altura, *h*,** es la medida de un segmento perpendicular desde la base hasta la parte superior de la figura.

h b h b b h

Recuerda

Las líneas perpendiculares y los segmentos perpendiculares forman ángulos rectos.

El **área** es la cantidad de **unidades cuadradas** que se necesitan para cubrir una superficie plana sin brechas ni superposiciones. Una unidad cuadrada es un cuadrado que mide 1 unidad de longitud y 1 unidad de ancho. Para hallar el área de una figura, cuenta el número de unidades cuadradas que hay dentro de la figura.

1 unidad
1 unidad 1 unidad
1 unidad

¿Qué relación hay entre la base, la altura y el área de un rectángulo?

Completa la tabla para hallar el área.

Figura	Base	Altura	Área
	5 unidades		

1. ¿Qué relación hay entre la base, la altura y el área?

____

____

Charla matemática **Prácticas matemáticas**

¿Cómo decides qué lado del rectángulo va a ser la base?

2. Escribe una fórmula para hallar el área de un rectángulo. Usa la letra *A* para el área. Usa la letra *b* para la base. Usa la letra *h* para la altura.

Fórmula: ____________________

Usa una fórmula Puedes usar una fórmula para hallar el área.

$$A = b \times h$$

↑ área ↑ base ↑ altura

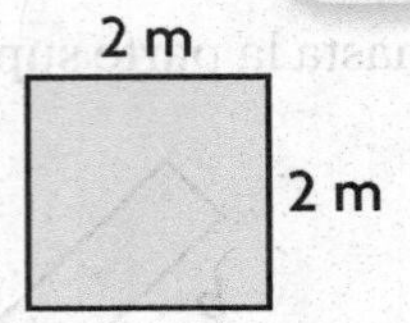

Idea matemática

Puedes pensar en la base y la altura de un rectángulo en términos de longitud (l) y ancho (a), puesto que la longitud y el ancho son perpendiculares. Puedes escribir la fórmula del área (A) de un rectángulo como $A = l \times w$.

Ejemplos Usa una fórmula para hallar el área de un rectángulo y un cuadrado.

A

6 pies

2 pies

$A = b \times h$

= _____ × _____

= _____

El área es _______________.

B

2 m

2 m

$A = b \times h$

= _____ × _____

= _____

El área es _______________.

¡Inténtalo! **Escribe una fórmula para el área de un cuadrado.**

Usa la letra _____ para el área.

Usa la letra _____ para la longitud de un lado.

Fórmula: _______________________________

Comparte y muestra

1. Halla el área del rectángulo.

$A = b \times$ _____

= _____ × _____

= __________

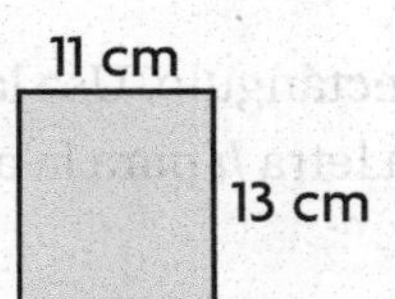

Nombre 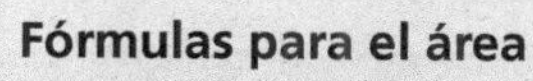

Fórmulas para el área

Rectángulo:	Cuadrado:
$A = b \times h$	$A = L \times L$

Halla el área del rectángulo o cuadrado.

2. 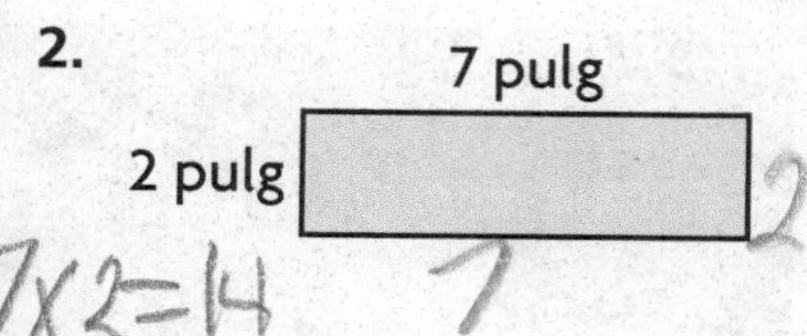

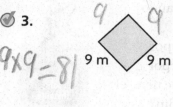

3.
9 m
9 m

4. 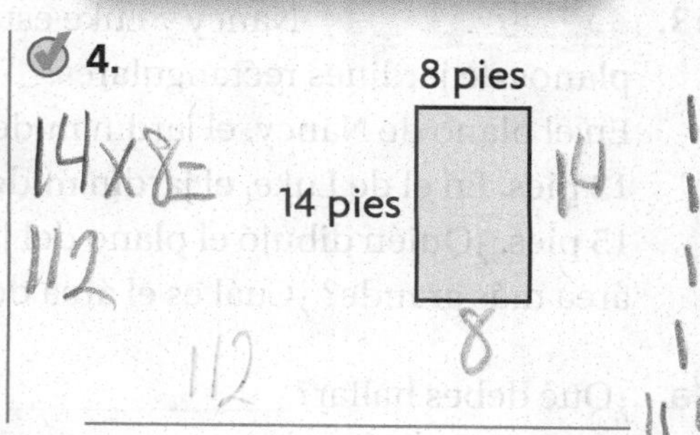

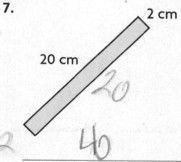

Charla matemática — **Prácticas matemáticas**

Explica cómo puedes hallar el área de un cuadrado si solo sabes que la longitud de uno de los lados es 23 pies.

Halla el área del rectángulo o cuadrado.

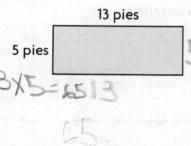

5.
13 pies
5 pies

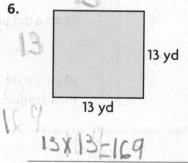

6.
13 yd
13 yd

7.
2 cm
20 cm

Práctica: Copia y resuelve **Halla el área del rectángulo.**

8. base: 16 pies
altura: 6 pies

9. base: 9 yardas
altura: 17 yardas

10. base: 14 centímetros
altura: 11 centímetros

11. Frank pintará una pared que mide 10 pies por 14 pies. ¿Cuál es el área que Frank pintará?

12. PRÁCTICA MATEMÁTICA 2 **Razona cuantitativamente**
Carmen tejió un acolchado cuadrado para bebé que mide 36 pulgadas de cada lado. ¿Cuál es el área del acolchado?

Soluciona el problema En el mundo

13. PIENSA MÁS Nancy y Luke están dibujando planos de jardines rectangulares.
En el plano de Nancy, el jardín mide 18 pies por 12 pies. En el de Luke, el jardín mide 15 pies por 15 pies. ¿Quién dibujó el plano del jardín que tiene el área más grande? ¿Cuál es el área de ese jardín?

a. ¿Qué debes hallar? ______________________________

____

b. ¿Qué fórmula usarás? ______________________________

c. ¿Qué unidades usarás para escribir la respuesta? ______________________________

d. Muestra los pasos para resolver el problema.

e. Completa las oraciones.

El área del jardín de Nancy es

______________________________.

El área del jardín de Luke es

______________________________.

El jardín de ____________ tiene el área más grande.

14. MÁS AL DETALLE Víctor quiere comprar fertilizantes para su jardín. El jardín mide 35 pies por 55 pies. Las instrucciones en la bolsa de fertilizante indican que con una bolsa cubrirá 1,250 pies cuadrados. ¿Cuántas bolsas de fertilizante debería comprar Víctor para cubrir todo el jardín?

15. PIENSA MÁS Tuan es artista. Está pintando un lienzo que mide 45 pulgadas de ancho. La altura del lienzo es 9 pulgadas menos que el ancho. ¿Cuál es el área del lienzo que está pintando Tuan?

____________ pulgadas cuadradas

PRÁCTICA ADICIONAL: Cuaderno de práctica de los estándares

Nombre ______________________________

Área de rectángulos combinados

Pregunta esencial ¿Cómo puedes hallar el área de rectángulos combinados?

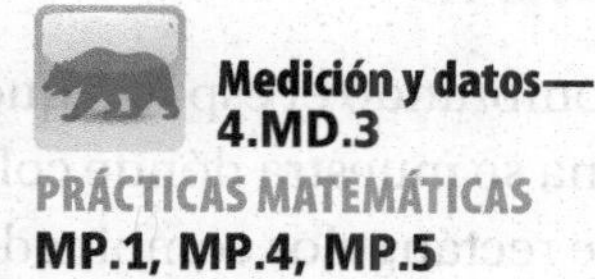

Medición y datos—
4.MD.3
PRÁCTICAS MATEMÁTICAS
MP.1, MP.4, MP.5

Soluciona el problema

Jan visita un jardín botánico con su familia. En el diagrama se muestran dos secciones rectangulares del jardín. ¿Cuál es el área total de las dos secciones?

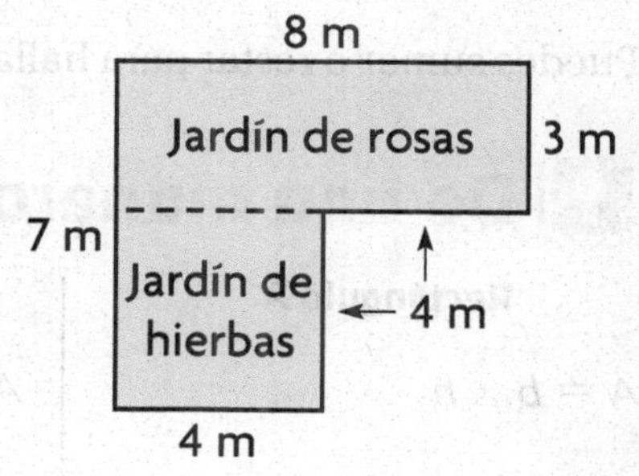

Hay diferentes maneras de hallar el área de rectángulos combinados.

De una manera Cuenta las unidades cuadradas.

Materiales ■ papel cuadriculado

- Dibuja el jardín en el papel cuadriculado. Luego cuenta los cuadrados que hay dentro de la figura para hallar el área de cada sección.

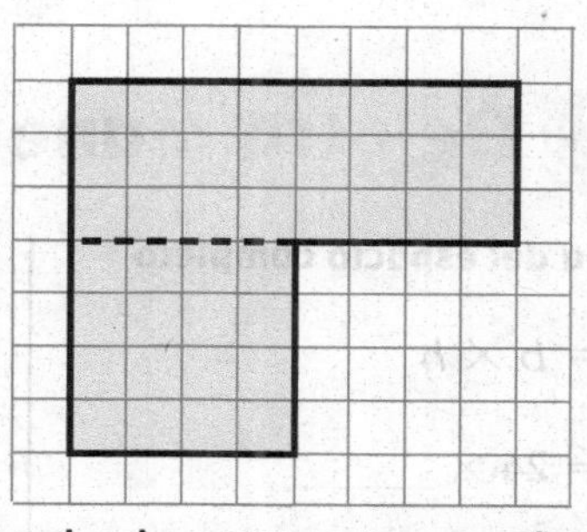

1 cuadrado = 1 metro cuadrado

Jardín de rosas	Jardín de hierbas
Área = ______ metros cuadrados	Área = ______ metros cuadrados

- Suma las áreas.

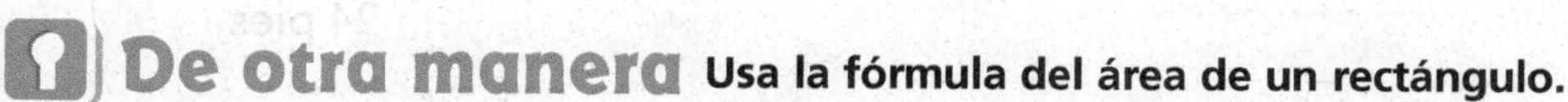

______ + ______ = ______ metros cuadrados

De otra manera Usa la fórmula del área de un rectángulo.

A Jardín de rosas	**B** Jardín de hierbas
$A = b \times h$	$A = b \times h$
= ______ × ______	= ______ × ______
= ______ metros cuadrados	= ______ metros cuadrados

- Suma las áreas.

______ + ______ = ______ metros cuadrados

Entonces, el área total es ______ metros cuadrados.

Charla matemática **Prácticas matemáticas**

¿Hay alguna otra manera de dividir la figura para hallar el área total? **Explícalo.**

Ejemplo

Greg está alfombrando el espacio que está fuera de su lavadero. En el diagrama se muestra dónde colocará la alfombra. El espacio está hecho de rectángulos combinados. ¿Cuál es el área del espacio alfombrado?

8 pies 16 pies

17 pies

9 pies

24 pies

Puedes sumar o restar para hallar el área.

De una manera Usa la suma.

Rectángulo A	**Rectángulo B**
$A = b \times h$	$A = b \times h$
$= 8 \times$ _____	$=$ _____ $\times 17$
$=$ _____	$=$ _____

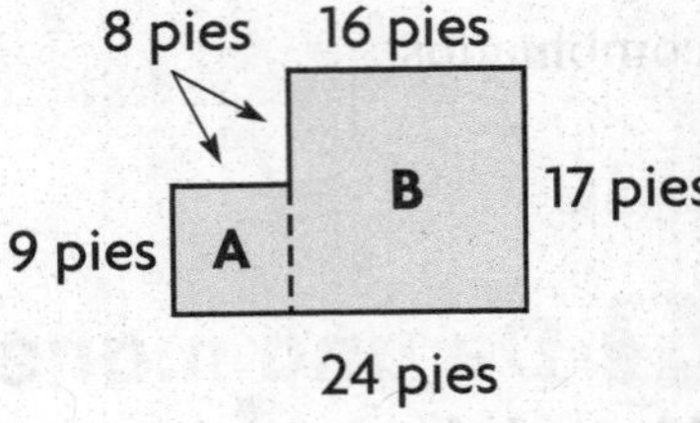

Suma de las áreas:

_____ + _____ = _____ pies cuadrados

De otra manera Usa la resta.

Área del espacio completo	**Área de la sección que falta**
$A = b \times h$	$A = b \times h$
$= 24 \times$ _____	$=$ _____ $\times$ _____
$=$ _____	$=$ _____

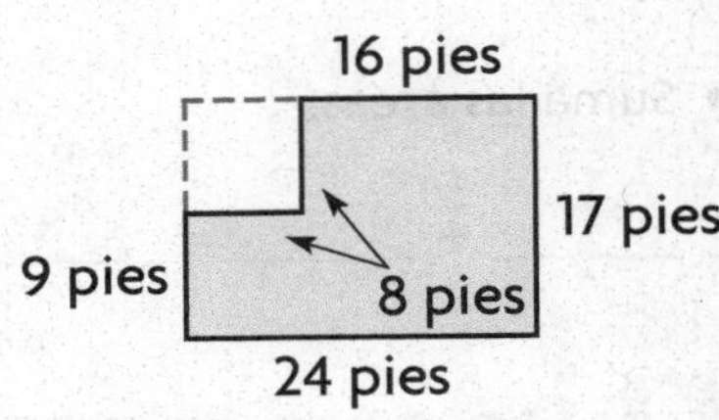

Diferencia entre las áreas:

_____ − _____ = _____ pies cuadrados

Entonces, el área del espacio alfombrado es _____ pies cuadrados.

- ¿Hay alguna otra manera de dividir la figura para hallar el área total? Explícalo.

_____

_____

_____

_____

Nombre ___

Comparte y muestra

1. Explica cómo hallar el área total de la figura.

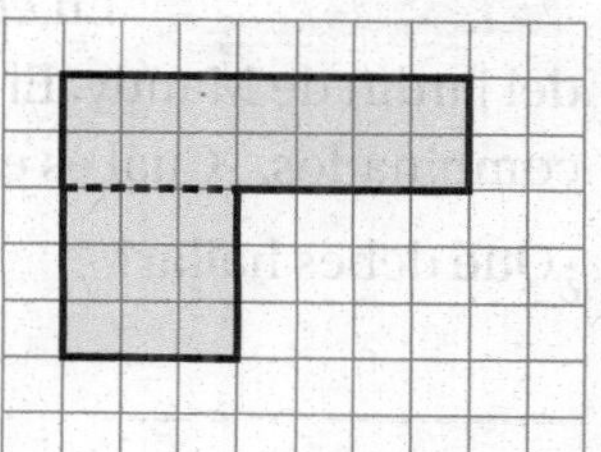

___

___

___

Halla el área de los rectángulos combinados.

2.

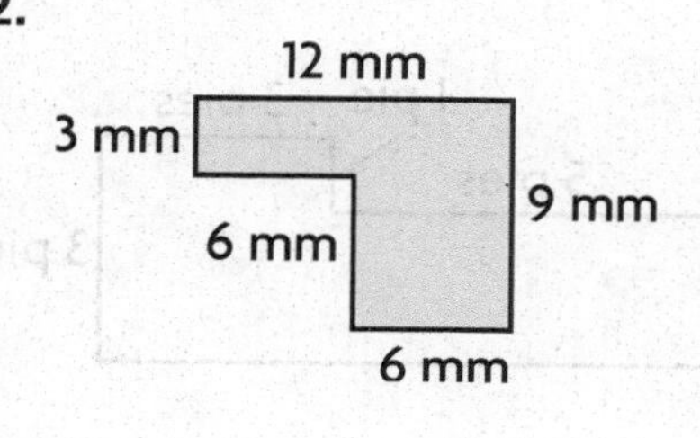

___

3.

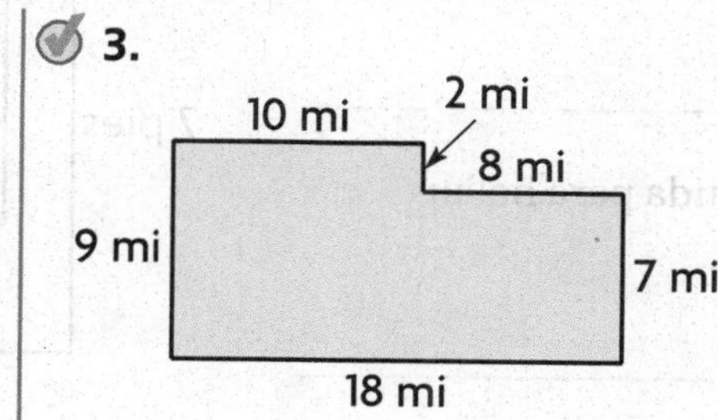

___

4.

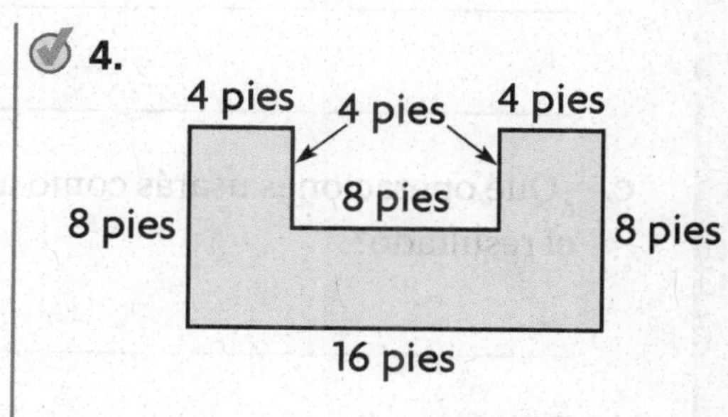

___

Charla matemática **Prácticas matemáticas**

Describe las características de los rectángulos combinados.

Por tu cuenta

Halla el área de los rectángulos combinados

5. PRÁCTICA MATEMÁTICA 6 **Atención a la precisión** La madre de Jamie quiere ampliar su jardín rectangular y agregar una nueva sección rectangular. El jardín mide ahora 96 yardas. ¿Cuál será el área total del jardín luego de agregar la nueva sección?

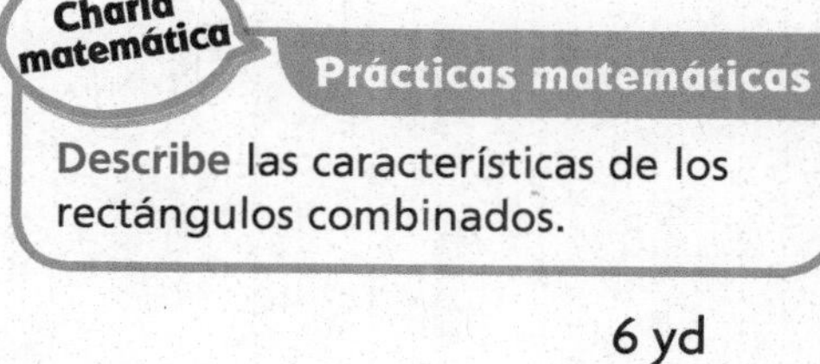

___

6. MÁS AL DETALLE Explica cómo hallar el perímetro y el área de los rectángulos combinados que están a la derecha.

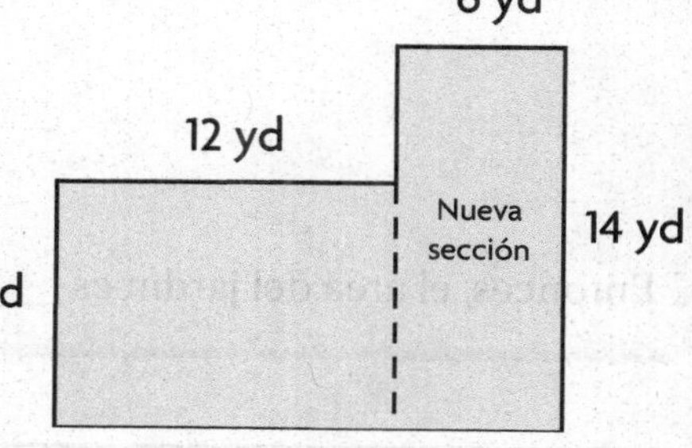

___

___

___

___

___

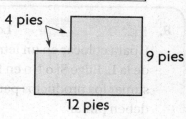

Soluciona el problema

Matemáticas al instante

7. PIENSA MÁS En el diagrama se muestra el trazado del jardín de Mandy. El jardín tiene forma de rectángulos combinados. ¿Cuál es el área del jardín?

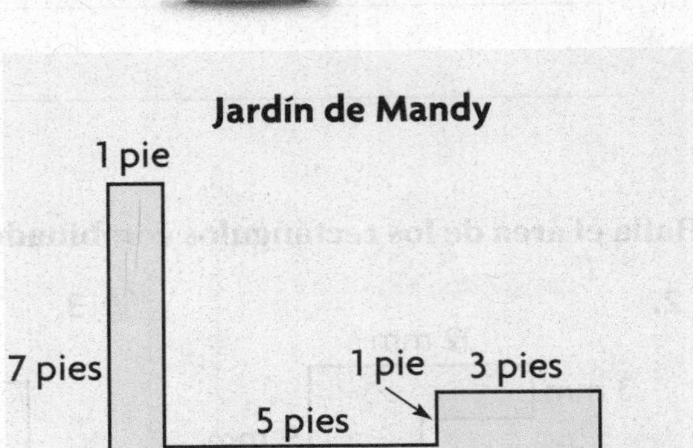

a. ¿Qué debes hallar?

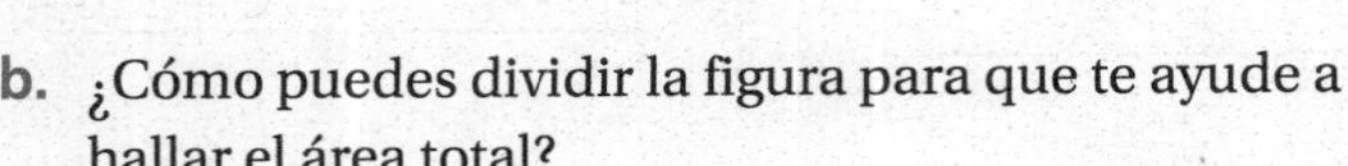

b. ¿Cómo puedes dividir la figura para que te ayude a hallar el área total?

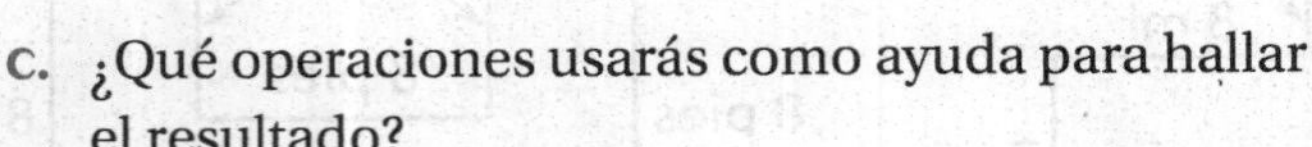

c. ¿Qué operaciones usarás como ayuda para hallar el resultado?

d. Dibuja un diagrama para mostrar cómo dividiste la figura. Luego muestra los pasos para resolver el problema.

Entonces, el área del jardín es ____________.

Entrenador personal en matemáticas

8. PIENSA MÁS + Los trabajadores están pintando una gran letra L para colocar en un letrero. El diagrama muestra las dimensiones de la L. Elige Sí o No en los números 8a a 8c para indicar si puedes sumar los productos para hallar el área que los trabajadores deben pintar.

8a. 2×8 y 2×4 ○ Sí ○ No

8b. 2×6 y 2×8 ○ Sí ○ No

8c. 2×6 y 6×2 ○ Sí ○ No

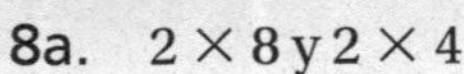

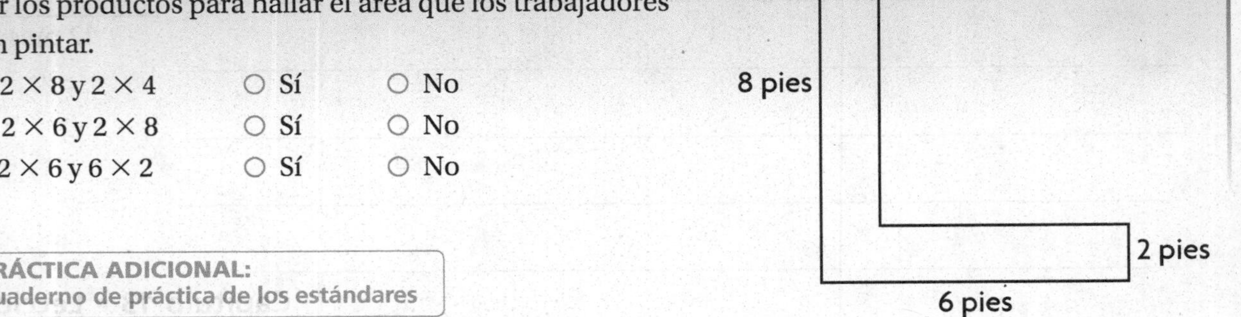

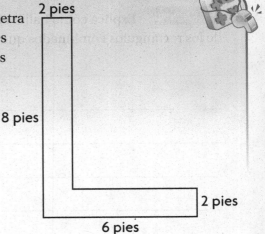

PRÁCTICA ADICIONAL: Cuaderno de práctica de los estándares

Nombre ______________________________

Revisión de la mitad del capítulo

Vocabulario

Elige el término del recuadro que mejor corresponda.

Vocabulario
área
base
fórmula
perímetro
unidad cuadrada (unid cuad)

1. Un cuadrado que mide 1 unidad de ancho y 1 unidad de longitud es una ________________. (pág. 529)
2. La ________________ de una figura bidimensional puede ser cualquiera de los lados. (pág. 529)
3. Un conjunto de símbolos que expresa una regla matemática se llama ________________. (pág. 526)
4. El ________________ es la distancia alrededor de una figura. (pág. 525)

Conceptos y destrezas

Halla el perímetro y el área del rectángulo o cuadrado. (4.MD.3)

5.
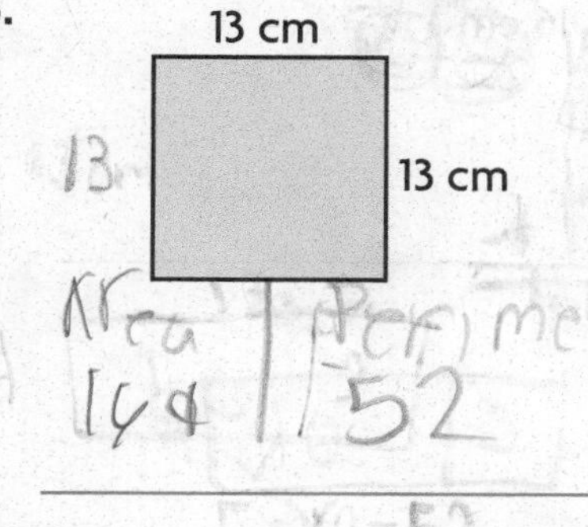

____

6.
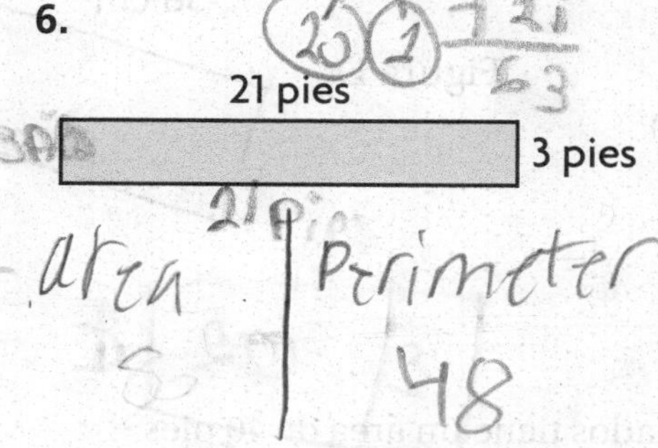

____

7.
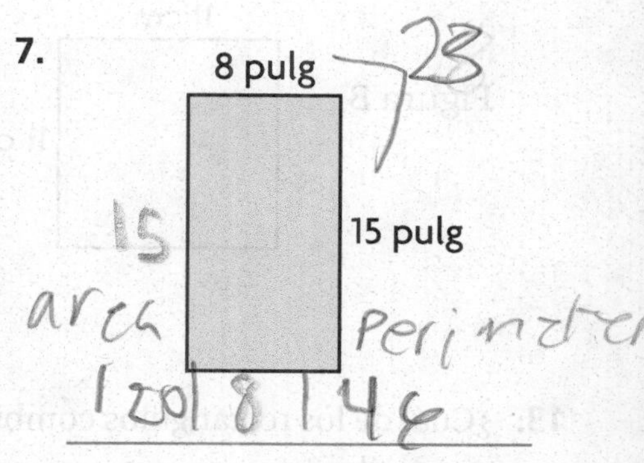

____

Halla el área de los rectángulos combinados. (4.MD.3)

8.
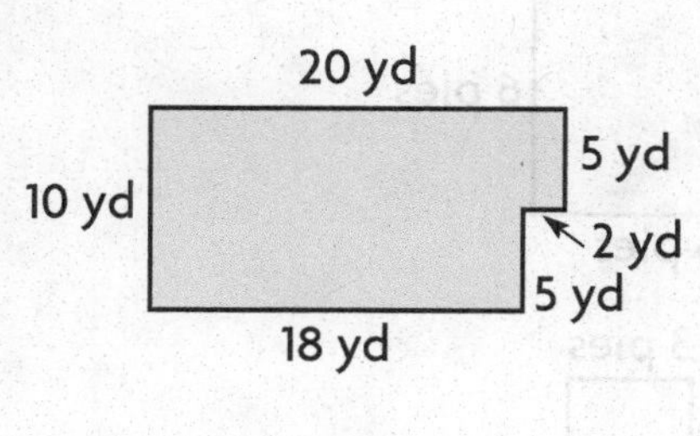

____

9.
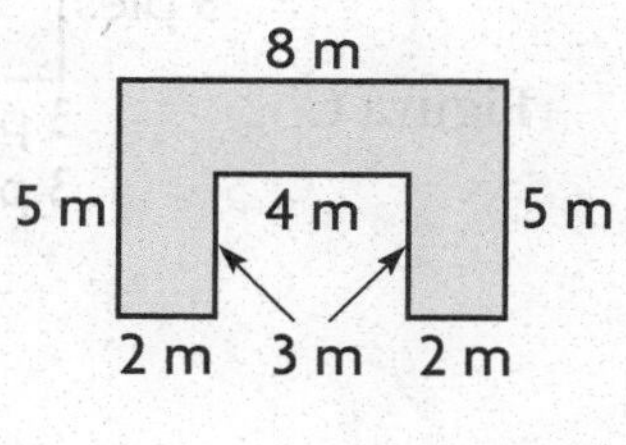

____

10.
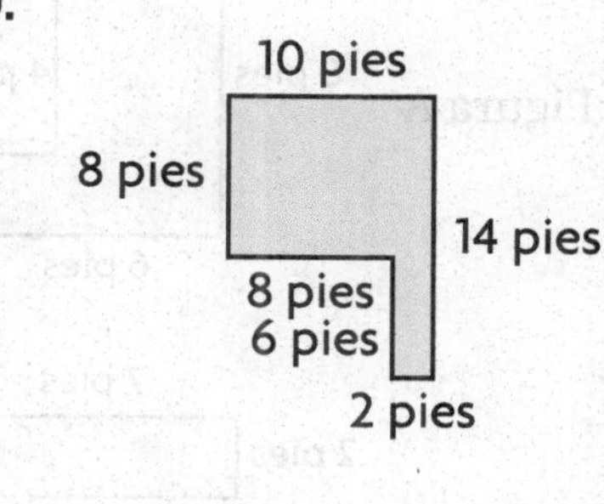

____

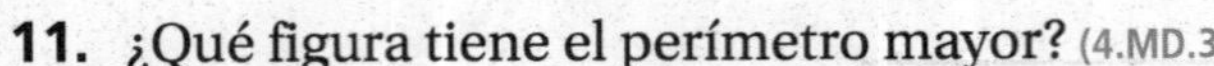

11. ¿Qué figura tiene el perímetro mayor? (4.MD.3)

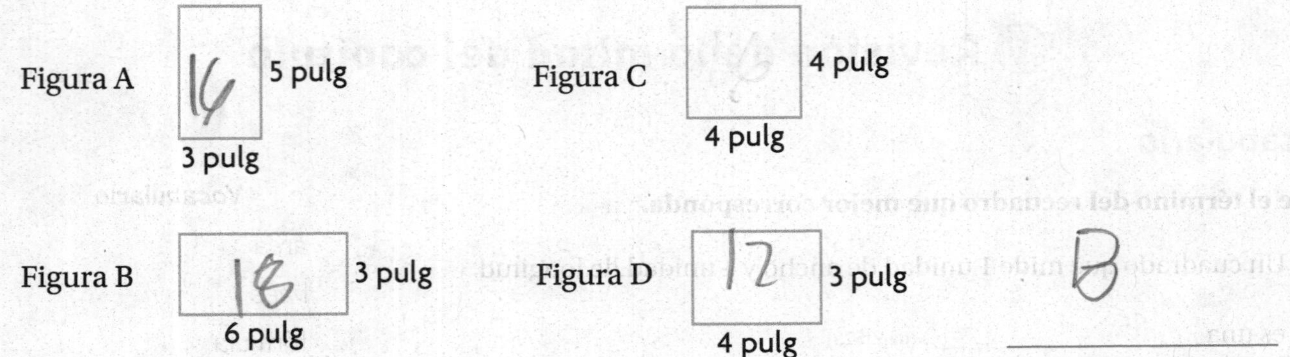

12. ¿Qué figura tiene un área de 108 centímetros cuadrados? (4.MD.3)

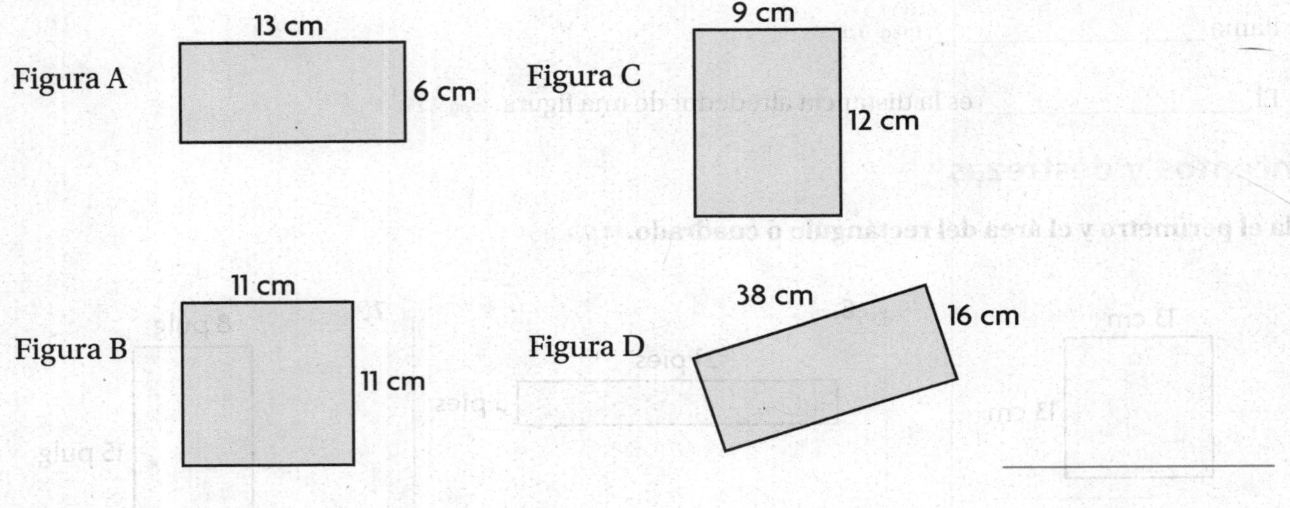

13. ¿Cuál de los rectángulos combinados tiene un área de 40 pies cuadrados? (4.MD.3)

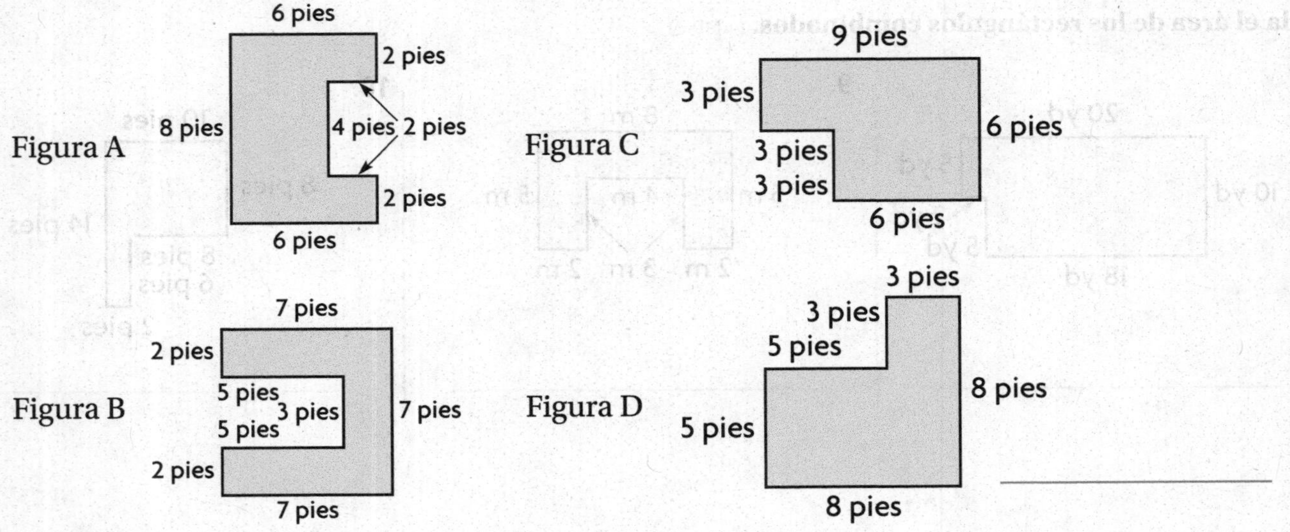

Nombre ______________________

Hallar medidas desconocidas

Medición y datos—4.MD.3

PRÁCTICAS MATEMÁTICAS MP.2, MP.4, MP.7

Pregunta esencial ¿Cómo puedes hallar una medida desconocida de un rectángulo a partir de su área o su perímetro?

Soluciona el problema (En el mundo)

Tanisha está pintando un mural en forma de rectángulo. El mural cubre un área de 54 pies cuadrados. La base del mural mide 9 pies. ¿Cuál es la altura?

Usa una fórmula para el área.

- ¿Qué debes hallar?

  ____

- ¿Qué sabes?

  ____

Ejemplo 1 Halla una medida desconocida a partir del área.

REPRESENTA

Piensa: Rotula las medidas que conoces. Usa n para las que no conoces.

$A =$ ________ $h =$ ________

9

$b =$ ________

REGISTRA

Usa el modelo para escribir y resolver una ecuación.

____ = ____ ____ Escribe la fórmula para el área.

____ = ____ ____ Usa el modelo para escribir una ecuación.

54 = 9 × ____ ¿9 por cuánto es igual a 54?

El valor de n es ____.

Piensa: n es la altura del mural.

Entonces, la altura del mural es ____ pies.

Charla matemática — Prácticas matemáticas

Explica cómo puedes usar la división para hallar un factor desconocido.

1. ¿Qué pasaría si el mural tuviera forma de cuadrado y un área de 81 pies cuadrados? ¿Cuál sería la altura del mural? Explícalo.

____

____

2. Explica cómo puedes hallar la longitud desconocida de los lados de un cuadrado si solo conoces el área del cuadrado.

____

____

____

Ejemplo 2 Halla una medida desconocida a partir del perímetro.

Gary está construyendo un corral en forma de rectángulo para su perro. Usará 24 metros de cerco. El corral medirá 3 metros de ancho. ¿Cuál será la longitud del corral?

Usa una fórmula para el perímetro.

REPRESENTA

Piensa: Rotula las medidas que conoces. Usa n para las que no conoces.

$w =$ _______

$l =$ _______

$P =$ _______

REGISTRA

Usa el modelo para escribir y resolver una ecuación.

$P \quad = \quad (2 \quad \times \quad l) \quad + \quad (2 \quad \times \quad a)$

_______ = (_______ _______) + (_______ _______)

_______ = (_______ _______) + _______

Piensa: $(2 \times n)$ es un sumando desconocido.

$24 =$ _______ $+ 6$ **Piensa:** ¿Cuánto es $24 - 6$?

El valor de $(2 \times n)$ es 18.

Para hallar el valor de n, halla el factor desconocido.

$2 \times$ _______ $= 18$

El valor de n es _______.

Piensa: n es la longitud del corral.

Entonces, el corral medirá _______ de longitud.

Para evitar errores

Asegúrate de estar usando la fórmula correcta. ¿Conoces el área o el perímetro?

¡Inténtalo! El perímetro de un cuadrado es 24 pies. Halla la longitud de los lados.

Dibuja un modelo.

Escribe una ecuación.

$P = 4 \times L$

Nombre ___

Comparte y muestra

1. Halla la medida desconocida. El área del rectángulo es 36 pies cuadrados.

$A = b \times h$

___ $= b \times$ ___

3 pies

?

La base del rectángulo mide ___.

Halla la medida desconocida del rectángulo.

 2.

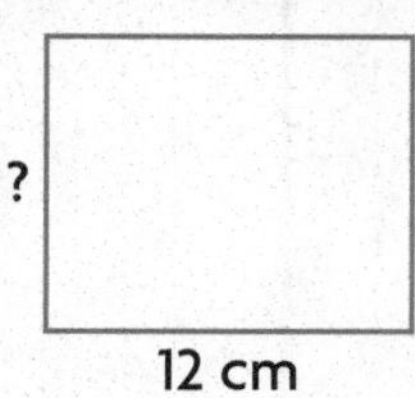

Perímetro = 44 centímetros

ancho = ___

3.

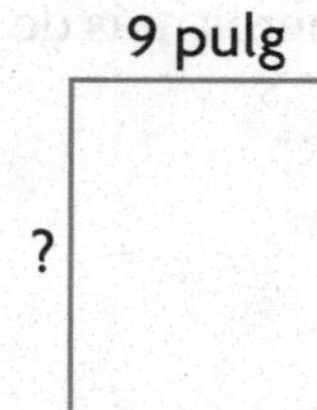

Área = 108 pulgadas cuadradas

altura = ___

4.

Área = 90 metros cuadrados

base = ___

Charla matemática **Prácticas matemáticas**

Explica de qué manera usar la fórmula para el área te ayuda a hallar la base de un rectángulo si conoces su área y su altura.

Por tu cuenta

5.

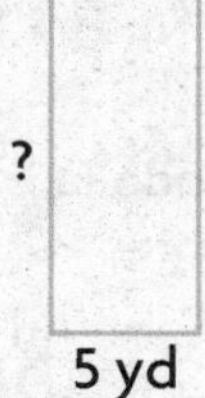

Perímetro = 34 yardas

longitud = ___

6.

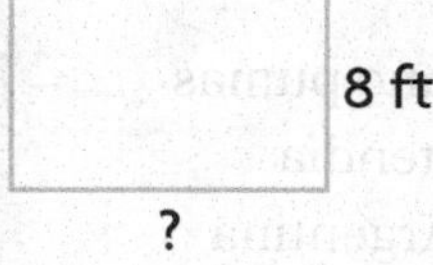

Área = 96 pies cuadrados

base = ___

7.

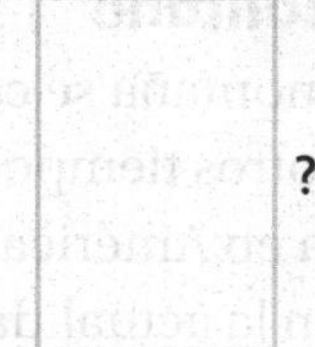

Área = 126 centímetros cuadrados

altura = ___

8. MÁS AL DETALLE Un cuadrado tiene un área de 49 pulgadas cuadradas. Explica cómo puedes hallar el perímetro del cuadrado.

___

___

___

___

Resolución de problemas • Aplicaciones

9. PRÁCTICA MATEMÁTICA 7 **Identifica relaciones** El área de una piscina es 120 metros cuadrados. El ancho de la piscina es 8 metros. ¿Cuál es la longitud de la piscina en centímetros?

____

Entrenador personal en matemáticas

10. PIENSA MÁS + Una terraza mide 7 pies de ancho. El perímetro de la terraza es 64 pies. ¿Cuál es la longitud de la terraza? Usa números para escribir una ecuación y resuélvela. Se pueden usar los números más de una vez.

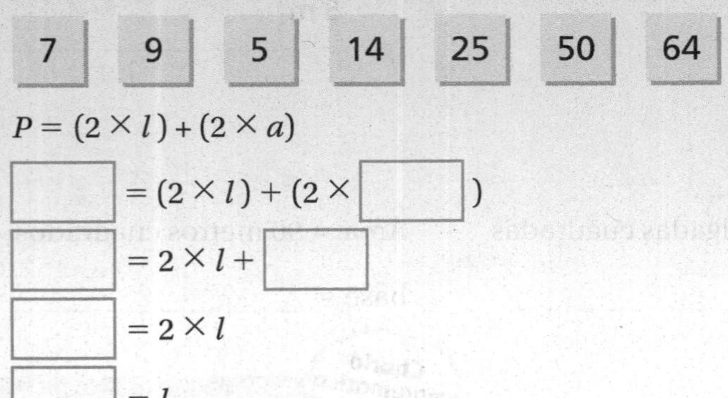

7	9	5	14	25	50	64

$P = (2 \times l) + (2 \times a)$

$\square = (2 \times l) + (2 \times \square)$

$\square = 2 \times l + \square$

$\square = 2 \times l$

$\square = l$

Entonces, la longitud de la terraza es ____________ pies.

Conectar con las Ciencias

Leones de montaña

Los leones de montaña se conocen también como pumas o panteras. En otros tiempos, su territorio se extendía de costa a costa en América del Norte y desde Argentina hasta Alaska. En la actualidad, su territorio está restringido principalmente a áreas montañosas y despobladas, debido a la caza y a la destrucción de su hábitat.

Los leones de montaña son animales solitarios. El territorio de un macho a menudo se superpone con los territorios de dos hembras, pero nunca se superpone con el de otro macho. El tamaño promedio del territorio de un macho es 108 millas cuadradas, pero puede ser mayor o menor según la cantidad de alimento que haya.

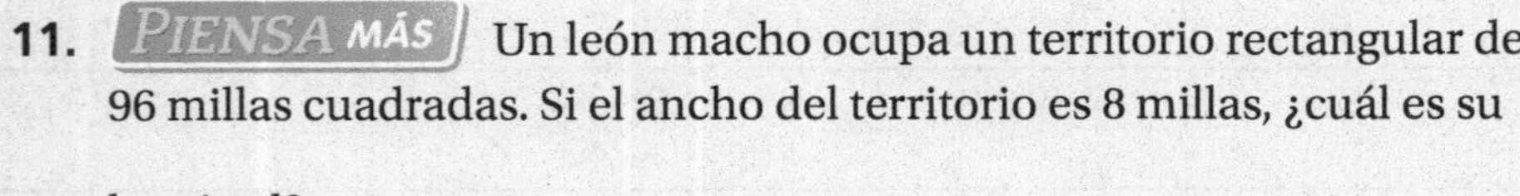

11. PIENSA MÁS Un león macho ocupa un territorio rectangular de 96 millas cuadradas. Si el ancho del territorio es 8 millas, ¿cuál es su longitud? ____________

PRÁCTICA ADICIONAL:
Cuaderno de práctica de los estándares

Nombre ______________________________

Resolución de problemas • Hallar el área

Pregunta esencial ¿Cómo puedes usar la estrategia *resolver un problema más sencillo* para resolver problemas de área?

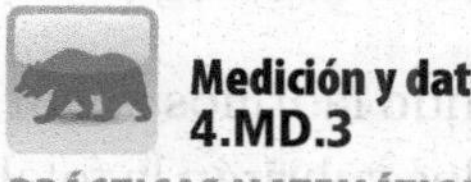

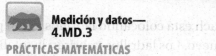

Medición y datos—4.MD.3

PRÁCTICAS MATEMÁTICAS
MP.1, MP.4, MP.6

Soluciona el problema

Un paisajista está colocando césped en un patio de juegos de forma rectangular. El césped cubrirá la totalidad del patio, excepto un arenero cuadrado. En el diagrama de la derecha se muestran el patio de juegos y el arenero. ¿Cuántas yardas cuadradas de césped usará el paisajista?

25 yd
Patio de juegos
Arenero
15 yd
6 yd

Usa el siguiente organizador gráfico para resolver el problema.

Lee el problema

¿Qué debo hallar?

Debo hallar la cantidad de ______________ ______________ que usará el paisajista.

¿Qué información debo usar?

El césped cubrirá el ______________.

El césped no cubrirá el ______________.

La longitud y el ancho del patio de juegos son ______________ y ______________.

La longitud de los lados del arenero cuadrado es ______________.

¿Cómo usaré la información?

Puedo resolver problemas más sencillos.

Hallo el área del ______________.

Hallo el área del ______________.

Luego ______________ el área del ______________ del área del ______________.

Resuelve el problema

Primero, halla el área del patio de juegos.

$A = b \times h$

$=$ ______ $\times$ ______

$=$ ______ yardas cuadradas

Luego, halla el área del arenero.

$A = L \times L$

$=$ ______ $\times$ ______

$=$ ______ yardas cuadradas

Por último, resta el área del arenero del área del patio de juegos.

$$\begin{array}{r} 375 \\ -\ 36 \\ \hline \end{array}$$

______ yardas cuadradas

Entonces, el paisajista usará ______________ ______________ de césped para cubrir el patio de juegos.

Prácticas matemáticas

Explica cómo te ayudó la estrategia a resolver el problema.

Haz otro problema

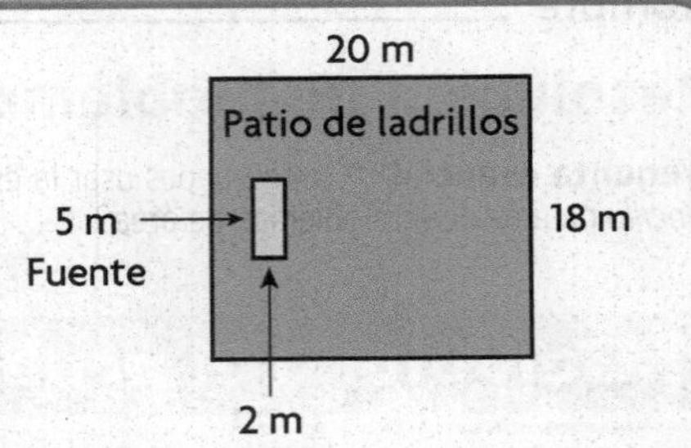

Zach está colocando ladrillos en un patio rectangular de un museo nuevo. Los ladrillos cubrirán la totalidad del patio, excepto una fuente rectangular, como se muestra en el diagrama. ¿Cuántos metros cuadrados de ladrillos necesita Zach?

Lee el problema	Resuelve el problema
¿Qué debo hallar?	
¿Qué información debo usar?	
¿Cómo usaré la información?	

- ¿Cuántos metros cuadrados de ladrillos necesita Zach? Explícalo.

Nombre ______________________________

Soluciona el problema

√ Usa la pizarra Resolución de problemas.

√ Subraya los datos importantes.

√ Elige una estrategia que conozcas.

Comparte y muestra

1. Lila está empapelando una pared de su recámara, como se muestra en el diagrama. Cubrirá la totalidad de la pared, excepto la puerta. ¿Cuántos pies cuadrados de papel tapiz necesita Lila?

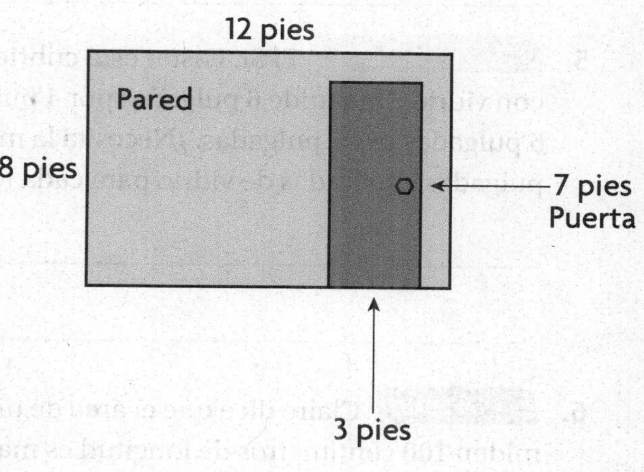

Primero, halla el área de la pared.

$A = b \times h$

$=$ ______ $\times$ ______

$=$ ______ pies cuadrados

Luego, halla el área de la puerta.

$A = b \times h$

$=$ ______ $\times$ ______

$=$ ______ pies cuadrados

Por último, resta el área de la puerta del área de la pared.

______ − ______ = ______ pies cuadrados

Entonces, Lila necesita ________________ de papel tapiz.

2. ¿Qué pasaría si la pared tuviera una ventana cuadrada que midiera 2 pies de longitud del lado? ¿Cuánto papel tapiz necesitaría Lila entonces? Explícalo.

____

____

____

3. Ed está construyendo el modelo de una casa con tejado plano, como se muestra en el diagrama. Una chimenea atraviesa el tejado. Ed cubrirá el tejado con tejas cuadradas. Si el área de cada teja es 1 pulgada cuadrada, ¿cuántas tejas necesitará? Explícalo.

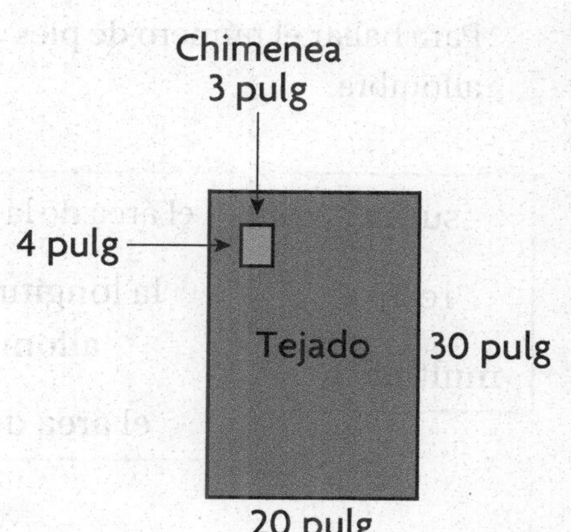

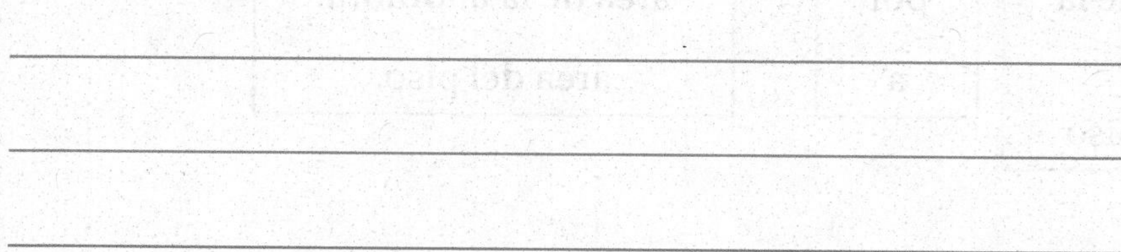

____

____

____

Por tu cuenta

4. PRÁCTICA MATEMÁTICA 1 **Interpreta problemas** Lía tiene un perro y un gato. Ambas mascotas juntas pesan 28 libras. El perro pesa 3 veces lo que pesa el gato. ¿Cuánto pesa cada mascota?

____

5. PIENSA MÁS El Sr. Foster está cubriendo dos fotografías con vidrio. Una mide 6 pulgadas por 4 pulgadas y la otra, 5 pulgadas por 5 pulgadas. ¿Necesita la misma cantidad de pulgadas cuadradas de vidrio para cada fotografía? Explica.

____

____

6. MÁS AL DETALLE Claire dice que el área de un cuadrado cuyos lados miden 100 centímetros de longitud es mayor que el área de un cuadrado cuyos lados miden 1 metro de longitud. ¿Tiene razón? Explícalo.

ESCRIBE ▸ *Matemáticas*
Muestra tu trabajo

____

____

____

7. PIENSA MÁS Un piso rectangular mide 12 pies de largo y 11 pies de ancho. Janine colocó una alfombra que mide 9 pies de largo y 7 pies de ancho y cubre parte del piso de la habitación. Elige las palabras que completen la oración de manera correcta.

Para hallar el número de pies cuadrados del piso que NO cubre la alfombra,

suma resta multiplica	el área de la alfombra la longitud de la alfombra el área del piso	del por a	el	ancho de la alfombra. área de la alfombra. área del piso.

Nombre ____________________

Repaso y prueba del Capítulo 13

1. Para los números 1a a 1e, elige Sí o No para indicar si un rectángulo con las dimensiones dadas tendría un perímetro de 50 pulgadas.

1a. longitud: 25 pulgadas ancho: 2 pulgadas ○ Sí ○ No

1b. longitud: 20 pulgadas ancho: 5 pulgadas ○ Sí ○ No

1c. longitud: 17 pulgadas ancho: 8 pulgadas ○ Sí ○ No

1d. longitud: 15 pulgadas ancho: 5 pulgadas ○ Sí ○ No

1e. longitud: 15 pulgadas ancho: 10 pulgadas ○ Sí ○ No

2. La piscina cubierta del club está dentro de un edificio rectangular. Marco está colocando losetas alrededor de la piscina rectangular.

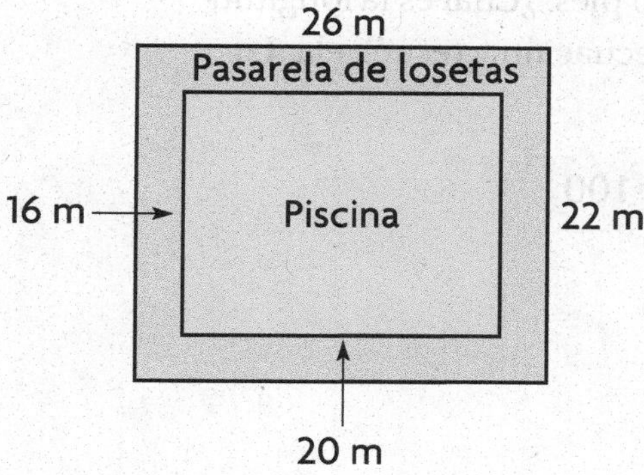

Parte A

¿Cuál es el área de la piscina y el área de la piscina y de la pasarela? Muestra tu trabajo.

Parte B

¿Cuántos metros cuadrados de losetas necesitará Marco para la pasarela? Explica cómo hallaste la respuesta.

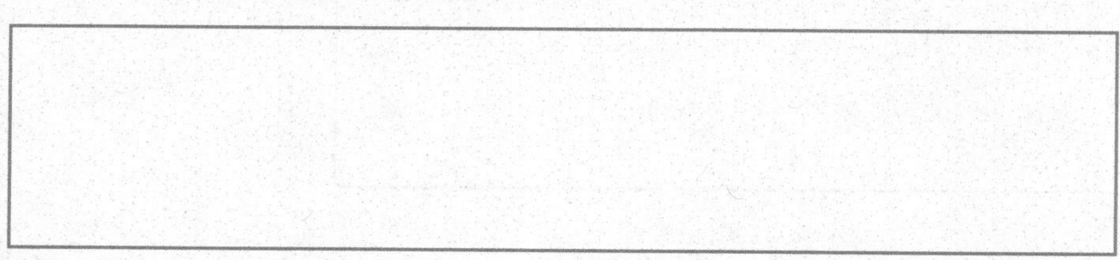

APRENDE EN LÍNEA **Opciones de evaluación** **Prueba del capítulo**

3. Une las dimensiones de los rectángulos de la fila superior con el área o perímetro correctos de la fila inferior.

longitud: 5 cm ancho: 9 cm	longitud: 6 cm ancho: 6 cm	longitud: 6 cm ancho: 5 cm	longitud: 9 cm ancho: 6 cm
área = 36 cm cuad	perímetro = 22 cm	perímetro = 30 cm	área = 45 cm cuad

4. Kyleigh colocó un adhesivo rectangular en su cuaderno. La altura del adhesivo es 18 centímetros. La base es la mitad de la altura. ¿Qué área del cuaderno cubre el adhesivo?

_____ centímetros cuadrados

5. Un jardín de flores rectangular en el patio de Samantha tiene un perímetro de 100 pies. El ancho del jardín es 20 pies. ¿Cuál es la longitud del jardín? Usa los números para escribir una ecuación y resuélvela. Los números se pueden usar más de una vez.

10 | 20 | 50 | 30 | 40 | 60 | 100

$P = (2 \times l) + (2 \times a)$

$\square = (2 \times l) + (2 \times \square)$

$\square = 2 \times l + \square$

$\square = 2 \times l$

$\square = l$

Entonces, la longitud del jardín es $\square$ pies.

6. Gary dibujó un rectángulo con un perímetro de 20 pulgadas. Luego, intentó dibujar un cuadrado con un perímetro de 20 pulgadas.

Dibuja 3 rectángulos diferentes que Gary pudo haber dibujado. Luego, dibuja el cuadrado, si es posible.

Nombre ______________________________

7. Ami y Bert están dibujando planos para jardines de vegetales rectangulares. En el plano de Ami, el jardín mide 13 pies por 10 pies. En el plano de Bert, el jardín mide 12 pies por 12 pies. Para los números 7a a 7d, elige Verdadero o Falso.

7a. El área del jardín de Ami mide 130 pies cuadrados. ○ Verdadero ○ Falso

7b. El área del jardín de Bert mide 48 pies cuadrados. ○ Verdadero ○ Falso

7c. El jardín de Ami tiene un área mayor que el jardín de Bert. ○ Verdadero ○ Falso

7d. El área del jardín de Bert es 14 pies cuadrados más grande que el jardín de Ami. ○ Verdadero ○ Falso

8. Un granjero plantó maíz en un campo cuadrado. Un lado del campo mide 32 yardas. ¿Cuál es el área del campo de maíz? Muestra tu trabajo.

9. Harvey compró un marco en el cual colocó la fotografía de su familia.

Marco
18 pulg
22 pulg
12 pulg
16 pulg

¿Cuál es el área del marco que no cubre la fotografía?

_______ pulgadas cuadradas

10. Kelly tiene un cerco de 236 pies que delimita un corral rectangular para su perro. Ella quiere agregarle 23 pies. Dibuja un rectángulo que pueda ser el corral del perro de Kelly. Etiqueta la longitud y el ancho.

11. El diagrama muestra las dimensiones de un nuevo estacionamiento en el almacén de Alimentos Saludables de Helena.

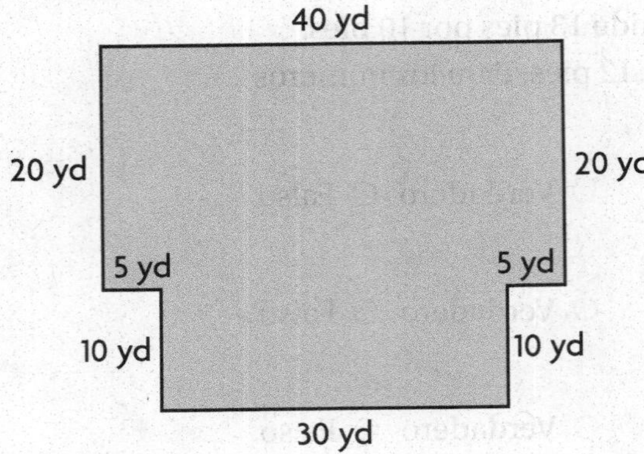

Usa la suma y la resta para hallar el área del estacionamiento. Muestra tu trabajo.

12. El piso de la habitación de Chad mide 12 pies de largo y 10 pies de ancho. Tiene una alfombra que mide 7 pies de largo y 5 pies de ancho. ¿Cuál de los siguientes enunciados indica cómo hallar la medida de la sección del piso que no está cubierta por la alfombra? Marca todas las opciones que correspondan.

(A) Sumar 12×10 y 7×5.

(B) Restar 35 a 12×10

(C) Restar 10×5 a 12×7.

(D) Sumar $12 + 10 + 7 + 5$.

(E) Restar 7×5 a 12×10.

(F) Restar 12×10 a 7×5.

13. Una fila de placas cubre 120 pies cuadrados del espacio de la pared. Si las placas miden 3 pies de altura ¿qué longitud de la pared cubren?

______ pies

Nombre ______________________________

14. La Sra. Bennett quiere alfombrar su living y su comedor.

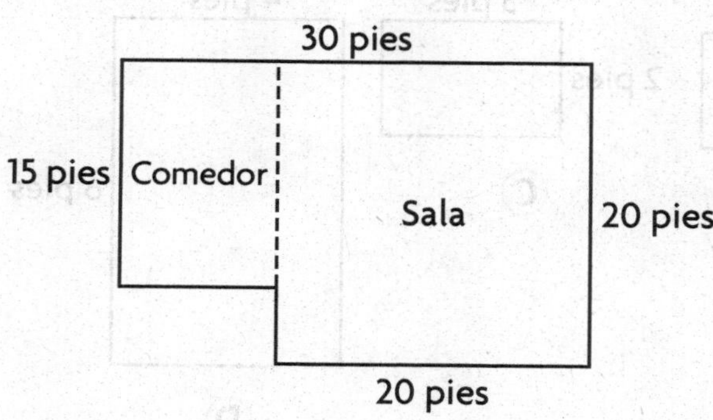

Explica cómo puede hallar la cantidad de alfombra que necesita para cubrir el piso en ambas habitaciones. Luego, halla la cantidad de alfombra que necesita.

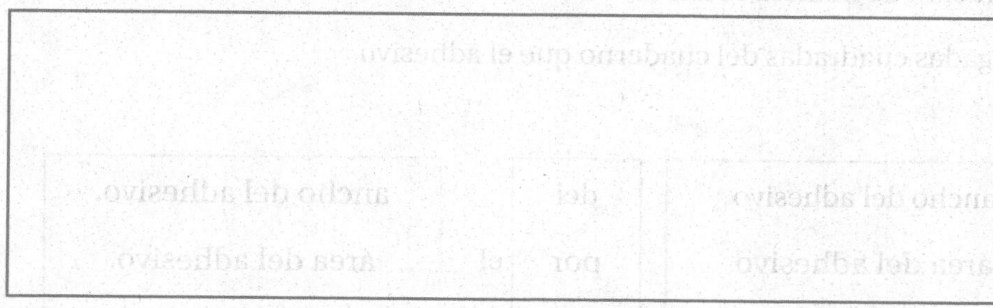

15. Lorenzo construyó un patio rectangular de ladrillos. Está colocando un borde de piedra alrededor del patio. El ancho del patio mide 12 pies. La longitud del patio es dos pies más larga que el ancho.

¿Cuántos pies de piedra necesita Lorenzo? Explica cómo hallaste tu respuesta.

16. ¿Cuál de estos rectángulos tiene un perímetro de 10 pies?
Marca todos los que correspondan.

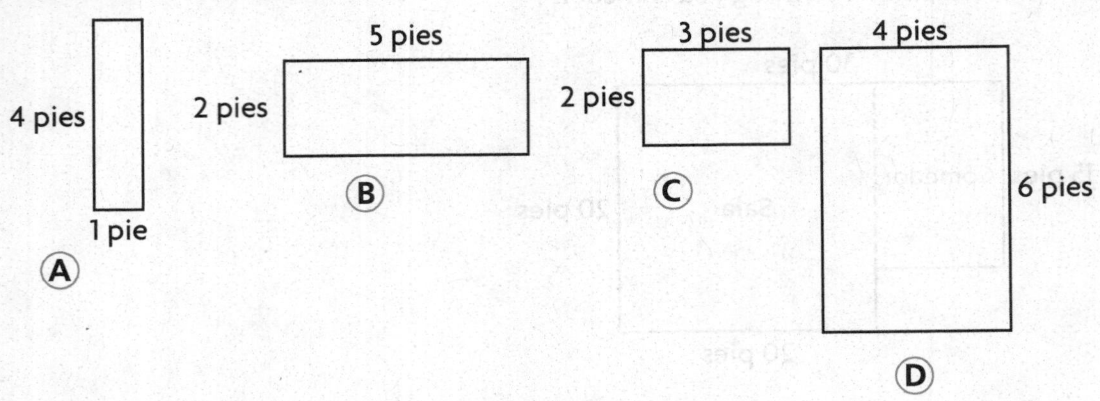

17. El cuaderno mide 11 pulgadas de largo y 8 pulgadas de ancho. Alyssa colocó un adhesivo que tiene 2 pulgadas de largo y 1 pulgada de ancho. Elige las palabras que completen la oración de manera correcta.

Para hallar el número de pulgadas cuadradas del cuaderno que el adhesivo NO cubre,

suma		ancho del adhesivo		del		ancho del adhesivo.
resta	el	área del adhesivo		por	el	área del adhesivo.
multiplica		área del cuaderno		al		área del cuaderno.

18. Tricia está cortando la inicial de su nombre en un pedazo de fieltro.

8 cm
1 cm
1 cm
3 cm
3 cm
5 cm

Para los números 18a a 18c, elige Sí o No para decidir si puedes sumar los productos para hallar el número de centímetros cuadrados que Tricia necesita.

18a. 1×8 y 5×2 ○ Sí ○ No

18b. 3×5 y 1×8 ○ Sí ○ No

18c. 2×5 y 1×3 y 1×3 ○ Sí ○ No

19. El Sr. Butler colocó los trabajos de arte de sus alumnos en una pizarra de anuncios.

El ancho y la longitud de la pizarra de anuncios son números enteros. ¿Cuáles pueden ser las dimensiones de la pizarra que usa el Sr. Butler?

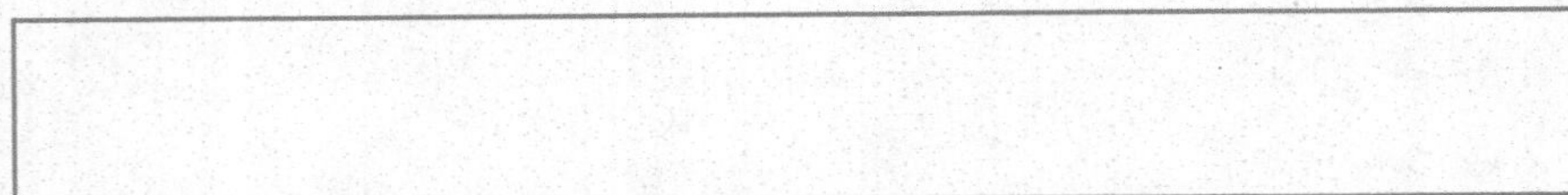

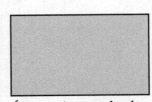

Área = pies cuadrados

Glosario

a. m. A.M. Horas entre la medianoche y el mediodía

altura height La medida de una línea perpendicular desde la base hasta la parte superior de una figura bidimensional

ángulo angle Una figura formada por dos segmentos o semirrectas que comparten un extremo
Ejemplo:

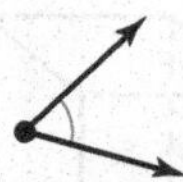

ángulo agudo acute angle Un ángulo que mide más de 0° y menos de 90°
Ejemplo:

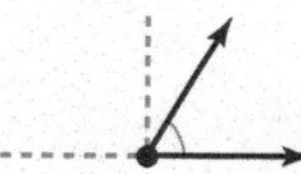

ángulo llano straight angle Un ángulo que mide 180°
Ejemplo:

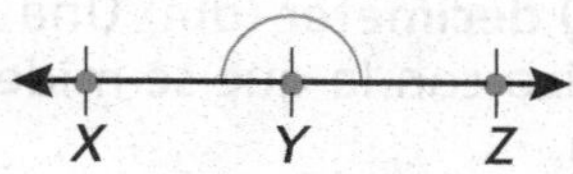

ángulo obtuso obtuse angle Un ángulo que mide más de 90° y menos de 180°
Ejemplo:

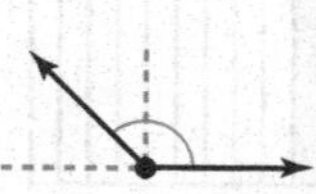

Origen de la palabra

La palabra ***obtuso*** proviene de la palabra latina ***obtundere,*** que significa "quitar o gastar la punta". En efecto, cuando miras un ángulo obtuso, ves que el ángulo no es puntiagudo o agudo. En cambio, el ángulo parece sin punta y redondeado.

ángulo recto right angle Un ángulo que forma una esquina cuadrada
Ejemplo:

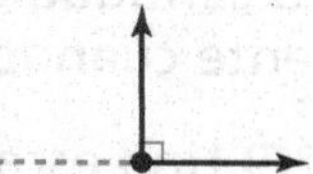

área area El número de unidades cuadradas que se necesitan para cubrir una superficie plana
Ejemplo:

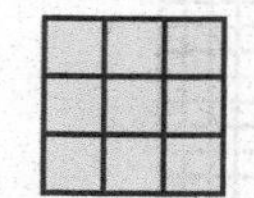

base base Uno de los lados de un polígono, o una figura bidimensional, por lo general, un polígono o un círculo, que se toma como referencia para medir o nombrar una figura tridimensional
Ejemplos:

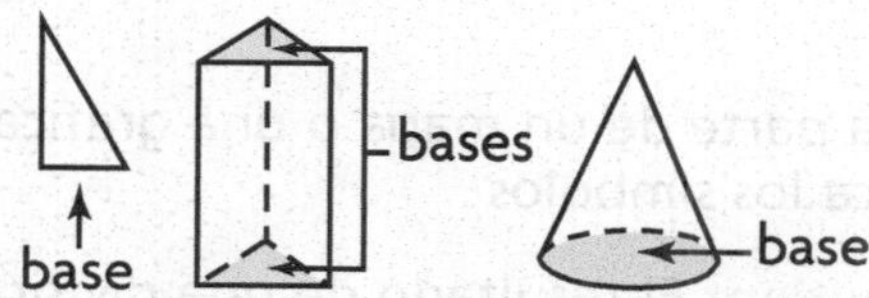

bidimensional two-dimensional Que se mide en dos direcciones, como longitud y ancho
Ejemplo:

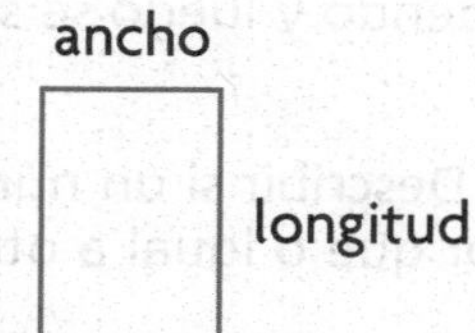

calendario **calendar** Una tabla en la que se muestran los días, las semanas y los meses del año

capacidad **capacity** La cantidad que puede contener un recipiente cuando se llena

Celsius (°C) **Celsius (°C)** Una escala del sistema métrico con la que se mide la temperatura

centésimo **hundredth** Una de cien partes iguales
Ejemplo:

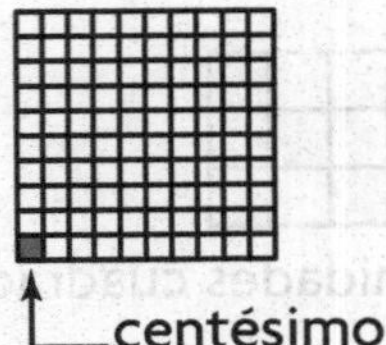

centímetro (cm) **centimeter (cm)** Una unidad del sistema métrico con la que se mide la longitud o la distancia
1 metro = 100 centímetros
Ejemplo:

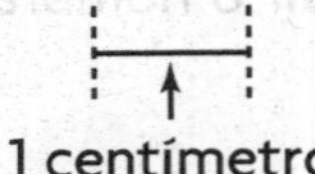

clave **key** La parte de un mapa o una gráfica que explica los símbolos

cociente **quotient** El resultado de una división, sin incluir el residuo
Ejemplo: 8 ÷ 4 = 2; 2 es el cociente.

cociente parcial **partial quotient** Un método de división en el que los múltiplos del divisor se restan del dividendo y luego se suman los cocientes

comparar **compare** Describir si un número es menor que, mayor que o igual a otro número

cuadrado **square** Un cuadrilátero con dos pares de lados paralelos, cuatro lados de igual longitud y cuatro ángulos rectos
Ejemplo:

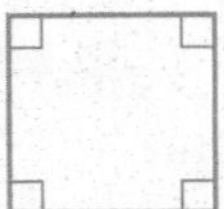

cuadrícula **grid** Serie de cuadrados del mismo tamaño y dispuestos de manera uniforme sobre una figura o superficie plana

cuadrilátero **quadrilateral** Un polígono con cuatro lados y cuatro ángulos

cuarto (ct) **quart (qt)** Una unidad del sistema usual con la que se mide la capacidad y el volumen de un líquido
1 cuarto = 2 pintas

cuarto de hora **quarter hour** 15 minutos
Ejemplo: Entre las 4:00 y las 4:15 hay un cuarto de hora.

cubo **cube** Una figura tridimensional con seis caras cuadradas del mismo tamaño
Ejemplo:

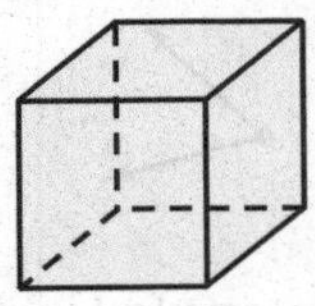

cuerpo geométrico **solid shape** Ver *figura tridimensional*

datos **data** Información sobre personas o cosas

decágono **decagon** Un polígono con diez lados y diez ángulos

decímetro (dm) **decimeter (dm)** Una unidad del sistema métrico con la que se mide la longitud o la distancia
1 metro = 10 decímetros

décimo **tenth** Una de diez partes iguales
Ejemplo:

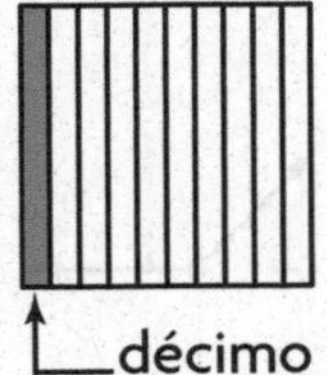

denominador **denominator** En una fracción, número que está debajo de la barra y que indica cuántas partes iguales hay en el entero o en el grupo
Ejemplo: $\frac{3}{4}$ ← denominador

denominador común common denominator Un múltiplo común de dos o más denominadores
Ejemplo: Algunos denominadores comunes para $\frac{1}{4}$ y $\frac{5}{6}$ son 12, 24 y 36.

diagonal diagonal Un segmento que une dos vértices de un polígono que no están uno junto al otro
Ejemplo:

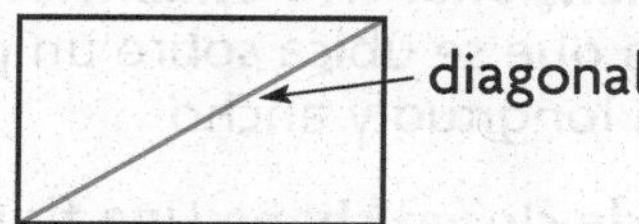

diagrama de puntos line plot Una gráfica en la que cada dato se registra sobre una recta numérica
Ejemplo:

Altura de plántulas de frijoles

diagrama de Venn Venn diagram Un diagrama en el que se muestran relaciones entre conjuntos de cosas
Ejemplo:

Números de 2 dígitos **Números pares**

35 17 29 | 12 10 | 8 6 4

diferencia difference El resultado de una resta

dígito digit Cualquiera de los diez símbolos que se usan para escribir números: 0, 1, 2, 3, 4, 5, 6, 7, 8 y 9

dimensión dimension Una medida hecha en una dirección

dividendo dividend El número que se divide en una división
Ejemplo: 36 ÷ 6; $6\overline{)36}$; el dividendo es 36.

dividir divide Separar en grupos iguales; la operación opuesta a la multiplicación

divisible divisible Un número es divisible entre otro si el cociente es un número positivo y el residuo es cero.
Ejemplo: 18 es divisible entre 3.

división division El proceso de repartir un número de elementos para hallar cuántos grupos iguales se pueden formar o cuántos elementos habrá en cada uno de los grupos iguales; la operación opuesta a la multiplicación

divisor divisor El número entre el que se divide el dividendo
Ejemplo: 15 ÷ 3; $3\overline{)15}$; el divisor es 3.

dólar dollar Billete que vale 100 centavos y que tiene el mismo valor que 100 monedas de 1¢; $1.00
Ejemplo:

ecuación equation Un enunciado numérico que indica que dos cantidades son iguales
Ejemplo: 4 + 5 = 9

eje de simetría line of symmetry Una línea imaginaria a lo largo de la cual se puede plegar una figura de manera que sus dos partes coincidan totalmente
Ejemplo:

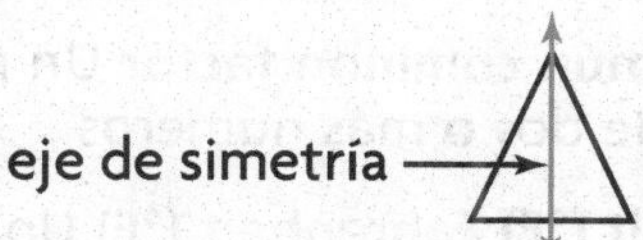

en el sentido contrario de las manecillas del reloj counterclockwise En la dirección opuesta en que se mueven las manecillas de un reloj

en el sentido de las manecillas del reloj clockwise En la misma dirección en que se mueven las manecillas de un reloj

en palabras word form Una manera de escribir números con palabras
Ejemplo: cuatrocientos cincuenta y tres mil doscientos doce

encuesta survey Un método para recopilar información

entero whole Todas las partes de una figura o de un grupo

enunciado numérico number sentence Un enunciado que incluye números, signos de operación y un signo de mayor que, menor que o igual a
Ejemplo: $5 + 3 = 8$

equivalente equivalent Que tiene el mismo valor o indica la misma cantidad

escala scale Una serie de números ubicados a distancias fijas en una gráfica, como ayuda para rotularla

esquina corner Ver *vértice*

estimación estimate Un número cercano a la cantidad exacta

estimar estimate Hallar un resultado cercano a la cantidad exacta

expresión expression Una parte de un enunciado numérico que tiene números y signos de operación, pero no un signo de la igualdad

extremo endpoint El punto ubicado en cada punta de un segmento o el punto de inicio de una semirrecta

factor factor Un número que se multiplica por otro número para hallar un producto

factor común common factor Un número que es factor de dos o más números

Fahrenheit (°F) Fahrenheit (°F) Una escala del sistema usual con la que se mide la temperatura

familia de operaciones fact family Un conjunto de ecuaciones relacionadas de multiplicación y división, o de suma y resta
Ejemplo: $7 \times 8 = 56$ $\quad 8 \times 7 = 56$
$56 \div 7 = 8$ $\quad 56 \div 8 = 7$

figura abierta open shape Una figura que no comienza y termina en el mismo punto
Ejemplos:

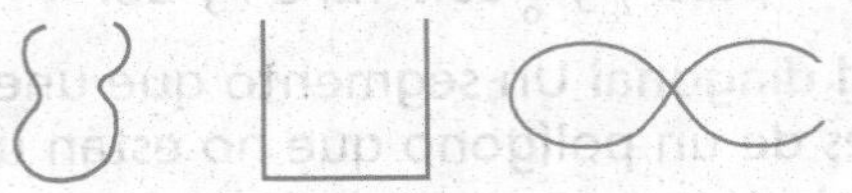

figura bidimensional two-dimensional figure Una figura que se ubica sobre un plano; una figura con longitud y ancho

figura cerrada closed shape Una figura bidimensional que comienza y termina en el mismo punto
Ejemplos:

figura plana plane shape Ver *figura bidimensional*

figura tridimensional three-dimensional figure Una figura que tiene longitud, ancho y altura

forma desarrollada expanded form Una manera de escribir los números mostrando el valor de cada dígito
Ejemplo: $253 = 200 + 50 + 3$

forma normal standard form Una manera de escribir números usando los dígitos 0 a 9, en la que cada dígito ocupa un valor posicional
Ejemplo: 3,540 ← forma normal

fórmula formula Un conjunto de símbolos que expresa una regla matemática
Ejemplo: Área = base × altura, o $A = b \times h$

fracción fraction Un número que indica una parte de un entero o una parte de un grupo
Ejemplo:

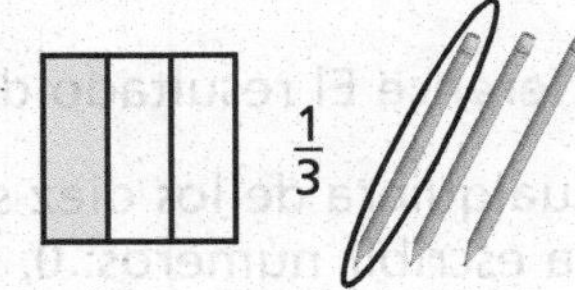

fracción mayor que 1 fraction greater than 1 Una fracción en la que el numerador es mayor que el denominador

fracción unitaria **unit fraction** Una fracción que tiene un numerador de uno

fracciones equivalentes **equivalent fractions** Dos o más fracciones que indican la misma cantidad
Ejemplo: $\frac{3}{4}$ y $\frac{6}{8}$ indican la misma cantidad.

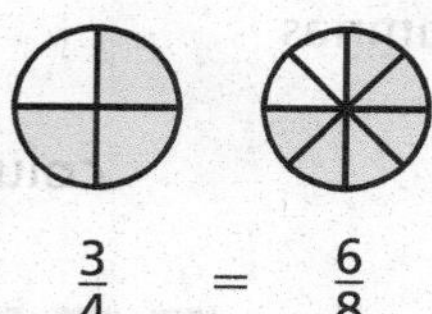

galón (gal) **gallon (gal)** Una unidad del sistema usual con la que se mide la capacidad y el volumen de un líquido
1 galón = 4 cuartos

grado (°) **degree (°)** La unidad con la que se miden los ángulos y la temperatura

gráfica con dibujos **picture graph** Una gráfica en la que se usan símbolos para mostrar y comparar información
Ejemplo:

Cómo vamos a la escuela	
A pie	❋ ❋ ❋
En bicicleta	❋ ❋ ❋ ❋
En autobús	❋ ❋ ❋ ❋ ❋ ❋
En carro	❋ ❋

Clave: Cada ❋ = 10 estudiantes.

gráfica de barras **bar graph** Una gráfica en la que los datos se muestran con barras
Ejemplo:

gráfica lineal **line graph** Una gráfica en la que se usan segmentos para mostrar cómo cambian los datos a lo largo del tiempo

gramo (g) **gram (g)** Una unidad del sistema métrico con la que se mide la masa
1 kilogramo = 1,000 gramos

grupos iguales **equal groups** Grupos que tienen el mismo número de objetos

hexágono **hexagon** Un polígono con seis lados y seis ángulos
Ejemplos:

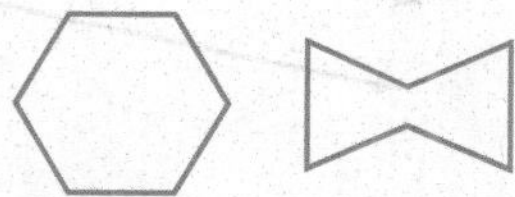

hora (h) **hour (hr)** Una unidad con la que se mide el tiempo
1 hora = 60 minutos

horizontal **horizontal** De izquierda a derecha

igual a **equal to** Que tiene el mismo valor
Ejemplo: 4 + 4 es igual a 3 + 5.

impar **odd** Un número entero que tiene un 1, un 3, un 5, un 7 ó un 9 en el lugar de las unidades

kilogramo (kg) **kilogram (kg)** Una unidad del sistema métrico con la que se mide la masa
1 kilogramo = 1,000 gramos

kilómetro (km) **kilometer (km)** Una unidad del sistema métrico con la que se mide la longitud o la distancia
1 kilómetro = 1,000 metros

libra (lb) **pound (lb)** Una unidad del sistema usual con la que se mide el peso
1 libra = 16 onzas

línea line Una sucesión recta de puntos en un plano que continúa sin fin en ambas direcciones y no tiene extremos
Ejemplo:

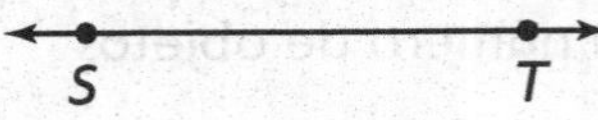

líneas paralelas parallel lines Líneas ubicadas en un mismo plano que nunca se intersecan y siempre están a la misma distancia entre sí
Ejemplo:

Origen de la palabra

Euclides, un matemático de la antigua Grecia, fue uno de los primeros en explorar la idea de las líneas paralelas. El prefijo ***para-*** significa "junto o al lado de". Este prefijo te ayuda a comprender el significado de la palabra ***paralelas***.

líneas perpendiculares perpendicular lines Dos líneas que se intersecan y forman cuatro ángulos rectos
Ejemplo:

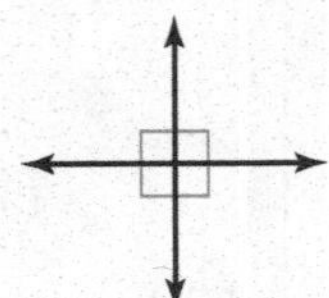

líneas secantes intersecting lines Líneas que se cruzan entre sí en un único punto
Ejemplo:

litro (l) liter (L) Una unidad del sistema métrico con la que se mide la capacidad y el volumen de un líquido
1 litro = 1,000 mililitros

longitud length La medición de la distancia entre dos puntos

masa mass La cantidad de materia que hay en un objeto

matriz array Una disposición de objetos en hileras y columnas
Ejemplo:

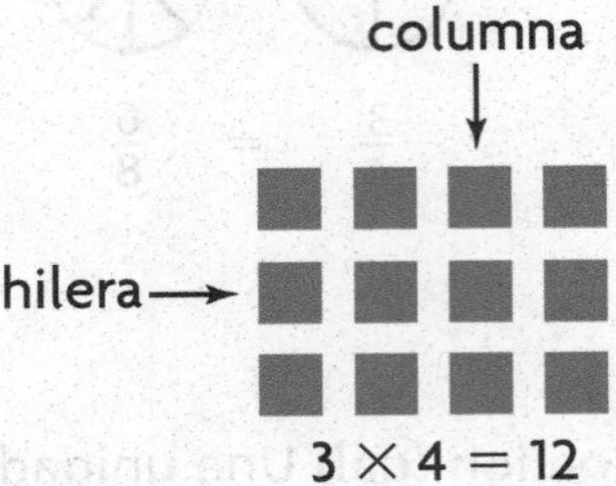

$3 \times 4 = 12$

media hora half hour 30 minutos
Ejemplo: Entre las 4:00 y las 4:30 hay media hora.

media unidad cuadrada half-square unit La mitad de una unidad de área con dimensiones de 1 unidad × 1 unidad

medianoche midnight Las 12:00 de la noche

mediodía noon Las 12:00 del día

medio galón half gallon Una unidad del sistema usual con la que se mide la capacidad y el volumen de un líquido
medio galón = 2 cuartos

metro (m) meter (m) Una unidad del sistema métrico con la que se mide la longitud o la distancia
1 metro = 100 centímetros

mililitro (ml) milliliter (mL) Una unidad del sistema métrico con la que se mide la capacidad y el volumen de un líquido
1 litro = 1,000 mililitros

milímetro (mm) millimeter (mm) Una unidad del sistema métrico con la que se mide la longitud o la distancia
1 centímetro = 10 milímetros

milla (mi) mile (mi) Una unidad del sistema usual con la que se mide la longitud o la distancia
1 milla = 5,280 pies

millares thousands El período que sigue al período de las unidades en el sistema numérico de base diez

millón **million** El número positivo que sigue a 999,999; 1,000 millares; se escribe 1,000,000.

millones **millions** El período que sigue a los millares

mínima expresión **simplest form** Una fracción está en su mínima expresión cuando el numerador y el denominador solo tienen 1 como factor común

minuto (min) **minute (min)** Una unidad con la que se miden períodos breves de tiempo
1 minuto = 60 segundos

moneda de 5¢ **nickel** Una moneda que tiene el mismo valor que 5 monedas de 1¢
Ejemplo:

moneda de 10¢ **dime** Una moneda que tiene el mismo valor que diez monedas de 1¢
Ejemplo:

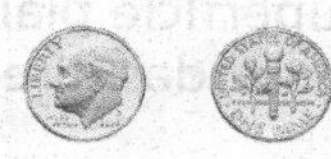

multiplicación **multiplication** El proceso por el cual se halla el número total de elementos en grupos del mismo tamaño o el número total de elementos en un número dado de grupos cuando todos los grupos tienen el mismo número de elementos; la multiplicación es la operación opuesta a la división.

multiplicar **multiply** Combinar grupos iguales para hallar cuántos hay en total; la operación opuesta a la división

múltiplo **multiple** Un múltiplo de un número es el producto de un número y un número positivo.
Ejemplo:

$$\begin{array}{r}3\\ \times 1\\ \hline 3\end{array}\quad\begin{array}{r}3\\ \times 2\\ \hline 6\end{array}\quad\begin{array}{r}3\\ \times 3\\ \hline 9\end{array}\quad\begin{array}{r}3\\ \times 4\\ \hline 12\end{array}$$

← números positivos

← múltiplos de 3

múltiplo común **common multiple** Un número que es un múltiplo de dos o más números

numerador **numerator** En una fracción, número que está arriba de la barra y que indica cuántas partes del entero o del grupo se consideran
Ejemplo: $\frac{2}{3}$ ← numerador

número compuesto **composite number** Un número que tiene más de dos factores
Ejemplo: 6 es un número compuesto, puesto que sus factores son 1, 2, 3 y 6.

número decimal **decimal** Un número con uno o más dígitos a la derecha del punto decimal

número mixto **mixed number** Una cantidad que se da como un número entero y una fracción

número positivo **counting number** Un número entero que se puede usar para contar un conjunto de objetos (1, 2, 3, 4, ...)

número primo **prime number** Un número que tiene exactamente dos factores: 1 y él mismo
Ejemplos: 2, 3, 5, 7, 11, 13, 17 y 19 son números primos. 1 no es un número primo.

números compatibles **compatible numbers** Números que son fáciles de calcular mentalmente

números decimales equivalentes **equivalent decimals** Dos o más números decimales que indican la misma cantidad

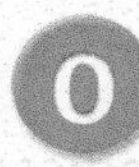

octágono **octagon** Un polígono con ocho lados y ocho ángulos
Ejemplos:

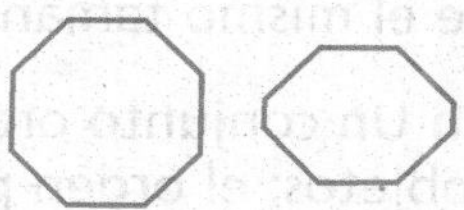

onza (oz) **ounce (oz)** Una unidad del sistema usual con la que se mide el peso
1 libra = 16 onzas

onza fluida (oz fl) **fluid ounce (fl oz)** Una unidad del sistema usual con la que se mide la capacidad y el volumen de un líquido
1 taza = 8 onzas fluidas

operaciones inversas **inverse operations** Operaciones que se cancelan entre sí, como la suma y la resta o la multiplicación y la división
Ejemplo: $6 \times 8 = 48$ y $48 \div 6 = 8$

operaciones relacionadas **related facts** Un conjunto de enunciados numéricos relacionados de suma y resta o de multiplicación y división
Ejemplos: $4 \times 7 = 28$ $28 \div 4 = 7$
$7 \times 4 = 28$ $28 \div 7 = 4$

orden **order** Una organización o disposición particular de cosas una después de la otra

orden de las operaciones **order of operations** Un conjunto especial de reglas que establece el orden en que se hacen los cálculos

p. m. **P.M.** Las horas entre el mediodía y la medianoche

par **even** Un número entero que tiene un 0, un 2, un 4, un 6 o un 8 en el lugar de las unidades

paralelogramo **parallelogram** Un cuadrilátero con lados opuestos paralelos y de igual longitud
Ejemplo:

paréntesis **parentheses** Los símbolos que indican qué operación u operaciones de una expresión deben hacerse primero

partes iguales **equal parts** Partes que tienen exactamente el mismo tamaño

patrón **pattern** Un conjunto ordenado de números u objetos; el orden permite predecir qué sigue a continuación.
Ejemplos: 2, 4, 6, 8, 10

pentágono **pentagon** Un polígono con cinco lados y cinco ángulos
Ejemplos:

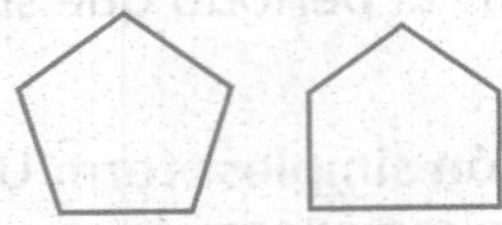

perímetro **perimeter** La distancia alrededor de una figura

período **period** Cada grupo de tres dígitos en un número de varios dígitos; por lo general, los períodos suelen separarse con comas o espacios.
Ejemplo: 85,643,900 tiene tres períodos.

peso **weight** Cuán pesado es un objeto

pie **foot (ft)** Una unidad del sistema usual con la que se mide la longitud o la distancia
1 pie = 12 pulgadas

pinta (pt) **pint (pt)** Una unidad del sistema usual con la que se mide la capacidad y el volumen de un líquido
1 pinta = 2 tazas

plano **plane** Una superficie plana que se extiende sin fin en todas direcciones
Ejemplo:

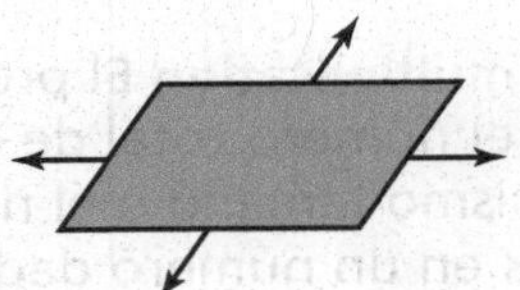

polígono **polygon** Una figura bidimensional cerrada formada por tres o más lados rectos que son segmentos
Ejemplos:

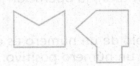

Polígonos

No son polígonos

polígono regular regular polygon Un polígono en el que todos los lados tienen la misma longitud y todos los ángulos tienen la misma medida
Ejemplos:

prisma prism Un cuerpo geométrico que tiene dos bases del mismo tamaño y la misma forma poligonal y otras caras que son todas rectángulos
Ejemplos:

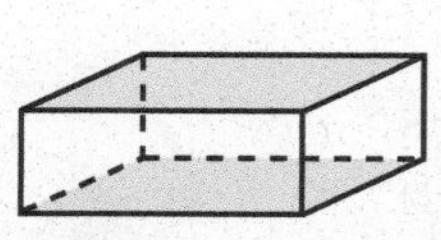
prisma rectangular

prisma triangular

prisma rectangular rectangular prism Una figura tridimensional con seis caras que son rectángulos
Ejemplo:

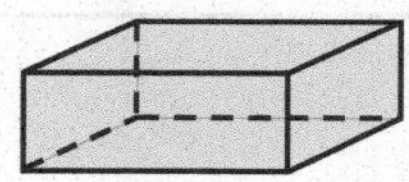

producto product El resultado de una multiplicación

producto parcial partial product Un método de multiplicación en el que las unidades, decenas, centenas, etc. se multiplican por separado y luego se suman los productos

propiedad asociativa de la multiplicación Associative Property of Multiplication La propiedad que establece que los factores se pueden agrupar de diferente manera sin cambiar el producto
Ejemplo: $3 \times (4 \times 2) = (3 \times 4) \times 2$

propiedad asociativa de la suma Associative Property of Addition La propiedad que establece que los sumandos se pueden agrupar de diferente manera sin cambiar el total
Ejemplo: $3 + (8 + 5) = (3 + 8) + 5$

propiedad conmutativa de la multiplicación Commutative Property of Multiplication La propiedad que establece que, cuando cambia el orden de dos factores, el producto es el mismo
Ejemplo: $4 \times 5 = 5 \times 4$

propiedad conmutativa de la suma Commutative Property of Addition La propiedad que establece que, cuando cambia el orden de dos sumandos, el total es el mismo
Ejemplo: $4 + 5 = 5 + 4$

propiedad de identidad de la multiplicación Identity Property of Multiplication La propiedad que establece que el producto de cualquier número y 1 es ese número
Ejemplo: $9 \times 1 = 9$

propiedad de identidad de la suma Identity Property of Addition La propiedad que establece que, cuando se suma cero a cualquier número, el resultado es ese número
Ejemplo: $16 + 0 = 16$

propiedad del cero de la multiplicación Zero Property of Multiplication La propiedad que establece que el producto de 0 y cualquier número es 0
Ejemplo: $0 \times 8 = 0$

propiedad distributiva Distributive Property La propiedad que establece que multiplicar una suma por un número es igual que multiplicar cada sumando por ese número y luego sumar los productos
Ejemplo: $5 \times (10 + 6) = (5 \times 10) + (5 \times 6)$

pulgada (pulg) inch (in.) Una unidad del sistema usual con la que se mide la longitud o la distancia
Ejemplo:

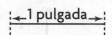

1 pulgada

punto point Una ubicación exacta en el espacio

punto de referencia benchmark Un tamaño o una cantidad que se conoce y que permite comprender otro tamaño o cantidad

punto decimal decimal point Un símbolo que se usa para separar los dólares de los centavos en cantidades de dinero y el lugar de las unidades del lugar de los décimos en un número decimal
Ejemplo: 6.4
↑ punto decimal

R

reagrupar regroup Intercambiar cantidades de igual valor para convertir un número
Ejemplo: 5 + 8 = 13 unidades o 1 decena y 3 unidades

recta numérica number line Una línea en la que se pueden ubicar los números
Ejemplo:

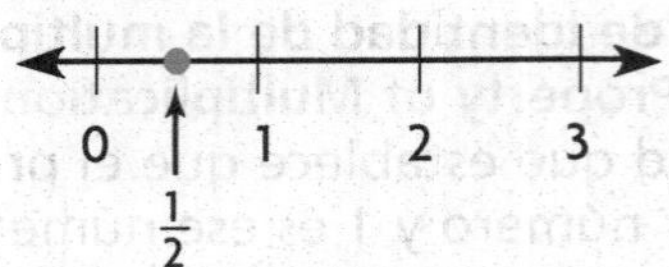

rectángulo rectangle Un cuadrilátero con dos pares de lados paralelos de igual longitud y cuatro ángulos rectos
Ejemplo:

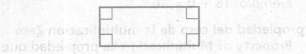

redondear round Reemplazar un número con otro número que indica una cantidad aproximada

regla rule Un procedimiento (que por lo general implica operaciones aritméticas) para determinar un valor de salida a partir de un valor de entrada

reloj analógico analog clock Instrumento para medir el tiempo, en la que unas manecillas se mueven alrededor de un círculo para indicar las horas, los minutos y, a veces, los segundos
Ejemplo:

reloj digital digital clock Un reloj que indica la hora y los minutos con dígitos
Ejemplo:

residuo remainder La cantidad que queda cuando no se puede dividir un número en partes iguales

resta subtraction El proceso de hallar cuántos elementos quedan cuando se quita un número de elementos de un grupo; el proceso de hallar la diferencia cuando se comparan dos grupos; la operación opuesta a la suma

rombo rhombus Un cuadrilátero con dos pares de lados paralelos y cuatro lados de igual longitud
Ejemplo:

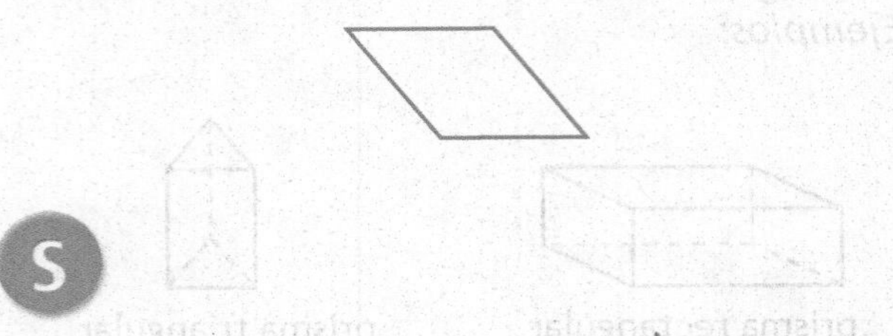

S

segmento line segment Una parte de una línea que incluye dos puntos llamados extremos y todos los puntos que hay entre ellos
Ejemplo:

segundo (seg) second (sec) Una pequeña unidad de tiempo
1 minuto = 60 segundos

semirrecta ray Una parte de una línea; tiene un extremo y continúa sin fin en una sola dirección
Ejemplo:

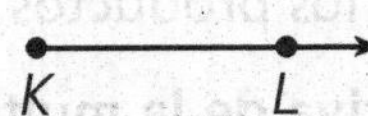

signo de la igualdad (=) equal sign Un símbolo que indica que dos números tienen el mismo valor
Ejemplo: 384 = 384

signo de mayor que (>) greater than sign Un símbolo con el que se comparan dos cantidades, con la cantidad mayor en primer lugar
Ejemplo: 6 > 4

signo de menor que ($<$) less than sign Un símbolo con el que se comparan dos cantidades, con la cantidad menor en primer lugar
Ejemplo: $3 < 7$

signo de no igual a ($\neq$) not equal to sign Un símbolo que indica que una cantidad no es igual a otra
Ejemplo: $12 \times 3 \neq 38$

símbolo de centavo (¢) cent sign Un símbolo que indica *centavo* o *centavos*
Ejemplo: 53¢

simetría axial line symmetry Lo que tiene una figura si se puede plegar a lo largo de una línea de manera que sus dos partes coincidan totalmente

suma addition El proceso de hallar el número total de elementos cuando se unen dos o más grupos de elementos; la operación opuesta a la resta

suma o total sum El resultado de una suma

sumando addend Un número que se suma a otro en una suma
Ejemplo: $2 + 4 = 6$;
2 y 4 son sumandos.

tabla de conteo tally table Una tabla en la que se usan marcas de conteo para registrar datos

Origen de la palabra

En los juegos de naipes, algunas personas anotan los puntos haciendo marcas en papel (IIII). Estas marcas se conocen como marcas de conteo. La palabra ***conteo*** es un sinónimo de ***cálculo,*** que proviene del latín ***calculus*** y que significa "guijarro o piedra pequeña". En la Antigüedad, algunos métodos de conteo consistían en hacer marcas en un pedazo de madera o de hueso, así como en reunir semillas, ramitas, guijarros o piedras.

tabla de frecuencia frequency table Una tabla en la que se registran datos numéricos sobre con qué frecuencia ocurre algo
Ejemplo:

Color favorito	
Color	**Número**
Azul	10
Rojo	7
Verde	5
Otros	3

taza (tz) cup (c) Una unidad del sistema usual con la que se mide la capacidad y el volumen de un líquido
1 taza = 8 onzas

temperatura temperature El grado de calor o frío, generalmente medido en grados Fahrenheit o grados Celsius

término term Un número u objeto en un patrón

tiempo transcurrido elapsed time El tiempo que pasa entre el comienzo y el final de una actividad

tonelada (t) ton (T) Una unidad del sistema usual que se usa para medir el peso
1 tonelada = 2,000 libras

transportador protractor Un instrumento con el que se mide el tamaño de un ángulo

trapecio trapezoid Un cuadrilátero con un solo par de lados paralelos
Ejemplos:

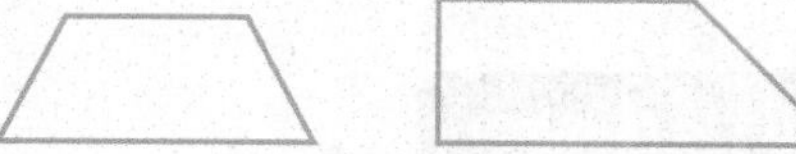

triángulo triangle Un polígono con tres lados y tres ángulos
Ejemplos:

triángulo acutángulo acute triangle Un triángulo con tres ángulos agudos
Ejemplo:

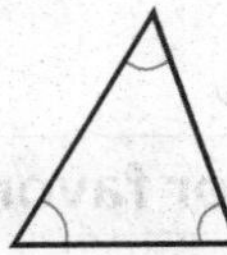

triángulo equilátero equilateral triangle Un triángulo con tres lados iguales
Ejemplo:

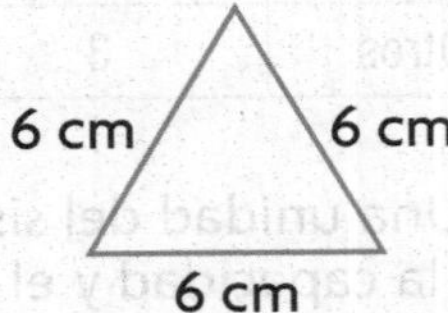

triángulo escaleno scalene triangle Un triángulo que no tiene lados iguales
Ejemplo:

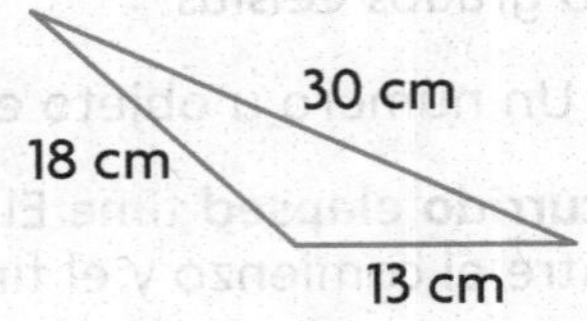

triángulo isósceles isosceles triangle Un triángulo con dos lados iguales
Ejemplo:

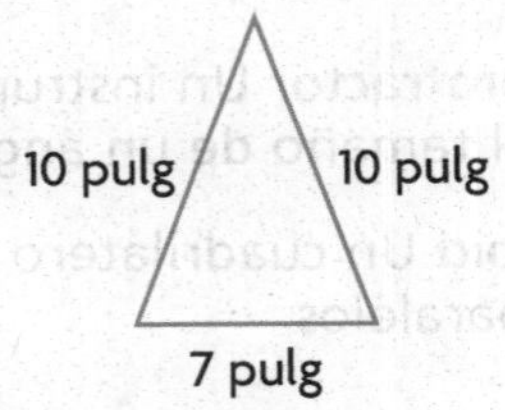

Origen de la palabra

Cuando observas un triángulo ***isósceles***, puedes ver dos lados que tienen la misma longitud. La raíz griega ***-iso*** significa "igual", y ***skelos*** significa "piernas".

triángulo obtusángulo obtuse triangle Un triángulo con un ángulo obtuso
Ejemplo:

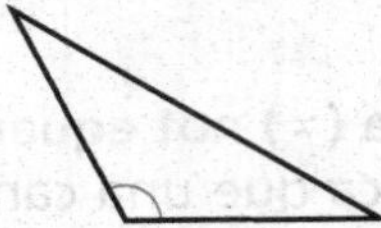

triángulo rectángulo right triangle Un triángulo con un ángulo recto
Ejemplo:

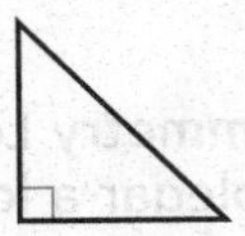

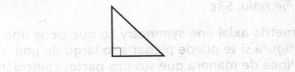

tridimensional three-dimensional Que se mide en tres direcciones, como longitud, ancho y altura
Ejemplo:

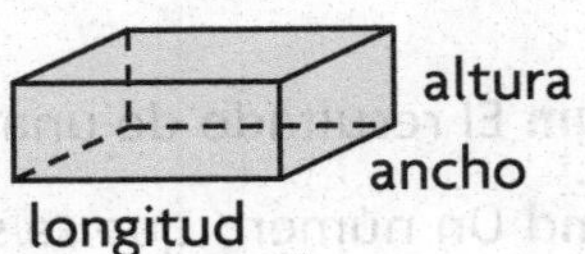

unidad cuadrada square unit Una unidad de área con dimensiones de 1 unidad × 1 unidad

unidad de patrón pattern unit La parte de un patrón que se repite
Ejemplo:

unidades lineales linear units Unidades que miden la longitud, el ancho, la altura o la distancia

unidimensional one-dimensional Que se mide en una sola dirección, como la longitud
Ejemplos:

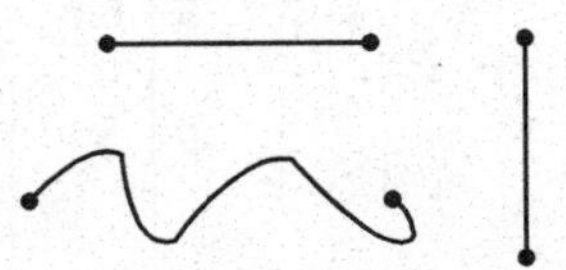

V

valor posicional **place value** El valor que tiene un dígito en un número según su ubicación

variable **variable** Una letra o un símbolo que representa uno o varios números

vertical **vertical** De arriba abajo

vértice **vertex** El punto en el que se unen dos semirrectas de un ángulo o dos (o más) segmentos de una figura bidimensional
Ejemplos:

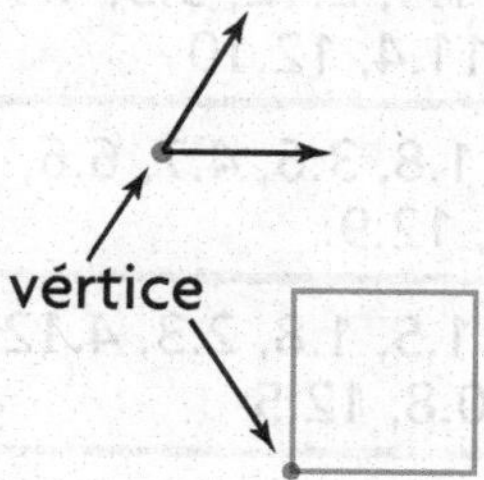

volumen de un líquido **liquid volume** La medida del espacio que ocupa un líquido

yarda (yd) **yard (yd)** Una unidad del sistema usual con la que se mide la longitud o la distancia
1 yarda = 3 pies

ESTÁNDARES COMUNES

ESTÁNDARES ESTATALES COMUNES DE MATEMÁTICAS PARA EL ESTADO DE CALIFORNIA

Estándares que aprenderás

Prácticas matemáticas		Lecciones del Libro del estudiante
MP.1	Entienden problemas y perseveran en resolverlos.	Lecciones 1.6, 2.5, 3.7, 5.6, 7.6, 8.3, 9.5, 11.2, 12.8
MP.2	Razonan de manera abstracta y cuantitativa.	Lecciones 1.4, 2.12, 3.5, 4.1, 4.8, 6.1, 7.9, 10.5, 11.4, 12.10
MP.3	Construyen argumentos viables y critican el razonamiento de otros.	Lecciones 1.8, 3.6, 4.7, 6.6, 7.8, 10.3, 11.1, 12.4, 12.9
MP.4	Realizan modelos matemáticos.	Lecciones 1.5, 1.8, 2.3, 4.12, 6.4, 7.4, 8.2, 9.7, 10.8, 12.5
MP.5	Utilizan estratégicamente las herramientas apropiadas.	Lecciones 1.4, 2.3, 3.2, 5.6, 7.3, 7.4, 9.5, 10.6, 11.4, 12.9
MP.6	Ponen atención a la precisión.	Lecciones 2.4, 4.7, 5.2, 5.4, 6.3, 9.2, 10.3, 10.5, 13.2
MP.7	Buscan y utilizan estructuras.	Lecciones 1.1, 2.5, 2.7, 4.1, 4.10, 5.5, 6.1, 7.10, 9.2, 12.5, 13.1
MP.8	Buscan y expresan regularidad en razonamientos repetitivos.	Lecciones 1.6, 1.8, 2.3, 3.3, 4.7, 6.2, 7.7, 10.8, 12.4, 13.1

Estándares que aprenderás

		Lecciones del Libro del estudiante
Área: Operaciones y pensamiento algebraico		
Utilizan las cuatro operaciones con números enteros para resolver problemas.		
4.OA.1	Interpretan una ecuación de multiplicación como una comparación, por ejemplo, 35 = 5 × 7 como un enunciado de que 35 es 5 veces 7, y 7 veces 5. Representan enunciados verbales de comparaciones multiplicativas como ecuaciones de multiplicación.	Lección 2.1
4.OA.2	Multiplican o dividen para resolver problemas verbales que incluyen comparaciones multiplicativas, por ejemplo, para representar el problema usando dibujos y ecuaciones con un símbolo para el número desconocido, distinguen una comparación multiplicativa de una comparación de suma.	Lecciones 2.2, 4.12
4.OA.3	Resuelven problemas verbales de pasos múltiples con números enteros, cuyas respuestas son números enteros, usando las cuatro operaciones, incluyendo problemas en los que los residuos deben ser interpretados. Representan estos problemas usando ecuaciones con una letra que representa la cantidad desconocida. Evalúan si las respuestas son razonables usando cálculos mentales y estrategias de estimación incluyendo el redondeo.	Lecciones 2.9, 2.12, 3.7, 4.3
Obtienen familiaridad con los factores y los múltiplos.		
4.OA.4	Hallan todos los pares de factores de números enteros dentro del rango 1–100. Reconocen que un número entero es un múltiplo de cada uno de sus factores. Determinan si cierto número entero dentro del rango 1–100 es un múltiplo de cierto número de un solo dígito. Determinan si un número entero dentro del rango 1–100 es primo o compuesto.	Lecciones 5.1, 5.2, 5.3, 5.4, 5.5
Generan y analizan patrones.		
4.OA.5	Generan un patrón de números o figuras que sigue una regla dada. Identifican las características aparentes del patrón que no eran explícitas en la regla misma.	Lecciones 5.6, 10.8

Estándares que aprenderás

		Lecciones del Libro del estudiante
Área: Números y operaciones en base diez		
Generalizan la comprensión del valor de posición para los números enteros de dígitos múltiples.		
4.NBT.1	Reconocen que en un número entero de dígitos múltiples, un dígito en determinado lugar representa diez veces lo que representa en el lugar a su derecha.	Lecciones 1.1, 1.5
4.NBT.2	Leen y escriben números enteros con dígitos múltiples usando numerales en base diez, los nombres de los números, y sus formas desarrolladas. Comparan dos números de dígitos múltiples basándose en el valor de los dígitos en cada lugar, utilizando los símbolos $>$, $=$ y $<$ para anotar los resultados de las comparaciones.	Lecciones 1.2, 1.3
4.NBT.3	Utilizan la comprensión del valor de posición para redondear números enteros con dígitos múltiples a cualquier lugar.	Lección 1.4
Utilizan la comprensión del valor de posición y de las propiedades de operaciones para efectuar aritmética con números de dígitos múltiples.		
4.NBT.4	Suman y restan con fluidez los números enteros con dígitos múltiples utilizando el algoritmo convencional.	Lecciones 1.6, 1.7, 1.8
4.NBT.5	Multiplican un número entero de hasta cuatro dígitos por un número entero de un dígito, y multiplican dos números de dos dígitos, utilizando estrategias basadas en el valor de posición y las propiedades de operaciones. Ilustran y explican el cálculo utilizando ecuaciones, matrices rectangulares, y/o modelos de área.	Lecciones 2.3, 2.4, 2.5, 2.6, 2.7, 2.8, 2.10, 2.11, 3.1, 3.2, 3.3, 3.4, 3.5, 3.6
4.NBT.6	Hallan cocientes y residuos de números enteros, a partir de divisiones con dividendos de hasta cuatro dígitos y divisores de un dígito, utilizando estrategias basadas en el valor de posición, las propiedades de las operaciones y/o la relación entre la multiplicación y la división. Ilustran y explican el cálculo utilizando ecuaciones, matrices rectangulares, y/o modelos de área.	Lecciones 4.1, 4.2, 4.4, 4.5, 4.6, 4.7, 4.8, 4.9, 4.10, 4.11

Estándares que aprenderás

Lecciones del Libro del estudiante

Área: Números y operaciones – Fracciones		
Extienden la comprensión de la equivalencia y el orden de las fracciones.		
4.NF.1	Explican por qué la fracción *a*/*b* es equivalente a la fracción ($n \times a$)/($n \times b$) al utilizar modelos visuales de fracciones, poniendo atención a como el número y el tamaño de las partes difiere aún cuando ambas fracciones son del mismo tamaño. Utilizan este principio para reconocer y generar fracciones equivalentes.	Lecciones 6.1, 6.2, 6.3, 6.4, 6.5
4.NF.2	Comparan dos fracciones con numeradores distintos y denominadores distintos, por ejemplo, al crear denominadores o numeradores comunes, o al comparar una fracción de referencia como 1/2. Reconocen que las comparaciones son válidas solamente cuando las dos fracciones se refieren al mismo entero. Anotan los resultados de las comparaciones con los símbolos >, = ó <, y justifican las conclusiones, por ejemplo, utilizando un modelo visual de fracciones.	Lecciones 6.6, 6.7, 6.8

Estándares que aprenderás

		Lecciones del Libro del estudiante
Área: Números y operaciones – Fracciones		
Forman fracciones a partir de fracciones unitarias al aplicar y ampliar los conocimientos previos de las operaciones con números enteros.		
4.NF.3	Entienden la fracción *a/b* cuando $a > 1$ como una suma de fracciones *1/b*.	
	a. Entienden la suma y la resta de fracciones como la unión y la separación de partes que se refieren a un mismo entero.	Lección 7.1
	b. Descomponen de varias maneras una fracción en una suma de fracciones con el mismo denominador, anotando cada descomposición con una ecuación. Justifican las descomposiciones, por ejemplo, utilizando un modelo visual de fracciones. *Ejemplos: 3/8 = 1/8 + 1/8 + 1/8 ; 3/8 = 1/8 + 2/8; 2 1/8 = 1 + 1 + 1/8 = 8/8 + 8/8 + 1/8.*	Lecciones 7.2, 7.6
	c. Suman y restan números mixtos con el mismo denominador, por ejemplo, al reemplazar cada número mixto por una fracción equivalente, y/o al utilizar las propiedades de las operaciones y la relación entre la suma y la resta.	Lecciones 7.7, 7.8, 7.9
	d. Resuelven problemas verbales sobre sumas y restas de fracciones relacionados a un mismo entero y con el mismo denominador, por ejemplo, utilizando modelos visuales de fracciones y ecuaciones para representar el problema.	Lecciones 7.3, 7.4, 7.5, 7.10
4.NF.4	Aplican y amplían los conocimientos previos sobre la multiplicación para multiplicar una fracción por un número entero.	
	a. Entienden que una fracción *a/b* es un múltiplo de 1/*b*.	Lección 8.1
	b. Entienden que un múltiplo de *a/b* es un múltiplo de 1/*b*, y utilizan este entendimiento para multiplicar una fracción por un número entero.	Lecciones 8.2, 8.3
	c. Resuelven problemas verbales relacionados a la multiplicación de una fracción por un número entero, por ejemplo, utilizan modelos visuales de fracciones y ecuaciones para representar el problema.	Lecciones 8.4, 8.5

Estándares que aprenderás

Lecciones del Libro del estudiante

Área: Números y operaciones – Fracciones		
Entienden la notación decimal para las fracciones, y comparan fracciones decimales.		
4.NF.5	Expresan una fracción con denominador 10 como una fracción equivalente con denominador 100, y utilizan esta técnica para sumar dos fracciones con denominadores respectivos de 10 y 100.	Lecciones 9.3, 9.6
4.NF.6	Utilizan la notación decimal para las fracciones con denominadores de 10 ó 100.	Lecciones 9.1, 9.2, 9.4
4.NF.7	Comparan dos decimales hasta las centésimas al razonar sobre su tamaño. Reconocen que las comparaciones son válidas solamente cuando ambos decimales se refieren al mismo entero. Anotan los resultados de las comparaciones con los símbolos >, = ó <, y justifican las conclusiones, por ejemplo, utilizando una recta numérica u otro modelo visual.	Lección 9.7
Área: Medición y datos		
Resuelven problemas relacionados a la medición y a la conversión de medidas de una unidad más grande a una más pequeña.		
4.MD.1	Reconocen los tamaños relativos de las unidades de medición dentro de un sistema de unidades, incluyendo km, m, cm; kg, g; lb, oz.; L, mL; h, min, s. Dentro de un mismo sistema de medición, expresan las medidas en una unidad más grande en términos de una unidad más pequeña. Anotan las medidas equivalentes en una tabla de dos columnas.	Lecciones 12.1, 12.2, 12.3, 12.4, 12.6, 12.7, 12.8, 12.11
4.MD.2	Utilizan las cuatro operaciones para resolver problemas verbales sobre distancias, intervalos de tiempo, volúmenes líquidos, masas de objetos y dinero, incluyendo problemas con fracciones simples o decimales, y problemas que requieren expresar las medidas dadas en una unidad más grande en términos de una unidad más pequeña. Representan cantidades medidas utilizando diagramas tales como rectas numéricas con escalas de medición.	Lecciones 9.5, 12.9, 12.10
4.MD.3	Aplican fórmulas de área y perímetro de rectángulos para resolver problemas matemáticos y del mundo real.	Lecciones 13.1, 13.2, 13.3, 13.4, 13.5

Estándares que aprenderás

Lecciones del Libro del estudiante

Área: Medición y datos		
Representan e interpretan datos.		
4.MD.4	Hacen un diagrama de puntos para representar un conjunto de datos de medidas en fracciones de una unidad (1/2, 1/4, 1/8). Resuelven problemas sobre sumas y restas de fracciones utilizando la información presentada en los diagramas de puntos.	Lección 12.5
Medición geométrica: entienden conceptos sobre los ángulos y la medición de ángulos.		
4.MD.5	Reconocen que los ángulos son elementos geométricos formados cuando dos semirrectas comparten un extremo común, y entienden los conceptos de la medición de ángulos.	
	a. Un ángulo se mide con respecto a un círculo, con su centro en el extremo común de las semirrectas, tomando en cuenta la fracción del arco circular entre los puntos donde ambas semirrectas intersecan el círculo. Un ángulo que pasa por 1/360 de un círculo se llama "ángulo de un grado" y se puede utilizar para medir ángulos.	Lecciones 11.1, 11.2
	b. Un ángulo que pasa por *n* ángulos de un grado tiene una medida angular de *n* grados.	Lección 11.2
4.MD.6	Miden ángulos en grados de números enteros utilizando un transportador. Dibujan ángulos con medidas dadas.	Lección 11.3
4.MD.7	Reconocen la medida de un ángulo como una suma. Cuando un ángulo se descompone en partes que no se superponen, la medida del ángulo entero es la suma de las medidas de los ángulos de las partes. Resuelven problemas de suma y resta para encontrar ángulos desconocidos en problemas del mundo real y en problemas matemáticos, por ejemplo, al usar una ecuación con un símbolo para la medida desconocida del ángulo.	Lecciones 11.4, 11.5

Estándares que aprenderás

		Lecciones del Libro del estudiante
Área: Geometría		
Dibujan e identifican rectas y ángulos, y clasifican figuras geométricas según las propiedades de sus rectas y sus ángulos.		
4.G.1	Dibujan puntos, rectas, segmentos de rectas, semirrectas, ángulos (rectos, agudos, obtusos), y rectas perpendiculares y paralelas. Identifican estos elementos en las figuras bidimensionales.	Lecciones 10.1, 10.4
4.G.2	Clasifican las figuras bidimensionales basándose en la presencia o ausencia de rectas paralelas o perpendiculares, o en la presencia o ausencia de ángulos de un tamaño especificado. Reconocen que los triángulos rectos forman una categoría en sí, e identifican triángulos rectos. (Las figuras bidimensionales deben incluir los triángulos especiales, por ejemplo, los triángulos equiláteros, isósceles y escalenos, y los cuadriláteros especiales, por ejemplo, los rombos, cuadrados, rectángulos, paralelogramos y trapecios).	Lecciones 10.2, 10.3, 10.5
4.G.3	Reconocen que en una figura bidimensional, el eje de simetría es una recta que corta la figura de tal manera que la figura se puede doblar a lo largo de la recta en partes exactamente iguales. Identifican figuras con simetría axial y dibujan ejes de simetría.	Lecciones 10.6, 10.7

Índice

A

D

F

G

M

O

P

U

V

Tabla de medidas

SISTEMA MÉTRICO	SISTEMA USUAL
Longitud	
1 centímetro (cm) = 10 milímetros (mm)	1 pie (pie) = 12 pulgadas (pulg)
1 metro (m) = 1,000 milímetros	1 yarda (yd) = 3 pies o 36 pulgadas
1 metro = 100 centímetros	1 milla (mi) = 1,760 yardas o 5,280 pies
1 metro = 10 decímetros (dm)	
1 kilómetro (km) = 1,000 metros	
Capacidad y volumen de un líquido	
1 litro (l) = 1,000 mililitros (ml)	1 taza (tz) = 8 onzas fluidas (oz fl)
	1 pinta (pt) = 2 tazas
	1 cuarto (ct) = 2 pintas o 4 tazas
	1 medio galón = 2 cuartos
	1 galón (gal) = 2 medios galones o 4 cuartos
Masa/Peso	
1 kilogramo (kg) = 1,000 gramos (g)	1 libra (lb) = 16 onzas (oz)
	1 tonelada (t) = 2,000 libras

TIEMPO

1 minuto (min) = 60 segundos (seg)
1 media hora = 30 minutos
1 hora (h) = 60 minutos
1 día (d) = 24 horas
1 semana (sem) = 7 días
1 año (a) = 12 meses (m) o aproximadamente 52 semanas
1 año = 365 días
1 año bisiesto = 366 días
1 década = 10 años
1 siglo = 100 años

DINERO

1 moneda de 1¢ = 1¢ ó \$0.01
1 moneda de 5¢ = 5¢ ó \$0.05
1 moneda de 10¢ = 10¢ ó \$0.10
1 moneda de 25¢ = 25¢ ó \$0.25
1 moneda de 50¢ = 50¢ ó \$0.50
1 dólar = 100¢ ó \$1.00

SIGNOS

$<$	es menor que	$\perp$	es perpendicular a
$>$	es mayor que	$\parallel$	es paralelo a
$=$	es igual a	$\overleftrightarrow{AB}$	línea *AB*
$\neq$	no es igual a	$\overrightarrow{AB}$	semirrecta *AB*
¢	centavo o centavos	$\overline{AB}$	segmento *AB*
$	dólar o dólares	$\angle ABC$	ángulo *ABC* o ángulo *B*
°	grado o grados	$\triangle ABC$	triángulo *ABC*

FÓRMULAS

	Perímetro		Área
Polígono	$P =$ suma de la longitud de los lados	Rectángulo	$A = b \times h$
Rectángulo	$P = (2 \times l) + (2 \times a)$ o $P = 2 \times (l + a)$		
Cuadrado	$P = 4 \times L$		